Lehr- und Handbücher zu Tourismus, Verkehr und Freizeit

Herausgegeben von
Universitätsprofessor Dr. Walter Freyer

Sporttourismus

Management- und Marketing-Handbuch

Herausgegeben von

Prof. Dr. Axel Dreyer

und

Prof. Dr. Arnd Krüger

Unter Mitwirkung von
Dr. Thomas Bieger
Dr. Michaela Czech
Prof. Dr. Walter Freyer
Dr. Rüdiger Ganske
Kurt Gläser M. A.
Prof. Dr. Heinrich Haaß
Prof. Dr. Karsten Kirsch
Ulrich Köhler
Dipl.-Ök. Roger Lüdge
Prof. Dr. Dr. Manfred Messing
Mag. Ernst Miglbauer
Prof. Dr. Norbert Müller
Dr. Swantje Scharenberg
Dieter Schütz M. A.
Dr. Rolf Schwen
Thomas Trümper
Thomas Wilken
Dr. Frank Peter Zundel

R. Oldenbourg Verlag München Wien

Die Deutsche Bibliothek - CIP-Einheitsaufnahme

Sporttourismus : Management- und Marketing-Handbuch /
hrsg. von Axel Dreyer und Arnd Krüger. Unter Mitw. von
Thomas Bieger ... - München ; Wien : Oldenbourg, 1995
  (Lehr- und Handbücher zu Tourismus, Verkehr und Freizeit)
  ISBN 3-486-23099-9
NE: Dreyer, Axel [Hrsg.]

© 1995 R. Oldenbourg Verlag GmbH, München

Gesamtherstellung: R. Oldenbourg Graphische Betriebe GmbH, München

ISBN 3-486-23099-9

Inhaltsübersicht

Inhalt

Seite

Teil B: Ausgewählte betriebswirtschaftliche Probleme von Leistungsträgern im Sporttourismus

Reiseveranstalter und -mittler

Abbildungsverzeichnis

Einführender Überblick in die Thematik des Sporttourismus

von Dr. Arnd Krüger, Professor für Sportwissenschaften

Täglich ist im Durchschnitt weltweit eine Menschenmasse unterwegs, die der Hälfte der Bevölkerung der USA entspricht. Dies sind keine Flüchtlinge, es sind Touristen. In den Sommermonaten, der Hauptsaison, und zu einigen Feiertagen schwillt dieser Strom an und übersteigt hierbei die Bevölkerungszahl der USA. Eine gigantische transnationale Industrie definiert diese Menschen als Markt und versucht, ihre Interessen über Grenzen hinweg vorherzusagen, zu steuern und ihre Wünsche zu erfüllen *(Wackermann 1988; Demers 1990)*. Der Sport stellt einen immer größeren Faktor der aktiven und passiven Freizeitgestaltung dar. Sporttourismus hat es schon in der Antike gegeben. Die Reisen des Odysseus waren Sport- und Abenteuertourismus *par excellence (Pearce 1988)*. Die Olympischen und die anderen klassischen Spiele zogen tausende von Zuschauern an. Die Olympischen Spiele wurden sogar unter den Schutz der Götter gestellt. Der *Olympische Friede*, eigentlich ein Waffenstillstand, galt nicht nur für die Wettkämpfer und Kampfrichter sondern auch für alle Touristen und Händler auf dem Wege nach Olympia, in der Stadt selbst und auf dem Heimweg *(Höfer 1994)*.

Schon damals konnte sich natürlich nicht ganz Griechenland auf den Weg machen, um die Olympioniken, die damals wie heute wie *Halbgötter* verehrt wurden, zu sehen, sondern nur eine relativ wohlhabende *freie* Bevölkerungsschicht konnte sich diesen Tourismus leisten und dazu kamen ausgesprochene *Fans*, die es sich eigentlich nicht leisten konnten. An diesem Muster hat sich bis heute wenig geändert. Nur hat sich die Zahl derer deutlich erhöht, die selbst in ihren Ferien Sport treiben und, auch wenn die Olympischen Spiele der Neuzeit sowie die vielen kleineren Sportveranstaltungen ganz erhebliche Zuschauermassen in Bewegung setzen, sind es gerade diese, die inzwischen das größte Marktsegment des Sporttourismus ausmachen. Sport und Tourismus sind sommers wie winters stark von den saisonklimatischen Verhältnissen abhängig *(Besancenot 1990)*, so daß mit technologischen Maßnahmen - z.B. Kunstschnee - versucht wird, in das natürliche Geschehen des Klimas einzugreifen.

Wir leben im Zeitalter der Freizeit *(Vester 1988)*. Noch nie waren so große Teile der Bevölkerung so wohlhabend und hatten so viel freie Zeit zur Verfügung wie heute, um sich bei Spiel und Sport einerseits und bei touristischen Aktivitäten zu vergnügen und hinterher noch lange von der *schönsten Zeit* des Jahres zu sprechen. Dieser Trend zeigt sich in allen modernen Industriegesellschaften. Kultur im weitesten Sinne als Lebensstil einer Gesellschaft zu einer bestimmten Epoche - und hierzu zähle ich sowohl die touristischen als auch die sportlichen Praktiken - wird zur sozialen Positionierung benutzt und ist damit sowohl Feld von gesellschaftlichen Auseinandersetzungen als auch Analysegegenstand *(Jarvie/ Maguire 1994)*. Konsummuster geben Ausschlag über die soziale Positionierung und dienen somit zur sozialen Abgrenzung *(Bocock 1994)*. In unserer schnellebigen Zeit ist es daher nicht einfach, mit einem touristischen Angebot immer dasselbe Marktsegment zu bedienen, da die Geschwindigkeit des Imagewandels - des Aufstiegs und des Falls - ganz deutlich zugenommen hat. Verfahren der Imageanalyse finden daher eine immer breitere Verwendung, da es nur so gelingt, die Möglichkeiten des Produktes im Interesse aller am Marktgeschehen Beteiligten auszuschöpfen *(Carmichael 1992)*. Das planerische Abwägen zwischen den konträren Interessen des Sommer- und des Wintertourismus mit überlappenden Imagedimensionen scheint in der Schweiz am weitesten fortgeschritten *(Jacsman u.a. 1993)*.

Unsere Zeit ist jedoch nicht nur durch Globalisierung der Märkte gekennzeichnet, sondern in gleicher Weise auch durch Dezentralisierung und Regionalisierung. Dies trifft auch auf die Freizeit zu, die immer stärker als Gelegenheit zum Konsum wahrgenommen und auch als solche organisiert wird *(Cooke 1994)*. Viele typische Freizeitsportarten sind auf relativ viel freien Platz angewiesen und lassen sich nur organisieren, wenn man diesen hat. So sind die Golfpraktiken zwar in der ganzen Welt im wesentlichen dieselben, schließlich wird überall das Schiedsgericht von St. Andrews anerkannt, aber gerade in der Verschiedenartigkeit des einzelnen Platzes liegt der exklusive Reiz. So läßt sich die Sportart global vermarkten und eignet sich damit gut für Werbungs- und Sponsoringmaßnahmen einer auf globalen Märkten agierenden Industrie *(Krüger/Damm-Volk 1994)*, die Attraktivität des einzelnen Platzes kann auch durchaus durch ein internationales Turnier erhöht werden, wenn jedoch ein Platz zu überlaufen ist, fehlt es an der nötigen Ruhe für ein sinn-volles eigenes Spiel.

Opaschowski (1994a, b) hat in viel beachteten Studien auf deutliche Veränderungen im Verhalten auf dem Sportmarkt hingewiesen. Mit seinen Untersuchungen hat er jedoch nicht nur die Vertreter der Sportverbände aufgescheucht, da er auf Grund neuster Daten den Höhepunkt des Vereins- und Verbandssports als überschritten ansieht, sondern er hat auch gezeigt, daß der Weg im deutschen Konsum - auch in der Freizeit - von der Quantität zur Qualität fortschreitet und eine immer stärkere **Vernetzung von sportlichen, kulturellen und kulinarischen Interessen** stattfindet. Was sich für den Markt der kommerziellen und nicht kommerziellen Sportanbieter in einer Kommune als kompliziert darstellen kann, da neue Organisationsformen erst entwickelt werden müssen, bedeutet jedoch für die Tourismusbranche, daß der Sporttourismus auch weiterhin zu den deutlichen Wachstumssegmenten gehören wird, da sich in den Ferien und Ferienorten viel leichter die unterschiedlichen Interessen vernetzen lassen, wenn die Zeichen der Zeit richtig verstanden werden. Hierzu gehört z. B., daß weder die **kulturelle Wende** _(Chaney 1994)_ verpaßt wird, noch daß die immer stärker werdende **Betonung des Körpers** nicht nur im herkömmlich sportlichen Sinne mißverstanden wird _(Shilling 1993)_. Die modernen Körpertechniken, wie sie in bestimmten Modesportarten oder -tänzen zum Ausdruck kommen, sind mit dem Verhaltenswandel der Moderne und der Postmoderne identifiziert worden _(Brohm 1985; Krüger 1995)_.

Wenn es schon nicht unkompliziert ist, Trends für den gesamten Tourismus richtig vorherzusagen _(Roth/Schrand 1992)_, so ist unter Berücksichtigung von Globalisierung und Regionalisierung die Vorhersage für ein Segment noch komplizierter. Hierbei muß man sich darüber bewußt sein, daß der Medienkonsum im erheblichen Umfang nicht nur das Freizeitverhalten direkt beeinflußt, in dem nämlich die Medien in der Freizeit genutzt werden, sondern daß über die Nachrichtenmedien auch Informationen sowohl über den Sport und seine Ereignisse _(Krüger 1993)_ als auch über die typischen Ferienregionen und bestimmte _lifestyles_ transportiert werden. Die Definitionsmacht der Massenmedien verändert somit deutlich das Konsumverhalten. Durch sie werden _events_ in den Vordergrund gestellt. Sie machen innerhalb von kürzester Zeit aus einem Geheimtip ein überlaufenes Reiseziel, aus einer Sportart als Subkultur Teil einer weltweiten Konsumentenkultur, sie bestimmen, was _in_ und was _out_ ist _(Martin-Barbero 1993)_. Das Konzept des Lebenszyklus hilft, auch für sporttouristische Ereignisse und Orte anhand der für Produkte üblichen Parameter Entwicklungsstufen zu bestimmen und entsprechend auf die Positionierung und Gestaltung der sporttouristischen Maßnahme Einfluß zu nehmen _(Cooper 1992)_.

Allerdings sollte man auch hierbei die Charakteristika von Plog _(1973)_ berücksichtigen, der zwischen **allozentrischen** (innovativen Abenteurern) Individualreisenden, die nach immer neuen Reizen, Orten und Sportarten suchen, und **psychozentrischen** (vorsichtigen) Pauschalreisenden, die auch in den Ferien die vertraute Umgebung und die Sicherheit der Reisebegleitung nicht missen wollen, unterscheidet. Schließlich gibt es noch die **zentrischen** Reisenden, die Elemente von beiden haben. Dies sind die gleichen Kategorien, die Cohen _(1972)_ für seinen Abenteurer beschrieb, der in den ersten Phasen eines Tourismuszyklus eines Ortes diesen anstrebt, während später der organisierte Pauschalreisende folgt. Im Sporttourismus sind alle Typen zu finden, da nur die wenigsten das wirklich echte Abenteuer suchen, sondern viel eher das _TÜV-geprüfte Abenteuer_ gefragt ist. Dieses läßt sich häufig auch in der Pauschalreise vermitteln, da es den meisten Reisenden genügt, wenn der Urlaub Sportkomponenten enthält und zudem die Möglichkeit besteht, gut zu essen, *chic* auszugehen und günstig zum *shopping* zu kommen. Auch wenn für den Sporttouristen eine Unterscheidung nach *Plog* oder *Cohen* zu simpel ist, so muß man sich doch darüber im klaren sein, daß zu bestimmten Zeiten im Lebenszyklus eines Produktes andere Arten von Touristen dominieren und daß man daher auch andere Maßnahmen ergreifen muß, um diese zu halten bzw. neue hinzuzugewinnen. Dasselbe gilt im wesentlichen auch für Sportarten.

Wenn man diese Lebenszyklentheorie auf Tourismusorte und -formen überträgt, muß man auch berücksichtigen, daß sich die Interessen bestimmter Zielgruppen wandeln und sich z.B. ein *alter* Mensch heute anders verhält und andere Interessen hat als noch vor zwanzig Jahren. Mit der generellen Überalterung der Gesellschaft werden sich die Formen des Aktivurlaubs wieder verändern und es wird abzuwarten bleiben, ob sich sportliche Aktivitäten, die über Tennis, Golf, Wandern und Schwimmen hinausgehen, in die Subkultur des Altentourismus integrieren lassen *(Schmitz 1979)*.

Hiermit hängt auch zusammen, daß jede Form von Tourismus einen Eingriff in das bestehende ökologische *(BUND 1989)* und humane Gleichgewicht *(Kapeller 1991; Hudman/Hawkins 1989, S. 221ff.)* einer Region darstellt. Während dies bis zu einem bestimmten Punkt keinerlei Problem sein braucht, kann der Umschlag von Exklusivität zu einem Massenereignis sehr schnell erfolgen und damit den Marktwert eines Produktes zerstören. Der *Sanfte Tourismus* diskutiert solche Fragestellungen und hat ein Kennziffernsystem entwickelt *(Seiler 1989)*, dessen Aufgabe es ist, frühzeitig Probleme des Gleichgewichts zwischen Landschaftsverbrauch, Auslastung, Selbstbestimmung und kultureller Identität der Einheimischen zu erkennen und bei der Positionierung am Markt zu berücksichtigen. Hierbei muß man allerdings berücksichtigen, daß mit der Vermarktung von kulturellen Praktiken immer ein Verlust an Authentizität einhergeht, so daß von einem bestimmten Punkt an ein verändertes Kunstprodukt entsteht *(Ryan 1992)*.

Durch die Fortbewegung in wenig technisierter Form ist der Ökotourismus häufig eng mit dem Sporttourismus liiert *(Haßlacher 1989; Hahn 1991; Whelan 1991; Lampe 1993)*. Die 1990er Jahre sind daher auch weltweit als Zeitalter des Ökotourismus bezeichnet worden *(Eadington/Smith 1992)*, in dem sich die Probleme mancher Regionen wie z.B. der Alpen *(Lauterwasser 1989; Tschurtschenthaler 1986)* aber auch des Himalayas (Singh 1989 a, b) und der Küstenregionen *(Wong 1993)* so vergrößert haben, daß die Bedingungen anfangen, für den Sporttourismus kontraproduktiv zu wirken. Allerdings kann auch durch bestimmte Veränderungen der Tourismus einen positiven Effekt auf die Landschaftsgestaltung haben, da man berücksichtigen muß, wie die Landschaft vorher dort aussah. Dasselbe trifft z. B. auch bei einem

Golfplatz zu: Wird er in in einem Landschaftsschutzgebiet angelegt, kann er zu einer Verschlechterung der Landschaftsbedingungen beitragen - legt man ihn jedoch auf einer landwirtschaftlichen Nutzfläche an, stellt er eine Verbesserung dar *(Schemel u.a. 1987)*. Wirtschaftsplaner sehen zudem im Ökotourismus eine Chance für Entwicklungsländer *(Hawkins 1994)*. Allerdings muß man hierbei sehen, daß auch diese Tourismusform Veränderungen in der Infrastruktur bedingt, die den Gastgebern nicht schnell genug geht, während sie gerade durch die Veränderungen den allozentrischen Touristen nach kurzer Zeit abstößt. Die Verfahren, die bereits in sensiblen Regionen Europas getestet worden sind, um die Touristenströme sinnvoll zu kanalisieren, lassen sich auch hier verwenden, so daß dieselben Fehler nicht wiederholt zu werden brauchen *(Ryan 1991, S. 116ff)*.

* * *

Unser Management-Handbuch versucht, vor dem Hintergrund der Theorie und der Praxis des Sporttourismus die modernen Entwicklungen aufzunehmen und in den Zusammenhang der wirtschafts-, sozial- und sportwissenschaftlichen Forschung zu stellen. Da dies die erste umfassende Darstellung ist, die den Sporttourismus in seiner Komplexität darstellt, kann man uns noch mit den allozentrischen Individualreisenden nach *Plog (1973)* vergleichen, da wir keine ausgetretenen Pfade vorfanden. Unser Handbuch hat einen *klassischen* Aufbau und wendet sich überwiegend an die Anbieter von Sporttourismus-Programmen.

Dreyer zeigt zunächst die Marktbedingungen für den Sporttourismus auf. Die Abgrenzung des relevanten Marktes kann bereits dazu dienen, neue Marktsegmente zu erschließen und so am Wachstum der Branche zu partizipieren. Ein sehr altes Marktsegment, das jedoch mehrere Verjüngungen durchgemacht hat und in den 90er Jahren Nutznießer des Jahrzehnts des Ökotourismus geworden ist, stellt der Fahrradtourismus dar, dessen Marketing-Mix im Mittelpunkt des moderne Managementmethoden zugrunde legenden Kapitels von *Freyer* steht. *Miglbauer* zeigt später an einem regionalen Beispiel, wie sich dies konkret in der Praxis auswirkt. Die hier bereits teilweise am Fall angesprochenen Marketing-Instrumente werden von *Dreyer* systematisiert. Hierbei darf man nicht übersehen, daß die Kommunikationspolitik eine immer wichtigere Rolle spielt, da es ja nicht nur darum geht, ein bestimmtes Feriengebiet mit einer sportlichen Aktivität zu verknüpfen, sondern Träume vom Glück, Jugend und Status. Hierauf geht auch *Schwen* ein, dessen *Trendmanagement* ein *Surfen auf der Woge des Zeitgeistes* darstellt. Wem es gelingt, die Welle zu reiten, richtig im Trend zu liegen und diesen ggf. entsprechend zu beeinflussen, ist weit über denen, die u.U. im Wellental überrollt werden. Dies wird am Beispiel *Wilkens* im Falle des ökologisch orientierten Sporttourismus deutlich. Hier geht es nicht nur darum, verantwortungsbewußt mit den ökologischen Ressourcen umzugehen, sondern auch den Zusammenbruch eines positiven Images von Regionen oder Sportarten zu vermeiden. In jüngster Zeit sind immer wieder Rechtsfragen, im Tourismus diskutiert worden. *Zundel* behandelt den wichtigen Ausschnitt für den Sporttourismus, in dem sehr heterogene Rechtsgebiete zusammentreffen. Die sich weiter ausdifferenzierenden Berufsfelder des Sporttourismus mit ihrer Qualifikationsproblematik werden von *Gläser* analysiert. Diese Probleme betreffen vor allem die Reiseveranstalter und -mittler. Mit der Vergrößerung und Verstetigung des Marktes ist ein deutlicher Professionalisierungstrend festzustellen, der immer weitergehende Qualifikationsprozesse erfordert.

Im zweiten Teil des Handbuches stehen Anwendungsaspkete im Vordergrund *Köhler* und *Scharenberg* analysieren das Angebot der Reiseveranstalter. Sie berücksichtigen dabei die von *Opaschowski* (1994) beobachteten schnellen Veränderungen auf dem Sport- und Freizeitmarkt. *Trümper* stellt das am schnellsten expandierende Marktsegment der Risiko- und Abenteuer- sportarten vor. Eine sehr traditionelle Form des Sporttourismus untersuchen *Messing* und *Müller*, die sich mit der Gruppe der Olympiatouristen des DER-Reisebüros bei den Olympischen Sommerspielen von Barcelona befassen.

Langfristige Planungen im Sporttourismus stellen ein planerisches Problem dar, da es landschaftsbezogenen Aspekte der Standortplanung von Sport- und Spielstätten betrifft, die möglichst polyfunktional angelegt sein müssen, um den Marktschwankungen gerecht zu werden, wie sie *Haass* behandelt. *Kirsch* stellt die politischen Aspekte in den Vordergrund, da es bei allen Fragen von Tourismus und Sport und natürlich auch beim Sporttourismus einen Zielkonflikt gibt, auf den die Politik ausgleichend zu wirken und den sie letztendlich zu entscheiden hat.

Der Kurort Schierke im Harz ist das Fallbeispiel, an dem *Ganske* das Span- nungsfeld zwischen Wirtschaftsentwicklung (hier der ex-DDR) und ökologi- schen Erfordernissen aufzeigt. Willingen im Sauerland versucht besonders jüngere Menschen als Zielgruppe mit einem *Sport & Fun*-Konzept anzuspre- chen, das uns von *Czech & Schütz* erklärt wird. Zu den ältesten touristischen Betrieben in den Alpen gehören die Bergbahnen. Manche Orte konnten durch sie überhaupt erst erschlossen werden. *Bieger* zeigt, mit welch modernen Management-Methoden solche Unternehmen zu führen sind. Schließlich zeigt *Lüdge* die Marketing-Konzeption der *Deutschen Lufthansa* auf, die durch ihre jüngsten Veränderungen in der Management- und   Marketing- Konzeption wieder in der Gewinnzone fliegt.

Natürlich ließe sich die Reihe der Fallbeispiele erweitern, denn hier in den konkreten Fällen spielen sich die für den schnellebigen Sporttourismus-Markt spannenden Entwicklungen ab. Wir haben uns jedoch zunächst auf diese wichtigen Studien beschränkt, da an ihnen die im Theorieteil dargelegten Fragestellungen gut verdeutlicht werden.

Wir leben in der Zeit der Postmoderne. Diese ist durch Globalisierung, Vereinheitlichung und Mediatisierung gekennzeichnet *(Hebdige 1994)*. Dem steht der Wunsch nach authentischen Erlebnissen gegenüber, nach Körpererfahrung, Individualisierung, Einmaligkeit, Heimat. Wie kaum ein anderer Bereich vermittelt der Sport gerade diese Eindrücke und besser als anderswo läßt er sich in den Ferien realisieren. So ist der Sporttourismus als Teil der Selbstverwirklichung des Menschen ein Wachstumsmarkt, in dem der einzelne - bei allen Vorgaben und werbenden Versprechungen durch die Veranstalter - wieder zu sich und seiner Natur finden kann *(Kappert 1990)*. In diesem Sinne kann unser Handbuch eine Hilfestellung für einen sich schnell entwickelnden Markt und jeden einzelnen Marktteilnehmer sein.

* * *

Danke!
Das Engagement der Autoren hat dazu beigetragen, daß mit diesem Buch die Wissenslücke einer vornehmlich wirtschaftsbezogenen Betrachtungsweise des Sporttourismus geschlossen werden konnte.
Bei der Erstellung des Manuskriptes unterstützten uns fleißige Helfer mit Rat und Tat. Wir danken M.A. Angela Daalmann, Gerstin Dreyer, Antje Fenner, Julius Krüger und Dr. Swantje Scharenberg.

Axel Dreyer (Wernigerode) und Arnd Krüger (Göttingen)

Teil A: Grundlagen des Marktgeschehens im Sporttourismus

I. Der Markt für Sporttourismus

von Dr. Axel Dreyer, Professor für Tourismuswirtschaft und Marketing

1. Abgrenzung des relevanten Marktes

Generationen von Sportwissenschaftlern haben sich bereits an der Definition des Phänomens Sport versucht. Sie haben sich meist auf ihre jeweilige "Mutterwissenschaft" (Soziologie, Medizin etc.) bezogen. Dabei hat sich herausgestellt, daß es *die* einheitliche Begriffsbestimmung des Sports nicht gibt. Es ist vielmehr notwendig, Eingrenzungen des Sportbegriffs im Sinne des jeweiligen Untersuchungsobjektes vorzunehmen.

Nun fallen die Definitionen des Sports von seiten der Wissenschaftler häufig komplexer aus als diejenigen von seiten der Unternehmer. Für die Unternehmer kommt es allein darauf an, die für das eigene unternehmerische Betätigungsfeld relevanten Märkte zu erfassen, um diese gezielt bearbeiten zu können.
Auf dem relevanten Markt interessieren den Unternehmer z. B.

- das Marktvolumen
- die Entwicklung der Marktanteile
- die Entwicklung von Preisen und Deckungsbeiträgen
- die technischen und ökologischen Rahmenbedingungen
- die Nachfrageentwicklung, z. B. mit folgenden Fragestellungen:
  - Verändern sich meine Zielgruppen?
  - Entstehen neue Marktnischen?
  - Wie sind die Trends und Entwicklungen bei den Sportarten?

Zunächst erfolgt demnach die Abgrenzung des Sports. Sport im Rahmen sporttouristischer Betrachtungen soll aufgefaßt werden als

- **körperliche Betätigung**, die keine "notwendige" (Gehen) und "alltägliche" (Einkaufen) Bewegungsform darstellt,
- **freiwillige und bewußte Betätigung,**
- **einem Selbstzweck dienende Betätigung**, wobei die Motive z. B. Freude, Gesundheit, Geselligkeit oder Prestige sein können.

Dieser Eingrenzung zufolge muß der herkömmliche Begriff einer **Sportart** nach dem herrschenden Sprachgebrauch um **Formen sportlicher Aktivitäten** erweitert werden.

Im touristischen Sinne und mit dem Ziel der Marktsegmentierung im Hintergrund kann der Sport in Sportarten und sportliche Aktivitäten mit unterschiedlicher Bedeutung für die Wahl einer Urlaubsreise eingeteilt werden:

- Sportarten, deren Ausübung möglicherweise ein **Hauptmotiv** für eine Urlaubsreise darstellt,
- Sportarten, die in der Regel nur eine **Nebenbedeutung** bei der Wahl des Urlaubs haben,
- Sportarten, die (bisher) ohne touristische Bedeutung sind.

Aus der Tatsache, daß die Ausübung einer Sportart ein hauptsächliches Reisemotiv ist, kann noch keine quantitative touristische Relevanz abgeleitet werden. Während z. B. der alpine Skilauf eine große Marktbedeutung besitzt, ist die Zahl der Canyoning-Touristen gering.

Abbildung1:
Sportarten als Hauptmotiv für eine Urlaubsreise

Angeln	Sandsegeln
Ballonfliegen	Schwimmen, Baden
Bergsteigen	Segeln
Canyoning	Radfahren/Radwandern
Drachenfliegen	Rallyefahren
Eisklettern	Segelfliegen
Eissegeln	Skibobfahren
Fallschirmspringen	Skijaking
Free climbing/ Felsenklettern	Skilauf alpin
Flyfishing	Skilanglauf
Golf	Snowboarding
Hochseesegeln	Surfing
Hydrospeeding	Tauchen
Hundeschlittenrennen	Tennis
Kanuwandern	Tourenskilauf
Mountainbiking	Trekking
Paragliding	Wandern
Reiten	Wildwasserfahren
Riverrafting	Windsurfing
Ruderwandern	

Eigene Zusammenstellung (ohne Anspruch auf Vollständigkeit)

Die _Abbildungen 1 und 2_ geben einen Überblick über derzeit in Verbindung mit Urlaub existierende Aktivitäten. Sie können allerdings den Anspruch absoluter Vollständigkeit schon deshalb nicht erfüllen, weil sich gerade in den letzten Jahren eine ungeheure Dynamik bei der Entwicklung neuer Aktivitätsformen gezeigt hat. Dem Erfindungsreichtum werden kaum Grenzen gesetzt. Noch 1993 wußte z. B. praktisch niemand etwas vom Skijaking, und heute steht es bereits als Aktivität im Pauschalangebot eines österreichischen Reiseveranstalters.

So ist es durchaus möglich, daß die Ausübung von Sportarten, denen zunächst nur eine Nebenbedeutung bei der Wahl einer Urlaubsreise zugeschrieben wurde, plötzlich zum Hauptmotiv einer Reise wird.

Abbildung 2
Sportarten mit Nebenbedeutung für die Wahl einer Urlaubsreise

Beach-Volleyball	Minigolf
Beach-Basketball	Monoskiing
Bowling	Rodeln/Skeleton
Bungee jumping	Sandskilauf/ -boarding
Curling	Schnorcheln
Eislaufen	Schlittschuhlaufen
Eisstockschießen	Skateboarding
Frisbee	Snowmobiling
Heliskiing	Streetball
Jetskiing	Tanzen
Jogging	Tretbootfahren
Kegeln	Wasserski

Eigene Zusammenstellung (ohne Anspruch auf absolute Vollständigkeit)

Die Betrachtung touristisch relevanter Sportarten zeigt, daß ein Lösen vom Denken in klassischen Sportkategorien notwendig ist.

Canyoning oder Free climbing sollten als sogenannte Risiko- oder Abenteuersportarten zum Marktsegment des Sporttourismus gezählt werden. Doch wo fängt die Abenteuersportart an und wo hört der "normale" Erlebnistourismus eines Pauschalreisenden auf?

Eine Sportart wie Riverrafting zeigt die inhaltlichen Schwierigkeiten der Abgrenzung auf, da es auf verschiedene Weise betrieben werden kann:

1. Jedes Mitglied der Bootsbesatzung ist mit einem Paddel ausgerüstet, und das Boot wird unter großer körperlicher Anstrengung flußabwärts gesteuert. Hier kann mit Recht von der Ausübung einer Abenteuersportart gesprochen werden.
2. Ein erfahrener Bootsführer rudert alleine eine relativ passive Bootsbesatzung flußabwärts.

Diese Aktion dient zwar der Belustigung der Mitfahrer und bedarf auch gewisser körperlicher Betätigung beim Festhalten am Bootskörper, ist aber mit Sicherheit einer anderen weniger körperbetonten sporttouristischen Kategorie zuzurechnen.
Im amerikanischen Sprachgebrauch hat sich daher eine begriffliche Unterscheidung herauskristallisiert. Riverrafting im Sinne von 1. heißt "White Water Rafting", während 2. als "Floating" bezeichnet wird.

In der Praxis hat das eine Ausrichtung auf völlig unterschiedliche Zielgruppen für die Veranstalter zur Folge. Während im ersten Fall nur wirklich sportlich orientierte Personengruppen angesprochen werden, können im zweiten Fall je nach Rafting-Gebiet durchaus auch rüstige Senioren ins Boot steigen.

Andere Abgrenzungsprobleme tauchen bei der Gegenüberstellung von Wandern und Trekking auf. Es leuchtet unmittelbar ein, daß es im Sinne einer aussagefähigen Marktabgrenzung nicht gewünscht ist, den spazierengehenden Rentner als Sporttouristen zu bezeichnen. Dagegen entspricht der mit dem Rucksack durch ferne Wälder streifende Wanderer durchaus den Vorstellungen vom sportlich aktiven Reisenden. Es kommt demnach auch hier auf die Intensität der Ausübung einer Aktivität an.

Geht man von Reisemotiv und von der körperlichen Anstrengung aus führt das Trekking noch weiter. Hier ist es angebracht, vom Expeditionstourismus zu sprechen. Dieser soll aufgrund weitgehend anderer marktlicher Gegebenheiten vom Sporttourismus abgegrenzt werden *(weitere Ausführungen zum Komplex Risiko- und Abenteuersportarten im Beitrag B. II. von Trümper).*

Über die genannten Abgrenzungsprobleme hinaus stellen sich auch regionale Unterschiede in Bezug auf die touristische Bedeutung einzelner Sportarten ein. Beispiel: Flyfishing als spezielle Form des Angelns ist in Nordamerika ein Volkssport, während es in Europa untergeordnete Bedeutung besitzt.

2. Marktmodell des Sporttourismus

Abbildung 3 zeigt das Marktmodell des Sporttourismus, indem es die Elemente des Angebots aller möglichen sporttouristischen Leistungen (linke Spalte) den verschiedenen Formen der Nachfrage (rechte Spalte) gegenüberstellt. Einzelheiten werden in den folgenden Kapiteln erläutert.

2.1 Elemente des Angebots

a) der Tourismusort als Reiseziel

An diesem Ort möchte der Reisende seine sportlichen Aktivitäten ausüben. Deshalb interessiert insbesondere die sportartrelevante Umwelt. Sie kann von Sportart zu Sportart vollkommen unterschiedlich sein, womit den Tourismusorten natürliche Grenzen für das Angebot zur Ausübung einzelner Aktivitäten gesetzt werden.

Zur sportartrelevanten Umwelt zählen:
- **Gewässer**
  - offenes Meer
  - Korallenriffs
  - ruhige Meeresuferbereiche
  - Wellen im Meeresuferbereich
  - Strandbereiche
  - Seen
  - ruhige Flußläufe
  - reißende Flüsse
  - Wasserfälle
- **Berge**
  - Mittelgebirge
  - alpine und hochalpine Landschaften
- **Flachland**
- **Klima**
  - Windverhältnisse
  - Wärme
  - Kälte (Eis bzw. Schnee)

Abbildung 3:

Marktmodell des Sport- und Aktivtourismus

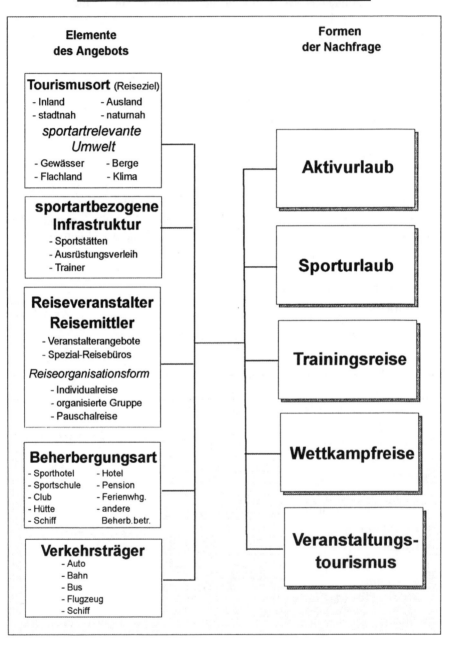

Bei der Vergegenwärtigung von *Abbildung 1 und 2* fällt auf, daß die überwiegende Mehrzahl der dort aufgeführten **Sportarten in der Natur ausgeübt** wird und bestimmte geologische und klimatische Verhältnisse erfordert. An einigen Orten kann sich die gleichzeitige Ausübung bestimmter Sportarten sogar ausschließen.

Beispiel: Ein Binnensee mit guten Möglichkeiten zum Baden und Schwimmen oder Tauchen verträgt sich nicht mit dem Windsurfing, das die übrigen Wassersportler möglicherweise gefährden kann.

Bestimmte klimatische Voraussetzungen können die Ausübung einer Sportart begünstigen, während sie eine andere Sportart gefährden.

Beispiel: Starke Windverhältnisse erfreuen Windsurfer und Segler, machen jedoch das Fallschirmspringen oder Drachenfliegen unmöglich.

Allein die Tatsache, daß die Mehrzahl der Urlauber ihre sportlichen Aktivitäten in der Natur entfalten, macht deutlich, wie wichtig es ist, ökologische Gesichtspunkte in das Denken und Handeln der Tourismusverantwortlichen und der Sportler einzubeziehen. In den Tourismusorten ist den **ökologischen Problemen** wirtschaftlich sinnvoll nur mit **langfristigen, strategisch angelegten, ganzheitlichen Konzepten** zu begegnen. Ganzheitliche, ehrlich umgesetzte und damit glaubwürdige Konzepte haben eine durchaus gute Marktchance, denn sie liegen im Trend des Qualitätstourismus *(Einzelheiten zu diesem Themenkomplex werden insbesondere in B. VI von Wilken behandelt).*

b) sportartbezogene Infrastruktur

• Sportstätten
Am Ort der Sportausübung entwickelt sich häufig eine Infrastruktur, die die Ausübung bestimmter Aktivitäten erst ermöglicht oder zumindest erleichtert. An erster Stelle sind die Sportstätten zu nennen. Wenngleich in a) zu lesen war, daß die Mehrzahl der touristisch interessanten "Sportstätten" (begrifflich hier im erweiterten Sinne aufgefaßt) von der Natur "bereitgestellt" werden, bleiben immer noch genügend Sportarten übrig, die ohne von Menschenhand erbaute Sportstätten nicht ausgeübt werden könnten. Zu diesen zählen z. B. Golfplätze, Tennisanlagen, Yachthäfen und Eishallen oder auch Fahrradwege.

• Ausrüstungsverleiher
• Reparaturwerkstätten
Die Inanspruchnahme ist für die einzelnen Sportarten sehr unterschiedlich.

Sie hängt ab von
- der Zahl der an einem Ort aktiven Sportler
- der Ausrüstungsintensität einer Sportart
- der Wartungs- bzw. Reparaturanfälligkeit des eingesetzten Materials
- der technologischen Komplexität des Sportgerätes

• **Trainer und Übungsleiter**
Dort, wo Sportarten zu einer massenhaften Ausübung avancierten, sind häufig
Sportschulen entstanden (z. B. Skischulen, Tauchschulen, Surfschulen etc.).
Zu beobachten ist, daß die aufgezeigte sportbezogene Infrastruktur in
manchen Fällen in Sporthotels angesiedelt ist, die sich dann auf einzelne
Sportarten spezialisiert haben (z. B. Tennishotels, Golfhotels etc.).

c) Reiseveranstalter und -mittler

Der gesamte Veranstaltermarkt im Sporttourismus ist im Verhältnis zum
Marktvolumen stark **polypolistisch** geprägt. Das heiß, daß es neben den
sporttouristischen Angeboten der großen Veranstalter auch sehr viele kleine
Anbieter gibt. Allein der "TID" weist über 100 kleinere Veranstalter von 2
bis 10 Mitarbeitern aus, die sich mit dem Marktsegment Sport beschäftigen
(vgl. TID Touristik-Kontakt 1994). Darüber hinaus treten z. B. auf dem Ski-
oder Windsurfsektor als Anbieter viele Sportstudenten auf, die vermutlich
nicht einmal wissen, daß ihre Reiseangebote dem Pauschalreiserecht
unterliegen.

Ungewiß ist die Zahl der auf Sport- und Aktivtourismus spezialisierten
Reisebüros. Ausgehend von der Schätzung, daß die Zahl der Spezial-
Reisebüros insgesamt bei ca. 50 mit einem Marktanteil von 1% liegt
(Schrand 1992, S. 339), bleibt nur eine verschwindend geringe Anzahl übrig,
die sich mit Sicherheit gleichzeitig als Veranstalter betätigen muß, um
wirtschaftlich überleben zu können.

Die Organisationsformen von Sportreisen sind stark abhängig von den
einzelnen Sportarten. Im Bereich der jüngeren Trendsportarten (Canyoning,
Free climbing, Hydrospeeding etc.) überwiegt die Individualreise bzw. die
individuell organisierte Gruppenreise mit Freunden und Bekannten. Im
Buchungsverhalten ist davon auszugehen, daß z. B. der Flug über ein
Reisebüro gebucht wird, die Reise ansonsten aber selbstorganisiert verläuft.
Da das Sportarten-Spektrum im Angebot der Reiseveranstalter ausgeweitet
wird, dürfte der Anteil der Pauschalreisen zunehmen. Eine typische
Pauschalreise führt z. B. zum alpinen Skilauf in die Rocky Mountains.

d) Beherbergungsart

Über die üblichen Unterkünfte in der Hotellerie (**Hotels, Gasthöfe, Pensionen, Motels** etc.) und Parahotellerie (**Appartements, Ferienhäuser und -wohnungen, Privatzimmer, Campingplätze** etc.) _(vgl. Kaspar 1991, S. 80)_ hinaus werden den Sportreisenden spezielle Übernachtungsmöglichkeiten offeriert.

Im Bereich der Hotellerie ist die Differenzierungsform des **Sporthotels** entstanden. Sporthotels zeichnen sich dadurch aus, daß sie nicht nur das klassische Hotelangebot, bestehend aus Übernachtungs- und Verpflegungsleistungen (Frühstück, Restaurationsbetrieb) sowie bestimmten Serviceleistungen (u. a. Rezeption) bieten, sondern als zusätzliches Leistungsangebot ihren Gästen Sportanlagen sowie Freizeit- oder Gesundheitseinrichtungen zur Verfügung stellen _(weitere Einzelheiten dazu in A. III von Dreyer)_. Die umfangreichsten Sportmöglichkeiten werden von den **Clubanlagen** geboten.

Zur Parahotellerie zählen die **Sportschulen**, die insbesondere für Schulungsmaßnahmen, Trainingslager oder auch Wettkampfaufenthalte genutzt werden, ebenso die **Berghütten** für Skiläufer, Wanderer und Bergsteiger.
Einen Spezialfall der Übernachtungsmöglichkeiten stellen die **Hochseeyachten** dar, die Sportgerät und Schlafplätze miteinander vereinen.

e) Verkehrsträger

Ca. 49% der Deutschen reisen mit dem **Auto** in ihren Urlaubsort, in den östlichen Bundesländern sind es sogar 56% _(vgl. Opaschowski 1992a, S. 25ff)_. Die Vermutung liegt nahe, daß diese Zahl bei den Sporttouristen noch höher liegt. Erstens ist die Ausrüstungsintensität in einer Reihe von Sportarten hoch (z. B. das Surfbrett, die Skier oder das Golfbag) und zweitens haben Sportler gern ihr eigenes Sportgerät dabei. Auf dieses sind sie "eingespielt", zumal bei vielen **Spezialgeräten** eine Ausleihe gar nicht möglich ist oder zusätzliche Kosten für die Ausleihe als unnötig angesehen werden. Das Auto bietet schließlich die unkomplizierteste Möglichkeit, das Sportgerät an den Urlaubsort zu transportieren.

Abgesehen vom Auto, müssen sich auch die Fluggesellschaften (zu 19% hauptsächliches Reiseverkehrsmittel), die Bahn (13%) und die Busunternehmen (9%) _(vgl. Opaschowski 1992a, S. 25ff)_ Gedanken über den

Transport der Sportgeräte machen *(siehe auch den Beitrag B. 11. von Lüdge).*

Sporttouristisch besonders interessante Verkehrsträger sind die **Seilbahnunternehmen**, deren wirtschaftlicher Erfolg vor allem von Skifahrern und Wanderern abhängt. Trends im Sporttourismus (z. B. das Aufkommen des Snowboarding) stellen neue Anforderungen an die Transportleistung *(vertiefend dazu Bieger in B. X.).*

2.2 Formen der Nachfrage

2.2.1 Entstehung des Reiseverhaltens

In der vorliegenden Tourismusliteratur ist die **Komplexität des Entscheidungsprozesses** für eine bestimmte Form des Urlaubs bisher nur ungenügend behandelt worden. In Analogie zur Entwicklung der **Käuferverhaltens-Modelle** in der betriebswirtschaftlich orientierten Literatur *(einen guten Überblick geben Meffert 1992, S. 22ff, Bänsch 1989, 11ff und Gerth 1983, S. 10ff))* soll anhand von *Abbildung 4* ein **Modell zur Entstehung des Reiseverhaltens** vorgestellt werden.

Der **interdisziplinäre** Modellansatz basiert auf der **Systemtheorie** und der **verhaltenswissenschaftlichen Konsumentenforschung**. Zunächst ist eine Erklärung der grundsätzlichen Zusammenhänge notwendig, für die der systemtheoretische Ansatz gewählt wurde.
Als relevant herausgegriffen werden die Systeme

- **Umwelt (als übergeordnetes System)**
- **Mensch (humanes System)**
- **Medien**
- **Tourismuswirtschaft (touristisches System).**

Das **System Umwelt** ist übergeordnet und umfaßt zusätzlich die hier aus Gründen der Übersichtlichkeit nicht näher dargestellten Systeme

- Gesellschaft
- Politik
- Wirtschaft
- Ökologie
- Technologie.

Abbildung 4:

Sportbezogenes Reiseverhalten als Konsumprozeß
(in der ganzheitlichen Systemdarstellung)

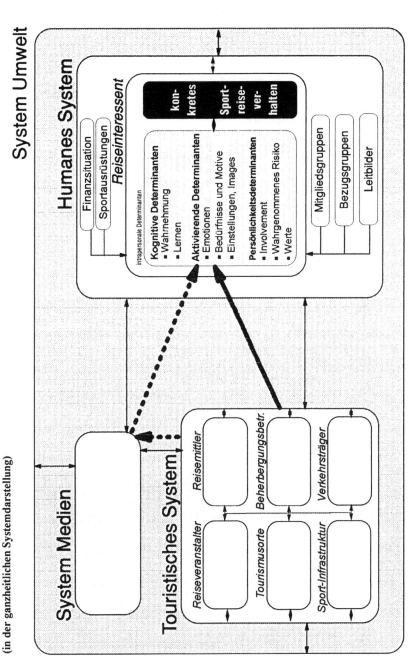

Zur genaueren Darstellung wurden in das **touristische System** die Subsysteme

- Reiseveranstalter
- Reisemittler
- Tourismusorte
- Beherbergungsbetriebe
- Sport-Infrastruktur
- Verkehrsträger

eingefügt *(zur Systemtheorie im Fremdenverkehr vgl. Kaspar 1991, S. 13ff).*

Zwischen allen Elementen des gesamten Systems bestehen Interaktionen, d. h. **die Systeme beeinflussen sich gegenseitig.** Dies kann am einfachsten anhand eines idealtypischen Beispiels dargestellt werden:

Beispiel: Gesellschaftliche Einflüsse und gesetzespolitische Regelungen sorgen für eine Verbesserung der ökologischen Umwelt eines Tourismusortes. Dies führt den Tourismusort weg vom reinen Massentourismus hin zu einem qualitätsorientierten Tourismus. Der Ort hat Erfolg mit seiner neuen Tourismusstrategie, und das Fernsehen als Massenmedium besucht den Ort und berichtet ausführlich von dem erfolgten Wandlungsprozeß. Der Bericht wird von vielen Menschen gesehen. Dem Tourismusort erschließen sich neue Zielgruppen. In anderen Tourismusorten setzt der Umdenkungsprozeß ebenfalls ein...

Nachdem die Komplexität und Ganzheitlichkeit der Zusammenhänge erläutert wurde, geht es nun darum, innerhalb des Beziehungsgeflechts eine Erklärung für konkretes Reiseverhalten zu finden. Die Grundstruktur folgt dem kognitiven Forschungsansatz, der aus den behavioristischen Modellen der Konsumentenforschung entwickelt wurde *(Abbildung 5).*

Danach werden Stimuli (Reize) ausgesendet, die vom Menschen in einem komplexen Prozeß verarbeitet werden und schließlich zu einer bestimmten Reaktion führen.

Abbildung 5:

Kennzeichnung der Forschungsansätze des Käuferverhaltens

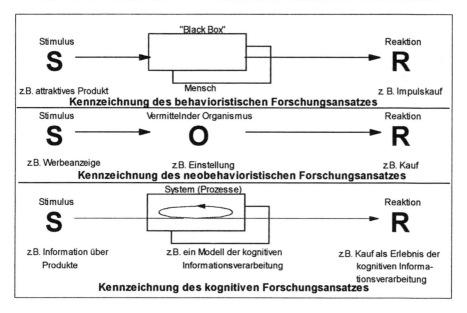

Quelle: Behrens, G., 1991, S. 17

In der *Modell-Abbildung 4* wird die Aussendung der Stimuli durch die dickeren Pfeile 1, 2a und 2b dargestellt. Sie sollen symbolisieren, daß diese Stimuli ausgehen können

a) von der Tourismuswirtschaft direkt,
b) von der Tourismuswirtschaft mit Umweg über die Medien,
c) von den Medien alleine.

a) Hier werden die **Stimuli von der Tourismuswirtschaft** bzw. einem der Subsysteme (Reiseveranstalter etc.) **selbst kontrolliert.** Stimuli gehen z. B. aus vom **Marktauftritt der Tourismusunternehmen oder der Tourismusorte,** der sich u. a. in deren Leistungsangebot, deren Distribution und deren Kommunikation niederschlägt. Dabei besagt die Kontrolle der Stimuli nicht, daß die Anbieter alle auf die Menschen (Reisekonsumenten) einwirkenden Stimuli selbst steuern. Gemeint ist damit die Tatsache, daß sie "mit ihren Aktivitäten eine Konstellation von Einflußgrößen selbst schaffen, unter denen sich das Konsumentenverhalten *(die Reiseentscheidung, Anm. d. Verf.)* vollzieht" *(Meffert 1992, S. 26).*

b) Wiederum werden die Stimuli von der Tourismuswirtschaft kontrolliert, sie gelangen mit dem **Umweg über die Medien** in den Wahrnehmungsbereich des Menschen.

Beispiel: Der Reiseveranstalter TUI plant eine Werbekampagne, zu der u. a. nach einem festgelegten Schaltplan gesendete Fernsehspots gehören. Das Massenmedium Fernsehen übermittelt demnach die Stimuli an die Konsumenten. Die Inhalte werden jedoch vom Reiseveranstalter maßgeblich gesteuert.

Oder: Ein Skiort gibt über externe Informationsquellen die aktuellen Schneehöhen bekannt.

c) Entscheidender Unterschied zum vorstehenden Beispiel ist die Tatsache, daß in diesem Falle die Steuerungsmöglichkeit der Stimuli entfällt. **Die Unternehmen und Beteiligten der Tourismusbranche haben keinen Einfluß auf die Stimuli,** die von den Medien in Form von Reportagen, Kommentaren oder Spielfilmen vermittelt werden.

Beispiel: In einer Reportage wird ein interessantes Zielgebiet überaus positiv dargestellt. Diejenigen Reiseveranstalter, die das Zielgebiet im Programm haben, verzeichnen steigende Buchungszahlen, ohne daß sie darauf einen Einfluß besaßen *(daß "Hofberichterstattung" auch auf externe Einflüsse zurückgeführt werden kann, soll in diesem Beispiel außer acht bleiben).*

Die Zahl der nicht kontrollierbaren Variablen im Kaufverhaltensprozeß geht aber nicht nur von den Medien aus, sondern es gibt darüber hinaus eine Vielzahl weiterer Stimuli. Ohne Anspruch auf Vollständigkeit sind hierunter z. B. jene Impulse zu verstehen, die aus den **Gesprächen Reiseinteressierter untereinander** entstehen. Dazu zählen auch **Stimuli aus der sozialen, ökonomischen und ökologischen Umwelt.** Schließlich wirken auch **situative Faktoren** (z. B. Verlauf des Beratungs- bzw. Verkaufsgesprächs im Reisebüro, Zeit für die Reiseentscheidung etc.) auf den Entscheidungsprozeß ein *(vgl. Meffert 1992, S. 26f).*

Humanes System

Innerhalb des humanen Systems werden unterschieden

    a) interpersonale Determinanten sowie
    b) intrapersonale Determinanten,

die das Entscheidungsverhalten auf unterschiedliche Weise beeinflussen.

a) interpersonale Determinanten

Zu ihnen zählt auf der ökonomischen Seite die **finanzielle Situation** des Konsumenten und seine **Freizeitausstattung**.

Ob ein **Sportgerät** vorhanden ist, gemietet oder angeschafft werden muß, hat als Rahmenbedingung einen nicht zu unterschätzenden Einfluß auf die Entscheidung für oder gegen eine sporttouristische Betätigung. Dieser Einfluß wächst, je kürzer eine Reise geplant ist, da die Entscheidung für einen Tages-, Wochenend- oder auch Kurzurlaub zur Ausübung einer Sportart wesentlich leichter fällt, wenn das Sportgerät bereits vorhanden ist und nicht erst unter finanziellem Einsatz beschafft werden muß. Zur Verdeutlichung sei darauf hingewiesen, daß es hier nur um ausrüstungsintensivere Sportarten gehen kann.

Beispiel: Die Interesse oder die Entscheidung eines Müncheners für ein Wochenende zum Skilaufen in die Alpen zu fahren, fällt leichter, wenn die Skiausrüstung bereits vorhanden ist.

Soziale Faktoren werden erkennbar im Einfluß von

• **Mitgliedsgruppen**

• **Bezugsgruppen** und

• **Leitbildern** .

Innerhalb der Mitgliedsgruppen ist eine Differenzierung notwendig. Zunächst gibt es die **Primärgruppen**, die sich durch engen Kontakt der Gruppenmitglieder untereinander, geringe Gruppengröße und ein ausgeprägtes "wir-Gefühl" auszeichnen (z. B. Familie, Freundeskreis, Nachbarschaftsgruppe). Größer und damit relativ unpersönlich sind die **Sekundärgruppen**, bei denen nicht die emotionale, sondern die rationale Verbindung im Vordergrund steht *(z. B. Schule, politische Partei, Sportverein vgl. Bänsch, 1989, S. 85).* Der **Sportverein** oder eine bestimmte Abteilung kann durch besonders engen Zusammenhalt unter gewissen Umständen auch zur Primärgruppe avancieren *(zur Vertiefung Meffert 1992 und Kroeber-Riel 1990).*

Entscheidend in dieser stark verkürzten Darstellung ist, daß sich die Intensität des Gruppenbezugs auf die Reiseentscheidung auswirkt. In der **Familie** kann es gerade in Bezug auf Reisen zu **kollektiven Entscheidungsprozessen** kommen. Ein ausgeprägter Sporturlaub mit Ausübung nur einer Sportart macht in der Familie nur Sinn, wenn die gesamte Familie willens und in der Lage ist, sich diesem Sport einen Urlaub lang zu verschreiben.

Als Bezugsgruppen werden diejenigen Gruppen bezeichnet, mit denen sich das Individuum identifiziert, wobei eine Gruppenzugehörigkeit nicht bestehen muß. Eine besondere Bezugsgruppe stellen höhere soziale Schichten dar. Durch den Konsum bestimmter Güter (z. B. Fernreisen, Reisen zu sportlichen Großveranstaltungen, Skilaufen in den Rocky Mountains etc.) versuchen Individuen zu demonstrieren, daß sie dieser höheren sozialen Schicht angehören. Tatsächlich schaffen sie es jedoch nicht, schichtenspezifische Unterschiede (Ausbildung, Vermögen etc.) auszugleichen *(vgl. Meffert 1992, S. 83f)*

Eine besondere Rolle nehmen die Leitbilder als individuelle Bezugspersonen innerhalb der Bezugsgruppen ein. Als Leitbilder des Konsums fungieren berühmte Film-, Fernseh-, und Sportstars oder auch bekannte Politiker. Zu diesem Zweck werden sie von der Industrie verstärkt und ganz bewußt eingesetzt. In der Regel kommt es zu keiner totalen, sondern zu einer Teil-Identifikation eines Individuums mit bestimmten Eigenschaften seines Leitbildes *(vertiefend Dreyer 1986, S. 92ff)*.

Beispiel: Auf dem Sportsektor hat z. B. Bernhard Langer mit seinen Erfolgen und der einsetzenden Bereitschaft der Massenmedien, diese zu transportieren, den Golf-Boom in Deutschland ausgelöst. Dieser Boom hatte einen Anstieg der Golfreisen zur Folge. Von Reiseunternehmen wird Langer allerdings kaum als Konsum-Leitbild eingesetzt. In einem Bereich, der das Reisen indirekt betrifft, wirbt Langer für *Hexaglott* Sprachencomputer.

b) intrapersonale Determinanten

Zu den intrapersonalen Determinanten zählen
- **kognitive Determinanten**
- **aktivierende Determinanten** und
- **Persönlichkeitsdeterminanten.**

Kognitive Determinanten
Angesprochen sind die Prozesse der Informationsverarbeitung, die mit der **Wahrnehmung** beginnen und fortgeführt werden im problemlösenden Denken und **Lernen.**

Die Wahrnehmung, also die Aufnahme, Selektion und Interpretation von Stimuli *(vgl. Meffert 1992, S. 60f)*, ist die Grundvoraussetzung für das Entstehen von Verhaltensweisen und damit auch von Reiseentscheidungen. Reize werden je nach ihrer Intensität (Lautstärke, Helligkeit, räumliche Ausdehnung) und nach der von Mensch zu Mensch unterschiedlichen Wahrnehmungsschwelle entweder bewußt oder unbewußt registriert *(vgl. Dreyer 1986, S. 63f)*. In der Literatur wird kontrovers diskutiert, ob und

inwieweit unterschwellige Wahrnehmungen zu spezifischen Verhaltensweisen führen.
Der Wahrnehmung folgt die Speicherung im Gedächtnis und die problemlösende Verarbeitung des Erfahrenen. Auf die Lerntheorien soll hier nicht näher eingegangen werden.

Beispiel: Die praktische Bedeutung der kognitiven Determinanten kann in bezug auf Sportreiseangebote deutlich gemacht werden. Ob überhaupt und wie intensiv ein Reiseangebot aufgenommen wird, hängt z. B. von der Gestaltung des Prospektes ab.

Aktivierende Determinanten
Hierzu zählen **Emotionen, Bedürfnisse und Motive, Einstellungen und Images**.

Emotionen bezeichnen wahrgenommene **innere Erregungszustände** des Menschen, die mit gedanklichen Assoziationen und **inneren Bildern** verknüpft sind. In der Tourismuswerbung und hier insbesondere bei Sport- und Fernreisen spielt die Schaffung emotionaler Erlebniswerte eine besondere Rolle. Prospekte, Plakate, Fernsehspots u. dergl. schaffen durch erlebnisorientierte Bilder ein positives Wahrnehmungsklima, was sich wiederum positiv auf die Einstellung zu dem dargestellten Produkt auswirkt *(vgl. Meffert 1992, S. 48f).*

Tritt zu den emotionalen Vorgängen noch die Zielgerichtetheit des Verhaltens, so wird von Bedürfnissen bzw. Motiven gesprochen. **Motive erklären die Ursachen** und Beweggründe (das "warum?") menschlichen Handelns. Zu den bekanntesten Theorien zählt die Bedürfnishierarchie von *Maslow*, die mit Bezug zum Sporttourismus in *Abbildung 6* dargestellt wird. Es muß allerdings darauf hingewiesen werden, daß die Bedürfnisreihenfolge idealtypisch ist und situationsbedingt bzw. individuell auch anders ausgelegt sein kann *(vgl. Dreyer 1986, S. 70 sowie die dort angegebene Literatur).*

Abbildung 6:

Beziehungen hierarchischer Bedürfnisse zum Sporttourismus
(nach Maslow)

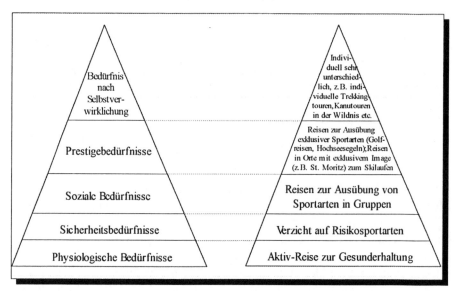

Kommt zu den Motiven noch eine Gegenstandsbeurteilung hinzu, so wird von **Einstellungen** (eindimensional) und **Images** (mehrdimensional) gesprochen. Für die Reiseverhaltensforschung sind Images besonders interessant, weil sie eine handlungsauslösende Komponente (Kauf- bzw. Buchungsbereitschaft) besitzen. Zudem lassen sich Images mit Semantischen Differentialen oder Polaritätsprofilen relativ leicht und anschaulich messen und im Zeitablauf vergleichen.

Ein Image ist die Gesamtheit aller subjektiven Ansichten und Vorstellungen ("Bild") eines Menschen von einem Meinungs-Gegenstand. Images besitzen eine Orientierungsfunktion, indem sie die Wahrnehmung und Interpretation der Umwelt steuern. Damit sorgen sie für eine Subjektivität und Verzerrtheit der Vorstellungsbilder, die zum Teil erheblich von der objektiven Realität abweichen können. Es gehört zum Wesen von Images, daß sie sich im Zeitablauf entwickeln und verfestigen, so daß sie zunehmend schwerer verändert werden können. Aufgebaut werden Images durch eigene oder fremde Erfahrungen, bewußt oder unbewußt (z. B. durch auf Imageveränderung abzielende Werbung).

Meinungs-Gegenstand von Images kann alles sein, worüber der Mensch
Gefühle, Meinungen und Werturteile äußern kann, z. B.

• **Produktartenimage** (Image von Golfreisen)
• **Firmenimage** (Image der TUI)
• **Geschäftsimage** (TUI-UrlaubCenter)
• **Markenimage** (Robinson Club der TUI)
• **Sportartenimage** (Image des Golfsports)
• **Personenimage** (Bernhard Langer)
• **Selbstimage** (Vorstellungsbild von sich selbst)
• **Image eines Staates als Reiseland**
• **Image eines Ortes als Reiseziel**

Persönlichkeitsdeterminanten
Hierzu zählen das **Involvement**, das **wahrgenommene Risiko** einer
Entscheidung und das dem Menschen innewohnende **Wertesystem.**

Mit **Involvement** wird das Engagement einer Person bezeichnet, sich für
bestimmte Sachverhalte zu interessieren (Ich-Beteiligung in bestimmten
Situationen *vgl. Kroeber-Riel 1990, S. 377ff).* Ist das Interesse gering, so
befindet sich die Person in einer Low-Involvement-Situation, andererseits
liegt bei großem Engagement eine High-Involvement-Situation vor.
Da der Urlaub zu den wichtigsten Freizeitbeschäftigungen des Menschen
zählt, kann davon ausgegangen werden, daß **mit zunehmender Dauer eines
geplanten Urlaubs** das Involvement zunimmt. Der Kauf einer Reise wird
also häufig einer **High-Involvement-Situation** entsprechen. Diese unterstellt,
daß auf eine kognitive Reaktion eine Einstellung in bezug auf einen
Sachverhalt (hier z. B. ein konkretes Reiseangebot) entsteht, die zu einem
bestimmten Verhalten (z. B. Buchung der Reise) führt. Der Reiseinteressent
stellt sich somit in der High-Involvement-Situation als echter "Problemlöser"
heraus, der sich vor der Buchung intensiv informiert *(vgl. Meffert 1992,
S. 69).*

Das **wahrgenommene Risiko** beschreibt die vom Käufer **als nachteilig
empfundenen Folgen der Entscheidung** für eine bestimmte Reise, stellt
also auf vor bzw. auch nach der Buchung bestehende kognitive Dissonanzen
ab *(vgl.Festinger 1957).*

Zu den wesentlichsten Möglichkeiten, vor der Reiseentscheidung bestehende
Unsicherheiten abzubauen, gehört eine **verstärkte Informationssuche** *(die
wichtigsten Reiseinformationsquellen stehen in Abbildung 7; zum Ablauf der*

Informationsgewinnung vgl. Wöhler 1993, S. 159) und das Zurückgreifen auf bekannte und bewährte **Markenprodukte**. Letzteres fällt im Sporttourismus aufgrund der hohen Marktdynamik mit sich ändernden Angeboten und der vielen kleinen, unbekannten Reiseveranstalter nicht immer leicht. Es zeigt aber, wie wichtig es ist, Markenprodukte mit gleichbleibender guter Qualität zu entwickeln.

Abbildung 7:
Die wichtigsten Reiseinformationsquellen

Reiseanalyse 1991			Gesamt	West	Ost
n ges = 4.465	**Basis in Mio.**		**41,5**	**32,3**	**9,2**
Mehrfachnennungen, Listenvorlage	(Angaben in %)				
Persönliche Gespräche					
Berichte und Empfehlungen v. Bekannten, Verwandten, Arbeitskollegen			38,7	37,4	43,1
Auskunft, Beratung in Reisebüro, Fremdenverkehrsbüro			20,0	20,0	19,9
Kataloge, Prospekte					
Kataloge von Reisveranstaltern, Ortsprospekte			19,3	18,7	21,6
Prospekte einzelner Unterkünfte			6,3	6,7	4,5
Gebiets-/ Länderprospekte			6,2	6,5	5,3
Neutrale Informationsquellen					
Reiseführer			8,1	9,4	3,8
Reiseseiten, -beilagen, -berichte			7,1	6,9	7,9
Berichte über Reisen, Länder im Fernsehen, Funk			4,7	4,5	5,3
Reisebücher, andere Bücher			3,3	3,7	1,8
Hotel-/ Campingführer			3,2	3,4	2,3
Werbung					
Anzeigen in Zeitungen, Zeitschr., Illustrierten, Plakate			5,2	4,2	8,8
Persönliche Kenntnis					
Bekannt aus eigener Erfahrung			37,2	39,7	28,3
Persönlich keine Informationsquelle genutzt			13,3	12,9	14,4

Quelle: Gilbrich 1992, S. 32f

Zu den Risiken bei der Entscheidung für Sportreisen zählen:

• **finanzielle Risiken**
Das gleiche oder ein absolut vergleichbares Reiseangebot wäre anderswo preiswerter gewesen.
• **reisetechnische Risiken**
Der Reiseablauf könnte gestört werden (z. B. Ausfall der für den alpinen Skilauf notwendigen Seilbahnanlage).

- **gesundheitliche Risiken**
  Es soll eine subjektiv als gefährlich empfundene Sportart (z. B. White Water Rafting) im Urlaub ausgeübt werden. Oder die Reise erfolgt in gesundheitlich problematische Gebiete (z. B. Ernährung beim Trekking in Nepal).

- **soziale Risiken**
  Die gewählte Reise findet möglicherweise nicht die gewünschte Anerkennung bei Mitglieds- oder Bezugsgruppen.

- **psychische Risiken**
  Dem Reisekunden stellt sich die Frage, ob sich die Urlaubsfreude bei der gewählten Reise auch einstellen wird (z. B. wenn im Urlaub eine Sportart erstmals und umfassend ausgeübt werden soll). Dementsprechend steigt bei großer Zufriedenheit mit einem vergangenen Urlaub die Wahrscheinlichkeit, diesen zu wiederholen *(vgl. Braun 1993, S. 306).*

Werte sind relativ stabile **Grundüberzeugungen**, die eine Auffassung von mehr oder weniger **Wünschenswertem** darstellen. Im Rahmen des Kaufverhaltens besitzen sie eine geringe Situationsabhängigkeit und tragen somit nur indirekt zur Verhaltenssteuerung bei *(Grümer 1993, S. 226).*
Das Wertesystem der Menschen unterliegt einem Wandel. So ist z. B. das Umweltbewußtsein in den letzten Jahren verstärkt im Wertesystem verankert worden. Allerdings führte dies nicht in jeder Beziehung zu umweltgerechtem Handeln der Individuen. Das Reisen mit dem Auto steht z. B. immer noch hoch im Kurs, obwohl 82% der Bundesbürger die Umweltbelastung durch den Autoverkehr als eines der größten Risiken der wachsenden Freizeit ansehen *(vgl. Opaschowski 1992b, S. 42f).*

Konkretes Sportreiseverhalten
Das tatsächlich beobachtbare Sportreiseverhalten ist das Ergebnis der Reiseentscheidung, die aus einer Reihe von Teilentscheidungen besteht. Neben der grundsätzlichen Entscheidung für eine Sportreise wird zuerst über den **Zeitpunkt** und das **Ziel der Reise (Tourismusort, dortige sportartbezogene Infrastruktur)** entschieden. Danach wird die **Dauer** der Reise festgelegt. Von nachrangiger Bedeutung im Entscheidungsablauf sind **Preis, Beherbergungsart, Verkehrsmittel** und **Organisationsform** der Reise *(vgl. Braun 1993, S. 305).*

2.2.2 Stellenwert des Sports als Reisemotiv

Der Motivforschung wurde in der bisherigen Urlaubsforschung kein breiter Raum gewidmet. Zwar gab es einige Versuche des Studienkreises für Tourismus, den Motiven mit Faktorenanalysen auf die Spur zu kommen, doch sind die Ergebnisse veraltet und in bezug auf den Sporttourismus wenig aussagefähig, wollte man auch noch das Problem der Abgrenzung von sportlicher Aktivität und Sporttreiben berücksichtigen. So wurde in der Reiseanalyse 1991 ein Sammelsurium an Reisemotiven und Reiseaktivitäten abgefragt, das als spätere Handlungshilfe für die Tourismuswirtschaft wenig geeignet war. Als Anhaltspunkt seien die auf den Sport bezogenen Ergebnisse in _Abbildung 8_ dargestellt.

Abbildung 8:

Sportbezogene Reisemotive und Reiseaktivitäten

Reiseanalyse 1991	Gesamt	West	Ost
n ges = 4.465 Basis in Mio. Mehrfachnennungen, Listenvorlage (Angaben in %)	41,5	32,3	9,2
Reisemotive, Bereich "Bewegung und Sport"			
Sich Bewegung verschaffen, leichte sportliche und spielerische Aktivitäten	42,0	42,7	39,7
Aktiv Sport treiben, sich trimmen	15,0	16,2	10,7
Reiseaktivitäten, Bereich "Sportliche Betätigungen"			
Schwimmen, Baden	69,0	71,6	59,6
Wanderungen	53,6	50,2	65,5
Bewegungs-, Ballspiele	30,5	31,9	25,5
Sporttreiben allgemein	25,6	25,3	26,5

Quelle: Gilbrich 1992, S. 24-27

Opaschowski nennt in einer jüngeren Untersuchung die hauptsächlichen Motive Ruhe (43%), Sonne (37%), Kontrast (34%), Natur (33%), Freiheit (31%), Spaß (28%), Kultur (28%), Kontakt (27%), Komfort (24%) und Aktivität (20%). Die Aussagefähigkeit für den Begriff "Aktivität" ist allerdings begrenzt, da er beispielhaft mit "Surfen an der kalifornischen Küste" unterlegt wurde, was ihn einseitig ausrichtet _(vgl. Opaschowski 1991, S. 22)._

In einer Delphi-Umfrage zur Zukunft des Schweizer Tourismus prognostizierten die Experten dem Reisemotiv "sportliche Aktivitäten" eine Steigerung in den nächsten 20 Jahren, insbesondere durch eine zu erwartende massive Erhöhung des Sportangebots. Als Hemmnis für eine Sportreise wurde angesehen, daß Sport noch stärker zu einer alltäglichen Tätigkeit wird, daß in der Schweiz zu wenig Sommersportaktivitäten möglich sind und daß in einigen Bereichen Sättigungsgrenzen erreicht sind _(vgl. Müller u. a. 1991, S. 31f)._

Nicht allein auf den Tourismus, sondern auf die Freizeit insgesamt, sind die Motive für das Sporttreiben bezogen, die _Opaschowski_ herausgefunden hat. Als Primärmotivation sieht er insbesondere den Spaß (71%) _(vgl. Opaschowski 1994b, S.16)._

Abbildung 9:
Individuelle Freizeitsportmotive

Primärmotive	
Positive Motivation	**Negative Motivation**
Spaß (71%)	Bewegungsmangel-Ausgleich (37%)
Gesundheit (60%)	Ausgleich zur Arbeit (30%)
Fitneß (48%)	Streß-Abbau (30%)

Quelle: Opaschowski 1994b, S.16

Ein wesentliches Motiv für die Ausübung von sportorientierten Reisen ist die Chance, **Flow-Erlebnisse** zu verspüren, denn Aktivitäten, Sport und Spiel zählen zu den typischen Bereichen, in denen diese vermittelt werden. Zu den Erlebniskomponenten zählen:

• Gefühl der Freude und Begeisterung
• Tätigkeit als Herausforderung
• Einklang von Anforderungen und Können
• Kontrolle über die Situation
• Bewegung im Fluß (Fortbewegung)
• Verlust des Gefühls für Zeit und Raum
• Vergessen der Alltagssorgen
• Konzentration auf die für die Tätigkeit relevanten Reize
• Verschmelzung von Denken und Tun
• Wunsch nach Wiederholung

(vgl. Anft 1993, S. 141ff)

2.2.3 Typologie der sporttouristischen Nachfrage mit Ansätzen zur Marktsegmentierung

Abbildung 10 zeigt die unmittelbar aus den Formen der Nachfrage entwickelten **Nachfragetypen im Sporttourismus.** Mit dieser Typisierung soll ein erster Schritt in Richtung einer Marktsegmentierung getan werden, der für jeden einzelnen Nachfragetypen im folgenden vertieft wird.

Abbildung 10:

Nachfragetypen im Sporttourismus

Nachfragetyp	Beschreibung	einige mögliche Reisemotive
a) Sport-orientierter Aktiv-urlauber	Sportliche Aktivitäten gehören zu einem wesentlichen Teil zum Urlaub, obwohl sie nicht die einzigen Betätigungen sind. Ausübung verschiedener Sportaktivitäten.	physische Motive - aktive Erholung - Fitneß - Gesundheit - Rehabilitation interpersonelle Motive - Geselligkeit psychische Motive - Spaß - Erlebnisdrang
b) Sport-urlauber	Vollständige Ausrichtung der Reise auf die Ausübung von Sport.	physische Motive - Sport treiben - Bewegungsdrang - Erlernen einer neuen Sportart psychische Motive - Spaß Prestigemotive - Wunsch nach Anerkennung - persönliche Entfaltung
c) Trainings-reisender	Reise eines Leistungssportlers ins Trainingslager.	physische Motive - Leistungsverbesserung
d) Wettkampf-reisender	Reise eines Leistungssportlers zur Wettkampfstätte	physische Motive - Leistungsverbesserung Prestigemotive - Wunsch nach Anerkennung - finanzielle Motive
e) Veranstal-tungstourist	Reise zum Besuch von Sportveranstaltungen. Es liegt passives Sportinteresse vor.	psychische Motive - Abwechslung interpersonelle Motive - (Geschäfts-)Kontakte Prestigemotive - Wunsch nach Anerkennung

a) sportorientierter Aktivurlauber

Unter sportorientierten Aktivurlaubern sollen hier jene Reisenden verstanden werden, die zu einem wesentlichen Teil sportliche Aktivitäten im Urlaub ausüben. Dabei konzentrieren sich die Aktivurlauber nicht auf eine bestimmte Sportart, sondern widmen sich verschiedenen Sportaktivitäten. Die derart charakterisierten Reisenden buchen z. B. häufig einen Urlaub in einem Club (Club Mediterranee mit dem durchschnittlich wohl umfangreichsten Sportangebot, Robinson Club mit entweder stärker oder weniger stark auf sportliche Aktivitäten ausgerichteten Destinationen etc.).

Abbildung 11:
Urlaubsaktivitäten der Deutschen

Frage: "Was haben Sie in Ihrem letzten Urlaub alles gemacht?" (Mehrfachnennungen möglich)	
Aktivität	%
Ausflüge machen	70
Baden, Schwimmen	56
Wandern	54
In der Sonne liegen	51
Einkaufsbummel machen	50
...(es folgen zunächst weitere Nennungen)	
Sporttreiben	22
Fahrradfahren	19

Quelle: Opaschowski 1992c, S. 60

Das Interesse an einem Cluburlaub oder anderen aktiveren Urlaubsformen steigt bereits seit einigen Jahren an. Das Wasser als Element zum Baden und Schwimmen spielt dabei nach wie vor eine entscheidende Rolle, wie die Untersuchung von Opaschowski *(Abbildungen 11 und 12)* unter Beweis stellt. Besonders beliebt ist der Sprung in das kühle Naß bei jungen Leuten. Ganz bewußt zählen daher in Urlaubsparks, die auf Familien mit Kindern als wesentliche Zielgruppe ausgerichtet sind (z. B. die Center Parcs oder die Bungalowparks von Gran Dorado), Wasserparadiese zum Herzstück der Anlagen.

Abbildung 12:
Zielgruppen ausgewählter sportlicher Urlaubsaktivitäten

Zielgruppe (Angaben in %)	Baden, Schwimmen	Wandern	Sport treiben	Fahrrad fahren
Jugendliche (West)	87	36	46	31
Jugendliche (Ost)	_72_	_42_	_50_	_36_
Junge Erwachsene (West)	72	31	42	20
Junge Erwachsene (Ost)	_54_	_34_	_19_	_6_
Singles (West)	68	38	37	17
Singles (Ost)	_(keine Angaben)_			
Paare (West)	67	35	28	15
Paare (Ost)	_41_	_63_	_23_	_14_
Familien mit Kindern (West)	70	48	24	31
Familien mit Kindern (Ost)	_68_	_61_	_25_	_22_
Familien mit Jugendlichen (West)	64	44	32	23
Familien mit Jugendlichen (Ost)	_48_	_54_	_34_	_13_
Jungsenioren (West)	49	69	12	20
Jungsenioren (Ost)	_31_	_71_	_9_	_9_
Ruheständler (West)	23	71	2	7
Ruheständler (Ost)	_26_	_67_	_12_	_8_

Quelle: Opaschowski 1992c, S. 61

Auch beim Fahrradfahren oder in bezug auf die allgemeine Aussage "Sporttreiben" sind junge Leute überdurchschnittlich interessiert, während Wandern eine Domäne der Älteren ist. Opaschowski zeigt aber auch, daß es durchaus eine Konkurrenz außersportlicher Aktivitäten gibt.
In einer Untersuchung aus dem Jahr 1993 macht er zusätzlich deutlich, daß die Urlaubswünsche einzelner Nationalitäten im zusammenrückenden Europa ganz unterschiedlich sein können.

Während die insgesamt "seelenverwandten" Österreicher und Deutschen besonders großen Wert auf das Baden in der freien Natur legen, genügt den gemütlichen und aktiven Dänen ein Swimmingpool. Relativ wenig Bedeutung besitzen Möglichkeiten zum Fahrradfahren, was allerdings im Gegensatz zu dem _(nicht nur in einigen Beiträgen dieses Buches)_ ausgemachten Aufschwung des Fahrradtourismus´ steht.

Abbildung 13:
Europäischer Vergleich ausgewählter Kriterien
für die Wahl eines Urlaubsziels

Nationalität (Angaben in %) Kriterium	Öster- reich	Deutsch- land	Däne- mark	Fran- kreich	Groß- britan- nien	Nieder- lande
Sauberkeit	59	58	6	39	48	22
Schöne Landschaft	53	64	31	34	45	50
Gemütliche Atmosphäre	51	49	77	24	44	28
Restaurants, Cafés, Kneipen	23	23	66	12	24	10
Sonnengarantie	35	24	9	62	56	39
Bademöglichkeiten im Meer/ See	45	40	4	32	21	26
Swimmingpool	16	14	43	12	28	15
Sportmöglichkeiten	19	19	39	18	14	8
Fahrradwege, Fahrradvermietung	10	12	1	5	3	10
Ausgebautes Wanderwegenetz	13	17	3	17	17	12

Quelle: Opaschowski 1993a, S. 46-51

Ausgangspunkt der Untersuchung war die Frage nach den Wünschen an einen Tourismusort vor Beginn der Reise. Somit war das Interesse an Aktivitäten zwar vorhanden, in welcher Intensität diese am Urlaubsort allerdings konkret umgesetzt werden, ist unklar.

Licht in das Dunkel versuchte der Studienkreis für Tourismus mit seiner Reiseanalyse zu bringen. In *Abbildung 14* werden Sportarten aufgeführt, die tatsächlich im Urlaub ausgeübt wurden. Die Ergebnisse sind allerdings nur sehr bedingt aussagefähig, da die Fragestellung auf die Haupturlaubsreise beschränkt war und die Liste der Sportarten vorgegeben wurde. Der nicht seltene Fall, daß ein Sporturlaub als kürzerer Zweiturlaub absolviert wurde (z. B. ein Skiurlaub oder eine einwöchige Ruderwanderfahrt), fand keine Berücksichtigung. Neuere, im Trend liegende Sportarten fehlten in der vorgegeben Sportartenliste. 1992 wurde die Möglichkeit der Mehrfachnennungen genommen. Ein Vergleich zu den Vorjahren ist nicht möglich.

Abbildung 14:

Ausgeübte Sportarten im Urlaub
(Vergleich aus Reiseanalysen von 1984 - 1992)

Jahr Sportart (Angaben in %)	1992(*)	1991	1990	1989	1988	1984
Schwimmen	26,5	65,0	61,8	64,6	65,3	64,7
Wandern	17,7	53,3	49,6	43,8	44,5	51,7
Ball-/Bewegungsspiele	7,3	24,0	21,9	21,2	21,8	17,9
Radfahren	8,9	17,0	15,6	15,4	14,4	10,2
Tischtennis		9,0	8,7	8,8	8,5	8,1
Jogging	3,7	8,0	7,8	9,2	9,3	7,6
Rudern/Paddeln, ab '93 Kanu fahren	1,3	7,1	6,9	6,4	6,9	5,7
Gymnastik	2,1	6,6	7,2	7,4	8,1	6,0
Klettern/Bergsteigen	2,4	5,8	5,5	5,8	5,5	6,0
Tennis	4,4	5,4	5,6	6,7	6,7	5,7
Motorboot fahren	2,0	5,2	4,6	6,4	5,9	
Tauchen	2,5	4,3	4,3	4,8	5,2	5,0
Kegeln/Bowling		3,6	3,8			
Windsurfen	2,3	3,4	3,4	4,7	4,7	4,8
Angeln	0,9	3,1	2,4			
Segeln	1,3	2,8	3,2	3,8	4,1	4,1
Reiten	1,0	1,7	1,9			
Ski alpin	1,0	1,6	1,3			
Golf	0,5	1,1	1,4			
Ski-Langlauf	0,8	1,0	1,1			
Eissport	0,3					
keine Angaben		14,1	16,0	16,1	15,6	8,8

(*) 1992 waren im Gegensatz zu den Vorjahren keine Mehrfachnennungen mehr möglich. Daher sind die Zahlen für einen Vergleich nicht aussagefähig!

Quelle: Eigene Darstellung, zusammengestellt aus Tabellen der Reiseanalysen des Studienkreises für Tourismus, Starnberg

Entsprechend dem touristischen Sportangebot der Urlaubsländer, gestaltet sich die Ausübung unterschiedlich. Während Österreich-Sportreisende besonders häufig Wandern (71%), Klettern/ Bergsteigen (12%) und Ski alpin (9%) betreiben, ist bei Italien-Urlaubern besonders häufig Schwimmen (68%), Klettern/ Bergsteigen (9%) und Tennis (8%) zu finden. In Frankreich liegen Schwimmen (78%), Radfahren (24%) und Surfen (14%) vorn _(vgl. Datzer 1993, S. 62f)._

Einer der sicher zunehmenden Marktsegmente im sportorientierten Aktivurlaub wird der Gesundheitsurlaub sein. Gesundheit als physisches Reisemotiv _(zur Zuordnung von Tourismusarten zu einzelnen Motivationsgruppen vgl. Kaspar 1993, S. 25)_ ist hier im Sinne von Wellness und Fitneß zu verstehen. Wachstumsmöglichkeiten bestehen in Form ganzheitlicher Angebote. Dazu zählen z. B. eine ausgewogene Ernährung, ein unter Betreuung stehendes Fitneßprogramm, das Angebot von Sauna und autogenem Training sowie ein geselliges Rahmenprogramm. Der Zielgruppe entsprechend, sollten die Beherbergungsbetriebe und Tourismusorte auch auf eine verstärkte Ökologieorientierung achten.

Die Reisemotive Erholung und sportliche Aktivität können auf unterschiedlichste Weise kombiniert werden. Ein anderes Beispiel zeigt den Versuch von Hapag Lloyd, zahlungskräftige Kunden zu binden, indem sie eine Kreuzfahrt mit der Möglichkeit des Golfspielens als Landgang verbinden.

Für eine differenzierte Marktbearbeitung reichen die bisherigen Informationen über die sportorientierten Aktivurlauber keinesfalls aus, denn die Abgrenzung möglicher Touristen-Zielgruppen voneinander ist unklar. Hier besteht erheblicher Forschungsbedarf.

Opaschowski hat den Versuch unternommen, die Trendsetter im Tourismus der 90er Jahre mit einer Lifestyle-Typologie _(oder "Vacationstyle"-Typologie, Anm. d. Verf.)_ dingfest zu machen, wobei die Typen-Bezeichnungen vor der Feldforschung bereits feststanden. Immerhin gehen aus der Untersuchung auch jene Urlaubertypen hervor, die einen mehr oder minder ausgeprägten Hang zu sportorientierten Aktivitäten aufweisen. Diese sind _Abbildung 15_ zu entnehmen:

Abbildung 15:

Typologie der Reise-Trendsetter

Typus Nachfragepo- tential	Soziodemogra- phische Merkmale	Besondere Ansprüche	Spezielle Aktivitäten	"In"-/ Trendziele
Globetrotter 23,3 Mio.	Jugendliche Jge. Erwachsene Singles	Sportmöglich- keiten Fitneß- programme Restaurants, Cafés, Kneipen	In der Sonne liegen **Baden Schwimmen**	Florida Hawaii Südsee
Spontis 15,6 Mio.	Männer Singles Jge. Erwachsene	Gute Einkaufs- möglichkeiten Sportmöglich- keiten	**Baden Schwimmen** Einkaufsbummel	Australien Karibik Hongkong
Abenteurer 11,2 Mio.	Männer Jge. Erwachsene Höhere Bildung	**Naturbade- möglichkeiten im Meer/See** Kontakt mit Einheimischen	Sporttreiben Tanzengehen Disco besuchen **Baden, Schwimmen**	Island Bali Java Ägypten
Solisten 3,8 Mio.	Singles Großstädter	Preiswerte private Unterkunft	**Wandern Fahrradfahren** Einheimische kennenlernen	Grönland Sibirien

Anm. d. Verf.: Andere als die fett gedruckten Sportarten wurden nicht erhoben.
Quelle: Opaschowski 1992c, S. 42-48

b) Sporturlauber

Definition
Definitionsgemäß soll in einem Sporturlaub die Ausübung **einer** bestimmten **Sportart** im Vordergrund stehen. Mit dieser Beschreibung ist eine Abgrenzung vom sportorientierten Aktivurlaub möglich.

Beispiele: Skiurlaub in den Alpen, Surfurlaub auf Maui, Tenniscamp in Florida, Golfurlaub an der Algarve.

Marktpotential
Der Studienkreis für Tourismus hat in der Reiseanalyse 1992 gefragt: "Als was würden Sie Ihre (Haupt-) Urlaubsreise, die Sie im Jahre 1992 gemacht

haben, am ehesten bezeichnen?" Dabei wurde erhoben, daß 4,4% der Deutschen einen Sporturlaub unternommen haben *(vgl. Studienkreis für Tourismus 1993)* Diese Zahl dürfte allerdings zu niedrig sein, da mit der Fragestellung nach der (Haupt)-Urlaubsreise die nicht selten als Zweiturlaub gestalteten Sportreisen nicht berücksichtigt wurden *(siehe auch Begründung zu Abb. 14)*.

Bei der Frage nach dem Interesse an Urlaubsformen, also dem "weichen" Potential Reisewilliger, bekannten sich 12,1% der Deutschen zu einem Interesse an Sporturlaub und zusätzlich 22,2 % zu einem Interesse an Winterurlaub im Schnee , wobei hierunter auch noch ein Teil Winter-Sporturlauber zu finden sein werden. Daß die Zahl der an einer Sportreise Interessierten die Zahl der tatsächlichen Sportreisenden übersteigt, entspricht der Realität, denn zwischen Reisewunsch und -wirklichkeit klafft eine deutliche Lücke, auch wenn mehrere Reisen im Jahr absolviert werden sollten. Hinzu kommt, daß bei der Frage nach dem Reiseinteresse Mehrfachnennungen zugelassen waren.

Eine Bestätigung der Größenordnung im Marktsegment Sporturlaub läßt sich einer aktuellen Untersuchung Opaschowskis entnehmen. Er macht in Deutschland ein potentielles Marktsegment von 14% für Aktivurlaub fest, der für die Befragten mit "sportlich und immer in Bewegung sein" definiert wurde und somit mehr dem hier behandelten Sporturlaub entspricht (Mehrfachnennungen mit anderen Urlaubsformen waren möglich). 14% Aktivurlauber entsprechen bei einer Grundgesamtheit von 62,6 Millionen Deutschen ab 14 Jahren 8,7 Millionen Menschen *(vgl. Opaschowski 1994, S. 17)*.

Im 1994 veröffentlichten Forschungsbericht zur wirtschaftlichen Bedeutung des Sports wird geschätzt, daß **1990 in den alten Bundesländern 4,9 Milliarden DM für Sporturlaub** ausgegeben wurden *(vgl. Weber u. a., 1994, S. 263)*, wobei in die Ausgabenstruktur die Umsätze bei Reiseveranstaltern, -mittlern, Beherbergungsbetrieben, Tankstellen, Autowerkstätten sowie öffentlichen Verkehrsmitteln einbezogen wurden. Für die Reiseveranstalter und -mittler wurde ein Umsatzvolumen von 478,8 Millionen DM (inclusive Mehrwertsteuer) geschätzt *(vgl. Weber u. a. 1994, S. 146f)*.

Die auf die Pro-Kopf-Ausgaben 1990 bezogenen Werte ausgewählter sportbezogener Ausgabearten sind *Abbildung 16* zu entnehmen. Sie zeigen die bis heute sicherlich nur zum Teil nachgeholten Entwicklungschancen einiger Märkte.

Abbildung 16:
Durchschnittliche Pro-Kopf-Ausgaben
ausgewählter sportbezogener Ausgabearten 1990

Sportausgabearten	Pro-Kopf-Ausgaben in DM alte Bundesl.	Pro-Kopf-Ausgaben in DM neue Bundesl.	Pro-Kopf-Ausgaben in DM gesamt
Sportbekleidung und -schuhe	126	106	232
Sportgeräte	89	68	117
Sporturlaub	91	15	106
Fahrten zur Sportausübung	57	39	96
Vereinsbeiträge	50	24	74
Ausg. f. eigenfinanz. Training und Gebühren f. Sporttreiben in erwerbswirtschaftl. Einrichtungen	55	14	69
Eintrittsgelder für Sportveranstaltungen	25	15	40

Quelle: Weber u. a. 1994, S. 40f

Touristische Bedeutsamkeit ausgewählter Sportarten
Der Sporturlaub bezieht sich auf die während des Urlaubs im Vordergrund stehende Sportart. Wie eingangs gezeigt wurde, differenzieren sich diese Sportarten immer stärker aus. Über die touristische Entwicklung einiger Sportarten wird im folgenden kurz berichtet.

Für die **Wintersportferien in den Bergen** scheint die Sättigungsgrenze in erreichbarer Nähe zu liegen. Schweizer Experten rechnen höchstens noch mit einem stark abgeschwächten Wachstum bis zum Jahr 2010.

Den Chancen bestehend aus

- Steigerung des Wunsches nach Bergferien aufgrund steigender Umweltverschmutzung in den Ballungsgebieten
- zentrale Lage der Alpen in Europa
- neue Wintersportformen
- Verbesserungsmöglichkeiten des Marketings

stehen gewichtige Gründen eines gebremsten Wachstums gegenüber:

- klimatische Veränderungen
- nur schneesichere Orte "überleben"
- Sonne und frische Luft werden wichtiger als Schnee
- attraktive Konkurrenz durch "Sommerferien im Winter"
- Sättigungserscheinungen und Kapazitätsbegrenzungen, insbesondere bezüglich Transport und Pisten
- demographische Veränderungen
- Lebenszyklus von Sportferien ganz allgemein und von Wintersportferien im speziellen in der Abschwungphase
- großes Unfallrisiko.

(Müller u. a. 1991, S. 12)

Man darf gespannt sein, wie die vom Wintersport geprägten Orte die Entwicklung zu ihren Gunsten verändern wollen. Vieles spricht dafür, daß der Qualitätstourismus im Wintersport eine zukunftsträchtige Strategie ist, da sie ökologische Erfordernisse und marktliche Gegebenheiten vereinbaren könnte.

Maßnahmen: Denkbar sind Kapazitätsbeschränkungen für ein Skigebiet. Sie verschaffen jedem einzelnen Skifahrer mehr Raum zur Ausübung des Sports und vermindern das Unfallrisiko. Darüber hinaus können Ski-Hostessen oder Ranger für die Überwachung eines reibungslosen Skibetriebs sorgen. Auf diese Weise ist es möglich, Rowdies an der Gefährdung anderer Sportler und am Befahren gesperrter Waldgebiete zu hindern, indem sie von den Pisten verbannt werden.
Diese verbesserten Serviceleistungen sind nur mit erhöhtem Personaleinsatz möglich. Die darsus resultierenden Kosten müssen auf die Skiläufer abgewälzt werden.

Einen touristischen Boom, ausgehend von niedrigem Niveau, erlebte der **Golftourismus** in Deutschland. Bezogen auf inländische Ziele, stellt sich die Frage, ob und wie schnell sich das amerikanische Konzept der Golf Resorts in Europa ausbreitet.

Beispiel: Golf Resorts zeichnen sich dadurch aus, daß ein oder mehrere 18-Loch-Golfplätze zusammen mit einer Feriensiedlung angelegt sind. In den U.S.A. ist es vielerorts möglich, Eigentum an längs der Fairways stehenden Bungalows zu erwerben.
Einen Import des "amerikanischen Modells" stellt das von *Gran Dorado* betriebene *"Park Village - Golfhotel & Country Club"* in Stromberg/Bingen am Rhein dar.

Als größtes Golf Resort Deutschlands hat sich Bad Griesbach einen Namen gemacht. Derzeit gibt es u. a. drei 18-Loch-Golfplätze, weitere sind geplant, sowie ein Golfodrom. Als Beherbergungsbetriebe stehen mehrere First Class Hotels zur Verfügung, die zusätzlich Fitness- und Wellness-Programme anbieten.

Aber auch für internationale Ziele ist der deutsche Markt interessant geworden (outgoing-Golftourismus). Ein Grund dafür ist in der relativ leichten Eingrenzung der Zielgruppen (höchste soziale Schicht, hohes Einkommen, überdurchschnittliche Bildung) zu finden. Diese zeichnen sich durch große Homogenität aus und sind daher mit den Mitteln der Kommunikationspolitik der Reiseunternehmen ohne größere Streuverluste zu erreichen.
Ein beliebtes Ziel ist z. B. die Algarve, Portugals Südküste, wo seit den 80er Jahre viele Golfplätze neu entstanden sind.

Marktsegmentierungskriterien
Aufgrund der Erkenntnisse der Reiseanalyse läßt sich die Zielgruppe der "Sporttreibenden" wie folgt durch überdurchschnittlich hohe Anteile in folgenden Gruppierungen beschreiben:

- Altersgruppe bis 29 Jahre oder zwischen 40 und 49 Jahre
- entweder in Berufsausbildung oder selbständig/freier Beruf
  bzw. leitende Angestellte/höhere Beamte
- hohes Haushaltseinkommen
- höchste soziale Schicht
- mehrfach Reisende
- überdurchschnittlich häufig mit Caravan/Wohnmobil unterwegs
- oftmals auch im Ferienhaus/-wohnung
(vgl. Datzer 1993, S. 63)

Diese Kriterien bieten allerdings nicht mehr als eine Idee, in welcher Form Sporturlaubs-Zielgruppen gebildet werden können, da sie für ein effektives Marketing überhaupt nicht trennscharf sind. Gravierende Unterschiede bestehen z. B. im Hinblick auf die verschiedenen Sportarten.

Beispiel: Snowboarding ist nur etwas für die jüngeren Altersgruppen, der alpine Skilauf wird dagegen von allen Altersschichten betrieben, während auf den Golftourismus verstärkt die Altersgruppe über 40 Jahre (aber ohne Wohnmobil) zutrifft.

Die Analyse der Sportarten hinsichtlich der mit der Ausübung verbundenen sozialen Kontakte führt einen kleinen Schritt weiter. Als zusätzliches Marktsegmentierungskriterium ergibt sich der **Gruppenbezug**, durch den sich Sportarten deutlich unterscheiden. Folgende Einteilung ist möglich:

• die zur Ausübung einer Sportart notwendige Personenzahl
  (Einzel-, Partner- oder Mannschaftssport, z. B. Drachenfliegen, Tennis oder Riverrafting)
• die Möglichkeit familiärer Sportausübung
  (hier können Familien als gesonderte Zielgruppe angesprochen werden)
• unterschiedliche Möglichkeit sozialer Kontakte vor, während und nach der Ausübung des Sports
  (z. B. Ski alpin: Während der Abfahrt ist der Sportler auf sich allein gestellt, dagegen sind die Kontaktbarrieren beim aprés-Ski häufig gering)
• unterschiedliche Intensität sozialer Kontakte vor, während und nach der Ausübung des Sports
  (hervorzuheben sind die ein Gruppenerlebnis vermittelnden Sportarten wie z. B. Ruderwanderfahrten)

c) Trainingsreisender

Über diesen Typ eines Sportreisenden gibt es bisher kein Zahlenmaterial. Einige der auftauchenden Fragen für die Eingrenzung des Marktes sind:

• Wodurch unterscheiden sich Profisportler von Amateuren in bezug auf die Abhaltung von Trainingslagern?
• Wie lange dauert ein Trainingslageraufenthalt durchschnittlich?
• Welche Beherbergungsart wird bevorzugt?
• Welche Entfernung wird durchschnittlich zum Ort des Trainingslagers zurückgelegt?

d) Wettkampfreisender

Hier existieren die gleichen Erkenntnisdefizite wie bei den Trainingsreisenden. Für Deutschland gilt, daß das Auftreten von Europaligen und die Zunahme eingleisiger Bundesligen die durchschnittliche Reiseentfernung und wohl auch die Übernachtungsdauer erhöht.

e) Veranstaltungstourist

Die Zahl der interessanten und hochkarätig besetzten Sportwettkämpfe steigt. Für die passiv Interessierten bieten einige Reiseunternehmen (Poppe, Dertour) Reisen zu Sportveranstaltungen in Verbindung mit Besichtigungsprogrammen an. Der Trend zu mehreren kürzeren Reisen jährlich kommt diesem Marktsegment entgegen, in dem Reisen unter einer Woche überwiegen. Konkurrenz erwächst dem Sport-Veranstaltungstourismus durch das steigende Interesse an Reisen zu kulturellen Veranstaltungen.

Veranstaltungsreisen werden von Unternehmen gern als Incentives für besonders verdienstvolle Mitarbeiter oder zur Schaffung von Goodwill bei wichtigen Kunden genutzt _(in Teil B. 3. wird eine Untersuchung anläßlich der Olympischen Sommerspiele in 1992 dargestellt)._

2.3 Das Management der Unternehmen im Sporttourismus

Erfolgreiches sporttouristisches Management bedarf einer abgestimmten Vorgehensweise im Unternehmen. Es muß eine Ausrichtung der Handlungsweisen an den übergeordneten Wertvorstellungen im Unternehmen erfolgen. Werden operationale Ziele und die sich daraus ergebenden Maßnahmen von den übergeordneten Wertvorstellungen abgeleitet, so entsteht eine Hierarchie sich zunehmend konkretisierender Ziele, die modellhaft in Form einer Pyramide dargstellt werden kann. Von oben nach unten werden die Ziele zunehmend konkreter und detaillierter, so daß im Ergebnis auch die Zahl der Ziele zunimmt. Die Ziele stehen in einer Zweck-Mittel-Beziehung zueinander. Das jeweils untergeordnete Ziel stellt zugleich das Mittel zur Erreichung des jeweils übergeordneten Ziels dar. _(vgl Becker, 1993, S. 27ff)_

Abbildung 17 zeigt auf der rechten Seite die an _Becker_ angelehnten Bausteine der **unternehmenspolitischen Zielpyramide**, während auf der linken, nach vorne gewandten Seite die der jeweiligen Ebene entsprechenden **Begriffe und Inhalte für die Marketingpolitik** dargestellt werden.

Die allgemeinen Wertvorstellungen werden in Form von **Unternehmensgrundsätzen** formuliert (im Tourismus wird häufig von einem **"Leitbild"** gesprochen), in denen das **Verhalten des Unternehmens** in Bezug auf die Marktteilnehmer, die Umwelt, die Mitarbeiter

Abbildung 17:

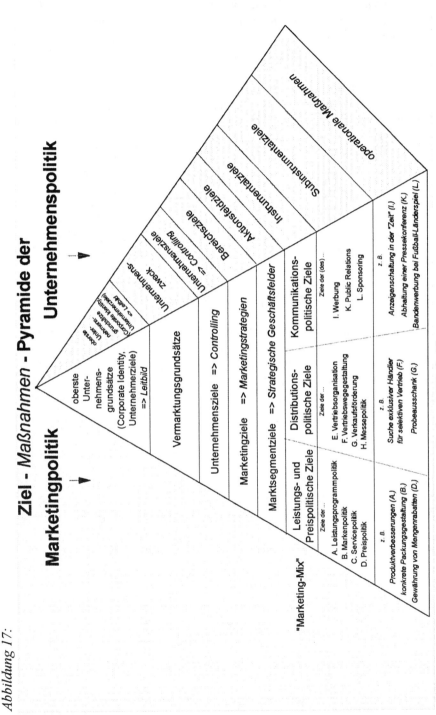

Ziel - *Maßnahmen* - **Pyramide der Unternehmenspolitik**

Marketingpolitik

oberste
Unter-
nehmens-
grundsätze
(Corporate Identity,
Unternehmerziele)
=> *Leitbild*

Vermarktungsgrundsätze

Unternehmensziele => Controlling

Marketingziele => Marketingstrategien

Marktsegmentziele => Strategische Geschäftsfelder

Unternehmens-
zweck
Unternehmensziele
=> Controlling

Bereichsziele

Aktionsfeldziele

Instrumentalziele

Subinstrumentalziele

operationale Maßnahmen

"Marketing-Mix"

Leistungs- und
Preispolitische Ziele

Ziele der ....

A. Leistungsprogrammpolitik
B. Markenpolitik
C. Servicepolitik
D. Preispolitik

z. B.
Produktverbesserungen (A.)
konkrete Packungsgestaltung (B.)
Gewährung von Mengenrabatten (D.)

Distributions-
politische Ziele

Ziele der ....

E. Vertriebsorganisation
F. Vertriebswegegestaltung
G. Verkaufsförderung
H. Messepolitik

z. B.
Suche exklusiver Händler
für selektiven Vertrieb (F.)
Probeausschank (G.)

Kommunikations-
politische Ziele

Ziele der (des) ...

I. Werbung
K. Public Relations
L. Sponsoring

z. B.
Anzeigenschaltung in der "Zeit" (I.)
Abhaltung einer Pressekonferenz (K.)
Bandenwerbung bei Fußball-Länderspiel (L.)

Quelle: Rechte Pyramidenseite in Anlehnung an Becker, 1993, S. 27

(Führungsgrundsätze) etc. beschrieben wird *(vertiefend Becker, 1993, S. 28ff)*. Damit wird dem Unternehmen von Seiten des Unternehmers oder - in größeren Unternehmen - der Personen im Vorstand als Führungsgremium seine **Identität** verliehen (corporate identity).

In der zweiten Ebene der Zielpyramide wird die Grundausrichtung des Unternehmens konkretisiert. Es werden Aussagen gemacht über die Rolle des Unternehmens in der Branche (angestrebte Marktführerschaft, Nischenpolitik etc.), die Art und Qualität der angebotenen Leistungen, die geographische Ausdehnung, das Potential an Personal und Sachmitteln etc.*(vertiefend Becker, 1993, S. 35ff)* Für das Marketing werden die Grundsätze der Vermarktung formuliert.

Beispielhafte Formulierung aus den Vermarktungsgrundsätzen eines Reiseveranstalters: "Wir vertreiben qualitativ hochwertige Sportreisen und legen großen Wert auf die kompetente Beratung der Kunden im Reisebüro. Zu diesem Zweck verfolgen wir eine selektive Vertriebsstartegie, in der nur unseren Ansprüchen genügende Reisemittler als Partner ausgewählt werden. Diese erhalten umfangreiche Produktschulungen.

Der nächste Schritt der Konkretisierung führt zu den Unternehmenszielen, in Form von Umsatz-, Rendite-, Marktanteilszielen etc. Bei richtiger Anwendung des Controllingbegriffs (Steuerung von der Planung bis zur Kontrolle und nicht nur Kontrollfunktion), muß das Controlling bereits auf dieser Ebene ansetzen. Dem Controlling unterliegt die Zielformulierung, die für die strategische Ausrichtung des Unternehmens maßgeblich ist.

Die Bereichsziele stellen die Mittel dar, um die Unternehmensziele zu erreichen. Die Marketingziele führen zu Marketingstrategien. Außer im Falle einer unifizierenden Marketingstrategie hat das Marktsegmentierungen zur Folge, so daß einzelnen strategische Geschäftsfelder gebildet werden, die jeweils mit unterschiedlichen Kombinationen der Marketinginstrumente ("Marketing-Mix") bearbeitet werden *(zu den Marketinginstrumenten wird in Kapitel A. III. von Dreyer ausführlich Stellung bezogen)*.

Abbildung 18:

Das Leitbild der Hauser Exkursionen International GmbH

Wir als Reiseunternehmen

1 Wir verstehen uns als ein nach kommerziellen Grundsätzen geführtes Unternehmen, das die Reisebedürfnisse seiner Kunden bestmöglich befriedigen und angemessene wirtschaftliche Ergebnisse erzielen will. Wir werden dieses Ziel dauerhaft nur dann erreichen können, wenn es uns gelingt, die Chancen des Reisens besser zu nutzen und gleichzeitig seine Gefahren abzubauen. Wir wollen uns daher für Formen des Tourismus einsetzen, die gleichermaßen wirtschaftlich ergiebig, sozialverantwortlich und umweltverträglich sind.

6 Wir wollen über unsere Kataloge, Reiseinformationen und Reiseleiter unsere Kunden sachlich und umfassend informieren und Interesse dafür wecken, ein bereistes Land in seiner Gesamtheit zu erfahren. Unsere Werbung soll attraktiv, aber immer ehrlich und verantwortungsbewußt sein. Sie verzichtet auf die üblichen Superlative und klischeehaften Darstellungen in Wort und Bild. Ganz besonders achten wir auf eine respektvolle Beschreibung der Bevölkerung in den Zielgebieten.

2 Wir sehen unsere Kunden als aufgeschlossene Menschen, die in ihrem Urlaub körperlich und geistig aktiv sein wollen. Wir wissen auch, daß die Zahl der vielseitig interessierten, rücksichtsvollen und umweltbewußten Reisenden immer größer wird. Wir wollen solche Eigenschaften und Haltungen ansprechen und fördern.

7 Wir übertragen unseren Reiseleitern besondere Verantwortung bei der Durchführung und Einhaltung unserer Vorstellung von umwelt- und sozialverträglichem Reisen während der Touren. Wir knüpfen an diesen Beruf höchste Anforderungen und unternehmen besondere Anstrengungen zugunsten einer umfassenden Aus- und Fortbildung.

3 Wir wollen auf die Interessen der einheimischen Bevölkerung, auf ihre Eigenständigkeit und ihren Wunsch nach Selbstbestimmung Rücksicht nehmen. Wir respektieren die angestammten Gesetze, Sitten und Bräuche und die kulturelle Eigenart. Wir wollen uns stets daran erinnern, daß wir als Reiseunternehmen und als Touristen bei der einheimischen Bevölkerung zu Gast sind.

8 Bei Reisen, Ausflügen und Exkursionen zu Bevölkerungsgruppen, die noch wenig Berührung zu unserer westlichen Zivilisation haben, sind wir uns der besonderen Verantwortung bewußt. Durch gezielte Information werden unsere Teilnehmer auf die Begegnung vorbereitet. In unseren Programmtexten bieten wir den Kontakt zu unberührten Völkern nicht als "Highlight" an.

4 Wir wollen mit den Leistungsträgern und der einheimischen Bevölkerung in den Zielgebieten partnerschaftlich zusammenarbeiten. Wir setzen uns für faire Geschäftsbedingungen ein, die für alle Partner größtmöglichen Nutzen bringen. Wir fördern in möglichst vielen Bereichen unserer Tätigkeit eine aktive Beteiligung der ansässigen Bevölkerung.

9 Wir unterstellen alle unsere Tätigkeiten wie jene unserer Geschäftspartner den gleichen strengen Qualitätsmaßstäben. Wir wollen mithelfen, das Bewußtsein der gemeinsamen Verantwortung für einen umwelt- und sozialverträglichen Tourismus auch bei unseren Geschäftspartnern zu stärken.

5 Unser Streben nach einer Qualifizierung des Reisens soll auch in einer sorgfältigen Auswahl und permanenten Schulung unserer Mitarbeiter auf allen Stufen sowie in der gewissenhaften Weiterentwicklung und ständigen Kontrolle unserer Reiseangebote zum Ausdruck kommen.

10 Wir sind bereit, uns im Rahmen unserer Berufsverbände für die Formulierung einer gemeinsamen "Ethik des Reiseunternehmens" und für deren Einhaltung einzusetzen.

Quelle: Hauser-Katalog Nr. 25, Programmübersicht 1994/95

3. Megatrends im Sporttourismus

Reisende, die Aktivitäten in den Vordergrund ihres Urlaubs rücken, nehmen zu. Eine Reihe von Gründen sind im vorherigen dafür bereits genannt worden, so daß der Sporttourismus durchaus als Marktnische mit "Phantasie" bezeichnet werden kann.

Von den erholsamen Urlaubsbeschäftigungen wird das Sonnenbaden weiter rückläufig sein. Die durch das Ozonloch in der Erdatmosphäre auftretenden Gefahren werden den Urlaubern immer gegenwärtiger. Schon heute darf in Australien kein Schulkind mehr ohne Kopfbedeckung auf den Pausenhof. Kein vernünftiger Mensch nimmt dort ein längeres Sonnenbad. Gebadet wird meist nur noch im T-Shirt, das ein Verbrennen der besonders anfälligen nassen Haut verhindert.

Diese Entwicklung bedeutet allerdings nicht, daß Sonnenziele weniger gefragt sind und sein werden, denn für das Wohlbefinden der Seele ist Sonne immer noch sehr wichtig. Auf den richtigen Sonnenschutz und den dosierten Aufenthalt in der Sonne kommt es allerdings sehr wohl an.

Megatrend 1
• **Die Differenzierung von Sportarten, Sportgeräten und Sporträumen nimmt zu.**

Die technologische Entwicklung ermöglicht immer neue und immer bessere Sportgeräte. Aus dem altgedienten Fahrrad wurde das Mountainbike, das Trekkingbike oder das Sandbike, und aus den Rollschuhen die Rollerskater oder die Inlineskater. Bungee Jumping und Rafting wurden durch die Entwicklung zuverlässiger und haltbarer Materialien erst möglich. Das NASA-Trainingscenter für Raumfahrer bescherte der Freizeitwelt das Bodyflying und das Barflying.

Die Kehrseite der Entwicklung sind immer kürzer werdende Lebenszyklen einzelner Sportarten, die ebenso schnell wieder "out" sind wie sie in Mode gekommen waren.

Für Tourismusorte wird eine besondere **Zielgruppenorientierung** in Richtung auf bestimmte im Zusammenhang stehende Sportarten interessanter. Denkbar ist z. B. ein **Dorf für Luftsportler**, in dem die Ausübung von Sportarten wie Segelfliegen, Drachenfliegen, Paragliding, Fallschirmspringen, Skysurfing, Bungee Jumping etc. möglich ist.

Megatrend 2

• **Die bevorzugte Ausübung von Sportarten in naturnahen Räumen wird allen Sportlern Beschränkungen auferlegen.**

Ökologische Probleme und das wachsende Umweltbewußtsein werden Sportarten wie Mountainbiking, diverse Fluß-Sportarten, Segeln, Jet-Skiing, Golf, alpiner Skilauf etc. in ihren Wachstumschancen bremsen.

Einen Teil der Regelungen wird nicht durch gesetzliche Beschränkungen, sondern bereits vom Marktmechanismus übernommen. Welcher Sporturlauber hat schon Lust, in den langen Warteschlangen der Skilifte seine Zeit zu vergeuden? Das Vergnügen beim Riverrafting sinkt spätestens dann, wenn Boot an Boot den Fluß hinuntersteuert. Kluge Unternehmen und Tourismusorte lassen es daher zum Wohle ihrer Umsätze und gleichzeitig zum Wohle der Umwelt nicht so weit kommen. Nur **rechtzeitige Kapazitätsbeschränkungen** können verhindern, daß Freizeit- und Urlaubsgebiete eines Tages **wegen Überlastung geschlossen** werden müssen oder Gefahr laufen, **wegen Naturzerstörung boykottiert** bzw. für immer verlassen zu werden.

Wir werden nach dem Jahr 2000

• mehr Freizeit haben, aber die eigene Freizeitmobilität einschränken müssen • mehr Urlaub haben, aber nicht mehr überall hinreisen können • mehr Sportinteresse haben, aber nicht alle Sportarten massenhaft ausüben können.

(Opaschowski 1992b, S. 31ff)

Megatrend 3

• **Die Menschen streben verstärkt nach Erlebnis, kalkulierbarem Risiko und Abenteuer.**

Ausgehend von den Freizeittrends unserer Gesellschaft läßt sich der Wunsch nach "Freizeit-Thrillern" ermitteln. Gesucht wird künftig immer stärker ein Reizoptimum aus Agressionsabbau, Angstlust, Nervenkitzel und Wagnis. Ab geht es zum Bodyflying, zum Achterbahnfahren und zum Pferdewetten. Der Freizeitmensch der Zukunft lebt seine Träume aus.

"Der Freizeitmensch von morgen gleicht einer modernen Chimäre, einem Fisch-Vogel-Känguruh-Wesen, das sich im Wasser, in der Luft und auf der Erde Sprünge erlauben kann, die eigentlich die menschlichen Fähigkeiten überfordern: Schnorcheln und Tiefseetauchen, Drachenfliegen und

Paragliding, Free-Climbing und Fallschirmspringen" *(Opaschowski 1992b,
S. 50)*.

Für die genannten Sportarten würde dies ein erhöhtes Nachfragepotential
bedeuten, aber auch andere Abenteuer-Sportarten, wie z. B. Bergsteigen,
Canyoning und Tourenskilauf werden (weiterhin bzw. verstärkt) im Trend
liegen.

Megatrend 4:
- **Es entstehen künstliche Fun-Sport-Welten.**

Dieser Aussage liegt die Vermutung zugrunde, daß die beste Alternative,
ökologisches Bewußtsein zu zeigen, **der Verzicht**, sich in den existierenden
Konsumgesellschaften westlicher Prägung nicht durchsetzt.

Die Lösung des Spannungsfeldes von zunehmender Kommerzialisierung
einerseits und ökologischer Verantwortung andererseits könnte daher in der
Schaffung neuer andersartiger Sportstätten liegen. Analog der bisherigen
Themenparks à la Disney und MGM wird es ein neues "Thema" geben, den
Fun-Sport-Park. Dort ist es möglich, jene Sportarten **auf einem einzigen
Areal** auszuüben, für die es bisher verstreute künstliche Sportstätten gibt (z.
B. gibt es in Deutschland ca. 50 Kunstfelsen, auf denen das Free Climbing
probiert und trainiert werden kann).

Denkbar sind in einem Fun-Sport-Park beispielsweise die Ausübung von
Skateboarding, Rollerskating, Bungee Jumping, Beach-Volleyball, Beach-
Basketball, Streetball, Free Climbing, Wildwasserfahren, Hydrospeeding,
Golftraining, Wasserski, Wasserrutschen etc.

Megatrend 5:
- **Es entstehen gigantische Freizeitparks, in denen neben Entertainment
  und Erlebnis auch Platz für Relaxing, Fitneß und sportliche
  Aktivitäten ist.**

Vorreiter dieses Trends ist der asiatisch-pazifische Raum, in dem derartige
Freizeitzentren geplant und gebaut werden *(vgl. Opaschowski 1991, S. 44f)*.
Im Grunde genommen vereint dieser Trend nicht nur die vorstehenden
Megatrends, sondern nimmt zusätzlich noch den Wunsch nach Spaß,
Gesundheit und Wellness auf *(vgl. auch Scherrieb 1993, S. 605ff, 613
u. 618)*.

Abbildung 19:

Megatrends im Sporttourismus

Megatrends im Sporttourismus	Erläuterungen
1) Die Differenzierung von Sportarten, Sportgeräten und Sporträumen nimmt zu.	• mehr Sportarten • kurze Lebenszyklen von Mode-Sportarten • High-Tech-Sportgeräte • Zielgruppenbildung von Tourismusorten nach Sportarten
2) Die bevorzugte Ausübung von Sportarten in naturnahen Räumen wird allen Sportlern Beschränkungen auferlegen.	• Gebremstes Wachstum für Mountainbiking, diverse Fluß-Sportarten, Segeln, Jet-Skiing, Golf, alpiner Skilauf etc. • Kapazitätsbeschränkungen oder Schließung von Gebieten wegen Überlastung bzw. Naturzerstörung • Ausübung von Massen-Urlaubssportarten eingeschränkt
3) Die Menschen streben verstärkt nach Erlebnis, kalkulierbarem Risiko und Abenteuer.	• Der Freizeitmensch als Fisch-Vogel-Känguruh-Wesen: Schnorcheln und Tiefseetauchen, Drachenfliegen und Paragliding, Free Climbing und Canyoning, Fallschirmspringen und Skysurfing
4) Es entstehen künstliche Fun-Sport-Welten.	• Eine neue Art Themenpark mit Free Climbing, Wasserrutschen, Hydrospeeding, Golftraining, Beach Volleyball, Skateboarding etc.
5) Es entstehen gigantische Freizeitparks.	• Weiterentwicklung der Parks à la Disney im asiatisch-pazifischen Raum: Entertainment, Relaxing und Fitneß auf einem Areal

II. Marketing-Management im Sporttourismus am Beispiel des Radtourismus
von Dr. Walter Freyer, Professor für Tourismuswirtschaft

1. Marketing-Euphorie in Sport und Tourismus

Immer mehr Einrichtungen des Freizeitbereiches wenden sich modernen betriebswirtschaftlichen Methoden zur Führung ihrer Organisation zu. Dabei scheint gerade in den Bereichen Sport und Tourismus in den letzten Jahren eine regelrechte „Marketing-Euphorie" ausgebrochen zu sein:

- Das Entstehen einer Reiseindustrie in Deutschland nach 1945 mit Charterflügen in die Ferne, mit immer zahlreicheren Pauschalangeboten der Reiseveranstalter, aber auch das Bemühen inländischer Reiseziele mit Fremdenverkehrs- und Marketing-Konzepten um deutsche und ausländische Gäste spiegeln gleichermaßen den Trend zum Marketing im Tourismus wider.

- Auch der bisher weitgehend ehrenamtlich und gemeinnützig organisierte Sport hat modernes Marketing als Möglichkeit zur Vereins- und Veranstaltungsorganisation entdeckt. Event-Management und Sport-Sponsoring sowie privatwirtschaftlich organisierte Sport- und Fitneßcenter verdrängen nach und nach den traditionellen Vereinssport.

Momentan scheint es kaum einen Fremdenverkehrsort oder Sportverein zu geben, der nicht sein eigenes Marketing-Konzept wünscht oder der nicht von der Notwendigkeit der Marktorientierung, von Zielgruppen, Leitbildern, Image oder Sponsoring spricht.

1.1 Neues Marktsegment Sportttourismus

In der Vielfalt der marktorientierten Veränderungen von Sport und Tourismus stellt „Sporttourismus" eine der neuesten Erscheinungen dar. Er verbindet zwei der bedeutendsten deutschen Freizeitphänomene: über zwei Drittel der Deutschen fahren jährlich in den Urlaub, über ein Drittel ist in Sportvereinen organisiert und noch mehr treiben Sport. Insofern ist die Verbindung von Sport und Reisen ein naheliegende Entwicklung gewesen.

Dabei ist diese Entwicklung mehr aus dem touristischen Bereich als aus dem Sportbereich hervorgegangen. Auf der Suche nach immer neuen

Angebotsvarianten haben Reiseveranstalter und kommunale Tourismuseinrichtungen die Attraktivität von Sportangeboten im Zusammenhang mit touristischén Reisen entdeckt. Nur vereinzelt haben Sportvereine und -verbände ihre Angebotspalette um Sport-Reisen erweitert oder gar ihr Angebot auf Touristen ausgedehnt.

In Anlehnung an die allgemeine Tourismuslehre lassen sich zwei grundsätzlich verschiedene Sichtweisen des Sporttourismus unterscheiden:

- **Outgoing-Sporttourismus** („Sport in der Fremde"): Sportinteressierte Touristen verlassen ihren Heimatort, um in der Fremde sportlichen Aktivitäten nachzugehen, z. B. „Surfen auf Hawai", „Radfahren in der Toscana", oder Sportveranstaltungen zu besuchen, z. B. „Olympia in Barcelona", „Fußball-WM in den USA". In dieser Variante ist Sporttourismus auch für Reiseveranstalter und -mittler interessant, die entsprechende Reisen zu Sportveranstaltungen oder zum Sporttreiben organisieren bzw. vermitteln. Verkehrsträger müssen den Transport der entsprechenden Sportgeräte ermöglichen, z. B. Surfbretter, Fahrräder usw. Oftmals ist **Sporttreiben das Hauptmotiv** der Reise, entsprechend handelt es sich eindeutig um eine „Sport-Reise" oder um „Sport-Urlaub".

- **Incoming-Sporttourismus** („Sport für Fremde"): Hierunter sind alle Aktivitäten zu verstehen, die Organisationen in Fremdenverkehrsgebieten unternehmen, um Gästen bestimmte sportliche Aktivitäten während ihres Aufenthaltes zu ermöglichen. Dies ist vor allem Aufgabe kommunaler Fremdenverkehrsträger oder für Beherbergungsbetriebe oder privatwirtschaftliche Freizeitunternehmen, die sich um entsprechende sportliche Infrastruktureinrichtungen für Gäste bemühen (müssen). Für die Gäste sind solche **sportlichen Aktivitäten** während ihres Aufenthaltes meist nur ein - wenn auch oft wichtiger - **Nebenspekt der Reise**, man spricht von „Sport auf Reisen" oder „Sport im Urlaub".

Ferner wird Tourismus üblicherweise als vorübergehender Ortswechsel mit - mindestens einer - Übernachtung in der Fremde verstanden, womit Tagesausflüge, Fahrten zum Arbeitsplatz, Einkaufsfahrten usw. nicht zu den touristischen Reisen zählen (*vgl. Freyer 1993a, S. 16f*). Entsprechend wird auch im Sporttourismus vom übernachtenden Fremdenverkehr ausgegangen.

Die vorherige Unterscheidung zwischen Incoming- und Outgoingaspekten ist für Fragen des Marketing im Sporttourismus besonders wichtig: Je nachdem, ob es sich um Incoming- oder Outgoing-Sporttourismus handelt, werden die unterschiedlichen Marketing-Aktivitäten von Reiseveranstaltern (für ihr

Produkt „Pauschal-Sport-Reisen") oder von lokalen Fremdenverkehrsträgern (für ihr Produkt „lokales Sportangebot") unternommen.

Der momentanen Marketing-Euphorie im Sporttourismus steht häufig nur eine geringe methodische Kenntnis der modernen Marketing-Management-Methode gegenüber. Es sind mehr „Freizeit-Manager" und ehrenamtliche Helfer als hauptamtliche Profis anzutreffen. Oft sind nur einzelne Instrumente des Marketing bekannt, es wird fragmentarisches, altes oder instrumentelles Marketing anstelle des ganzheitlichen, neuen oder konzeptionellen Marketing betrieben. Daher wird im folgenden die Grundmethode des modernen Marketing-Managements in allgemeiner Form vorgestellt und am Beispiel des Radtourismus veranschaulicht.

1.2 Vom Radfahren zum Radtourismus

Aus der Vielfalt sporttouristischer Angebote wird im folgenden der Bereich des Radtourismus herausgegriffen. Er hatte in den letzten Jahren die höchsten Zuwachsraten zu verzeichnen:

• Im **Outgoingbereich** hat sich die Zahl der Radreiseveranstalter allein in den letzten drei Jahren verdoppelt *(vgl. Radfahren 1994 und Abbildung 1)*.

• Im **Incomingbereich** zählt die Förderung von Radwanderwegen im kommunalen Bereich zu den vorrangigen Maßnahmen der Infrastrukturförderung. Die Zahl der Förderfibeln und Handreichungen für den Radwegebau und den Radtourismus steigt fast inflationsartig an *(vgl. die weiterführenden Hinweise in ADFC 1993)*.

Es kommen für den Radtourismus mehrere Trends zusammen, die die boomartige Entwicklung begünstigt haben: das Rad gilt als umweltfreundliches Verkehrsmittel, es ermöglicht naturverbundenen Urlaub, Radfahren stellt eine körperliche Aktivität dar, kann individuell, aber auch in Gruppen erfolgen.

Insofern bemühen sich auch immer mehr touristische Anbieter um die Zielgruppe der Rad-Touristen. Die Angebotspalette im Radtourismus ist sehr breit: Sie reicht von ehrenamtlich organisierten Radtouren, beispielsweise der Fahrrad-Clubs, über das Angebot eines öffentlich nutzbaren Radwanderweges der Kommunen sowie den Rad-Verleih am Urlaubsort bis zur Radmitnahme von Bahn- und Fluggesellschaften und der voll organisierten Radwander-Pauschalreise von Reiseveranstaltern.

Abbildung 1:
Radreiseveranstalter 1994 nach Gründungsjahr

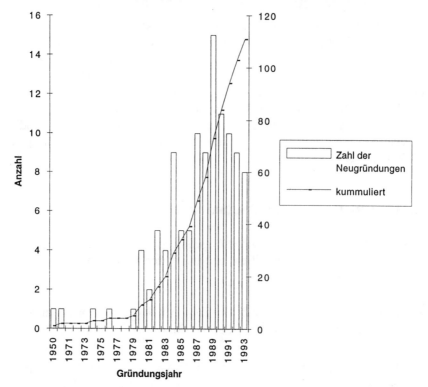

Quelle: Radfahren 1994

Dies ist eine typische Marktsituation bzw. -entwicklung, die die verstärkte Verwendung der modernen Marketingmethode empfehlenswert bzw. notwendig erscheinen läßt. Für jeden Anbieter und jede Angebotsvariante kann dabei ein eigenes Marketing-Konzept erstellt werden, wie z. B. für

- Radurlaub der Reiseveranstalter,
- Sportreisen der Vereine,
- Radtourismus (Incoming) der Fremdenverkehrsgebiete,
- regionalen und örtlichen Fahrrad-Tourismus von Gebietskörperschaften usw.

Die folgenden Ausführungen versuchen, für die Breite des radtouristischen Angebotes die moderne Methode des touristischen Marketing-Managements vorzustellen und anhand von Beispielen des Radtourismus zu erläutern.

Insofern gibt die folgende Methodik auch eine allgemeine Grundlage für Marketing-Überlegungen im Sporttourismus allgemein, lediglich die Besonderheiten des Radsports sind bei anderen Sportarten entsprechend abzuwandeln.

Abbildung 2:

Die Radfahr-Palette

Radfahren: Fortbewegung mit dem Fahrrad
Radverkehr: Verkehrsbezogene Aspekte des Radfahrens
Radsport: wettkampforientiertes Radfahren (als Leistungs-, Breiten- oder Freizeitsport), wie z. B. Straßenfahren, Bahnradfahren, Kunstradfahren, Radball usw.
Radausflüge: meist zeitlich und räumlich kürzere Radfahrten (ohne Übernachtung, bis 50 km)
Radwandern, -touren: meist zeitlich und räumlich längere Radfahrten (mit Übernachtung und/oder über 50 km)
Radpauschalreisen: von Reiseveranstaltern organisierte Reisepakete mit mehreren Teilleistungen, wie z. B. Übernachtung, Verpflegung, Reiseleitung, Gepäcktransport, Leihräder, An-/Abreise, Reiseversicherung usw.
Radfahren im Urlaub: Freizeitaktivität während des Urlaubsaufenthaltes
Radurlaub: Urlaubsreise mit der Hauptmotivation Radfahren (Kurz- oder Jahresurlaubsreise)

2. Modernes Marketing-Management

2.1 Vom instrumentellen zum strategischen und normativen Marketing

Modernes Marketing ist im traditionellen betriebswirtschaftlichen Bereich schon seit vielen Jahren verbreitet. Anders als in Sportvereinen oder in Fremdenverkehrsgemeinden gibt es kaum ein Wirtschaftsunternehmen, das nicht über eine eigene Marketingabteilung verfügt. Doch auch hier hat sich im Laufe der Jahrzehnte eine Fortentwicklung sowie ein Wandel im Marketingdenken ergeben, die als Entwicklung vom

- alten oder traditionellen zum neuen Marketing,
- engen zum weiten Marketing,
- eindimensionalen zum ganzheitlichen Marketing,
- harten zum weichen Marketing,
- instrumentellen zum konzeptionellen Marketing

bezeichnet werden. Ferner hat Marketing auch eine Ausweitung auf andere gesellschaftliche Bereiche erfahren („broadening" des Marketing, vgl. Kotler/Levy 1969), wie z. B. auf das Gesundheitswesen, auf öffentliche Unternehmen, den Freizeitbereich, den Sportbereich usw. *(vgl. u.a. Bruhn/Tilmes 1989, Freyer 1990a, 1991a, Dreyer 1986, Roth 1990, Wachenfeld 1987).*

Heute wird **modernes Marketing-Management** als eine Konzeption der **Unternehmensführung**, als eine Unternehmensphilosophie, Denkrichtung, Leitidee oder Maxime angesehen, bei der im Interesse der Erreichung der Unternehmensziele alle betrieblichen Aktivitäten konsequent auf die gegenwärtigen und zukünftigen Erfordernisse der Märkte ausgerichtet werden. Damit ist ein Wandel von der früheren eher instrumentellen Ausrichtung des Marketing zu einer umfassenden und strategischen Methode des unternehmerischen Managements erfolgt. Marketing ist nicht mehr nur Anwendung von Marketing-Instrumenten, wie z. B. Werbung, Öffentlichkeitsarbeit oder Prospektgestaltung, oder Gestaltung des Marketing-Mix, sondern systematische und marktorientierte Unternehmensführung.

Zudem hat die Ausweitung des Marketings auf außer-ökonomische Bereiche auch umgekehrt zum vermehrten Eingang nicht-ökonomischer Ziele und Werte in das Marketing-Management geführt. Vor allem im normativen Bereich der Unternehmensführung sind neue Werte aufgetaucht: gesellschaftlich orientiertes Marketing, soziales, ökologisches und ganzheitliches Marketing sind neue Erscheinungen des Marketing *(vgl. u.a. Freyer 1991b* sowie die dort angegebene Literatur).

Damit hat modernes Marketing im Rahmen des Managements vor allem drei unterschiedliche Aufgabenebenen, im Gegensatz zum früheren vorwiegend instrumentellen Aufgabenbereich:

- **normatives Marketing**: Bestimmung der normativen Werte im Marketing-Management, wie Unternehmensphilosophie, -ethik, -kultur, -ziele, -leitbilder, Corporate Identity usw.
- **strategisches Marketing**: Bestimmung des langfristigen Entwicklungsrahmens, der Strategien und Konzepte,
- **instrumentelles Marketing**: Maßnahmenplanung im Rahmen des Marketing-Mix.

(siehe auch die Ausführungen von Dreyer in Teil A. I. dieses Buches)

2.2 Wandel der Märkte

Der zuvor beschriebene Wandel in der Marketing-Philosophie wird oftmals mit der Veränderung der Märkte begründet: Viele Märkte im wirtschaftlichen und touristischen Bereich sind in den letzten Jahren und Jahrzehnten durch eine ganz ähnliche Entwicklung gekennzeichnet, in deren Verlauf sich immer mehr die Tendenz zu einem modernen Marketing-Management herausgebildet hat: Auf der einen Seite - der Angebotsseite - hat sich ein immer umfangreicheres und vielfältigeres Angebot herausgebildet, bei dem immer zahlreichere Unternehmen um Kunden konkurrieren. Auf der anderen Seite - der Nachfragerseite - sind gewisse Sättigungstendenzen sowie gestiegene Ansprüche an die neuen Produkte und Dienstleistungen festzustellen. Unter ökonomischen Gesichtspunkten wird dies als Wandel vom (früheren) **"Produzentenmarkt"** zum (heutigen) **"Konsumentenmarkt"** oder als "Industrialisierung" und "Kommerzialisierung" des Freizeitbereiches bezeichnet *(vgl. ausführlich Freyer 1991b, S. 10ff).*

Auch im Radtourismus zeigen sich diese Entwicklungstendenzen und Marktveränderungen sehr deutlich:

- Die Zahl der Anbieter für Radtourismus ist deutlich angestiegen *(vgl. Radfahren 1994).*
- Die Nachfrager nach Radtourismus werden immer reiseerfahrener und wählerischer; es bilden sich immer neue Zielgruppen heraus *(siehe auch Teil B. VIII. von Miglbauer).*
- Statt „Freizeit-Radeln" ist eine eigene Freizeitindustrie mit kommerziellen Rad-Reise-Angeboten entstanden *(vgl. ADFC-NRW 1989).*

2.3 Dienstleistungs-Marketing in Sport und Tourismus

Die allgemeine Marketing-Methode wurde insbesondere für Betriebe der Sachgüterindustrie entwickelt. Tourismus und Sport stellen aber typische Dienstleistungsbereiche dar, für die einige Besonderheiten des Marketing gelten *(vgl. zum Dienstleistungs-Marketing u. a. Benölken/Greipel 1994, Corsten 1990, Hilke 1989, Meyer 1990).*

So sind Marketingaktivitäten für Dienstleistungen insbesondere auf die Phase **vor** der eigentlichen Leistungserstellung gerichtet. Im Dienstleistungs-Marketing wird dies als „**Potentialphase**" bezeichnet . Marketing-Aktivitäten für Dienstleistungen weisen auf die Fähigkeit und Bereitschaft hin, bestimmte Reise- und Sportdienstleistungen erbringen zu können, hin und umfassen verstärkt vertrauensbildende Maßnahmen.

Die eigentliche Produktion bzw. Leistungserstellung der Radreise findet erst **nach** erfolgtem Verkaufsabschluß statt („**Prozeßphase**"). Leistungserstellung und Absatz fallen zusammen (sog. „uno-acto-Prinzip"). Zudem treten - als weitere Besonderheit von Dienstleistungen - während der Phase der Leistungserstellung der Produzent und der Konsument der Dienstleistung miteinander in persönlichen Kontakt. Im Dienstleistungs-Marketing spricht man vom „Fremdfaktor", der zum Produzenten kommen muß, damit an ihm die Dienstleistung verrichtet werden kann. Im Tourismus ist dieses „Hinzutreten des Fremdfaktors" meist ein besonders angenehmer Vorgang für den Konsumenten: er geht auf Reisen, fährt in die Reisedestination und „erfährt" dort den eigentlichen Prozeß der Dienstleistung, im Radtourismus z. B. die Radtour, die Übernachtung, Verpflegung, Reiseleitung usw.

Infolge des persönlichen Kontaktes von Produzent und Konsument bei Dienstleistungen besteht auch eine verstärkte **Mitwirkungspflicht** des Nachfragers bei der Leistungserstellung: Das Verhalten der Touristen selbst während ihrer Reise bestimmt den „Erfolg" und das Ergebnis der gesamten Reiseleistung in besonderem Maße mit.

Abbildung 3:
Modell des Dienstleistungs-Marketing

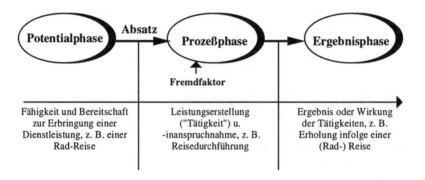

In der Prozeßphase hat der Dienstleistungsproduzent seine Leistung an den Fremdfaktor abgegeben. Hierdurch sind materielle oder immaterielle Veränderungen am Konsumenten erzielt worden, die in der **Ergebnisphase** betrachtet werden. Im Idealfall hat der Konsument seine „Problemlösung" erhalten. Er hat sich beispielsweise nach einer Radreise erholt, ist fit oder glücklich geworden. Diese Ergebnisse sind ebenfalls ein wichtiger Aspekt für das Marketing. Sie finden Eingang in die Produktpolitik sowie die Kommunikationspolitik des Marketing-Mix.

Marketing im Sporttourismus weist weiterhin einige Besonderheiten gegenüber dem Sachgüter-Marketing auf, die insbesondere mit der Dienstleistungseigenschaft der sporttouristischen Leistung zusammenhängen:

- **Vergänglichkeit:** die meisten touristischen Angebote können nicht gelagert werden, sie sind zeit- und raumabhängig sowie vergänglich.

  Beispiele: Ein nicht genutztes Hotelbett "verfällt" ebenso wie ein nicht besetzter Flug- oder Bahnplatz, sie können nicht bis zum nächsten Tag gelagert werden.

- **Verbrauch am Ort der Leistungserstellung:** Die Reisenden müssen zum Produkt kommen, der Verbrauch erfolgt zumeist gleichzeitig mit der Leistungserstellung und am Ort des Produzenten, d.h. nicht am Heimatort des Konsumenten wie bei den meisten Sachgütern.

  Beispiel: Eine Radreise in Italien wird in Italien "produziert" und "konsumiert", nicht in Deutschland.

- **Subjektivität:** die gleiche Sport-Reise wird von verschiedenen Reisenden unterschiedlich wahrgenommen und beurteilt.

  Beispiel: Die gleiche Radreise um den Bodensee wird von Jugendlichen in der Regel anders empfunden als von Senioren. Das gleiche gilt für leistungsorientierte Radsportreisen, für Chinareisen mit dem Rad usw.

- **Jeder ist Experte:** Tourismus und Sport sind Bereiche, in denen auch Laien mitreden können. Entsprechend sind die Erwartungen und die Kritik an Sport-Reisen und Reiseabläufen nur schwierig für alle Beteiligten gleichermaßen zu erfüllen.

  Beispiel: Die steigende Kritik am Reisen ("sanfter" und "harter" Tourismus) und die steigenden Reisereklamationen sind Indizien für die große Zahl an "Reise-Experten".

2.4 Grundzüge des modernen Marketing-Managements

Modernes Marketing-Management ist eine systematische Methode der modernen Unternehmensführung *(vgl. ausführlich zur Marketing-Management-Methode im Sport Freyer 1991a und im Tourismus Freyer 1993a, S. 233ff sowie die dort angegebene Literatur).* Sie läßt sich durch fünf große Schritte oder Phasen charakterisieren, die im folgenden kurz hinsichtlich ihrer Bedeutung für modernes Fahrrad-Tourismus-Marketing erläutert werden *(vgl. Abbildung 5 und Abbildung 6):*

Abbildung 4:

Fünf Phasen des Marketing-Managements

Phase	Bezeichnung	Hilfsfrage
I	Analysephase:	*Wo stehen wir?*
II	Ziel- und Strategiephase:	*Wo wollen wir hin?*
III	Gestaltungsphase:	*Was können wir unternehmen?*
IV	Durchführungsphase:	*Welche Maßnahmen ergreifen wir?*
V	Kontrollphase:	*Sind wir angekommen?*

Die Phasen I und III werden auch **strategische Phasen**, die Phasen IV und V als **operative Phasen** des Marketing-Managements bezeichnet.

In der Marketing-Literatur werden die verschiedenen Teile des Marketing-Mangements häufig als Ablaufplan dargestellt und noch weiter differenziert. Bei dieser Darstellungsform geht meist ein Grundgedanke des modernen Marketings als Managementfunktion verloren: **Marketing als Führungskonzept ist eine permanente Aufgabe**; sie ist nach einem einmaligen Durchlauf der fünf Phasen nicht beendet, sondern die einzelnen Phasen sind immer wieder neu zu durchlaufen, zu überprüfen, gegebenenfalls zu verändern und zu ergänzen. Nur so kommt es zu Fortschritten im Marketing - ganz ähnlich wie sich ein Rad vielfach umdrehen muß, damit ein bestimmtes Ziel erreicht bzw. eine gewisse Strecke zurückgelegt wird. Dieser „Kreislaufgedanke" des modenen Marketings ist in Abb. 5 graphisch dargestellt.

Abbildung 5:

Der Kreislaufgedanke modernen Marketing-Managements

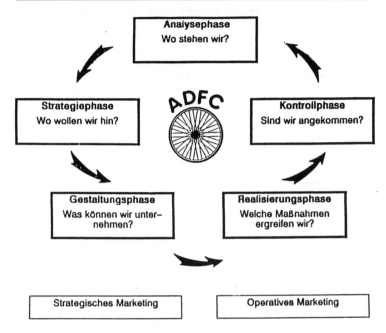

Quelle: Freyer 1992, S. 34

3. Phase I: Die Analysephase

Ausgangspunkt für die Entwicklung von Marketing-Konzepten ist eine ausführliche Situationsanalyse, auch als Marketing-Analyse oder Ist-Analyse bezeichnet. Sie umfaßt die drei Bereiche

• Marketing-Umfeld-Analyse,
• Markt-Analyse,
• Betriebsanalyse.

Eine ausführliche Analyse der jeweiligen Bereiche soll über die Ausgangssituation des Marketing informieren. Im einzelnen sollen die Fragen beantwortet werden, welche Position der jeweilige Anbieter von Radtourismus mit seinem Betrieb gegenüber anderen Betrieben (Betriebsanalyse), am Markt (Marktanalyse) und in bezug auf das gesamte Umfeld (Umfeldanalyse) einnimmt.

Hieraus sind bei entsprechender methodischer Aufbereitung („strategische Diagnose") die späteren Strategiemöglichkeiten ersichtlich (vgl. Phase II).

Abbildung 6:

Das Phasenschema des modernen Marketing-Managements

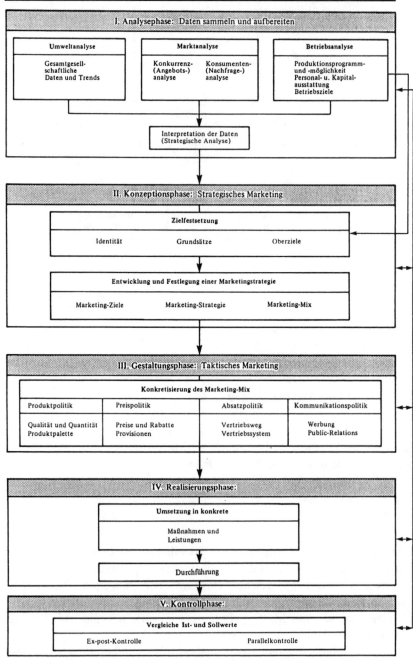

Quelle: Freyer 1993a, S. 238 und 1991a, S. 56

3.1 Das Marketing-Umfeld: Radtourismus im Trend?

Gesellschaftliche Megatrends (z. B. Einkommensentwicklung, steigende Freizeit, Wertewandel, Verstädterung, Verkehrsprobleme, Umweltbewußtsein usw.) werden den Fahrrad-Tourismus der Zukunft prägen. Die Anbieter von Radtourismus müssen sich mit den möglichen "Zukunftsszenarien" für den Radtourismus (z. B. im Jahr 2000 oder 2050) auseinandersetzen und die für sie und ihr Marketing jeweils relevanten Trends erkennen und sich mit ihren Marketing-Strategien darauf einstellen.

In einer einfachen Form wird in der Marketing-Analysephase eine Chancen-Risiken-Analyse durchgeführt, in der die Zukunftsszenarien sowie Chancen und Risiken für die Entwicklung des Radtourismus aufgezeigt werden *(vgl. z. B. Abbildung 7; zur Umfeldanalyse und zu Zukunftsszenarien in Sport und Tourismus vgl. u. a. Freyer 1992b, 1991c, 1989, Opaschowski 1987, 1992 sowie die Beiträge A. I. von Dreyer und A. V. von Wilken in diesem Buch).*

Abbildung 7:

Chancen-Risiken-Analyse „Fahrrad-Tourismus"

Chancen	Risiken
• Fitness- und Gesundheitswelle	• Bequemlichkeit der Menschen
• Ökologisches Bewußtsein	• Neue Technologien
• Muße	• Mangelnde Schnelligkeit
• „Verkehrsinfarkt": Umsteigen auf's Rad	• „Verkehrsinfarkt": Rad zwischen anderen Verkehrsmitteln

Quelle: Freyer 1992, S. 38

3.2 Der Marketing-Markt

Ein zweiter Bereich der Analysephase betrifft die Untersuchung des konkreten Marktes. Eine **Marktanalyse** umfaßt im einzelnen drei Teilbetrachtungen:

(1) Die Marktabgrenzung

Am Anfang sollte eine klare Bestimmung des für das jeweilige Radtourismus-Marketing bedeutsamen Marktes, des sog. **„relevanten Marktes"**, stehen. Diese Marktab- und -eingrenzung erfolgt zumeist nach verschiedenen Kriterien wie

- **Produkt:** z. B. Rad-Sportreisen, Rad-Gruppenreisen, Radfahren im Auslands usw.
- **Ort:** lokaler oder regionaler Radreisemarkt, Ganz-Deutschland, internationale Radreisen,
- **Zeit:** z. B. saisonale Märkte: Radreisen im Sommer-, Herbst-, Winter usw.
- **Zielgruppen** *(vgl. auch (3)):* Wettkampf-Radler, Freizeit-Radler, Senioren-Radler usw.

Daraus ist ersichtlich, daß für einen Radreiseveranstalter mit Touren in Frankreich oder in China oder für ein regionales Rad-Tourenangebot am Bodensee oder auf der Insel Rügen nicht alle Radfahrer und nicht alle Touristen gleichermaßen „relevant" sind. Zusammen mit der folgenden Anbieter- und Nachfragerbestimmung ergeben sich damit ein jeweils unterschiedliches Marktvolumen und unterschiedliche Marktstrukturen.

(2) Die Konkurrenzanalyse:

Das eigene radtouristische Angebot steht nur selten „konkurrenzlos" am Markt. Die Kenntnis vergleichbarer Angebote lassen Unterschiede sowie Vor- und Nachteile des eigenen Angebotes erkennen. So ermöglicht die jährliche Marktübersicht für die derzeit über 120 Radreiseveranstalter neben dem Erkennen der generellen Marktentwicklung nach Anzahl der Anbieter die Einordnung des eigenen Angebotes hinsichtlich Preis, Leistungsangebot usw. *(vgl. Radfahren 1994)*. Kommunale Anbieter stehen mit allen anderen Orten, die ebenfalls radtouristische Angebote haben in Konkurrenz, also z. B. mit tausend deutschen Fremdenverkehrsorten und mit noch mehr ausländischen. Allerdings kann sich die Konkurrenzsituation schnell verändern, wenn das kommunale Angebot auf ein kleineres Marktsegment eingeengt wird, z. B. Mountainbiking, Radsport-Wettbewerbe, Rennrad-Touren, Individual-Touren mit Gepäcktransport usw.

Aufgrund der Markteingrenzung nach Produktformen und Anbieterarten lassen sich zum Beispiel die verschiedenen Marktsegmente für den Radtourismus in *Abbildung 5* unterscheiden, die ebenfalls zeigen, daß die meisten radtouristischen Anbieter nur an Teilmärkten aktiv sind.

Ferner ist der Konkurrenzbegriff für die Marketinganalyse auch in einem weiten Verständnis zu beleuchten: inwieweit stehen andere Sportangebote (wie z. B. Wandern), andere Tourismusformen (z. B. Bade- oder Bildungs-Tourismus) oder andere Transportmittel (wie z. B. Auto) ebenfalls in Konkurrenzbeziehung zum Radtourismus?

Abbildung 8:
Anbieter und Angebotsformen von Fahrrad-Reisen

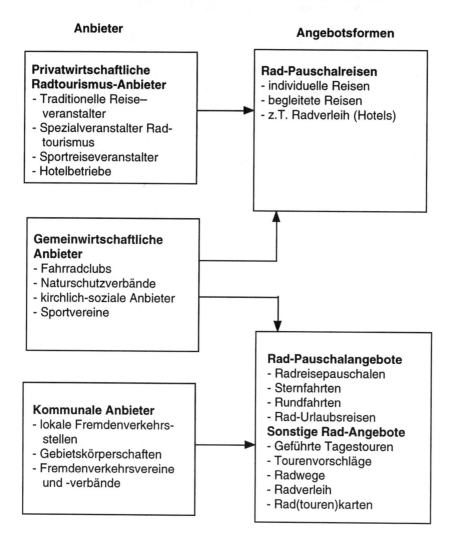

Anbieter

Angebotsformen

Privatwirtschaftliche Radtourismus-Anbieter
- Traditionelle Reise–
  veranstalter
- Spezialveranstalter Rad-
  tourismus
- Sportreiseveranstalter
- Hotelbetriebe

Rad-Pauschalreisen
- individuelle Reisen
- begleitete Reisen
- z.T. Radverleih (Hotels)

Gemeinwirtschaftliche Anbieter
- Fahrradclubs
- Naturschutzverbände
- kirchlich-soziale Anbieter
- Sportvereine

Kommunale Anbieter
- lokale Fremdenverkehrs-
  stellen
- Gebietskörperschaften
- Fremdenverkehrsvereine
  und -verbände

Rad-Pauschalangebote
- Radreisepauschalen
- Sternfahrten
- Rundfahrten
- Rad-Urlaubsreisen
Sonstige Rad-Angebote
- Geführte Tagestouren
- Tourenvorschläge
- Radwege
- Radverleih
- Rad(touren)karten

(3) Die Nachfrageranalyse:
Im Vordergrund der meisten Marktuntersuchungen stehen Aussagen über die vorhandenen und möglichen Nachfrager als „Zielgruppen" für die verschiedenen Marketingaktivitäten. Die Nachfrageanalyse interessiert sich im einzelnen für

- die sozio-demographischen Daten, wie Alter, Geschlecht, Einkommen, Herkunft usw.
- das Reise- und Sportverhalten, wie Sportaktivitäten, Reisehäufigkeit usw.
- psychographische Faktoren, v. a Life-Style-Typenbildung.

Bisher liegen allerdings nur sehr wenige wissenschaftliche Untersuchungen und Ergebnisse über Radfahrer und ihr Reiseverhalten vor. Lediglich einige allgemeine Daten über den Gesamt-Fahrradmarkt und die Gruppe der Radwanderer sowie Daten zu sportlichen Aktivitäten im Urlaub lassen einige Rückschlüsse auf die Zielgruppe der Rad-Touristen zu. Allerdings sind die jeweiligen Untersuchungsmethoden sehr unterschiedlich und die entsprechenden Aussagen oftmals wissenschaftlich nur wenig fundiert. Der "typische Konsument" von Radtourismus ist noch immer ein unbekanntes Wesen *(vgl. zum folgenden genauer Radfahren 1994, Ilke, Miglbauer/Schuller 1992, Reiseanalyse Deniffel 1992).* Bisherige Untersuchungen ergaben:

- **Rad-Sportaktivitäten im Urlaub**: Bei den Sportaktivitäten im Urlaub wird Radfahren meist an 4. Stelle mit ca. 14% genannt, im Laufe der Jahre war eine steigende Radfahraktivität im Urlaub festzustellen *(Quelle: Reiseanalyse; vgl. Abb. 14 im Beitrag von Dreyer auf S. 36).* In einer speziellen Befragung im Altmühltal gaben Rad-Touristen als „Sportaktivitäten" (nicht nur im Urlaub) an: Radfahren 17,8% , Schwimmen 17,5%, Wandern/Bergwandern 15,4%, Tennis 11,2%. Eine weitere Frage ergab, daß ca. 41% der Rad-Touristen in einem Sportverein organisiert sind *(Jilg 1992, S. 77f).*

- **soziale Stellung**: Angestellte 56,8%, Beamte 20,3%, Arbeiter 12,6%, Selbständige 10,2% *(Beispiel Altmühltal-Radtouristen, Quelle: Jilg 1992, S. 7).*

- **Einkommen**: 30% der Rad-Touristen verfügen über ein Haushalts-Nettoeinkommen von monatlich über 5.000.- DM *(Quelle: Leserbefragung Radfahren)*; ähnlich auch die Angaben von *Röhrig 1986:* bis 1.000 DM (17,5%), bis 2.000 (17,9%), bis 3.000 (37,4), bis 4.000 (42,2%), über 4.000 (34,9%). Befragt wurden allerdings in beiden Fällen allgemein Radfahrer, nicht speziell Rad-Touristen.

- **Unterkünfte**: Die radfahrenden Urlauber übernachten überdurchschnittlich häufig in Ferienhäusern oder machen Camping-Urlaub *(Quelle: Reiseanalyse).*

- **Altersgruppe** von Rad-Touristen im kommunalen Bereich (Altmühltal): 40-54 Jahre (43,6%), 25-39 Jahre (33%), bis 24 Jahre (8,2%) *(Quelle: Jilg 1992, S. 77f)*.

- **Personenkreis** der Rad-Touristen im kommunalen Bereich: Gruppen (22,5%), (Ehe)Paare (21,5%), Familien mit Kindern (20,5%), Singles (19,5%), Jugendliche (9,5%) *(Quelle: Deniffel 1992)*.

- **Reisemotive**: <u>(a) Donau-Radtouristen</u>: Natur und Landschaft (87%), Bewegung und Sport (81%), Weg vom Auto (70%), Erlebnis, Abwechslung (46%), Kultur (42%), Individuelles Reisen (42%) *(Quelle: Miglbauer/Schuller 1992)*, ähnlich <u>(b) Altmühltal-Radtouristen</u>: Naturerleben (49,6%), Freude am Radeln (47,4%), Gebiet kennenlernen (40.4%), größere Reichweite (38,0%), Sport, Fitneß (37,3%), Erholung (26,8%) (Quelle: *Jilg 1992, S. 88f*).

- **Reisedauer**: Zweiturlaub, Wochenende, Tagestour.

- **psychographische Merkmale**: Fitneß-, Sport-, Aktivurlaub(er).

- **bevorzugte Tagesdistanz** von Radurlaubern im Altmühltal: 40-80 km (75,3%), 26-50 (44,5%) *(Quelle: Jilg 1992, S. 90f)*.

Einer der führenden Radreise-Veranstalter beschreibt seine Zielgruppe wie folgt: „etabliert und gut situiert, höheres Einkommen, PKW-Fahrer der gehobenen Mittelklasse, häufig Führungspersonal, sehr qualitätsbewußt, vorwiegend Alleinreisende oder Paare über 30 Jahre, meist zwischen 50 und 60 Jahre, meist ohne Kinder auf Reisen. *(Velotours 1993)*

3.3 Die "Betriebs"analyse

Marketingbezogene Betriebsanalyse bedeutet die Erfassung und - für die nachfolgende Phase II - Entwicklung der Stärken und Schwächen der jeweiligen Anbieter von Radreisen. Bezugspunkt der Einschätzung ist der Vergleich zur Konkurrenz.

Für die spätere Strategiephase ist insbesondere die Bestimmung eines eigenen "Wettbewerbsvorteils" von Bedeutung. Dies sind die Angebote bzw. Angebotseigenschaften, die der eigene Betrieb besser (oder glaubwürdiger) als die Mitwettbewerber anzubieten hat und die die Kunden zum Kauf des eigenen Angebotes veranlassen könnten.

Für die verschiedenen Anbieter von Radtourismus könnten sich folgende **Wettbewerbsvorteile** ergeben:

*   **landschaftliche** Wettbewerbsvorteile aufgrund interessanter radtouristischer Routen: Donau-Radwanderweg, Rund-um-den-Bodensee, „Mit dem Rad durch China",
*   Leistungsvorteile der **sportlichen Komponenten**: leistungssportliche Ausrichtung,
*   Leistungsvorteile bei **Neben- oder Zusatzleistungen**: Komfort bei Übernachtung und Beköstigung, Einkehr am Rande, Geselligkeit,
*   **Kostenvorteile**: „Billig-Radeln".

4. Phase II: Ziel- und Strategiephase: Vermarktung mit Konzept

In der Phase II des modernen Marketing sind Ziele und Strategien für die Zukunft zu entwickeln. Dabei ist eine mehrjährige Perspektive (ca. 5 bis 10 Jahren) üblich. Man fragt sich hierzu, wo der jeweilige Betrieb nach diesem Zeitraum stehen soll (betriebliches "Zukunftsszenario") und welche Wege zur Erreichung dieser Zukunftsposition grundsätzlich einzuschlagen sind ("strategische Wege"). In diese grundsätzlichen und strategischen Überlegungen fügen sich dann die verschiedenen kurzfristigen und aktuellen Maßnahmen (de Phase III) ein.

4.1 Zielbestimmung

Wichtig für das Marketing ist die Ableitung marketingbezogener Ziele aus der gesamtbetrieblichen Zielstruktur: welches sind die kurz- und langfristigen Ziele? Welches sind übergeordnete, welches qualitative und welches konkrete Marketing-Ziele der jeweiligen (Fahrrad-Tourismus-)Organisation?

Dabei kommt der eigentlichen Zieldiskussion immer mehr die Bestimmung von normativen Elementen der Unternehmenspolitik zu, wie z. B. Unternehmensethik, -kultur, Corporate Identity und - im Fremdenverkehr - die der Leitbilder. Davon getrennt ist die Strategiebestimmung, wobei Strategien ebenfalls Zielcharakter haben. Sie ordnen sich aber in einer Zielhierarchie zwischen dem normativen und instrumentellen bzw. taktischen Bereich des Marketing ein. Strategien übernehmen quasi eine „Scharnierfunktion" *(vgl. Becker 1992)* zwischen den übergeordneten qualitativen und normativen Zielen und den konkreteren taktischen Maßnahmen des Marketing-Mix.

Gerade im Freizeitbereich sind die üblichen mengenmäßigen und monetären Ziele wie Umsatz, Gewinn, Rendite, Marktanteil, Reiseteilnehmer („Paxe") durch qualitative Ziele zu ergänzen, wie Spaß, Freude, Geselligkeit, (sportliche) Leistung und Erfolge, Fitneß, Gesundheit usw.

Abbildung 9:

Ziele - Strategien - Marketing-Mix

4.2 Grundstrategien des Marketing für Sporttourismus

Das wichtigste Element modernen Marketings ist die strategische Orientierung. Hierzu wurden verschiedene Strategiemodule (oder -chips, -bausteine, -elemente) entwickelt, die im folgenden kurz angedeutet werden. Alle Module zusammen ergeben die Gesamtstrategie. Je nach strategischer Aufgabenstellung sind die verschiedenen Module mit unterschiedlichem Gewicht in der Gesamtstrategie enthalten.

Bei den meisten Modulen zeigt sich ein weiterer Grundgedanke modernen Marketings. In der Vergangenheit bestand die Tendenz, mit möglichst wenigen Produkten einen möglichst weiten Markt abzudecken; man sprach von massenmarktorientiertem und undifferenziertem Marketing. Im modernen Marketing ist man hingegen zu einem differenzierten und zielgruppenorientierten bzw. marktsegmentbezogenen Marketing übergegangen. Im Extrem besteht jeder Markt aus nur einem Konsumenten: "Jeder Käufer ist potentiell ein Markt für sich allein, denn seine Bedürfnisse und Wünsche sind einzigartig" (*Kotler 1989, S. 202*).

Dieser Markteingrenzung und dem Finden der eigenen Position am Markt dienen die verschiedenen Strategiemodule.

Strategiemodul 1:
Entwicklungs-Strategie: „alles für alle" oder „Teilmärkte"?
Bei der Entwicklungsstrategie geht es um die Grundüberlegung, mit welchen und wievielen Produkten man sich an welche Zielgruppen wenden will: im Extremfall z. B. alle Radfahrangebote (von "Freizeitradeln" bis "sportliche Wettbewerbe") für "alle Schichten" und "alle Einkommensgruppen". Im anderen Extrem konzentriert man sich lediglich mit einem Spezialangebot ("Radwandern an der Donau") auf eine eng begrenzte Zielgruppe (z. B. die Einwohner Dresdens) oder man bietet Radtourismus als „exklusives Fitneßangebot für wenige" an.
Im einzelnen sind dafür die grundsätzliche Entwicklungsrichtung (also Wachsen, Stabilisieren oder Schrumpfen), die Marktfelder sowie das Marktareal zu bestimmen *(vgl. Abbildung 8).*

Strategiemodul 2: Konkurrenz-Strategie
Eine weitere strategische Möglichkeit bietet das Verhalten gegenüber der Konkurrenz. Bereits bei der Marktbestimmung war auf die engere und weitere Konkurrenzbestimmung hingewiesen worden. Die Grundfrage ist: Geht man "kontra" oder "kooperiert" man mit Konkurrenten. Ist beispielsweise Radfahren "gegen" das Auto gerichtet oder kooperiert man "mit" dem ADAC (Beispiel: Touristische Routen und Radfahren) oder der Deutschen Bahn (Beispiel: Fahrrad am Bahnhof) oder dem Flugbereich (Beispiel: Räder im Flugzeug) usw.?
Als moderne strategische Form hat sich ferner die „Me-Too"-Strategie herausgebildet. Bei weitgehend identischen Leistungsangeboten kann ein Betrieb auch ohne besondere eigene Stärken mit einer solchen Strategie einen änlichen Marktanteil wie seine Mitwettbewerber erhalten.
Im Radtourismus verfolgen immer mehr Kommunen eine Me-Too-Strategie: Durch den Bau von Radwanderwegen wollen sie ebenfalls am Radtourismus-Boom teilhaben, ohne daß sie besondere neue oder attraktive Radwandermöglichkeiten anbieten (müssen): „wir auch!"

Strategiemodul 3: Kunden-Strategie
Im Hinblick auf die Nachfrager können sich Radreiseveranstalter strategisch entweder an „alle" potentiellen Rad-Touristen wenden oder sie spezialisieren sich auf eine oder mehrere Zielgruppen. So können beispielsweise allgemeine Radtourismus-Angebote für den Gesamtmarkt oder spezielle Radreisen für einzelne Zielgruppen entwickelt werden, z. B. Radreisen für Kinder (oder Senioren), für Einkommensschwache (oder -starke), für Leistungssportler (oder Amateure) usw.

Strategiemodul 4: Positionierungs-Strategie
Eng an der strategischen Ausrichtung der Produkt-Zusatzeigenschaften sind Positionierungsüberlegungen orientiert: Welches Image des Radtourismus ist erwünscht: will man ein "billiges Masssenangebot", das über einen niedrigen Preis eine größere Absatzmenge bedeutet lieber als ein teureres oder "exklusives (Spezial-)Angebot", das über Präferenzbildungen sich nur an wenige Radtouristen wendet? Im Radtourismus überwiegt bei Reiseveranstaltern die Präferenzstrategie: hochpreisige und qualitativ hochstehende Angebote für kleine Gruppen. Im öffentlichen Bereich wird eher eine Preis-Mengen-Strategie verfolgt: preisgünstige Radtouren sollen möglichst viele Besucher in das jeweilige Gebiet führen.

⇒ Die Gesamt-Strategie
Die Entwicklung einer eigenen Gesamt-Strategie ist zumeist eine Kombination aus den vorherigen Strategiemodulen. Das moderne Marketing hat hierzu eine Strategie-Box entwickelt, in der die verschiedenen Strategie-Module oder -Chips enthalten sind und als Ergebnis das strategische Gesamtkonzept abgelesen werden kann (*vgl. Abb. 10, genauer Freyer 1991a, S. 215ff*).

Abbildung 10:
Strategie-Box für Marketing-Strategien

Strategie-Modul	Strategie-Möglichkeiten (-Chips)			
1. Entwicklungs-Strategie				
- Entwicklungsrichtung	Wachsen O	Stabilisieren O	Schrumpfen O	
- Marktfelder	Marktdurchdringg O	Marktentwicklung O	Produktentwicklg. O	Diversifikation O
- Marktareal	lokal O	regional O	national O	international O
2. Konkurrenz-Strategie				
- Strategie-Stil	kontra/wettbewerbsorientiert O	Mitläufer (Me-Too) O	Kooperation O	
- Wettbewerbsverhalten	Qualitätsführerschaft O	aggressive Preis-Strategie O	Nischen-Strategie O	Niedrigpreis-Strategie O
3. Kunden-Strategie	Massenmarkt - Strategie: undifferenziert O	Strategie: differenziert O	Segmentierungs - Strategie: eine Zielgruppe O	Strategie: mehrer ZG O
4. Positionierungs-Strategie		Präferenz-Strategie O	Preis-Mengen-Strategie O	

Quelle: Eigene Übersicht in Anlehnung an Becker 1992

5. Phase III: Gestaltungsphase: Das Marketing-Mix

Zur konkreten Ausgestaltung der Marketing-Strategien steht im Marketing ein umfangreiches Instrumentarium zur Verfügung. Meist werden vier große absatzpolitische Instrumentenbereiche unterschieden: Produkt-, Preis-, Vertriebswege- und Kommunikationspolitik. Gelegentlich werden Produkt- und Preispolitik auch zur „Leistungspolitik" zusammengefaßt. In den letzten Jahren kommen häufig noch einige weitere hinzu, wie - v. a. im Sportbereich - Sponsoring, Product Placement, Events usw.

Die einzelnen Instrumente und Bereiche sind aufeinander abzustimmen (Marketing-"Mix") und nur in ihrer Gesamtheit erfolgreich wirksam. Grundsätzlich sind alle Instrumente gleich wichtig, doch kommt dem Bereich der Kommunikation meist erhöhte Aufmerksamkeit zu, da er der Instrumentenbereich ist, der nach außen gerichtet ist und entsprechend häufiger "gehört" oder "gesehen" wird.

Auch hier gilt für das Marketing von Fahrrad-Tourismus: Das Instrumentarium des modernen Marketing-Mix ist noch teilweise unbekannt und wird momentan unzureichend eingesetzt.

Es folgen die einzelnen Instrumentenbereiche des Marketing-Mix im Überblick *(ausführlicher widmet sich Dreyer den Marketing-Instrumenten im Sporttourismus im folgenden Kapitel)*:

5.1 Produktpolitik

Produktpolitik *(entspricht der "Leistungspolitik" bei Dreyer)* hat die Aufgabe, das vorhandene Leistungsangebot zu gestalten. Es kann entweder quantitativ oder qualitativ beeinflußt werden. Ferner kann die Produktpalette vergrößert, verkleinert oder beibehalten werden.

Während in früheren Jahren meist der eher "technische" Wert eines Produktes im Vordergrund der Nachfrage (und der Produktion) gestanden hat, hat sich das im modernen Marketing weitgehend gewandelt. Das **"Kernprodukt"** ist bei immer mehr Angeboten immer ähnlicher geworden: "alle Räder fahren (gleich gut)", die meisten Rad-Reiseveranstalter bieten ein ähnliches Grundprogramm an.

Dafür stehen **"Zusatzeigenschaften"** oder "-produkte" oder "-nutzen" im Vordergrund der Kaufentscheidung - und des modernen Marketings. Entsprechend sind heute produktpolitische Maßnahmen vor allem auf die Erfassung und Gestaltung der Zusatzleistungen und -nutzen gerichtet

Die Entwicklung weg vom Kernprodukt und hin zum Zusatzprodukt, die in *Abbildung 11* graphisch dargestellt wird, stellt sich wie folgt dar:

- Das **Kernprodukt** im Radtourismus ist nach wie vor die **Radtour**, der „Transport per Rad von A nach B", evtl. ergänzt um Übernachtungs- und Verpflegungsleistung sowie Reiseleitung usw.

Doch die eigentliche Erwartung bzw. die im Radtourismus gesuchte „Problemlösung" der Rad-Touristen ist eine andere. Sie spiegeln sich in den Zusatzprodukten wider, die sich wie konzentrische Kreise um das eigentliche Kernprodukt herum gruppieren (lassen):

- Zum einen sind es Leistungseigenschaften, die sich mit den fünf Sinnen wahrnehmen, also schmecken, riechen, fühlen, sehen oder hören, lassen. Im Radtourismus sind es z. B. **schöne Landschaft** (sehen), **Klima** (fühlen), **gute Verpflegung** (schmecken), **Kommunikation** (hören) oder **Natur** (riechen). Zu den möglichen wahrnehmbaren Zusatzleistungen im Radtourismus zählen weiterhin: Fahrradtransport bei Anreise, Leihräder, Gepäcktransport, Führung/Reiseleitung, Informationsmaterial (Karten, Prospekte), Eintrittskarten, Rahmenprogramm, Rad-Service, Souvenirs (Radwandernadel, Urkunde, Aufkleber, T-Shirt), Versicherung. Hinzu kommen im Sporttourismus verschiedene Leistungseigenschaften, die mit der Durchführungsphase des Dienstleistungsprozesses zusammenhängen, wie Service-Qualität, Betreuung, Freundlichkeit usw. *(vgl. 2.3)*.

- Darüber hinaus sollen mit den radtouristischen Leistungen Seele und Geist angesprochen werden, z. B. durch die verschiedenen **Erlebniswerte** wie Spaß, Freude, Aktivität, Abenteuer, Erholung, Naturgenuß, Fitneß, Geselligkeit, Gemeinschaft, Prestige oder Image usw. Diese Eigenschaften hängen insbesondere mit der Ergebnisphase von Dienstleistungen zusammen, spielen aber auch für die Potentialphase eine bedeutende Rolle *(vgl. 2.3)*.

Nicht alle Leistungseigenschaften lassen sich immer eindeutig dem Kernprodukt oder den Zusatzeigenschaften 1 und 2 zuordnen. Es gibt vielfache Überschneidungen. Doch die zuvor getroffene Unterscheidung ist in der Gestaltung der Leistungspolitik zumeist sehr hilfreich.

Touristische Reisen sind ein Leistungsbündel aus Sach- und Dienstleistungen, das von verschiedenen Anbietern erstellt wird (im folgenden in Klammern). So besteht eine Rad-Pauschalreise u. a. aus An- und Abreise (Transportunernehmen), Übernachtungsleistung (Beherbergungsbetrieb), Verpflegung (Gaststätte), Betreuung (Reiseleiter), Sportgerät (Radunternehmen) usw. Zudem wird die Leistung durch weitere Einflußfaktoren geprägt, die nicht beeinflußt werden können, wie Wetter, (schöne) Landschaft, Menschen am Urlaubsort, Image des Zielgebietes.

Entsprechend schwierig ist die produktpolitische Gestaltung der verschiedenen Teilkomponenten der Reise durch den jeweiligen Marketingträger, z. B. durch den Reiseveranstalter bzw. die Destination. Viele Teilkomponenten sind nur durch die jeweiligen Leistungsträger zu beeinflussen, z. B. den Hotelier, die Gaststätte, den Transportunternehmer, den Reiseleiter usw. Auch die Mitwirkung der Gäste hat einen wichtigen Einfluß auf die Gesamtleistung. Diese hohe "**Komplementarität**" der Teilleistungen stellt ebenfalls eine wichtige Aufgabe bzw. eine Grenze der Produktpolitik dar.

Beispiele: Ein schlechtes (gutes) Hotel beeinflußt das Gesamtbild der Reise ebenso wie Verspätungen beim Transport usw., ohne daß die anderen Teilproduzenten, z.B. Reisemittler, Fremdenverkehrsort usw., darauf direkt Einfluß nehmen können.
Angenehme Mitreisende und viele Attraktionen am Ort können schlechte Hotelunterkünfte oder Transportleistungen ausgleichen und die gesamte Reise als positiv erscheinen lassen - und umgekehrt.

Abbildung 11:
Kern- und Zusatzprodukt

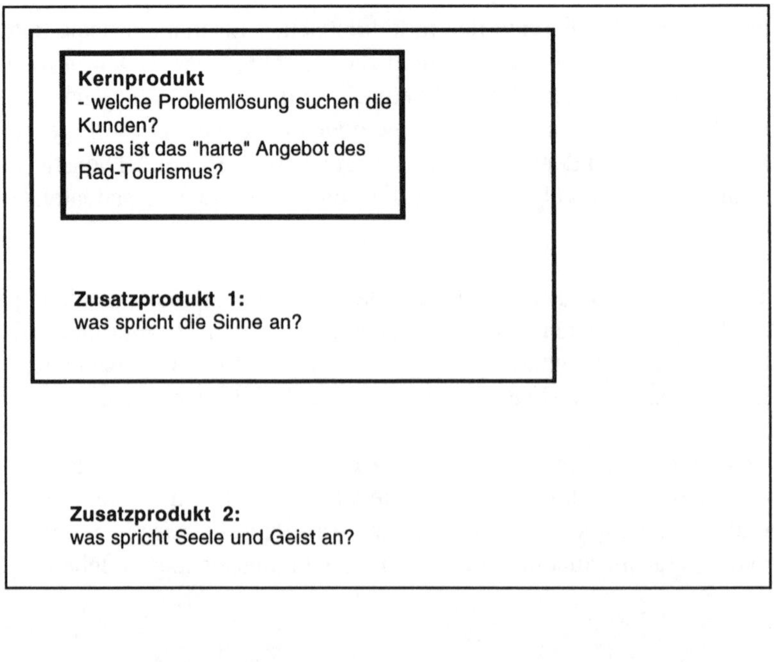

Kernprodukt
- welche Problemlösung suchen die Kunden?
- was ist das "harte" Angebot des Rad-Tourismus?

Zusatzprodukt 1:
was spricht die Sinne an?

Zusatzprodukt 2:
was spricht Seele und Geist an?

5.2 Preispolitik

Preispolitik ist meist in engem Zusammenhang mit der gebotenen Leistung, also mit der Produktpolitik, zu sehen. Ein „adäquates Preis-Leistungs-Verhältnis" ist gerade im Tourismus eine zentrale Erwartungsgröße der Touristen. So ist aus der jährlichen Übersicht der Zeitschrift *Radfahren* eine Spannweite der Reisepreise für den Radtourismus von ca. 50 - 10.000 DM ersichtlich. Es werden zumeist ganz unterschiedliche Leistungen angeboten: von der Stadttour bis zur Auslandsreise, Touren mit dem eigenen oder mit dem Leihrad, mit/ohne Unterkunft bzw. Verpflegung usw. Insofern ist die Preisgestaltung nicht losgelöst vom Leistungsangebot möglich.

Die preispolitische Gestaltung hat auch Signalfunktion für die **Positionierung** von Radreisen im jeweiligen Marktsegment. Üblicherweise werden Radpauschalreisen im höheren Marktsegment des Pauschalreisens angesiedelt sein. Auch hier wird zu einem höheren Preis zumeist eine höhere qualitative Leistung erwartet.

Als weitere preispolitische Möglichkeit wird die **Preisdifferenzierung** angesehen: Das bedeutet vor allem verschiedene Preise in Abhängigkeit von Saisonzeit, von Gruppengröße usw.

5.3 Distributions- oder Vertriebswegepolitik

Die Vertriebswege- oder Distributionspolitik betrifft die Fragen, wie die jeweils hergestellten Produkte oder die angebotenen Dienstleistungen zu den Endverbrauchern kommen bzw. wo und wie der Kaufabschluß getätigt werden kann. Im Dienstleistungsbereich ist dies zumeist noch etwas differenzierter zu betrachten: wie kommen die Informationen über die möglichen Leistungen zu den potentiellen Kunden und welche Buchungsmöglichkeiten bestehen zum Beispiel für Rad-Reisen? - Grundsätzlich bestehen folgende Möglichkeiten:

- **Direktvertrieb oder Direktbuchung**: Rad-Reiseveranstalter und Rad-Tourist treten direkt miteinander in Kontakt. Diese Vertriebsform herrscht im Bereich des Radtourismus vor. Viele der Rad-Reiseveranstalter sind Kleinstveranstalter, zudem häufig mit lokal begrenztem Aktionsradius, so daß ein aufwendigerer indirekter Vertrieb selten lohnend ist.

- **Indirekter Vertrieb oder indirekter Buchungsablauf**: bei dieser Vertriebsform sind zwischen dem Leistungsanbieter für Radreisen und dem

Rad-Touristen weitere Einrichtungen dazwischengeschaltet, die die Vermittlung der Informationen und der Buchungstätigkeit übernehmen. Am bekanntesten sind Reisebüros, deren Haupttätigkeit in der Vermittlung von Reisen besteht. Auch Fremdenverkehrsstellen übernehmen häufig ähnliche Vermittlungsleistungen. Für die Vermittlung wird im Tourismus üblicherweise eine Provision vom Leisungsträger oder Reiseveranstalter an den Reisemittler gezahlt, 10% vom Reisepreis ist die Regel.

Für Kleinveranstalter im Radtourismus ist gerade die Provisionsfrage ein wichtiges Argument gegen einen indirekten Vertrieb. Andererseits können aber über den Vertriebsweg Reisebüro zusätzliche Kunden gewonnen werden, die keine direkte Kenntnis des jeweiligen Radtourismus-Angebotes haben.

Eng mit der Frage des Vertriebsweges sind auch kommunikative Aspekte verbunden. Oftmals weisen Hotels, Fremdenverkehrsvereine oder -verbände oder Radverbände (z.B. der ADFC) auf Möglichkeiten des Radtourismus in bestimmten Regionen hin. Doch soweit diese Einrichtungen lediglich Informationen über Rad-Reisen weitergeben und bei ihnen keine Buchungsmöglichkeiten bestehen, handelt es sich nicht um eine Distributionsfunktion, sondern eine kommunikative Tätigkeit.

5.4 Kommunikationspolitik

Große Bedeutung kommt im Marketing-Mix den verschiedenen Kommunikations-Instrumenten zu. Über sie werden die vorhandenen radttouristischen Angebote bekannt gemacht - „kommuniziert".
Doch fälschlicherweise wird noch immer Kommunikation, und hier vor allem die Werbung, mit Marketing gleichgesetzt. Im Rahmen der hier vorgestellten allgemeinen Marketing-Management-Methode ist ersichtlich, daß die Kommunikationsinstrumente nur einen Teilbereich des gesamten Marketing-Mix, und dieses wiederum nur eine Phase des gesamten Marketing-Management-Prozesses darstellen.

Zur Kommunikationspolitik werden unterschiedliche Instrumente gerechnet, die einerseits ganz unterschiedliche Zielrichtungen haben *(vgl. Abbildung 13)*, andererseits aber alle nach den gleichen Kommunikationsprinzipien wirken. Allen gemeinsam ist, daß stets ein „Sender" eine „Nachricht" an einen „Empfänger" sendet, von dem er eine „Rückkopplung" erfährt *(vgl. Abb. 12)*. Bezogen auf die Kommunikationspolitik im Radtourismus handelt es sich bei den Sendern in der Regel um Radtourismus-Veranstalter oder um Tourismusdestinationen, die Radtourismus anbieten. Empfänger sind die

Rad-Touristen, an die verschiedene Nachrichten (die "Botschaft" oder "message") über die radtouristischen Angebote gesandt werden. Aufgrund der entsprechenden Reisebuchungen erhalten die Sender eine entsprechende Rückkopplung bzw. Kontrolle ihrer Kommunikationsaktivitäten.

Die bekanntesten Kommunikationsinstrumente und ihre Bedeutung für den Radtourismus sind:

- **Werbung**, die sich mit konkreten Reiseangeboten an spezielle Radreise-Zielgruppen wendet und sie zur Buchung von Radreisen bewegen möchte.
- **Öffentlichkeitsarbeit**, die sich in mehr allgemeiner Form an eine größere Öffentlichkeit wendet, um sie über die Möglichkeit von Radtourismus zu informieren. Hierbei sind häufig die verschiedenen Medien, wie TV, Rundfunk sowie Presse, Träger und Berichterstatter über die jeweiligen Radtourismus-Angebote.
- **Vetriebswegeförderung**, wobei vor allem Reisemittler über die Möglichkeiten von Radreisen informiert werden.
- **Persönlicher Verkauf**, wobei bestimmte Interessengruppen, wie z. B. Radreiseverbände, angesprochen werden.
- **Corporate Identity**: hierbei geht es darum, auch innerhalb des eigenen Unternehmens über die jeweiligen Angebote und das gewünschte Erscheinungsbild nach außen zu informieren. Im Tourismus wird dies oftmals als "Binnen-Marketing" bezeichnet, wobei die ortsansässige Bevölkerung über ein entsprechendes touristenfreundliches Verhalten zum Mitgelingen der entsprechenden Tourismusentwicklung beitragen soll. *(Eine ausführliche Behandlung der Kommunikationspolitik für den Radtourismus ist an dieser Stelle nicht möglich, vgl. dazu genauer Freyer 1991a, S. 279-351 und Freyer 1993a, S. 258-262; zur Kommunikationspolitik als Marketingsinstrument im Sporttourismus nimmt Dreyer in Teil A. III. mit einer abweichenden Zuordnung der Instrumente Stellung.)*

5.5 Weitere Marketing-Instrumente

Neben den zuvor erläuterten traditionellen Instrumenten bzw. Bereichen des Marketing-Mix gibt es noch zahlreiche weitere Maßnahmen, deren Zuordnung zu den einzelnen Politikarten des Marketing-Mix nicht immer eindeutig bzw. einheitlich ist. Vor allem werden im Sport- und Tourismus-Marketing die folgenden Bereiche des Marketing-Mix besonders hervorgehoben und gelegentlich als eigener Teilbereich behandelt. In einer ganz weiten Sicht werden verschiedene Maßnahmen auch als eigenständige Marketing- und Managementaufgaben gesehen.

Auf der anderen Seite wird vielfach Preis- und Produktpolitik als "**Leistungspolitik**" zusammen behandelt, eine Sichtweise, die besonders für Dienstleistungen sinnvoll erscheint.

Sponsoring: Immer häufiger versuchen touristische Destinationen oder Sportorganisationen, zusätzliche Mittel durch das Gewinnen von Sponsoren zu erzielen.
Andererseits sind immer mehr Unternehmen an einem Sponsoring im Sport-, Kultur und Sozialbereich und - seit neuestem - auch im Tourismusbereich interessiert. Sie versprechen sie dadurch eine zusätzliche Unterstützung ihrer sonstigen Marketingaktivitäten.
Sponsoring bedient sich vieler Elemente des allgemeinen Marketing und ist in seiner modernsten Form ebenfalls als konzeptionelle Methode zur Gewinnung von Sponsoren oder von Gesponserten zu verstehen. (Vgl. *Roth 1990, Freyer 1993b*) Gerade für den Radsport und den Radtourismus sind gesponserte Radreisen und -touren häufig der Fall.

Beispiele: „Telekom-Team" (Profi-Radsport), "BR-Radeltour" (Sponsoren: BR-Bayerischer Rundfunk, Sparkassen, AOK), "Tour de Ländle" (Süddeutscher Rundfunk).

Product-Placement: Im Product Placement werden bestimmte Produkte oder Produktnamen als „reale Requisite" in Fernseh- oder Kinofilmen „plaziert" und somit bekannt gemacht. Als moderne Variante sind im Privatfernsehen vielfache Spiel-Shows entstanden, wo Show und Werbung oft eng miteinander verbunden sind. Im Zusammenhang mit dem Radtourismus sind bisher keine Beispiele bekannt.

Beispiele Tourismus: „Ein Bayer auf Rügen", „Schwarzwald-Klinik", „Traumschiff", „Ein Tag wie kein anderer" usw.

Messen, Ausstellungen und Tagungen: Messen und Ausstellungen werden vielfach als Kommunikationsinstrumente, gelegentlich auch als Distributionsinstrumente angesehen. Doch für ihre Organisation und Durchführung ist - ebenso wie für Tagungen - oftmals viel eigenes Messe-, Ausstellungs- oder Tagungs-Marketing notwendig.

Beispiele: Fahrrad-Messen, Tourismus-Messen sowie Tagungen und Seminare zum Radtourismus sind in den letzten Jahren zahlreich veranstaltet worden und dienen - auch - der Popularisierung und Verbreitung des Radtourismus.

Veranstaltungs-Marketing und -Management („Events"):
Sportveranstaltungen und touristische Veranstaltungen im Sport- und
Kulturbereich stellen einen weiteren Bereich dar, der innerhalb oder
außerhalb des Marketing-Mix angesiedelt ist. Hierzu entwickelt sich
zunehmend ein eigenständiger Marketingbereich, der als „Event-Marketing"
bezeichnet wird. Events dienen sowohl der Unternehmenskommunikation als
auch dem (Direkt-)Vertrieb, z. B. Verkaufsveranstaltungen oder sog.
"Butterfahrten".

Eine spezielle Variante von Events sind sog. „Incentive-Reisen", die
insbesondere zur Belohnung von Mitarbeitern veranstaltet werden. Gerade
Rad-Touren sind ein beliebtes Incentive.

Beispiele: "Schleswig-Holstein-Musikfestival", "Rund-um-den-Henninger-
Turm", "Tour de France" (beides Profi-Radsport).

6. Phase IV und V: Operatives Marketing (Durchführung und Kontrolle)

Als Phase IV und V im modernen Marketing-Mangement werden sogenannte
"operative" Maßnahmen erläutert. Es handelt sich in Phase IV
"Durchführungsphase" vor allem um organisatorische, finanzielle, personelle
und zeitliche Fragen des Marketing. Phase V "Kontrollphase" beinhaltet vor
allem verschiedene Kontrollmöglichkeiten während und am Ende der
Marketingdurchführung und die entsprechenden Rückkopplungen zur
eventuellen Ursachenbehebung.

Praktiker im Tourismus und in Fahrradorganisationen beginnen oftmals -
fälschlich - ihre Planungen mit diesen operativen Fragen und verzichten
aufgrund personeller oder finanzieller Probleme von Anfang an auf die
Entwicklung moderner Marketing-Konzepte. Der umgekehrte Weg wird im
modernen Marketing empfohlen: Erst auf der Grundlage
erfolgversprechender Konzepte können die entsprechenden Finanz-,
Personal-, Zeit- und Organisationsplanungen erfolgen.

7. Ausblick

Die professionelle Anwendung modernen Marketing-Managements kann vielen Anbietern von Radtourismus (vor allem auch im gemeinwirtschaftlich-öffentlichen Bereich) Hilfen bei der Entwicklung ihrer Angebote geben.

Modernes Marketing-Management ist eine systematische Methode, die keine grundsätzlichen "Geheimnisse" beinhaltet. Sie ist seit Jahren im Wirtschafts- und Non-Profitbereich erfolgreich angewendet worden, erfordert aber professionelle Kenntnis und viel Arbeit in der Praxis. Sie ist jedoch kein "Wundermittel", das "Patentrezepte" liefert und die Anwender ohne Arbeit schnell reich macht.

Damit: Gute Fahrt für den Radtourismus.

III. Die Marketinginstrumente im Sporttourismus
von Dr. Axel Dreyer, Professor für Tourismuswirtschaft und Marketing

1. Grundlegendes

Über den Einsatz von Marketinginstrumenten und die optimale Kombination der Instrumente (Marketing-Mix) könnte natürlich auch ein eigenes Buch geschrieben werden, zumal das Marketing der Marktteilnehmer (vom Reiseveranstalter bis zum Seilbahnbetrieb) **institutionell bedingt gravierende Unterschiede** aufweist. Dennoch darf ein "Ausflug" in die taktisch operative Ebene des Marketing für Sporttourismus _(Freyer hat im vorangegangenen Kapitel bereits einige Ausführungen am Beispiel des Radtourismus gemacht)_ nicht fehlen, denn die Anforderungen an das Marketing werden immer differenzierter.

Dies ergibt sich aus der Marktentwicklung, die eine zunehmende Differenzierung der Zielgruppen notwendig macht, was mit strukturellen Veränderungen auf den Freizeitmärkten zusammenhängt. Es wächst die Zahl der Menschen, denen aus verschiedenen Gründen (Vorruhestand, 4-Tage-Woche, Teilzeitarbeit, Arbeitslosigkeit) mehr Freizeit zur Verfügung steht, wobei vielen von ihnen dabei ein geringeres Einkommen zur Verfügung steht. Etwa 40% der Deutschen haben stagnierende oder rückläufige Real-Einkommen, was für besonders preisbewußte Einstellungen beim Kauf von Freizeitgütern wie Reisen oder Sportausrüstungen spricht.

Andererseits muß ca. ein Drittel der besonders qualifizierten und spezialisierten Erwerbstätigen mehr arbeiten als bisher und daher mit weniger Freizeit auskommen. Dafür können sie sich allerdings besonders hochwertige Freizeitgüter leisten. _(vgl. Institut für Freizeitwirtschaft, 1994, S. 302ff)_

Abbildung 1:

Freizeitausgaben 1991-2000

Aktivität	Zunahme der Freizeit-Ausgaben in % 1991-2000	
	West-Deutschland	Ost-Deutschland
Tourismus	+ 28	+ 58
Freizeitsport	+ 25	+ 55

Quelle: Institut für Freizeitwirtschaft, 1994, S. 307

Die Polarisierungstendenzen auf der Arbeits- und Einkommensseite werden nicht ohne Einfluß auf den Sporttourismus bleiben:

- Wenn sowohl die Ausgaben für den Freizeitsport als auch für den Tourismus steigen, dann kann mit hoher Wahrscheinlichkeit auch von ansehnlichen Steigerungsraten im Segment des Sporttourismus ausgegangen werden.

- Die Angebote müssen stärker differenziert werden und auf die Einkommensentwicklung der Zielgruppen zugeschnitten werden.

Während die strategischen Fragestellungen der Unternehemens- und Marketingpolitik bereits angesprochen wurden *(von Dreyer in Teil A. I. und Freyer in Teil A. II.)*, sollen nun die auf der taktischen Ebene möglichen Maßnahmen analysiert werden.

In der betriebswirtschaftlichen Literatur existieren dazu unzählige Instrumente-Gliederungen, von denen die meisten eine Drei- oder Vier-Instrumente-Systematik verfolgen. So verschiedenartig auch die dabei verwendeten Begrifflichkeiten sind, inhaltlich ähneln sie sich, denn alle Autoren verfolgen doch das Ziel, die vorhandenen Subinstrumente und Maßnahmen des Marketing möglichst homogen der eigenen Instrumente-Gliederung zuzuordnen. Nur in Bezug auf die Zuordnung der Verkaufsförderung - entweder zur Distributions- (Vertriebs-) politik oder zur Kommunikationspolitik - gibt es wesentliche Differenzen in der Theorie, die praktisch allerdings mit wenig Auswirkungen verbunden sind. Der Verfasser dieses Beitrages geht von den Instrumenten Leistungs- und Preispolitik, Distributionspolitik und Kommunikationspolitik aus.

Abbildung 2:
Die Marketinginstrumente im Überblick

Leistungs- und Preispolitik	Distributions- politik	Kommunikations- politik
Einzelleistungspolitik	Vertriebsorganisation	Werbung
Leistungsprogrammpolitik	Vertriebswegegestaltung	Public Relations
Markenpolitik	Verkaufsförderung	Sponsoring
Servicepolitik	Messepolitik	
Preispolitik		
Konditionenpolitik		

2. Leistungs- und Preispolitik

Es empfiehlt sich das Instrumentarium der Leistungspolitik in einem Atemzug mit der Preispolitik zu nennen, da Preis und Leistung eines Unternehmens untrennbar miteinander verbunden sind. Der Leistungsumfang und die darauf basierende Kalkulation des Marktpreises bedingen einander. Gleichzeitig ist es sinnvoll im Tourismus von der Leistungspolitik zu sprechen, da der Begriff Produktpolitik (Produkt = ein produziertes "anfassbares" Gut), der im Konsum- und Investitionsgütermarketing weitgehend Eingang in die Literatur gefunden hat, nicht trennscharf ist. Im Tourismus ist das "Produkt" häufig vielmehr eine immaterielle, nicht lagerfähige Leistung.

2.1 Leistungspolitik

In der Leistungspolitik werden alle Maßnahmen zusammengefasst, die zur Gestaltung der Dienst- und Sachleistungen sowie deren rechtlicher Absicherung (z. B. Marken) beitragen. Die Leistungen werden als Leistungsprogramm auf dem Markt angeboten.

Ohne an dieser Stelle auf die Vielzahl möglicher Zielsetzungen der Leistungspolitik eingehen zu wollen, bestehen folgende grundsätzlichen Gestaltungsbereiche:

Einzelleistungspolitik
In Bezug auf eine **einzelne Leistung**:

* Leistungsverbesserung (-variation)
* Leistungsinnovation (durch Differenzierung oder Diversifikation)
* Leistungselimination

Der Rahmen dieses Beitrages würde gesprengt, wenn für diese und alle weiteren Gestaltungsbereiche und Subinstrumente ein Fallbeispiel für jeden sporttouristischen Anbieter aufgeführt würde. Stattdessen erfolgt eine exemplarische Vorgehensweise.
Da es nicht immer leicht zu unterscheiden ist, wann eine Leistung nur verändert wurde bzw. wann eine Leistungsinnovation vorliegt, wird dies anhand eines Beispiels erläutert.

Beispiel: Vieles spricht dafür, den Umbau einer Seilbahnstrecke von einem Doppel- zu einem Drei-Personen-Sessellift als Variation zu bezeichnen, den Bau einer neuen Anlage mit der Erschließung neuer Pisten hingegen als innovative Leistung anzusehen.

Zum Bereich der Leistungsverbesserung gehört wohl auch am ehesten die Auseinandersetzung mit dem im Tourismus eingebürgerten Begriff des "Innenmarketing". Aus Sicht des betriebswirtschaftlichen Sprachgebrauchs ist der Begriff irreführend und vollkommen ungebräuchlich. Er sollte daher im Sinne eines in sich geschlossenen Begriffsgebäudes keine weitere Verwendung finden. Gemeint ist mit **"Innenmarketing"** das Bemühen eines Tourismusverbandes oder einer örtlichen Tourismusgesellschaft, das Angebot eines Tourismusortes bzw. einer Region durch Einbeziehung der betroffenen Leistungsträger zu verbessern. Es liegt also das Bemühen um die Verbesserung eines Produkts vor, also eine **Leistungsverbesserung** im hier diskutierten Sinne.

Leistungsprogramm
Bei **erstmaliger Festlegung** muß entschieden werden über
- das Angebot an Hauptleistungen
- das Angebot an Zusatzleistungen
Bei der **Entwicklung** des Leistungsprogramms
- Programmveränderung
- Programmerweiterung
- Programmreduzierung

Exemplarisch werden die Elemente, aus denen sich Haupt- und Zusatzleistungen des **Leistungsprogramms** bei Reiseveranstaltern bzw. Sporthotels zusammensetzen, in *Abbildung 2 (nächste Seite)* gegenübergestellt *(vgl. Hofmann 1994, S. 129ff)*.
In Bezug auf die **Markenpolitik** stehen den Unternehmen mehrere Strategien zur Wahl:

- **Einzelmarkenstrategie**
Es treten Unternehmen **mit nur einem Produkt** auf den Markt, dessen Markenname häufig dem Firmennamen entspricht. Dieser Fall kommt insbesondere bei kleineren Spezialveranstaltern vor. Im Marktauftritt **kettenunabhängig** erscheinende Hotels mit dem Anspruch eines Markenartikels (gleichbleibende oder verbesserte Qualität, gleichbleibendes Erscheinungsbild, verbreitete Buchungsmöglichkeit, Verbraucherwerbung in Massenmedien, Anerkennung am Markt) müssen ebenfalls dieser Strategie zugeordnet werden.

Abbildung 3:

Elemente des Leistungsprogramms eines Sporthotels

Hauptleistungen	
Element	*Beispiel*
Übernachtungsleistungen	
Zimmertyp/-anzahl	Einzelzimmer, Doppelzimmer, Mehrbettraum, Suite, Apartement etc.
Ausstattung	Bettart, Dusche, Bad, WC, Telefon, Klimaanlage, Balkon, altes bzw. neues Mobiliar etc.
Lage (im Hotel)	Golfplatzblick, Nähe Schwimmbad, Straßenseite, oberes Stockwerk, etc.
Verpflegungsleistungen	
Frühstück	kontinental, amerikanisch, Buffet, Vollwertkost, Körnerbar, landestyp. Element
Mittagessen	vorgegebenes Menu, à la carte, sportartbezogene Sportler-ernährung, Buffet, BBQ
Abendessen	(siehe Mittagessen)
Sportangebot	
Sportart	häufig: Golf, Tennis, Ski, Schwimmen, Reiten, Radfahren
Sportstätten	im Hotel, in Hotelnähe, vom Hotel entfernt
Sportgeräte	Verleih, Verkauf
Schulung	Trainer, Übungsleiter, Leistungsdiagnostik, Kurseinheiten
Zusatzleistungen	
Element	*Beispiel*
Freizeit-einrichtungen	Garten, Spielplatz
Gesundheits-einrichtungen	Sauna, Fitnessraum, Massage, Arztpraxis
Tagungs-einrichtungen	Räume, technische Ausstattung
Shops	"Pro-Shop" für Sportartikel, Souvenirs, weitere Güter
Parkplätze	für PKW, für Busse, für Sportgerät (z. B. Boote)

Eigene Zusammenstellung.

Abbildung 4:
Elemente des Leistungsprogramms eines Sportreiseveranstalters

Hauptleistungen		Zusatzleistungen	
Element	*Beispiel*	*Element*	*Beispiel*
Zielgebiet/ -ort	In-, Ausland, Gewässer, Berge	**Reisevorleistungen**	Einführungstreffen
Sportangebot	Sportart Sportstätte Sportgerät Schulung	**Reiseversicherungen**	Reiserücktritt Sporthaftung
Verkehrsträger	Auto, Bahn, Bus, Seilbahn, Schiff Flugzeug (Linie, Charter, Beförd. d. Sportgerätes)	**Reisebetreuung**	Zielgebiets-Büro Reiseleiter
Unterkunft	Hotel, Sporthotel, Pension, Sportschule, Club, Hütte, Schiff, etc.	**Rahmenprogramm am Zielort**	Ausflüge Besuch von Sportveranstaltungen Wettkämpfe
Verpflegung	Frühstück Mittagessen Abendessen Zwischenverpfleg.	**Nachreiseleistungen**	Nachbereitungstreffen, Dia-Abend
Reisezeit/ -dauer	Länge des Angebots, Saisonzeit (z. B. weiße Ski-Wochen in der Vorsaison)		
Transfer	...zur Unterkunft, ...zur Sportstätte, Transport des Sportgerätes		

Eigene Zusammenstellung.

Markenfamilienstrategie
Zu einer Markenfamilie gehören verschiedene Einzelprodukte einer aus verwandten Leistungsangeboten bestehenden Produktgruppe. Es liegt eine Produktdifferenzierung oder eine horizontale Diversifikation vor. Die Mehrzahl der großen Reiseveranstalter verfolgt diese Strategie. In *Abbildung 5* ist ein Ausschnitt aus der Markenfamilie von Meier´s Weltreisen zu sehen, die auch zwei sporttouristische Produkte (Sport Events und Golf & mehr) beinhaltet.

Abbildung 5:
Meier´s Markenfamilie 1994/95 (Ausschnitt)

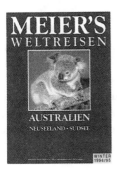  

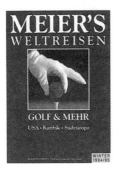 

• **Firmenmarkenstrategie**
Bei dieser auch als Dachmarkenstrategie bezeichneten Markenpolitik steht der Unternehmensname für völlig unterschiedliche Leistungsangebote (laterale Diversifikation). Es wird beabsichtigt, den auf den ursprünglichen ("alten") Betätigungsfeldern erworbenen Ruf des Unternehmens bei der Betätigung auf neuen Märkten auszunutzen *(vgl. Roth 1994, S. 398)*. Diese Form des Imagetransfers nutzt z. B. der *Allgemeine Deutsche Automobilclub,*

der ausgehend vom Automobilservice inzwischen mit Tochterfirmen unter dem Kürzel *ADAC* auch Reise-, Versicherungs- und Verlagsleistungen vermarktet.

• **Mehrmarkenstrategie**
Richtet sich ein Anbieter gleichzeitig mit **unterschiedlichen Einzelmarken an ähnliche Marktsegmente**, liegt eine Mehrmarkenstrategie vor. *Meier's*, selbst mit einem Amerika-Katalog auf dem Markt, tritt beispielsweise als Reiseveranstalter für *Marlboro* Reisen auf. Der *Marlboro* Reisen-Katalog Amerika beinhaltet schwerpunktmäßig individuellere Reiseangebote mit einem Hauch von Abenteuer und Sport.

• **Markenimitationsstrategie**
Im Vordergrund steht die Nachahmung guter Angebote. Zwar fehlt dem Markenimitator das Know how des am Markt etablierten Unternehmens, dafür kann er aber aus den Fehlern der innovativen Anbieter lernen und auf diese Weise Anlaufkosten einsparen.
Ein Veranstalter, der Trends setzt und sich auf das Angebot bestimmter Sportarten spezialisiert hat, kann sich für diese Angebote einen Namen machen. Er besitzt dann eine Zeit lang einen USP (unique selling proposition), den Marktfolger ihm streitig machen wollen.

Servicepolitik
Grundsätzlich kann abgestellt werden auf
• Art und Umfang der Serviceleistungen sowie
• die Leistungsträger des Service
  (eigene oder "eingekaufte" Dienstleistungen).

Art und Umfang des Service sind bei den Leistungsträgern im Sporttourismus vollkommen verschieden. Der Übergang zu den vorstehend aufgezählten Zusatzleistungen ist fließend, wobei der Service meist eine **besondere**, über die Zusatzleistungen hinausgehende und nicht unbedingt typisch zum jeweiligen Anbieter gehörende **Dienstleistung** darstellt.

Beispiel 1: Im Sporthotel zählen vielleicht folgende Leistungen zum Service:
• Sauna-Handtücher
• Leih-Bademantel
• Weckdienst
• Shuttle service mit Transport des Sportgerätes (Fahrt mit Skiern zur Liftstation etc.)
• Reparaturdienst
• sportartbezogene Wetterberichte
• Lunchpakete

Beispiel 2: Wie unterschiedlich Serviceleistungen sein können, erfährt der Skitourist bei einem Leistungsvergleich zwischen Skiorten und Seilbahnunternehmen in Europa und Nordamerika. In Europa sind durchschnittlich gut organisierte Zubringerbusse, Drängeleien am Lift und mehr oder weniger freundliches Liftpersonal häufig an der Tagesordnung. Dagegen steht Freundlichkeit gegenüber den Liftbenutzern in amerikanischen Gebieten hoch im Kurs. Andrang am Lift wird durch im Hinblick auf die Bildung von Warteschlangen durchdacht konzipierte Anlagen kanalisiert, so daß das Warten am Lift streßfrei ist. Einige Skiregionen begrenzen sogar den Verkauf von Lifttickets.

2.2 Preis- und Konditionenpolitik

Die zur Verfügung stehenden Möglichkeiten unterscheiden sich bei den sporttouristischen Leistungsträgern im allgemeinen nicht von den sonst üblicherweise eingesetzten Mitteln der Preis- und Konditionenpolitik. Grundsätzlich muß unterschieden werden zwischen den Vereinbarungen der Leistungsproduzenten untereinander und der Preispolitik gegenüber dem Kunden.

Elemente der Preis- und Konditionenpolitik sind

- der Grundpreis (u. a. Festlegung des Preisniveaus),
- Preiszuschläge (für Zusatz- oder Serviceleistungen, die nicht im Grundpreis enthalten sein sollen, wie z. B. die Saunabenutzung im Hotel; oder no show-Gebühren, Stornogebühren etc.),
- Preisnachlässe (z. B. Mengenrabatte für Gruppen),
- die Zahlungsbedingungen (Zahlungsmittel, Valuta),
- die akzeptierten Zahlungsmittel (insbesondere Barzahlung, Schecks, Kreditkarten und Überweisungen).

Von den Strategien und Maßnahmen der Preisbildung ist touristisch die Betrachtung verschiedener Formen der **Preisdifferenzierung** besonders interessant. Zu bedenken ist, daß es Preisdifferenzierungen nur für **gleichartige Produkte** (aus unten näher beschriebenen Gründen) gibt. So sind z. B. unterschiedliche Zimmerqualitäten als unterschiedliche Produkte zu verstehen, bei denen keine Preisdifferenzierung, sondern eine **Produkt**differenzierung mit einem auf das differenzierte Produkt bezogenen Preis vorliegt.

- **räumliche Preisdifferenzierung**
Sie ist gegeben, wenn identische Leistungen an unterschiedlichen Orten zu unterschiedlichen Preisen verkauft werden.

Beispiel: Eine Hotelkette vermietet ein Zimmer in gleichwertiger Lage mit gleichen Übernachtungsleistungen in München zu einem anderen Preis als in Hamburg.

• **zeitliche Preisdifferenzierung**
Am weitesten verbreitet sind in der Hotellerie und bei den Reiseveranstaltern **saisonbezogene** Preisunterschiede, mit denen Nachfrageschwankungen ausgeglichen werden sollen.
Last minute-Preise beziehen sich ebenso auf Preisdifferenzierungen in Abhängigkeit vom Buchungszeitpunkt wie **Frühbucherboni**. Ähnlich gelagert sind günstige **stand by-Tarife**, mit deren Hilfe ebenfalls Kapazitäts-auslastungen verbessert werden können.
Eine Preisdifferenzierung mit dem Charakter eines Mengenrabatts stellen verbilligte **Langzeittarife** (in Beherbergungsstätten) dar.

Transportbetriebe arbeiten auch mit der Vergabe von **Tages-, Mehrtages-, Monats- und Jahreskarten**.

Beispiel: Ein besonders servicefreundliches Angebot machen nordamerikanische Seilbahnunternehmen, indem sie Liftpässe für fünf aus sechs Tagen verkaufen. Innerhalb von sechs Tagen kann der Skiläufer selbst auswählen, an welchen fünf Tagen er seinen Sport ausüben möchte. Sind die Ski- und Witterungsbedingungen so gut, daß der Sportler in den ersten fünf Tagen keinen Ausfall zu verzeichnen hatte, kann er am sechsten Tag immer noch einen Tagesskipaß lösen.
Diese Art der Preisdifferenzierung erlöst den Skiläufer von dem Phänomen, den für alle Urlaubstage gekauften Skipaß auch bei den schlechtesten Wetterbedingungen "unbedingt abfahren zu müssen".

• **personen- (zielgruppen) bezogene Preisdifferenzierung**
Im Sporttourismus verbreitet sind vergünstigte Jugend- und Studententarife, aber auch Familien (preiswerte Kindertarife) und Unternehmen als Großabnehmer können in den Genuß von Preisnachlässen gelangen.

• **Preisdifferenzierung nach dem Einsatz anderer Marketinginstrumente**
Aus Sicht der Leistungsanbieter steht hier die **Vertriebskanal-differenzierung** im Vordergrund, d. h. identische Leistungen werden über unterschiedliche Verkaufsstellen zu unterschiedlichen Preisen vertrieben.

Verhältnismäßig wenig hat sich bisher die **psychologische Preispräsentation** durchgesetzt, deren wesentlichstes Mittel die "Methode 99" ist, bei der aus optischen Gründen wert darauf gelegt wird, unterhalb des nächstgrößeren Preissprungs zu bleiben.

Beispiel: Selbst bei renommierten Reiseveranstaltern werden Leistungen zum Preis von DM 1006 (DM 998 würde erheblich preiswerter wirken) oder DM 3805 angeboten. Im letzteren Fall würde DM 3799 viel besser klingen; andererseits könnte diese Leistung ebenso zum Preis von DM 3819 angeboten werden, denn wer bereit ist DM 3805 auszugeben, zahlt auch den um DM 14 höheren Betrag.

3. Distributionspolitik

Die Distributionspolitik umfaßt als Subinstrumente die Vertriebsorganisation, die Vertriebswegegestaltung, die Verkaufsförderung und die Messepolitik. In den Rahmen der vertriebsorganisatorischen Entscheidungen gehört die Auswahl des Computer-Reservierungssystems. Zur Vertriebswegegestaltung gibt *Abbildung 6* einen Überblick über sämtliche Möglichkeiten im Sporttourismus.

Vertriebswegegestaltung

● **direkter Vertrieb**
Diese Verkaufsform, die ohne Umweg und damit ohne die Abgabe von Verkaufsprovisionen zum Reisekunden führt, nutzen insbesondere kleine Anbieter, seien es Reiseveranstalter, Beherbergungsbetriebe oder Unternehmen der Sport-Infrastruktur wie Sportschulen und -ausrüster.
Von den großen Sporttourismus-Veranstaltern bedient sich *Sport-Scheck* maßgeblich dieses Vertriebsweges. Kataloge werden direkt im Stile des Versandhandels an die Reiseinteressenten verschickt.
Ebenso zählt die Buchung per BTX oder Ticketautomat zu den direkten Vertriebsmöglichkeiten.
Direktverkauf ist auch üblich bei den Unternehmen der Sport-Infrastruktur und bei Seilbahnbetrieben.

● **einstufiger indirekter Vertrieb**
Zunächst sei der **Eigenvertrieb** genannt, bei dem der Leistungsproduzent über eigene Reisebürofilialen oder Verkaufsbüros verkauft. Es liegt gegenüber dem Direktvertrieb eine Vertriebsstufe dazwischen, auf die der Produzent vollständigen Einfluß besitzt.

Abbildung 6:

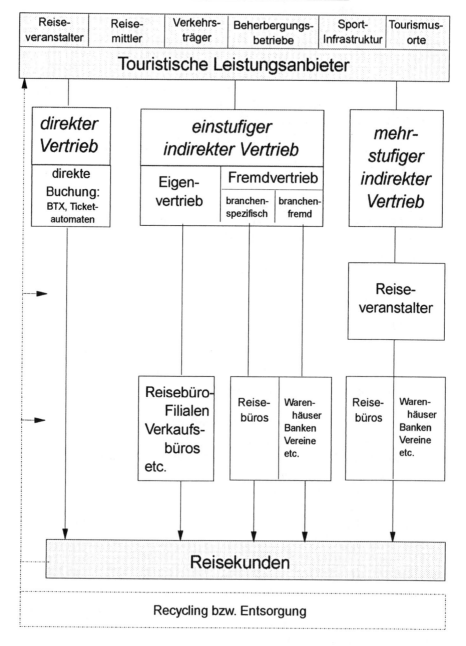

Vertriebswege im Sporttourismus

Hier ist das Beispiel *Sport-Scheck* ebenfalls anzuführen. Das aus dem Sportartikelhandel hervorgegangene Münchener Unternehmen hat in sein Stammhaus ein Reisebüro integriert und vertreibt dort (zusammen mit anderen touristischen Angeboten) die eigenen Sportreisen.

Im **Fremdvertrieb** besitzt der Leistungsanbieter keinen Einfluß mehr auf die zwischengeschaltete Absatzstelle. Ist diese das branchenspezifische Reisebüro, liegt der für Reiseveranstalter typische Vertriebsweg vor. Unternehmen wie die *TUI, DERtour, Meier's Weltreisen* etc. nutzen diese Form des Absatzes. Aber auch der branchenfremde Vertrieb kommt in Betracht, wobei er für Sportreisen nur untergeordnete Bedeutung besitzt.

• **mehrstufiger indirekter Vertrieb**
In diesem z. B. bei größeren Beherbergungsbetrieben häufig auftretenden Fall werden Leistungen an Reiseveranstalter verkauft, die diese über Reisebüros und andere Vertriebsstellen *(siehe einstufiger indirekter Vertrieb)* weiter vermarkten.
(Vgl. Pompl 1995, S. 42f, Roth 1992, S. 180f.)

Eine - wenn auch kurze - Betrachtung der sporttouristischen Vertriebswege darf heute die Frage des **Recyclings** bzw. der Entsorgung nicht unterlassen. Vertriebswegebezogen steht im Vordergrund, daß für die Verwertung der Kataloge Sorge getragen werden muß *(vgl. Treis 1994).*

Verkaufsförderung
Aufgrund seiner starken Erlebnisorientierung und der damit verbundenen emotionalen Ausrichtung eignet sich der Sporttourismus ganz besonders für Verkaufsförderungsmaßnahmen, über deren Möglichkeiten aus Sicht der Reiseveranstalter *Abbildung 7 (nächste Seite)* informiert.
Der Einsatz von Katalogen als Vertriebsmittel wird aufgrund der mindestens ebenso bedeutsamen kommunikativen Funktion der Kataloge im Abschnitt über die Kommunikationspolitik behandelt.

Messepolitik
Die Beteiligung an Messen gehört zu den wichtigsten Marketinginstrumenten der Reiseveranstalter. Die wichtigsten Reisemessen in Deutschland sind kombinierte Konsum- und Fachmessen. Neben den Brancheninsidern haben auch breite Kreise der Reiseinteressierten Zugang zu den Messen, deren größte die *Internationale Tourismusbörse (ITB)* in Berlin ist. Für sporttouristische Anbieter ist eine Messebeteiligung erst ab einer gewissen Unternehmensgröße sinnvoll. Eine reine Sporttourismusmesse wird in Deutschland nicht veranstaltet, in Italien gibt es erste Ansätze.

Abbildung 7:

Verkaufsförderungsmaßnahmen für Reiseveranstalter

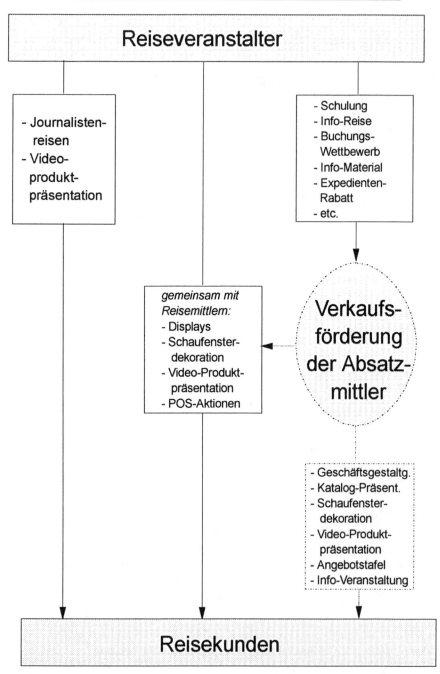

4. Kommunikationspolitik

4.1 Einführung

Die Instrumente der Kommunikationspolitik - nicht nur für sporttouristische Anbieter - sind **Werbung, Public Relations (PR)** und **Sponsoring**. Für eine gute Kommunikationspolitik ist es insbesondere wichtig, daß die Mitteleinsätze der einzelnen Instrumentalbereiche optimal aufeinander abgestimmt werden (Kommunikations-Mix).

Erfolgskontrollen beim Sponsoring haben gezeigt, daß Kommunikationsziele besser erreicht werden, wenn sie von PR-Maßnahmen begleitet werden und wenn auch in der klassischen Werbung Bezüge zum Sponsoringengagement hergestellt werden.

Abbildung 8:

Instrumente der Kommunikationspolitik

Werbung	Public Relations	Sponsoring
• Werbung in elektronischen Medien • Wb. in Printmedien • Direktwerbung • Außenwerbung • Product Placement →**Katalog:** Besonderheit, weil auch **Vertriebsmittel**	• Medienkontakte • Veröffentlichungen • Projektförderungen • Betriebsbesichtigungen	• Sponsoring von Veranstaltungen → Event Marketing • Sponsoring von Persönlichkeiten • Sponsoring von Organisationen

Durch die zunehmende Erlebnisorientierung der Konsumenten und das Aufkommen des Veranstaltungs-Sponsoring entwickelte sich das **Event Marketing** *(vgl. Kinnebrock 1993, S. 64ff).* Es ist das Marketing mit Ereignissen und Veranstaltungen, die entweder vom Marketingtreibenden selbst initiiert werden oder zu denen eine besonders enge Beziehung über den intensiven Einsatz von Marketingmitteln hergestellt wird.

Beispiel: Event Marketing mit touristischen Bezügen stellt die Camel Trophy dar.
Oder: Reisen zu Sportveranstaltungen (Tennis-Masters), Skisafaris oder Golf ProAm-Turniere (in einem Flight spielt ein bekannter Professional mit VIPs) etc. können ebenfalls gut in Event-Marketing-Konzepte integriert werden.
Oder: Hotels initiieren Sportwettkämpfe, um für Auslastung und Attraktivitätssteigerung zu sorgen *(siehe Abbildung 9).*

Abbildung 9:

Anzeigenbeispiel zum Event Marketing

Den ambitionierten Golfer erwarten 3 spektakuläre Turnierrunden auf dem landschaftlich bezaubernden und herausfordernden, internationalen 18-Loch Golfplatz des Paradis Hotels. Darüberhinaus noch Golftraining vom Feinsten mit Torsten Giedeon. Weißer Sandstrand, türkisschillerndes Wasser, kulinarische Genüsse und exquisite Gewinnpreise machen diese Golf-Woche zu einem unvergesslichen Erlebnis.

Termin: 14.-21. Januar 1995
Ort: Beachcomber Hotel Le Paradis & Golfclub Mauritius

Informationen und Unterlagen erhältlich bei:
Beachcomber Hotels, Dianastraße 4, 85521 Ottobrunn, Tel: 0 89 / 6 09 69 31
Reiseservice Africa, Bauseweinallee 4, 81247 München, Tel: 0 89 / 8 11 90 15

Ziele der Kommunikationspolitik

Neben den ökonomischen (z. B. Umsatzsteigerung, Marktanteilssteigerung) interessieren zunehmend die psychographischen Kommunikationsziele, bei denen vier Kategorien unterschieden werden können *(vgl. Dreyer, S. 24f dieses Buches und Meffert 1992):*

- **kognitive Beeinflussungen**
  - ⇒ Aufmerksamkeit erzeugen
  - ⇒ Kenntnisse vermitteln
  - ⇒ Bekanntheitsgrad steigern
- **affektive Beeinflussungen**
  - ⇒ Einstellungen ändern
  - ⇒ Images ändern
- **konative** (antriebhafte, handlungsbezogene) **Beeinflussungen**
  - ⇒ Kaufabsicht stärken
  - ⇒ Kauf herbeiführen
- **Nachkauf-Beeinflussungen**
  - ⇒ Kaufentscheidung bestätigen
  - ⇒ kognitive Dissonanzen beseitigen

Abbildung 10:
Prozeß des Kommunikationsmanagement

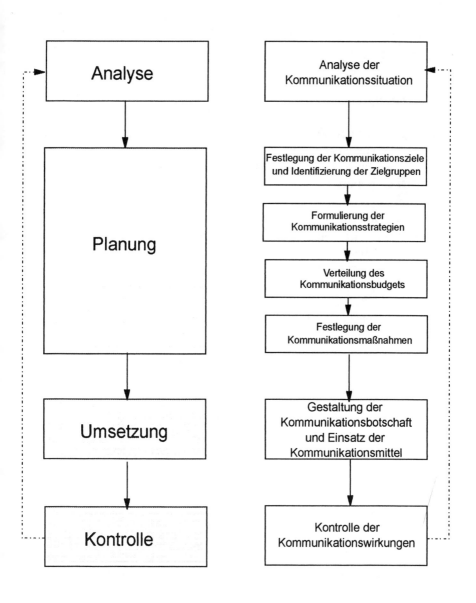

Bei der Aussendung von Kommunikationsbotschaften muß darauf geachtet werden, daß die **Glaubwürdigkeit** im Sinne des übrigen Unternehmensauftritts (→ Corporate Identity, Corporate Communications und Corporate Design, _vgl. Merkle 1992_) gewährleistet ist. Die Kommunikationsbotschaft muß zum Produkt, zum Unternehmen, zum Kommunikationsmedium und zu möglichen Testimonials passen _(vgl. Dreyer 1994, S. 76)._

4.2 Werbung

Werbung ist der bewußte Versuch der psychischen Beeinflussung mit Hilfe spezieller Kommunikationsmittel mit dem Ziel, bestimmte Personen im Gefühl freier Entscheidung zur Bildung erwünschter Einstellungen oder zu unternehmenspolitisch erwünschten Verhaltensweisen zu veranlassen.

- **Werbung in elektronischen Medien**
Die Ausübung von Sport läßt sich ausgezeichnet in schönen (bewegten ebenso wie statischen) Bildern darstellen, so daß sich elektronische Medien zur Werbung vorzüglich eignen. Bezüglich der jüngeren Zielgruppen dürfte Dia- oder Spot-Werbung in Kinos für die sporttouristischen Anbieter besonders erfolgversprechend sein und auch die Nutzung des noch jungen Mediums compact disc könnte in die Maßnahmen eingebunden werden.

Abbildung 11:
Werbung in elektronischen Medien

Werbeträger	einsetzbare Werbemittel
Fernsehen	Spot, Product Placement
Rundfunk	Spot, Product Placement
Kino	Spot, Product Placement, Dia
Videorecorder	Spot
Computer	Compact Disc (CD)

Aufgrund des - abgesehen vom Typus Aktivurlauber - nicht sehr großen Marktsegments Sporturlauber sind kostenintensive Kampagnen (z. B. im Fernsehen) nur dann sinnvoll, wenn damit gleichzeitig über die Markenfamilie Synergieeffekte für andere Leistungen erzielt werden können. Einen solchen Effekt könnte z. B. _DERtour_ mit seiner breiten nicht-sport- und sportbezogenen Produktpalette herbeiführen.

Dagegen sind per Video am point of sale (POS) gezeigte Spots aufgrund der etwas günstigeren Kostensituation (geringere Schalt-, aber immer noch hohe Produktionskosten) möglicherweise ein gut einsetzbares Medium.

- **Werbung in Printmedien**
Das Spektrum der Möglichkeiten ist der *Abbildung 12* zu entnehmen. Es gibt keine sporttouristischen Besonderheiten in der Nutzung der Medien. Auffallend ist, daß Reiseveranstalter in der Kataloggestaltung anderen Unternehmen immer öfter die Möglichkeit zur eigenen Anzeigenschaltung einräumen.

Abbildung 12:
Werbung in Printmedien

Werbeträger	Werbemittel
Tageszeitung	Anzeige
Wochen-, Sonntagszeitung	Beilage
Anzeigenblatt	Beihefter
Publikumszeitschrift	eingeklebte
Fachzeitschrift (z. B. Reisemagazin)	Antwortkarte
Telefon-, Adreßbuch, Gelbe Seiten	Duft-Anzeige
Kundenzeitschrift	
Hotelführer	
Katalog als Medium zur Anzeigenschaltung	

- **Direktwerbung**
Es gelangen die unterschiedlichsten Werbemedien zum Einsatz, wobei im Tourismus den **Prospekten** die wohl größte Relevanz eingeräumt werden muß. Die Erscheinungsformen der Prospekte sind vielfältig. Für umfassende Angebotsdarstellungen wird meistens das **Zeitschriftenformat** DIN A4 (hoch) verwendet. Als Streuprospekt eignen sich **Folder** (Format 1/3 DIN A 4 im gefalteten Zustand) am besten.

Von immer größerer Wichtigkeit zur differenzierten Zielgruppenansprache wird das **Direct Mailing**, das zur Stammkundenbindung von ehemaligen Reiseteilnehmern oder Hotelbesuchern eingesetzt werden sollte. **Handzettel (Flyer)** und die **Telefonwerbung** ergänzen das Spektrum.

- **Außenwerbung**
In der Außenwerbung sind **Plakat-** und **Verkehrsmittelwerbung** sowie Hinweisbeschilderungen die am häufigsten eingesetzten Medien. Darüber hinaus sind Gebäude als Werbeträger geeignet. Nicht nur die Anbringung von **Leuchtmitteln** besitzt akquisitorischen Charakter, sondern auch

Farbanstriche und architektonische Elemente können im Rahmen des Corporate Design werbende Wirkung entfalten.

• **Product Placement**
Als Product Placement wird ein Vorgang bezeichnet, bei dem beispielsweise für einen Spielfilm oder eine Fernsehserie Drehbücher dergestalt bewußt (um-)geschrieben werden, daß bestimmte Produkte, Leistungen oder touristische Regionen im Sinne der Marketingziele der anbietenden Unternehmen oder Organisationen vorkommen.

Beispiel: So kann es vorkommen, daß der Drehort einer Fernsehserie nicht alleine aufgrund inhaltlicher und sachbezogener Faktoren, sondern aufgrund der besonderen Bemühungen (infrastrukturelle oder finanzielle Leistungen) des Ortes ausgewählt wird. Wird dieser Ort dann im Laufe der Ausstrahlung der Serie häufig gezeigt, so steigt sein Bekanntheitsgrad und er wird auch für touristische Belange interessanter.

Erscheint dies auf einen Ort bezogen noch nicht problematisch, so wird es allerdings kritisch, wenn andere Produkte (Autos, Alkoholika etc.) auf diese Weise plaziert werden, ohne daß ein werbliches Umfeld erkennbar ist. Hier wird der Bewußtseinsfilter des Verbrauchers, es handele sich um vom Unternehmen gesteuerte Maßnahmen, wie bei keinem anderen Werbemedium ausgeschaltet. Reaktanz des Umworbenen wird auf diese Weise praktisch außer Kraft gesetzt.

Über die Möglichkeit der Einbindung eines Produktes in ein zielgruppenspezifisches Umfeld hinaus ist es möglich, eine Darstellung unter Ausschluß von Konkurrenzprodukten zu erreichen. Außerdem können Werbebeschränkungen umgangen werden.

• **Katalog als Werbe- und Vertriebsmittel**
Im Gegensatz zum großformatigen Prospekt beinhaltet der Katalog die umfassendere Angebotsdarstellung. Der Katalog kann sowohl ein **Direktvertriebsinstrument** des Versandreisemittlers _(Sport-Scheck)_ als auch eine **Verkaufsgrundlage** für den Reisebüromitarbeiter oder ein **Werbeinstrument** zum "Vor-"Verkauf von Reisen sein _(vgl. Hüttner 1994, S. 511)._
Interessant wird der Einsatz eines Katalogs erst mit einem größeren und kontinuierlichen Angebotsumfang.

4.3 Public Relations

Mit Public Relations (PR) wird die bewußte, zielgerichtete und systematische Gestaltung der kommunikativen Beziehungen zwischen einer Unternehmung oder einer Organisation und der Öffentlichkeit bezeichnet.
Die PR ist ein wesentliches Element der Image- und Vertrauensbildung. Sie ist als Ergänzungsmedium zum Sponsoring und Event Marketing notwendig.

Beispiel: Die Bewerbung, um Austragungsort eines medienwirksamen Sportwettkampfes zu werden, setzt eine langfristig angelegte Öffentlichkeitsarbeit voraus. Kontakte zu relevanten Politikern, Unternehmen und den Massenmedien tragen zu einer erfolgreichen Bewerbung bei. Von der Ausstrahlung im Fernsehen kann der Ort dann profitieren. Dabei muß man nicht unbedingt an den Medienrummel Olympischer Spiele denken.
Für Skiorte ist schon die Austragung eines Weltcuprennens ein interessantes Ereignis, da hier die offensichtlichen touristischen Bezüge zum Skiurlaub eine Rolle spielen. Negativ wirkt es sich allerdings aus, wenn ein Rennen wegen Schneemangels abgesagt werden muß.

4.4 Sponsoring

Sponsoring bezeichnet die Zusammenarbeit innerhalb der Wirtschaft oder zwischen der Wirtschaft und anderen gesellschaftlichen Bereichen mit dem Zweck, die jeweiligen eigenen Zielsetzungen effektiver zu erreichen.
Dabei überträgt der Sponsor dem Gesponserten Geld, Sach- oder Dienstleistungen in der Absicht, über die Verwendung bzw. Nutzung der Gegenleistungen bestimmte, zumeist kommunikative Ziele zu erreichen.

Sponsoring-Formen können nach Objekten differenziert werden:

- Sponsoring von Veranstaltungen *(siehe auch Event-Marketing)*
- Sponsoring von Persönlichkeiten
- Sponsoring von Organisationen

Zu den aus Sicht der Sponsoren am besten zu erreichenden **Zielen** zählen:

- die Verbesserung des Images
- die Steigerung des Bekanntheitsgrades
- die Kontaktpflege zu unternehmensrelevanten Personen
- die Motivation von Mitarbeitern

Den Gesponserten ermöglicht das Sponsoring die Erschließung von **Finanzierungsquellen**.

Die einsetzbaren **Sponsoringmittel**, also die Gegenleistungen der Sponsoren sind vielfältig. Es stehen diverse Werbemedien (Bandenwerbung, Werbung auf Bekleidungsstücken etc.) ebenso wie Dienstleistungen (Durchführung von VIP-Veranstaltungen, Organisation von Pressekonferenzen etc.) zur Verfügung.

Nicht vergessen werden darf die Vergabe von Vermarktungsrechten, die z. B. durch den Gesponserten dergestalt erfolgt, daß er dem Sponsor die Nutzung eines Logos oder eines "offiziellen" Titels erlaubt _(vgl. Dreyer 1987, 1988 und 1994a sowie die dort verzeichnete Literatur)._

> **Beispiel:** _Coca Cola_ fungiert als "offizieller Lieferant der Fußballweltmeisterschaft 1994" und setzt diesen Titel in seiner Produktgestaltung (Aufdruck auf Getränkedosen) und in seiner Werbung ein.
> **Oder:** Lufthansa ist "offizielle Airline" der "German Open" im Golf.

Wie eingangs angedeutet ist die Thematik keineswegs erschöpfend behandelt. Absicht dieses Beitrages war es lediglich, eine Systematik der Marketinginstrumente zu erstellen, die eine Zuordnung der vielen Fakten aus den anderen Buchbeiträgen in das Marketing erleichtert. Für weitergehende Informationen muß auf die angegebene Literatur verwiesen werden _(zu den Standardwerken des Marketing siehe auch Nieschlag, Dichtl, Hörschgen 1991)._

IV. Trendmanagement
von Dr. Rolf Schwen, Marketing Communications Manager

1. Einleitung

Was gibt es Neues? - Diese Frage ist am Ende des 20. Jahrhunderts im privaten Bereich der einfache Beginn einer Unterhaltung. Denn hier reicht es im allgemeinen, auf dem laufenden zu bleiben. Wenn es allerdings um geschäftliche Fragen geht, ist es nicht genug, nur das zu machen, was bereits andere betreiben. Das Angebot für eine Leistung muß neue Richtungen antizipieren und Lösungen bereits anbieten, bevor es diese Mittel durch andere Anbieter auf dem Markt gibt. Anderenfalls können nur "me too-Leistungen" *(Otto 1993, S. 14)* erbracht werden, die im Rahmen von **Trendfollowing** mehr und mehr als **mittelmäßig** erachtet werden *(vgl. Bauer 1982, S. 52)* und Mittelmäßigkeit wird vom Verbraucher zunehmend diskriminiert. Es muß also richtig heißen: Was wird es Neues geben? Mit anderen Worten: **Wohin werden** die Trends gehen?

Im Vergleich zu seiner Bedeutung hat das Trendmanagement in der Literatur noch keinen breiten Raum eingenommen. Aufgrund des sich schnell wandelnden Interesses an einzelnen Sportarten und dem daraus folgenden schnellen Wandel der Nachfrage nach sportartspezifischen Reiseprogrammen ist die Anwendung von Methoden des Trendmanagement im Sporttourismus jedoch besonders wichtig.
Das Wissen um den Umgang mit dem Trendmanagement ist über den Sporttourismus hinaus allgemeingültig. Da tatsächliche sporttouristische Trends an anderer Stelle ausführlich betrachtet werden *(insbesondere bei Dreyer in Teil A. I. und Wilken in A. V.)*, obliegt es den folgenden Ausführungen, die **grundsätzlichen Hintergründe** für das Erkennen von Trends zu beleuchten.

Die **Akzeptanz eines Trends** beruht darauf, daß er bestimmte Eigenschaften symbolisiert, die in einer Zeitspanne in mindestens einem sozialen System "in" sind. So stellt Jockel *(vgl. 1987 S. 175)* fest, daß die hohe Akzeptanz der Formen des Bauhausstils nicht auf der plötzlichen Erkenntnis beruht, alles müsse funktionell sein. "Vielmehr muß dieser Trend als eine dem **Zeitgeist** folgende Vorliebe für das gewertet werden, was Bauhausformen heute symbolisieren: Kennerschaft, Understatement, Intellekt oder einfach nur Nostalgie". Bezogen auf den Sport und den daraus folgenden Sporttourismus ist z.b. der Wandel von dem einstmals einzigen Volkssport Fußball zum Tennissport anzuführen, der als Individualsportart den Megatrend Individualisierung auffing und mit Merkmalen wie Ästhetik, Dynamik, Modernität, Prestige, Technik und Tradition *(vgl. Hanrieder 1986)* das Image des Einzelnen direkt förderte. Am Beispiel Tennis ist jedoch auch zu erkennen, daß dieser Trend ohne den Trendsetter Boris Becker in Deutschland kaum in der Form zum Tragen gekommen wäre. Beckers relative Erfolglosigkeit in den letzten Jahren wirke sich jetzt sogar direkt auf die Teilnehmerzahlen an Tennislagern im Sporttourismus aus *(Schwen/Löw 1994)*.

Die Tatsache, daß ein **Trend nur eine gewisse Lebenszeit** hat, macht es erforderlich, ihn um so eher zu erkennen, um ggf. Einfluß auf seine Entwicklung zu nehmen. Trendmanagement heißt also nicht nur, einen Trend zu antizipieren und ihn in der Produktpalette schnell zu berücksichtigen, indem man ein neues Produkt schafft oder ein altes neu, zeitgemäß interpretiert, sondern daß man Trends je nach eigenem Bedarf fördert oder mäßigt und so für das Unternehmen die Situationsstruktur optimiert *(vgl. Schwen 1993, 175 ff)*.

Um die **Komplexität des Trendprozesses** optimal erfassen zu können, ist es sinnvoll, **systemtheoretische Methoden und Begriffe** zu verwenden. Diese Theorie betrachtet Phänomene nicht nur analytisch-linear, sondern systemisch-ganzheitlich und ist daher für die Beobachtung des virtuellen Prozesses Trend anderen Ansätzen vorzuziehen. "Mit den vier Grundbegriffen Element, Subsystem, System und Supersystem kann irgendeine Wahrheit in ihrem strukturellen Aufbau [systemisch] erfaßt werden." *(Ulrich 1984, S. 50; vgl. Schwen 1993, S. 10 ff; s.a. Gerken 1991)*. Durch diese strukturorientierte Betrachtung sind Erkenntnisse häufig auf verschiedene Wissensgebiete übertragbar. Menschen sind nach diesem Verständnis humane Systeme *(vgl. Schwen 1993, S.164 ff)*.

2. Der Trendprozeß

Die Entstehung eines Trends basiert auf einer bestehenden Situationsstruktur *(Schwen 1993, S. 175 ff)*. Das humane System der 90er Jahre hat sich von starren Konzepten abgewandt und ist ständig auf der Suche nach etwas Neuem *(vgl. Gerken 1991)*. Das steht im Gegensatz zu den Bestrebungen früherer Generationen, bei denen das Althergebrachte am meisten Geltung hatte und lediglich wenige Innovatoren etwas Neues oder Andersartiges in die Gruppe einbrachten. **Neuartigkeit ist ein gesellschaftlicher Megatrend.** Nicht nur die Jugend, die ihre Entscheidungskompetenz bei der Produktauswahl einer Familie weiterhin ausbaut, sondern alle Altersgruppen *(vgl. Gerken 1991, S. 94 f)* und soziale Gruppen suchen das Neue. Das Neue - Berichtenswerte, Erlebenswerte - macht das Subjekt für die Gruppe und sich selbst interessant. Das Neue wird durch das Subjekt aus sich selbst oder aus der Gruppe heraus als Mythos kreiert (s.a. Postmoderne). Insgesamt kann man also von einem Wandel von sehr starren, konservativen Situationsstrukturen hin zu sehr flexiblen, innovationsfreudigen Strukturen sprechen. Zu dieser Flexibilität kommt eine zunehmende gesellschaftliche Zersplitterung in kleinere Szenengebilde mit eigenen Codes. Im Trendprozeß fällt dem Menschen und seiner Gruppe sowie der Kommunikation[1] in der Gruppe wesentliche Bedeutung zu.

Bei der Durchsetzung eines Trends im Rahmen eines sozialen Prozesses oder durch einen Reiseveranstalter spricht man von der Diffusion eines Trends. Die Diffussionsmittler unterscheiden sich in handeltreibende und in bedarfsberatende Systeme. Den handeltreibenden Systemen, im Tourismus meistens Reiseagenturen, wird dabei eine gate-keeper-Funktion im Vertrieb zugeordnet. Aus diesem Grunde ist es sinnvoll, daß es hier fachkundiges Verkaufspersonal gibt, das entweder das konkrete oder vergleichbare Reiseangebot kennt. Die Bedarfsberater auf der anderen Seite beteiligen sich als Fachpromotoren im Diffusionsprozeß. So kann sich beispielsweise ein Professor über die gesundheitlichen Folgen eines bestimmten Reiseangebotes äußern, ein Journalist über eine bestimmte Reiseform berichten etc. Bei der Gruppe der Bedarfsberater wird von der Objektivität ihrer Stellungnahmen ausgegangen, daher haben sie bei Reisenden, die z.B. auf bestimmte gesundheitliche Rahmenbedingungen angewiesen sind, eine hohe Bedeutung

---

[1]In der Systemtheorie wird jeder Leistungsaustausch als Kommunikationsprozeß angesehen.

(Allergiker, Trainingsreisende u.s.w.). *(vgl. Otto 1993, S. 83 ff).* Idole sind in ihrem Vorbildbereich als Bedarfsberater und für Ihre Szene als Leitbilder anzusehen. Testimonials von Prominenten (z.b. Golfprofis für die Wertigkeit bestimmter Golfanlagen) sind hier ebenfalls zu nennen.

Um die Entwicklungen im Sporttourismus möglichst früh aufklären zu können, müssen seine Systeme beobachtet werden. Die Systeme und auch deren Subsysteme haben eine Bedeutung in diesem Prozeß. Die Systemtheorie legt ihren Betrachtungsschwerpunkt auf die Prozesse, die zwischen Einheiten in einer Supereinheit stattfinden. Es ist wesentlich, daß alles, je nach Perspektive des Betrachters, System und Element zugleich ist.[1] In Systemen agieren Teilsysteme untereinander. Die Aktionen sind Prozesse, die Einfluß auf die Systeme haben und somit zuerst Anzeichen für eine Veränderung geben. Die Analyse der Teilsysteme einer Struktur hat somit immer historischen Charakter. Die Systemtheorie verlagert den Schwerpunkt einer Beobachtung von der herkömmlichen Analyse der Teilsysteme zu einer **Analyse der Prozesse.** Die Prozesse drücken sich schließlich in der Zustandsveränderung einer Struktur aus. Systemische Erkenntnisse sind daher aktueller und ermöglichen die Antizipation von Veränderungen.
Durch das grundsätzliche Streben humaner Systeme nach einer ausbalancierten Situationsstruktur sind irgendwann die Positionen verteilt. Ein humanes System oder dessen Szene - das ist eine mythengeleitete Gruppe - destabilisiert durch Innovationen, die alleine dadurch entstehen, daß es immer variierende Handlungsmuster in immer verschiedenen Situationen kreieren muß, die vorhandene Struktur und verschafft sich damit die Möglichkeit, die Struktur im eigenen Sinne zu optimieren. Es muß darauf achten, daß

  a) die Innovationen als Leistung (der Fluß zu einem anderen System) nicht
     abwegig sind,
  b) die anderen Systemelemente Wahrnehmungseinheiten (Tore) für die
     Innovation haben,
  c) die richtige Zeit gewählt ist.

---

[1] Aus der Sicht eines Veranstalters ist ein Reisender das Element einer Reisegruppe. Aus der Perspektive seiner Ehefrau gehören sowohl Veranstalter als auch Reisegruppe zu dem System Ehemann.

Innovationen müssen immer systemimmanent und selektiv sein. Eine Destabilisierung kann mit Trendmanagement auch bewußt durch ein Unternehmen verursacht werden.

Auf der konsumierenden Seite werden die Schlüsselsysteme bei der **Durchsetzung und Verbreitung von Trends** in Trendsetter, Innovatoren und Leitbilder unterschieden. Die Trendsetter haben eine sehr komplexe Funktion. "Im Gegensatz zu Diffusionsmittlern sind Trendsetter auch potentielle Adopterkategorien und können somit im Einzelfall selbst Innovatoren oder frühe Übernehmer sein.") *(Otto 1993, S. 84.* Zudem können Sie auch Leitbilder sein. **Trendsetter** übernehmen im Rahmen des **Eigeneffektes** relativ schnell neue Reiseformen. Durch Kommunikation über formale Kanäle wie Massenmedien wird von ihnen der **Vermittlereffekt** erfüllt. Schließlich nehmen sie durch direkte Kommunikation persönlichen Einfluß auf ihre Zuhörer **(Legitimationsfunktion)**. Ausgehend von den Trendsettern verbreitet sich ein Trend über die neuerungsfreudigen Individuen langsam auf der Mobilitätsskala abwärtsgerichtet *(vgl. Otto 1993, S. 84 f).*

Die Rollen der **Innovatoren** und der **Leitbilder** im Diffusionsprozeß sind Teilfunktionen des Trendsetters. Der Innovator nimmt eine neue Reiseform als erster an und stellt sie in der Gruppe vor. Während der Außenseiterinnovator lediglich darauf aus ist, sich selbst zu publizieren, kommt dem anderen Typ, dem Leitbildinnovator, eine Vorbildfunktion zu, die sich positiv auf die Verbreitung und Durchsetzung von Trends auswirkt. Sowohl der Trendsetter als auch der Innovator liefern also die Legitimation für neuartiges Handeln. Im Gegensatz dazu motivieren Leitbilder ihre Anhängerschaft durch die Identifikation mit einem Trend direkt zur Imitation *(vgl. Otto 1993, S. 86 f).*

3. Trendmanagement im Sporttourismus

Die Antizipation von Trends basiert auf effektiven Erkennungssystemen. Sie geschieht nicht nur, um potentielle Gefahren für das Unternehmen anzuzeigen **(Frühwarnsysteme)**, sondern mindestens um aktiv nach Chancen und Gelegenheiten zu suchen **(Früherkennungssystem)**. Sollen Handlungsstrategien und -alternativen zur besseren Vorbereitung auf neue Herausforderungen unter ganzheitlicher Betrachtung eines Phänomens entwickelt werden, spricht man von **Frühaufklärungssystemen.** Die Systeme entwickeln Hypothesen über

- die Stärke eines Trends,
- seine Entwicklungsdynamik,
- die Zielgruppen, die den Trend tragen,
- die Ausdrucksformen des Trends,
- seine Verlaufsstruktur,
- die Reaktionen der Trendverläufe auf zufällige oder gezielte auf sie einwirkende Einflußfaktoren und
- die Bedingungsgefüge von Entwicklungen und die Interaktionen zwischen verschiedenen Trends.

Die folgende Vorstellung von **Trendmanagement-Methoden** im Sporttourismus erfordert systemspezische Erfassungsmethoden. Die Informationsbeschaffung wird bei extramentalen Systemen analytisch vorgenommen. Sie geht auf das mentale System speziell ein, da sich die Einstellungsbildung als Integration neuer mentaler Elemente bei dem humanen System als Imagestrukturveränderung abbildet und letztlich zum Konsum einer Leistung führt. Diese muß vornehmlich systemisch vorgehen. Das Trendmanagement wird in **Trenderfassung** und **Trendhandling** unterschieden.

3.1 Trenderfassung

Der systemische Ansatz dient als Prinzip, um die Vielfalt der Umwelt und des humanen Systems zu ordnen. "(...) First, in proving the independency of previous models of organizational functioning and, second, in discovering far more complex relations and structures" _(Rapoport 1991, S. 165)[1]._ Um die Vielfalt der Informationen sinnvoll zu konzentrieren, sollte eine Auswahl aus der Perspektive des eigentlichen Experten, des Konsumenten, vorgenommen werden. D.h., daß die Fehlermöglichkeiten, die durch die extramentalen (Indizien-)Systeme bestehen, nur durch eine originäre Informationsgewinnung bei dem humanen System reduziert werden kann. Dennoch erfolgt eine analytische Betrachtung der Systeme, die, kombiniert mit der systemischen Betrachtung der humanen (Experten-)Systeme, eine optimale

---

[1]Diese Aspekte sind eigentlich auf die Organisation von Unternehmungen bezogen, können jedoch direkt auf größere, systemische Einheiten transformiert werden.

Beurteilung einer Trendtendenz ergibt *(vgl. Luthans/ Stewart 1977, S. 183; vgl. Rapoport 1991, S. 169).*

Die Kombination des systemischen und des analytischen Ansatzes wird bislang selten umgesetzt. Planungsprozesse werden daher heute hauptsächlich von Daten vorangetrieben und nicht problemorientiert von Sinnzusammenhängen *(vgl. Ben-Eli 1991).*

Der extramentale Bereich beinhaltet die Systeme Sport, (Sport-)Tourismusunternehmen und Massenmedien *(siehe auch Dreyers Ausführungen zum Reiseverhalten als Konsumprozeß in Beitrag A. 1. dieses Buches).* Hierbei muß eine Konzentration auf ausgewählte Bereiche erfolgen, da sonst der Rahmen dieses Aufsatzes gesprengt würde. Für die Trenderfassung im extramentalen Bereich können sog. **forscherzentrierte Systeme** angewendet werden, die von der Perspektive des Untersuchenden ausgehen. Dieses sollte bei dem oben beschriebenen mentalen System 'Mensch' nicht erfolgen.

Sport
Das System Sport muß in **formelle** und **informelle Subsysteme** unterschieden werden. Die formellen Systeme sind z.b. Verbände, Vereine, Mannschaften; Schulsport; Hochschulsport etc. Treten in diesen formellen Strukturen **neue Elemente** auf, ist das ein wesentliches Zeichen dafür, daß sich ein Trend entwickelt. Neue Elemente sind z.B.

* neue Sportverbände (z. B. für Triathlon),
* eine Zunahme der Sportler in einzelnen Sportarten (z.B. Golf),
* neue Veranstaltungen oder Meisterschaften (z.B. Streetball),
* eine Erweiterung des Sportangebotes in außerschulischen Sportgruppen (z.B. Badminton),
* eine Erweiterung des Angebotes an Hochschulsportmöglichkeiten
* eine Zunahme des kommerziellen Angebotes (z.B. Fitness und Wellness).

Außerdem können z.B. grundlegende Entscheidungen von Verbänden Trends auslösen oder auch verhindern. Sollte etwa gegen einen Sportler eine Disqualifikation etwa wegen Dopings erfolgen, bewirkt das, daß dessen denkbare trendauslösende Funktion für diesen Sport zunichte gemacht ist.

Das **informelle Subsystem** beinhaltet die Sportarten, die ohne die feste Organisation von Gruppen ausgeübt werden. Voraussetzungen hierfür sind im allgemeinen frei zugängliche Sportausübungsplätze (Straßen, Wald und Strand), veränderbares Regelwerk, flexible Teams etc. Informelles Sporttreiben entspricht dem Wunsch nach individueller Gestaltung des Lebens ohne die Zwänge, zu einer bestimmten Zeit an einem bestimmten Ort zu sein. Im informellen Subsystem tauchen neue Sportarten sehr schnell auf, können allerdings erst mittelfristig als tatsächlicher Trend entdeckt werden, da sie hierfür eine gewisse Verbreitung und Kontinuität brauchen. Dann entwickeln sich jedoch schnell formellere Strukturen wie z.b. die Weltmeisterschaft beim Beach-Volleyball. Diese Entwicklung kann im Rahmen eines Trendmanagements gefördert werden. Das wesentliche Problem des informellen Sports ist es, daß seine Ausmaße schwer meßbar sind (*Krüger 1981*).

(Sport-)Tourismusunternehmen
Neben ihren **betrieblichen Zahlensystemen** (*vgl. Scharnbacher 1991, S. 123 ff*) haben die (Sport-)Tourismusunternehmen vor allen ihre **Reisebegleiter**, die durch die Registrierung von Anfragen der Reisenden feststellen können, welche Sportarten am meisten nachgefragt werden. Hanrieder (*vgl. 1992, S. 105*) schlägt zur automatischen Datenerhebung vor, Gästeanmeldungen zu registrieren, Kfz-Kennzeichen zu zählen, Gästestammtische zu veranstalten und kleine eigene Primärerhebungen zu machen. Wichtig ist hierbei z.B. auch Sonderwünsche von Kunden aufmerksam zu registrieren, da sich hieraus schnell Trends entwickeln können (in der Vergangenheit z.B. die Mitnahme von sperrigem Sportgerät wie Surfbretter und Mountain-Bikes). Außerdem können sich größere Reiseveranstalter an der Entwicklung der **Buchungszahlen kleiner Anbieter**, die aufgrund eines geringeren Verwaltungsaufwandes flexibler reagieren können, orientieren. Wenn sie so eigentlich auch nur me too-Leistungen erbringen, kann es sein, daß ein kleiner Anbieter der eigentlichen Bedarfsphase voraus ist oder durch sein Angebot den Bedarf erst weckt. Weitere Erkennungsmöglichkeiten für Tourismusunternehmen werden im Rahmen des Trendhandlings angesprochen.

Massenmedien
Die Massenmedien reagieren besonders schnell auf neue Entwicklungen. Schließlich ist das ihr Geschäft. Außerdem sind geistige Produkte schneller herstellbar als materielle oder werden zur Vorbereitung der materiellen

Produktion erstellt. Die Stabilisierung eines Trends deutet sich dadurch an, daß neue Szenemedien entstehen. Diese eignen sich in dieser Phase besonders gut für die Einflußnahme auf einen Trend *(vgl. Merriam/ Makower 1988).* Ein Teil der Leistungen der Massenmedien ist **numerisch** meßbar. Wenn sie nur beschreibbar ist, entsteht sie aus der Präsentation der Informationen. Exemplarisch werden an dieser Stelle die möglichen Leistungen über das Massenmedium Fernsehen aufgeführt:

- Einschaltquoten,
- Sendeplätze,
- Sendedauer,
- Sendezeiten,
- Kontaktzeiten des Mediums,
- soziodemographische Rezipientenstruktur.

Diese quantitativen Daten geben darüber Aufschluß, welche Bedeutung einem Sport in der Öffentlichkeit zukommt. Aus ihnen lassen sich jedoch nur bedingt Trends ablesen, da Teilnahme- und Zuschauerwünsche sich unterscheiden (z.B. bei Golf, Schwimmen, Fußball - *vgl. Opaschowski 1994b).*

Humanes System
Einstellungsveränderungen bei humanen Systemen können mit verschiedenen Methoden festgestellt werden. Am weitesten verbreitet sind Fragebögen. Diese müssen besonders unter qualitativen Gesichtspunkten kritisch betrachtet werden. Basierend auf den Anforderungen der Systemtheorie, muß bei der Untersuchung eines Systems innengeleitet und problemzentriert vorgegangen werden. Es sollte eine sensible Methode verwandt werden, die

- die Konstruktivität eines Subjekts berücksichtigt,
- die Beschreibung eines offenen Systems mentaler Konstrukte zuläßt,
- die subjektive Intentionalität und die psychische Regulation anerkennt,
- die Imageentwicklung als dynamischen Systemprozeß erfaßt,
- durch verbale Interaktionen subjektive Informationen erhält,
- die Bedeutung des Entwicklungsprozesses von gestern über heute zu morgen erkennen kann,
- die mentalen Strukturen in einem Netzwerk beschreibt,
- unterschiedliche Abstraktionsebenen einbindet.

Die Berücksichtigung dieser Anforderungen wird minimal durch Methoden eines analytisch-behavioristischen Denkansatzes erfüllt und maximal durch solche des systemisch-epistemologischen Verständnisses[1]. Der systemisch-epistemologische Denkansatz wird in besonderem Maße von den Strukturlegetechniken und hier der Netzwerklegetechnik bzw. Netzwerkbildung erfüllt *(Schwen 1993, S. 274 ff)*.

3.2 Trendhandling

Systemisch angelegte, aktive Möglichkeiten des Trendmanagements zeigt das Systemmarketing *(vgl. Schwen 1993, S. 111 ff)* auf. Dieser Ansatz fordert eine Beachtung der Individualität der Zielgruppenmitglieder im Rahmen sämtlicher Marktmanagementmaßnahmen und entspricht somit den aktuellen Trends in entwickelten, westlichen Staaten. Im folgenden wird besonders auf kommunikatives Trendmanagement eingegangen.

Die Kommunikationsmaßnahmen im Marketing verfolgten das Ziel, eine Zielgruppe zielgerecht steuern zu können. Dieser Gedanke entspricht nicht oder nicht mehr den Meinungsbildungsprozessen bei Individuen *(vgl. Rapoport 1985, S. 162)*. Die Ansicht trifft zumindest in weit entwickelten Kommunikationsgesellschaften bei Personengruppen zu, die eine Steuerung von außen als solche erkennen und sie ablehnen (= Reaktanz).

3.2.1 Szenen und Fragmente als Spezifikationen von Zielgruppen

Ein tatsächlicher Mangel ist die alleinige Orientierung des Marketings an herkömmlich strukturierten Zielgruppen. Bei **Zielgruppen** handelt es sich um **künstlich geschaffene, inhomogene Kommunkationsgruppen**. Eine zweckmäßigere, homogen kommunizierende Gruppe sind die Szenen und deren Fragmente. Die Szenen sind mythenorientierte Teile der Zielgruppe. Für die weitere Beschreibung des Systemmarketings sind die zentralen

---

[1]Beide Theorieansätzen werden von *Varela* und *Umpleby/ Sadovsky (1991)* mit einander in Verbindung gebracht. Eine Diskussion über ihre Kompatibilität findet nicht statt.Da die Epistemologie dem systemischen Verständnis entspricht, kann sie m.E. als integrierbarer Spezialteil für humane Systeme angesehen werden. Eine Diskussion der Theorien findet hier nicht statt *(vgl. Schwen 1993, S. 265 ff)*. Eine Darstellung analytisch-behavioristischer Methoden befindet sich u.a. bei *Berekhoven/ Eckert/ Ellenrieder (1991)*.

Fragen, *wer* wird *wie* durch systemisches Management erreicht. Bei den üblichen Zielgruppen handelt es sich um Personengruppen, die aufgrund einer Kombination von Variablen entstehen, also um nicht real-existierende Gruppen.[1] Die Idee des Systemmarketings allerdings bedeutet, Reiseprodukte auf partnerschaftlicher Basis mit dem Konsumenten zu entwickeln. Deshalb müssen **real existierende Gruppen** vorhanden sein, die potentielle Konsumenten eines Produktes sind. Derartige Gruppen sind *(vgl. Gerken 1991, S. 42 ff)* **Szenen**. Die ausgewählte Szene wiederum muß Element der Zielgruppe sein. Für Systemmarketing braucht man soziale Interaktion mit "echten" sozialen Gruppen. Damit durch die Mythen der Zielgruppenszenen kommuniziert werden kann.

Die Fragmente sind Personengruppen, die in Szenen auftreten, mit denen ein Unternehmen verschmelzen kann (Mimesis). So hat es die Möglichkeit, mit der Gruppe interaktiv Ziele zu entwickeln und das eigene Produkt einzubinden. Die Ziele können z.B. im Rahmen eines Szenen-Sponsorings gefördert werden, wodurch eine glaubwürdige, kontinuierliche Verbindung entsteht und das Unternehmen **beschleunigend** oder **verlangsamend** auf die Szene einwirken kann. Die Fragmentierung ermöglicht ein enges Verhältnis zwischen dem Unternehmen und den potentiellen Konsumenten.

Der soziale Wandel ist ein ständiger Prozeß des Werdens *(vgl. Zeleny 1991, S. 144; vgl. Ben-Eli 1991, S. 242)*. Dieser Wandel, der auch als Mode oder Zeitgeist bezeichnet wird, beschleunigt sich zunehmend *(vgl. Schläpfer 1986, S. 469)* in den letzten Jahren in stabilen sozialen Systemen (USA, Deutschland, Frankreich etc.), deren soziale Struktur nicht derartig fixiert ist wie z.B. in Japan. "Da die materielle Basis des Lebens [hier] weitgehend gesichert ist, gewinnen die immateriellen Dinge an Bedeutung" *(Gugelmann 1986, S. 1043)*. Somit kann durch eine aus der Szene gelenkte Destabilisierung, für die ein Unternehmen Produkte als Lösungen anbietet, immer wieder ein neues Gleichgewicht gefunden werden, das im Unternehmensinteresse liegt *(vgl. Grögl 1988, S. 115)*.

Der *Wandel* geht mit neuen Bedarfswünschen einher. Um einen Bedarf dann befriedigen zu können, wenn er vorhanden ist, muß die o.g. **Verschmelzung** genutzt werden, um diese Bedarfswünsche im Ansatz zu erkennen *(vgl.*

---

[1]Weiterführende Literatur zu Zielgruppen: *Gerken 1991, 43; Becker 1990, 228 ff; Berekoven et al. 1991, 160)*

Grögl 1988, S. 66; vgl. Kraus 1986, S. 209). Dieser Ansatz muß dann *coevolutionär* dynamisiert werden. Wenn das Produkt dieser Dynamisierung nicht zu einer Einschränkung der Selbständigkeit der Konsumenten führt, sie scheinbar aus einem Fragment selbst kommt, wird das Produkt als **Lifestyle-Element** integriert, wenn das Touristikunternehmen die Informationen der Szene aufnehmen kann. Außerdem kann die volle Bandbreite der potentiellen Kreativität einer Szene bei der Produktentwicklung und -einführung genutzt werden *(vgl. Ben-Eli 1991, S. 240).*

Die Strategie im Systemmarketing -besonders in der Kommunikationspolitik - muß sich dem schnellen sozialen Wandel anpassen und darf nicht starr sein, sondern muß den Handlungsrahmen für partnerschaftliche Entwicklungen mit den Fragmenten und weitergehend mit der Zielgruppe abstecken. So können die im Systemmarketing schnell gewonnenen Informationen in einer coevolutionären Strategie sofort umgesetzt werden.

Das gebräuchliche strategische Vorgehen basiert auf Daten der analytischen Marktforschung und soll zu einer exakten Bestimmung von Marktzielen führen. Diese Daten sind skeptisch zu betrachten *(vgl. Schläpfer 1986, S. 470).* Szenen, Subkulturen und Randgruppen, deren Trendsetter, Trend-Fragmente und Trendszenen, die besten Indikatoren für neue Entwicklungen sind, werden als Informationseinheiten aufgewertet*(vgl. Gerken 1991, S. 61).* An ihnen ausgerichtete coevolutionäre Strategien können schnell auf Trend-Tendenzen reagieren und müssen daher potentiell revisionsfähig sein. Flexibilität muß strategisch mitgeplant werden *(vgl. Grögl 1988, S. 91 f).*

Durch die gelenkte Coevolution z.B. mit Sportszenen wird ein **intuitives Marketing** *(vgl. Schläpfer 1986, S. 471)* angestrebt, das allen Prozessen einer Gruppe gegenübersteht und sie positiv umsetzt. Im Sporttourismus ist eine schnelle Reaktion im Hinblick auf Sportereignisse und manche Sportarten einfach, im Hinblick auf andere relativ schwer, da Verbindlichkeiten wie Kontrakte, Sportanlagenbau etc. langfristig angelegt sind. Um flexibel agieren zu können, wird zur Überbrückung der Test- und Bauphase auf lokale Anbieter zurückgegriffen.

3.2.2 Der Trendmanager als Mitglied der Szene

Um Trends optimal erfassen zu können, ist es notwendig einen Trend-
Manager in der Szene als Szene-Manager zu integrieren bzw. ein
Szenemitglied als Trendmanager zu gewinnen. Dieser nimmt als Mitglied der
Szene jede Veränderung wahr und kann die Entscheidungsprozesse von innen
beeinflussen. Für seine Tätigkeit sind die fünf Prinzipien des
Systemmarketings leitend:

- Abkehr von der Manipulation,
- neue Machtverteilung zwischen Unternehmen und Konsumenten per
  Dialog.
- Teilnahme am Fließen der Geschehnisse, um mit der "Zappeligkeit"
  des Umfeldes mitzuzappeln,
- Aufgabe der Distanz und Anonymität des Kommunikators sowie
- reales Engagement in Szeneninteressen, um Glaubwürdigkeit zu
  gewinnen z.B. durch Sponsoring,
- jeder lernt von jedem.

(vgl. Gerken 1991, S. 134 f).[1]

Durch diese Coevolution kann der Manager neue Trends am schnellsten
erkennen und sich (d.h. sein unternehmerisches Tun) und die Szene
beeinflussen. Dieses erreicht er durch die Erzeugung einer gewissen
Destabilität des Systems und eine Restabilisierung im Unternehmenssinn. Er
kann die pluralen, schnell wechselnden Lebensstile nutzen, um individueller
und integrativer zu werden *(vgl. Gerken 1991 S. 72 f).* Eine Voraussetzung
hierfür ist, daß im Unternehmen mindestens so viele Verbindungen -
rezipierende Einheiten - bestehen wie Inputarten - die Vielfalt der Flüsse -
einströmen[2]. Die Vielfalt der Verbindungen muß nicht zu einer "Aufblähung"
des Stellenplans führen. Sie kann auch durch die Vielseitigkeit der
Mitarbeiter erfüllt werden.

---

[1]Die Prinzipien des Systemmarketings sind die Basis für die gesamte systemische
Kommunikation. Sie können zum Teil durch herkömmliche Kommunikationsformen wie
der Produktidentifikation der Unternehmensbesitzer (Dittmeyer, Hipp etc.) erfüllt werden.
[2]"Since "only variety can destroy variety" *(Ashby 1956 S. 207)*, "sufficient diversity" must
be kept " inside the organization to sense accurately the variety present in ecological
changes outside it" *(Weick 1979 S. 188)*. Still, the retention of sufficient executive talent
to sense key enviromental shifts is usually better than retaining the decision variety to
handle all contingencies and better than catching up after the fact" *(Kuhn 1986 S. 100 f)*.

Im Rahmen des Systemmarketings müssen fünf Ziele umgesetzt werden:

1. die Produktion von gemeinsamen Identifikationszeichen,
2. die Produktion gemeinsamer Bewußtseinsinhalte (kooperative Kontexte),
3. die Produktion gemeinsamer Lebensstile,
4. die Produktion gemeinsamer Emotion und Geschichte (Erlebnisbank),
5. die gemeinsame Produktion von Medien (unabhängige Glaubwürdigkeitsmedien).

Die Prinzipien und die Ziele des Systemmarketings verfolgen den Zweck, komplexe Konsumentensysteme erfolgreich zu lenken und zu kontrollieren. Für die Lenkung sind zudem folgende Punkte zu beachten:

- Lenkung bedeutet immer, die möglichen Zustände auf die wünschbaren zu reduzieren *(s.a. Probst 1985, S. 193).*
- Ein regelndes System muß unerwünschte Zustände absorbieren [z.B. negative Images, negative Imagekonstellationen zu Konkurrenten etc.]. Die Komplexität des regelnden Systems oder dessen Informationsmechanismen sollte mindestens dem zu kontrollierenden System entsprechen.
- Regulationsmechanismen komplexer Systeme sind über das ganze System verteilt. Diese müssen erkannt und genutzt werden.
- Anpassung, Lernen, Nutzung von Erfahrung, Erkenntnisgewinn sind nur von Lenkungsprozessen, größtenteils jedoch Teil größerer Regulationssysteme beeinflußt.
- Die wirksamsten Regulationssysteme sind selbstregulierend, selbstorganisierend und evolutionär *(vgl. Malik 1985, S. 207 f).*

3.2.3 Mittel des Systemmarketings für das Trendmanagement

Die Mittel des Systemmarketings haben unterschiedliche Funktionen. Sie halten auf der Megaebene oder teilweise auch der Mikroebene die Dinge im Sinne des Unternehmens im Fluß, indem sie mit den Mythen die Bereitschaft beim Rezipienten erhöhen, Informationen des Unternehmens aufzunehmen. Dort, wo ein Systemtor Transformationen von außen aufnimmt, kann der Fluß Informationen im Sinne eines anderen Kommunikators mitführen. Es sind also mindestens so viele Medien konstruierbar, wie es Flüsse gibt. D.h. es liegt eine Abkehr von einer eher starren Vorstellung über die Anzahl von Medien vor, die sich häufig auf Massenmedien beschränkt. Die Szenemedien müssen nicht einmal den Zugang zu den Mitgliedern suchen, sie werden von sozialen Systemen, die "ideal-seeking" sind, gesucht *(vgl. Schwen 1993, vgl. Ben-Eli 1991, S. 236; vgl. Schläpfer 1986, S. 467).* Auf individueller Ebene wird in diesem Zusammenhang von Werten als Strebensinhalte und damit Dispositionen für Menschen gesprochen *(vgl. Silberer 1991, S. 3).*

Ausgehend von einer traditionellen Unternehmensstruktur, sind im Prinzip alle Medien der Megaebene auf der Mikroebene anwendbar und umgekehrt. Tendentielle Zuordnungen sind nicht haltbar, da jedes Mittel mit einem unterschiedlichen Aufwand betrieben werden kann, so daß sich der Einsatz sowohl für ein Kleinunternehmen als auch für einen Konzern lohnen kann *(vgl. Scholz 1992, S. 22).* Als Strukturierungsansatz kann allerdings zum einen von konditionalen Beziehungen auf einer Megaebene und zum anderen von aktionistischen Instrumenten auf der Mikro-/Makro-Ebene gesprochen werden. Auf der Megaebene ist das Szenen-Sponsoring Voraussetzung für die Lifestyle-Kooperationen, welche ein Emotional Leadership ermöglichen. Auf der Aktionsebene sind Special-Interest- oder Point of Sale-Medien, Paten-Networking etc. angesiedelt. Nachfolgend sollen systemisch verwendbare Medien exemplarisch vorgestellt werden. Je nach Art des Mediums wird die Konsumenten- und/oder die Unternehmensperspektive berücksichtigt.

Das **Szenen-Sponsoring** (mögliche Ausprägung Sportsponsoring) bietet - als Weiterentwicklung der bisherigen Praxis - die Möglichkeit, in einem Fragment zu verschmelzen und zu **"surfen"**, um die Do-it-yourself Manipulation zu erkennen und von innen zu fördern. Sportsponsoring ist die bekannteste Form mit der größten Massenwirkung, kann jedoch auch auf der Mikroebene eingesetzt werden.

Die **Lifestyle Kooperationen** vermitteln das Erlebnis des gemeinsam Hergestellten. Sie können sich in materiellen und in ideellen Dingen ausdrücken. Ideelle Dinge des Sports sind z.B. Fairneß, Gesundheit, Leistung und Schönheit. Materielle werden z.B. durch exklusive Sportarten - Golf, Segeln, Tennis - symbolisiert.

Eine genauere Ansprache will das Systemmarketing durch **Special-Interest-Medien** erreichen. Diese werden entweder vom Unternehmen geschaffen oder sind bereits das Medium, mit dem eine Szene kommuniziert. Szenen nehmen das in diesen Medien Publizierte als wahr an. So kann man den Lifestyle-Dialog zwischen Produkt und Konsument organisieren.

Weitere Formen der speziellen Ansprache können durch eine qualitativ bessere Ansprache am **Point of Sale (POS)** in den Agenturen und am **Point of Action (POA)** in den Reisezielen z.B. zum Verkauf von Anschlußreisen erfolgen. Dieses wird besonders dadurch erforderlich, daß eine Steigerung des Konsumspaßes durch häufigen Reiseortwechsel erlebt wird und somit Ortsbindung oder -entbindung in einem positiven Umfeld vorgenommen werden kann. Ein Mittel ist die High-Tech-Information am POS oder POA, die sich in Urlaubssimulationen z.B. in länder- und sportspezifischen Aktionen ausdrücken können. Bei dieser Simulation kann ein Szenenidol den Ausschlag für die Buchung geben. Derartige emotionale Konsumerlebnisse sind Mittel des erlebnisorientierten Marketings (_vgl. Kroeber-Riel 1986, S. 1143_).

Eine sehr persönliche Form ist das **Paten-Networking**. Ein Betreuer kümmert sich um einen Kunden. Es wird z.B. von Audi für die Limousinenfahrer angewandt und ist vergleichbar mit dem Agentenaufgaben bei Versicherungen. Besonders bei kostspieligen Reisen bietet es sich an, den Teilnehmern einen solchen Paten im Unternehmen zu benennen. Das Patenkonzept kann auch bei der Entwicklung von Reiseangeboten Anwendung finden.

4. Kritische Einschätzung des Systemmarketings

Das Management nutzt unter Berücksichtigung systemischer Theorien die **Eigendynamik** von Gruppen, um sich **zeitgemäß** an schnell wechselnden Normen orientieren zu können. Um diese Eigendynamik optimal zu erfahren, verschmelzt das Unternehmen mit der Bezugsgruppe. Autopoietische Prozesse führen dann zu **simultaner Entwicklung** von sozialen Trends und

Produktverfügbarkeit.[1] Bei der Interpretation sich abzeichnender Trends für Produktinnovationen ist die Entwicklung von Systemen zu beachten:

- sie bringt zirkulär bestimmte Aspekte immer wieder hervor.
- sie ist konservativ, weshalb das Neue das Alte nicht völlig falsifizieren darf.
- sie wechselt die Perspektive zwischen dem Speziellen und dem Generellen.

Die Verschmelzung hilft dem Unternehmen dabei, die tatsächlichen Probleme, die zu Produktweiterentwicklungen führen, zu erkennen und gezielt integrative und individuelle Lösungskonzepte anzubieten. Das Systemmarketing darf also nicht nur Kommunikation sein, sondern muß für eine kundengerechte Weiterentwicklung des Produkts sorgen *(vgl. Haller 1986, S. 1103)*. Diese Weiterentwicklung ist auch zur andauernden Abgrenzung von übrigen Anbietern erforderlich *(vgl. Kroeber-Riel 1986, S. 1142)*.

Das Systemmarketing hat **Schwachstellen**, denen eine besondere Aufmerksamkeit zu widmen ist und die bei der Anwendung der entsprechenden Methoden umgangen werden können. Bei der grundsätzlichen Entscheidung, mit einer Szene zu verschmelzen, ist zu bedenken, daß es sich um eine langfristige Bindung handeln muß, damit lenkend in die Szene eingegriffen werden kann. Es muß eine Trendsetter-Szene entdeckt werden, damit andere Szenen die mit der Szene entwickelten Trends übernehmen. Deshalb ist es besonders wichtig, die richtige Szene - deren Systemeigenschaft, Kooperationsbereitschaft und -fähigkeit geprüft werden muß - auszuwählen und sie ständig zu beobachten.

Der von einem Unternehmen in die Szene integrierten Person des **Szene-Managers**, die erst den Kontakt mit der Szene aufbaut, dann von innen her lenken soll und ständig die Szenen-Trends an das Unternehmen weitergibt, muß sehr viel Vertrauen entgegen gebracht werden. Sie kann von ihrem ursprünglichen Auftraggeber zu einem anderen wechseln, nur noch die

---

[1]Die simultane Aktualgenese hängt von der Planungszeit ab, die für ein Produkt notwendig ist. Bei langer Planzeit wie bei einem Auto bestehen folgende Möglichkeiten:
- die rechtzeitige Fertigstellung wird verfehlt,
- die Planungszeit wird verkürzt,
- man orientiert sich an Mega-Trends (vgl. Iacoca Familientrend/ Unabhängigkeit Van), Trendsettern oder -szenen, die quasi in der Zukunft der Zielgruppe leben,
- man gestaltet seine Produktpalette so vielfältig oder flexibel, daß individuelle und wechselnde Formen etc. immer möglich sind (vgl. Produktpaletten japanischer Hersteller).

Interessen der Szene selbst verfolgen oder durch Fehlinformationen eine eigene Interessenspolitik im Unternehmen verfolgen. Aus diesen Gründen müssen die Aussagen eines Szene-Managers ggf. überprüft werden.

Durch die Verschmelzung mit Trend-Setter-Szenen ist eine ständige, glaubhafte und mythenorientierte Kommunikation möglich. Durch das lenkende Eingreifen des Szene-Managers kann eine Szene produktspezifisch dynamisiert werden, so daß z.B. auch die Lebensdauer eines Reiseangebotes verlängert werden kann. Da der Szene-Manager in einem ständigen Austausch mit der Trend-Szene steht, kann er früh Informationen über neue Trends für die Leistungsinnovationen im Kommunikations- und im Produktbereich sammeln.

Die Verschmelzung mit Szenen kann eventuell aus **ethischen Gründen** bedenklich sein, da die **Verwebung von Unternehmens- und Privatinteressen** dazu führen kann, daß die Szenen-Entwicklung nicht mehr durch die ursprünglichen Mitglieder gestaltet wird und sie zunehmend deaktiviert werden. Vereinzelt werden Mitglieder die Szene verlassen, da sie ein mögliches starkes Engagement des Szene-Managers als undemokratisch empfinden oder in privaten Situationen nicht mit professionellen dominanten Strukturen konfrontiert werden wollen.

Eine derartige Dominanz in den Prozessen ist allerdings nicht im Sinne des Unternehmens, da es von der **innovativen Energie** der Szene profitieren will. Deshalb darf der Unternehmenseinfluß nicht szenenpolitisch offensichtlich und nicht dominant sein. Der Szene-Manager gibt zwar Impulse für Trends, darf aber dabei nur systeminterne Energien von innen heraus dynamisieren. Positiv kann von einer demokratischen Gestaltung des Kommunikations- und des Produktentwicklungsprozesses gesprochen werden, da Meinungen von Szenen-Mitgliedern direkt in diese Prozesse einfließen können. Dadurch, daß der Szene-Manager das Transformationssystem des Unternehmens und der Szene ist, ist es möglich, daß Informationsleistungen der Szene schnell und systemgerecht an das Unternehmen weitergegeben werden, dort in szenenspezifische Lösungen umgesetzt und als Unternehmensleistung an die Szene systemzeitgerecht abgegeben werden. Außerdem treffen die Leistungen bei der Szene auf geringeren Widerstand, da ihre Integration durch ein Element der Szene selbst vorgenommen wird.

V. Szenario für den Sporttourismus im Jahr 2010

von Thomas Wilken,
Sport- und Tourismusberater, Geschäftsführer von "Sport mit Einsicht"

"Wenn das Leben keine Vision hat,
nach der man strebt, nach der man sich sehnt,
die man verwirklichen möchte,
dann gibt es auch kein Motiv, sich anzustrengen."

Erich Fromm (1900 - 1980)

1. Vorbemerkung

Wir leben in einer Zeit grundlegender Umgestaltungen. Politische Systeme lösen sich auf, Grenzen verändern sich, die Computerisierung ändert die Arbeitswelt in einem zuvor nicht gekannten Tempo, Werte und Einstellungen in der Gesellschaft wandeln sich und auch die Wissenschaft stellt ihre eigenen Fundamente und bisher unverrückbaren Glaubenssätze in Frage. Bewegung und Veränderung sind die Hauptcharakteristika unserer Zeit.

Auch der Tourismus wird sich einem erheblichen Wandel unterziehen müssen, will er den Anforderungen zu Beginn des nächsten Jahrtausends gewachsen sein. Das bisher dominierende rein quantitative Wachstumsdenken ist an seine Grenzen gelangt. Die permanente Steigerung von Nächtigungen und die Erschließung immer neuer Zielgebiete stellen vor allem in ökologischer Hinsicht mittlerweile die eigenen Grundlagen in Frage.

Der Sporttourismus ist von dieser Entwicklung nicht ausgeschlossen. Sport und Bewegung gehören bereits heute zu den wichtigsten Urlaubsaktivitäten. Sie bieten einen Ausgleich für die Einschränkungen des Alltags und eröffnen neue Erlebnisse im Umgang mit Natur und Technik. Gleichzeitig aber ist der Urlaubssport in seiner derzeitigen Form z.T. mit erheblichen Belastungen von Natur und Umwelt verbunden. Setzt sich diese Entwicklung in den nächsten zwanzig Jahren weiter fort? Kommt es zu einer Umkehr? Welche Alternativen existieren? Wie sieht die Zukunft des Sporttourismus aus?

Zukunft ereignet sich nicht einfach, sondern ist vor allem das Resultat unseres Handelns bzw. Nicht-Handelns. Zukunft ist das, was wir aus ihr machen. Eine aktive Zukunftsgestaltung erfordert Vorstellungen künftiger Entwicklung, also Visionen. Eine Vision ist der konkrete Entwurf einer wünschenswerten Zukunft, knüpft aber gleichwohl an gegenwärtige Entwicklungen an. Visionen sind wichtige Leitlinien für aktuelles Handeln.

Um die Auseinandersetzung mit den Perspektiven des Sporttourismus und des Reisens allgemein anzuregen, wird im folgenden eine **Vision der Entwicklung in den nächsten fünfzehn Jahren** skizziert. Wir begeben uns zu diesem Zweck auf eine Zeitreise in das Jahr 2010. Das Hauptaugenmerk liegt hierbei auf ökologisch relevanten Aspekten.

2. Tourismus 2010: Mehr hin als weg

Das Reisen ist zu seinen Wurzeln zurückgekehrt. Die Flucht aus dem Alltag und das Eintauchen in eine vermeintliche Gegenwelt sind nicht mehr die dominierenden Antriebskräfte. Reisen ist nicht mehr in erster Linie ein **Weg**fahren, sondern vor allem ein **Hin**fahren. **Die Erfahrung des Andersartigen** - anderer Landschaft, anderer Kultur, anderer Lebensweise - steht für die meisten Leute zumindest bei den längeren Urlaubsreisen im Mittelpunkt.

Diese Umorientierung hat mehrere Ursachen. Vor allem ist sie ein Ergebnis der großen **Krise des Tourismussektors** zwischen 2001 und 2004. Als Antwort auf die unerträglich gewordene Überfüllung von Straßen, Stränden und Urlaubsorten, den damit verbundenen Urlaubsstreß und die ausufernden ökologischen Probleme in vielen Zielgebieten kam es in diesen Jahren zu einer regelrechten Urlaubsverweigerung vieler Menschen.

Die **Freizeit am Wohnort** wurde als Alternative zur Urlaubsreise entdeckt. Der inzwischen gestiegene Erholungswert vieler Städte erleichterte das Daheimbleiben. Flüsse wie der Rhein oder sogar die Elbe hatten Wasserqualitäten erreicht, die an der gesamten Adria nicht zu finden waren. Neue Verkehrskonzepte hatten dafür gesorgt, daß die Luft selbst in Großstädten wie München inzwischen besser war als in vielen Touristenzentren. Grüngürtelkonzepte, z.B. in Frankfurt bereits seit Beginn der neunziger Jahre praktiziert, ermöglichten attraktive Naherholung.

Der Ausfall der deutschen Gäste auf dem internationalen Markt hatte erhebliche Folgen für viele Zielgebiete. Die Orte, in denen das **quantitative Wachstumsdenken** - also die Fixierung auf steigende Betten- und Nächtigungszahlen - zu erheblicher Landschaftszerstörung geführt hatte, hatten die größten Buchungseinbrüche zu beklagen. Auf Gran Canaria und Teneriffa, aber auch an der spanischen Mittelmeerküste, in der Türkei und vor allem an der Adria entstanden so regelrechte Geisterstädte. Vielfach war der Abbruch der Betonburgen der einzige Ausweg. Weniger stark betroffen waren Orte und Regionen wie z.b. Mallorca, die bereits vor der Jahrtausendwende eine touristische Wende eingeleitet hatten.

Zwar war die Urlaubsverweigerung nicht von langer Dauer, doch hatte sie einschneidende Konsequenzen für Gäste und Anbieter. Das lange vorhandene Wissen über Umweltauswirkungen des Tourismus hatte nun endlich auch auf breiter Basis praktische Folgen. Die Gäste verhielten sich wesentlich umweltbewußter als zuvor. Die Anbieter - also Veranstalter, Gemeinden, Hoteliers etc. - kamen nicht umhin, bei jedem Angebot für höchstmögliche Umweltverträglichkeit zu sorgen. **Umweltverträglichkeit** wurde so zu einem zentralen,   inzwischen   allerdings   schon   selbstverständlichen **Qualitätsmerkmal**.

3. Urlaubssport 2010: Weniger ist mehr

Kulturelle Aktivitäten haben den Sport Ende der neunziger Jahre auf der Hitliste der Urlaubsaktivitäten überholt. Nichtsdestotrotz hat der Sport auch im Urlaub nach wie vor einen hohen Stellenwert. Seine Erscheinungsformen haben sich in den letzten beiden Jahrzehnten allerdings stark gewandelt. Zum einen haben sich die **Gewichte der Sportarten** untereinander verschoben, zum anderen hat sich auch das **Sportverständnis** inzwischen erheblich verändert. Das heutige Sportverständnis hat mit dem traditionellen nicht mehr viel gemein. Nicht Leistungsvergleich und Ergebnisse, sondern intensive Erlebnisse sind gefragt. Hektik und Tempo sind der Langsamkeit gewichen. Viele haben gemerkt, daß weniger auch mehr sein kann.

In engem Zusammenhang hiermit ging auch die Phase des bloßen Konsums von Natur während der Sportausübung zu Ende. Berge und Flüsse, aber auch der eigene Körper hatten damals für viele lediglich die Funktion eines Sportgerätes. Heute dagegen bewegen sich die Menschen **mit** der Natur. Wissen über natur- und umweltverträgliches Verhalten beim Sport ist nicht nur weit verbreitet, sondern wird auch in die Tat umgesetzt. Diese **veränderte Einstellung gegenüber der Natur** resultiert zumindest zu einem kleinen Teil auch aus dem inzwischen hohen Stellenwert von Umweltfragen im Sport- und Tourismusmarketing. Auf die Werbung für umweltbelastende Sportaktivitäten wird bereits seit 1997 verzichtet. Dies betrifft vor allem alle sogenannten Off-Road-Aktivitäten. Von Vertretern der Umweltministerien und der Tourismuswirtschaft paritätisch besetzter Ausschüsse wachen in

Deutschland, Österreich und der Schweiz seither über die Einhaltung dieser freiwilligen Selbstbeschränkung.

4. Planung ist (nicht) alles

Vorbei sind die Zeiten, in denen sich Urlaubssportangebote geradezu wildwüchsig entwickelten. Sportangebote orientieren sich heute an den landschaftlichen Voraussetzungen. Entscheidend hierzu beigetragen haben sogenannte **Zonierungskonzepte**. Ein Planungssystem von Taburäumen, Naturerholungsräumen und Kulissenräumen - von dem Münchener Experten Schemel bereits Anfang der neunziger Jahre gefordert - gewährleistet sowohl den Schutz sensibler Lebensräume als auch eine ausreichende und zugleich landschaftsgerechte Sport- und Erholungsnutzung. Das Modell des Bayerischen Alpenplans, der eine Einteilung des bayerischen Alpenraumes in drei Zonen unterschiedlicher Belastbarkeit vorsieht, wurde inzwischen auch von den übrigen Alpenanrainer-Staaten übernommen. Aber auch außerhalb der Alpen gibt es bereits viele Beispiele für erfolgreiche Zonierungskonzepte.

Die Errichtung von Sportanlagen aller Art ist strengen **Umweltverträglichkeitsprüfungen** unterworfen. Diese erstrecken sich auf die Standortwahl, den Bau und den Unterhalt der Anlagen. Vor allem die Errichtung von Golfplätzen konnte hierdurch in vernünftige Bahnen gelenkt werden. Golfplätze dürfen schon seit vielen Jahren nur noch dann gebaut werden, wenn sie eine landschaftliche Aufwertung darstellen. Zuvor intensiv bewirtschaftetes Ackerland und ehemalige Mülldeponien bieten sich als Standorte an. Trotz dieser Restriktionen hat sich die Zahl der Golfplätze in europäischen Tourismusregionen seit 1993 verdoppelt. Ca. 25% dieser Plätze sind öffentlich, d.h. gegen Bezahlung auch Nicht-Clubmitgliedern zugänglich.

5. Mit dem Skifahren geht's bergab

Am augenfälligsten ist der **Rückgang des alpinen Skifahrens**. Noch 1994 gab es allein in Deutschland ca. 7 Mio. Skifahrer. Eine Vielzahl von Urlaubsorten in den Alpen war vom Skitourismus abhängig. Die auch schon damals zu hörenden Warnungen vor globalen Klimaveränderungen und ihren Auswirkungen auf den Skisport verhallten lange Zeit ungehört. Den geringeren Schneefällen versuchte man mit der künstlichen Produktion von Schnee zu begegnen. Die hohen Investitionen verstärkten die vorhandenen Abhängigkeiten weiter. Nach vier warmen Wintern zwischen 1998 und 2002, in denen selbst Kunstschnee nicht mehr hergestellt werden konnte, waren die

Konsequenzen der **Klimakatastrophe** für den Skitourismus nicht mehr zu leugnen. Skifahren ist heute über längere Zeit nur noch in Hochlagen oberhalb von 2100 m möglich. Die Zahl der Skifahrer ist in Deutschland inzwischen auf 1,5 Mio. gesunken.

Viele ehemalige Skiorte haben sich wirtschaftlich noch immer nicht von dem Gästerückgang erholt. Am erfolgreichsten waren hierbei diejenigen Orte, die bereits vor dieser Krise ihre Abhängigkeiten vom Skisport durch eine **Attraktivierung der Sommersaison** verringert hatten. Dies gelang vor allem dort, wo bereits bei dem Bau und der Pflege der Pisten für ein hohes Maß an Umweltverträglichkeit gesorgt wurde und deshalb nach wie vor eine auch im Sommer reizvolle und attraktive Kulturlandschaft vorhanden war. Am schwierigsten erwiesen sich solche Veränderungen in den großen Zentren des Skisports. Saalbach-Hinterglemm beispielsweise begann gerade noch rechtzeitig mit einer Neuorientierung. In enger Zusammenarbeit mit der österreichischen Merkur-Versicherung profilierte sich die Gemeinde als Zentrum für Gesundheitstourismus. Zahlreiche französische Retortenstationen wurden jedoch innerhalb kürzester Zeit zu unbewohnten Investitionsruinen.

Nicht nur in Saalbach-Hinterglemm ergaben sich in Zusammenhang mit der starken Zunahme **gesundheitsorientierter Angebote** auch für den Urlaubssport wichtige Veränderungen. Wandern, Laufen, Radfahren und "sanfte", d.h. körpergerechte Gymnastik erlebten einen weiteren Aufschwung. Der Sport schaute im wahrsten Sinne des Wortes über den eigenen Tellerrand. Frische und saisonale Kost, Entspannungsmethoden und Körperpflege wurden zu selbstverständlichen Bestandteilen von Gesundheitssport-Angeboten.

6. Mit dem Datenhandschuh in die Natur

Der Wunsch nach Abenteuer und Risiko beim Urlaubssport ist zwar noch verbreitet, hat allerdings heute nicht mehr so einen hohen Stellenwert wie noch in den neunziger Jahren. Dies wird auch durch eine neue Untersuchung von Opaschowski (2010) bestätigt, derzufolge Erlebnisse wieder vermehrt im Alltag gesucht und gefunden werden. Er führt dies u.a. auf die deutlich verbesserten **Lebensbedingungen in Großstädten** zurück. Sportliche Aktivitäten, die zu erheblichen Belastungen von Natur und Umwelt führen würden, finden inzwischen ausschließlich in **virtuellen Welten** statt. Ermöglicht wird dies durch Cyberspace, eine Technik, die die Realität auf hohem Niveau simuliert. Motorbootrennen oder das Mitte der neunziger Jahre in Mode gekommene Canyoning, das Durchsteigen unberührter

Gebirgsschluchten, sind heute ausschließlich mit dem Datenhandschuh in klimatisierten Räumen möglich, in der Natur jedoch verboten.

Der **Radtourismus** besitzt bereits seit den neunziger Jahren einen sehr hohen Stellenwert. Ohne attraktive Radwegenetze, radlerfreundliche Unterkünfte und gut ausgestattete Verleihstationen kommt heute kaum noch ein Tourismusort aus. Seit Jahren die Nr. 1 unter den Fernradwanderwegen ist der Rheinradweg, der erst seit 1999 durchgehend von der Quelle bis zur Mündung befahrbar ist. Beim Radeln lassen sich genau wie beim ebenfalls beliebten Wandern kulturelle und sportliche Interessen ideal vereinbaren. Als Vorbild für entsprechende Angebote gilt auch heute noch das Radwanderangebot im österreichischen Strudengau, das seit seiner Präsentation 1991 auf erhebliche Nachfrage trifft.

Neben dem Wandern ist das **Moutainbike-Fahren** heute die verbreitetste Bergsportart. Die Öffnung von Forst- und Wirtschaftswegen für Mountain-Biker, in Österreich von den privaten Waldbesitzern lange behindert, hat zusammen mit der Ausweisung von Routenvorschlägen für eine rasche Kanalisierung dieser einstmals umstrittenen Sportart gesorgt.

7. Die Bahn holt auf

Mobilität ist mehr denn je ein zentrales Merkmal in Alltag und Urlaub. Mobilität wird allerdings heute nicht mehr automatisch mit dem Auto verbunden. Als Reaktion auf den Zusammenbruch des Straßenverkehrs um die Jahrtausendwende kam es endlich zu der lange geforderten **Wende in der Verkehrspolitik**. Auch im Tourismus waren die Konsequenzen erheblich. Veränderungen wurden durch die Attraktivierung öffentlicher Verkehrsmittel und ein striktes Management des PKW-Verkehrs initiiert. In den meisten Urlaubsregionen sind heute Bus, Bahn und Fahrrad die wichtigsten Verkehrsmittel. Sprinterzüge in Urlaubsgebiete, Taktzeiten, die Abstimmung der verschiedenen Verkehrsträger, autofreie Urlaubsorte, Rufbussysteme und kostenlose Hoteltransfers zum Bahnhof sind heute fast eine Selbstverständlichkeit.

Auch im Bereich des Urlaubssports konnte der PKW-Verkehr seit 1994 stark reduziert worden. Vor allem die attraktiven Kombinationsangebote von Bahnfahrt und sportlichen Aktivitäten (Skifahren, Wandern, Radeln) haben viele Gäste zum Umsteigen auf die Bahn bewegt. Selbst Fahrräder können nach langjährigem Drängen von Fahrradclubs nun auch in allen ICE's und IC's mitgenommen werden. Sogenannte Wander-, Ski- und Fahrradbusse ermöglichen **autofreie Urlaubsaktivitäten**. Ihre Benutzung ist entweder in anderen Gebühren bereits enthalten wie z.B. bei Skipässen oder aber gegen Vorlage der Gästekarte außerordentlich günstig.

Ein weiteres Mittel zur Verkehrsreduzierung sind **Kontingentierungen**. Diese Maßnahmen dienen vor allem der Eindämmung des Tagestourismus. In Lech am Arlberg wird z.B. schon seit 1991 die Zahl der Tagesskipässe für PKW-Fahrer begrenzt. Das Erreichen der Höchstgrenze wird über den Rundfunk und elektronische Informationstafeln an den wichtigsten Zufahrtsstraßen bekanntgemacht. Nach anfänglich geringen Erfolgen wurden die Kontingente im Jahr 1997 drastisch reduziert und die Transfermöglichkeiten zum nächstgelegenen Bahnhof verbessert. Hierdurch ergab sich eine spürbare Verlagerung der Tagesgäste auf die Bahn.

Erhebliche Umweltentlastungen konnten vor allem durch den gezielten Aufbau attraktiver **Verleihsysteme für Sportgeräte** erreicht werden. Heute besitzen nur noch wenige Skifahrer eine eigene Ausrüstung. Hochwertige Leihausrüstungen, wie sie vor allem von dem inzwischen weltweit verbreiteten Unternehmen "Rent a Ski" angeboten werden, erleichtern den Verzicht auf die eigene Ausrüstung und damit auch das Umsteigen auf die Bahn. Vergleichbare Angebote gibt es mittlerweile bei fast allen Sport- und Bewegungsgeräten.

Eigene Sportgeräte können heute gut und sicher an ihrem Einsatzort gelagert werden. Zumindest die PKW-Fahrten vor Ort sind hierdurch erheblich weniger geworden. Die Lagerung des eigenen Surfbrettes in verschließbaren Boxen in unmittelbarer Strandnähe ist heute für viele Surfer eine Selbstverständlichkeit. Ski und Skistiefel können an den meisten Talstationen gegen einen geringen Betrag deponiert werden.

Genau wie der PKW-Verkehr ist auch der Luftverkehr zur Jahrtausendwende an seine kapazitätsmäßigen und ökologischen Grenzen gestoßen. Der durch technische Verbesserungen halbierte Schadstoffaustausch moderner Flugzeuge wurde durch die Verdoppelung des Luftverkehrsaufkommens innerhalb weniger Jahre wieder ausgeglichen. Staatliche Interventionen waren deshalb unausweichlich. Kurzstreckenflüge bis bis zu einer Entfernung von 500 km sind in der gesamten Europäischen Union bereits seit 10 Jahren verboten. Vermeintliche Attraktionen wie Tagesflüge zum Skilaufen von Hamburg, Bremen oder Düsseldorf nach Garmisch-Partenkirchen wie sie von dem Veranstalter *Happy Ski & Surf Tours* im Winter 1993/94 angeboten wurden, wurden ebenfalls untersagt.

8. Es hätte auch anders kommen können

Die skizzierte Entwicklung des Urlaubssports in den vergangenen zwanzig Jahren war in wesentlichen Punkten auch eine Entwicklung zu höherer Umweltverträglichkeit. Diese hat sich nicht automatisch ergeben. Große Bedeutung hatte sicherlich das erheblich gestiegene Umweltbewußtsein der Bevölkerung in Verbindung mit der Bereitschaft, für umweltverträgliche Angebote auch höhere Preise zu zahlen. Mindestens ebenso wichtig war es allerdings auch, daß Mitte der neunziger Jahre zahlreiche Verantwortliche aus Tourismus, Sport, Politik und Verwaltung die Notwendigkeit praktischer Veränderungen erkannten und vom Umdenken zum Umsetzen übergingen. Auf diese Weise entstanden im Laufe der Zeit immer mehr Beispiele dafür, daß auch im Urlaubssport eine ökologische Orientierung möglich ist. Vor allem diese erfolgreichen Praxis-Beispiele waren es dann auch, die die anfangs noch große Zahl der Skeptiker immer mehr schwinden und schließlich zu aktiven Unterstützern werden ließen.

VI. Rechtsfragen im Sporttourismus
von Dr. Frank Peter Zundel, Rechtsanwalt

Wer an Fremdenverkehr, Sport und Reisen denkt, sei es als Sportler oder Urlauber, sei es als "Manager", der den Sporttourismus als Wachstumsmarkt erkannt hat, beschäftigt sich nicht primär mit rechtlichen Fragen; ganz im Gegenteil! In der Regel stehen rein wirtschaftliche oder sportliche Interessen im Vordergrund[1].

Für den Touristen wird der Zusammenhang zwischen Sporttourismus und Recht aber spätestens dann virulent, wenn nicht erfüllte Erwartungen zurückgeblieben oder Schäden entstanden sind. Der Manager sollte die rechtlichen Zusammenhänge im Sporttourismus bei seiner "Managementstrategie" bzw. bei seinen Überlegungen, ob und wie er an diesem Wachstumsmarkt partizipieren soll, von vornherein ins Kalkül ziehen, denn sporttouristische Aktionen sind, wie im nachfolgenden näher darzulegen sein wird, mitunter mit erheblichen rechtlichen - und damit wirtschaftlichen - Konsequenzen verbunden. Schon aus wirtschaftlichen Gründen sollten daher die rechtlichen Leistungspflichten und Haftungsrisiken im Sporttourismus bedacht und letztlich auch berücksichtigt werden.

1. Gewährleistungspflichten im Sporttourismus

"Sporttourismus" bedeutet vertragsrechtlich zunächst, daß ein "Veranstalter" dem "Touristen" (meist unter anderem) die Möglichkeit zur Teilnahme an einer sportlichen Veranstaltung oder die Möglichkeit zur Ausübung einer bestimmten Sportart anbietet. Dies geschieht (aus Marketing-Gründen) häufig in einem "Angebotspaket", in dem der Sport nur einen - wenn auch möglicherweise zentralen - Teilbereich der Leistungen des Veranstalters, zu deren Erbringung er sich vertraglich verpflichtet, ausmacht. Weitere Teilbereiche seiner vertraglichen Leistungspflicht können der Transport zu der Sportstätte, die Unterbringung, die Verpflegung usw. sein.

1.1 Reisevertragsrecht als lex specialis

Verpflichtet sich der Veranstalter vertraglich gegenüber dem Touristen auch zur Erbringung einer Bus-, Bahn-, Flug- oder wie auch immer gearteten **Reise**, greift das **Reisevertragsrecht**, das durch das Reisevertragsgesetz vom 04.05.1979 in Deutschland auf eine neue Grundlage gestellt und als eigenes

---

[1] Einen Überblick über die verwaltungsrechtlichen Zusammenhänge, die bei dieser Darstellung außen vor bleiben, gibt Schroeder/Kauffmann 1972.

Rechtsinstitut in das Bürgerliche Gesetzbuch (BGB) integriert und durch das "Gesetz zur Durchführung der Richtlinie des Rates vom 13.6.1990 über Pauschalreisen" vom 24.06.1994[2] modifiziert wurde, als lex specialis.[3] Es gilt immer dann, wenn ein Reiseveranstalter für den Touristen als seinen Vertragspartner in eigener Verantwortung[4] eine Gesamtheit von Reiseleistungen erbringen soll.[5] Genau dies ist im Bereich des Sporttourismus besonders häufig, da Sportangebote Touristen i.d.R. zunächst nur "anlocken" sollen, um ihnen gleichzeitig weitere Leistungen wie Hotelunterbringung, Busfahrten oder Flugreisen verkaufen zu können. Wird allerdings nur der bloße Transport geschuldet, liegt mangels einer Gesamtheit von Reiseleistungen kein Reisevertrag, sondern ein bloßer Beförderungsvertrag vor; die Sondervorschriften der §§ 651 a ff. BGB gelten hierfür nicht.[6]

Mit dem Reisebüro selbst wird i.d.R. kein Reisevertrag, sondern ein bloßer Vermittlungsvertrag abgeschlossen. Das Reisebüro tritt nämlich typischerweise in einer Doppelfunktion auf. Einerseits als Erfüllungsgehilfe und Empfangsvertreter des Reiseveranstalters bei Abschluß des Pauschalreisevertrags und andererseits als selbständiger Vertragspartner für die Vermittlung dieser Fremdleistung, wobei dem Reisebüro bei diesem Vermittlungs- oder Geschäftsbesorgungsvertrag[7] selbstverständlich Beratungspflichten hinsichtlich der Reiseleistungen obliegen.[8]

a) Bezüglich der Gestaltung der Reise und dem Inhalt der Reiseleistungen obliegen dem Veranstalter konkrete Hinweis- und Informationspflichten, für die er einzustehen hat.[9] Allerdings muß weder auf Selbstverständliches hingewiesen werden noch trägt der Veranstalter jedes Risiko einer tatsächlichen Erfolglosigkeit. Einen solchen Fall im Bereich des Reisevertragsrechts hatte das LG Frankfurt a.M. zu entscheiden:[10]

Fall: Die Klägerin buchte eine Reise in ein Hotel, das im Prospekt mit zahlreichen Sportmöglichkeiten bzw. Sportgeräteangeboten vorgestellt wurde, u.a. mit Tennis, Wasserski, Windsurfen, Parasailing, Volleyball, Basketball,

---

[2] BGBl I S. 1322; vgl. hierzu Führich aaO. S. 2446 ff.; Isermann aaO. S. 995 ff.
[3] Zum Anwendungsbereich des Reisevertragsrechts vgl. Palandt aaO. Einführung Vor § 651 a BGB; Teichmann aaO. Kommentierung zu § 651 a ff. BGB; Schwerdtner aaO. Vorbem. zu §§ 651 a-k BGB.
[4] Sonst ggf. nur Reisevermittlung, vgl. BGH NJW 1985 S. 906.
[5] U.U. kann das Reisevertragsrecht aber analog auf Fälle des Angebots nur einer einzelnen Reiseleistung angewendet werden, vgl. z.B. OLG Hamm NJW-RR 1994 S. 441 (Bootchartervertrag).
[6] Insofern gilt das allg. Gewährleistungsrecht; vgl. OLG Frankfurt a.M. NJW-RR 1994 S. 633; LG Stuttgart NJW-RR 1992 S. 1272; LG Frankfurt a.M. NJW-RR 1993 S. 124 und S. 1270.
[7] Vgl. LG Göttingen NJW-RR 1990 S. 1307; LG Konstanz NJW-RR 1992 S. 691.
[8] Vgl. LG Stuttgart NJW-RR 1993 S. 1020; Isermann aaO. S. 996.
[9] Die Rspr. gründete diese Pflichten bislang auf den Grundsatz der Prospektwahrheit, vgl. z.B. BGH NJW 1986 S. 1748; LG Frankfurt a.M. NJW-RR 1991 S, 879 (Schneesicherheit am Urlaubsort); NJW-RR 1987 S. 566 (Klima).
[10] Urteil v. 30.03.1992, Az. 2/24 S 235/91.

hoteleigenem Swimmingpool und einer Putting-Green-Anlage. Vor Ort herrschten zur Urlaubszeit der Klägerin starke Winde, die eine Ausübung der angebotenen Sportmöglichkeiten nicht zuließen. Auch die Benutzung des Swimmingpools war nicht möglich, da Liegestühle und Sonnenschirme ins Wasser geweht wurden. Die angekündigte Putting-Green-Anlage war nicht vorhanden. Ferner machte die Klägerin mit ihrer Minderungsklage geltend, die Geräte im Fitneßraum seien defekt gewesen und die sonst regelmäßig angebotene Gymnastik sei ausgefallen.

Entscheidung: Das erstinstanzliche Amtsgericht und die Berufungskammer gewährten der Klägerin eine Minderung des Reisepreises von drei Prozent für die fehlende Putting-Green-Anlage und wies die Klage im übrigen ab. Gymnastik und ein ausgestatteter Fitneß-Raum seien gemäß der Prospektbeschreibung nicht geschuldet gewesen. Auch aufgrund der herrschenden Starkwindverhältnisse und dem damit verbundenen Ausfall der meisten Sportangebote wurde der Klägerin kein Minderungsanspruch zugestanden, da der Reiseveranstalter nicht für die am Urlaubsort herrschenden Wetterverhältnisse hafte; diese stellten höhere Gewalt dar und seien daher vom Reisenden hinzunehmen. Im allgemeinen habe der Reiseveranstalter auch keine Pflicht, auf bestimmte Witterungsverhältnisse hinzuweisen. So sei z.B. allgemein anerkannt, daß Skilaufen im Wintersporturlaub mangels Schnee nicht ausgeübt werden könne. Derartige Umstände betreffen das allgemeine Lebensrisiko; eine Einstands- oder Hinweispflicht des Reiseveranstalters bestehe nicht.[11]

Die Hinweis- und Informationspflichten der Reiseveranstalter sollen nun durch eine neue "Verordnung[12] über die Informationspflichten von Reiseveranstaltern" (InfVO) konkretisiert werden.[13] Dabei sind Mindestanforderungen an Prospektangaben, Unterrichtungspflichten des Reiseveranstalters vor Abschluß des Reisevertrags, Reisebestätigungen und Allgemeine Reisebedingungen sowie weitere Unterrichtungspflichten vorgesehen.[14]

b) Im übrigen ist der Reiseveranstalter nach § 651 c Abs. 1 BGB verpflichtet, die Reise so zu erbringen, daß sie die **zugesicherten Eigenschaften** hat und nicht mit **Fehlern** behaftet ist, die den Wert oder die Tauglichkeit zu dem gewöhnlichen oder dem Vertrag vorausgesetzten Nutzen aufheben oder mindern. Ist die Reise nicht von dieser Beschaffenheit, so knüpfen sich hieran mehrere rechtliche Konsequenzen:

- Zunächst kann der Reisende - und sollte dies auch tun - von seinem

---

[11] ebenso Wolter aaO. Anm. 19 zu § 651 c BGB.
[12] Die auf dem neu eingeführten § 651 a Abs. 5 BGB beruhen wird.
[13] Vgl. hierzu im einzelnen Isermann aaO. S. 997 ff.; Führich aaO. S. 2450 ff.
[14] Zum Entwurf der InfVO vgl. BR-Drucks. 190/93 S. 35 ff.

Reiseveranstalter **Abhilfe verlangen.**

• Leistet der Reiseveranstalter nicht innerhalb einer vom Reisenden zu bestimmenden (angemessenen) Frist Abhilfe, so kann der Reisende nach § 651 c Abs. 3 BGB **selbst Abhilfe schaffen** und **Ersatz der erforderlichen Aufwendungen** verlangen.

• Ist die **Reise mangelhaft** und zeigt der Reisende dem Reiseveranstalter den Mangel an, so **mindert sich** gem. § 651 d BGB für die Dauer des Mangels **der Reisepreis** kraft Gesetzes.

• Wird die Reise schließlich infolge des Mangels **erheblich beeinträchtigt,** kann der Reisende den Vertrag nach § 651 e BGB kündigen, es sei denn, der Reiseveranstalter schafft auf entsprechendes Verlangen des Reisenden binnen einer von diesem zu bestimmenden (angemessenen) Frist Abhilfe. Einer Fristbestimmung durch den Reisenden bedarf es allerdings nicht, wenn die Abhilfe unmöglich ist, dem Reisenden eine Fristbestimmung nicht zugemutet werden kann oder Abhilfe von vornherein verweigert wird. Im Falle einer wirksamen Kündigung verliert der Reiseveranstalter den Anspruch auf den vereinbarten Reisepreis und ist überdies verpflichtet, die infolge der Aufhebung des Vertrags notwendigen Maßnahmen zu treffen, also insbesondere den Reisenden ggf. zurückzubefördern. Für erbrachte Reiseleistungen kann der Reiseveranstalter allerdings eine Entschädigung verlangen.

• Hat der Reiseveranstalter den Mangel gar zu vertreten (beruht der Mangel also auf einem Verschulden des Veranstalters bzw. eines seiner Erfüllungsgehilfen),[15] kann der Reisende nach § 651 f BGB Schadensersatz wegen Nichterfüllung erlangen,[16] und zwar unbeschadet einer etwaigen Kündigung oder geltend gemachten Minderung, wobei die Neufassung des § 651 f Abs. 1 BGB nun eine Beweislastverteilung zu Lasten des Reiseveranstalters trifft.[17] Der Schadensersatzanspruch umfaßt auch materielle Begleit- und Folgeschäden, wie z.B. Mietwagenkosten[18] oder Zusatzkosten für einen Anschlußflug.[19] Der Reiseveranstalter kann allerdings seine Haftung nach dem neuen § 651 h BGB durch

---

[15] Zum Vertretenmüssen vgl. auch OLG Köln JW-RR 1993 S. 252. Bei höherer Gewalt entfällt das Vertretenmüssen, vgl. BGH NJW 1987 S. 1938 (Schiffsbrand), LG Frankfurt a.M. NJW-RR S. 314 (erkennbare Unruhen), LG Frankfurt NJW-RR 1991 S. 313 (Naturereignisse).
[16] Zur Haftungsbegrenzung infolge Mitverschuldens des Reisenden vgl. OLG Köln NJW-RR 1994 S. 55; OLG Düsseldorf NJW-RR 1990 S. 38.
[17] Die Beweislastumkehr entspricht allerdings ohnehin seit dem sog. Nilfall des BGH (NJW 1987 S. 1938) der st. Rspr.
[18] LG Köln MDR 1991 S. 840.
[19] LG Frankfurt a.M. NJW-RR 1991 S. 690.

Vereinbarung mit dem Reisenden - außer bei Körperschäden - auf den dreifachen Reisepreis beschränken, soweit der Schaden des Reisenden weder vorsätzlich noch grob fahrlässig herbeigeführt wurde oder der Reiseveranstalter nur wegen eines Verschuldens eines Leistungsträgers (Erfüllungsgehilfen) verantwortlich ist. Eine Haftungsbeschränkung bei reinen Körperschäden ist hingegen sowohl hinsichtlich vertraglichen als auch hinsichtlich deliktischen Ansprüchen nicht mehr zulässig.[20]

- Wird die Reise schließlich **vereitelt oder erheblich beeinträchtigt**, kann der Reisende auch wegen der nutzlos aufgewendeten Urlaubszeit nach § 651 f Abs. 2 BGB eine angemessene **Entschädigung in Geld** verlangen.

Die Möglichkeiten des Reisenden nach dem Reisevertragsrecht lassen sich graphisch wie folgt darstellen:

Abbildung 1:

Gewährleistungsrechte des Reisenden nach dem Reisevertragsrecht

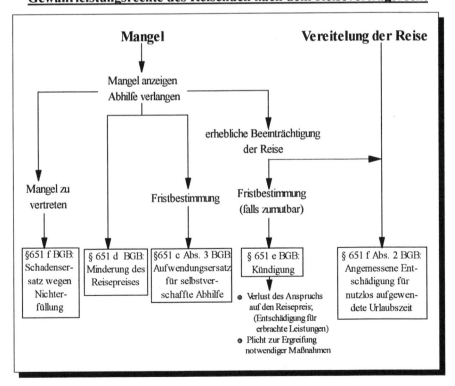

---

[20] Zur früheren Rechtslage vgl. BGH NJW 1988 S. 1380 (Balkonsturz); OLG Köln NJW-RR 1992 S. 1185.

Die Ansprüche aus den §§ 651 c - 651 f BGB sind nach § 651 g BGB innerhalb eines Monats nach der vertraglich vorgesehenen Beendigung der Reise gegenüber dem Reiseveranstalter geltend zu machen und verjähren innerhalb von sechs Monaten, müssen also bis dahin ggf. gerichtlich geltend gemacht werden.

c) Außerdem kann der Reisende nach § 651 a Abs. 4 BGB bei einer (nach § 651 a Abs. 3 BGB nur eingeschränkt zulässigen) Preiserhöhung um mehr als 5 % des Reisepreises oder bei einer erheblichen Änderung einer wesentlichen Reiseleistung kostenfrei zurücktreten und stattdessen - wie auch bei einer Absage der Reise durch den Veranstalter - die Teilnahme an einer mindestens gleichwertigen anderen Reise verlangen, wenn der Reiseveranstalter in der Lage ist, eine solche Reise ohne Mehrpreis für den Reisenden aus seinem Angebot anzubieten.[21] Der Reisende hat diese Rechte allerdings unverzüglich nach der Änderungsmitteilung durch den Veranstalter diesem gegenüber zu erklären (§ 651 a Abs. 4 S. 4 BGB).

1.2 Allgemeines Vertragsrecht

Jedoch nicht nur im Reisevertragsrecht, sondern auch im allgemeinen Vertragsrecht gilt, daß der Veranstalter die vertraglich vereinbarten Leistungen zu erbringen hat, während der Sporttourist hierfür das vereinbarte Entgelt schuldet. Wie stark diese synallagmatischen Leistungen miteinander verknüpft sind, zeigt eine Entscheidung des Amtsgerichts Heilbronn[22]:

Fall: Die Beklagte hatte mit einem Sportcenter einen Nutzungsvertrag abgeschlossen. Bei der Benutzung der Fitness-Räume zog sich die Beklagte einen Meniskusriß zu. Daraufhin stellte sie die Zahlung der vereinbarten Monatsraten ein.

Entscheidung: Die Klage des Sportcenters auf Zahlung der Beiträge hatte keinen Erfolg. Aufgrund der eingetretenen Verletzung habe festgestanden, daß der beiderseits vorausgesetzte Vertragszweck nicht mehr erreicht werden konnte, weshalb die Geschäftsgrundlage weggefallen sei. Ein solcher Vertrag stünde nach Treu und Glauben unter dem (beiderseits unausgesprochenen) Vorbehalt, daß der Trainingsteilnehmer nicht durch gesundheitliche Schäden an der Benutzung des Fitness-Centers verhindert sei.

---

[21] Die Gewährleistungsrechte wie Minderung (§ 651 d BGB) oder Schadensersatz (§ 651 f BGB) bleiben hiervon unberührt, vgl. zur Begründung BT-Drucks. 12/5354 S. 7.
[22] Urteil vom 20.10.1983, Az. 5 C 3274/83.

2. Haftungsrisiken im Sporttourismus

Das Vertragsrecht wird geprägt von den beiderseitigen Leistungspflichten, die auf dem Willen der Vertragsparteien beruhen. Im Gegensatz hierzu begründet das Haftungsrecht (wirtschaftliche) Einstandspflichten, die von den Beteiligten mitunter weder gesehen werden noch gewollt sind. Dies ist im Bereich des Sporttourismus von besonderer Bedeutung, denn sowohl der Leistungs- als auch der Freizeitsport sind mit ständigen Gefahren für die Gesundheit und das körperliche Wohlbefinden der Sporttreibenden verbunden. Wer aus touristischen (und damit i.d.r. wirtschaftlichen) Gründen Sportangebote offeriert[23], setzt dadurch auch eine Ursache für mögliche Sportverletzungen.

Nach ständiger Rechtsprechung[24] hat im Rahmen des Vertrags- und Deliktsrechts derjenige, der eine solche **Gefahrenquelle** schafft,[25] dafür Sorge zu tragen, daß die damit verbundenen Gefahren sich nicht verwirklichen (sog. "Verkehrssicherungspflicht" als allgemeine Rechtspflicht)[26]; zu diesem Zweck hat er die erforderlichen und zumutbaren Vorkehrungen zum Schutze der Betroffenen zu treffen. Was zur Gefahrvermeidung im Sport "erforderlich" ist, läßt sich allerdings nicht allgemein beantworten; da eine Verkehrssicherungspflicht, die jeden Unfall ausschließt, nicht erreichbar ist, muß nicht für alle denkbaren (und entfernten) Möglichkeiten eines Schadenseintritts Vorsorge getroffen werden.[27] Nur die Vorkehrungen, die von den Sicherheitserwartungen des jeweils betroffenen (Sport-) Verkehrs erwartet werden, sind erforderlich.[28] Dabei hängen die Pflichten des Sportveranstalters einerseits von den Möglichkeiten der Gefahrvermeidung, andererseits aber auch von dem Sporttreibenden selbst ab. So ist es sicherlich einem Leistungssportler eher zuzumuten, die Risiken seiner Sportart einzuschätzen und ggf. selbst Sicherungsvorkehrungen zu treffen, als einem Freizeitsportler, der möglicherweise sogar zum ersten Mal mit einer bestimmten Sportart durch das Angebot des Sportveranstalters in Kontakt kommt.

In erster Linie hängt der Umfang der Verkehrssicherungspflichten des Sportveranstalters aber von dem Risiko ab, das er eröffnet.

---

[23] Nachfolgend "Sportveranstalter" genannt.
[24] Einen guten Überblick über Literatur und Rechtsprechung im Sportrecht gibt Reschke 1933.
[25] Die bloße Duldung ist allerdings noch keine Verkehrseröffnung, vgl. OLG Bamberg VersR 1969 S. 85.
[26] Vgl. grundlegend BGH NJW 1966 S. 1457; vgl. hierzu auch Kötz 1988. S. 87 ff. sowie Börner 1985. S. 34 ff.
[27] Vgl. Palandt aaO., Anm. 8 A) a) zu § 823 BGB.
[28] Vgl. BGH NJW 1985 S. 1076.

2.1 Veranstalterhaftung

Der allgemeine Rechtsgrundsatz der **Verkehrssicherungspflicht** ist bei der **Durchführung von Sportveranstaltungen** von elementarer Bedeutung[29]. Die einzelnen Verkehrssicherungspflichten sind in den unterschiedlichsten Bereichen zu beachten, angefangen von der Planung und Organisation der Veranstaltungen, über das Errichten von Absperrungen, Aufstellen von Schutzzäunen, Überprüfung von Tribünen und Bereithalten von Ordnern[30] bis hin zur Gestaltung eines Trainings oder Wettkampfs[31]. Finanzielle Erwägungen dürfen dabei nur eine untergeordnete Rolle spielen; Art und Umfang der Sicherungsvorkehrungen sind vom Veranstalter vielmehr danach zu bemessen, ob und inwieweit sie erforderlich sind, um Teilnehmer und/oder Zuschauer vor Gefahren zu schützen[32].

Fall: So hatte der Bundesgerichtshof[33] zu entscheiden, ob ein Veranstalter, der auf einem Flughafen einen Flugtag veranstaltete, zu dem etwa 50.000 Zuschauer erschienen, die auf dem - durch einen Zaun abgegrenzten -Nachbargelände Schäden verursachten, diesen Sachschaden begleichen müsse.

Entscheidung: Der BGH hat den Veranstalter als verpflichtet angesehen. Wer für eine Massenveranstaltung verantwortlich sei, habe aufgrund der ihm obliegenden allgemeinen Verkehrssicherungspflicht alle Vorkehrungen zu treffen, die zum Schutze Dritter notwendig seien. Dabei erstrecke sich die Verkehrssicherungspflicht auch auf die Abwehr von Gefahren, die erst durch den **unerlaubten und vorsätzlichen Eingriff eines Dritten** entstünden, falls für einen Sachkundigen die naheliegende Möglichkeit zu einem solchen Eingriff ersichtlich sei und diesem durch zumutbare Maßnahmen vorgebeugt werden könne.

Die Sorgfaltspflichten bestehen jedoch nicht nur innerhalb eines Vertragsverhältnisses. So hat der BGH[34] entschieden, daß der Veranstalter eines offenen **Reittrainings** dafür Sorge tragen müsse, daß Zuschauer nicht durch die Pferde gefährdet würden, auch wenn ihm keine vertraglichen Pflichten gegenüber den Zuschauern oblägen.

Aber auch innerhalb eines Vertragsverhältnisses setzt eine Haftung in der Regel ein Verschulden voraus. Das Oberlandesgericht Nürnberg[35] bejahte z.B. ein Verschulden, wenn es der Veranstalter bei einem Fußballspiel zu

---

[29] Vgl. grundlegend Börner 1985. S. 14 ff; Mertens 1980. RdNr. 215 ff. zu § 823 BGB.
[30] Wussow 1985. RdNr. 128 m.w.N.
[31] Vgl. Schlegelmilch 1990. 14. Kapitel RNr. 91.
[32] OLG Karlsruhe, Urteil vom 13.01.1954, Az. U 152/52.
[33] Urteil vom 02.10.1979, Az. VI ZR 245/78.
[34] Urteil vom 29.10.1974, Az. VI ZR 159/73.
[35] Urteil vom 03.03.1955, Az. 3 U 7/54.

einer Überfüllung des Platzes kommen lasse und nicht durch geeignete Anlagen oder Maßnahmen dafür sorge, daß jeder Zuschauer ausreichend Platz sowie gute Sichtmöglichkeiten und Bewegungsfreiheit erhalte. Als Norm zur Errechnung des Fassungsvermögens eines Sportplatzes könne davon ausgegangen werden, daß auf 1 qm etwa 4 Personen einige Stunden bequem stehen könnten.

Im Laufe der Zeit hat die Rechtsprechung in manchen Sportarten die Verkehrssicherungspflichten immer weiter ausgedehnt. So haben sich z.B. beim für den Sporttourismus wichtigen Wintersport nicht nur unmittelbare Pflichten zur Gewährleistung der **Sicherheit von Seilbahnen und Liften** konkretisiert, sondern es entwickelten sich im Laufe der Jahre auch Verpflichtungen zur angemessenen **Sicherung der Abfahrtspisten**.[36] Beim Betrieb von Seilbahnen greift gar eine **verschuldensunabhängige Gefährdungshaftung** für solche Schäden, die unmittelbar durch den Betrieb der Seilbahn entstehen, es sei denn, der Schaden wurde durch ein fehlerhaftes Verhalten der Benutzer verursacht. Eine von Bayern über den Bundesrat eingebrachte Gesetzesinitiative, die Gefährdungshaftung auf Schlepplifte auszudehnen, ist bisher allerdings nicht verabschiedet worden.

Dennoch ist auch im Wintersport die Haftung nicht grenzenlos, wie eine Entscheidung des Oberlandesgerichts Karlsruhe[37] zeigt:

Fall: Die Klägerin begehrte von einem Reiseunternehmen Schadensersatz dafür, daß sie auf einer von diesem veranstalteten Wintersportreise bei einer Skiabfahrt in eine 40 m tiefe Gletscherspalte stürzte, aus der sie erst nach über 9 Stunden verletzt und unterkühlt geborgen wurde. Sie meinte, das Reiseunternehmen hafte hierfür aus positiver Vertragsverletzung und unerlaubter Handlung, weil ihr Reiseleiter als ihr Erfüllungs- bzw. Verrichtungsgehilfe die ihm obliegende Obhuts- und Sorgfaltspflichten grobfahrlässig verletzt habe, indem er es unterlassen habe, einen Teilnehmer der Gruppe als letzten Fahrer zu bestimmen, nicht auf der markierten Piste gefahren sei und die Suche zu spät eingeleitet habe.

Entscheidung: Der Klage blieb der Erfolg versagt. Zu den vertraglichen Obliegenheiten eines Reiseleiters gehöre zwar auch die Planung und Organisation von Skiabfahrten durch Unterbreitung von Streckenvorschlägen gegenüber den Reiseteilnehmern, Herbeiführung einer Einigung über das Abfahrtsgebiet, Organisation des Transfers etc. Die Durchführung der Skiabfahrt selbst gehöre aber nicht mehr zu den vertraglichen Leistungen der

---

[36] Dabei kann die Verkehrssicherungspflicht auf einer Skiabfahrtsstrecke auch einem Fremdenverkehrsverband obliegen, wenn es dieser übernommen hat, die Strecke zu unterhalten und hierzu einen Pistendienst eingerichtet hat, OLG München, Urteil vom 29.06.1973, Az. 1 U 2717/72.
[37] Urteil vom 18.01.1984, Az. 7 U 78/83.

Beklagten. Der Reiseleiter sei zwar "immer im Dienst" und sei insofern auch in seiner Freizeit verpflichtet, insbesondere in Notlagen behilflich zu sein. Dies bedeute aber nicht, daß er alles, was er in seiner Freizeit unternimmt, als Reiseleiter in Erfüllung vertraglicher Verpflichtungen des Reiseunternehmens mache. Die vertragsgemäße Tätigkeit des Reiseleiters ende mit der Ausgabe der Liftkarten. Die Bergfahrt mit dem Lift oder der Gondel und die Skiabfahrt mache der Reiseleiter "privat". Er sei daher nicht verpflichtet gewesen, die Abfahrt als Gruppe mit Schlußmann zu organisieren, einen für alle Mitfahrenden sicheren Weg auszuwählen und alle während der Abfahrt immer um sich zu sammeln. Vielmehr habe es im Belieben jeden Mitgliedes der Reisegesellschaft gestanden, wie es die Abfahrt machen wolle. Wer sich dem Reiseleiter anschloß, tat dies auf eigenes Risiko. Mit dem Sturz der Klägerin verwirklichte sich daher lediglich ihr eigenes schicksalhaftes Lebensrisiko.

Nicht nur Ferienclubs, sondern auch **Sport- und Freizeithotels** versuchen, Urlauber durch das Angebot von Spiel- und Sportanlagen - wie z.B. Tennisplätzen - anzulocken. Da von derartigen Freizeitanlagen regelmäßig besondere Gefahren für deren Benutzer ausgehen, spielen die zumutbaren Vorkehrungen zur Gefahrvermeidung für die Betreiber eine wichtige Rolle. Jedoch auch der **Betreiber eines Tennisplatzes** muß nicht für jeden Unfall einstehen, der aufgrund der Beschaffenheit des Platzes erfolgte, wie das Oberlandesgericht München[38] feststellte:

Fall: Der Kläger rutschte während des Spiels auf der Schattenseite des Platzes wegen der dort befindlichen Feuchtigkeit bzw. wegen herabgefallener kleiner Baumteile aus und verletzte sich.

Entscheidung: Seine Schadensersatzklage wurde abgewiesen. Zwar habe der Betreiber des Platzes im Rahmen seiner Sorgfaltspflichten dafür zu sorgen, daß sich der Tennisplatz in einem Zustand befinde, der eine Gefährdung der Spieler ausschließe. Für geringfügige witterungsbedingte Behinderungen habe der Verkehrssicherungspflichtige aber nicht einzustehen.

Selbst bei Spiel- und Sportanlagen verlangt die Rechtsprechung keine technischen Vorrichtungen und organisatorische Maßnahmen, die schlechthin jeden denkbaren Unfall ausschließen. Dies hat noch einmal das Oberlandesgericht Köln[39] festgehalten:

Fall: Der Kläger war von einer Rutschbahn ins Wasser gerutscht und dort mit einem anderen Teilnehmer zusammengestoßen.

Entscheidung: Die Schadensersatzansprüche des Klägers gegen den Schwimmbadbetreiber wurden zurückgewiesen. Die Verkehrssicherungspflicht

---

[38] Urteil vom 26.01.1981, Az. 26.01.1981.
[39] Urteil vom 24.11.1987, Az. 22 U 164/87.

bei Spiel- und Sportanlagen ginge dahin, den Benutzer vor Gefahren zu schützen, die über das übliche Risiko bei der Anlagenbenutzung hinausgingen und von diesem nicht vorhersehbar und nicht ohne weiteres erkennbar seien, während überschaubare und von vorne herein erkennbare Gefahren in Kauf genommen werden müßten[40]. Vorkehrungen gegen jede denkbare, nur entfernt liegende Möglichkeit einer Gefährdung könnten nicht verlangt werden. Dabei sei auch zu berücksichtigen, daß es Spielgeräte, mit deren Benutzung überhaupt keine Gefahr verbunden sei, kaum geben dürfte; diese müßten vielmehr nur so ausgestaltet sein, daß mit ihrer sachgemäßen Benutzung zumindest keine erheblichen Gefahren verbunden seien. Die Benutzung der Wasserrutsche sei jedoch nicht mit nicht erkennbaren Gefahren verbunden gewesen.

Ähnlich auch eine Entscheidung des Kammergerichts Berlin[41]:

Fall: Die Klägerin beanspruchte von der Beklagten Schadensersatz, weil sie in der von dieser betriebenen Badeanlage einen Unfall erlitt. Zu der Badeanlage gehörte eine röhrenförmige Rutschbahn von 120 m Länge, die eine Höhe von ca. 11 m überbrückte und über einem Wasserbecken endete. Der Auslauf und der Bahnverlauf waren vom Rutschbahneingang nicht überschaubar. Die Benutzung der Rutschbahn wurde durch eine Ampelanlage am Einstieg geregelt. Die Rotphase der Ampelanlage betrug 15 Sekunden, die Grünphase zur Freigabe zum Rutschen ca. 2 Sekunden. Der Benutzer der Rutschbahn hatte demnach etwa zwei Drittel des Rutschweges auf der Bahn zurückgelegt, wenn der Nachfolgende bei "Grün" mit dem Rutschen begann.
Als die Klägerin nach einem Rutschvorgang versuchte, aus dem Bereich der Rutsche zu kommen, sei der Nachfolgende mit seinen Füßen auf ihrem Rücken aufgeprallt und habe ihr dabei einen Bruch des ersten Lendenwirbels zugefügt.

Entscheidung: Die Schadensersatzklage wurde abgewiesen. Auch hier stellte das Gericht fest, die Anforderungen, die an die Beklagte bei der verkehrssicheren Errichtung und Unterhaltung der Rutschbahn als einer Freizeiteinrichtung zu stellen seien, würden überspannt werden, wenn sie für eine absolute Gefahrlosigkeit bei der Benutzung der Rutsche zu sorgen hätte. Die Verpflichtung beschränke sich darauf, die Benutzer vor den Gefahren zu schützen, die über das übliche Risiko bei der Anlagenbenutzung hinausgingen, nicht ohne weiteres erkennbar und vom Benutzer nicht vorhersehbar seien. Der Umstand, daß die Klägerin bei der Benutzung der Rutschbahn verletzt worden sei, lasse allein noch nicht den Rückschluß auf einen verkehrsunsicheren Zustand der Anlage zu.

Andererseits bestehen selbst bei **Wanderwegen,** eines der klassischen Betätigungsfelder von Sport- und Aktivtouristen, Verkehrs-

---

[40] Mit Hinweis auf BGH Urteil vom 21.02.1978, Az. VI ZR 202/76.
[41] Urteil vom 09.12.1988, Az. 9 U 964/88.

sicherungspflichten, wie das OLG Düsseldorf[42] entschied. Dies ergebe sich aus dem Grundsatz, daß der Benutzer eines für den Verkehr freigegebenen Weges vor Gefahren zu schützen sei, die ihm aus dem Zustand bei zweckgerechter Benutzung drohten[43]. Allerdings richte sich die Verkehrssicherungspflicht nach der Zweckbestimmung des Weges. So seien bei einem Waldweg Vorkehrungen im Rahmen des Zumutbaren nur vor solchen Gefahren des Weges zu treffen, mit denen ein "Durchschnittswanderer" nicht zu rechnen brauche.

Dabei muß und kann der Veranstalter nicht alle Verkehrssicherungspflichten selbst wahrnehmen. Er kann sich für die Ausführung von Schutzmaßnahmen Dritter bedienen, haftet dann allerdings auch für deren Verschulden nach § 278 BGB wie für eigenes Verschulden.

2.2 Haftung für Trainer, Übungsleiter, Führer und Animateure

Ferner stellen Sportveranstalter häufig Führer, Trainer oder Übungsleiter zur Verfügung des Sporttouristen, die diese anleiten, begleiten oder gar animieren sollen. In der Regel bestehen dann zwischen diesen Trainern etc. und dem Touristen keine vertraglichen Beziehungen, wohl aber zwischen dem Touristen und dem Sportveranstalter, der für das Verschulden des Trainers oder Übungsleiters als sein **Erfüllungsgehilfe nach § 278 BGB** haftet. Die Trainer bzw. Übungsleiter sind dann wiederum dem Veranstalter gegenüber vertraglich verantwortlich. Soweit diese allerdings in Anstellungs-verhältnissen beschäftigt werden, kommen ihnen arbeitsrechtliche Haftungsprivilegien zugute; in der Regel haften nämlich Arbeitnehmer ihren Arbeitgebern nur für Vorsatz und grobe Fahrlässigkeit unbeschränkt[44].

Auch bei der Betreuung von Sporttouristen durch Trainer, Übungsleiter usw. stellt sich folglich die Frage, welche **Sorgfaltspflichten** zu beachten sind und welche Risiken eingegangen werden dürfen. Grundsätzlich muß jeder Übungsleiter das Training so leiten, daß alle voraussehbaren Schäden vermieden werden. Methodischer Übungsaufbau, Beachtung der Leistungsfähigkeit, Sicherheitsvorkehrungen, Aufsicht, Hilfestellung, Erläuterungen, Ermahnungen, ggf. auch tatkräftiges Eingreifen gelten als elementare Anforderungen. Jedoch auch diese Sorgfaltspflichten bestehen nicht unbegrenzt; so hat z.B. der Bundesgerichtshof[45] entschieden, daß es

---

[42] Urteil vom 18.03.1982, Az. 19 U 275/81.
[43] Mit Hinweis auf BGH VersR 1966 S. 782 ff = NJW 1966 S. 1456 ff.
[44] Bei seiner Arbeit dürfte es sich regelmäßig um "schadensgeneigte" Arbeit handeln, so daß hier dahingestellt bleiben kann, ob dieses Kriterium nicht überhaupt verzichtbar ist, vgl. BAG NZA 1990 S. 95 ff., BAG GS NZA 1993 S. 547.
[45] Urteil vom 21.10.1958, Az. VI ZR 204/75.

keine Verletzung der Aufsichtspflicht eines in einem Sanatorium angestellten Sportlehrers darstelle, wenn er erwachsene Frauen im Gymnastikunterricht beim Spiel mit einem Medizinball für einige Minuten sich selbst überlasse.

Darüber hinaus sind Teilnehmer über die **besonderen Gefahren** der Sportarten bzw. einzelner Übungen aufzuklären, vor allem wenn diese mit der Sportart oder der einzelnen Übung noch nicht sehr vertraut sind. Die Anleitung zu gefährlichen Übungen kann nur durch die Einwilligung des mündigen Sportlers[46] in bestimmte Risiken gerechtfertigt werden. Es muß also jedem Sportler in Kenntnis der Risiken die Entscheidung jeweils selbst überlassen bleiben, ob er einzelne Übungen oder Trainingsmethoden durchführen will. Eine Vermutung oder ein Beweis des ersten Anscheins, daß eine Verletzung, z.B. infolge eines Sturzes eines Reitschülers, auf ein unsachgemäßes Verhalten des (Reit-) Lehrers zurückzuführen ist, besteht allerdings nicht; denn die Gefahr sporttypischer Verletzungen (z.B. eben eines Sturzes beim Reitsport) liegt nicht ausschließlich im Gefahrenkreis und Verantwortungsbereich des Trainers, Übungsleiters, Lehrers oder Animateurs[47]. Dagegen verletzt z.B. der Inhaber einer Reitschule die ihm obliegende Sorgfaltspflicht, wenn er eine 14 Jahre alte Reitschülerin ohne Rücksicht auf ihren Ausbildungsfortschritt und ohne sie auf die zu erwartenden Schwierigkeiten hinzuweisen, an einem Ausritt teilnehmen läßt[48].

Der Umfang der **Aufsichtspflicht** hängt wie der Umfang der allg. Verkehrssicherungspflicht von der Gefährlichkeit der jeweiligen sportlichen Übung ab. Die Rechtsprechung stellt hier keine allzu hohen Anforderungen, wie ein Urteil des Bundesgerichtshofs[49] zeigt:

Fall: Der Kläger, der nicht schwimmen konnte, wurde von dem Bademeister der Beklagten im Becken für Schwimmer in der Nähe des Beckenrandes regungslos auf dem Beckenboden liegend gefunden und geborgen. Bevor der Bademeister den Kläger fand, stand er einige Zeit lang nicht direkt am Beckenrand, sondern etwa 2 m vom Beckenrand entfernt und beobachtete von hier aus das Treiben in der Schwimmhalle. Hierdurch verzögerte sich die Rettung des Klägers.

Entscheidung: Die Schadensersatzklage des Klägers wurde abgewiesen, da die Aufsichtspflicht des Badepersonals nicht so weit gehe, ständig alle im Wasser Badenden zu überwachen. Ein Bademeister brauche sich nicht ununterbrochen am Beckenrand eines Schwimmbades aufzuhalten, da er für den gesamten

---

[46] Bzw. seines gesetzlichen Vertreters.
[47] Urteil des Bundesgerichtshofs vom 19.05.1958, Az. VII ZR 136/57.
[48] Urteil des Oberlandesgerichts München vom 13.05.1980, Az. 25 U 1295/80.
[49] Urteil vom 02.10.1979, Az. VI ZR 106/78.

Badebetrieb in der Schwimmhalle verantwortlich sei und auch das Treiben der Gäste auf den Verkehrswegen und Zugängen außerhalb des Beckens beobachten müsse.

Andererseits haftet eine **Betreiberin eines Hallenbades** nach einer Entscheidung des Oberlandesgerichts Frankfurt[50], wenn der Bademeister einen (eigenen) Schwimmschüler im Schwimmbecken ohne Aufsicht üben läßt und der Schüler während dieser Zeit ertrinkt.

Besondere Gefahren sind beim Badebetrieb mit Sprüngen vom Sprungturm verbunden. Hierbei entstehen nicht selten erhebliche Verletzungen, für die die Betreiber der Bäder häufig in Anspruch genommen werden. Das Oberlandesgericht Hamm hatte einen solchen Fall zu entscheiden[51]:

Fall: Der Bademeister hatte zunächst das Abspringen von 7,5 m und 10 m hohen Plattformen gestattet und die Sprünge überwacht. Nachdem er diese Plattformen wieder gesperrt hatte, entfernte er sich von der Sprunganlage, um einen Rundgang um das Becken zu machen. Die Jugendlichen, die ursprünglich unter der Aufsicht des Bademeisters ihre Sprünge machten, sprangen nunmehr von den 3 m und 5 m hohen Plattformen. Hierbei wurde die Klägerin erheblich verletzt.

Entscheidung: Die Klage wurde mit dem Hinweis abgewiesen, der Bademeister sei unter den gegebenen Umständen nicht gehalten gewesen, jeden einzelnen Sprung zu beaufsichtigen. Auch die Beklagte als Betreiberin treffe kein Organisations- oder Aufsichtsverschulden, wenn sie ihren Bademeister nicht angewiesen habe, alle Sprünge von der 5 m hohen Plattform zu überwachen. Unter den gegebenen Umständen habe erwartet werden können, daß die Jungen, die sich beim Absprung von den 7,5 m und 10 m hohen Plattformen zunächst ordnungsgemäß verhalten hatten, auch beim Springen von der 5 m hohen Plattform die Regeln einhalten und in der Sprungfolge den nötigen Abstand zum jeweiligen Vorspringer wahren würden.

Der BGH lehnte die Annahme der Revision des Klägers mit der Bemerkung ab, es würde eine Überspannung der verkehrserforderlichen Sorgfalt darstellen, von der Beklagten eine Anordnung zu verlangen, daß jeder einzelne Sprung von dem Bademeister freigegeben und überwacht werden müsse.

Die Haftung für Erfüllungsgehilfen gilt gleichermaßen für **Bergführer**. Jedoch muß auch der Bergführer in die Erfüllung einer Verbindlichkeit eingeschaltet sein, was nicht immer bei der Organisation einer Bergtour

---

[50] Beschluß vom 18.12.1980, Az. 1 W 32/80.
[51] Urteil vom 01.02.1987, Az. 3 U 271/77.

gegeben ist, wie die Entscheidung des Landgerichts Frankfurt a.M. verdeutlicht[52]:

Fall: Die Kläger nahmen am Urlaubsort an einer Bergwanderung teil, die aus einer Fahrt per Bus und per Telekabine auf 3550 m und anschließendem Abstieg zu Fuß auf 2500 m bestand. Die Bergwanderung wurde durch einen ortsansässigen Bergführer geleitet, die Anmeldung erfolgte bei der örtlichen Reiseleitung der Beklagten, die auch die Vergütung kassierte und sodann Gutscheine mit der Aufschrift einer ortsansässigen Firma verteilte. Die Bergwanderung war - jedenfalls für die Kläger - zu beschwerlich. Bei dem Abstieg stürzte die Klägerin mehrfach und zog sich erhebliche Prellungen, Quetschungen der Gesäßmuskulatur und Hämatome am Gesäß zu. Bei dem Kläger stellten sich Atem- und Kreislaufbeschwerden ein, die erst nach zwei bis drei Monaten abklangen. Der Kläger war schließlich in der Nutzung seines Resturlaubs gehindert, da er sich auf den Krankheitszustand seiner Frau - der Klägerin - habe einstellen und sie pflegen müssen.

Entscheidung: Die Klage wurde in der Berufungsinstanz abgewiesen, da eine Pflichtverletzung des Bergführers nicht nachgewiesen werden könne. Bei der Höhenlage, in der der Abstieg stattgefunden habe, könne nicht mit genau festliegenden Wegen gerechnet werden, sondern höchstens mit Pfaden, die durch Gestein und Geröll führten und gelegentlich auch nur einfach markiert seien. Die Beeinträchtigungen der Kläger seien vielmehr offensichtlich darauf zurückzuführen, daß sie den Schwierigkeitsgrad eines solchen Abstiegs in dieser Höhenlage und bei besonderer Sommerhitze unterschätzt hätten. Diese Dinge seien indes vorhersehbar und müßten einkalkuliert werden. Aus dieser Voraussehbarkeit sei überdies zu folgern, daß weder die Reiseleiterin noch den Bergführer eine Aufklärungspflicht über die Beschaffenheit der Wanderung traf. Die Teilnehmer der Wanderung hätten diese Schwierigkeiten ohne weiteres erkennen können.

2.3 Halterhaftung für Sportgeräte

Daß für einen Veranstalter, der Sportgeräte zur Verfügung stellt, mitunter Haftungsrisiken bestehen, wenn von diesen Sportgeräten Gefahren ausgehen, zeigt eine Entscheidung des Amtsgerichts Lüdinghausen[53]:

Fall: Der Beklagte stellte seinen Heißluftballon einem Gast zur Verfügung, der mit diesem Ballon eine Ballonfahrt unternahm. Auf dieser Ballonfahrt fuhr der Gast mit relativ geringer Höhe über den Bauernhof des Klägers hinweg. Auf einer etwa 70 bis 200 m seitlich von der Überfahrtstrecke entfernt liegenden Wiese befanden sich einige Zuchtsauen des Klägers. Der Kläger behauptete,

---

[52] Urteil vom 06.05.1991, Az. 2/24 S 334/90.
[53] Urteil vom 14.02.1986, Az. 4 C 206/85.

durch den Ballon, insbesondere durch die Betätigung des Gasbrenners und den damit verbundenen lauten Geräuschen seien die Sauen in Panik geraten, wodurch eine der Zuchtsauen einen Zaun durchbrach und in einen Graben geriet, kopfüber in den Schlamm fiel und infolgedessen verendete. Zwei weitere Sauen verendeten mitten auf der Wiese.

Entscheidung: Das Amtsgericht verurteilte den Beklagten auf Ersatz des dem Kläger entstandenen Schadens, für den er nach § 33 Abs. 1 Luftverkehrsgesetz als Halter des Ballons ohne weiteren Verschuldensnachweis (also im Rahmen einer Gefährdungshaftung) einzustehen habe.

Allerdings haftet der Halter eines Sportgeräts nicht für jeden Unfall. Das Landgericht Stuttgart[54] hatte einen Fall zu entscheiden, bei dem der Betreiber eines Gasthofes eine Kegelbahn zur Benutzung der Gäste bereithielt:

Fall: Eine zurücklaufende Kegelkugel war in der sich an die Kegelrücklaufrinne anschließenden Kugelfanganlage "nicht liegen geblieben", sondern war wieder einige Meter auf der Kugelrücklaufrinne etwa 1,5 m neben der Kugellaufbahn zurückgerollt und dort liegengeblieben. Die Klägerin betrat - um diese Kugel zu entfernen - unter Übersteigung der zwischen Anlauffläche und Kugellaufbahn bestehenden Absperrung die Kugellaufbahn und rutschte auf dieser aus, weil sich auf der Kugellauffläche noch teilweise feuchte und oberflächlich angetrocknete Pflegemittelrückstände (Wachsrückstände) befanden. Infolge des Sturzes zog sich die Klägerin einen komplizierten Bruch des rechten Sprunggelenkes zu.

Entscheidung: Die Schadensersatzklage der Klägerin wurde zurückgewiesen. Grundsätzlich stelle die Kegelbahn keine Gefahrenquelle dar. Daß die Fläche, auf der die geschobene Kugel in Richtung aufgestellter Kegel laufe, glatt und frisch gebohnert sei, könne der Beklagten nicht vorgeworfen werden, da gerade diese Fläche nicht betreten werden solle und auch gesondert durch ein gespanntes Gummiseil von der rutschfesten Anlauffläche abgetrennt sei. Außerdem sei selbst bei einer Verletzung der Verkehrssicherungspflicht das Mitverschulden der Klägerin so erheblich, daß auch unter diesem Gesichtspunkt Schadensersatzansprüche insgesamt ausschieden.

Auf Spielplätzen gilt ebenfalls, daß die Benutzer nur vor solchen Gefahren geschützt werden müssen, die über das übliche Risiko hinausgehen und nicht ohne weiteres vorhersehbar und erkennbar sind[55]. Allerdings ist für das Maß der Vorhersehbarkeit und Erkennbarkeit die niedrige oder sogar fehlende Einsichtsfähigkeit der kindlichen Benutzer entscheidend. So ist z.B. unter

---

[54] Urteil vom 27.04.1990, Az. 21 O 57/90.
[55] BGH VersR 1978 S. 739; OLG Celle, Urteil vom 10.12.1986, Az. 9 U 5/86.

absturzgefährdenden Spielgeräten eine aufpralldämpfende Beschaffenheit der Sandaufschüttungen notwendig[56].

2.4 Haftung bei zweckfremder Nutzung

Eine Vermeidung jeglicher Gefahr ist unmöglich. Dennoch beschränkt sich die Verkehrssicherungspflicht nicht nur auf Gefahren, die von einer befugten und zweckentsprechenden Nutzung einer Anlage ausgehen[57]:

Fall: Die 13 Jahre alte Klägerin begab sich in ein von der Beklagten betriebenes Schwimmbad. Zwischen Duschraum und Schwimmhalle befand sich eine Kleiderrutsche, die dazu diente, Kleider und andere Gegenstände trocken durch die "Zwangsdusche" zu bringen. Die Klägerin bestieg diese aus Drahtspiegelglasplatten bestehende Rutsche, brach durch und verletzte sich schwer.

Entscheidung: Ihre Schadensersatzklage hatte teilweisen Erfolg. Die Anlagen eines Schwimmbades müßten so beschaffen sein, daß die Benutzer vor vermeidbaren Gefahren bewahrt blieben. Dabei könne die Verkehrs-sicherungspflicht gegenüber Kindern insbesondere auch die Vorbeugung gegenüber unbefugtem und mißbräuchlichem Verhalten umfassen. Zwar könnten keine Vorkehrungen gegen jede denkbare, nur entfernt liegende Möglichkeit einer Gefährdung verlangt werden. Die Kleiderrutsche stelle jedoch für Kindern geradezu eine Aufforderung zum Rutschen dar. Sie hätte deshalb aus bruchfestem Material sein müssen.

2.5 Tierhalterhaftung

Eine Besonderheit im Sporthaftungsrecht stellen die **Reitunfälle** dar, weil nach § 833 S. 2 BGB für Schäden durch Pferde, die nicht dem Beruf oder der Erwerbstätigkeit des Halters dienen, eine -verschuldensunabhängige- **Gefährdungshaftung** besteht. Nur kommerzielle Reitställe sind also nach § 833 S. 2 BGB von dieser Gefährdungshaftung ausgenommen, nicht aber Reitvereine, die nur für ihre Mitglieder Pferde halten. Die Gefährdungshaftung gilt auch zugunsten des Reiters, der sich den typischen Gefahren des Reitens freiwillig aussetzt, sie greift aber nicht mehr ein, wenn der Reiter sich bewußt in ganz besondere Gefahrenlagen begibt. Voraussetzung für eine Gefährdungshaftung ist aber, daß ein adäquater Kausalzusammenhang zwischen dem Verhalten des Tieres und dem Schaden nachgewiesen wird, wobei eine Mitverursachung genügt. Ist der Schaden

---

[56] OLG Koblenz, VersR 1980 S. 1051.
[57] BGH, Urteil vom 21.02.1978, Az. VI ZR 202/76.

allein auf das Unvermögen des Reiters zurückzuführen, besteht indes keine Gefährdungshaftung des Halters, sondern eine Verschuldenshaftung des Reiters, wenn dieser einen anderen schädigt. Eine ähnliche Einschränkung machte das Oberlandesgericht Schleswig-Holstein[58]:

Fall: Bei einem Turnierritt wurde ein Zuschauer durch das springende Pferd verletzt.

Entscheidung: Das OLG verneinte eine Tierhalterhaftung gem. § 833 BGB, da das Pferd nicht selbständig und willkürlich, sondern nach dem Willen des Reiters gehandelt habe. Wohl aber befürwortete das Gericht eine Haftung des Reiters aus dem Gesichtspunkt der unerlaubten Handlung, da er mit seinem Pferd ein Hindernis in der Weise schräg angeritten habe, daß dem Pferd keine andere Möglichkeit geblieben sei, als auch noch den unmittelbar angrenzenden Zaun zu überspringen und hierbei Zuschauer zu verletzen. In diesem Fall habe der Reiter die im Verkehr erforderliche Sorgfalt außer acht gelassen.

2.6 Zulässigkeit einer Haftungsbeschränkung

Zumindest **bei gefährlichen Sportarten** bietet sich die vertragliche Vereinbarung einer Haftungsbeschränkung an. So kann der Unternehmer einer Sportveranstaltung z.B. die Haftung für die fahrlässige Verursachung von Schäden, die den Besuchern der Veranstaltung zustoßen, durch entsprechende, deutlich lesbare Aufdrucke auf den Eintrittskarten wirksam ausschließen[59]. Nach einer Entscheidung des OLG Nürnberg[60] wird allerdings durch einen knapp 2 mm hohen Aufdruck auf der Eintrittskarte: "Keine Haftung für Sach- und Körperschäden" kein vertraglicher Haftungsausschluß bewirkt.

Dabei bezieht sich eine wirksame Haftungsbeschränkung nach einem Urteil des Oberlandesgerichts München[61] im Zweifel auch auf die Haftung der Erfüllungsgehilfen selbst:

Fall: Der Kläger nahm an einem von einer **Drachenflugschule** abgehaltenen Drachenflugkurs teil. In dem von ihm unterzeichneten Anmeldeformular heißt es u.a.: "Für Stürze und Folgeverletzungen gleich welcher Art haftet der Schüler bzw. Kursteilnehmer selbst."[62] Der Kläger stürzte kurz nach dem Start ab und zog sich einen Bruch des Oberarmschaftes zu.

---

[58] Urteil vom 27.06.1958, Az. 5 U 181/57.
[59] LG Hannover, Urteil vom 27.11.1959, Az. 10 S 168/59.
[60] Urteil vom 03.03.1955, Az. 3 U 7/54.
[61] Urteil vom 22.05.1981, Az. 8 U 3046/79.
[62] Diese Klausel wäre heute allerdings ohne Einschränkung hinsichtlich grob fahrlässigem oder vorsätzlichem Verhalten des Fluglehrers nach § 11 Nr. 7 AGBG unwirksam.

Entscheidung: Die Schmerzensgeldklage gegen den Fluglehrer wurde abgewiesen, da die Haftungsausschlußklausel auch zugunsten des beklagten Fluglehrers gelte. Im Hinblick darauf, daß die Klausel auch Folgeverletzungen erwähne und ein Absturz häufig Körperverletzungen des Fliegers zur Folge habe, sei die Klausel dahingehend auszulegen, daß die Freizeichnung nicht nur die vertragliche, sondern auch die deliktische Haftung betreffe.

Ohne ausdrückliche Vereinbarung kann allerdings nach einer Entscheidung des OLG Karlsruhe[63] ein -konkludenter- Haftungsverzicht für Schadensfälle bei einem Zuschauer, der eine Eintrittskarte gelöst hat, nicht angenommen werden.

3. Sport-Versicherungsrecht[64]

3.1 Versicherungsmöglichkeiten für den Sportveranstalter

Wegen der umfangreichen Haftungsrisiken bietet sich für den Sportveranstalter der Abschluß einer speziellen **Veranstalter-Haftpflichtversicherung** an. Der Versicherungsschutz setzt allerdings eine genaue Festlegung des "Betriebscharakters"[65] voraus. Die Haftungsrisiken müssen exakt geprüft und beschrieben werden, damit der nach dem Vertrag bestehende Versicherungsschutz diese umfaßt. So ist z.B. bei einem Hotelbetrieb die Verkehrssicherungspflicht für ein Schwimmbad, eine Kegelbahn oder für Squash- und Tennisplätze nur dann vom Versicherungsschutz einer Betriebs-Haftpflichtversicherung umfaßt, wenn diese **Anlagen im Versicherungsvertrag ausdrücklich genannt** sind; diesbezügliche Risiken schlagen sich regelmäßig in der Prämienbemessung nieder.

Denkbar ist für den Veranstalter aber auch der Abschluß einer zusätzlichen **Unfallversicherung**, durch die die Teilnehmer an einer Veranstaltung gegen Risiken, die vom Haftungsbereich des Veranstalters unabhängig sind, abgesichert werden, z.B. durch Kapitalzahlungen im Todes- oder Invaliditätsfall[66].

---

[63] Urteil vom 13.01.1954, Az. U 152/52.
[64] Ein besonderer Dank gilt Herrn Dipl.-Betriebswirt (BA) Ralf Tiefenthaler, Gerling-Konzern Mosbach, für seine tatkräftige Mitwirkung.
[65] Im weiteren Sinne: Der versicherungsrechtliche Betriebscharakterbegriff umfaßt auch sog. "Nebenrisiken".
[66] So schließen mitunter Fußballvereine derartige Unfallversicherungen für die Besucher eines Fußballspiels ab, wobei die Prämie im Eintrittspreis jeweils anteilig enthalten ist.

Bei wertvollen Sportgeräten bietet sich überdies der Abschluß einer Kaskoversicherung an. Dabei wird der "Unfallbegriff" i.S.d. § 3 Abs. 1 der Allgemeinen Versicherungsbedingungen (AVB) mitunter recht weit gefaßt. So sei nach einer Entscheidung des OLG Hamm[67] ein Unfall i.S.d. AVB für Wassersportfahrzeuge auch dann gegeben, wenn durch ein Leck in dem Bootskörper einer Motorjacht eingedrungenes Wasser das Boot über Nacht zum Sinken bringe, selbst wenn das Leck durch einen Betriebsvorgang entstanden sei. Die Haftung des Bootskaskoversicherers sei auch nicht wegen "Fahruntüchtigkeit" ausgeschlossen, wenn die Fahruntüchtigkeit ihrerseits die Folge eines Unfalles sei.

3.2 Versicherungsmöglichkeiten für den Sportler

Aufgrund der Verletzungsrisiken im Sport und der verschiedenen Haftungsmöglichkeiten ist für den Sportler mittlerweile ein differenziertes System von Versicherungsschutzmöglichkeiten entstanden, obwohl die Ausgangssituation zunächst relativ schlecht war. Die gesetzlichen und privaten Krankenversicherungen schlossen zum Teil eine Leistungspflicht bei Sportunfällen aus, weil sich der Versicherte vorsätzlich in eine besondere Gefahrenlage begeben habe. Seit 1955 wird jedoch sowohl von den privaten Krankenversicherungen als auch von den gesetzlichen Krankenkassen[68] eine **Leistungspflicht** für die Heilbehandlung **nach Sportunfällen** anerkannt.

Darüber hinaus können natürlich auch von den Sportlern selbst **Unfallversicherungsverträge** abgeschlossen werden, die -unabhängig von sonstigen Versicherungen- pauschale Leistungen für den Todes- oder Invaliditätsfall u.a. vorsehen. Die Bedeutung einer solchen Unfallversicherung läßt sich z.B. daran ersehen, daß allein 1993 ca. 1000 Skiunfallopfer Dauerschäden davongetragen haben. Allerdings sind hiervon nach den Unfallberichten der Bergwachten ca. 30 - 50 % auf Alkoholeinwirkungen zurückzuführen. Ein großer Teil dieser Unfälle wäre jedoch ohne spezielle Zusatzvereinbarung vom Unfallversicherungsschutz nicht umfaßt, weil nach § 2 I. Abs. 1 der Allgemeinen Unfallversicherungsbedingungen (AUB 88) Unfälle durch Bewußtseinsstörungen, die auf Trunkenheit beruhen, vom Versicherungsschutz ausgeschlossen sind. Dies ist schon dann der Fall, wenn die Aufnahme- und Reaktionsfähigkeit so stark gestört ist, daß der Versicherte der jeweiligen Gefahrenlage nicht mehr gewachsen ist[69].

---

[67] Urteil vom 04.02.1976, Az. 20 U 168/75.
[68] Bei diesen nicht zuletzt aufgrund der Rechtsprechung des Bundessozialgerichts.
[69] Vgl. Wussow (AUB) aaO. RNr. 17 zu § 2 I (1).

Außerdem sind bei Unfallversicherungsverträgen bestimmte **"Risikosportarten"** vom Versicherungsschutz ausgeschlossen. So umfassen die Unfallversicherungen nach § 2 Abs. 4 a AUB 88 z.B. nicht Luftfahrtunfälle, wobei als "Luftfahrzeuge" im Sinne dieser Vorschrift neben Sport- und Segelflugzeugen auch Hängegleiter, Drachenfallschirme oder Schirmdrachen[70] , von Motorbooten angezogene Luftdrachen[71] sowie Heißluftballons gelten; diese Sportarten sind nur von einer speziellen **Luftfahrt-Unfallversicherung** umfaßt.

Wegen der mit manchen Sportarten verbundenen Verletzungsrisiken von Sportpartnern bietet sich grundsätzlich auch der Abschluß einer Privat-Haftpflichtversicherung an. Allerdings ist die Benutzung mancher Sportgeräte nicht ohne weiteres vom Privat-Haftpflichtversicherungsschutz umfaßt, wie z.B. der Gebrauch eines Surfbretts. Hierfür bedarf es einer besonderen Vereinbarung.

Ferner haftet der "Schädiger" nicht für jede ursächliche Verletzung seines Sportpartners. Wie in der Rechtsprechung anerkannt ist, ergeben sich für die rechtliche Beurteilung eines Sportunfalles Besonderheiten, die ihren Grund darin haben, daß bei "gefährlichen Sportarten" - wie z.B. beim Boxen, bei Autorennen und waghalsigen Kletterpartien[72] oder beim Squash[73] - jeder Teilnehmer von vornherein damit rechnen muß, daß er verletzt werden kann. Bei diesen gefährlichen Sportarten ist jeder Sportler sowohl potentieller Verletzer wie auch potentieller Verletzter, wobei es wegen dieser "objektiven Typizität"[74] auf innere Vorbehalte des jeweiligen Sportteilnehmers nicht ankommt. Deshalb setzt sich nach der Rechtsprechung[75] ein verletzter Sportler durch die Geltendmachung eines Schadensersatzanspruchs zumindest dann in einen rechtlich unzulässigen Widerspruch (zu seinem vorhergehenden Verhalten durch die Ausübung der "gefährlichen Sportart"), wenn die Verletzung trotz Einhaltung der zu seinem Schutz bestehenden Spielregeln erfolgt ist.[76] In Körperverletzungen, die selbst unter Einhaltung der Regeln der jeweiligen Sportart entstehen können, willigt der

---

[70] OLG Nürnberg, Beschluß vom 12.11.1979, Az. 8 W 45/79.
[71] BGH Urteil vom 27.04.1988, Az. IVa ZR 76/87.
[72] OLG Karlsruhe NJW 1978 S. 705.
[73] So z.B. OLG Hamm, Urt. v. 22.05.1984, Az. 9 U 275/83.
[74] Vgl. BGH NJW 1975 S. 110.
[75] Vgl. OLG Hamm, Urt. v. 22.05.1984, Az. 9 U 275/83.
[76] Vgl. auch BGH NJW 1975 S. 110; die frühere Rechtsprechung, wonach ein Schadensersatzanspruch ohne weiteres ausgeschlossen sei, wenn sich jemand ohne triftigen Grund in eine Situation drohender Eigengefährdung begebe, obwohl er die besonderen Umstände kenne, die für ihn eine konkrete Gefahrenlage begründen (sog. "Handeln auf eigene Gefahr"), weil dies eine stillschweigende Einwilligung in die Rechtsgutsverletzung enthalte, wurde vom BGH in BGHZ 34 S. 358 = NJW 1961 S. 655 ausdrücklich aufgegeben; vgl. auch OLG Bamberg NJW 1972 S. 1820.

Sportteilnehmer insoweit ein.[77] Der Geschädigte muß daher in einem Schadensersatzprozeß darlegen und beweisen, daß sich der Schädiger **nicht regelgerecht** verhalten hat[78].

Darüber hinaus ist nicht jede geringfügige Verletzung einer Spielregel, mag sie auch dem Schutz des Mitspielers dienen, bereits ohne weiteres als fahrlässiges, d.h. gegen die im Verkehr erforderliche Sorgfalt verstoßendes Verhalten zu werten[79]. Vielmehr muß zur Bejahung eines schuldhaften Verstoßes gegen Spielregeln ein die Gefahr vermeidendes Handeln im Einzelfall auch zumutbar sein[80]; es ist folglich an die "im Verkehr erforderliche Sorgfalt" ein besonderer, durch die Eigenart des Spieles geprägter Maßstab anzulegen[81]. Daher kann bei geringfügigen Regelverstößen, die lediglich aus Spieleifer, Übermüdung, technischem Versagen, Unüberlegtheit o.ä. begangen werden, eine Haftung bei Sport-verletzungen - als Haftungsfreistellung infolge Übernahme der Verletzungsgefahr - grundsätzlich entfallen[82]. Zum Teil wird auch darauf abgestellt, ob das Verhalten des Verletzers außerhalb des Grenzbereichs zwischen kampfbedingter Härte und Unfairneß liege[83].

Es gilt der Grundsatz, daß eine Schadensersatzforderung gegen einen Mitspieler nach Treu und Glauben ausgeschlossen ist, nicht nur bei regelgerechtem Spiel des Verletzers, sondern gleichermaßen bei nur gering-fügigen Regelverstößen, die in dem spieltypischen Kampfgeschehen jedem Mitspieler unterlaufen können[84]. Entfällt aus diesen Gründen eine Haftung des Verletzers, besteht auch kein Schadensersatzanspruch aufgrund des - ggf. extra abgeschlossenen - Haftpflichtversicherungsvertrages[85]; die Haft-pflichtversicherung hat in diesem Fall unberechtigte Ansprüche des Verletzten abzuwehren.

---

[77] Vgl. Schlegelmilch 1990, 12. Kapitel RNr. 6; Kötz 1988. RdNr. 24a; Larenz 1976. S. 527; a.A. Deutsch 1970. S. 227, 232: Die Verletzung sei zwar rechtswidrig, der Sportler handle aber nicht fahrlässig, wenn er die Spielregeln einhalte.

[78] BGH NJW 1975 S. 111; NJW 1976 S. 957; OLG München VersR 1977 S. 844; 1982 S. 198; ebenso Wussow 1985 RdNr. 250. Die Übernahme des Verletzungsrisikos beinhaltet insoweit auch die Übernahme des Risikos, den Regelverstoß nicht beweisen zu können, vgl. Schlegelmilch1990 12. Kapitel RNr. 6; ders.1990 37. Kapitel RNr. 26.

[79] So BGH NJW 1976 S. 2161 f.; OLG Hamm, Urt. v. 22.05.1984, Az. 9 U 275/83; LArbG Köln VersR 1985 S. 649; Geigel o.J. 12. Kapitel RNr. 6.

[80] BGH NJW 1976 S. 958; 1976 S. 2161 f.; OLG Hamm, Urt. v. 22.05.1984, Az. 9 U 275/83.

[81] BGH NJW 1976 S. 2161 f.; OLG Hamm, Urt. v. 22.05.1984, Az. 9 U 275/83.

[82] So LG Münster, Urt. v. 05.10.1983, Az. 2 O 388/83; offen gelassen in OLG Hamm, Urt. v. 22.05.1984, Az. 9 U 275/83; BGH NJW 1976 S. 958; 1975 S. 109 ff.; vgl. auch BGH NJW 1976 S. 2161;

[83] BGH VersR 1976 S. 591 = NJW 1976 S. 957; LArbG Köln VersR 1985 S. 649; Geigel o.J. 12. Kapitel RNr. 6.

[84] BGHZ 63 S. 140f., 147 = NJW 1975 S. 109 = VersR 1975 S. 137; LArbG Köln VersR 1985 S. 649.

[85] Schlegelmilch 1990 12. Kapitel RNr. 6 weist zurecht darauf hin, daß eine freiwillig abgeschlossene Haftpflichtversicherung nicht geeignet ist, eine (nicht bestehende) Haftung zu begründen. Insoweit bedenklich OLG Celle VersR 1980 S. 874.

Andererseits kann sich (auch ohne ausdrückliche Haftungsbestimmung) aus einer vorausgegangenen Handlungsweise eine besondere Haftungsgrundlage ergeben, da aus einem vorangegangenen Tun besondere Fürsorgepflichten entstehen können, durch die der Handelnde in eine "Garantenstellung" einrückt; eine solche haftungsbegründende Garantenstellung aus vorangegangenem Tun (sog. "Ingerenz")[86] kann sich insbesondere daraus ergeben, daß sich Personen zu einem gefährlichen Unternehmen (z.B. Bergsteigen etc.) zusammengetan haben. Wer in einer solchen Garantenstellung durch sein Tun eine Gefahrenlage schafft (oder die gefährliche Tätigkeit eines anderen fördert), ist u.U. haftpflichtig, weil aus seiner eigenen Handlungsweise die Pflicht folgt, dafür zu sorgen, daß daraus entstehende Gefahren nicht zu einer Schädigung dritter Personen führen[87].

Bei der **Beschädigung von Sachen** wehren sich die Haftpflichtversicherer mitunter - wie die Entscheidung des LG Köln[88] zeigt - mit dem Einwand, es sei ein Leihvertrag gegeben:

Fall: Während einer Segelbootfahrt holte der Kläger aus dem Unterdeck eine Videokamera des Touristen Z., um damit vom Vorschiff aus Aufnahmen von dem Besitzer der Kamera zu machen. Infolge einer ins Boot schlagenden Welle wurde die Kamera naß und funktionsunfähig. Auf die Schadensmeldung des Klägers lehnte seine Haftpflichtversicherung die Erstattung des Schadens mit der Begründung ab, es sei davon auszugehen, daß ein Leihvertrag vorgelegen habe, der die Haftung aus dem Haftpflichtversicherungsvertrag ausschließe. Der Kläger behauptete demgegenüber, er habe die Kamera ohne Kenntnis des Z. in Gebrauch genommen. Als dieser bemerkt habe, daß der Kläger seine Kamera benutze, habe er ihn angewiesen, diese sofort zurückzulegen.

Entscheidung: Die Klage auf Freistellung von dem Schadensersatzanspruch hatte Erfolg, da das Gericht davon ausging, daß die Kamera nicht mit der Einwilligung des Z. übergeben worden sei. Es könne auch nicht davon ausgegangen werden, daß unter den Mitgliedern der Segelmannschaft generell die Vereinbarung bestehe, daß jeder die vom anderen mitgebrachten Sachen ohne vorherige Absprache in Benutzung nehmen könne.

4. Zusammenfassung

Man sieht, daß das Gewährleistungs- und Haftungsrecht vielfache Aspekte eröffnet, die sowohl bei dem Angebot von Sporttourismus als auch bei dessen Annahme beachtet werden müssen. Der Manager, der die wirtschaftlichen

---

[86] Vgl. Wussow 1985 RdNr. 118.
[87] Wussow 1985 RdNr. 117.
[88] Urteil vom 23.01.1991, Az. 24 S 3/90.

Folgen bei seiner Entscheidung nicht beachtet, begeht einen vielleicht folgenschweren Unterlassungsfehler, der die Substanz seines Unternehmens gefährden kann. Der Tourist, der unbedacht auf Ansprüche verzichtet, sich auf die Sicherheit einer Veranstaltung oder eines Sportgeräts verläßt oder Ansprüche nicht (rechtzeitig) geltend macht, verliert möglicherweise außer seiner Gesundheit auch noch bares Geld.

VII. Berufsfelder im Sporttourismus
von Kurt Gläser, Doktorand im Bereich Sporttourismus

1. Vorbemerkungen

Die Begriffe "Berufsfeld", "Berufsbild", "Tätigkeitsfelder" werden in der Literatur sehr unterschiedlich und zum Teil widersprüchlich verwendet. Nach *Brockhaus (1987)* ist unter einem Berufsfeld die "klassifikatorische Zusammenfassung von Ausbildungsberufen für die Berufsgrundbildung unter dem Aspekt gemeinsamer Ausbildungsinhalte" zu verstehen. Unter diesen Gesichtspunkten kann wohl nicht von einem abgrenzbaren "Berufsfeld Sporttourismus" gesprochen werden: Es gibt weder einen anerkannten Ausbildungsberuf zum "Sporttouristiker" noch existiert ein akademischer Studiengang mit einem entsprechenden Abschluß und festgelegten Inhalten.

Der "Arbeitsmarkt Sporttourismus" ist wenig strukturiert und steht aufgrund fehlender Zugangsbeschränkungen prinzipiell jedem offen: ausgebildeten Touristikern und Sportwissenschaftlern ebenso wie Seiten- bzw. Quereinsteigern und fachlichen Laien. Die Qualifikationen, die für eine Tätigkeit im Sporttourismus erforderlich sind, hängen jeweils von den konkreten Aufgabenstellungen ab und können sehr vielschichtig sein. Viele sehen deshalb in diesem Bereich die Möglichkeit, sich je nach Talent, speziellen Fertigkeiten und Erfahrungen oder auch erworbenen Ausbildungsqualifikationen optimal zu plazieren.

In Anlehnung an *Buchmeier/Zieschang (1992)* kann dann von einem "Beruf im Sporttourismus" gesprochen werden, wenn die ausgeübte Tätigkeit der Sicherung des Lebensunterhalts dient und zeitlich gesehen zum Hauptinhalt des tätigen Lebens wird. Die Autoren begreifen diesen Vorgang "...als Ergebnis einer volkswirtschaftlich und gesellschaftlich notwendigen Arbeitsteilung einerseits und einer fachlichen Spezialisierung des einzelnen andererseits" *(Buchmeier/Zieschang 1992, S.25)*. Neue Berufe können aufgrund von "Teilungs-, Ausgliederungs- und Verselbständigungsprozessen" entstehen und nach einer eventuell viele Jahre dauernden Phase der Festigung zu eigenständigen Lehrberufen werden.

Allerdings sollte unterschieden werden zwischen "subjektiven bzw. inneren Berufen" und "objektiven bzw. äußeren Berufen" *(vgl. Brockhaus 1987)*. Konkrete Berufspositionen[1] entstehen nur dort, "... wo die Bewältigung von

---

[1] Definierte Berufsbilder zeichnen sich dadurch aus, daß die Anforderungen, die mit der Ausübung des Berufes verbunden sind, festgelegt sind. In der Dokumentation "Blätter zur Berufskunde", herausgegeben

Aufgaben, das heißt die Lösung von Problemen, eine kontinuierliche und fachgerechte, kompetente Erledigung erfordert. Die Notwendigkeit kontinuierlicher und fachgerechter Beschäftigung ergibt sich aber nicht 'naturwüchsig', sondern erst, wenn ein gesellschaftlicher Konsens über diese hergestellt wird" *(Winkler 1987, S. 65).*

Vor dem Hintergrund dieser wissenschaftstheoretischen Überlegungen kann das "Berufsfeld Sporttourismus" nur eingeschränkt analysiert werden: Institutionalisierte Berufsbilder fehlen ebenso wie aussagekräftige wissenschaftliche Untersuchungen, die gesicherte Daten zur Beschäftigungssituation im Sporttourismus liefern könnten. In den folgenden Überlegungen wird davon ausgegangen, daß eine planmäßige und geordnete Analyse auch auf "pragmatischer Ebene" erfolgen kann: Es soll deshalb der Versuch unternommen werden, die Berufsbilder im Sporttourismus einzugrenzen, indem folgende prägende Elemente systematisiert und dargestellt werden:

Abbildung 1:

Interne und externe Einflußfaktoren auf berufliche Tätigkeiten im Sporttourismus

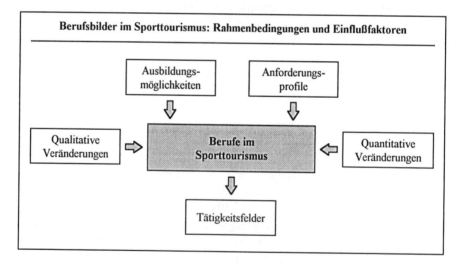

___

von der Bundesanstalt für Arbeit in Nürnberg, ist eine Vielzahl von Berufen umfassend dargestellt. Während es für eine Vielzahl von Berufen Einzelhefte in Form geschlossener Darstellungen gibt, deren Inhalt zwischen der Bundesanstalt für Arbeit, den jeweils zuständigen Berufsverbänden, Wirtschaftsorganisationen, Gewerkschaften und staatlichen Behörden abgesprochen ist, sind die Berufe im Tourismus im Band 0: *Berufe unterschiedlicher Qualifikationsstufen; Berufe einzelner Wirtschaftszweige oder Berufsbereiche* zusammengefaßt: ein deutlicher Hinweis auf die Unübersichtlichkeit des weitläufigen Berufsfeldes Tourismus *(vgl. dazu auch Buchmeier/Zieschang 1992, S. 25ff und Klemm/Steinecke 1994).*

2. Zur Systematisierung des Berufsfeldes Sporttourismus

Nimmt man die möglichen Studienabschlüsse bzw. die angebotenen Studienschwerpunkte in den Bereichen Sport und Tourismus als Ausgangspunkt für eine systematische Betrachtung, können folgende Berufsfelder festgelegt werden:[2]

Abbildung 2:
Berufsfelder in Sport und Tourismus

Sport	Tourismus

• schulischer Sport mit Unterteilung nach Schultypen
• Lehre und Forschung an Hochschulen
• außerschulischer Sport mit Unterteilung in
  • Leistungssport
  • Freizeitsport
  • gesundheitsorientierter Sport
• Sportverwaltung/Sportökonomie
• Sportjournalismus/Sportberichter-stattung
	• Berufe in Reisebüros, Verkehrsämtern, Kurverwaltungen und bei Reiseveranstaltern
	• Berufe im Hotel- und Gaststättengewerbe
	• Berufe im touristischen Verkehrswesen
	• Pädagogische Berufe

Bei systematischer Zusammenstellung der Elemente, die für einen Tätigkeitskomplex innerhalb eines Berufsfeldes typisch sind, entstehen geordnete Berufsbilder.[3] Innerhalb der o.g. Berufsfelder ergibt sich so eine Fülle von Möglichkeiten der beruflichen Betätigung. In Abbildung 3 sind die Strukturelemente eines Berufsfeldes und je ein Beispiel aus Sport und Tourismus dargestellt *(vgl. Buchmeier/Zieschang 1992, Opaschowski 1990 und Klemm/Steinecke 1994)*[4]:

[2] In Anlehnung an *Klemm/Steinecke (1994)* und *Buchmeier/Zieschang (1992).* Allerdings sind häufig Überschneidungen gegeben: z.B. ist im Betriebssport nur schwer zu trennen zwischen Freizeitsportangeboten und präventiven Bewegungsangeboten zur Reduktion krankheitsbedingter Ausfallkosten
[3] Der *Brockhaus (1987)* nennt beispielsweise folgende Elemente: Vorbildung, Ausbildung, Tätigkeiten, Aufstiegschancen, Weiterbildungsformen, Verdienstmöglichkeiten. Die Zusammenstellung kann aufgrund theoretischer Überlegungen und/oder einer empirischen Analyse erfolgen. Entsprechend dem Praxisbedarf qualifizieren z.T. mehrere Ausbildungsmöglichkeiten für dasselbe Berufsbild. Nach *Haedrich (1993, S. 763)* steht z.B. auf der Sachbearbeiterebene im Reisebüro ein ausgebildeter Reiseverkehrskaufmann in Konkurrenz zum Diplom-Betriebswirt (FH).
[4] Die Strukturierung erfolgt bei den genannten Autoren nicht einheitlich, z.T. vermischen sich inhaltliche und institutionelle Gliederungsaspekte.
Opaschowski (1990, S. 199ff) spricht im Zusammenhang mit Freizeit-/Dienstleistungsberufen von folgenden Berufsfeldern: Erziehung, Bildung und Kultur / Information, Medien und Öffentlichkeitsarbeit / Gesundheit, Fitness und Sport / Gastronomie, Unterhaltung und Vergnügen / Reisen, Urlaub und Tourismus / Technik, Service und Kundendienst.

Abbildung 3:
Systematische und beispielhafte Darstellung von Berufsfeldern

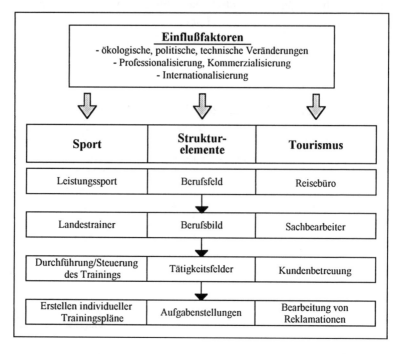

Aus den konkreten Aufgabenstellungen läßt sich schließen auf die praktischen Fertigkeiten, das fachliche Wissen und die Persönlichkeitseigenschaften, die mit einem speziellen Berufsbild verbunden sind: So können detaillierte Anforderungsprofile und Stellenbeschreibungen entwickelt werden.

Berufsfelder sind keineswegs als "statische Theoriekonstrukte" anzusehen: Sie sind aufgrund des Einflusses interner und externer Faktoren dynamischen Veränderungen unterworfen. Im Sport und noch mehr im Tourismus könnten z.B. in Zukunft ökologische Probleme ganz entscheidend die weitere Entwicklung prägen und generell die Anforderungen an die fachliche Kompetenz in diesem Bereich erhöhen: Denkbar sind neue Tätigkeitsfelder oder gar Berufsbilder wie z.B. "Öko-Berater im Sporttourismus". Andere Einflüsse können sich aufgrund politischer Veränderungen ergeben: Im Zuge der Grenzöffnungen innerhalb der EG verändern und vereinheitlichen sich Ausbildungs- und Prüfungsordnungen; Sprachkenntnisse werden zu wichtigen Zusatzqualifikationen bei Stellenbewerbungen.

Berufsfelder können zusätzlich nach spezifischen Ordnungsgesichtspunkten strukturiert werden: Für den Sporttourismus ist eine Gliederung z.B. nach der Art der Tätigkeit, Beschäftigungsgeber, Beschäftigungsstatus und Reiseart denkbar:

Abbildung 4:
Untergliederung von Berufen im Sporttourismus
nach verschiedenen Ordnungsgesichtspunkten

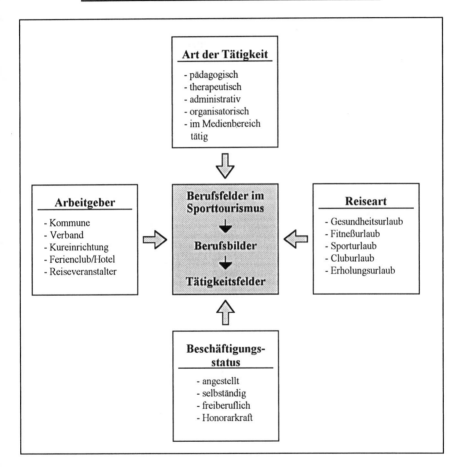

3. Rahmenbedingungen für Berufe im Tourismus

Mit dem Hinweis auf einen Wandel traditioneller Wertorientierungen werden vielfach **tiefgreifende Veränderungen von Berufsinhalten** vorhergesagt. Bis zum Jahr 2000 werden nach *Opaschowski (1990, S. 199)* etwa drei

Viertel aller Beschäftigten **Dienstleistungsberufe** ausüben. "Gerade weil die
Erwerbsarbeit ihren Charakter als zentrale Lebensäußerung und
Grundbedürfnis des Menschen verliert, bekommen viele Berufe den
Charakter von Freizeitberufen: Subjektiv-motivational wird die berufliche
Tätigkeit selbst als Teil der eigenen Freizeit empfunden. Objektiv-intentional
steht ihre Tätigkeit im Dienst der Freizeit und privaten Lebensgestaltung der
anderen. Eine neue Qualität beruflichen Tätigseins, die ihren Charakter
abhängiger Beschäftigung verliert, zeichnet sich ab."

Für den Tourismus als "klassische Dienstleistungsbranche" erwarten auch
Klemm/Steinecke (1994, S. 13f) und das Institut für Freizeitwissenschaften
und Kulturarbeit e.V. in Bielefeld einen Anstieg der Zahl der Arbeitsplätze,
verbunden mit höheren Qualifikationsanforderungen. In *Abbildung 5* sind die
wesentlichen Argumente zusammengestellt, die diesen Annahmen zugrunde-
liegen.

Abbildung 5:
Rahmenbedingungen des touristischen Arbeitsmarktes

Faktoren mit positivem Einfluß auf die Zahl der Arbeitsplätze im Tourismus	Faktoren mit Einfluß auf ein Ansteigen der Qualifikationsanforderungen
• weiterhin Zuwachs an freier Zeit • Stabilisierung des Lebensstandards des überwiegenden Teils der bundesdeutschen Bevölkerung auf beachtlich hohem Niveau • Urlaubsreisen als fester Bestandteil der Lebensführung • Öffnung neuer Märkte als Folge politischer Veränderungen	• wachsende Reiseerfahrung und steigende Ansprüche der Urlauber • Wandel und Ambivalenz der Bedürfnisse und Motive • zunehmende ökologische Belastung der Zielgebiete und wachsende Umweltsensibilisierung • rasche Veränderungen in den Bereichen Vertrieb und Büroorganisation

Untersuchungsergebnisse des Bielefelder Instituts lassen auf eine
"Akademisierungslücke" in der deutschen Tourismusindustrie schließen: Im
Durchschnitt aller Branchen werden ca. 11% der Stellen von
Hochschulabsolventen besetzt, in der Tourismusbranche sind es derzeit nur
2,5%. Im günstigsten Fall sollten deshalb bis zum Jahr 2000 41.500
Hochschulabsolventen die Chance haben, im Tourismus eine Stelle zu finden.
Der Bedarf verteilt sich dabei zu 70% auf Absolventen von touristischen
Ausbildungsgängen an Fachhochschulen, zu 30% auf Absolventen von
wissenschaftlichen Hochschulen und Universitäten.

Für den erhöhten Bedarf spricht außer den in *Abbildung 5* bereits aufgeführten Faktoren, daß im Tourismus ein Generationswechsel bevorsteht: Die Pionier- und Aufbaugeneration (mit hauptsächlichem Erfahrungswissen) scheidet langsam aus dem Beruf aus *(vgl. Brinkmann/Schmidt/Stehr 1994).*

4. Quantitative Veränderungen in Sport und Tourismus als Einflußfaktoren des sporttouristischen Arbeitsmarktes

Die Tätigkeits- und Berufsfelder im Sporttourismus werden wesentlich bestimmt von den Wechselbeziehungen und Zusammenhängen der beiden Teilbereiche Sport und Tourismus. Wechselbeziehungen ergeben sich schon zwangsläufig daraus, daß ein großer Teil der bundesdeutschen Bevölkerung sowohl Sport treibt als auch verreist und dabei diese beliebten "Freizeitbetätigungen" häufig und gerne kombiniert.

Die ökonomische und gesellschaftliche Bedeutung des Tourismus in Deutschland zeigt sich u.a. darin, daß 1993 75,6%, also über drei Viertel der bundesdeutschen Bevölkerung über 14 Jahre, wenigstens eine Urlaubsreise von mindestens fünf Tagen Dauer machten.[5] Dieser historische Höchststand ist die Folge eines stetigen Wachstums der Reiseintensität aufgrund sich ändernder Rahmenbedingungen, wie sie im vorherigen Abschnitt beschrieben wurden.

Im Tourismus, der häufig als Wachstumsbranche Nr. 1 bezeichnet wird, arbeiten weltweit derzeit ca. 127 Millionen Menschen; bis zum Jahr 2010 soll sich diese Zahl auf 150 Millionen erhöhen *(vgl. Bundesministerium für Wirtschaft 1994, S. 6 und Ferrante 1993, S. 41).* Für Deutschland schwanken die Schätzungen zwischen einer Million und zwei Millionen tourismusabhängig beschäftigter Menschen.[6] Nach Angaben des Statistischen Bundesamtes verteilen sich die Beschäftigungszahlen wie folgt:

---

[5] *Vgl. DRV Service GmbH/Gruner + Jahr AG & Co (1994).*
[6] "Eine exakte Bestimmung der im Bereich Tourismus beschäftigten Personen ist letztlich nicht möglich, da dieser Bereich nicht klar definiert ist. ...Für die Beantwortung der Frage, wieviele Arbeitsplätze insgesamt von der touristischen Nachfrage abhängen, ist man also letztlich immer auf Schätzungen angewiesen" *(Statistisches Bundesamt 1992, S. 174f).* Die ausgewiesenen Zahlen beziehen sich auf eine Studie des Deutschen Wirtschaftswissenschaftlichen Instituts für Fremdenverkehr in München aus dem Jahr 1991, d.h. die rasante touristische Entwicklung in den neuen Bundesländern ist dort nur teilweise erfaßt. Das *Bundesministerium für Wirtschaft (1994, S. 5)* geht mittlerweile von 1,4 Mio. Vollzeitarbeitsplätzen im unmittelbaren Tourismusbereich und 0,4 Mio. in den vorgelagerten Bereichen aus. "Im Hinblick auf den überdurchschnittlichen Anteil an Teilzeitbeschäftigten im Tourismusbereich dürfte die Zahl der vom Tourismus abhängigen tatsächlich Beschäftigten in der Größenordnung von annähernd 2 Mio liegen".

Abbildung 6:
Tourismusabhängig Beschäftige in den alten Bundesländern
(Stand: 1990)

Wirtschaftsbereiche und Branchen	Beschäftigte
Beherbergung und Gastronomie	653.000
Unternehmen zur Personenbeförderung	150.000
Einzelhandel	97.000
Unterhaltungsbereich	78.000
Reisemittler- und veranstalter	46.000
Kurortunternehmungen	12.000
Verbände und Organisationen, Tourismuszentralen etc.	6.500
Aus- und Weiterbildung	2.000

Die Situation des Sports wurde in den letzten Jahren wesentlich geprägt von der zunehmenden Zahl der Anbieter und der größeren Vielfalt von Sportformen. Neueren Untersuchungen ist zu entnehmen, daß bundesweit rund 60% der Erwachsenen "in irgendeiner Form sportaktiv" sind *(Weber u.a. 1994, Gruner + Jahr AG & Co.).*[7][8]

Neben den stetigen Zuwachsraten bei den Mitgliederzahlen im organisierten Sport, d.h. im Deutschen Sportbund mit seinen angeschlossenen Verbänden und Vereinen, ist auch in der nicht-organisierten Sportszene ein Wachstum zu beobachten.[9] Die ökonomischen Dimensionen verleihen dem "Sportmarkt" nicht nur eine enorme volkswirtschaftliche und sozialpolitische Bedeutung, sondern bieten auch vielfältige Berufschancen und Tätigkeitsfelder.

---

[7] Ergebnisse der Stern-Untersuchung "Markenprofile 5", zit. in *G+J-Märkte+Tendenzen Sporturlaub, Gruner + Jahr Marktanalyse* (Stand: Februar 1994).

[8] *Wieland/Rütten (1991)* ermittelten in ihrer umfangreichen und repräsentativen Studie für die Stuttgarter Bevölkerung sogar eine Sportaktivität von 72,5%!

[9] Nach Angaben des DSB waren im Oktober 1993 ca. 24,4 Mio. Menschen in insgesamt 81.000 Sportvereinen organisiert. Zur Sportinfrastruktur in Deutschland gehören heute z.B. auch ca. 11.000 erwerbswirtschaftliche Sportanbieter mit 2 bis 3 Millionen Mitgliedern, 50.000 Tennisplätze, 6.100 Squashplätze und 320 Golfplätze *(Weber 1994 und G+J-Märkte + Tendenzen Sporturlaub, Gruner + Jahr Marktanalyse, Stand: Februar 1994).* Dieser - im internationalen Vergleich - beachtlich hohe Standard belegt den hohen Stellenwert des Sports im Freizeitverhalten der Bundesbürger.

Abbildung 7:
Sportinduzierte Beschäftigungssituation im Sport

Organisierter Sport	• in Vereinen beschäftigt: • hauptberuflich: 56.000 • als nebenamtliche Trainer: 46.000 • als bezahlte Übungsleiter: 179.000 • als ehrenamtliche Übungsleiter: 370.000 • in Verbänden hauptberuflich beschäftigt: 6.000
Unternehmenssektor/ kommerzieller Sport	• bei erwerbswirtschaftlichen Sportanbietern beschäftigt: • als Vollzeitbeschäftigte: 21.500 • als Teilzeitbeschäftigte: 10.800 • als Aushilfskräfte beschäftigt: 49.600 • in der Sportartikelindustrie beschäftigt: 29.500 • im Sportartikel-Einzelhandel beschäftigt: 64.000 • bei Reiseveranstaltern und -mittlern beschäftigt: 3.700 davon • 19% ganzjährig beschäftigt • 81% Saisonarbeitskräfte (Animateure, Trainer)
Öffentlicher Bereich	• Sportlehrer: 43.000 • Sportwissenschaftler: 1.500 • sonstige sportbezogene Beschäftigte: 41.800

Quelle: Weber u.a. 1994

Konkret auf den Sporttourismus bezogen gibt es keine gesicherten Zahlen zur Beschäftigungssituation, was u.a. mit der Abgrenzungsproblematik des Berufsfeldes begründet werden kann. Als Anhaltspunkte können nur einige Ergebnisse der Reiseanalyse 1992 *(vgl. G+J-Märkte + Tendenzen Sporturlaub Gruner+Jahr Marktanalyse 1994)* und der Untersuchung von *Weber u.a (1994)* herangezogen werden:

Der Anteil von ca. 8% der sportbezogen Beschäftigten im Bereich der Reisebüros und Reiseveranstalter entspricht annähernd dem Anteil des sportbezogenen Umsatzes von 6% und den Daten der Reiseanalysen der letzten Jahre, wonach ca. 4,5% - 6,5% der Haupturlaubsreisen in Form eines Sporturlaubs gemacht wurden.   Der Anteil des Sporttourismus am gesamten

Abbildung 8:
Daten zur Bedeutung des sporttouristischen Marktes

Daten zu den Dimensionen des sporttouristischen Marktes in Deutschland
• Zahl der Sporturlauber 1992 (Sporturlaub als Haupturlaubsreise!): ca. 2 Mio.
• Sportaktivität im Urlaub: 37,4% der Westdeutschen und 31,6% der Ostdeutschen haben im Urlaub aktiv Sport getrieben

• Gesamtausgaben für den Sporturlaub (bezogen auf das Jahr 1990):
  • in den alten Bundesländern: 4,9 Mrd. DM
  • in den neuen Bundesländern: 0,2 Mrd. DM

• Umsatz bei Reiseveranstaltern/Reisebüros[10]:   • 6% des Gesamtumsatzes entfielen auf den Verkauf von Sportreisen an private Haushalte, dies entspricht ca. 420 Mio. DM (o. Mwst.)

• bei Reiseveranstaltern und -mittlern sportbezogen beschäftigt: 3.700 (ca. 8%), davon
  • 19% ganzjährig beschäftigt
  • 81% Saisonarbeitskräfte (Animateure, Trainer)
• sportbezogene Personalkosten: 115,5 Mio. DM (nur alte Bundesländer)

touristischen Markt in bezug auf Marktvolumen und Beschäftigungssituation könnte also - bei vorsichtiger Schätzung - in einem Intervall zwischen 4% und 7% liegen.

5. Inhaltlich-strukturelle Veränderungen in Sport und Tourismus als Einflußfaktoren des sporttouristischen Arbeitsmarktes

5.1 Entwicklungstendenzen und Gemeinsamkeiten von Sport und Tourismus

Beide Bereiche, sowohl der Sport als auch der Tourismus, sind inhaltlich-strukturellen Veränderungen unterworfen, die sowohl die Angebots- als auch die Nachfrageseite betreffen. Die charakteristischen Merkmale dieses Wandels sind in *Abbildung 9* dargestellt[11]:

---

[10] Angeschrieben wurden von der Forschungsgruppe 156 Reiseveranstalter und -büros, die 1990 Sportreisen anboten. Die entsprechenden Adressen wurden dem Handbuch TID Touristik Kontakt 1991 entnommen *(vgl. TourCon Hannelore Niedecken GmbH 1993).*
[11] Eine stichpunktartige Darstellung der wesentlichen Veränderungen in Sport und Tourismus soll im Rahmen dieser Thematik genügen, da eine ausführliche Interpretation den Rahmen bei weitem sprengen würde; zur Vertiefung s. *Schoder/Gläser (1994).*

Abbildung 9:
Inhaltlich-strukturelle Veränderungen mit Auswirkungen auf Berufe und Tätigkeitsfelder

Sport	• wachsende Anbieter- und Angebotsvielfalt: Sportvereine, Krankenkassen, Volkshochschulen, Kommunen, Betriebe, kirchliche Institutionen, kommerzielle Studios, Reiseveranstalter • neue Sportarten und Sportformen: Abenteuersport, Extremsport, Funsport, gesundheitsorientierter Sport, alternative Sport- und Bewegungsformen • Sport als Business: "Personal Training & Coaching", "Kreatives Körpermanagement" und "Manager-Vitalness-Seminare" • Sport als Freizeitbedürfnis: Sinnsuche im Sport, "Motivinflation" • Sportlichkeit als Attribut und Merkmal eines besonderen Lebensstils • Entsportlichung des Sports[12]
Tourismus	• Konzentrationen und Kooperationen auf dem Veranstaltermarkt: einige große Veranstalter und eine Vielzahl kleiner Spezialisten • Franchising-Systeme und No-Name-Handelsmarken; internationale Verflechtungen • Aufhebung der Preis- und Vertriebsbindung: Veranstalterselektion in Reisebüros und verschärfter Wettbewerb mit sinkenden Preisen • neue Vertriebssysteme: Telefonverkauf, Direktvertrieb, Buchungsautomaten, Fax-Polling, Interaktives Fernsehen, Datex-J, Videotext; Auflösung der traditionellen Arbeitsteilung zwischen Reiseveranstaltern und Reisemittlern • verbesserter Verbraucherschutz: EG-Richtlinie für Pauschalreisen • Qualitätsmanagement und Ökologie als Verkaufsargument
Gemein-samkeiten	• Ausdifferenzierung und Spezialisierung, Professionalisierung und Kommerzialisierung, Ökologieproblem • Wandel vom Angebotsmarkt zum Käufermarkt: Wettbewerb und Kampf um Marktanteile, ambivalentes Käuferverhalten • Sport und Tourismus als Lebensstilelemente • Synergieeffekte und "symbiotische Erscheinungsformen" von Sport & Tourismus als Kennzeichen wechselseitiger Integration

---

[12] Der Sport durchmischt sich immer mehr mit anderen Angeboten der Freizeitgestaltung, in denen Erholung, Entspannung, Geselligkeit, Unterhaltung, Spiele und Abwechslung im Mittelpunkt stehen. Das ursprüngliche System des "sportlichen Sports", dem in erster Linie das Vereins- und Leistungsprinzip zugrunde lag, differenziert sich so aus und wird "verwässert". *Dietrich/Heinemann (1989)* sprechen in diesem Zusammenhang auch vom "nichtsportlichen Sport", der gekennzeichnet ist von einem veränderten Sportverständnis und neuen Organisationsstrukturen, aber auch entsprechenden Begriffsunsicherheiten.

Betrachtet man die quantitativen und qualitativen Veränderungen in Sport und Tourismus im Überblick, lassen sich drei generelle Veränderungstendenzen beobachten:

1. Ein beträchtliches und stetiges Wachstum ("Massenphänomen"), dadurch bedingt eine starke inhaltliche Ausdifferenzierung der Arten und Formen des Sporttreibens wie des Verreisens.
2. Eine wachsende Zahl von Anbietern; Konzentrationsprozesse, aber auch "Nischenstrategien" und der Trend zur Spezialisierung bei kleineren Anbietern.
3. Eine zunehmende Internationalisierung von Sport und Tourismus *(vgl. Schoder/Gläser 1994):* Zuschauerreisen zu internationalen Sportveranstaltungen (Olympische Spiele, Fußball-WM), aber auch Sportlerreisen zu Trainingslagern und Wettkämpfen haben Hochkonjunktur[13] *(vgl. Pohlmann 1993, S. 82).*

Diese Entwicklungstendenzen haben zu einer starken Expansion und Ausdifferenzierung sowohl im Berufsfeld Sport als auch im Berufsfeld Tourismus geführt: Zwangsläufig mußte es zu Überschneidungen kommen[14]!

Abbildung 10:
Entwicklung von Berufs- und Tätigkeitsfeldern im Sporttourismus bzw. Urlaubssport

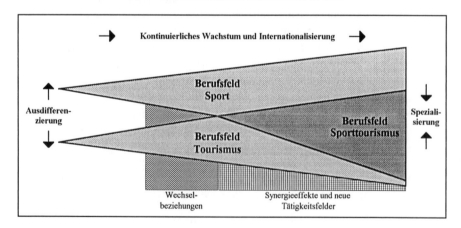

---

[13] Für die Leichtathletik-Weltmeisterschaften 1993 in Stuttgart waren z.B. Sportlerinnen und Sportler aus über 200 Nationen gemeldet: Dies ist auch als Hinweis auf die internationale Vereinheitlichung der Regelstruktur vieler Sportarten zu werten, vor allem aufgrund der steigenden Medienpräsenz.
[14] Da der Sporturlaub, bei dem die Ausübung einer bestimmten Sportart explizit im Vordergrund steht (Sport als Hauptfunktion), rein quantitativ hinter der Masse der Erholungsreisen (Sport als Nebenfunktion) zurückbleibt, kann den sportbezogenen Tätigkeiten im Urlaub eine größere Affinität zum Berufsfeld Tourismus zugeschrieben werden *(vgl. Abb. 10).*

5.2 Sportartspezifische Veränderung am Beispiel des alpinen Skilauf

Die ständige Ausdifferenzierung des Sportsystems läßt sich auch sportartspezifisch nachweisen. Diese Entwicklung soll im folgenden am Beispiel des alpinen Skilaufs aufgezeigt werden, wo strukturelle Veränderungen und neue Lehrkonzepte zu einer Modifikation und Erweiterung der touristischen Angebotsgestaltung führen können, verbunden mit neuen Tätigkeitsfeldern.

Aufgrund innovativer Material- und Entwicklungstechnologien sind heute Skimodelle auf dem Markt, die sich extrem leicht schwingen lassen, trotzdem laufruhig und richtungsstabil sind und gelenkbelastende Vibrationen weitgehend absorbieren. Diese "Komfortski" ermöglichen und unterstützen die Umsetzung des didaktisch-methodischen Konzepts "Gesundheitsbewußtes Fahren - schonendes Schwingen", einer gelenk- und rückenschonenden Fahrtechnik, die für Personen mit muskulären Defiziten und orthopädischen Beeinträchtigungen bzw. für Wiedereinsteiger nach Verletzungen gedacht ist. Der neue Skilehrplan des DVS beschreibt explizit diese Stilvariante[15].

Zu den bisherigen Zielgruppen des Winterurlaubs/Skiurlaubs kommen neue hinzu: gesundheitsorientierte und ältere Skiläufer. Die Umsetzung der neuen Fahrtechnik erfordert aber im Gegenzug eine entsprechende Qualifikation der Skilehrer; dadurch ergibt sich eine Ausdifferenzierung und Erweiterung der Aufgaben- und Tätigkeitsfelder des Berufsbildes "Skilehrer". Der Prozeß der touristischen Angebotsmodifikation kommt allerdings nur zustande, wenn es zu einem integrativen Zusammenspiel zwischen Skilehrer, Sporttherapeut und Touristiker kommt: Für die Konzeption der Kurse und deren Durchführung ist Fachwissen im bewegungstherapeutischen Bereich eine notwendige Voraussetzung.

Die strukturell-inhaltlichen Veränderungen im alpinen Skilauf und die Modifikation der Angebotsgestaltung zeigt *Abbildung 11 (nächste Seite)*:

Die erforderlichen Kenntnisse, die mit der Umsetzung der "Schonskitechnik" in einen speziellen Kurs verbunden sind, und konkrete Auswirkungen auf die Aufgabenstellungen sind in *Abbildung 12 (nächste Seite)* zusammengestellt. Dabei wurde eine (zeitliche) Gliederung in Konzeptionsphase, Organisations- und Durchführungsphase vorgenommen.

---

15 Vgl. *Deutscher Verband für das Skilehrwesen e.V. (1994, S. 119ff)*; der Deutsche Verband für Gesundheitssport und Sporttherapie e.V. (DVGS) bietet Lehrgänge zum Erwerb einer entsprechenden Sonderqualifikation an.

Abbildung 11:
Auswirkungen von Veränderungen im alpinen Skilauf auf Urlaubsformen, Zielgruppen und Tätigkeitsfelder

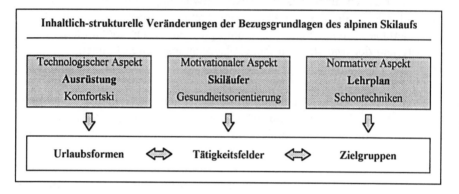

Abbildung 12:
Schonskilauf als zusätzliches Tätigkeitsfeld

Aufgaben und Anforderungen	Erforderliche Kenntnisse
Konzeption: • Zielgruppendefinition • Festlegen der Kursinhalte • Kalkulation • Personalplanung/Zeitplanung • Festlegen der Werbe-/Informationsstrategie • Entwurf eines Pauschalarrangements	• Pädagogische, didaktische und methodische Grundkenntnisse im sportlichen Bereich • Präventives und therapeutisches Spezialwissen • Grundkenntnisse in Personal- und Kostenmanagement • Touristische Grundkenntnisse
Organisation: • Kurs (Personal, Ausrüstung, Material, ...) • Öffentlichkeitsarbeit • Transport • Unterkunft • Rahmenprogramm	• Tourismusspezifische Management- und Marketingkenntnisse • Journalistische Kenntnisse
Durchführung: • Themenorientierter Spezialkurs	• Skifachliches Können in Verbindung mit präventivem/therapeutischem Spezialwissen

Die traditionelle Form des Winterurlaubs, dem als Hauptfunktion i.d.R. die
Ausübung der Sportart Skilauf zuzuordnen ist, wird durch eine modifizierte
Urlaubsform mit teilweise anderen Zielgruppen ergänzt. Der Schonskilauf
verbindet die Hauptmerkmale des "klassischen Skiurlaubs" mit dem
Gesundheitsmotiv.

Abbildung 13:
Zusammenhänge zwischen Urlaubsformen, Motiven, Zielgruppen und Tätigkeitsfeldern

	"Klassischer Skiurlaub"	**Winterurlaub mit Schonskilauf**
Merkmale	• Hauptfunktion: Skifahren • Ergänzende Funktionen: Sportliche Zusatzangebote • Individual- oder Pauschalreise • mit/ohne Anleitung durchführbar	• Hauptfunktion: Skifahren • Nebenfunktion: Vitalität & Wellness, Bewegungserfahrung • Pauschalarrangement • fachliche Anleitung notwendig
Hauptmotive	• aktiv Sporttreiben • Spaß • Natur erleben • Geselligkeit • Erlebnis	• aktiv Sporttreiben • Gesundheit • Natur erleben • Geselligkeit • Erholung
Ziel-gruppen[16]	• Jugendliche • Junge Erwachsene • Singles • Paare • Familien mit Kindern	• Jungsenioren • Ruheständler
Berufs- und Tätigkeits-felder	• Skilehrer • Snowboardlehrer • Langlauflehrer	• Skilehrer • Sporttherapeut • Bewegungsberater (im Vorfeld)

Nicht nur für das Skifahren, sondern darüber hinaus auch für andere
Natursportarten kann festgestellt werden, daß die Chancen und
Möglichkeiten, die Sportkurse im Urlaub unter pädagogischen, sozialen und
motivationalen Gesichtspunkten bieten, bisher bei der touristischen
Angebotsgestaltung noch nicht genügend berücksichtigt und genutzt wurden.
Häufig wird bei der Konzeption der Sportangebote nur an die Komplettierung
des Gesamtangebots gedacht, deutlich sichtbar am Beispiel des Cluburlaubs.

---
[16] In Anlehnung an das Lebensphasen-Modell von *Opaschowski (1989, S. 108)*.

Vor allem die pädagogischen Möglichkeiten sind noch lange nicht ausgereizt. Ansätze wie die von Wilken, der den Urlaubssport als exploratives Lernfeld betrachtet und dadurch zur Körper- **und** Umweltsensibilisierung anregen will, zielen zwar auf ein sehr schmales Marktsegment, könnten aber durchaus zu einer Nische für einen entsprechend spezialisierten Anbieter werden. Immerhin wird auch bei führenden Touristikunternehmen heute die Umweltorientierung - im Gegensatz zu früher - nicht mehr als notwendiges Übel, sondern als strategischer Erfolgsfaktor angesehen.

6. Ausbildungsgänge und Qualifikationsmöglichkeiten für das Berufsfeld Sporttourismus

6.1 Vorbemerkungen

Lange (1987) kritisiert mit bezug auf die wachsende Bedeutung des Sports in unserer Gesellschaft die Situation, daß im hohen Maß sportbezogene Tätigkeiten im außerschulischen Bereich von nicht akademisch Ausgebildeten ausgeübt werden; eine vergleichbare Situation kann auch für den Bereich des Sporttourismus festgestellt werden. Der Autor sieht für den Sport durchaus weitreichende "Eindringungs- und Durchsetzungschancen für wissenschaftlich ausgebildete Sportlehrer" *(Lange 1987, S. 24)* und entsprechende Substitutionsmöglichkeiten, wenn Maßnahmen der "aktiven Professionalisierung" ergriffen werden. "Aktive Professionalisierung bezeichnet in diesem Zusammenhang die Erzeugung und Durchsetzung wissenschaftlicher Berufsqualifikationen im Beschäftigungssystem durch wissenschaftliche Disziplinen und einschlägige Berufsverbände. Die Initiative liegt damit auf der Angebotsseite der Qualifikationen und nicht auf der Nachfrageseite im Beschäftigungssystem; es geht also um die Schaffung einer angebotsinduzierten Nachfrage nach wissenschaftlichen Berufsqualifikationen" *(Lange 1987, S. 24f.)*.

Aufbauend auf der Strategie der "aktiven Professionalisierung", werden im folgenden einige theoretische Überlegungen angestellt, wie ein innovatives Ausbildungskonzept zum "Sporttouristiker" aussehen könnte.[17] Anschließend werden die bestehenden akademischen Ausbildungsmöglichkeiten im sportwissenschaftlichen und im touristischen Bereich tabellarisch dargestellt und im Hinblick auf sporttouristische Qualifikationen

---

[17] Eine kritische Reflexion, inwieweit die notwendigen Qualifikationen für das Berufsfeld Sporttourismus überhaupt in einem akademischen Studium vermittelt werden können und müssen, scheint zum jetzigen Zeitpunkt noch verfrüht. Dem Streit um den Theorie-Praxis-Bezug im Tourismus (häufig wird dabei die Metapher des "Elfenbeinturms" verwendet, was den fehlenden Bezug der Tourismuswissenschaften zur Tourismuspraxis verdeutlichen soll) würde ein akademisches Studium zum "Diplom-Sporttouristiker" sicherlich neue Nahrung geben.

untersucht. Dies auch deshalb, weil neue Ausbildungsgänge nicht die einzige Lösung darstellen müssen: denkbar sind auch "Baukasten-Modelle" mit spezifischen Fächerkombination und dem Ziel, grundlegende Basis-qualifikationen zu vermitteln.

6.2 Ausbildungskonzepte für das Berufsfeld Sporttourismus

In Deutschland gibt es bislang keine akademische Ausbildung, in der Inhalte aus Sport und Tourismus, etwa in Form eines Studienschwerpunktes, integrativ zusammengeführt werden. Der Erwerb von Zusatzqualifikationen, die die Berufschancen im Bereich Sporttourismus verbessern, ist lediglich in Lehrgangsform und bei folgenden Institutionen möglich[18]:

Abbildung 14:
Lehrgangskonzepte für das Berufsfeld Sporttourismus

Institution	Lehrgang	Struktur	Dauer (Monate)	Verknüpfung von Sport *und* Tourismus
IST-Lehrinstitut Münster	Sportmanagement	Fernunter-richt	12	-
	Tourismus-management	Fernunter-richt	12	-
	Freizeit-management	Fernunter-richt	18	+
SSI-Institut Berlin	Sportmanager[19]	Vollzeit	12	+
	Tagungs- und Kongreßfachkraft	Vollzeit	12	(+)
	Animateur für Sport und Freizeit	berufsbeglei-tend	5	(+)
FAW Leipzig[20]	Tourismus-Sport-Manager	Vollzeit	12	++

---

[18] Im Rahmen eines Forschungsprojektes "Sport und Tourismus" am Institut für Sportwissenschaft der Universität Stuttgart wurde Anfang 1994 eine Umfrage durchgeführt mit dem Ziel, einen Überblick über vorliegende Publikationen zum Themengebiet Sport und Tourismus zu erhalten. Zu diesem Zweck wurden 98 Universitäten und Hochschulen angeschrieben (u.a. alle 70 sportwissenschaftlichen Ausbildungsinstitutionen), ferner 18 studentische Arbeitsgemeinschaften, 75 Organisationen und Verbände aus den Bereichen Sport/Freizeit/Tourismus/Umweltschutz, 55 kommerzielle Beratungs- und Forschungseinrichtungen, 15 politische Institutionen, 8 internationale Verbände und 37 Träger von Fortbildungsmaßnahmen; gefragt wurde hier auch nach entsprechenden Lehrveranstaltungen bzw. Seminaren zum Themengebiet Sport & Tourismus. Eine detaillierte Darstellung der Ergebnisse mit umfassender Adressenliste ist beim Verfasser erhältlich. Ausgewählte Untersuchungsergebnisse sind auch in *Schoder/Gläser (1994)* veröffentlicht.

[19] Zugangsvoraussetzung: abgeschlossenes Sportstudium oder 3jährige Berufspraxis.

[20] Fortbildungsakademie der Wirtschaft (FAW) in Kooperation mit der Führungs- und Verwaltungsaka-demie Berlin des Deutschen Sportbundes; Zugangsvoraussetzung: abgeschlossenes Sportstudium.

Lehrgangsinhalte bei den o.g. Fortbildungsmaßnahmen sind in der Regel vorwiegend organisatorisch-administrative Themengebiete aus Sport und Tourismus, wie sie z.b. für die Organisation und Durchführung von Veranstaltungen von Bedeutung sind, kaum jedoch sportpädagogisch-didaktische oder psychologisch-soziologische Inhalte.

Die Anforderungen, die das Berufssfeld Sporttourismus stellt, werden durch die Inhalte der genannten Lehrgänge nur zum Teil abgedeckt, die gleiche Feststellung kann auch für die bestehenden Ausbildungsgänge in den Bereichen Sport und Tourismus an den einzelnen Fachhochschulen, Hochschulen und Universitäten getroffen werden. Durch eine Schwerpunktbildung oder ein "Wahlfach Sporttourismus" könnten dagegen zumindest die fachlichen Anforderungen des Berufsfeldes auf breiterer Ebene abgedeckt und eine spätere berufliche Spezialisierung erleichtert werden. Für eine berufsfeldorientierte Ausrichtung würden sich neben einem sporttouristischen Praktikum/Praktikumssemester folgende Studienelemente anbieten:

Abbildung 15:

Möglichkeiten einer berufsfeldorientierten Ausrichtung bestehender Ausbildungsgänge

Integrationsmöglichkeiten	Ausbildungsinhalte
Integration "touristischer Inhalte" in sportwissenschaftliche Studiengänge: **Schwerpunkt Sporttourismus**	• Organisation und Strukturen des touristischen Systems • Tourismusmarketing und -management • Tourismuspsychologie und -soziologie • Ökologie von Sport und Tourismus • Grundlagen der (Sport-) Animation
Integration "sportwissenschaftlicher Inhalte" in touristische Ausbildungskonzepte: **Wahlfach Sporttourismus**	• Organisation des Sports • Sportmarketing und -management • Grundlagen der Sportmedizin • Didaktik und Methodik des Sports • Ökologie von Sport und Tourismus • Grundlagen der (Sport-) Animation

In *Abbildung 16* ist diese integrative Vorgehensweise, bei der die "Schnittmenge" zwischen Sport- und Tourismuswissenschaften vergrößert und den Anforderungen der sporttouristischen Praxis besser entsprochen wird, graphisch dargestellt. Aufgrund des multidisziplinären Charakters beider Wissenschaftsbereiche müßten die gemeinsamen Inhalte des

"Schwerpunktes Sporttourismus" genau aufeinander abgestimmt werden, um Redundanzen zu vermeiden.

Abbildung 16:
Integration sporttouristischer Inhalte in sportwissenschaftliche bzw. touristische Ausbildungsgänge

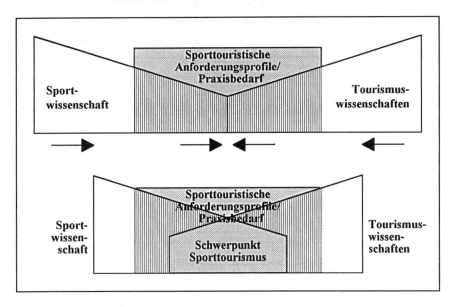

Eine Grundlage für weitergehende Überlegungen soll durch einen Überblick über die bestehenden Studienmöglichkeiten in den Bereichen Sport und Tourismus an wissenschaftlichen Hochschulen und Universitäten in Deutschland geschaffen werden.

6.3 Sport - Ausbildungsgänge und typische Tätigkeitsfelder

Von den derzeit 70 sportwissenschaftlichen Einrichtungen in Deutschland (Pädagogische Hochschulen und Universitäten) werden Lehramts-, Magister- und Diplomstudiengänge angeboten mit z.T. unterschiedlichen Ausrichtungen und Schwerpunkten *(vgl. Schädlich 1994).* Die Studien- und Prüfungsordnungen liegen in der Kompetenz der Länder: Sie regeln die Zulassungsvoraussetzungen, Regelstudiendauer, Studieninhalte und Prü- fungsanforderungen. Grundlegend und für alle sportwissenschaftlichen Ausbildungsgänge charakteristisch ist die Aufteilung in Sportpraxis und - theorie bzw. in fachspezifisch-fachdidaktische und fachwissenschaftliche

Studienbereiche; ihr jeweiliger Umfang und ihre Inhalte sind allerdings studiengangspezifisch.

An 66 sportwissenschaftlichen Einrichtungen werden Lehramtsstudiengänge angeboten. Entsprechend der Ausdifferenzierung der Schulsysteme (in der Kompetenz der einzelnen Bundesländer) ergeben sich sehr unterschiedliche Ausbildungsgänge, so daß unmöglich alle Kombinationen aufgelistet werden können. Eine allgemeine Grundstruktur besteht jedoch in der zweiphasigen Ausbildung von Hochschulstudium und Referendariat mit den dazugehörigen Prüfungen 1. und 2. Staatsexamen[21].

Abbildung 17:
Überblick über die wichtigsten Lehramtsstudiengänge

Studiengänge	Ausbildungs- einrichtung	Voraus- setzungen	Dauer	Struktur des Studiums
Grund- und Hauptschullehrer	Pädagogische Hochschule, Fachhochschule, Universität	Abitur	8 Sem.	Sport und Vertiefungsfächer
Realschullehrer	Universität	Abitur	8 Sem.	Sport in Fächerkombination
Gymnasiallehrer	Universität	Abitur	8 Sem.	Sport in Fächerkombination
Berufsschul- lehrer[22]	Universität	Abitur	8 Sem.	Sport in Fächerkombination

Der Magisterstudiengang hat eine lange Tradition bis zurück ins Mittelalter und wurde ursprünglich als Zugang zur Hochschulkarriere gesehen. Heute ist der M.A. zunehmend ein berufsqualifizierender Universitätsabschluß mit außerschulischer Orientierung. Da der Magisterstudiengang Sport grundsätzlich ein Mehrfachstudium mit ein oder zwei Nebenfächern ist, kann in manchen Fällen die Berufsqualifikation sogar umfassender sein als bei einem Diplomstudium. Der angebotene Auswahlkanon und die Zielorientierung dieses Studienganges sind an den verschiedenen Hochschulen sehr unterschiedlich. An der Universität Stuttgart wird Sport z.B. als Haupt- und Nebenfach angeboten und ist zu kombinieren mit ein bis zwei weiteren

---

[21] Der Abschluß "Staatlich anerkannter Sport- und Gymnastiklehrer" qualifiziert für das Berufsfeld des außerschulischen Sports. Die Ausbildung ist zum großen Teil privaten Lehrinstituten, Ergänzungs- oder Ersatzschulen überlassen und weist keine einheitlichen Ausbildungsrichtlinien, jedoch verbindliche Prüfungsordnungen auf.
[22] Verschiedene Ausbildungsgänge und Bezeichnungen in den einzelnen Bundesländern, z.B. Gewerbelehrer, Diplom-Technikpädagoge u.a.

Fächern (je nach Wertigkeit) aus einem Auswahlkatalog von 26 Fächern, darunter Informatik, Betriebswirtschaftslehre, Volkswirtschaftslehre, Berufspädagogik, Politikwissenschaft oder Soziologie. Ein Magisterstudiengang Sport wird derzeit von 29 sportwissenschaftlichen Instituten angeboten.

Diplomstudiengänge qualifizieren in der Regel ebenfalls für den außerschulischen Bereich des Sports[23]. Feste Berufsbilder existieren nur teilweise, der spätere Einsatz richtet sich u.a. nach der Wahl des Ausbildungsschwerpunktes. Häufig werden von den Studierenden auch ergänzend zum Studium sportartspezifische Zusatzqualifikationen erworben, beispielsweise Fachübungsleiter- oder Trainerlizenzen[24].

Nach *Buchmeier/Zieschang (1992, S. 22)* gliedern sich die Diplom-studiengänge in ein einheitliches viersemestriges Grundstudium und ein viersemestriges Hauptstudium. Das Hauptstudium ist durch eine "Y-Struktur" mit folgenden Möglichkeiten der Schwerpunktbildung gekennzeichnet:

Abbildung 18:

Schwerpunkte im Diplomstudiengang Sport

Hauptstudium A	Hauptstudium B
pädagogisch orientiert Studienschwerpunkte: • Leistungssport • Breiten- und Freizeitsport • Rehabilitations- und Behindertensport	nicht pädagogisch ausgerichtet Studienschwerpunkte: • Sportökonomie • Sportjournalismus

An manchen Hochschulorten steht allerdings ein Schwerpunkt explizit im Vordergrund, auch werden nicht immer alle Schwerpunkte angeboten. Zur Zeit kann an 18 Hochschulorten Sport mit einem Diplom-Abschluß studiert werden *(vgl. Schädlich 1994)*. Eine Auswahl von Hochschulorten mit speziellen Studienschwerpunkten/ -richtungen oder sporttouristischen Lehrinhalten sowie typische Tätigkeitsfelder im Bereich des außerschulischen Sports zeigen die folgenden Abbildungen:

---

[23] Nach *Lange (1987, S. 25)* wird eine anerkannte wissenschaftliche Berufsqualifikation außerhalb des öffentlichen Dienstes üblicherweise durch ein Diplom nachgewiesen. "Das Diplom hat dabei den Stellenwert außerhalb des öffentlichen Dienstes, den das Staatsexamen für den öffentlichen Dienst besitzt."

[24] Die Kriterien für den Erwerb dieser Qualifikationen werden von den Sportfachverbänden festgelegt, z.T. werden Studienabschlüsse an der Hochschule von den Fachverbänden anerkannt und Prüfungen oder Prüfungsteile übernommen. Unabhängig von einem akademischen Studium kann eine Ausbildung zum Fachsportlehrer in über 20 Sportarten absolviert werden (z. B.. "Staatlich geprüfter Skilehrer").

Abbildung 19:

Ausgewählte Studienorte mit Studienschwerpunkten, Aufbaustudien-gängen oder Lehrveranstaltungen mit sporttouristischer Thematik[25]

Hochschulort	Spezielle Studienrichtungen und Schwerpunkte
Bayreuth (D)	Sportökonomie
Bochum (D)	Prävention/Rehabilitation
Darmstadt (D)	Informatik
Erlangen (D)	Erwachsenen- und Seniorensport
Göttingen (M.A.)	Sportjournalismus, Sportmanagement, Sporttherapie
Köln (D)	Zusatzstudiengang: Sportökonomie in Kooperation mit der Fernuniversität Hagen Zusatzstudiengang: Spezielle wissenschaftliche Trainingssteuerung
Bonn (M.A.)	Alterssport
	Aufbaustudiengänge
Erfurt	Motologie
Halle-Wittenberg	Rehabilitations-, Therapie- und Behindertensport
Heidelberg	Sport im Bereich Prävention/Rehabilitation
Marburg	Motologie
Würzburg	Sport und Gesundheit
	Lehrveranstaltungen mit explizitem Bezug zum Sporttourismus
Köln (D)	Freizeit und Lebensstil unter besonderer Berücksichtigung des Stellenwerts von Sport, Kultur und Tourismus (Seminar)
Düsseldorf (M.A.)	Sportgeographische Studien zu 'Sport & Raum' (Hauptseminar) Sport und Tourismus (Hauptseminar)
Frankfurt (D)	Sport-Freizeitsport-Tourismus (Seminar)
Göttingen (M.A.)	Sport und Tourismus (Vertiefungs- und Spezialisierungsseminare im Studienschwerpunkt Sportmanagement)
Greifswald (M.A.)	Sport in Freizeit und Tourismus
Hamburg (D)	Grundlagen, Anwendungsperspektiven und Praxis des gesundheitsfördernden Freizeitsports im Urlaub (Projekt)
Potsdam (D)	(Zunehmender Einbezug der Thematik in Forschung u. Lehre)
Stuttgart (M.A.)	Der Sport im Tourismus: Funktionen, Wechselwirkungen, Problemfelder (Hauptseminar, Projekt)
Wernigerode (D/FH)	Sporttourismus (Seminar im Studienschwerpunkt Tourismuswirtschaft)

[25] Zusammenstellung nach Schädlich (1994) und Schoder/Gläser (1994).

Abbildung 20:
Tätigkeitsfelder im Berufsfeld des außerschulischen Sports

Schwerpunkt	Art der Tätigkeit	Arbeitgeber und Beschäftigungsstellen
Leistungssport	*sportwissenschaftlich - sportpädagogisch tätig als:* • Trainer • Biomechaniker • Leistungsdiagnostiker	• Verein • Olympiastützpunkt • Verband
Freizeit- und Breitensport	*sportpädagogisch tätig als:* • Vereinssportlehrer • Betriebssportlehrer • Sportlehrer im Tourismus • Animateur	• Verein • Betrieb • Fitneßstudio • Volkshochschule • Reiseveranstalter • Fremdenverkehrsort
Rehabilitations- und Behinderten- sport, Motopädie	*sporttherapeutisch tätig als:* • Motopäde • Bewegungsberater • Sporttherapeut • Sportphysiotherapeut	• Krankenkasse • Reha-Zentrum • Kureinrichtung • Berufsförderungswerk • Behindertenwerkstätte
Sportökonomie	*administrativ- organisatorisch tätig als:* • Sportmanager • Geschäftsführer • Bildungsreferent • Jugendkoordinator	• Verband • Verein • Sportartikelindustrie • Sportfachhandel • Werbeagentur • selbständiger Unternehmer
Sport- journalismus	*im Medienbereich tätig als:* • Sportjournalist • Moderator	• Zeitungsredaktion • Hörfunk-/TV- Redaktion • Freiberufler

Bei der Analyse der Qualifikation für Tätigkeiten im Bereich Sporttourismus muß nach der Art des Abschlusses und nach der Wahl des Studienschwerpunktes unterschieden werden. In den verschiedenen Ausbildungsgängen sind die dafür notwendigen Kompetenzen sehr unterschiedlich repräsentiert. Setzt man den erworbenen Abschluß zur Art der Tätigkeit in Beziehung ergibt sich folgende Eignungsmatrix:

Abbildung 21:
Eignungsmatrix für Tätigkeiten im Sporttourismus

Art der Tätigkeit im Sporttourismus	Lehramt	Magister	Diplom
Sportpraktisch-sportpädagogische Tätigkeit	x	x	x
Durchführung allgemeiner und spezieller Sportangebote[26]	x	x	x
Administrativ-organisatorische Tätigkeiten	--	(x)	x
Konzeption von Sportangeboten	--	x	x
Organisation von Sportangeboten	--	x	x
Sporttherapeutische Tätigkeiten[27]	--	(x)	(x)

6.4 Tourismus - Ausbildungsmöglichkeiten und Arbeitsbereiche

Die Möglichkeiten, beruflich im touristischen Bereich zu arbeiten, sowie die Zugangsmöglichkeiten sind ebenso vielfältig wie im Bereich des Sports. Neben Studiengängen an wissenschaftlichen Hochschulen und Universitäten gibt es verschiedene Ausbildungsgänge z.B. in Form einer Lehre mit Praktikumsanteil (Reiseverkehrskauffrau/-mann) oder veranstaltereigene Qualifizierungsmaßnahmen (Animateur, Reiseleiter). Die Vielfalt der Ausbildungsgänge ergibt ein sehr uneinheitliches Bild; aufgrund der Internationalität des Tourismus sind auch Studien- bzw. Ausbildungsgänge im Ausland zu berücksichtigen. Einen ersten Überblick über die Ausbildungsmöglichkeiten im Tourismus gibt *Abbildung 21.* Darüber hinaus existiert eine Fülle von Weiterbildungsmöglichkeiten, z.T. mit formalem Abschluß wie "Touristikfachwirt (IHK)" (von verschiedenen Industrie- und Handelskammern angeboten) oder "Staatlich geprüfter Betriebswirt - Fachrichtung Reiseverkehr/Touristik"[28].

---

[26] Je nach Praxisschwerpunkt im Studium und erworbenen Zusatzqualifikationen.
[27] Je nach Studienschwerpunkt und Zusatzqualifikationen, z.B. Rückenschulleiter, Sporttherapeut, EAP (Erweiterte Ambulante Physiotherapie)
[28] Eine ausführliche Darstellung aller Aus- und Weiterbildungsmöglichkeiten (mit Adressen und weiterführenden Literaturangaben) findet sich in *Klemm/Steinecke (1994);* vgl. auch das jährlich erscheinende Handbuch TID Touristik Kontakt.

Abbildung 22:

Ausbildungmöglichkeiten im Tourismus

Ausbildungsmög-lichkeit/Ausbil-dungseinrichtung	Mögliche Abschlüsse (Beispiele)	Besonderheiten der Ausbildung
Betriebsintern (Reiseveranstalter)	Animateur, Reiseleiter	• nur teilweise anerkannte Ausbildungsrichtlinien
Betriebliche Ausbildung (Lehre und Berufsschule)	Reiseverkehrskauf-mann[29]	• Dauer, Inhalte, Abschluß festgelegt und anerkannt
Berufsfachschule Berufskolleg	Wirtschaftsassistent (Touristik), Internat. Touristikassistent	• Zugangsvoraussetzungen, Dauer, Inhalte, Abschluß festgelegt und anerkannt
Berufsakademie	Diplom-Betriebswirt (BA) Wirtschaftsassistent (BA)	• Wechsel zwischen theoretischen und berufspraktischen Ausbildungsphasen • Ausbildungsvertrag mit einem Betrieb
Fachhochschule	Diplom-Betriebswirt (FH) Diplom-Kaufmann (FH)	• z.T. Zulassungsbeschränkungen • Regelstudienzeiten • wirtschaftswissenschaftliches Studium mit Schwerpunktbildung im Hauptstudium
Wissenschaftliche Hochschule/ Universität	Diplom-Kaufmann Diplom-Geograph	• Regelstudienzeiten • variable Möglichkeiten der inhaltlichen Gestaltung des Studiums und der Schwerpunktsetzung • stärkere theoretische Ausrichtung
Fernakademie	Touristikbetriebswirt (FH)	• Selbständige Studiengestaltung mit festgelegten Programmen • variable Studienzeit

---

[29] Der Ausbildungsberuf Reiseverkehrskaufmann/-frau wird neu strukturiert, wobei durch eine verstärkte Spezialisierung den Strukturveränderungen im Tourismus entsprochen werden soll. Nach Angaben des *Bundesministeriums für Wirtschaft (1994, S. 72)* soll ein Ausbildungsberuf mit den speziellen Qualifikationen Reisevermittlung - Reiseveranstaltung - Reiseverkehr - Kur- und Fremdenverkehr geschaffen werden (Stand: 01.06.1994).

Die akademische Ausbildung im Tourismus kann nach *Haedrich u.a. (1993, S. 761ff)* in drei Bereiche aufgeteilt werden:

Abbildung 23:
Dreiteilung der akademischen Tourismusausbildung in Deutschland

Typ I	Typ II	Typ III
• Tourismusausbildung an: - Fachhochschulen - Hochschulen - Universitäten mit wirtschaftswissen-schaftlichen Schwerpunkten • Spezialisierung auf touristische Schwerpunkte i.d.R. erst im Haupstudium möglich	• Studiengänge mit nicht betriebswirt-schaftlichen Schwerpunkten: - Geographie - Pädagogik - Sozialwissenschaften an Fachhochschulen und Universitäten • integrierte Studienangebote mit Tourismus/Freizeit als Nebenfächer	• postgraduierte Studienangebote an Fachhochschulen und Universitäten mit Schwerpunkt Tourismus

Die Ausbildungen im touristischen Bereich sind traditionell praxisorientiert, auch das universitäre Studium beinhaltet i.d.R. 1-2 Praxissemester oder setzt ein Vorpraktikum bzw. eine entsprechende Berufsausbildung/Lehre voraus. Im Vordergrund steht die Vermittlung administrativ-organisatorischer Kenntnisse (Ablauforganisation des Tourismus); Ziel ist der Erwerb von "Handlungs- oder Anwendungswissen".

Abbildung 24:
Die akademische Tourismusausbildung in Deutschland

Hochschulort	Studienfach	Mögliche Studienrichtungen/Schwerpunkte
Typ I - Fachhochschulen Abschlüsse: Dipl.-Betriebswirt (FH), Dipl.-Kaufmann (FH) Regelstudienzeit: 7-8 Semester		
Dortmund[30]	Touristik- und Hotelmanagement	Zwei Auslandssemester
Gelsenkirchen/ Bocholt	Wirtschaft	Fremdenverkehrswirtschaft
Heilbronn	Touristikbetriebswirtschaft	Reise-/Hotel-/Fremdenverkehrswirtschaft
Kempten	Betriebswirtschaftslehre	Fremdenverkehr/ Hoteladministration
Leipzig	Betriebswirtschaftslehre	Fremdenverkehr und Touristik
München	Betriebswirtschaftslehre	Touristikmanagement/Hotel- und Restaurantmanagement
Wernigerode/ Harz	Betriebswirtschaftslehre	Tourismuswirtschaft
Wilhelmshaven	Wirtschaft	Tourismuswirtschaft
Worms	Betriebswirtschaftslehre	Verkehrswesen/Touristik
Typ I - Hochschulen und Universitäten Abschluß: Dipl.-Kaufmann Regelstudienzeit: 8 Semester		
Dresden	Verkehrswirtschaft/ Wirtschaftswissenschaften	Tourismuswirtschaft[31]
Lüneburg	Betriebswirtschaftslehre	Tourismusmanagement
Rostock	Betriebswirtschaftslehre	Tourismusbetriebslehre
Trier	Betriebswirtschaftslehre[32]	Tourismusmanagement (Tourismus, Regional- und Siedlungsentwicklung)

---

[30] International School of Management, seit April 1994 als private Fachhochschule anerkannt.

[31] Vom Lehrstuhl für Tourismuswirtschaft wird ein entsprechender Schwerpunkt angeboten für den Studiengang Verkehrswirtschaft der Fakultät Verkehrswissenschaften und für die Studiengänge der wirtschaftswissenschaftlichen Fakultät (Betriebswirtschaftslehre, Volkswirtschaftslehre, Wirtschaftsinformatik, Wirtschaftsingenieurwesen, Wirtschaftspädagogik).

[32] Möglich sind auch die Studiengänge Volkswirtschaftslehre (Dipl.-Volkswirt) und Soziologie (Dipl.-Soziologe) mit dem Schwerpunkten Stadt- und Regionalökonomie bzw. Siedlungs- und Planungssoziologie

Typ II - Geographie Abschluß: Dipl.-Geograph, M.A. Regelstudienzeit: 8-10 Semester		
Aachen	Geographie/ Wirtschafts-geographie (M.A.)	Fremdenverkehr/Tourismus
Eichstätt	Geographie	Freizeit/Fremdenverkehr
Greifswald	Geographie	Raumplanung/Tourismus
Paderborn	Geographie (M.A.)	Tourismus
Trier	Geographie	Angewandte Geographie/ Fremdenverkehrsgeographie

Typ II - Pädagogik, Sozial- und Kulturwissenschaften Abschluß: Dipl.-Pädagoge, Dipl.-Sozialpäd., Dipl.-Sozialarbeiter, M.A. Regelstudienzeit: 6-10 Semester		
Bielefeld	Erziehungswissenschaften	Freizeitpädagogik/Kulturarbeit
Bremen[33]	Sozialpädagogik/Sozial-arbeit	Freizeit und Tourismus
Fulda	Sozialpädagogik (FH)	Freizeitwissenschaften/ Tourismus
Lüneburg	Angewandte Kultur-wissenschaften (M.A.)	Tourismusmanagement
Zwickau	Erziehungswissenschaften	Freizeitpädagogik (u.a. Sport und Tourismus)

Typ III - Postgraduierte Studiengänge Abschluß: Zertifikat Dauer: 2-3 Semester		
Berlin	Tourismus	Management/Regionale Fremdenverkehrsplanung
Bielefeld	Tourismuswissenschaft	Tourismusforschung/ -management/Touristische Infrastrukturplanung/Umwelt-interpretation
Dortmund	Master of International Business	Sprachen (drei Auslandssemester)[34]
Heilbronn	European Tourism Management	Sprachen (zwei Auslandssemester)/ Praxisbezogene Fallstudien

---

[33] Geplant ist ein internationaler Studiengang für Betriebswirtschaftlehre und Pädagogik von Freizeit und Tourismus (8 Semester, 2 Praxissemester, 1 Jahr Auslandsaufenthalt).
[34] Nur für Absolventen der International School of Management.

Grundsätzlich kann das **Berufsfeld Tourismus** in vier Untergruppen aufgeteilt werden *(vgl. Klemm/Steinecke 1994, S. 14)* , wobei die Berufe im Hotel- und Gaststättengewerbe für den Sporttourismus kaum relevant sind, Berufe im touristischen Verkehrswesen nur insofern, als darunter auch Beschäftigungen bei Seilbahngesellschaften fallen, die stark vom Ski- und Wandertourismus abhängen.

Abbildung 25:
Berufe im Tourismus und Bezug zum Sporttourismus

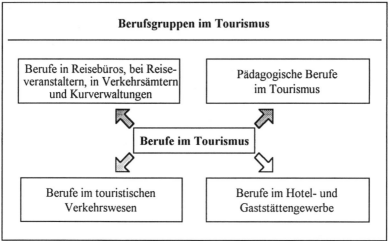

Quelle: Klemm/Steinecke 1994, S. 14

7. Studiengänge und Tätigkeitsfelder im Sporttourismus

Bei Tätigkeiten im Bereich des Sporttourismus handelt es sich immer um **Querschnittsaufgaben** mit Schnittmengen zwischen sportwissenschaftlichen und touristischen Aufgabestellungen. Es sind jeweils spezifische Kombinationen der fachlichen Kenntnisse aus diesen beiden Bereichen notwendig. Die Durchführung eines Skikurses erfordert z.B. kaum touristisches Fachwissen, während umgekehrt die Konzeption und Organisation eines Skiaufenthalts in Colorado eine relativ genaue Kenntnis der touristischen Infrastruktur voraussetzt, soll das Pauschalarrangement Käufer finden und diese auch zufriedenstellen.

Grundsätzlich kann davon ausgegangen werden, daß durch eine Doppelqualifikation Synergieeffekte erzielt werden können *(vgl. Abschnitt 5.2)*. In *Abbildung 25* erfolgt an dem o.g. Beispiel in graphischer Weise eine Einschätzung der sporttouristischen Qualifikationen, die Absolventen der aufgelisteten Studiengänge und Fortbildungsmaßnahmen erwerben können.

Abbildung 26:

Gegenüberstellung sporttouristischer Qualifikationen und Praxisanforderungen

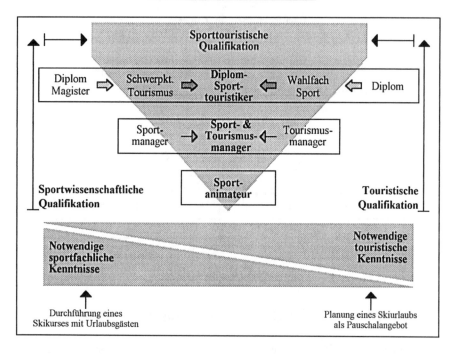

Im Sinne eines Szenarios könnten beliebig viele Beispiele für Tätigkeitskomplexe im Sporttourismus konstruiert werden, bei denen sich sportwissenschaftliche und touristische Aufgabenstellungen überschneiden und "Know-how" in beiden Bereichen notwendig oder zumindest dienlich ist. In Rahmen der behandelten Thematik sollen hier nur einige Beispiele aufgeführt werden:

Abbildung 27:
Zusammenstellung ausgewählter sporttouristischer Tätigkeitskomplexe

Tätigkeit	Sporttouristischer Bezug
Reiseberatung	• Analyse der Kundenbedürfnisse, Entscheidungsvorbereitung • Auswahl der geeigneten (Sport-) Reise
Reiseveranstaltung	• Konzeption/Organisation von Sportreisen für offene und geschlossene Gruppen • Durchführung von Incentive-Reisen mit Abenteuercharakter • Planung und Organisation von Aufenthalten in Trainingslagern für Mannschaften oder Individualsportler
Reiseleitung	• Betreuung bei Zuschauerreisen zu Sportveranstaltungen • Gestaltung des Rahmenprogramms (Autogrammstunde, Kontakte zu Sportlern, Trainern oder Funktionären)
Animation	• Allgemeine und spezielle Sportanimation
Therapeutische Betreuung	• Durchführung spezieller Angebote in einer Kureinrichtung
Reiseausrüstung	• Verleih oder Verkauf von Ausrüstung und Sportgeräten für den Urlaub (Sportfachhändler am Heimatort oder im Tourismusort)
Sekundäre Leistungen	• Planung und Durchführung spezieller, für Urlaubsgäste konzipierter Angebote (Betreiber eines Fitneß-Studios o.ä. in einem Fremdenverkehrsort)

8. Anforderungsprofile im Sporttourismus

8.1 Vorbemerkungen

Die Pionier- und Gründergeneration der touristischen Aufbauphase nach dem 2. Weltkrieg konnte sich bis zu Beginn der 80er Jahre über eine stark boomende Branche freuen: Die Wertschöpfung und der Gewinn waren entsprechend hoch, und es bestand wenig Bedarf an akademisch ausgebildeten Kräften *(vgl. Abschnitt 3).* In den letzten Jahren wurden zwar ebenfalls noch Zuwächse und Umsatzsteigerungen verzeichnet, die Gewinnerwartungen reduzierten sich jedoch deutlich. Die Wettbewerbssituation verschärfte sich wesentlich, die zum Erhalt bzw. zur

Eroberung von Marktanteilen notwendigen Kosten stiegen an, und durch den Verdrängungswettbewerb wurde ein z.T. heftiger Preiskrieg entfacht *(vgl. Freyer 1993a, S. 29).*

Weite Teile der Tourismusbranche, wie Fluggesellschaften, mittelständige Reisebüros oder kleine Reiseveranstalter, befinden sich mitten im Existenzkampf. Veranstalterpleiten führten dazu, daß die Verbraucherschutzbestimmungen wesentlich verschärft wurden: Die Reiseveranstalter sind heute bekanntlich zur Insolvenzabsicherung verpflichtet.

Auf breiter Ebene werden deshalb Strategien diskutiert, wie man sich auf zukünftige Herausforderungen (EU-Markt, Wegfall der Preis- und Vertriebsbindung, Ökologieproblematik) frühzeitig einstellen kann: Beispielsweise wird häufig eine stärkere "Professionalisierung und Qualifizierung" des Berufsfeldes verlangt.

Stauss (1993) fordert in diesem Zusammenhang ein konsequentes Qualitätsmanagement im Sinne eines "Total Quality Managements": "Bei zunehmender Marktsättigung, mit anspruchsvollen und kritischen Kunden sowie einer verstärkten internationalen Konkurrenz, wird Qualität zur Voraussetzung unternehmerischen Überlebens. Dies gilt "... auch für die Anbieter touristischer Dienstleistungen, seien es nun Feriengebiete, Reiseveranstalter oder Leistungsträger wie Airlines, Bahnen, Hotels usw." *(Stauss 1993, S. 30).*

In bezug auf die **Qualitätswahrnehmung** der touristischen Leistung durch den Urlaubsgast weist *Stauss* auf die "**Gleichzeitigkeit von Produktion und Konsum**" hin: Der Erfolg ist dadurch nur bedingt plan- und kontrollierbar. Bei sportbezogenen Leistungen im Urlaub verstärkt sich diese Unsicherheit noch; der Sportlehrer bzw. Sportanimateur steht im unmittelbaren didaktisch-methodischen Bezug zum Gast, Mängel in seinen fachlichen Leistungen werden ebenso wie Defizite auf seiten der sozialen Kompetenz unmittelbar sichtbar. Das Personal stellt somit im Sporttourismus einen entscheidenden Qualitätsfaktor dar.

8.2 Die sporttouristische Tätigkeit als Dienstleistung

Die Urlaubszufriedenheit, also die positive Bewertung des Urlaubs am Ende, ist die Konsequenz erfüllter Erwartungen. Ist der Gast unzufrieden, beeinflußt dies seine künftigen Reiseentscheidungen und er wechselt eventuell den Reiseveranstalter. *Feilhuber (1988)* konnte nachweisen, daß Kommunikation und zwischenmenschliche Kontakte auf die Qualitätswahrnehmung und die Zufriedenheit mit dem Urlaubsverlauf einen entscheidenden Einfluß haben[35]. Da der unmittelbare Umgang mit den Urlaubern im Sporttourismus noch mehr als im übrigen touristischen Geschehen ein zentrales Strukturmerkmal darstellt, werden auch die beruflichen Anforderungen dadurch entscheidend geprägt.

Neben der fachlichen Kompetenz sind vor allem die folgenden Persönlichkeitseigenschaften erforderlich *(vgl. Klemm/Steinecke 1994, S. 12):*

- Interesse und Bereitschaft zum Umgang mit anderen Menschen (Kontaktfähigkeit, Kontaktfreude, Aufgeschlossenheit, Toleranz, Geduld, Verständnis, Humor),
- physische und psychische Belastbarkeit in bezug auf Streßsituationen und lange Arbeitszeiten,
- Kreativität und Flexibilität,
- hohes persönliches Engagement,
- Sensibilität für soziale Situationen.

Diese Kriterien weisen auf die Komplexität der Handlungskompetenz hin, die im Tourismus bzw. Sporttourismus nötig ist. Nach *Wölfing (1992, S. 8)* baut die Handlungskompetenz auf der fachlichen Kompetenz auf, muß aber ergänzt werden durch den Erwerb fächerübergreifender Qualifikationen, wie persönliche, soziale und methodische Kompetenz[36] *(siehe Abbildung 27).*

Im Rahmen eines akademischen Studiums in den Bereichen Sport oder Tourismus wird hauptsächlich fachliches Wissen vermittelt und dies nur selten in Kombination mit freizeitpädagogischen und didaktisch-methodischen Inhalten. Zwar sind häufig Praktika bzw. Praxissemester im Sinne eines "training on the job" vorgeschrieben, i.d.R. werden die restlichen Kompetenzen wenn überhaupt, dann nacheinander und nicht integrativ vermittelt: Wesentlich besser wäre es, die Wissensvermittlung unmittelbar mit

---

[35] Cluburlauber ohne Kontakt zu Animateuren interpretieren dies als mangelndes Interesse seitens der Animateure. Die interpersonelle Wahrnehmung wird dann überwiegend vom äußeren Erscheinungsbild der Animateure bestimmt. Urlauber mit engerem Kontakt zu Animateuren beurteilen diese dagegen mehr aufgrund der wahrgenommenen sozialen Kompetenz und sind auch gegenüber den Animateuren und der Qualität der Animationsprogramme häufiger positiv eingestellt.
[36] Kriterienkataloge für touristische Berufe und Faktoren der touristischen Handlungskompetenz beschreiben mehrere Autoren (vgl. dazu z.B. *Finger-Benoit/Kuhrau-Pfundner 1993, S. 188* und *Finger/Gayler 1990, S. 199ff).* Dort findet sich ein Anforderungsprofil für Animateure, gegliedert in "Muß-, Soll- und Kann-Bereiche". *Opaschowski (1990, S. 204)* nennt als Qualifizierungsmerkmale für Freizeitberufe sechs Kompetenzbereiche: Basiskompetenz, Fachkompetenz, Eigenkompetenz, Methodenkompetenz, Organisationskompetenz, Feldkompetenz.

Abbildung 28:
Bestimmungsfaktoren der Handlungskompetenz im Sporttourismus

Fachliche Kompetenz	• detailliertes Wissen und Kenntnisse • Fähigkeit, das Wissen anzuwenden • Fähigkeit, vernetzt zu denken, sowie das Verständnis für Zusammenhänge
Methodische Kompetenz	• Fähigkeit, Problemstellungen zu lösen • Repertoire an Strategien und Methoden der Problem- und Konfliktlösung
Soziale Kompetenz	• Fähigkeit und Bereitschaft, mit anderen Menschen konstruktiv zu kommunizieren • Umgangsformen • Einfühlungsvermögen • Kooperationsfähigkeit
Persönliche Kompetenz	• Belastungsfähigkeit (physisch, psychisch, sozial) • Selbst- und Fremdmotivationsfähigkeit • Führungsqualitäten • Flexibilität • kritisches Reflexionsvermögen • Verantwortungsbewußtsein

Quelle: eigene Zusammenstellung nach Wölfing 1992, S. 8f

dem Aufzeigen von Einsatzmöglichkeiten und einem entsprechenden Training zu verbinden, so daß fachliches Wissen und methodisches Können kombiniert geschult werden.

Ansätze dazu zeigt *Feilhuber (1989, S. 131)* auf: Bei der Ausbildung von Sportanimateuren kann mehr Gewicht auf die Schulung sozialer Fertigkeiten gelegt werden, indem verstärkt Rollenspiele eingesetzt werden, die spezifische Problemfälle des Cluballtags behandeln. Ein weiterer Ansatzpunkt ist ein teamorientiertes Vorgehen bei der Aufgabenverteilung und bei der Planung der Animationsprogramme, um die Identifikation der Animateure mit ihrer Tätigkeit zu verbessern. Einige Veranstalter von Clubreisen setzten diese Methoden bereits ein und verwenden aus den genannten Gründen bei Auswahlverfahren z.B. die "Assessment-Center-Methode"[37], bei der das Rollenverhalten in der Gruppe beobachtet und Rückschlüsse auf die soziale und persönliche Kompetenz des Bewerbers gezogen werden können[38].

---

[37] vgl. auch *Wiegand (1993, S. 61ff)*.
[38] Zu Auswahlverfahren im Berufsfeld Sporttourismus und Schulungsmöglichkeiten der Kompetenzdimensionen vgl. auch *Schoder/Gläser (1994)*.

Teil B: <u>Ausgewählte betriebswirtschaftliche Probleme von Leistungsträgern im Sporttourismus</u>

I. Das Sporttourismus-Angebot der Reiseveranstalter und -mittler
von Ulrich Köhler, Reisebüroleiter
und Dr. Swantje Scharenberg, Hochschulassistentin der Sportwissenschaften

Der Sport hat in den achtziger Jahren den Weg aus der Gemeinschaft des Vereins hin zur Individualität des Fitneßstudios und hin zur "Einsamkeit des Langstreckenjoggers" gefunden, herkömmliche Disziplingrenzen werden zunehmend fließend. Welche Motivation die 23,8 Millionen Bundesbürger haben, die regelmäßig oder gelegentlich Sport treiben *(Opaschowski 1994b, S. 8)*, ob diese beispielsweise aus dem steigenden Gesundheitsbewußtsein resultiert und/oder ob die aus den USA herübergeschwappte Fitneßwelle Anlaß war, sich sportlich zu betätigen, ist wohl nur im Einzelfall zu beurteilen. Entscheidend ist jedoch allein der Prozeß des Umdenkens, die Wandlung hin zur Erlebnisgesellschaft, in der der eigene Körper als **Präsentationsobjekt** eine wichtige Rolle einnimmt.

1. Sportimage im Wandel

Bei steigendem Einkommen und wachsender Freizeit führt das Überangebot an Aktivitätsmöglichkeiten zur Zeitverknappung und verlangt eine rigide Auswahl, die im Individualismus gipfelt. "Die sportliche Bewegung ist eher ein Weg zu sich selbst als zu anderen. Individualisierung zählt mehr als Sozialerfahrung" *(Opaschowski 1994b, S. 18)*. Der Hunger nach eigenen, außergewöhnlichen Erlebnissen bleibt jedoch bei steigender Lebensqualität zunächst eher Anspruch. Die Verwirklichung der **Revolution im Sportangebot** prognostiziert *Opaschowski* erst für die Jahre ab 2010, wenn sich **materialintensive Sportarten** wie Drachenfliegen, Autorennen oder Tiefseetauchen gesamtgesellschaftlich durchgesetzt haben und nicht nur als Streßabbau von einigen wenigen höhergebildeten Besserverdienenden ausgeübt werden.

Auch wenn sich Sport augenblicklich in einer engen Symbiose mit der Gesellschaft befindet, so konkurriert er doch entscheidend mit anderen Freizeitangeboten, die den Charakter von sozialen Werten annehmen wie Medien, Kultur und Tourismus. Das "magische" Dreieck - Sport/ Medien/ Gesellschaft - hat zwar offensichtlich die Stellung des Sports im sozialen Miteinander verbessert, unterschwellig jedoch haben die Medien den Sport für ihre Zwecke ausgenutzt, um nicht zu sagen durch Eskalation von Zusammenschnitten einzelner Höhepunkte und Sensationen verbraucht.

Um am Markt bestehen zu können, muß im Sport ein Imagewandel eintreten. Die aktuellen Motive des Sporttreibens, wie aktive Zerstreuung oder Erhalten der körperlichen Leistungsfähigkeit, sind dazu mit den bestehenden Trendaktivitäten (z.B. Tennis, Wasserski und Segeln) zu kombinieren, um Typologien zu erhalten und den globalen Bereich Sport zu organisieren. Eine bedürfnisorientierte Strategie ist zu verfolgen, die die unterschiedlichen Käufermärkte unter Beachtung des gesamtgesellschaftlichen Umfeldes antizipiert. Die sportlichen Werte müssen demzufolge differenziert werden: Der Zuschauersport unterscheidet sich gravierend vom Sport der Aktiven, bzw. von den Auffassungen der Sportfunktionäre.

2. Sporturlaub und Aktivurlaub

Für alle Sportinteressierten - und das sind nach Zahlen des *B.A.T Freizeit-Forschungsinstituts* von 1994 78% der Bundesbürger - möchte die Sporttourismusbranche adäquate Angebote schaffen. Obwohl der Trend zu Sportreisen bzw. Reisen zu Sportveranstaltungen immer mehr zunimmt, macht das zielgruppenorientierte Angebot von Veranstaltungstourismus über Wettkampfreise, Trainingsreise, Sporturlaub bis hin zum Aktivurlaub bisher nur 3% des Gesamtangebots der Veranstalter aus. Trotzdem sind Sportreisen ein nicht zu unterschätzender Faktor für kleinere und mittlere Veranstalter, da mit der Altersgruppe bis 29 Jahre und den 40 bis 49jährigen eine abweichendes Kundenklientel als in vielen anderen Marktsegmenten des Tourismus angesprochen wird.

Beispielhaft sollen hier die Kriterien für einen "Sporturlauber" kurz genannt werden: Die entweder noch in der Berufsausbildung stehenden oder selbständig/freiberuflich Tätigen, die leitenden Angestellten und höheren Beamten, die einen Sporturlaub buchen, beziehen ein hohes Haushaltseinkommen, sind der höchsten sozialen Schicht zuzuordnen und verreisen mehrfach im Jahr. Überdurchschnittlich häufig wählen sie den Caravan oder das Wohnmobil, um sich ihre Unabhängigkeit zu erhalten oder übernachten in Ferienhaus bzw. Ferienwohnung *(vgl. Datzer 1993, S. 63)*.

Vollständig in der Planung und Durchführung der Reise auf die Ausübung einer Sportart konzentriert (Sport als Urlaub), ist es weitgehend der Bewegungsdrang und das (Neu-)Erleben einer Sportart bei kalkuliertem Risiko, die Selbsterfahrung und der Wunsch nach Anerkennung, die den Sporturlauber ausmachen: Rafting, in einem unsinkbaren Schlauchboot durch das Wildwasser zu paddeln, und dabei das richtige Steuern unter erfahrenen Bootsführern zu lernen, ist ein Beispiel für ein neues Bewegungserleben; die entsprechende Ausrüstung sowie erfahrene Führer werden selbstverständlich vom Veranstalter gestellt, der sich auch zum Teil eine Versicherung des Verzichts auf Schadensersatzansprüche unterschreiben läßt.

"Der Winterurlaub, im 19. Jahrhundert als Alpinismus-Bewegung leistungsbewußter Gipfelstürmer geboren, wird in den 90er Jahren zur Spielwiese für Lebensgenußanhänger" *(Opaschowski 1983, S. 189).* In Arosa beispielsweise steht zum Saisonauftakt alljährlich auf 1990 m Höhe mitten im Skigebiet ein auffallend buntes Zirkuszelt. Gaukler, Satiriker und Kabarettisten bieten den Sportlern hier Kultur auf der Piste. Auf diese Weise soll eine räumliche Bindung der Kunden geschaffen werden und dem Rückgang des Skisportinteresses begegnet werden.

Gesucht wird die zeitlich sich wandelnde Erfüllung der Lebensqualität, die sich für Sporturlauber in den schnell zu erlernenden Traumsportarten äußert, die ihnen - anders als in der Arbeitswelt - die Möglichkeit bieten, körperliche und psychische Herausforderungen auszuleben.

Sportarten mit Hauptmotivcharakter für eine Urlaubsreise sind fast ausschließlich **Freiluftsportarten**. Ihnen haftete nicht die Erinnerung an Schweißgeruch aus muffigen Turnhallen oder die nasenverwirrende Vielfalt deogeprägter Düfte der Fitneßstudios an.

Auffällig bei der Zusammenstellung von *Dreyer (Abbildungen 10 und 11 in diesem Band., S.10f)* ist der hohe Prozentsatz an Individualsportarten, die eine eindeutige naturräumliche Anbindung haben. Es werden jedoch nicht die ökologischen Ressourcen in Verbindung mit kulturellen oder traditionellen Bewegungsmustern, Riten und Gebräuchen genutzt, sondern es entsteht eine ambivalent zu beurteilende künstliche Raumnutzung für den "modernen" Sport. Erhaltung ist nur durch Zerstörung möglich. "Der Freizeitmensch als Fisch-Vogel-Känguruh-Wesen: Schnorcheln   und   Tiefseetauchen, Drachenfliegen und Paragliding, Free-Climbing und Fallschirmspringen" *(Opaschowski 1992b, S. 50)* muß sich jedoch ökologischen bedingten Restriktionen anpassen. Mountainbiking wird nur auf bestimmten Wegen gestattet, Tauchschiffe dürfen nur an festgelegten Stellen ihre Anker werfen, Kapazitätsbeschränkungen bzw. direktes Betretungsverbot, um eine ökologische Regeneration zu ermöglichen, sollen die langfristige Umweltzerstörung möglichst gering halten. Letztlich kommt es auch durch den Sporttourismus zu einer Verlagerung der örtlichen (ökologischen) Probleme ins Ausland.

Um jedoch der Nachfrage beim Sportangebot gerecht zu werden ohne weiträumig ökologische Schäden anzurichten, entstehen **künstlich geschaffene Sportwelten**, Fitneßstudios in gigantischen Ausmaßen, die eher den Freizeitcharakter als die sportliche Anstrengung betonen. Der

Aktivurlauber, der sich nicht auf eine Sportart im Urlaub spezialisieren möchte, sondern seinen Erlebnisdrang in geselliger aktiver Erholung ausleben will, findet in den sportbezogenen Freizeitparks Möglichkeiten zum Free Climbing, Wasserrutschen, Hydrospeeding, Golftraining, Beach-Volleyball, Skateboarding oder erlebt in der "Waterworld" konzentriert unterschiedliche Begegnungen mit dem kühlen Naß. Die bewußt eingesetzten Anglizismen verstärken noch den innovativen und animierende Charakter des Angebots für unterschiedlichste Altersgruppen, der bei den künstlichen Fun-Sport-Welten im Vordergrund steht.

Der sportliche Leistungsaspekt ist alleiniger Antrieb für Reisen zu Wettkämpfen und Trainingslagern. Abhängig vom Trainingsplan werden festgelegte Ziele zu einem bestimmten Zeitpunkt angesteuert. Das sportliche Angebot und seine Organisation, die vom Wettkampfveranstalter am Ort betreut werden, sind der Grund für die Reise.
Angelockt durch die Präsentation einzelner Sportarten oder auch durch Sportgroßereignisse wie die Olympischen Spiele entscheiden sich Sportfans und Funktionäre, Veranstaltungen beizuwohnen. Das unbeschreibliche Flair und das Gefühl, dabei gewesen zu sein - wenn auch nur als Zuschauer - befriedigt das Bedürfnis nach einem Erlebnis einer ganz besonderen Art.

Diese unterschiedlichen Sportinteressierten gilt es mit dem Sporttourismusangebot als Kunden zu gewinnen, jedoch die Konkurrenz ist groß wie anhand des nachfolgenden Daten- und Zahlenmaterials deutlich wird, das Veröffentlichungen der einzelnen Veranstalter entnommen worden ist und hier ausschließlich dazu genutzt wird, Entwicklungstrends zu illustrieren.

3. Der Veranstaltermarkt im Sporttourismus

Allein im TID (Touristik-Kontakt, hier sind alle wichtigen Adressen der Touristikbranche zusammengefaßt) sind über 100 kleinere Veranstalter ausgewiesen, die sich mit dem Marktsegment Sport beschäftigen. Hinzu kommen noch eine Vielzahl nicht erfaßter Kleinveranstalter, die sich auf regionaler Ebene bewegen, oder ihr Kundenpotential aus dem Direktkontakt zu den entsprechenden Vereinen rekrutieren. "Kleinere Veranstalter" sind Betriebe, die einen Mitarbeiterstamm von 2-10 Personen haben, in der Regel als GmbH firmieren, und als Stammkapital die vorgeschriebene Mindestsumme von DM 50 000.- ausweisen.

3.1 Die Branchenriesen

Auf eine über 30jährige Erfahrung mit Wettkampfreisen und Veranstaltungstourismus kann *DERtour* zurückblicken, in der der Veranstalter sich eine der marktführende Positionen unter den Spezialanbietern mit einem adäquaten Vertriebsnetz erarbeitet hat. 1993 liegt der Umsatz von *DERtour* im Sportangebot bei 45 Millionen DM, das ist die Gesamtpalette, die dem Sportsektor zuzurechnen ist (inkl. Eigenveranstaltungen im Direktvertrieb). Bei einem Gesamtumsatz von ca. 1298 Millionen DM entsprechen die Sportreisen damit einem Anteil von 3,5%. Wird die reine Katalogtouristik zugrundegelegt, die für die Mittlerbranche realistischer sein dürfte, ist der Anteil an Sportreisen auf 5,3% zu beziffern, bezogen auf den Gesamtumsatz der Katalogtouristik in Höhe von ca. 853 Millionen DM.

An der Spitze der - allerdings schwer abgrenzbaren - Branche liegt *Sport-Scheck Reisen* in München. *Sport-Scheck* erzielte 1993 einen Umsatz von 28,2 Millionen DM. Obwohl *Sport-Scheck* weniger Umsatz als *DERtour* erreicht, muß diese Firma unter den Spezialanbietern wegen der erst kurzen Marktrepräsentanz in der Branche der Reiseveranstalter als führend angesehen werden.

Ein Newcomer unter den Veranstaltern im Spezialgebiet Sport ist *Hetzel-Reisen* in Stuttgart. Die vor drei Jahren gegründete Abteilung meldete 1993 einen Umsatzzuwachs von 35%, ist jedoch erst bei 1600 Buchungen angekommen. *Sport-Scheck Reisen* verzeichnete ein Plus von 4%, was 35.000 Buchungen entspricht.

Die Großveranstalter wie z.B. *TUI, Neckermann* etc. haben sich nicht konsequent auf den Bereich Sportreisen konzentriert. Der Einstieg in das Marktsegment "Sportreisen" ist bei ihnen über die Konzeption des Cluburlaubs (Robinson, Aldiana) erfolgt, bei der die Animation ein entscheidendes Element ist, und hat durch die Buchungserfolge zum Nachdenken über ein stärkeres Engagement im Sportbereich geführt. Häufig wurde das Sportangebot durch gering qualifizierte Animateure geleistet, obwohl genügend gut ausgebildete, junge Sportlehrkräfte vorhanden waren.

"Sollten nicht die qualifiziertesten Anbieter von Sport, die Sportvereine, auch vermehrt Sport-Urlaubsreisen anbieten?" *(Freyer 1988, S. 7).* Diese Frage hat *TUI* zumindest formal werbewirksam beantwortet: "*Robinson* ist Partner vom Deutschen Tennisbund (DTB). Unsere Tennislehrer sind ausgebildete Profis. Jährliche Fortbildungskurse werden von Detlev J. Irmler geleitet, dem ehemaligen Teamchef der deutschen Davis-Cup-Mannschaft und Coach des Bundesligisten Rochus Club, Düsseldorf".

Die *TUI*, führender Großveranstalter in Europa, nahm bei der vor Jahren durchgeführten Neukonzeption des Gruppen - und Sonderreisenkatalogs *Tourconcept* Angebote in das Programm, die für Sportvereine maßgeschneidert sind, wie an der nachstehenden Auswahl deutlich wird:

- Anpfiff auf Fuerteventura, Trainingslager auf den Kanaren
- Fit für die Fußballrückrunde, Trainingswoche auf Mallorca
- Mit dem Golfschläger entlang der Costa del Sol
- Golfen von Platz zu Platz, Mallorcas schönste Golfplätze
- Tennisurlaub auf Mallorca
- Spielend durch die Winterpause, Fußballtraining an der Algarve
- Tennissaisoneröffnung in Tunesien
- Golfen in Tunesien, Greenfee auf drei Plätzen
- Alpenolympiade im Oetztal, Mountainbiking-Rafting-Wandern
- Golf Open 94 im Robinsonclub Ampflwang

Mit den Katalogangeboten der Wintersaison 1994/95 stieg auch *Meier's Weltreisen* mit dem Spezialkatalog *Golf & mehr* im Rahmen der Markenfamilie der *Meier's Weltreisen*-Kataloge in das Sporturlauber-Segment ein. Aber nicht nur über Spezialkataloge, sondern auch - wie die Mehrzahl der anderen Veranstalter - im Rahmen der gebietsbezogenen Kataloge bot *Meier's Weltreisen* Sporturlaub an. So beinhaltete der Amerika-Katalog für das Winterhaljahr 1994/95 Angebote für Skireisen in die Rocky Mountains.

3.2 Individuelle Sportangebote für jede Zielgruppe

Der **Tennisurlaub** steht nach wie vor an der Spitze, wird jedoch vom exklusiven Angebot **Golfurlaub** bedrängt, wie selbst in der Prospektgestaltung deutlich wird. Auf Hochglanzpapier werden dem Laien in allgemein verständlicher Form die Regeln und Bedingungen des Golfspielens nahegebracht. Als Beispiel soll hier der Katalog *Golfschulen Sommer 1994* angeführt werden, der in Zusammenarbeit von *TUI, ROBINSON Club, AIRTOURS* und *DERtour* erstellt wurde. Genaue und reichhaltige Erklärungen ermöglichen dem Reisemittler, sich Kompetenzen anzueignen, aktuelle Preise und der Buchungsservice sind - wie bei kleinen Spezialveranstaltern nicht unbedingt üblich - über Computer zugänglich.

Ein ähnlich hochwertiges Angebot für die golfinteressierten Sporttouristen hatte 1994 die Reederei Hapag Lloyd in ihrem Programm, die als erste Reederei für Luxuskreuzfahrten spezielle Golfkreuzfahrten angeboten hat, bei denen solche Häfen als Ziel angesteuert werden, die über Golfplätze verfügen (in der Regel 18-Loch) und zur Zeit des Eintreffens der Schiffsgäste je nach Möglichkeit auch Turniere anbieten.

In das Angebot für Aktivurlauber, die das Abenteuer suchen, kommen von Jahr zu Jahr **immer neue und ausgefallenere Sportarten** dazu *(vgl. auch Kapitel B. II von Trümper in diesem Band)*, die sehr oft nur eine Modeerscheinung darstellen, und entweder nach einer geraumen Zeit zum Selbstläufer werden, oder irgendwann wieder aus dem Angebot verschwinden. Sie sind für den Verbraucher nicht ausschlaggebend in seiner Wahl des Urlaubsortes, sondern vielmehr ein zusätzlicher Anreiz.

Zeigt sich jedoch eine Vorliebe (hohe Akzeptanz) des Kundenpotentials für eine bestimmte Betätigungsrichtung, wird diese aus dem Konglomerat des Angebots herausgefiltert und steigt zu einer Exklusivsportart, einer Sportart, die als Hauptmotiv für eine Urlaubsreise angeboten wird, auf. So greift beispielsweise *Sport-Scheck* den Trend aus den USA auf, Basketball auf der Straße zu spielen, und bietet Streetballwochenenden in der Toskana an.

Ähnliche Entwicklungen nahmen heutige Highlights wie beipielsweise Surfcamps an der französischen Atlantikküste oder Snowboarding im Winter. Als das Surfen im Trend lag, versuchten viele Anbieter kurzerhand **Surfreisen** in ihr Programm aufzunehmen, ohne jedoch auf die Qualität ihres Angebots zu achten. Inzwischen ist Surffans sehr bewußt geworden, welches Material auf welcher der Surfstationen ihren Ansprüchen entgegenkommt, so daß sich nur qualitativ hochwertige Ware durchsetzt. Ähnliches gilt auch für das **Tauchen**. Gefragt sind Stationen, bei denen man international anerkannte Lizenzen erwerben kann (z.B. Feria/Subaqua-Tauchreisen), diese werden neuerdings in enger Zusammenarbeit mit Herstellerfirmen eingerichtet, d.h. daß sich diese Firmen an den Stationen beteiligen und dafür exklusiv ihre Ware oder das benötigte Material vertreiben können. Dadurch wird garantiert, daß diese Stationen immer auf dem neuesten technischen Stand sind und damit den in sie gesetzten Anspruch an hohen Qualitätsstandard halten können.

Im **alpinen Skisport** lassen die wachsende Schneeunsicherheit in den Alpen und das steigende Qualitätsbewußtsein in Verbindung mit der Ausgabefreudigkeit besserverdienender Zielgruppen die **Rocky Mountains** als Reiseziel interessanter werden. Im Rahmen ihrer allgemeinen Amerika-Urlaubskataloge boten im Winter 1994/95 z. B. *DERtour, airtours,* und *Meier's Weltreisen* Ziele in den U.S.A. und Kanada an. Nordamerika-

Spezialist *CA-Ferntouristik* widmet dem Thema einen Einleger im Hauptkatalog und *Arktis Reisen Schehle* bietet gar einen Sonderprospekt *Ski the Rockies* an.

Dabei waren die Preis-/ Leistungsstrategien der Veranstalter, mit denen versucht wurde, dem Preisvergleich durch die Konsumenten zu begegnen, unterschiedlich:

Beispiel:
- *DERtour* bot neun verschiedene Ziele zu Preisen an, die als **Tagespreis pro Person** auf der Basis eines einwöchigen Aufenthaltes (sieben Nächte) ausgewiesen wurden. Geschnürt wurden **Packages** aus Hotelübernachtung und Skipaß in Verbindung mit kleineren Serviceleistungen, aber **ohne den Flugpreis.**
- *Meier's Weltreisen* rechnete in seine Angebotsdarstellung (zwei Zielorte) den **Flugpreis ebenso mit ein** wie *airtours* (elf Zielorte) und *Arktis Reisen Schehle* (profilierte sich mit 17 Skiregionen als Spezialist).
- *CA Ferntouristik* (sieben Übernachtungsorte, elf Skiregionen) bot ebenfalls **Packages ohne Flugpreis** an, allerdings mit einem ausgewiesenen Endpreis (für einen Aufenthalt mit sieben Übernachtungen).

Abbildung 1:
Preisvergleich von Veranstaltern am Beispiel

Haupt-Leistungen: Whistler , Kanada, Linienflug nach Vancouver, Bustransfer, Abreise Mitte Februar, 7 Übernachtungen, 5 Tage Skipaß, Hotel Delta Whistler Resort, Zimmerbelegung 2 Personen, Preis pro Person				
Veranstalter	**Zusatz-Leistungen**	**Hotelpreis + Zusatzpaket (DM)**	**Flugpreis (DM)**	**Gesamtpreis (DM)**
DERtour	örtliche Betreuung	1337	1100	2437
CA Ferntouristik	Informationspaket	1398	1211	2609
Arktis Reisen Schehle	Teilnahme am Empfang, Tagesrucksack, Telefonkarte, Reiserücktrittskostenversicherung			2745

Quelle: Eigene Zusammenstellung aus den Winterkatalogen 1994/95 der Reiseveranstalter *DERtour, CA Ferntouristik* und *Arktis Reisen Schehle*

Für den weniger organisationsfreudigen Aktivurlauber mit ökologischem Bewußtsein und kleinerem Geldbeutel werden **Fahrradreisen** als Tourenpaket inklusive des Gepäcktransfers und der Übernachtungen angeboten. Klassische Strecken sind hierbei z.B. der Donauradwanderweg von Passau nach Wien oder in Deutschland entlang der Weser, bzw. in Süddeutschland "rund um den Bodensee". Die Ausarbeitung solcher Tourenpakete wird inzwischen von vielen Fremdenverkehrsvereinen vorgenommen und entweder über Veranstalter, häufiger jedoch dem Kunden im Direktvertrieb offeriert. In diesem Fall wird das Ausflugsangebot des örtlichen Verkehrsvereins mit in das Angebot aufgenommen. Fahrradreisen haben sich durch die Gesundheitsbewegung der letzten Jahre durchgesetzt und bieten auch dem sportlich nicht besonders aktiven Menschen eine Möglichkeit, Sport in die Urlaubsplanung mit einzubeziehen.

Auch von den großen Reiseveranstaltern werden Fahrradreisen in umfangreicher Form angeboten. Von *DERtour* werden z. B. Ziele in ganz Europa für eine Fahrradtour angeboten: Niederlande, Irland, Ungarn, Tschechien, Italien, Portugal, Frankreich, Tunesien, Malta, Rußland, Litauen, Lettland, Estland, Polen. Bis auf wenige Ausnahmen sind diese Touren auf acht Tage begrenzt, und beinhalten den Flug, Übernachtungen, Gepäcktransfer sowie Radmiete. Es werden Tagesausflüge mit Besichtigungen unternommen, selbstredend alles per Rad.

Eine Vielzahl verschiedener sportlicher Aktivitäten steht im Mittelpunkt des **Cluburlaubs**. Für den Marktführer, *Club Méditerranée*, ist der **Sport Teil der Unternehmensphilosophie**. Durch den Sport sollen kommunikative Hemmschwellen abgebaut werden, so daß es dem Veranstalter auch darum geht, diejenigen in das Sportprogramm zu integrieren, die Berührungsängste zum Sport besitzen.
Das Sportangebot des *Club Med* ist im sogenannten "Inklusiv-Preis" enthalten und umfaßt - wenn man das Programm aller Clubs weltweit betrachtet - mehr als 30 Sportarten.

3.3 Reisen zu Sportveranstaltungen

Der **Veranstaltungstourist**, der eine Reise zum Besuch von Sportveranstaltungen unternehmen möchte, gehört eher in die Kategorie der passiven Sportler. Wenn diese Art des Sporttourismus auch zu den ältesten zählt, so ist der Marktanteil sehr gering, da sich häufig nur kleine, vereinsinterne Gruppen, die zu einem sportlichen Großereignis fahren wollen, für ein solches Angebot interessieren. Trotzdem setzt *Poppe First* in Mainz, der als "Offizielles Reisebüro der National Football League (NFL) für Europa" und als "Offizielles Reisebüro für den Super Bowl XX IX am 29.1.1995 in Miami/Florida, USA" firmieren darf, auf diese Klientel. Der Reiseveranstalter bietet

- Formel I - Rennen,
- große Tennis- und Fußballturniere in aller Welt,
- Basketball NBA,
- Golf Masters,
- Football Superbowl,
- Schwimm-WM sowie
- Leichtathletik-EM an.

Die Leistung umfaßt einen Linienflug, Transfer zum Hotel, Übernachtungen mit Frühstück, Eintrittskarten, ggf. Sportangebote zum aktiven Mitmachen, die mit dem Wettkampf korrespondieren (selbst Golfspielen am Rande eines großen Golfturniers) und die Reiseleitung.

Traditionell seit über 30 Jahren ist *DERtour* in Frankfurt diesem Genre verbunden. Der Veranstalterkatalog *Sport live* lockt zunächst mit einem nach 34 Disziplinen geordneten Wettkampfkalender, der Deutsche Meisterschaften, Europa- und Weltmeisterschaften sowie andere große Turniere einschließt. Organisiert durch das *DER* werden Reisen zu folgenden sportlichen Höhepunkten:

- Superbowl XXVIII (American Football),
- Eishockey WM,
- Eiskunstlauf EM und WM,
- Fußball: Spiele mit deutscher Beteiligung und WM,
- Handball EM Herren,
- Leichtathletik (11 von 12 aufgeführten Veranstaltungen),
- Marathon (17 Veranstaltungen von Marrakesch über Mombasa bis nach Moskau),
- Motorsport (Formel I WM, vier von 16 Läufen),
- Olympische Spiele,
- Schwimm-WM (Senioren und Aktive),
- Tennis (16 Turniere u.a. in Australien, Frankreich und den USA),
- Tischtennis EM,
- Triathlon (fünf von sechs aufgeführten Ironman-Wettbewerben u.a. in Neuseeland und Spanien).

Bezogen auf den publizierten Wettkampfkalender bietet *DERtour* damit Reisen zu über 32% der Veranstaltungen - darunter auch Olympische Spiele - auf den verschiedensten Kontinenten an und verbindet die Kurzaufenthalte mit Möglichkeiten zu Ausflügen, Besichtigungen, Rundreisen oder Badeaufenthalten.

Ein so strukturiertes Angebot läßt eine wachsende Bedeutung des Marksegments "Reisen-zu-Sportveranstaltungen" erwarten. Gerade auch unter dem Aspekt, daß die Anzahl sportlicher Großveranstaltungen jährlich wächst und beispielsweise durch die alternierende Durchführung der Olympischen Winter- und Sommerspiele die sportlichen Höhepunkte günstiger verteilt werden.

Jedoch muß in diese Prognose auch die **Konkurrenz durch die Kulturveranstalter** miteinbezogen werden. Zur Oper nach Verona, zum Musical nach New York - besonders der Musikmarkt lockt mit immer neuen Angeboten, die das Bedürfnis nach immer mehr Lebensqualität auf einem anderen Sektor befriedigen.

Bei sogenannten **Fan-Reisen**, bei denen eine größere Menschenanzahl "ihre" (National-) Mannschaft begleiten möchte, reagieren die Verkehrsträger kooperativ und bieten Sonderflüge oder Sonderzüge zu den entsprechenden Veranstaltungen wie Fußballspielen, Eishockeybegegnungen u.s.w. an.

4. Marketing zwischen Märkten und Möglichkeiten

"Das Produkt ist nichts weiter als die Verpackung eines Problemlösungsdienstes" *(Kotler 1989, S. 363).*

- **Image und Wirklichkeit des Sports**

Sport wird im allgemeinen als **Leistungsbündel ohne klaren Marktpreis** gesehen. Das Problem besteht im Image des Sports, der noch immer als gemeinnützig, ehrenamtlich, auf Ideale ausgerichtet und selbstbestimmt gesehen wird. Dieses wird mit den Gesetzen des Marketing konfrontiert, in denen profitorientiert, professionalisiert und kommerzialisiert gehandelt wird und es zu Abhängigkeiten kommt. Als Ergebnis entsteht ein Image des Sports, das eher den Idealen der Fitneßstudios angelehnt ist als den der Vereine: Sport als individuelle, damit kultur- und sozialunabhängige Größe geht einher mit der Wandlung vom Anpassungskonsumenten zum Geltungs- und Erlebnis- bzw. Anspruchskonsumenten. **Der Abenteuer- und Erlebnissport wird zum Substitut für den Leistungssport.**

- **dynamische Bedürfnisentwicklung**

Werbung (oder Antiwerbung) für Sportarten und Zielgebiete über Videofilme, Filmbeiträge im Fernsehen ("Surfworldcup vor Hawaii") oder Diavorträge wecken erstes Interesse und schaffen Bedürfnisse, großenteils jenseits des Einflusses der Reiseveranstalter. Deren wesentliches Marketinginstrument, der Katalog, wirkt im Prozeß der Reiseentscheidung häufig erst später und trifft bereits auf vorhandene Bedürfnisstrukturen.

Der Wandel der Bedürfnisse ist dynamisch. Badeurlaub, "Kur"laub oder Skiurlaub sind fast schon antiquiert, statt dessen werden "waterworld", Thermenwochen oder Ski-Safaris angeboten, um schlank, fit und schön zu bleiben.

- **Einklang von Natur, Gesundheit, Sport und Kultur**

Die im Wissenschaftsdenken in den Vordergrund gerückte Ganzheitlichkeit, im Sporttourismus z. B. mit der Aktivformel "Wellness" zu beschreiben, wird auch auf das Kundenpotential bezogen. Da das Sportausüben bis ins hohe Alter propagiert wird und der Altersschnitt sowie die Bildung in der deutschen Bevölkerung steigen, müssen die Angebote so konzipiert werden, daß gesundheitsbewußt unter Einbeziehung ökologisch bedingter Restriktionen wie hohen Ozonwerten oder Verschmutzung der Meere gehandelt und Sport getrieben werden kann. Reisen soll nicht als Produkt, sondern **als Verhaltensweise** aufgefaßt werden.

Den Trend hin zur Kulturgesellschaft kann sich auch der Sport mit Hilfe von Synergieeffekten zunutze machen. Das Zusammenspiel von Kultur, Natur **und** Sport spricht besonders die ältere Generation an (z.B. Bergwandern), findet jedoch auch bei den Mittzwanzigern, die auf der Suche nach ihrem Lebenssinn sind, zunehmend mehr Interessenten (z.B. Bergtouren in Nepal in Kombination mit dem Erfahren anderer Religionen). Nach der *Maslow'schen* Bedürfnispyramide *(Abbildung 2, nächste Seite)* ist die Stufe der Selbstverwirklichung erreicht. Lust- und Genußorientierung bieten in Form einer hedonistische Alternativkultur die Gegenwelt zum Alltag. Aktivierung oder **"Eustreß"** (positiver, heilsamer Streß) durch Sport wirken streßabbauend für die Arbeit *(vgl. auch Dreyer, S. 31 in diesem Buch)*.

- **Wunsch nach Exklusivität**

Die heutige Produktpalette ist groß und vielfältig, die Abnehmer wünschen zunehmend exklusivere Angebote. Kaum eine Reise ist noch so schön wie sie war, wenn der Nachbar sie gleichfalls unternommen hat.

Für die Veranstalter erfolgt die Gratwanderung zwischen der Kostendegression bei größeren Reisegruppen und den im Sporttourismus vielfach vorhandenen Nischenangeboten mit wenigen Reisekunden. Da passen den Sportreiseveranstaltern niedrige Mindestteilnehmerzahlen und die damit verbundene Begrenzung des Angebotes gut zum Wunsch nach Exklusivität: sie können Exklusivitätsbedürfnisse befriedigen und gleichzeitig Risikominimierung betreiben.

Abbildung 2:

Bedürfnispyramide nach Maslow

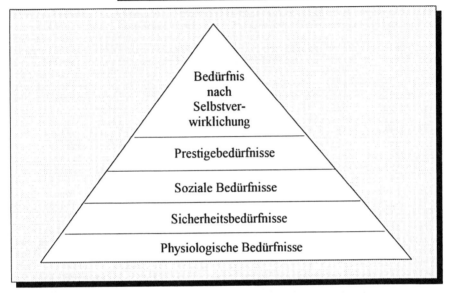

- **Erlebnis als Produkt**
Im Sporttourismus gilt besonders, daß nicht das Ereignis an sich veräußert wird, sondern der damit verbundene **Erlebnischarakter**, der sich in Spannung, Sensation und Neuerleben zeigt. Im Segment des Veranstaltungstourismus bereitet diese Tatsache den Veranstaltern Schwierigkeiten. Zwar ist die Eintrittskarte zum Wettkampf neben dem Flug und der Unterkunft Teil der Hauptleistung, maßgeblichen Eindruck hinterläßt aber der Ablauf des Wettkampfes mit seinen mehr oder weniger ereignisreichen Höhepunkten Diese stellen das eigentliche Erlebnis dar, sind jedoch **nicht reproduzierbar**.

- **ergänzende Sporttourismusindustrie**
Umfassende Marketingkonzepte, in denen manchmal auch Märkte "erahnt" werden müssen, tragen dafür Sorge, daß das Angebot auch eine Vielzahl im Umfeld der Reise entstehender Bedürfnisse abdeckt. Die Penetration reicht bis zu Souvenirartikeln wie kommerziell erstellten Fotos, Bekleidung vom

T-Shirt bis zur Baseballkappe, Fanartikel, Uhren, Handtücher und Druckerzeugnisse wie z.B. Postkarten, die als Konsumgüterkonglomerat zusätzliche Einnahmequellen bieten und für den Konsumenten die Authentizität nach außen hin **demonstrieren** sollen.

• **Vertriebsprobleme für Sportreisen**
Ein Manko beim Vertrieb von Sportreisen ist die **Informationsschere** zwischen Vermittler und Käufer. Prospekte sind bei Spezialveranstaltern in der Regel Mangelware. Informationen seitens der Veranstalter erfolgen so gut wie nicht. Somit besitzen die Verkäufer in den Reisebüros häufig nicht das notwendige Hintergrundwissen. Dagegen sind die Kunden, die sich auf eine bestimmte Sportart spezialisiert haben, häufig sehr gut informiert. Den Reisebüromitarbeitern bleibt nun vornehmlich die Kommunikation zum Veranstalter per Telefon. Diese Situation läßt sowohl beim Reisemittler als auch beim Veranstalter höhere Kosten entstehen, die dem gemeinsamen Geschäft nicht zuträglich sind.

Die Kostenersparnis (durch Vermeidung der Reisebüroprovision) im Direktvertrieb und der größere Informationsgehalt für den Reisekunden bei den Veranstaltern drängen die Reisemittler im Marktsegment des Sporttourismus zunehmend ins Abseits. Im Zuge der Sortimentsbereinigung sind deshalb die Kataloge von Sportreiseveranstaltern die ersten, die aus den Regalen verschwinden, was allerdings nicht für die Sport-Spezialkataloge der großen Reiseveranstalter gilt. Zum einen haben die Großveranstalter seltener größeres Sport-know how erfordernde Angebote im Programm und außerdem werden sie von den Reisemittlern zur Erreichung der Bonusstaffeln gerne angeboten.

II. Die touristische Entwicklung der Risiko- und Abenteuersportarten

von Thomas Trümper, Abenteuersportler

1. Bestimmung der Sportarten

Eine Durchsicht der Literatur, die sich mit Risiko- und Abenteuersportarten befaßt, führt zu dem Ergebnis, daß eine einheitliche Definition der Risiko- und Abenteuersportarten nicht existiert[1]. Die Gestaltung einer möglichen Definition erweist sich als schwierig, da diesen Sportarten zugrundeliegende zentrale Begriffe des Risikos und Abenteuers als Begriffe und Phänomene des Erlebens unscharf sind. Zusätzlich zu der Unschärfe und Vieldeutigkeit der Begriffe erschwert das komplexe Zusammenspiel von objektiven und subjektiven Kriterien die definitorische Begriffsbestimmung. Die erste Konsequenz aus dem Versuch einer Definition der Risiko- und Abenteuersportarten sollte jedoch die Klärung der Schlüsselbegriffe sein.

1.1 Zentrale Begriffe

a) Risiko

Risiko meint allgemein das **Maß für die Größe einer Gefahr** *(vgl. Bäni 1991, S. 2f)*. Dieses Maß beschreibt das Produkt aus der **Eintrittswahrscheinlichkeit** einer Gefahr und dem Ausmaß des **Schadens** (Auswirkungsschwere), wobei der Charakter der Wahrscheinlichkeit für beide Größen gilt. Grundsätzlich birgt jede sportliche Betätigung ein für die Sportart spezifisches, unterschiedlich hohes Risiko in sich, sich zu verletzen.

Das Risiko ist abhängig von subjektiven (individuellen) und objektiven (äußeren) Faktoren:

* **Subjektive Faktoren**:
  determiniert durch **physische** (z.B. Kraft, Geschicklichkeit, Widerstandsfähigkeit, Trainingszustand etc.) und **psychische** Voraussetzungen (z.B. Risikobereitschaft, Ehrgeiz, Urteilsvermögen, Erfahrung, Angst)

---

[1] Es existieren verschiedene, oft synonym gebrauchte Begriffe wie: *Natur-, Outdoor-, Extrem-, Trend-, Mode- und Aktivsportarten.* Im englischen Sprachbereich werden folgende Begriffe verwendet: *Action-Sports, Adventure-Sports, Outdoor Recreation, Outdoor Pursuits.* Letztendlich ist der Versuch einer eingrenzenden Definition kognitive Selbstbestimmung.

- **Objektive Faktoren**:
determiniert bespielsweise durch die Sportart, die Beschaffenheit der Ausrüstung, Instruktionen anderer Personen (z.B. Reiseleiter, Animateur oder Trainer), Gruppengröße, geographische und klimatische Bedingungen

Einer bestimmten Gefahr (Bedrohung) ausgesetzt zu sein, beinhaltet aufgrund dieser Faktoren für jedes Individuum ein individuelles Risiko. Daraus ergibt sich, daß das **Risiko beeinflußbar** ist und zu einem erheblichen Teil der Kontrolle des Individuums unterliegt *(vgl. Bäni 1991, S. 3)*.

Hinsichtlich der Kontrollierbarkeit der Risiken können folgende Unterscheidungen getroffen werden:

- **kontrollierbare Risiken**: **abhängig** von subjektiven Faktoren; unterliegen somit dem Handlungsbereich des Ausübenden

- **unkontrollierbare Risiken**: **unabhängig** von subjektiven Faktoren; unterliegen **nicht** dem Handlungsbereich des Ausübenden

Gerade der Sport bietet in vielen seiner Arten und Ausprägungen gute Möglichkeiten, sich Risiken bewußt auszusetzen, sie sinnvoll zu dosieren, zu kontrollieren und mit ihnen umgehen zu lernen.

b) Abenteuer

Abenteuer gilt als eine **Steigerung von Erlebnis**. Ein Abenteuer ist u.a. dadurch gekennzeichnet, daß es bezogen auf den Verlauf des alltäglichen Lebens Ausnahmecharakter hat und deutlicher als andere Lebensinhalte durch Anfang und Ende gekennzeichnet ist *(vgl. Schleske 1977, S. 33)*. Wodurch ein Abenteuer (verstanden als besonders akzentuiertes Erlebnis) gekennzeichnet ist und wie es entsteht, wird durch zwei Theorien zur Erlebnisentstehung dargelegt, und zwar mit Hilfe der Eindruckstheorie und der Verarbeitungstheorie *(vgl. Schulze 1993, S. 42ff)*.

Die **Eindruckstheorie** geht davon aus, daß der Mensch als Empfänger von Eindrücken bei der Entstehung von Erlebnissen auf bestimmte äußere Situationen angewiesen ist und die Erlebnisse durch bestimmte Aktivitäten hervorgerufen werden können.

Folgende Aktivitäten werden mit der Vorstellung des Abenteuers verbunden *(vgl. Schleske 1977, S. 34)*:

- das Betreten von Neuland und die Erforschung einer fremden und unbekannten Gegend
- ein experimenteller Umgang mit neuen Materialien und Objekten
- Grenzerkundungen für das dem Menschen Mögliche und körperliche Leistungsproben (Grenzerfahrungen in bezug auf die eigene Kraft, Ausdauer, Gewandheit und Geschicklichkeit)
- besondere Arten der Raumüberwindung und die Erprobung von Orientierungs- und Reaktionsfähigkeit

Diese Aktivitäten enthalten folgende Erlebnismerkmale *(vgl. Schleske 1977, S. 33)*:

- vielfältige Modifikationen des Neuen und Fremden
- verschiedene Formen des Überraschenden
- bestimmte Modifikationen des Gefährlichen

Erforderlich für die Enstehung eines Abenteuererlebnisses nach der Eindruckstheorie sind demnach bestimmte Handlungsfelder mit bestimmten Erlebnismerkmalen.

Ungeachtet dieser notwendigen Überlegungen ist die Entstehung eines Abenteuererlebnisses damit allein nicht hinreichend erklärbar. Was ein Abenteuererlebnis ausmacht, ist letztendlich abhängig vom subjektiven Empfinden des Individuums. Die charakteristischen Merkmale des "Abenteuerlichen" können sich demnach nur durch eine bestimmte Haltung des Individuums ausbilden.

Diesen Aspekt beinhaltet die **Verarbeitungstheorie.** Erlebnisse werden danach nicht vom Individuum empfangen, sondern von ihm gemacht, d.h. was von außen auf das Individuum einwirkt, wird erst durch Selbstverarbeitung (Reflexion) und durch Integration in einen schon vorhandenen individuellen Kontext zum Erlebnis. Folglich ist es unabhängig von äußeren Eindrücken und Situationen.

Zusammenfassend läßt sich sagen, daß es erst durch das **Zusammenwirken** (oder einer bestimmten Konstellation) von bestimmten **äußeren Situationsmerkmalen** und **individueller Verarbeitung** zu Abenteuererlebnissen kommt.

1.2 Spezifische Merkmale der Sportarten

a) Umgebungsbedingungen und Nutzung

Risiko- und Abenteuersportarten basieren auf der Beziehung zwischen Mensch und natürlicher Umgebung, wobei die spezifischen Eigenarten der Naturressourcen (Boden, Klima, Wasser) zur Ausübung des Sports genutzt werden.

Aufgrund ihrer spezifischen Anforderungen an die Naturressourcen können die Sportarten zusammengefaßt und unterschieden werden (z.B. Wassersport, Bergsport, etc.). Die Sportarten sind (ursprünglich) unabhängig von moderner Infrastruktur (z.B. Sportstätten und -anlagen) und werden bevorzugt dort ausgeübt, wo die natürliche Umgebung hohe, objektive Erlebnisreize (z.B. extreme landschaftliche und klimatische Bedingungen) bereitstellt.
Die Risiko- und Abenteuersportarten sind einerseits als **landschaftsbezogen** und **nicht-anlagegebunden** einzustufen (daher auch unter dem Begriff Natursportarten zusammengefaßt), anderseits aber werden vermehrt **synthetische Kunstwelten** (z.B. Hallenkletteranlagen) zur Ausübung (z.B. Training, Wettkampf etc.) genutzt, die die natürlichen Bedingungen reproduzieren.

b) Handlungs- und Bewegungsstruktur

Aufgrund der Verschiedenheit der einzelnen Aktivitäten und der variablen Nutzung der Umgebungsbedingungen erweist es sich als schwierig, eine für die Ausübung der Risiko- und Abenteuersportarten einheitliche Beschreibung der Handlungs- und Bewegungsstruktur zu finden. Dennoch gibt es folgende auffällige Gemeinsamkeiten:

• Vorwiegend freiwillig werden äußere Situationen geschaffen, in welchen sich der Risiko- und Abenteuersportler objektiven Gefahren aussetzt, welche sportartspezifisch sind. Die äußeren Situationen sind gewöhnlich jedoch der eigenen Leistungsfähigkeit angepaßt, und die Gefahren sind in aller Regel kalkuliert oder kalkulierbar. Die Möglichkeit eines Unfalls ist trotzdem untrennbar mit den Risiko- und Abenteuersportarten verbunden und im Bewußtsein der Akteure gegenwärtig.

• Bei der Ausübung entstehen Situationen, die nur unvollkommen vorhersehbar sind, weil häufig der Zufall den Lauf der Ereignisse entscheidend beeinflußt. Aufgrund der Unvorhersehbarkeit der zukünftigen Ereignisse setzt man sich einem **permanenten Situationsdruck** aus, wodurch eine längerfristige Planung des Handels erschwert wird oder überhaupt nicht möglich ist.

Für die **Handlungsregulation** sind folglich **Orientierungsprozesse** ("Überblick behalten"), **Antizipation** der Ereignisse und **Entscheidungsverhalten** sehr bedeutsam *(vgl. Schnabel/Thiess 1993, S. 767)*. Spontane Entscheidungen und teilweise extreme Anforderungen an die körperlichen und psychischen Fähigkeiten, schnelles, ziel- und bewegungsadäquates Reagieren (z.B. Paddelstütze beim Wildwasserkajak) werden erforderlich. Bei der Suche und Realisierung motorischer Lösungswege zur Bewältigung der Situation werden sowohl physische (z.B. Kraftausdauer) als auch psychische Komponenten (z.B. Kreativität, Entschlossenheit) abverlangt.

c) Psychoemotionale Merkmale

Mit der Beschreibung der bisherigen Merkmale erfaßt man nur die Oberfläche des Phänomens der Risiko- und Abenteuersportarten.

Es ist maßgebend für die den Risiko-, Erlebnis- und Abenteuercharakter zugehörigen Sportarten, daß **kognitiv-geistige** (z.B. Wahrnehmungen) und **psychoemotionale** Merkmale (z.B. Anspannung, Angst) handlungsrelevant sind *(vgl. Schnabel/Thiess 1993, S. 768)*. Aufgrund der Offenheit des Ausgangs und der Ungewißheit über den Erfolg der Handlung begibt sich der Sportler in eine gewisse Zwangslage und gerät dadurch in einen affektiven Zustand, der sich in Form von Erregung ("Nervenkitzel") darstellt und den jeweiligen Augenblick gefühlsintensiv erleben läßt. Der Zustand des intensiven Erlebens durch das Hinübergleiten (Fließen) von einem Augenblick zum anderen vermittelt das Empfinden von "Zeitdichte" und "einer Fülle des Lebens", welches als **"Flow- Phänomen"** bezeichnet wird *(vgl. Opaschowski 1993b, S. 219; siehe auch S. 31 dieses Buches)*.

Den Risiko- und Abenteuersportarten ist gemein, daß sie hochgradig **wirkungs- und erlebnisorientiert** sind und der Flow-Prozeß nicht bloß als Begleiterscheinung der sportlichen Aktivität angesehen wird, sondern als dessen hauptsächlicher Zweck.

d) Ausrüstung (angewandte Geräte und Apparate)

Die angewandten Geräte und Apparate sind von der jeweiligen Risiko- und Abenteuersportart abhängig und sehr uneinheitlich, wobei es geräteintensive Sportarten gibt (z.B. Wildwasserkajak) und solche, die fast ohne Ausrüstung ausgeübt werden können (z.B. Soloklettern).

Die Ausrüstung muß größtenteils individuell dem Ausübenden angepaßt sein und seinem Könnensstand entsprechen. Hinsichtlich ihres Anwendungbereichs lassen sich die Sportgeräte in **aktive** und **passive** Geräte gruppieren:

- Zu den **aktiven** Geräten und Apparaten zählen solche, bei denen die sportliche Handlung auf der ständigen Sportler-Geräte-Einheit beruht und von aktiven, motorischen Steuer-, Lenk- bzw. Führprozessen geprägt ist (z.B. Mountainbike, Wildwasserkajak etc.). Für einige der Sportgeräte (z.b. Paragliding) ist eine spezielle Lizenz zur freien Ausübung gesetzlich vorgeschrieben.

- Zu den **passiven** Geräten und Apparaten zählen solche, die nicht notwendig zur aktiven Ausübung benötigt werden. Hierzu zählt die Sicherheitsausrüstung, die zur Absicherung gegenüber möglichen Gefahren benötigt wird, dadurch die Risiken minimiert und die Ausübung der Aktivitäten teilweise oder überhaupt erst ermöglicht (z. B. Rettungsweste und -sack, Schutzhelm etc.).

1.3 Zusammenfassung und Übersicht über die Risiko- und Abenteuersportarten

Der Risiko- und Abenteuersport ist eine **inhaltliche Richtung im Urlaub-, Freizeit- und Breitensport**, dessen Ziel es ist, **den Erlebniswert** sportlicher Aktivitäten durch spezielle äußere Bedingungen (mit den für Risiko- und Abenteuersituationen spezifischen Eigenschaften, Erlebnismerkmalen und durch teilweise extreme psychophysische Anforderungen an die Sportler) **besonders hervorzuheben** oder sogar zum **Hauptziel** der sportlichen Aktivitäten werden zu lassen *(vgl. Schnabel/Thiess 1993, S. 23)*.

Zwischen den Risikosportarten und den Abenteuersportarten gibt es lediglich graduelle Unterschiede: Mit dem Begriff des Risiko wird eine hohe Gefährdung des Sportlers trotz einer gewissen Kalkulierbarkeit der Handlungserlebnisse assoziiert, während zu dem Begriff des Abenteuer eher Merkmale des Überraschenden und Zufälligen gehören *(vgl. Schleske 1977, S. 45)*.

Abbildung 1:
Übersicht der Risiko- und Abenteuersportarten

Outdoor-Bereich	Traditionelle Sportarten	Risiko- und Abenteuersportarten (landschaftsbezogen und vorwiegend *nicht* anlagegebunden, *kein* Motorsport)
Berg	Wandern	Trekking
		Hochgebirgstrekking/Gletscherüberquerungen
		Klettersteigklettern
		Alpines Klettern
	Bergsteigen	Sportklettern (Big Wall/Bouldern/Solo)
		Alpines Eisklettern
		Sportklettern im Eis (Eisfallklettern)
		Expeditionsbergsteigen
		Ski-Bergsteigen/Hochtouren
	Ski	Ski-Trekking/Schneeschuhwandern
	(Langlauf und Abfahrt)	Ski-Alpin (Variantenskifahren/Steilwandfahren)
		Monoski
		Telemarkski
		Swingboard
		Snowboard
		Speed-Ski/Skibobfahren
		Grass-Skilauf
		Geröll-/Sand-Skilauf (Sandsurfen)

		Canyoning
		Speläologie
		Snow-Rafting
		Mountainbike (MTB, ATB)
		Survival-Touren
		Orientierungslauf/Crosslauf
Luft	Segelfliegen	Fallschirmspringen (Base-Jumping/Sky-Surfen)
		Hängegleiter (Drachen)
		Gleitsegel (Paragliding)

		Bungee Jumping
		Brückenschwingen

(Fortsetzung nächste Seite)

(Fortsetzung)

Outdoor-Bereich	Traditionelle Sportarten	Risiko- und Abenteuersportarten (landschaftsbezogen und vorwiegend *nicℎ* anlagegebunden, *kein* Motorsport)
Wasser	Kanusport	Wildwasserkajak Seekajak Wanderkanu (Kanu-, XR-Trekking) Rafting (Schlauchboote) Hydrospeed Fun-Boote (Kanu-Akrobatik)
	Segelsport	Windsurfen Wellenreiten ---- Tauchsport Klippenspringen Sandsegeln "Abseilen" in Wasserfällen

Abbildung 2:

Einstufung der Risiko- und Abenteuersportarten nach ihrer Gefährlichkeit/ Kontrollierbarkeit

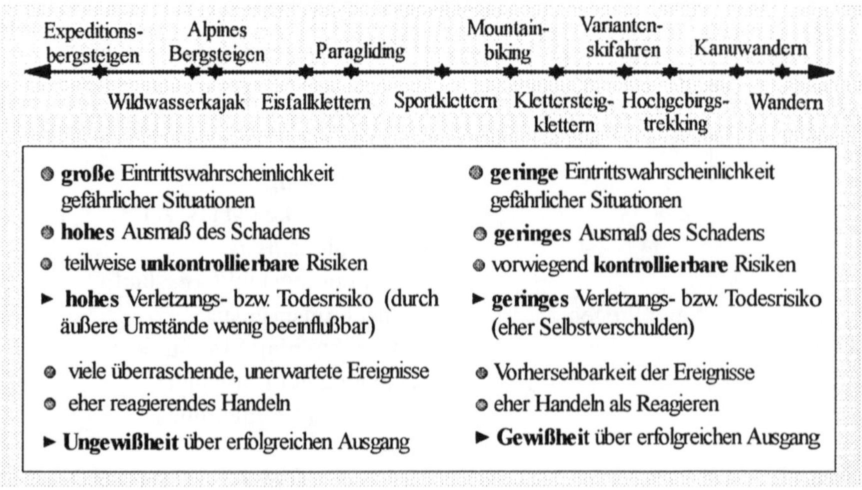

Quelle: Vgl. Ewert, 1989, S.91

2. Erschließung der Risiko- und Abenteuersportarten für den Veranstaltermarkt

2.1 Entwicklung

- **Vorphase (bis 1850)**

Reisen bis 1850 war "langsam, beschwerlich und gefährlich", nur für wenige Menschen überhaupt durchführbar (d.h. ein Privileg gesellschaftlicher Eliten) und vorwiegend Mittel zum Zweck, d.h. nicht reines Vergnügen. Jahrtausendelang fürchtete der Mensch die unberührte Natur; die Alpen wurden als "scheußliche Berge" bezeichnet und gemieden *(vgl. Ludwig 1990, S. 32)*. Das änderte sich erst im auslaufenden 18. Jahrhundert, als zunächst naturwissenschaftlich motiviert, bald allein aus sportivem und nationalem Ehrgeiz die Eroberung der Alpen begann (z.B. 1786: Montblanc, 1800: Großglockner, *vgl. Spode 1987, S. 7*).

- **Anfangsphase (bis 1945)**

In den Alpen stieg die Zahl der Reisenden durch die verkehrsmäßige Erschließung stark an und damit auch die Anzahl der Fremdübernachtungen *(vgl. Spode 1987, S. 27)*. Im Jahr 1869 wurde der *Deutsche Alpenverein* gegründet. Der Zweck des Vereins war ursprünglich, den Fremdenverkehr in den verarmten Alpenregionen Bayerns und Österreichs zu fördern sowie das Wandern und Bergsteigen einer breiteren Masse zugänglich zu machen.

Hinzu kam, daß seit 1870 die Alpen auch im Winter vermehrt Besucher anlockten. Um 1890 wurde das **Skifahren** (kein Abfahrtslauf) zu einem Sport für reiche Touristen und verhalf dem Alpentourismus um die Jahrhundertwende zu seinem endgültigen Durchbruch *(vgl. Ludwig 1990, S. 34)*. Erste Schlepplifte entstanden in den dreißiger Jahren in Davos (1934) und Lech (1936).

Wandern und naturnahe Erholung blieben aber unverändert die hauptsächlichen Betätigungen im Urlaub.

Der **Kanusport** (die Kanus waren aus Holz, die Kajaks stoffbespannt) entwickelte sich in Europa zuerst in Frankreich Ende des 19. Jahrhunderts, von wo er sich ausbreitete. 1915 wurde der *Deutsche Kanu Verband* gegründet. Die Befahrung alpiner Wildwasser wird erst in den dreißiger Jahren für den Sport entdeckt (1931: Verdon, Val d'Isere, 1934: Neste d'Aure).

- **Entwicklungs- und Aufbauphase (ab 1945)**
In den Nachkriegsjahren ändert sich durch den allgemeinen wirtschaftlichen
Aufschwung das Reiseaufkommen; die Urlaubsreise nimmt zunehmend
andere Formen an (Pauschalreisen). Auch Materialverbesserungen durch neue
Werkstoffe (1954: Entwicklung des ersten Kunststoffkanus) lassen ständig
neue Einsatzgebiete für die Sportgeräte entstehen. In dieser Zeit verlagert
sich das Interesse vom Wanderpaddeln hin zum **Wildwassersport**,
gefährliche und fahrtechnisch schwierige alpine Wildwasser werden
erstbefahren (1972: Gründung des Alpinen Kajak Club in München).

Mitte der sechziger Jahre setzt sich mit dem "Abfahrtsskilauf die erste
Sportart im Massentourismus durch, bei der die Landschaft nur noch die
Rolle einer Kulisse besitzt und sich das Naturerlebnis zum Abfahrtserlebnis
wandelt" *(Wilken 1993, S. 35).* Kritik an diesem zu einem Massenphänomen
avancierten Freizeitsport entsteht, die sich auf die erheblichen Eingriffe in die
Natur durch den Bau von Skipisten bezieht.

In den siebziger Jahren entstehen vermehrt Touristikunternehmen (1973:
Hauser Exkursionen GmbH, 1978: *Ikarus Expeditionen GmbH*), die
sportliche und abenteuerliche Aktivitäten (z.B. Trekkingreisen im Himalaya,
Flußbefahrungen in Afrika) im Angebot haben und auf Grund steigender
Nachfrage nach solchen Reisen, ihr Angebot ausweiten.

Abbildung 3:
Teilnehmerzahlen von Ikarus Expeditionen GmbH

Jahr	Expeditions-teilnehmer	Jahr	Expeditions-teilnehmer
1977	64	1985	524
1978	98	1986	704
1979	142	1987	900
1980	176	1988	696
1981	215	1989	936
1982	193	1990	1176
1983	204	1991	1064
1984	262	1992	1412

Quelle: Programmkatalog von *Ikarus Expeditionen* 1993, S. 178

- **Hochphase (um 1980 bis heute)**

Ab Ende der siebziger, Anfang der achtziger Jahre setzt eine Welle der Ausdifferenzierung der Sportarten und -geräte ein, wodurch neue Betätigungsformen entstehen und sich eigenständige Sportarten entwickeln *(z.B. Paragliding, Sportklettern, Snowboarding, Mountainbiking etc.).*

Es setzt ein Prozeß ein (sprach man bislang nur von "Wintersport", verbreitet sich nun der Begriff "Sommersport"), durch den nicht mehr nur der Abfahrtsskilauf (heute ca. 40.000 Pisten mit 20.000 km Gesamtlänge), sondern zunehmend auch andere alpine und landschaftsbezogene Freizeitaktivitäten in Frage gestellt werden, da die Zahl der Sportler boomartig ansteigt und verstärkt Umweltbeeinträchtigungen sichtbar werden. Die Mitgliederzahlen der Vereine und Verbände der Natursportarten steigen stark an (Deutscher Kanu Verband 1950: ca. 50.000, 1991: ca. 109.000 Mitglieder), obwohl die **Sportler der neuen Sportarten vorwiegend nicht in Vereinen organisiert** sind (Sport im Verein ist "out") und sich somit zahlenmäßig nur schwer erfassen lassen.

Viele **Ideen** und Entwicklungen werden aus den **USA** übernommen und vorerst durch einen kleinen Insiderkreis von Extremsportlern betrieben. Dieser Insiderkreis wirkt mit seinem Ideenreichtum und Erfindungsgeist oft als **Trendsetter**, viele Geräte und Ideen können an die Freizeit-, Tourismus- und Sportartikelindustrie verkauft werden.

Durch eine aggressive Werbung, eine geschickte Vermarktung (Image von Freiheit und Abenteuer) und die Verbesserung der Sicherheitsaspekte durch technische Weiterentwicklungen der Sportgeräte entwickeln sich bald salonfähige Sportarten für die breite Masse, welche rasch Nachfrager finden.

Abbildung 4:

Freizeitaktivitäten 1979-1986

Zunahme der Sportler in der BRD von 1976 bis 1989 nach Sportarten	
Surfer	+ 1.000.000
Mountainbiker	+ 900.000
organisierte Skisportler	+ 365.000
Kanuten	+ 12.000
Drachen/Gleitflieger	+ 10.000
Reiter	+ 170.000

Quelle: Bayerische Akademie für Naturschutz und Landschaftspflege, 1992, S. 22

Gesteigert wird die Nachfrage zudem durch die Tatsache, daß - neben den schon länger existierenden Vereinen und speziellen Ausbildungsschulen, die solche Sportarten zum Erlernen und zur Ausübung anbieten - seit Ende der siebziger, mit einem starken Anstieg Mitte der achtziger Jahre, kommerzielle Spezialveranstalter (mit diesen Sportarten in ihrem Urlaubsangebot) entstehen und auf den Freizeitmarkt drängen. Als **Abenteuerreisen** vermarktet, gehören sie in das Angebot des internationalen Tourismus. Die Vorstellung von solchen Reisen richtet sich haupsächlich auf sportliche Betätigungen, die als Risiko- und Abenteuersportarten bezeichnet werden *(vgl. Schleske 1977, S. 7).*

Auch Fremdenverkehrsgemeinden versuchen zunehmend, Touristen mit diesen Sportarten anzulocken. Es gibt heute kaum noch einen Urlaubsort in den Alpen, der nicht mit dem Angebot mindestens einer, meistens aber mehrer Risiko- und Abenteuersportarten wirbt. Infolgedessen erweckt eine eher kleine Anzahl von Extremsportlern den Eindruck eines Massenphänomens, obwohl nach wie vor eher leichte, sportliche Betätigungen im Urlaub (z.B. Wandern) nachgefragt werden.

2.2 Nachfrageseite

a) Rahmenbedingungen

Sport, Freizeit und Tourismus stehen in enger Wechselbeziehung zu allen anderen Lebensbereichen. Es werden Rahmenbedingungen der Gegenwart beschrieben, die einen Einfluß auf die Nachfrage nach sportlicher Aktivität im Urlaub haben.

Gesellschaft/Mensch
Das Alltagsleben der Menschen wird von der Soziologie der Gegenwart als enteignet angesehen, da es "von weit entfernten Instanzen vorgeplant, uneinsehbaren Sachzwängen unterworfen, bürokratisch reglementiert, unverschuldeten Großrisiken ausgesetzt, bis zum Ersticken mit vorproduzierten Angeboten überhäuft, von immer mehr Professionen durch Betreuung entmündigt" ist *(Schulze 1993, S. 18).*

Zwei soziologische Sichtweisen erscheinen als besonders interessant in diesem Zuammenhang. Zum einen die Beschreibung der heutigen Gesellschaftsform als **Erlebnisgesellschaft** und zum anderen die fortschreitende Tendenz zur **Individualisierung** der Menschen, oftmals "radikalisiert zu einer Partikularisierungsthese, in deren Gesellschaftsmodell sozial atomisierte Menschen durch Behörden kanalisiert, durch

Großinstitutionen beschäftigt und durch Wirtschaftsorganisationen manipuliert und versorgt werden". *(Schulze 1993, S. 17)*.

Die **Erlebnisgesellschaft** ist eine postmaterialistische Gesellschaftsform, in der es den Menschen nicht mehr nur ums Überleben geht, um Abwehr von Bedrohungen, sondern um die Lebensgestaltung und Selbstbeschäftigung jenseits materialistischer Probleme, unabhängig vom Vorhandensein solcher Probleme. Das alltägliche Wählen zwischen den Möglichkeiten wird dadurch zunehmend durch den bloßen Erlebniswert der gewählten Alternative bestimmt und ist daran orientiert, ein schönes Erlebnis zu erhalten. Das schöne Erlebnis wird zum Handlungsziel erklärt und mit systematischen Strategien verfolgt ("Das Projekt des schönen Lebens"). Diese **Erlebnisorientierung** ist die "situationsübergreifende Tendenz, sein Handel an dem Ziel auszurichten, vorübergehende psychophysische Prozesse positiver Valenz (schöne Erlebnisse) bei sich selbst herbeizuführen" *(Schulze 1993, S. 736)*.

Für den Menschen wird die permanente Erlebnisorientierung in zweierlei Hinsicht problematisch: Zum einen entsteht **Unsicherheit** durch die Unklarheit über die eigenen Erlebnisziele, zum anderen tritt **Entäuschung** ein, wenn die Erlebniserwartungen nicht erfüllt werden (z.B. durch Gewöhnung, Sättigung, selbsterzeugten Erwartungsdruck etc.).

Die **Individualisierung** der Gesellschaft beinhaltet folgende Punkte *(vgl. Schulze 1993, S. 75)*:

- Rückgang der Bedeutung traditioneller Sozialzusammenhänge und Hervortreten neuer Sozialzusammenhänge
- Zunehmende Bestimmtheit der Lebenssituation durch individuelle Entscheidungen, d.h. Wahlmöglichkeiten, aber auch Wahlzwänge in allen Dimensionen der Biographie ("Die Möglichkeit der Nicht-Entscheidung wird der Tendenz nach unmöglich", *Beck 1986, S. 190*)
- Pluralisierung der Existenzformen (Hervortreten persönlicher Eigenarten und Lebensstile)
- Eintrübung des Gefühlslebens (Krise der Lebensfreude) durch neue, psychisch anstrengendere Formen der Gesellschaft (z.B. regional und temporal punktualisierte Kontakte)

Daraus folgt, daß "die Menschen aus den Lebensformen und Selbstverständlichkeiten der industriegesellschaftlichen Epoche der Moderne" *(Beck 1986, S. 20)* freigesetzt werden und folglich **Orientierungslosigkeit** und **Gefühle der Einsamkeit** entstehen.

Zeit
Folgende Tendenzen sind feststellbar:

- Zunahme der Freizeit aufgrund von Arbeitszeitverkürzungen, neuen Urlaubsregelungen, Arbeitslosigkeit etc.
- Neuer psychologischer und gesellschaftlicher Stellenwert der Freizeit, d.h. die Freizeit wird zunehmend zum zentralen Lebensmittelpunkt, die Arbeit aber zur Beschaffungsquelle für Mittel, die in der Freizeit ausgegeben werden.

Daraus folgen steigende Erwartungen (z.B. Sinngebung, Selbstverwirklichung, etc.) an den eigenständigen Lebensraum Freizeit. Aufgrund dieser Erwartungen kommt es vielfach aber auch zu einer Gegenreaktion, dem "Freizeitstreß" *(vgl. Opaschowski 1988, S. 161ff.).*

Tätigkeit
Die Tätigkeiten in Arbeits- und Alltagssituationen weisen in unserer Gesellschaft zum Teil folgende Merkmale auf:

- Bewegungsmangel
- Erlebnisarmut (trotz Reizüberflutung)
- Monotonie und Routinisierung
- mangelnde Selbstverwirklichung in Arbeit und Alltag

In dem Maße wie Unsicherheitsfaktoren, Risiken und Gefahren aus dem alltäglichem Leben durch "umfassende Versicherungen und Vorsorgeeinrichtungen im modernen Präventionsstaat" *(Würtenberger 1991, S. 31)* ausgeschlossen werden, nehmen **Monotonie** und **Erlebnisarmut** zu, da die alltäglichen Verrichtungen und Tätigkeiten für den Verlauf des Lebens praktisch folgenlos werden.

Natur/Umwelt
Einerseits belasten und vebrauchen die Menschen die Naturressourcen auf erschütternde Weise in nicht abnehmenden Maße, die Umweltverschmutzung nimmt ständig zu und die komplexen Probleme werden nicht gelöst, im Gegenteil "überall, wo der Ursachen suchende Scheinwerfer hinfällt, bricht sozusagen das Feuer aus" *(Beck 1986, S. 42).* Andererseits wird durch die zunehmende Umweltverschmutzung (z.B. Luft- und Wasserverschmutzung) und durch "stets präsente Information über neue ökologische Probleme" *(Beck 1986, S. 42)* der Mensch physisch und psychisch individuell belastet (z.B. Belastung durch Lärm, Hektik, Streß etc.).

Raum

Unsere Landschaft ist größtenteils geprägt durch moderne Infrastruktur, der Raum wurde im Laufe dieses Jahrhunderts bis zum letzten "schönen Plätzchen" verkehrsmäßig erschlossen.

Aufgrund der üblichen, räumlichen Trennung von Wohnraum, Arbeitsplatz und Ort der Freizeitausübung ist Mobilität **nicht** mehr ein freiwilliger Genuß, sondern wegen der hohen Verkehrsdichte unumgängliche, viel Zeit beanspruchende Notwendigkeit.

Die Welt wird kleiner, Nationen rücken zusammen, dennoch aber wächst "der Abstand des Einzelnen zum Anderen und zu sich" *(Pagin 1988, S. 387).* Infolge der Verstädterung, den unzureichenden Wohnbedingungen und den fehlenden Freizeiteinrichtungen und -möglichkeiten tendiert der Erholungswert der Großstädte, allein schon wegen der Naturferne des Alltags, gegen Null oder hat teilweise schon ein negatives Vorzeichen.

Durch die Entfremdung des Menschen von der Natur findet eine "Verletzung der biologischen Minimalvoraussetzungen, die nötig sind, um den Menschen zu einem sozial aktiven Wesen werden zu lassen" *(Redl 1987, S. 125)*, statt.

b) Auswirkungen auf die Nachfrageseite

Bedürfnisentstehung

Die vielfältigen Errungenschaften unser neuzeitigen, zivilisatorischen Gesellschaft (z.B. Entlastung von harter Arbeit, Entfaltung und Sicherung persönlicher Freiheit, zunehmende verfügbare Einkommen für alle Volksschichten etc.) scheinen nicht nur dazu beizutragen, das Leben angenehm zu gestalten, sondern führen vielmehr zum einen zu einer ganzen Reihe von **körperlichen** und **geistigen** Schäden und Krankheiten, zum anderen entstehen **Bedürfnisse**, die durch die modernen Errungenschaften nicht mehr befriedigt werden können, sondern zunehmend in irgendeiner Art und Weise **kompensiert** werden (z.B. durch Drogen, Arbeit, Sport, Reisen etc., *vgl. Orlvius-Wessely 1993, S. 52)*.

Unter den geltenden, gesellschaftlichen Bedingungen entwickelt sich u.a. ein als "irrational und maßlos interpretiertes Bedürfnis nach Spannung, Höchstleistung und Abenteuer" *(Schleske 1977, S. 30)* und nach kompensatorischen Aktivitäten in Landschaften, die den Eindruck des Natürlichen erwecken (Ausbruch aus der alltäglichen Isolation), da Natur als **Gegenalltag** (Kontrastprogramm) empfunden wird.

Hinter dem Bedürfnis nach Abenteuer und Spannung verbirgt sich das Bestreben, "selbstgesteuert, spontan, kompetent zu handeln" *(Schleske 1977, S.30)* und sich in kritischen Situationen zu bewähren. Dieses Abenteuer(Erlebnis-)bedürfnis kann zum einen als Suche nach lustbetonter und erlebnisorientierter Spannung beschrieben werden, zum anderen als Suche nach Grenzerlebnissen und dem Erproben dessen, was gerade noch möglich ist *(vgl. Schnabel/Thiess 1993, S.23)*.

Aufgrund dieser Bedürfnisse und der zunehmenden Erfahrung (Aktivierung und Diversifizierung des Freizeitverhaltens) manifestieren die Menschen zunehmend differenziertere Freizeitwünsche und -ansprüche und versuchen vermehrt, diese im Urlaub und im Sport zu verwirklichen.

c) Die Bedeutung des Risiko- und Abenteuersports in diesem Zusammenhang

Angesichts der Erlebnisdefizite und des Mangels an ursprünglichen Erfahrungen in unserer Zeit wird nun der Bedeutung der Risiko- und Abenteuersportarten nachgegangen.

Im Urlaub und im Sport finden und bündeln sich diejenigen Wünsche und Sehnsüchte, die der Alltag nicht mehr bietet. Der gesamte **Freizeit- und Reisesektor** erfüllt vorwiegend die Funktion, **Monotonie und soziale Verarmung** des Alltagslebens auszugleichen *(vgl. Schleske 1977, S. 58)*. Das Reisen und sportliche Tätigkeiten sind aber keineswegs nur erworbene Reaktionen unserer Zeit, sondern es verbergen sich dahinter elementare und ursprüngliche Bedürfnisse (z.B. hervorgerufen durch den Bewegungs- oder Neugiertrieb des Menschen).

Der Sport bietet den Menschen vielfältige Möglichkeiten, einen aktiven Beitrag zur ihrer **physischen** und **psychischen** Gesundheit zu leisten. Zudem befinden sie sich in einem günstigen Umfeld, um soziale Kontakte zu schließen. Darüber hinaus bietet der Risiko- und Abenteuersport dem Ausübenden die individuelle Chance, aufgrund der Herausforderung der eigenen psychophysischen Möglichkeiten in riskanten, nicht vollständig überschaubaren Situationen (Handeln im Grenzbereich der eigenen Möglichkeiten) positive Rückwirkungen zu erlangen. Durch die zumeist erfolgreiche Ausübung stellt sich ein Erfolgserlebnis ein, Entspannung und Erleichterung sind die Folge *(vgl. Schleske 1977, S. 36)*.

Es kommt durch die erfolgreiche Bewältigung[2] nicht nur zu einer Befriedigung der Bedürfnisse (Selbstbestätigung), sondern auch zu einem daraus resultierenden, gesteigerten Selbstbewußtsein. Ferner wird der Sportler durch das Ausüben der Risiko- und Abenteuersportarten nicht nur physisch und psychisch erholt, sondern es werden Entwicklungsprozesse ("Selbstfindung" und "Selbstentdeckung") aufgrund intensiver Reize (Grenzerlebnisse) und Gefühle ("Natural High") eingeleitet und verstärkt, die den Menschen dazu befähigen können, die Aufgaben in seinem Leben besser und selbständiger bewältigen zu können *(vgl. Hecker 1989, S. 330)*.

Zusätzlich kommt es bei der Ausübung der Risiko- und Abenteuersportarten zu dem schon beschriebenen Flow-Phänomen, d.h. das reflektierende Bewußtsein wird eingedämmt und die Aufmerksamkeit wie ein Fokus auf ein begrenztes Feld von Aktivitäten gerichtet, die Außenwelt ausgeschlossen oder in weite Ferne gerückt. Bewußtsein und Handlung verschmelzen; in dieser Situation der Selbstvergessenheit schwinden Erinnerungen und Alltagssorgen.

Durch die Eindämmung des reflektierenden Bewußtseins und des Handelns in einer eigenen Subwelt gelangt man jedoch zu der Ansicht, daß es keine Möglichkeit gibt, geistigen Gewinn aus der physischen Tätigkeit zu erlangen.

Ob der Risiko- und Abenteuersport mehr als nur Kompensation bieten kann (z.B. Hilfe zur Angstbewältigung, Suche nach neuen Lebensinhalten, Stärkung des Selbstvertrauens etc.), ist umstritten und zudem von individuellen Gegebenheiten (Persönlichkeitsstrukturen) abhängig, obwohl gerade diese Sportarten in der Freizeit- und Erlebnispädagogik häufig zu pädagogischen und therapeutischen Zwecken angewendet werden (z.B. zur Resozialisierung Strafgefangener).

2.3 Angebotsseite

Der Tourismussektor gehört weltweit zu den stärksten Wirtschaftskräften und zählt zu den Branchen, denen für die nächsten Jahrzehnte immer noch ein ungebrochenes quantitatives Wachstum vorausgesagt wird. Die Touristikunternehmen versuchen, den sich ändernden Bedürfnissen der Menschen durch immer neue Angebote gerecht zu werden, indem "die menschlichen Bedürfnisse durch zielorientierte Werbung in marktgerechte

---

[2] Zum einen ist damit die Bewältigung der äußeren Situation gemeint, zum anderen aber auch z.B. die Bewältigung der Angst, d.h. Angst bewußt zu erleben und durchzustehen.

Nachfrage" *(Ludwig 1990, S. 19)* kanalisiert und an das touristische Angebot angepaßt werden.

a) Touristische Nutzbarkeit der Risiko- und Abenteuersportarten

Die Ausübung eines Sport als Hauptinhalt im Urlaub wird häufig überschätzt. Nachgefragt wird eher ein breites Spektrum unterschiedlicher Aktivitäten und sportliche Vielfalt, die den Urlaub erlebnisorientierter macht. Infolgedessen stellt sich die Frage, welche Faktoren sich auf die touristische Nutzung der Risiko- und Abenteuersportarten auswirken:

Folgende Faktoren wirken sich **positiv** aus:

- Imageträchtigkeit der Risiko- und Abenteuersportarten (positives Image)
- sportliche Aktivitäten im Urlaub sind "*in*"
- hoher Erlebniswert durch die Ausübung und lange Nachwirkung
- sich schnell einstellende Erfolgserlebnisse
- geographische und klimatische Abhängigkeit, d.h. es werden Landschaften mit speziellen Eigenschaften benötigt, dadurch ist die
- Ausübung der Sportarten zumeist nicht am Wohnort oder in der näheren Umgebung möglich
- längere Ausbildungszeiten zum Erlernen notwendig
- Ausrüstungsintensität, dadurch teilweise private Ausübung nicht möglich
- keine besonderen Fähigkeiten der Teilnehmer notwendig

Folgende Faktoren wirken sich **negativ** aus:

- zunehmende   ökologische   Bedenklichkeit   der   Risiko-   und Abenteuersportarten
- klimatische Abhängigkeit (z.B. Schneelage, Wasserstand der Flüsse etc.)

Die Risiko- und Abenteuersportarten sind aufgrund der überwiegend positiven Faktoren inzwischen voll für den touristischen Markt erschlossen, wobei die Tourismusbranche auf die Kombination von Naturerlebnis und sportlicher Aktivität (und Vielfalt) im Angebotsprogramm setzt und dieses Angebot dann als **Abenteuerurlaub** vermarktet. Eine entsprechende Werbung fördert und schafft zum Teil auch erst das Image von Abenteuer, das diesen Angeboten anhaftet.

b) Charakterisierung von Abenteuerreisen

Die Vielschichtigkeit der sich in jüngster Zeit stark ausdifferenzierenden Angebote im Bereich des Abenteuertourismus läßt eine kurze, aber prägnante Definition nicht zu[3].

Als Abenteuerreisen im engeren Sinn sollen solche Reisen gelten, bei denen Aktivitäten mit den für abenteuerliche Situationen charakteristischen Erlebnismerkmalen überwiegen und die um ihrer selbst Willen erlebt werden; d.h. ein Abenteuermotiv muß bestehen.

Ziel des Abenteuertourismus ist es, den Erlebniswert der Reisen durch spezielle äußere Bedingungen und psychophysischen Anforderungen besonders zu betonen. Dabei spielt es keine Rolle, in welchem institutionellen Rahmen, mit welchen Fortbewegungsmitteln und in welcher Sozialform die Reise unternommen wird, da diese Komponenten hauptsächlich durch die Art der Reise und durch die Auswahl des Zielgebiets beeinflußt werden.

Abbildung 5:
Reiseart der Haupturlaubsreise - Abenteuerurlaub
(Deutschland - gesamt)

Frage: Als was würden Sie Ihre (Haupt-)Urlaubsreise, die Sie im Jahre 1992 gemacht haben, am ehesten bezeichnen ?		

Angaben in:	%	Mio
Ausruhurlaub	38,4	17,1
Vergnügungsurlaub	36,4	16,3
Strand-, Bade-, Sonnenurlaub	26,7	11,9
Verwandten-/Bekanntenbesuch	13,5	6,1
Gesundheitsurlaub	10,3	4,6
Studien-/Besichtigungsurlaub	9,8	4,4
Bildungsurlaub	6,9	3,1
Sporturlaub	4,4	2,0
Abenteuerurlaub	4,0	1,8

Quelle: Studienkreis für Tourismus e.V. (Reiseanalyse 1992)

---

[3] Abenteuerreisen lassen sich z.B. inhaltlich nur schwer von *Erlebnisreisen* oder *Sportreisen* abgrenzen, die Grenzen zwischen diesen Urlaubsformen sind fließend.

Im Jahre 1992 bezeichneten 4,0 % der verreisten Bundesbürger ihre Haupturlaubsreise als Abenteuerurlaub. Diese Urlaubsform besitzt einen **selbständigen Charakter** im weitläufigen Angebot der Tourismusanbieter, welcher im folgenden näher beschrieben wird.

Organisationsformen von Abenteuerreisen:

• Selbstorganisation
Der Abenteuerurlaub wird vom Reisenden (oder von einer Gruppe) eigenständig, d.h. privat organisiert und durchgeführt (**Individual-Abenteuerreisen**). Die notwendigen Leistungen (z.B. Flug) werden direkt gebucht, d.h. ohne in Anspruchnahme eines Reiseveranstalters. Alle Hindernisse, die auftreten, sind selbst zu überwinden (Urlaub auf eigene Faust), die Verantwortung über seine Handlungen obliegt einem selbst. Daher ist diese Reiseform eher etwas für erfahrenere Reisende (Sportler) und als ursprüngliche Form der Abenteuerreise zu bezeichnen.

• Organisationsmix
Bei dieser Form der Abenteuerurlaubsgestaltung wird teilweise ein Reisevermittler eingeschaltet (z.B. zur Besorgung einer Unterkunft etc.), ansonsten findet Urlaub nach eigener Regie statt (siehe Selbstorganisation).

• Fremdorganisation
Bei der fremdorganisierten Abenteuerreise wird die Urlaubsgestaltung einem Veranstalter überlassen, welcher die Reise organisiert, anbietet und unter eigenem Namen und eigener Verantwortung durchführt. Hierunter fällt die Pauschalreise (oder Teilpauschalreise), welche auch unerfahreneren Reisenden (Sportlern) die Möglichkeit eröffnet, an solchen Abenteuerreisen teilzunehmen (z.B. aufgrund betreuter Reiseleitung, d.h. vermindertes persönliches Risiko).

c) Kriterien zur Bestimmung von fremdorganisierten Abenteuerreisen

Die inhaltlichen Konzeptionen von Abenteuerreisen sind im Spannungsgefüge von Angebot und Nachfrage einem ständigen Wandel unterworfen. Es wird der Versuch unternommen, die für eine Abenteuerreise wichtigen und sie bestimmenden Kriterien aufzuführen:

• Abenteuerreisen sind Veranstalterreisen/ Pauschalreisen
D.h. sie werden von Veranstaltern konzipiert, angeboten und durchgeführt. In der Regel handelt es sich um besondere **Spezialveranstalter**, da eine

Abenteuerreise spezielle Maßarbeit ("Handarbeit") erfordert aufgrund der vielfach komplexen Probleme bei der Organisation und Durchführung.

Abbildung 6:
Anbieter von Risiko- und Abenteuerreisen

Private Veranstalter	
Kommerzielle Reiseveranstalter	Es gibt eine geringe Anzahl großer Reiseveranstalter, aber eine Vielzahl von kleinen Spezialveranstaltern, die sich regional und lokal etablieren konnten. Die **großen Reiseveranstalter**[4] sind gekennzeichnet durch hohe Teilnehmerzahlen (ab ca. 1000 Personen jährlich). Die angebotenen Reisen (vorwiegend Reisen in ferne Länder, z.B. Expeditionsreisen im Himalaya) können über Reisemittler gebucht werden. Die **kleineren Spezialveranstalter** vertreiben ihre Reisen (vorwiegend Angebote im europäischen Raum, z.B. Kajaktour auf Korsika) nicht über Reisemittler, sondern inserieren hauptsächlich in einschlägigen Fachzeitschriften oder haben ihr Einzugsgebiet in der näheren Umgebung. Hierzu zählen auch Privatpersonen (z.B. Bergführer), die begleitete Touren anbieten.
Kommerzielle Schulen	Diese bieten vorwiegend Kurse zum Erlernen oder zur Weiterbildung bestimmter Sportarten an (z.B. Flugschulen).
Reisebüros/ Sportgeschäfte/ Ausrüstungsläden	Sie veranstalten kleinere Reisen als zusätzliches Angebot, sind demnach als **Gelegenheitsveranstalter** zu bezeichnen. Zudem existieren Reisebüros, die sich auf die Vermittlung von Abenteuerreisen spezialisiert haben und Reisen nach den speziellen Wünschen der Kunden maßschneidern.

(Fortsetzung nächste Seite)

---

[4] Zu den großen Veranstaltern zählen: Ikarus Expeditionen, Yeti Tours, Hauser Exkursionen, DAV Summit Club, Wikinger Reisen

(Fortsetzung von Abbildung 6)

Öffentliche Veranstalter	
Verbände/ Vereine	Sie bieten Reisen mit spezifischen Schwerpunkten an (z.B. Kurse zum Erlernen einer Sportart, erlebnispädagogische Reisen etc.).
Kirchen/ Städte und Gemeinden	Sie bieten gemeinnützige Reisen an (z.B. Jugendfreizeiten, Abenteuercamps etc.).
Universitäten/ Fachhochschulen	Sie veranstalten Reisen im Rahmen ihres Hochschulsportprogramms.

In aller Regel handelt es sich bei Abenteuerreisen in ferne Länder um pauschalorganisierte Angebote. Bei den kleinen Spezialveranstaltern (speziell bei Angeboten im nahen Alpenraum) findet die An- und Abreise häufig privat statt, oder es werden Mitfahrgelegenheiten geschaffen.

- **vorherige Festlegung des Programms**
Das Programm beschreibt den zu erwartenden Reiseverlauf vorwiegend in Tagesetappen, ferner die jeweiligen vorgesehenen Aktivitäten und Tagesziele. Die Programmangaben müssen die gesundheitlichen und körperlichen **Anforderungen an die Teilnehmer** sowie die **geforderten Fertigkeiten** (den Könnensstand) in den jeweiligen Basissportarten genau beschreiben.

Die Erfüllung des Programminhalts ist einerseits Bestandteil des Reisevertrages und begründet gegenüber den Teilnehmern einen einklagbaren Anspruch auf Erfüllung *(vgl. Günter 1991, S. 34)*, andererseits ist aber bei der Abenteuerreise immer mit unvorhersehbaren Zwischenfällen und Änderungen im Reiseablauf zu rechnen, was diesen Anspruch erheblich einschränkt und "nicht mit Beschwerdeformular und Rechenstift eingefordert werden" *(Günther 1991, S. 402)* kann.

- **Betreuung durch Reiseleiter**
Der Reiseleiter begleitet die Reisegruppe während der ganzen Dauer der Abenteuerreise und trägt folglich die vorrangige Verantwortung für das organisatorische und inhaltliche Gelingen der Reise.

Über eine ganze Reihe von Fertigkeiten, Fähigkeiten und charakterlichen Eigenschaften hinaus ist eine verbesserte und ständige Aus- und Weiterbildung (vor allem in Sicherheitsfragen) der Reiseleiter nötig, um den steigenden Risikotrend der Sportarten innerhalb der Reisen zu begegnen.

- **Abenteuerreisen sind Gruppenreisen**
  Die Gruppengröße ist abhängig
  - von der Sportart (vom Risikograd der Reise)
  - vom Zielgebiet
  - von der Anzahl der Betreuer und Reiseleiter

Die Abenteuerreisen finden vorwiegend in **kleinen Gruppen** statt (Richtwert: bis ca. 15 Personen), wobei ein homogener Leistungsstand der Teilnehmer (Kondition und technische Fertigkeiten) - gerade bei schwierigeren Expeditionen - von Vorteil ist.

Abbildung 7:

Angebotsformen der Veranstalter

Angebotsart	Inhaltliche Schwerpunkte
Expeditionsreisen	Hierzu zählen Reisen in touristisch unerschlossene Gebiete ferner exotischer Länder mit unberührten Naturlandschaften. Es werden teilweise hohe körperliche Anforderungen an die Teilnehmer gestellt. Expeditionsreisen werden vorwiegend von Großveranstaltern angeboten und sind in aller Regel durch hohe Reisekosten und kleine Gruppengrößen gekennzeichnet. **Beispiele:** Expeditionen im Himalaya, Hundeschlittentour durch Grönland, Befahrung von Flüssen in Sibirien etc.
Abenteuersportreisen	Hier steht die Ausübung einer oder mehrerer Risiko- und Abenteuersportarten während der Reise im Vordergrund (Sporturlaub). Diese Abenteuersport-reisen werden vorwiegend von kleineren privaten und öffentlichen Veranstaltern im europäischen Raum angeboten. **Beispiele:** Mountainbike-Touren, Sportkletterreisen, Kayaktouren, Skitouren, Multi-Sport-Reisen etc.

(Fortsetzung nächste Seite)

(Fortsetzung der Abbildung 7)

Fun + Action - Angebote	Darunter lassen sich Kurzzeitangebote von lokalen Veranstaltern fassen, die schnell konsumierbare Thrilling-Vergnügen anbieten, bei denen die Teilnehmer keine oder nur wenig aktive, körperliche Leistungen erbringen müssen. **Beispiele:** Tandemsprünge mit dem Fallschirm, Bungee Jumping etc.
Ausbildungskurse	Hierbei handelt es sich um Angebote, die zur Aus- und Weiterbildung oder zur Lizenzerwerbung in den jeweiligen Sportarten von Vereinen, Verbänden, Hochschulen und kommerziellen Schulen angeboten werden. **Beispiele:** Wildwasserkurs in den französischen Hochalpen, Sportkletterkurs im Weserbergland, Paraglidingkurs etc.
Freizeiten/ Pädagogische Angebote	Hierzu zählen solche Angebote, bei denen pädagogische Aspekte während der Reise im Vordergrund stehen. Sie werden hauptsächlich von gemeinnützigen Anbietern und Vereinen veranstaltet. **Beispiele:** Abenteuercamps für Jugendliche, integrative Angebote für Behinderte und Nichtbehinderte, Abenteuerurlaub für Mädchen etc.
Begleitete Touren, Führungen	Hierunter fallen Exkursionen, die von fachlich ausgebildeten und gebietskundigen Personen angeboten und begleitet werden. **Beispiele:** Bergtouren, Erkundungen von Höhlen etc.
Incentive-Reisen	Hiermit werden Belohnungsreisen für Angestellte bezeichnet ("Managerurlaub"), die von speziellen Veranstaltern angeboten werden. **Beispiele:** Reisen oder Kurzzeitangebote mit vielen überraschenden Ereignissen ("Unique Surprise Power")
Vororganisierte Reiseprogramme	Von Veranstaltern und Reisemittlern aufgrund deren Know-How auf Kundenwünsche zugeschnittene, (incl. Organisation und Buchung der Teilleistungen) anschließend jedoch selbst durchgeführte Reise (d.h. ohne Reisebegleitung).

d) Ausgewählte Aspekte des fremdorganisierten Abenteuertourismus

Haftungspflicht der Reiseveranstalter
Bei der geseztlichen Haftungsregelung der Reiseveranstalter gegenüber den Reiseteilnehmern gibt es aufgrund der besonderen Reiseform der Abenteuerreise, die erheblich von anderen Reisearten abweicht, eine Haftungseinschränkung nach deutschem Recht (Reisevertragsgesetz vom 1. Oktober 1979):

"Bei Reisen mit besonderen Risiken (z.B. Expeditionscharakter) haftet der Veranstalter nicht für die Folgen, die sich im Zuge des Eintrittes der Risiken ergeben, wenn dies außerhalb seines Pflichtbereiches geschieht" *(Zechner 1989, S. 359)*.

Die Rechtsprechung besagt, daß dem Reiseveranstalter dabei aber besondere Informationspflichten obliegen, d.h. alle erfaßbaren Risiken und Gefahren müssen den Teilnehmern vor der Reisebuchung offengelegt werden. Soweit dieser Informationspflicht nachgekommen wird, "ist der Haftungsauschluß nicht zu beanstanden" *(Zechner 1989, S. 359)*, da der Reiseteilnehmer mit der Kenntnisnahme der Gefahren bei der Buchung der Abenteuerreise diese bewußt in Kauf nimmt und das Vorhandensein solcher Risiken den eigentlichen Abenteuercharakter und den Reiz dieser Reisen erst ausmachen. Der Haftungsausschluß schützt die Veranstalter aber **keinesfalls** vor Folgen, die aufgrund von nicht ordnungsgemäßer Ausrüstung, falscher oder ungenügender Instruktionen und außergewöhnlichen, gefährlichen Bedingungen entstehen.

Mit dem Haftungsausschluß der Folgen der Risiken bleiben andere zentrale Verpflichtungen seitens der Reiseveranstalter jedoch bestehen: "Unberührt bleibt die Verpflichtung des Reiseveranstalters, die Reise sorgfältig vorzubereiten und die mit der Erbringung der einzelnen Reiseleistungen beauftragten Personen und Unternehmen sorgfältig auszuwählen" *(Zechner 1989, S. 359)*.

Kritik zur Vermarktung des Abenteuers
Das Verlangen der Menschen nach Abenteuer wird von der Tourismusindustrie aufgegriffen, als Abenteuerurlaub vermarktet und unter der Perspektive der Gewinnmaximierung in das Reiseprogramm aufgenommen: "Unter ihren Händen wird alles zu Gold, zur vermarktbaren Ware - aber als Nahrung für die Seele verliert es bald seinen Wert" *(Strojec 1993, S. 57)*.

Es geht nicht mehr um wirkliche Inhalte (Bedürfnisbefriedigung der Reisenden), sondern um eine professionelle Vermarktung der angebotenen Reisen (ständig neue Bedürfnisweckung) mit dem dazugehörigen Profitdenken der Tourismusindustrie. In vielen Fällen werden Urlaubsangebote als Abenteuerreisen vermarktet, die gerade aufgrund der Bedingungen des modernen Managements die Merkmale des Abenteuerlichen verloren haben: "Das entabenteuerte Abenteuer der Tourismusunternehmen ist ohne persönliches Risiko und ohne eigene Sorgen (...) gesichert, wohl gelenkt und perfekt vorbereitet" *(Schleske 1977, S. 30).*

Das Abenteuer ist im Reisebüro käuflich. Das passive Konsumieren fremdorganisierter Angebote, die Freiheit und Abenteuer versprechen, entspricht dem Trend unserer Zeit nach Bedürfnisbefriedigung ohne persönliche Eigeninitiative, geringe persönliche Anstrengung und Eigenverantwortung. Dabei kann die intensive Lust der Befriedigung jedoch nur dann erlebt werden, wenn Entscheidungen selbst getroffen, Herausforderungen selbst bestanden, Probleme selbst gelöst und Spannung selbst abgebaut werden *(vgl. Cube 1993, S. 62).*

2.4 Perspektiven für den Abenteuertourismus

Über die zukünftige Entwicklung des Abenteuertourismus lassen sich nur Vermutungen anstellen. Der internationale Tourismus ist begründet und abhängig von einer Vielzahl sozioökonomischer, politischer, kultureller und technischer Faktoren nationaler und internationaler Art.

Diese Einflußfaktoren (einerseits nachfragesteigernde und nachfragehemmende, andererseits angebotssteigernde und angebotshemmende Faktoren) sind aufgrund ihrer unterschiedlichen Wertigkeit und gegenseitigen Abhängigkeit nur unzureichend zu bestimmen und für eindeutige, zukünftige Prognosen zu verwerten. Eine Zukunftsanalyse für den Abenteuertourismus läßt demnach sehr viele Interpretationen zu.

Aufgrund hoher Zuwachsprognosen für Investitionen im expandierenden und sich ständig ausdifferenzierenden Freizeitsektor, der strukturellen Verschiebung vom Vereinssport hin zur Sportausübung im kommerziellen Sport- und Freizeitsektor *(vgl. Wilken 1993, S. 139)* und der beschriebenen Rahmenbedingungen, sind eine **positive Enwicklung** und größer werdende Bedeutung des Abenteuertourismus zu vermuten. Dafür sprechen folgende Trends, die für Sport und Urlaub vorausgesagt werden:

- steigende Kommerzialisierung und Professionalisierung der Angebote im Urlaubssport insgesamt
- steigende Bedeutung naturnaher Freizeit- und Urlaubsaktivitäten
- kürzere, dafür aber häufigere Reisen
- Bedeutungszunahme ökologisch intakter Landschaften im Reiseland
- zunehmende Ausdifferenzierung von Sportarten und Sportgeräten
- zunehmende Erlebnisorientierung der Urlauber (sportliche Vielfalt)

Der Abenteuertourismus wird daher sowohl **quantitativ** zunehmen, als auch vermehrt **qualitativ** ausgeweitet werden, im Gegensatz zu anderen Reisearten (z.B. Strandurlaub) zahlenmäßig (absolut) aber weiterhin einen eher geringen Anteil am Tourismusgeschehen behalten.

3. Ökologische und soziokulturelle Auswirkungen des Abenteuertourismus

a) Konfliktsituation

Die Grenzen zwischen dem Sportgeschehen und der allgemeinen Entwicklung von Naherholung und Tourismus sind fließend, daher kommt es im Rahmen des Themas "Sport und Umwelt" nicht darauf an, ob die Ausübung der Risiko- und Abenteuersportarten eher touristischen oder privaten Charakter hat, sondern die einzelnen Aktivitäten stehen im Vordergrund des Interesses *(vgl. Schemel/Erbguth 1992, S. 13)*, wobei nicht vorenthalten werden soll, daß der Sporttourismus den Druck auf die Umwelt verstärkt und weltweit verbreitet.

Die Beziehung zwischen Sport und Umwelt hat sich seit Mitte der 70er Jahre zu einem zentralen Problem des Sports entwickelt. Einerseits selbst betroffen durch fortschreitende Umweltverschmutzung (z.B. durch Ozon-Belastung), sieht sich auf der anderen Seite der Sport (Urlaubssport) zunehmend der Kritik ausgesetzt, zur Belastung und Zerstörung der natürlichen Umwelt beizutragen.

Ein Schwerpunkt der Kritik bezieht sich auf die Risiko- und Abenteuersportarten, da diese hauptsächlich in der freien Landschaft ausgeübt werden können und daher in sensiblen Naturräumen erheblichen Schaden anrichten können. Ferner stehen oft spezialisierte Sportinteressen, Ausrüstungsfragen, Nervenkitzel und Sensation bei der Ausübung dieser Sportarten im Mittelpunkt und nicht das Erleben der Natur, die häufig nur noch die Rolle einer Kulisse erhält und zum Sportgerät degradiert wird.

b) Verschärfung des Konflikts

Die Sportaktivitäten beanspruchen zunehmend naturnahe Landschaften, weswegen sie umweltintensiver und umweltgefährdender werden. Durch die Spezialisierung der Ausübenden und der Ausdifferenzierung der Sportarten erweitern sich zum einen die Zeitspannen, in denen die Aktivitäten über die Jahreszeiten hinweg ausgeübt werden können, zum anderen wird die Umwelt aufgrund neuer Nutzungsprofile zusätzlich belastet (d.h. Entstehung von Sportarten mit unterschiedlichen Anforderungen an die Natur). Durch die gesteigerte Nachfrage insgesamt kommt es mancherorts zu regelrechten Massenversammlungen (z.B. sind längere Wartezeiten vor dem Einstieg in bestimmte Routen in kleineren oder beliebten Klettergärten keine Seltenheit).

Die Umwelt wird folglich durch folgende Entwicklungen in einem immer schneller werdenden Rhythmus belastet *(vgl. Schemel/Erbguth 1992, S. 26):*

• durch die zeitliche und räumliche Konzentration von großen Menschenmassen
• durch die zeitliche Ausbreitung der Sportaktivitäten (kürzere Erholungspausen für die Natur)
• durch die räumliche Ausbreitung der Sportaktivitäten
• durch indirekte Belastungen der Aktivitäten

Hinzu kommt, daß die Freizeit- und Tourismusindustrie versucht, "über ständige Produktdifferenzierung und eine aggressive, die Verbrauchsmentalität gegenüber der Landschaft fördernde Werbung" *(Scharpf 1993, S. 19)* die Nachfrage zu erhöhen, um die Marktanteile und Wachstumsraten zu steigern.

c) Umweltbelastungen durch Risiko- und Abenteuersportarten

Die zugrundeliegenden Beziehungen zwischen Sport und Umwelt sind sehr vielfältig und vielschichtig, pauschale Aussagen über Umweltbeeinträchtigungen durch den Sport generell sind daher nur schwer möglich. Es müssen verschiedene Punkte berücksichtigt und differenziert betrachtet werden *(vgl. Schemel/Erbguth 1992, S. 11):*

- die jeweilige Sportart (z.b. zwischen Bergwandern und Speläologie)
- die Anzahl der Ausübenden (so gut wie alle Sportarten sind umweltunverträglich, wenn Massen auftreten)
- das individuelle Verhalten (nahezu alle Sportarten sind umweltverträglich, wenn Naturverständnis eingebracht wird)
- der Zeitaspekt (zeitliche Konzentration/Jahreszeit)
- der Ausübungsort (z.b. zwischen Mittelgebirgslandschaften und dem Alpenraum)
- die Sekundäreffekte (infrastrukturelle Folgen der Sportausübung)

Es gibt wenig flächendeckende Erhebungen über die tatsächliche Anzahl von Sportausübenden in freier Natur (sei es für eine Region oder einen Berg) und die damit verbundenen Beeinträchtigungen durch die verschiedenen Sportarten. Konkrete Beeinträchtigungen der Umwelt liegen aber schwerpunktmäßig in folgenden Bereichen vor *(vgl. Wilken 1993, S. 89).*

Landschaftsverbrauch:
- aufgrund der Versiegelung biologisch aktiver Flächen durch Straßen, Wege, Parkplätze
- Erosionen als Folge von Tritt-/ Fahrbelastungen
- durch Präparierung/ Nutzbarmachung für sportliche Zwecke

Beeinträchtigung der Lebensräume (von seltenen Tieren und Pflanzen):
- durch Befahren/Betreten durch Menschenmassen
- durch das Verlassen von Wegen, Pisten, Loipen
- durch die Errichtung neuer Infrastruktur

Umweltverschmutzung:
- durch PKW-Gebrauch bei An- und Abfahrt zum Ort der Sportausübung
- durch das Hinterlassen von Müll in der Landschaft (z.B. Abfälle in den Basislagern der Hochgebirgsexpeditionen)

d) Lösungsansätze

Die Schwerpunkte eines gemeinsamen Vorgehens von Sport- und Umweltverbänden liegen überwiegend in folgenden Bereichen *(vgl. Schemel/Erbguth 1992, S. 30):*

- **Einflußnahme auf individuelles Verhalten**

Durch Aufklärung über ökologische Zusammenhänge und über die Sensibilisierung für den Wert unzerstörter Natur können Sportverbände und -pädagogen **langfristig** auf eine umweltverträgliche Sportausübung hinwirken (**Umwelterziehung**). Die vermehrte Einbeziehung ökologischer Fragen in das Ausbildungssystem für Reiseleiter, Übungsleiter etc. könnte durch eine Art **Multiplikatoreffekt** eine vorteilhafte Einflußnahme auf das **individuelle Verhalten** der einzelnen Sportler haben, so daß ein verantwortungsvoller Umgang mit den Sportgeräten gegenüber der Natur selbstverständlich wird.

- **Gestaltung der räumlichen Nutzung**

Vielfach wird für eine **Zonierung** der Landschaft plädiert *(so auch Schemel/Erbguth 1992, S. 31)*. Das Grundprinzip dieser Zonierung ist es, die Sportler von empfindlichen und schutzbedürftigen Naturlandschaften (Taburäumen) fernzuhalten und unempfindlichere Landschaften (Kulissenräume) zur Sportausübung freizugeben. Zudem soll eine vermehrte **Lenkung** und **Kanalisierung** der Sportler zwischen den einzelnen Regionen verhindern, daß es zu Massenerscheinungen in bestimmten Gebieten kommt.

- **Einflußnahme auf die Freizeit- und Tourismusindustie**

Hier werden vor allem folgende Ansätze diskutiert:

- Verzicht auf umweltbelastende Formen der Sportausübung in der Werbung
- vermehrte Bereitstellung umweltverträglicher Sportangebote
- Verbesserung der Gästeinformation hinsichtlich der Umweltproblematik einzelner Sportarten
- Einführungen von Umweltschulungen für Animateure, Reiseleiter, etc.

- **Politische Maßnahmen**

Es wird gefordert, daß verstärkt politisch und gesetzlich reglementierend eingegriffen werden soll, um **kurzfristig** die stark umweltbelastenden Sport- und Urlaubsformen in den Griff zu bekommen. Dies kann z.B. durch Festlegung örtlicher und regionaler Kapazitätsgrenzen oder zeitlich befristeter und räumlich begrenzter Sperrungen geschehen (d.h. Formulierung und Vollzug von Auflagen zum Schutz von Umwelt und Natur). **Langfrisitig** gesehen sind repressive politische Maßnahmen (z.B Sperrungen, Verbote) ohne das Anbieten von Alternativen nicht sinnvoll.

4. Soziokulturelle Auswirkungen

a) Konfliktsituation

Die soziokulturellen Auswirkungen des Tourismus (speziell in Form des Massentourismus) auf die Bevölkerung der Zielgebiete (besonders in den Ländern der 3. Welt) sind vielfach erörtert worden und der Grundtendenz nach vorwiegend negativ.

Die Ursachen für die überwiegend negativen Auswirkungen auf das kulturelle und soziale Gefüge der bereisten Völker liegen zum Teil in den Informationsdefiziten der Reisenden hinsichtlich der Alltagsrealitäten dieser Länder mit den daraus zu ziehenden Konsequenzen für ein verantwortliches Reiseverhalten. Eine andere Ursache liegt oftmals in der einseitigen Darstellung der Zielgebiete seitens der Veranstalter, die in ihren Angeboten "Heile-Welt-Klischees" mit Abenteuerromantik anbieten, und somit der gesamten Problematik und vor allem den bereisten Völkern nicht gerecht werden.

Bei den Abenteuerreisen steht die Expeditionsreise (z.B. Pioniertouren in touristisch unerschlossene Gebiete der 3. Welt-Länder) im Mittelpunkt der Kritik, da durch diese Reiseform Reisegruppen in sensible Gebiete vordringen und vielfach touristisches Neuland erschließen. Bei den dort lebenden (zum Teil bedrohten) Völkern hat das vielfach negative Konsequenzen, die im nächsten Abschnitt beschrieben werden.

b) Soziokulturelle Auswirkungen durch den Abenteuertourismus

Zusammenfassend lassen sich folgende soziokulturellen Auswirkungen (Negativerscheinungen) durch den Expeditionstourismus auf die bereisten Länder und deren Bevölkerung aufzählen:

- Der oft gerühmte Völkerverständigungseffekt ist bei näherem Hinsehen kaum existent oder sogar gegenteilig und häufig nur auf finanzielle Kontakte beschränkt (einheimische Dörfer als "Freilichtmuseum" für Touristen).

- Die Touristen demonstrieren Konsumgewohnheiten und Verhaltensweisen, die bei der empfangenden Bevölkerung aufgrund der Konfrontation mit einem anderen Lebensstil den Wunsch nach Nachahmung oder aber Mißbehagen, Resignation und aggressive Unzufriedenheit erzeugen können.

- der Effekt auf die einheimischen Sitten und Bräuche ist vielfach jener einer **Akkulturation**, einer kulturellen Verflachung und Anpassung im Gefolge der Kommerzialisierung: "Die in Jahrtausenden gewachsene Eigenart einzelner Völker und Stämme mutiert in wenigen Monaten durch den Einfluß der Reisebüros, gesponsert durch die verheerende Not der 3. und 4. Welt ..." *(Ludwig 1990, S. 159)*

- die Planung und Durchführung der Abenteuerreisen wird meist von ausländischen Unternehmen unternommen, die einheimische Bevölkerung wird lediglich als "Arbeitskraftreserve" angesehen und nicht am wirtschaftlichen Profit, welcher vorwiegend ins Ausland fließt, beteiligt.

c) Lösungsansätze

Verbesserungsmaßnahmen im Abenteuertourismus (vor allem in 3. Welt-Länder) müssen in erster Linie der **Vermeidung touristisch verursachter sozialer und kultureller Schäden** dienen. Sie sollten zudem die Begegnungsmöglichkeiten zwischen den Reisenden und der einheimischen Bevölkerung **behutsam** fördern und auch das **gegenseitige Verständnis** für den Wert kultureller Andersartigkeit und die Probleme der bereisten Länder.

Gerade die Abenteuerreiseveranstalter müssen sich ethischen Fragestellungen öffnen und nicht durch verantwortungloses Ausblenden der sozialen und politischen Hintergründe in den Zielgebieten ihrer Reisen ein "Heile-Welt-Klischee" bei den Reiseteilnehmern verbreiten.

Dadurch, daß Menschenrechtsorganisationen immer wieder auf die Problematik dieser Expeditionsreisen hingewiesen haben, sind schon diverse, fragwürdige Angebote, trotz einer hohen Nachfrage, von den Veranstaltern gestrichen worden. Eine engere Zusammenarbeit der Veranstalter von Expeditionsreisen mit Menschenrechtsorganisationen wäre daher vorteilhaft.

5. Fazit

In der gegenwärtigen Gesellschaft ist der Sport einer der wenigen Bereiche, in dem es noch Abenteuer und Risiken zu erleben gibt. Dies scheint ein Grund dafür zu sein, daß Sport und Bewegung mit zu den häufigsten Urlaubsaktivitäten gehören und die Risiko- und Abenteuersportarten von immer mehr Menschen ausgeübt werden.

Aufgrund der steigenden Nachfrage und des hohen Erlebniswertes dieser Sportarten wurden sie im Zuge der voranschreitenden Kommerzialisierung des Urlaubssports zunehmend für den touristischen Markt erschlossen. Durch die Ausdifferenzierung der einzelnen Sportarten und des Tourismusgeschehens insgesamt entstand ein vielfältiges Angebot an Reisen mit den Risiko- und Abenteuersportarten zum Inhalt, die unter dem Sammelbegriff Abenteuerreisen zusammengefaßt, einen eigenständigen Charakter als Reiseart besitzen. Durch den Boom dieser Sportarten in den letzten Jahren und der steigenden Nachfrage nach solchen Abenteuerreisen blieben spezifische, negative Auswirkungen auf die ökologische und soziale Umwelt nicht aus und wurden zunehmend offensichtlich.

Jedoch ist nicht das Bedürfnis nach Abenteuerreisen oder nach den einzelnen Sportarten als Problem anzusehen, sondern vielmehr das tatsächliche Verhalten der Menschen am Ausübungsort der Aktivitäten. Verstärkt wird diese Tatsache zudem durch die hauptsächlich auf Gewinnerzielung fixierte Tourismusbranche (bei untergeordneter Berücksichtigung der entstehenden Probleme).

Die weitere Entwicklung des Abenteuertourismus darf nicht unkontrolliert erfolgen und dem Selbstlauf überlassen werden, sondern es bedarf steuernder Konzeptionen. Diese Konzeptionen müssen die Berücksichtigung ökologischer und soziokultureller Belange zu einer umfassenden Hauptbedingung werden lassen, damit nicht die existentiellen Grundlagen des landschaftsbezogenen Sports und des Tourismus zerstört werden.

III. Veranstaltungstourismus
- deutsche Olympiatouristen in Barcelona
von Dr. Manfred Messing und Dr. Norbert Müller,
Professoren der Sportwissenschaften

1. Olympiatouristen als eigenständiger Typus von Sportzuschauern

J.W. Loy (1981, S. 262) betont in einem Aufsatz zur Theorie des Sportzuschauers, das Engagement der Menschheit im Sport sei in überwältigendem Maße mehr durch Zuschauer als durch aktuelle athletische Teilnahme charakterisiert. Dies gelte für die antiken Olympischen Spiele ebenso wie für die sportlichen Großereignisse der Gegenwart.

Mit steigendem Leistungsniveau der sportlichen Kontrahenten und einem antizipierten hohen Spannungsgehalt der Wettkämpfe wird in der Regel auch eine größere Zuschauerschaft zum Besuch der Veranstaltung angeregt. In Sportarten, die eine entsprechende Architektur (Stadien, Hallen) voraussetzen, sind dem Wachstum der Zuschauerschaft allerdings Grenzen durch die Sichtbarkeit der Sportausübung gesetzt. Bei Theaterproduktionen ermöglichen es Wiederholungen, sich einer fortgesetzten Nachfrage von Direktzuschauern anzupassen. Weiter kann ein Ensemble an zahlreichen Orten hintereinander auftreten, um dadurch den Gesamtaufwand an Reisekosten zu optimieren: Die Tournee der wenigen "Kunstproduzenten" ist letztlich kostengünstiger als die Reisen einer wesentlich größeren Zahl von "Kunstkonsumenten" zu einem zentralen Veranstaltungsort.

Diese Möglichkeiten einer Steigerung der Zahl der Direktzuschauer sind bei sportlichen Wettkämpfen nicht gegeben. Das mittels Sportregeln gesicherte Prinzip der Chancengleichheit sorgt für einen prinzipiell offenen Ausgang jedes Wettkampfes. Sportereignisse sind daher Unikate; eine Wiederholung des gleichen Ablaufs am gleichen oder an einem anderen Ort ist ausgeschlossen.

Insofern hat das Aufkommen der Massenmedien für den Konsum des Sports eine ungleich größere Bedeutung als für den Konsum reproduzierbarer kultureller Güter wie Theater- oder Konzertaufführungen: Im wörtlichen Sinne **einmalige** Spitzenereignisse können auf elektronischem Wege einer weltweiten Zuschauerschaft praktisch ohne zeitliche Verzögerung (live) präsentiert werden. Dazu kommen die Möglichkeiten der Massenmedien eine Sportrealität zu "konstruieren", die dramatischer und informationsreicher sein kann, als die Erfahrung "aus erster Hand". Schließlich werden die Höhepunkte des Sports auf diesem Wege speicherbar und können zu beliebigen Zeiten wieder zum elektronischen Dasein erweckt werden.

Im Hinblick auf diese Entwicklungen stellt *Brunet (1993, S. 105)* fest:

"The main spectator of an Olympic Games is television. Consequently,

a) economic success depends on the income from television and sponsorship;
b) a successful image and international impact depends on the television audience and the message broadcast.

It is therefore understandable that the number of visitors and the effects of tourism will not be one of the a [sic!] principal factors of an Olympics."

Andererseits seien aber Zuschauer aufgrund ihrer Aktivitäten und des Images, das sie verbreiten, sehr relevant. Während der Olympischen Spiele sei die Gastgeberstadt das Zentrum der Welt, für 16 Tage stehe sie im Fokus der Medien. Daher müsse den eintreffenden Besuchern eine besondere Aufmerksamkeit geschenkt werden. Darüber hinaus stammten einige Gäste nicht aus dem Konsumenten-Publikum, sondern sie seien **Erzeuger von Nachrichten**. Beispielsweise reisten zwischen dem 25. Juli bis zum 9. August 1992   12.831 Journalisten nach Barcelona, die mit ihrer Arbeit 3 Milliarden Zuschauer erreichten. Es sei besser, dieser Gruppe persönliche Unbequemlichkeiten zu ersparen, die mit negativen Nachrichten über die Spiele beantwortet werden könnten. Andere Besucher seien VIPs (führende Staatsmänner, Minister, Berühmtheiten etc.), die eine spezielle Aufmerksamkeit erforderten: in Barcelona waren das 8.000 Personen.

Es sei daher zu unterscheiden zwischen

a) **Touristen** der Olympischen Spiele und
b) Besuchern, die zur **Olympischen Familie** gehörten, von denen einige in speziellen Zentren auf Einladung des   Organisationskomitees (COOB '92) untergebracht worden waren *(vgl. Brunet 1993, S. 105).*

Neben den reinen Sportrezipienten, deren Interesse sich ausschließlich auf den Sportkonsum richtet, gibt es demnach sportexterne und -interne Überschneidungen der Zuschauerrolle mit Kommunikationsrollen (Sportreportern), Alimentationsrollen (Sponsoren), Organisationsrollen (Sportfunktionären), instrumentellen Rollen (Trainer und Sportarzt) und Schiedsrichterrollen. Schließlich kann auch der Sportler *selbst (Sport-Ausführungsrolle; Rollentypen nach Heinemann 1990/3, S. 68)* zeitweise Zuschauer sein. Für *Coubertin (1967 [1910], S. 39)* "ist der sich ausruhende Sportler, der seine eigene Übung unterbricht, um die Bewegungen eines geschickteren oder besser trainierten Kameraden zu verfolgen", der ideale Zuschauer schlechthin. Im weitesten Sinne ist jeder Athlet zugleich Zuschauer, da er nicht sinnvoll handeln kann, ohne Wahrnehmungen zu verarbeiten. Andererseits ist der "reine" Zuschauer, der das Sportereignis nur besucht, um angenehm unterhalten zu werden, nicht passiv, kein bloßer Empfänger sensorischen Inputs, sondern durch bestimmte Handlungen aktiv in das Sportgeschehen einbezogen. Bei der Verfilmung eines Theaterstücks ist das Publikum und seine Reaktionen eine zu vernachlässigende Komponente; ein sportlicher Wettkampf, der ohne Zuschauer nur für das Fernsehen inszeniert wird, erscheint dagegen unvollständig: Er verlöre die eigenartige "Atmosphäre", die erst durch die Aktionen und Reaktionen des Publikums im Zusammenhang mit dem Spielgeschehen entsteht.

Innerhalb der Zuschauerrolle treten Untergruppen auf, die bislang wenig erforscht wurden. Das soziale Problem gewalttätiger Fußballfans hat die Forschungsperspektive verengt. Besonders selten sind Vergleiche von Zuschauern in verschiedenen Sportarten, wie sie von *Slepicka (1991)* und *Messing/Lames (1994)* durchgeführt wurden, sowie in verschiedenen Ländern, wie sie *Földesi/Krawczyk (1981)* vorgelegt haben. Auch die Olympiazuschauer "vor Ort" sind nur selten Gegenstand soziologischer Analysen gewesen - so in einer postalischen Befragung von 764 US-amerikanischen Käufern von Tickets für die Olympischen Spiele in Montreal 1976.
Unter der Annahme, daß die Struktur des Sportereignisses jeweils ein spezifisches Publikum mit bestimmten Merkmalskonstellationen anzieht, ist zu erwarten, daß Olympiatouristen einen eigenen Typus innerhalb der direkten Sportzuschauer bilden.

Olympische Spiele unterscheiden sich von anderen internationalen Sportwettkämpfen vor allem durch eine spezifische Legitimation, die über den Leistungsvergleich auf hohem Niveau hinausgeht. Sie ist sowohl auf die antike Tradition als auch auf die moderne Interpretation des "Olympismus" durch Pierre de Coubertin bezogen.
Es wäre empirisch zu klären, inwieweit sich der insbesondere von *Lenk (1972)* differenziert beschriebene Wertekanon im Bewußtsein der Zuschauer widerspiegelt. Das betrifft u.a. das Fairneß-Prinzip, über dessen Einhaltung durch die Athleten sich das Publikum einerseits eine Meinung bildet, auch wenn es dies nur teilweise durch eigenen Augenschein kontrollieren kann. Andererseits wäre von einem Olympiazuschauer zu fordern, daß er sich durch ein unparteiisch-faires Verhalten von anderen Zuschauern abhebt. Nach *Coubertin (1967 [1935], S. 152)* sollten "die Beifallskundgebungen lediglich im Verhältnis zur Leistung stehen unter Ausschaltung jeder nationaler Parteilichkeit".

Ein solches sportethisches Handeln setzt sicherlich eine vorangegangene olympische Erziehung voraus. Mindestens sollten aber olympische Grundprinzipien bekannt sein. Aufschlußreich ist auch, wie dieser an Olympischen Spielen besonders interessierte Teil der Öffentlichkeit den vom IOC getragenen Wertewandel in bezug auf den Amateurstatus und die Vermarktung des Olympischen Sports beurteilt.

Läßt sich die von *Lenk (1972, S. 15f)* "vielverträgliche" Olympische Idee, einschließlich des Prinzips menschlicher Vervollkommnung im Sinne des "Citius, Altius, Fortius", auf die Probleme einer enger vernetzten Weltgesellschaft beziehen? Wie bewerten Olympiatouristen den Beitrag der Spiele zum friedlichen Miteinander der Völker, zur Bewahrung von Lebensqualität und natürlichen Ressourcen? Die Zukunft der Olympischen Spiele wird auch davon abhängen, inwieweit Olympiatouristen und mittelbare Rezipienten dieses Sportfestes sich mit Werten der Olympischen Bewegung identifizieren. Vor allem in der **Konfiguration olympischer Werte** und weniger im Unterhaltungsaspekt der Wettbewerbe liegt die Einzigartigkeit der Olympischen Spiele, ihr unangefochtener Standort unter einer Vielzahl sportlicher und kultureller Produktionen. Dieser resultiert u.a. aus der Beschränkung auf einen 4-Jahres-Zyklus, die Versammlung von Sportlern aus allen Nationen in allen als "olympisch" anerkannten Sportarten an einem Ort und die Inszenierung der Veranstaltung als "Gesamtkunstwerk".

Im Zusammenhang damit steht die außergewöhnliche Attraktivität der Eröffnungs- und der Schlußfeier, für die Olympiatouristen Spitzenpreise zahlen. Die Anziehungskraft der Eröffnung liegt nicht zuletzt in der Symbolik des Einmarschs der Nationen, der Olympischen Flagge, des Olympischen Feuers und des Olympischen Eides. Die zur Eröffnungs- und Schlußfeier gezeigten sportlichen Elemente beziehen sich zumeist nicht auf den konflikthaften Wettbewerb, sondern betonen kooperative, Harmonie ausdrückende Formen. Mit Tanz, Musik und Artistik sind künstlerische Darbietungen ein wesentlicher Aspekt des festlichen Rahmens Olympischer Spiele; daneben läuft **parallel zu den sportlichen Wettbewerben ein breitgefächertes Kulturprogramm** (Konzerte, Theateraufführungen, Ausstellungen). Dazu kommen die typischen touristischen Attraktionen der Gastgeberstadt und ihrer Umgebung. Die individuelle Auswahl und Kombination dieser vielfältigen Angebotselemente erzeugt ein sehr heterogenes Publikum. In seiner internationalen Zusammensetzung und dem Spektrum seiner Schausportinteressen spiegelt sich das zunächst für die Athleten geltende Prinzip "All games, all nations". Unter den Olympiatouristen sind wahrscheinlich "Spezialisten", die sich auf wenige ausgewählte Sportarten konzentrieren wollen, ebenso vertreten wie

"Generalisten", die beim Kauf ihrer Karten weniger wählerisch sind und für die das "Dabeisein" in der Olympiastadt wichtiger ist als der Zutritt zu einem spezifischen Wettkampf.

Insgesamt lassen sich beim Olympiatouristen **vier Interessensdimensionen** unterscheiden:

- Ausmaß (hoch bis niedrig) und Richtung (Sportart/Disziplin) des **Schausportinteresses,**
- Interesse am **sportbezogenen kulturellen Rahmenprogramm** (von der Eröffnungs- und Abschlußfeier bis zu Ausstellungen mit sportbezogener Thematik, z.B. Olympiabriefmarken),
- Interesse an **nicht-sportbezogenen kulturellen Veranstaltungen** (z.B. Ausstellung "Mittelalterliches Katalonien"),
- Interesse an stadt- bzw. landestypischen **Erholungsangeboten** (z.B. Urlaub am Mittelmeer).

Den unterschiedlichsten Interessenkonstellationen steht auf der Seite des vom _NOK für Deutschland_ mit dem Olympia-Kartenverkauf beauftragten Reiseunternehmens ein in Umfang und Art begrenztes Kartenangebot gegenüber. Die Kosten dieser Dienstleistung steigen aber mit deren Komplexität, sinkendem Standardisierungsgrad und der Einmaligkeit des Reiseanlasses. Trotz zyklischer Wiederkehr Olympischer Spiele lassen die wechselnden Austragungsorte und sehr individuelle Interessenverbindungen der Kunden kaum preisgünstige Standardangebote zu, es sei denn, die komplexe Dienstleistung wird auf ihre zentralen Elemente, den Olympia-Kartenverkauf sowie Reise- und Unterkunftsvermittlung, reduziert.

Die Enttäuschungswahrscheinlichkeit auf seiten der Kunden nimmt aber zu, wenn nur ein Teil ihrer Bedürfnisse berücksichtigt werden kann und die individuelle Optimierung des sportlichen, kulturellen und touristischen Nutzens in der Olympiastadt in vielen Fällen eine logistische und zeitliche Überforderung bedeutet. Es ist daher zu erwarten, daß der Reiseanbieter bezüglich des kulturellen Rahmenprogramms der Olympischen Spiele eher eine zurückhaltende Informationspolitik betreiben wird, um nicht Bedürfnisse zu wecken, die nur über eine dem Planungsaufwand angemessene Preiserhöhung oder überhaupt nicht befriedigt werden könnten.

Im folgenden sollen Aspekte der touristischen Zufriedenheit deutscher Olympiazuschauer in Barcelona auf dem Hintergrund ihrer sozialstrukturellen Merkmale und der Nutzung sportbezogener und kultureller Angebote in Barcelona betrachtet werden.

2. Problemstellung der Befragung deutscher Olympiatouristen in Barcelona

Unter seinem Präsidenten J.A. Samaranch hat das *IOC* mit einer massiven Vermarktung und der Öffnung der Spiele für Profi-Sportler einen politischen Kurswechsel vollzogen. Auch das Umfeld dieses Weltsportfestes hat sich mit dem Wegfall des Wettkampfs marktwirtschaftlich-demokratischer Systeme mit dem kommunistischen Block, der im Hochleistungssport einen symbolischen Ausdruck fand, grundlegend verändert. Außerdem bietet der hundertste Jahrestag der Neubegründung der Olympischen Spiele 1896 in Athen einen Anlaß, Standort und Akzeptanz der Olympischen Bewegung neu zu bestimmen.

Inhaltsanalysen der Olympiaberichterstattung *(z. B. Baumhöver 1992)* und von Schülerzeichnungen zum Motto "Olympische Spiele - wie ich sie sehe" *(Brunner 1989)* sowie Befragungen sportinteressierter Kreise können dazu beitragen, Diskrepanzen zwischen Anspruch der Olympischen Idee und ihrer Verwirklichung auszuloten, um die Olympische Politik mit solchen Rückkopplungsdaten zu konfrontieren.

Im Zusammenhang mit Schüler- und Studentenbefragungen zum Hintergrundwissen zu den Olympischen Spielen, Einstellungen und Meinungen zum modernen Olympia und zur Olympischen Idee *(zusammengefaßt von Dietel 1993)* wurde an der *Universität Mainz* eine Befragung deutscher Olympiatouristen konzipiert, um diese Gruppe anhand ihrer demographischen Merkmale und ihrer sportlichen Sozialisation zu beschreiben, ihre Besuchsgründe zu eruieren, die Erlebnisqualität der Eröffnungs- und Schlußfeier und weiterer Ereignisse bewerten zu lassen und um das Interesse der Touristen am sportlichen und kulturellen Programm differenziert zu erheben. Ferner wurde nach der Zufriedenheit mit der Organisation der Sommerspiele 1992, mit dem Kartenangebot, mit Unterkunft, Transportmitteln und Entfernungen zu den Wettkampfstätten gefragt. Wünsche nach äußeren Zeichen der Zugehörigkeit zur Gruppe der Olympiatouristen, der deutschen Touristen bzw. der Touristen des *Deutschen Reisebüros (DER)* konnten geäußert werden. Zu einem Komplex von 35 Aussagen zur aktuellen Problematik Olympischer Spiele sollte ebenso Stellung genommen werden wie zu Gefährdungen ihrer Zukunft.

3. Zur Untersuchungsmethode und Repräsentativität

Eine Befragung deutscher Olympiatouristen in den Sportstätten von Barcelona war aus Gründen der Forschungsökonomie und wegen des Problems einer systematischen Erfassung deutscher Zuschauer in einem international zusammengesetzten Publikum nicht realisierbar. In Abhängigkeit von Zeit und Ort der Befragung wären jeweils zudem unterschiedliche Gruppen deutscher Zuschauer angetroffen worden.

Deshalb wurde auf die Möglichkeit zurückgegriffen, über die Kundenkartei des Deutschen Reisebüros in Frankfurt am Main allen 1616 Bestellern von Olympiakarten bzw. -reisen einen 16seitigen Fragebogen mit 59 Fragen zuzusenden. Zusätzlich wurden 72 Barcelona-Fahrer aus dem Sportkreis Bensheim und 29 des *Allgemeinen Deutschen Hochschulsportverbandes (ADH)* angeschrieben, die in den Adressenlisten des Reisebüros nicht aufgeführt waren. Sie konnten in einem Frankfurter *DER*-Restkartenbüro Tickets erwerben, die beim *DER* weder schriftlich bestellt noch von Pauschalreisenden ausgewählt worden waren. Damit sind Olympiatouristen, die ihre Karten einzig und allein an den Wettkampfstätten oder auf dem Schwarzmarkt erworben haben, hier nicht vertreten. Die Gesamtzahl deutscher Olympiatouristen in Barcelona ist nicht bekannt.

Die mit einem Abstand von sechs Monaten nach Abschluß der Sommerspiele in Barcelona relativ lange Frist bis zum Beginn der Befragung wurde gewählt, um vor allem die bleibenden Eindrücke der Olympiazuschauer zu erfahren. Den Versand der Fragebogen einschließlich des Rückportos übernahm das *NOK* mit einem Begleitschreiben seines Präsidenten, W. Tröger. Das *DER* bezuschußte diese Aktion. Im März bzw. Anfang Mai 1993 (Bensheim) lagen 579 auswertbare Fragebogen vor. Der Rücklauf von rd. 34 % kann angesichts des Fragenumfangs als gut bezeichnet werden, unterscheidet sich aber im Parameter "Geschlecht" hochsignifikant: Frauen waren weniger zur Mitarbeit bereit als Männer.

Von den wenigen registrierten Olympiatouristen aus der ehemaligen DDR haben überdurchschnittlich viele geantwortet. Dennoch mußte auf einen Ost-West-Vergleich verzichtet werden, da die Gesamtzahl der Barcelona-Fahrer aus den neuen Ländern zu gering war. Dies verweist auf deren stärker eingeschränkten finanziellen Spielraum, aber auch auf die schwache Ost-Präsenz der Unternehmensgruppe *"Deutsches Reisebüro"* und die dort noch fehlende Stammkundschaft bei Reisen zu internationalen Wettkämpfen.

4. Darstellung und Interpretation ausgewählter Befunde

Aus der gesamten Auswertung der Befragungsergebnisse, die von Wolfgang *Merkl (1993)* als Diplomarbeit am Fachbereich Sport der Universität Mainz vorgelegt wurde, werden hier hauptsächlich die touristisch bedeutsamen Befunde vorgestellt.

4.1 Sozialstrukturelle Merkmale und sportbezogene Sozialisation deutscher Olympiatouristen in Barcelona

Unter den Befragten, die aus einem breiten Band von Altersgruppen kommen, dominieren **20- bis 29jährige** und **50- bis 59jährige**. Über die Hälfte sind verheiratet. Männer sind mit 72 % Rücklauf deutlich stärker vertreten als das weibliche Geschlecht. In der Gesamtheit der Olympiatouristen war ihr Verhältnis 60 : 40. Überwiegend wurde die Reise mit Familienangehörigen oder im Freundeskreis unternommen; Alleinreisende waren insbesondere bei Frauen eine Ausnahme.

Es überwiegen Berufe, die der **ittelschicht** zuzuordnen sind, wobei mit sinkender Schichtzugehörigkeit und sinkendem Netto-Haushaltseinkommen die Anzahl der Befragten stufenweise abnimmt. Fast 60 % von ihnen besitzen entweder das Abitur / die Fachhochschulreife oder absolvierten ein Studium. Möglicherweise ließen Personen mit geringer Schulbildung den Fragebogen häufiger unbeantwortet.
Charakteristisches Merkmal der sportlichen Sozialisation ist, daß die große Mehrheit der Befragten **nicht nur ein "Schausportinteresse"** zeigt. 77 % sind Mitglied in einem Sportverein und 30 % haben dort Ehrenämter inne, teilweise mehrere. Fast drei Viertel betreiben oder betrieben eine Wettkampfsportart. Von diesen können 8 % internationale, 18 % nationale und 74 % regionale Wettkampferfolge aufweisen.

Unter den "früher" betriebenen Sportarten nehmen Leichtathletik, Fuß- und Handball, unter den "heutigen" Aktivitäten Tennis, "nichtolympische" Sportarten und Leichtathletik die vorderen Plätze ein.

Olympiazuschauer zeichnen sich häufig durch eine besondere Sportkompetenz aus. Der Anteil ehemaliger oder heutiger Aktiver in den besuchten Sportarten liegt im Fußball, in der Leichtathletik und im Tennis mit jeweils über 40 % am höchsten.
Knapp 40 % der Befragten hatten im übrigen bereits vor Barcelona mindestens einmal, zum Teil auch mehrere Male, Olympische Spiele bzw. Winterspiele besucht. Eine Reise zu den Olympischen Spielen in Atlanta 1996 planten bereits rd. 39 %, ein Drittel konnte dies noch nicht sagen, 28 % verneinten die Frage.

Es ist zu vermuten, daß der aktiv im Sport engagierte Teil der Olympiatouristen der Befragung aufgeschlossener gegenüberstand und im Rücklauf überrepräsentiert ist.

4.2 Nutzung und Beurteilung des sportbezogenen und kulturellen Angebots in Barcelona

Nach *Coubertin (1966 [1910], S. 40)* sollen sich die Olympischen Spiele durch feierliche Zeremonien von Weltmeisterschaften unterscheiden, wobei er *(1959 [1936], S. 195)* kritisierte, daß viele Leute den pädagogischen Wert der symbolischen Handlungen nicht begreifen würden. Etwa jeder Fünfte der Befragten hat die Eröffnungsfeier im Stadion von Barcelona miterlebt. Weitere 23% bzw. 30% sahen sie im spanischen bzw. deutschen Fernsehen, so daß insgesamt 416 Befragte die Inszenierung bewerten konnten. Sie nannten insgesamt 227 eindrucksvolle Elemente der Eröffnungsfeier, an die sie sich sofort erinnern konnten. Davon entfielen 63% auf den protokollarischen Teil, wobei das Entzünden des Olympischen Feuers durch einen Bogenschützen von 102 Zuschauern hervorgehoben wurde. Die Abschlußfeier verfolgten rd. 19% im Stadion und rd. 40% im Fernsehen, wobei das Feuerwerk besonders beeindruckte.

Bemerkenswert ist, daß in der Kritik sowohl an der Eröffnungs- als auch an der Schlußfeier die Aussage "Die Darbietungen waren ohne Erklärung kaum zu deuten" mit einer Quote von 33% bzw. 27% jeweils die höchste Zustimmung der Zuschauer erhielt, unabhängig davon, ob sie im Stadion oder am Fernseher dabei waren.

Bezüglich der Wettkämpfe ist bei über 60% der Befragten ein besonderes Interesse auf die Leichtathletik, die "ungekrönte Königin" *(Diem 1967 [1954], S. 21)* der olympischen Sportarten, gerichtet. Über 80% haben Leichtathletik-Wettbewerbe besucht; es folgen mit Abstand Tennis, Basketball und Turnen. Typisch für Olympiazuschauer ist, daß nur eine kleine Minderheit von 14% sich auf den Besuch einer Sportart "spezialisiert" hat. Obwohl beispielsweise an mehr als fünf Sportarten nur 8% der Olympiabesucher "besonderes Interesse" äußern, haben doch 37% ein vielfältiges Programm gesehen.

Offenbar enthalten Wettkämpfe bei Olympischen Spielen eine **von der Sportart losgelöste Attraktivität.** Diese kommt in den drei wichtigsten Besuchsgründen zum Ausdruck, die von jeweils über 90% der Befragten bejaht wurden: die unmittelbare Stimmung bei Olympischen Spielen miterleben zu wollen, bei diesem Weltereignis dabei zu sein und sportliche Spitzenleistungen sehen zu können. Das "Dabeisein" verband sich bei immerhin 219 Befragten mit persönlichen Kontakten zu Athleten, wobei 15% davon in speziellen Einrichtungen von Sponsoren stattfanden, die zum Teil solche Gesprächsmöglichkeiten als Teil ihrer Dienstleistung gegen Bezahlung anboten.

Obwohl die Befragten in der Regel eine Vielfalt von Wettkämpfen in mehreren Sportarten verfolgten, glauben 68 % nicht, daß die Aufnahme neuer Sportarten die Olympischen Spiele von Barcelona bereichert habe. Allgemein wird von fast drei Vierteln ein Ausufern der Olympischen Spiele befürchtet. Dies ist auch insofern verständlich, als bei 56 % der Befragten wegen zeitlicher Überschneidungen und bei 35 % wegen zu großer Entfernung zur Wettkampfstätte nicht alle Eintrittskarten genutzt werden konnten und verfielen.

Andererseits konnte das *Deutsche Reisebüro* mit dem ihm zugeteilten Kartenkontingent nicht alle Besuchswünsche erfüllen. Vorrangig betraf das die Sportarten Schwimmen, Basketball und Rudern. Schwarzmarktangebote und Restkarten an der Wettkampfstätte lösten teilweise das Problem vor Ort. Immerhin klagten 59 % aller Befragten, der **Mangel an Eintrittskarten** habe sie am Besuch weiterer Wettkämpfe gehindert. Gleichzeitig wurde Kritik an leeren Zuschauerrängen laut, die nicht zum Verkauf freigegeben wurden, obwohl hier vermutlich auch das **Desinteresse seitens mancher Sponsorengäste,** die Freikarten verfallen ließen - ihre Zahl wurde von *Stern (30. Juli 1992, S. 26)* auf 400.000 beziffert -, eine Rolle spielte.

Das Ausweichen auf das Olympische Kulturprogramm, wenn Karten für interessierende Sportveranstaltungen nicht erhältlich waren, scheint für Olympiatouristen keine ernsthafte Alternative zu sein. *Coubertin (1966 [1935], S. 153)* sah zwar in der "Schönheit durch die Beteiligung der Kunst und des Geistes an den Olympischen Spielen" einen wichtigen Aspekt des Olympismus. Aber rd. 59 % der Befragten lehnten das Statement ab "Erst in der Verbindung von Sport und Kunst verwirklicht sich die Olympische Idee." Fast ebensoviele (55,5 %) forderten, Olympische Spiele sollten sich auf sportliche Wettbewerbe beschränken. Hohes Sportinteresse, Zeitknappheit und Informationsmängel können zu dieser Einstellung beigetragen haben.

So gaben mehr als ein Drittel der Befragten an, über das **Kulturprogramm** der Spiele weder im Vorfeld noch in Barcelona informiert worden zu sein. Bei der Frage nach der Informationsquelle entfielen "im Vorfeld" nur 9,2 % von 579 Nennungen auf die Kategorie "Reisebüro", 16,2 % auf Fernseh- und Hörfunkberichte und fast 39 % auf Zeitungen und Zeitschriften. 27 Befragte bemängelten ausdrücklich, daß die Reiseunterlagen des *DER* keine Informationen zum Olympischen Kulturprogramm enthalten hätten. In Barcelona nahm die Bedeutung der elektronischen Medien zu (rd. ein Drittel der Nennungen), gefolgt von den Printmedien (rd. 22 %) und den Informationen über Reisebüros (15,5 %).

38 % der Befragten besuchten schließlich auch Kulturveranstaltungen - eine im Vergleich zum wahrgenommenen Sportangebot schwache Resonanz. Auf die drei Ausstellungen von Picasso, Dali und Miro entfallen dabei doppelt soviele Nennungen wie auf vier sport- bzw. olympiaspezifische Ausstellungen (u.a. "Sport in der griechischen Antike").

4.3 Zufriedenheit mit touristischen Aspekten der Olympischen Spiele

Die touristische Zufriedenheit - also die Erfüllung von Bedürfnissen im Rahmen einer der Freizeit und Erholung dienenden Reise - hängt von zahlreichen Faktoren ab. Zunächst ist das Preis-Leistungs-Verhältnis von Bedeutung, das sich in der Gegenüberstellung des finanziellen Aufwandes, aber auch in den während der Reise empfundenen Entbehrungen und Unannehmlichkeiten einerseits und der Befriedigung individueller Bedürfnisse andererseits ausdrückt. Die an eine Olympiareise gestellten Erwartungen hängen von dem erlebten Befriedigungspotential früherer Auslandsreisen zu Sportveranstaltungen ab, weiterhin von Erwartungen, die durch die vorolympische Berichterstattung der Massenmedien und durch die Werbung von Reisebüros geweckt wurden, und schließlich von aktuellen Alternativen, die bei einem gegebenen Reisepreis gewählt werden können.

Je höher der Preis der Reise, desto kleiner ist der Kreis potentieller Kunden bzw. desto größer wird das Spektrum der "Freizeitprodukte", die alternativ zur Verfügung stehen. Es ist klar, daß eine Flugreise in Verbindung mit dem Aufenthalt in einem 2-Sterne-Hotel während der Dauer der Olympischen Spiele vom 24. Juli bis zum 10. August 1992 für 4.268 DM (gegebenenfalls mit Einzelzimmerzuschlag von DM 1.550) - wie von *DERtour* unter der Nr. SR 4240 angeboten - ein überdurchschnittliches Einkommen bzw. ein besonders starkes Schausportinteresse voraussetzt. Soziale Schichtung und sportbezogene Sozialisation bestätigen diese Annahme *(siehe 4.1).*

Die touristische Zufriedenheit hängt demnach in erster Linie von der Kerndienstleistung des Reisebüros ab, und zwar das Erlebnis "Olympische Spiele" vor Ort zu vermitteln, wie es in den angegebenen Besuchsgründen in *Abbildung 1* zum Ausdruck kommt.

Bei männlichen und weiblichen Touristen nehmen die Wünsche, die Stimmung bei Olympischen Spielen mitzuerleben, bei diesem Weltereignis dabei zu sein, sportliche Spitzenleistungen und spezielle Sportarten zu sehen, etwas Spannendes zu erleben sowie die deutschen Sportler zu unterstützen in gleicher Folge die vorderen Rangplätze ein. Relativ bedeutungslos ist der Wunsch nach Entspannung und Erweiterung des Bekanntenkreises, die

Abbildung 1:
Besuchsgründe deutscher Olympiatouristen in Barcelona

Ich wollte:	weiblich %	weiblich n	männlich %	männlich n	Gesamt %	Gesamt n
.. die unmittelbare Stimmung bei OS miterleben.	100	149	98,8	402	99,1	551
.. bei diesem Weltereignis dabei sein.	92,0	138	94,8	366	94,0	504
.. sportliche Spitzenleistungen sehen.	91,8	122	90,7	353	90,9	475
.. spezielle Sportarten sehen.	86,4	118	82,3	299	83,5	417
.. etwas Spannendes erleben.	77,0	100	76,5	260	76,7	360
.. die deutschen Sportler unterstützen.	69,1	110	68,9	299	68,9	409
.. mich entspannen.	26,6	94	32,1	243	30,6	337
.. meinen Bekanntenkreis erweitern	22,6	93	30,0	247	27,9	340
.. meine Tradition (Gewohnheit) fortsetzen, OS zu besuchen.	19,8	101	30,6	288	27,8	389
.. Freunde und Bekannte treffen.	23,4	94	26,6	252	25,7	346

Fortsetzung einer Tradition als Olympiatourist (wichtiger bei Männern) und
die Absicht, Freunde und Bekannte zu treffen (wichtiger bei Frauen).
Ein Vergleich der Wertigkeit von Erholung, Entspannen (z.B. Sonnen am
Strand), dem Besuch kultureller Veranstaltungen bzw. Museen und dem
Zuschauen bei sportlichen Wettkämpfen bestätigt die hervorragende Stellung
des sportbezogenen Interessenfeldes *(Abbildung 2).*

Abbildung 2:
Eingeschätzte Bedeutung von Erholung / Entspannung, kulturellen Veranstaltungen und sportlichen Wettbewerben
(n = 577; keine Angabe = 2; für die drei Bereiche konnten zusammen 10 Punkte vergeben
werden: je höher der Punktwert, desto größer die Wichtigkeit.)

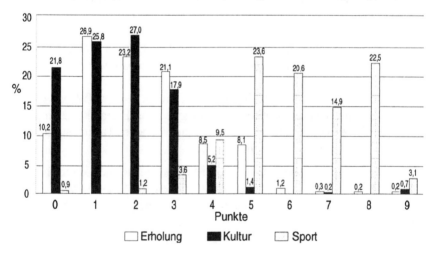

Demnach wird für die Zufriedenheit der Olympiatouristen entscheidend sein, inwieweit sie die für sie persönlich besonders interessanten Sportarten sehen konnten. *Abbildung 3* verdeutlicht auszugsweise, daß als besonders interessant bezeichnete Sportarten von einem jeweils höheren Prozentsatz der Befragten besucht werden konnten.

Abbildung 3:

Von deutschen Olympiatouristen besuchte Wettkämpfe und Sportarten, denen ihr besonderes Interesse galt

(n = 579; Sportarten mit weniger als 10 % Nennungen bleiben hier unberücksichtigt.)

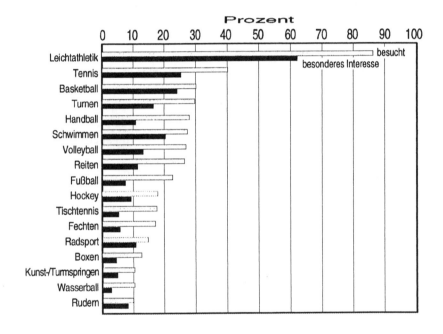

Diese Ergebnisse sind als förderlich für die touristische Zufriedenheit zu interpretieren, obwohl offen bleibt, inwieweit Kartenwünsche für die hochrangigen Endkämpfe in Erfüllung gingen. Nach Abschluß des Vorverkaufs in Deutschland wurden begehrte Karten in Barcelona entweder auf dem "Schwarzen Markt", durch offiziellen Kauf an der Wettkampfstätte, aus Restkartenbeständen des Deutschen Reisebüros oder im geringen Umfang auch durch Kartentausch erworben. Die angegebenen Gründe, die den Besuch weiterer Wettkämpfe verhinderten, zeigen freilich, daß der Bedarf bei über der Hälfte der Befragten nicht gedeckt werden konnte *(Abbildung 4).*

Abbildung 4:
Hinderungsgründe, mehr Wettkämpfe zu besuchen (n = 579)

Antwortvorgaben	zutreffend %
Es waren keine Eintrittskarten mehr erhältlich.	58,8
Es gab zeitliche Überschneidungen mit anderen Wettbewerben.	55,6
Die Entfernung zum Wettkampfort war zu groß.	35,2
Die Kosten für die Eintrittskarten waren zu hoch.	27,5

Freilich garantiert ein den Kundenwünschen in Art und Umfang entsprechendes Kartenangebot allein noch keine Zuschauerzufriedenheit. Dazu tragen nicht zuletzt auch die Leistungen deutscher Athleten und Mannschaften bei, mit denen sich deutsche Zuschauer identifizieren. Hier schneidet das nach dem Zusammenbruch der DDR wieder gemeinsam auftretende deutsche Olympiateam - darüber freuten sich 79 % der Befragten, 20 % war das egal und 1 % fand es eher bedauerlich - sehr positiv im Urteil der Olympiatouristen ab: Für 76,2 % entsprach das Abschneiden den eigenen Erwartungen, 14,4 % hatten eigentlich weniger Medaillen erwartet und lediglich 9,4 % zeigten sich enttäuscht (n = 555, keine Angaben = 24).

Bei einem kleineren Teil der Olympiatouristen - vor allem in höheren Altersgruppen - wird sich auch das kulturelle Angebot auf die Gesamtzufriedenheit ausgewirkt haben. In den zusammengefaßten Bewertungen "sehr gut" und "gut" führen mit jeweils rd. 80 % die Ausstellungen zum Werk Dalis (61 Besucher) und Picassos (103 Besucher) sowie die freilich nur von 20 Befragten besuchte Ausstellung "Sport in der griechischen Antike". Die Schwerpunkte abwertender Urteile von 8 bzw. 11 Touristen entfallen auf den Stierkampf und den Deutschen Kulturclub.

Inwieweit der Besuch der Olympischen Spiele mit einem Badeurlaub verbunden wurde, ist in dieser Befragung nicht direkt erfaßt worden. Gute Möglichkeiten dazu hatten sicher Pauschalreisende des Deutschen Reisebüros, die in Ferienwohnungen bzw. 3-Sterne-Hotels an der Costa Brava oder Costa Dorada untergebracht waren. Eine einzelne Pauschalreise buchte insgesamt rd. ein Drittel der Befragten, über die Hälfte beschränkte sich im Reisebüro auf den Kauf der Eintrittskarten, der Rest war Mitglied einer Reisegruppe, die sich größtenteils in Sportvereinen formiert hatten.
Der hohe Anteil von Olympiatouristen, der auf eine komplette Reiseorganisation verzichtete, hängt wohl auch damit zusammen, daß nahezu drei Viertel der Befragten nicht zum ersten Mal nach Spanien kamen und sprachliche Probleme kaum erwartet wurden. Rd. 85 % von ihnen verfügten über Englisch-, 36 % über Französisch- und immerhin 17 % über Spanisch-

kenntnisse. In der Kritik der Olympischen Organisation erwähnten schließlich auch nur 24 Besucher "Sprachschwierigkeiten", beispielsweise bei der Verständigung mit dem Sicherheitspersonal oder mit Ordnungskräften.

Wenn auch die Erfüllung der sportbezogenen Erwartungen für die touristische Zufriedenheit der Befragten sicher zentral gewesen ist, so sollen doch die Rahmenbedingungen der Reise nicht außer acht gelassen werden, zumal solche für das eigentliche Reiseziel - das Miterleben der Olympischen Spiele - peripheren Aspekte wie Unterkunft und Verkehrsmittel eine große Bedeutung für den Sportkonsum gewinnen können.

40,5 % der Befragten wohnten während der Olympischen Spiele in Hotels, wobei sich rd. 58 % in 3-Sterne-Hotels und 26 % in 2-Sterne-Hotels einquartiert hatten. Die bessere Kategorie wurde vom Reiseveranstalter an verschiedenen Küstenorten angeboten, die schlechtere stand in Barcelona zur Verfügung. Außerhalb der Pauschalreisen konnten auch die Hotelkategorien 1 (4 %) sowie 4 und 5 (12 %) gewählt werden. Nach Auskünften des Mitarbeiters der Fachabteilung Marktforschung, *O. Breitenbach (zit. in: Merkl 1993, S. 89)*, wurden bessere Hotels in Barcelona vorrangig an das *IOC* für die Unterbringung der Funktionäre und Gäste sowie für Journalisten vergeben. Darüber hinaus veranlaßte ein schlechtes Preis-Leistungs-Verhältnis das *DER*, seinen Kunden Hotels bevorzugt außerhalb von Barcelona anzubieten *(zit. in: Merkl 1993, S. 89)* und dort Ferienappartments anzumieten. *Abbildung 5* illustriert die Verteilung auf die verschiedenen Unterkünfte.

Abbildung 5:

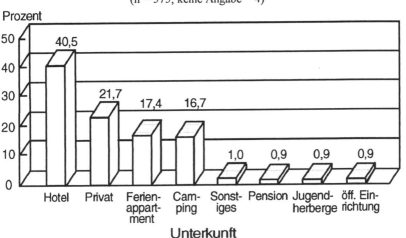

Unterkunft während der Olympischen Spiele
(n = 575; keine Angabe = 4)

Mit der Unterkunft waren insgesamt 71 % zufrieden und 29 % (= 163 Befragte) unzufrieden. In der Gruppe der Pauschalreisenden stieg die Zahl der Unzufriedenen auf 41 % an. Unter fünf Beanstandungen dominierte mit rd. 60 % die "ungünstige Lage" im Hinblick auf die Erreichbarkeit der Wettkampfstätte, gefolgt von der Kritik an einem zu hohen Preis (45 %), einem mangelhaften Service (31 %), einer nicht zufriedenstellenden Verpflegung (29 %) und an der schlechten Behandlung der Gäste (28 %).

Die ungünstige Lage einer Unterkunft ist immer im Zusammenhang mit der Verkehrsanbindung zu sehen und schlägt sich in der Anfahrtszeit zu den am häufigsten besuchten Wettkampfstätten nieder. Rund 47 % erreichten die Zielorte in maximal einer Stunde Fahrt. Bis zu 60 Minuten hält die große Mehrheit der Befragten für annehmbar, längere Fahrzeiten werden zunehmend als zu lang empfunden.

Abbildung 6:

Anfahrtszeit zu den Wettkampfstätten
und deren Akzeptanz durch die Befragten

Anfahrtszeit in Minuten	Personen n = 572 %	Einschätzung "zu lang" n = 565 %
10 - 30	22,2	4,0
über 30 - 60	24,7	21,6
über 60 - 90	25,8	49,0
über 90 - 120	18,9	68,5
über 120 - 150	5,1	78,6
über 150 - 180	2,6	73,3
über 180 - 350	0,7	100,0

Aus der folgenden *Abbildung 7* geht hervor, daß insbesondere die Nahverkehrszüge zu Nachbarorten Barcelonas kritisiert wurden, wobei in einer nachfolgenden Frage "Überfüllungen" und "Verspätungen" als Hauptgründe erscheinen.

Besonders zufrieden zeigten sich die Befragten mit der U-Bahn in Barcelona, die wohl auch mit dazu beigetragen hat, daß Taxis nur von 30 % benutzt wurden.

Abbildung 7:

Nutzungsgrad und Zufriedenheit mit Verkehrsmitteln in Barcelona

(n = 579)

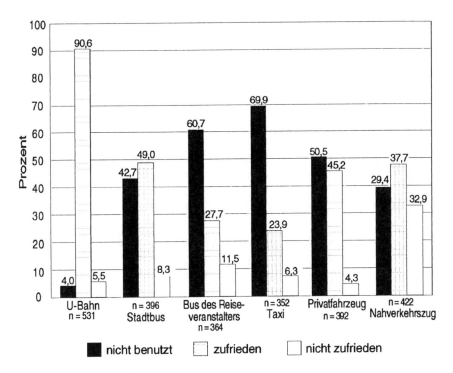

Die Transportbedingungen gehören zu einem von vier Hauptpunkten der Kritik an der Organisation der Sommerspiele. Dazu äußerten sich rd. 28 % von 278 Befragten. Ein gleicher Prozentsatz zeigte Mißfallen über die "Zuschauerplätze", wobei am häufigsten die Organisation des Kartenverkaufs bemängelt wurde. Der Ärger resultierte nicht zuletzt aus unbesetzten, von Sponsorfirmen reservierten Plätzen, für die Eintrittskarten nicht mehr erhältlich gewesen waren. Solche Beobachtungen haben sicher zu der von rd. 83 % aller Befragten geteilten Meinung beigetragen: "Die bevorzugte Behandlung einiger Olympiazuschauer durch große Firmen macht aus der Olympischen Familie eine Zwei-Klassen-Gesellschaft." Weitere 29 % aus der Gruppe Unzufriedener vermißte Tagesprogramme bzw. Wettkampflisten in den Sportstätten. Zu den Sportstätten selbst formulierten rd. 38 % eine kritische Anmerkung, wobei 41 Befragte die aus ihrer Sicht zu umfangreichen und stellenweise grob durchgeführten Sicherheitskontrollen monierten. 19 Personen mißfielen zu große Entfernungen zwischen den Wettkampfstätten und zehn Befragte beschwerten sich über deren zu späte Öffnung vor

Veranstaltungsbeginn. Insgesamt bewerteten rd. 64 % der Zuschauer die Organisation der Sommerspiele mit "gut", 29 % bezeichneten sie als "mittelmäßig" und 7 % als "schlecht".

Die bereits erwähnte Zweiteilung der Zuschauer in solche, die als **Gäste von Sponsoren** freien Eintritt zu den für sie reservierten Veranstaltungen haben, und **"Selbstzahlern"** berührt das Selbstbild bisheriger Olympiatouristen. Analog zu Athleten, für die Olympische Spiele den Höhepunkt ihrer sportlichen Laufbahn bilden, weil schon ihre Teilnahme sie als Mitglieder einer Leistungselite qualifiziert, die nach *Coubertin (1967 (1910), S. 37)* außerdem besonderen ethischen Ansprüchen genügen sollte, haben sich auch Olympiatouristen aus dem Kreis der üblichen Sportzuschauer hervorgehoben gesehen. Ein solches "Elitebewußtsein" resultiert vermutlich aus der eigenen Kompetenz als Sportler, kundiger Zuschauer bzw. als Sportfunktionär. Darüber hinaus könnte hier die Vorstellung, Teil der Olympischen Geschichte zu werden, die Identität des Olympiatouristen prägen.

Dieser traditionelle Olympiazuschauer fühlt sich offenbar durch das Auftreten einer großen Schar von Firmengästen deklassiert, bei denen sich eine spezifische Gruppenzugehörigkeit mit Sonderrechten verbindet.
Damit stellt sich die Frage nach einer Aufwertung selbstzahlender Olympiatouristen, indem ihnen beispielsweise in Form von Abzeichen, T-Shirts, Mützen und durch einen Gruppenausweis ein Sonderstatus vermittelt wird.

Von den Befragten halten es rd. 26 % bzw. 7 % für wichtig bzw. sehr wichtig, über solche äußeren Kennzeichen der Zugehörigkeit zum Kreis der Olympiatouristen zu verfügen. Rund 19 % sehen es als wichtig bzw. sehr wichtig an, als deutscher Tourist erkennbar zu sein, aber nur insgesamt 9 % befürworten es, als *DER*-Tourist aufzutreten. Dies kann als relativ größere Bereitschaft, sich mit olympischen Leitprinzipien zu identifizieren, gedeutet werden. Stolz auf die eigene nationale Herkunft hat dagegen weniger Gewicht, und nur ein geringer Teil will als *DER*-Tourist quasi für ein Reisebüro werben.

Unter der Voraussetzung, daß sich Olympiazuschauer mit olympischen Zielen identifizieren, könnten Diskrepanzerlebnisse zwischen solchen Werten und Prinzipien einerseits und ihrer subjektiv empfundenen Verwirklichung andererseits die touristische Zufriedenheit beeinträchtigen. Aufgrund der vorliegenden Daten kann hier kein stringenter Vergleich zwischen Wertidentifikation bei Zuschauern und subjektiv empfundener Wertrealisation durchgeführt werden. Immerhin zeigen Einstellungen der Befragten zu

Olympischen Werten und ihre Meinungen zur Zukunft der Olympischen Spiele, wie sich Enttäuschungen und Zuversicht auf einzelne Punkte verteilen.

Coubertin verband mit den Olympischen Spielen noch pädagogische Absichten. In Barcelona bezweifelten allerdings 61 % der Befragten, daß die Spiele in erster Linie humanistische Werte vermitteln. Für 43 % sollen sie primär Unterhaltung sein. Das Fernsehen - so meinen 59 % - lasse neben den sportlichen Ereignissen andere olympische Werte nicht in den Vordergrund treten.

Die Skepsis gegenüber dem Wertegehalt heutiger Spiele scheint allerdings bei einzelnen olympischen Prinzipien unbegründet zu sein.
So sind Talent und Trainingsfleiß, aber nicht Doping und Manipulation für jeweils 85 % der Befragten die bestimmenden Größen olympischer Leistung. Die von *Coubertin* angestrebte Balance von Patriotismus und Völkerverständigung findet weitverbreitete Zustimmung: 81 % sind dagegen, bei Olympischen Spielen auf nationale Symbole zu verzichten; 93 % bezeichnen die Spiele in Barcelona als große Chance für die internationale Begegnung und Verständigung. Für rund drei Viertel der Befragten behielt für die Spiele in Barcelona das Prinzip "Teilnahme ist wichtiger als Sieg" seine Gültigkeit.
Eine besonders deutliche **Verwirklichung** des Fairneß-Gedankens bei Olympischen Spielen in Vergleich zu anderen Sportereignissen wird zwar von 84 % verneint, aber immerhin 46 % meinen, als **Idee** habe sich Fairplay bei den Spielen am reinsten erhalten.
Die Gleichheit der Konkurrenten wird im Urteil von 53 % durch ungünstige soziale und ökonomische Bedingungen in den "Entwicklungsländern" beeinträchtigt. Die Zulassung von Profisportlern scheint von der Mehrheit der Befragten akzeptiert zu werden. Zwar wenden sich 57 % gegen eine direkte finanzielle Belohnung von Olympiasiegern, 64 % würden aber tolerieren, wenn diese (später) aus ihrem Sieg finanziellen Nutzen ziehen. Die Unabhängigkeit der Olympischen Bewegung sehen 77 % durch den massiven Einfluß des Fernsehens bedroht; das Interesse der Politik an den Spielen in Barcelona wird dagegen von 64 % positiv - als Unterstützung - gewertet.

Über den ursprünglichen Kanon olympischer Prinzipien hinaus kann sich der moderne Olympismus den Forderungen nach weltweiter Geltung der Menschenrechte, nach Gleichberechtigung der Frau und Mitwirkung am Umweltschutz nicht verschließen. Zwei Drittel der Befragten wollen Länder, die allgemeine Menschenrechte mißachten, von den Olympischen Spielen ausschließen. Eine positive Wirkung der Olympischen Spiele auf die Gleichberechtigung der Frau wird von fast zwei Dritteln bezweifelt und ebensoviele halten massive Eingriffe in die Natur für unvereinbar mit den olympischen Idealen. Der zuletzt genannte Punkt ist besonders bei den Veranstaltern Olympischer Winterspiele akut.

Gefahren für zukünftige Olympische Spiele sehen etwa drei Viertel der Befragten in der Kommerzialisierung. 58 % halten das Doping, 51 % die Überhäufung mit neuen Sportarten, 43 % die übergroße Zahl von Athleten, Funktionären und Medienvertretern und 16 % einen übertriebenen Nationalismus für bedrohliche Entwicklungen im olympischen Sport.

5. Ausblick

Ein Teil der hier vorgelegten Befunde beinhaltet Meinungen über Tatsachen und stellt keine unmittelbare und systematische Beschreibung der Wirklichkeit dar. Dennoch sollte diese Momentaufnahme der Olympischen Spiele aus Zuschauersicht für die zukünftige Gestaltung dieses Weltfestes und seine touristische Vorbereitung Beachtung finden. Die Frage, welche Rückwirkungen die jeweilige konkrete Gestalt der Spiele auf die Meinungen "des Olympiazuschauers" hervorruft, könnte eine erneute Untersuchung im Anschluß an die Spiele von Atlanta 1996 klären helfen.

Der Sportkonsument ist ein wichtiges Element des olympischen Sports, seine Rolle bleibt untrennbar mit der des Athleten verbunden. Seine Identifikation mit Sportlern, Mannschaften und zumindest mit einem Teil der olympischen Prinzipien erklärt die Attraktivität des "modernen Olympia" für Massenmedien, Werbewirtschaft, Tourismus und nicht zuletzt für den Spitzensportler selbst, der ohne die Identifikation der Zuschauer kaum mit staatlicher Förderung, Ansehen, späterem kommerziellen Gewinn und sozialem Aufstieg rechnen könnte.

IV. Landschaftsbezogene Aspekte der Standortplanung von Sport- und Spielstätten

von Dr. Heinrich Haass, Professor für Städtebau und Erholungsplanung

Die Standortplanung von Sport- und Spielstätten für den Tourismus ist, ebenso wie die Planung von entsprechenden Anlagen für die Naherholung, eine noch sehr junge Planungsdisziplin. Hiermit ist zugleich eine wesentliche Unterscheidung zwischen Sporttourismus und der Sportnaherholung für die örtliche Bevölkerung vorgenommen. Sporttourismus wird für **Besucher, Gäste und Touristen** angeboten, die nicht aus der jeweiligen Region kommen, während Angebote der Sportnaherholung für die **Bevölkerung** einer Kommune oder Region selbst vorzusehen sind. Für beide Bereiche ist es wichtig, sinnvolle und **verträgliche Raumangebote** zu schaffen, die weitmöglichst in Einklang stehen. Diese Aufgabe ist in ihrer Komplexität noch weitgehend unbekannt, und es fehlt sowohl an klaren inhaltlichen Zielen einer räumlichen Tourismusplanung wie auch an geeigneter Arbeitsmethodik. Für den Erfolg einer derartig neuen Planungsaufgabe ist das **interdisziplinäre Zusammenspiel von Fremdenverkehr, Sport und Freizeit, Städtebau und Freiraumplanung** etc. notwendig. Der Erfolg einer solchen Planung ist nicht nur eine sinnvolle, verträgliche und attraktive Tourismusstruktur, sondern auch eine hohe Akzeptanz des Tourismus überhaupt.

1. Entwicklungsplanung und Siedlungssoziologie als Grundlagen für die Standortplanung von Sporttourismusangeboten

Der Schlüssel zu einem neuen Tourismus- und Erholungsverständnis ist ein interdisziplinärer Ansatz in der kommunalen und regionalen Entwicklungsplanung. Dabei ist es wichtig, zunächst zwischen einer überwiegenden Tourismusfunktion oder überwiegenden Naherholungs- funktion von einzelnen Angeboten und Regionen zu unterscheiden.

Die Entwicklung beider Bereiche hat sich an den Bedürfnissen und Zielen ihrer Funktionen und Nutzer zu orientieren, aber auch an den lokalen Gegebenheiten. Für den Bereich der örtlichen Naherholung wurde die Entwicklungsplanung bislang vorwiegend technisch orientiert als Teilaufgabe der Stadt- oder Landschaftsplanung betrieben, die räumliche Fremdenverkehrs- und Tourismusplanung jedoch hauptsächlich vor dem Verständnis der Wirtschaftsförderung (als Parameter werden häufig Anzahl der Übernachtungen, Zählungen des Verkehrsaufkommens etc. zugrunde gelegt). Die Kollision mit einer Anzahl anderer Entwicklungsbereiche ist die zwangsläufige Folge. Wird beispielsweise eine dörfliche Struktur "aufgebohrt" und durch eine Tourismusstruktur ersetzt, zeigen sich Konfliktbereiche mindestens mit dem Umwelt- und Naturschutz sowie mit der sozialen Struktur der Gemeinde. Eine neuartige räumlich-bauliche Tourismusplanung versucht auf diese anderen Teilbereiche der Entwicklungsplanung einzugehen und Kompromisse, Verträglichkeiten und sogar Synergien zu schaffen. Das Schlagwort "sanfter Tourismus" sollte diese Denkrichtung eigentlich verkörpern, jedoch sind in der Praxis bisher kaum durchschlagende Erfolge bekannt. Das liegt zum einen an der mangelnden arbeitsmethodischen Kenntnis einer interdisziplinären Tourismusplanung, zum anderen aber auch an den noch nicht klar definierten Inhalten.

1.1 Integrative Tourismusentwicklung

Im folgenden sollen diese beiden Problembereiche als Grundlagen einer neuen Standortplanung für Sporttourismusanlagen untersucht werden. Es wird zunächst der inhaltliche Bereich betrachtet:
Tourismusentwicklung ist in der Regel bei der **Wirtschaftsförderung** angesiedelt, was erkennen läßt, daß die ökonomische Betrachtung des Tourismus im Vordergrund steht. Andererseits wäre es ebenfalls falsch, Tourismusentwicklung nur bei der **Landschaftsplanung** anzugliedern. Sinnvoller ist die Denkrichtung, alle Personen und Einrichtungen einer Kommune oder Region vom Tourismus profitieren zu lassen *(integrative Tourismusentwicklung Abbildung 1)*. Das geht jedoch nur, wenn alle Beteiligten ihre eigenen Ziele (zumindest in Teilen) verwirklicht sehen. Diese Abhängigkeiten zeigen, daß Tourismusplanung unumgänglich zu einer **Querschnittsaufgabe** wird. Dabei spielen einzelne Beteiligte eine wichtigere Rolle, andere wiederum besitzen eine nur untergeordnete Funktion.

Zunächst ist ein Initiator der Tourismusentwicklung nötig. Eine Person, ein Unternehmer oder eine Dienststelle müssen die Planung der Tourismusentwicklung in Gang setzen. Hierzu werden erste Visionen, Ideen und Konzepte benötigt. Umfassende Fachkenntnisse sind in diesem Schritt noch nicht unbedingt erforderlich. Allerdings erscheint es sinnvoll, wenn der Initiator auch später die Koordination und Steuerung der weiteren Entwicklung in den Händen behält. Eine der dringlichsten Aufgaben dieses Initiators ist es nun, potente "Mitstreiter" zu gewinnen. Das heißt er muß in der Lage sein, ein interdisziplinäres Team zusammenzubringen. Hier ist Weitblick nötig, da er alle Beteiligten, die sinnvoll an der Tourismusentwicklung mitarbeiten können, zusammenführen sollte. Damit ist der Grundstein für eine interdisziplinäre Arbeit gelegt.

Abbildung.1:

Integrative Tourismusentwicklung

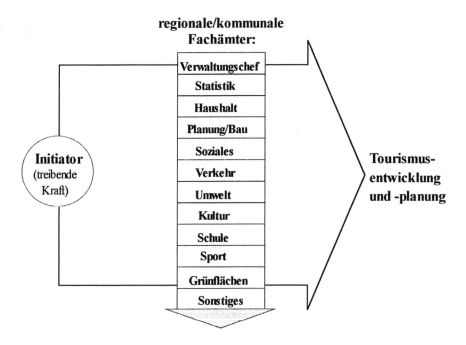

Zu Beginn einer Tourismusentwicklungsplanung wird es stets mehr oder weniger einfach sein, ein solches Team zusammenzuführen, da viele ihren Nutzen und Vorteil einer solchen Mitarbeit (noch) nicht erkennen können. Dieser Nutzen steht in einem wechselseitigen Verhältnis. Während einerseits der Fremdenverkehr beispielsweise von einem gut ausgebauten Verkehrsnetz profitiert, können davon andererseits auch andere Entwicklungsbereiche hiervon profitieren. Das Prinzip ist demnach einfach. Sobald sich alle Beteiligten zusammenfinden und ihre Ziele vortragen, lassen sich eine Fülle von Synergien erkennen. Da Fremdenverkehr und Tourismus allein selten finanziell derart ausgestattet sind, daß sie ihre Vorhaben aus eigener Kraft entwickeln können, sind sie auf die Mithilfe anderer Entwicklungsbereiche angewiesen. Eine integrative Tourismusentwicklung führt daher viele Beteiligte zusammen und schafft Synergien für alle. Nach diesem vereinfachten Prinzip lassen sich auch sonst schwer durchführbare Projekte realisieren.

Ein weiterer Vorteil einer derart "konzertierten Aktion" besteht darin, daß alle Beteiligten über die Vorhaben und Projekte anderer Entwicklungsbereiche bereits frühzeitig informiert sind. Eventuelle Einsprüche oder Korrekturen können eingebracht werden, und Abstimmungen werden bereits als "Nebenher" neben der eigentlichen Entwicklungsplanung durchgeführt. So lassen sich die formalen Genehmigungsverfahren von Tourismusprojekten vereinfachen und ggf. beschleunigen.

In jedem Fall wird ein solches interdisziplinäres Team neben dem Initiator noch aus den Generalisten der Verwaltung bestehen (Haushalt, Stadtplanung, Statistik etc.). Ebenso ist ein Planer (Stadtplaner bzw. Landschaftsplaner) nötig, auch Experten aus der Tourismusplanung sollten zum Team gehören. Weiterhin sollten jetzt alle interessierten Beteiligten hinzukommen (Verkehrsplanung, Umwelt- und Naturschutz, Beherbergungsgewerbe und Gastronomie, Sport und Kultur, Wirtschaftsförderung etc.). Für jeden der beteiligten Gruppen sind Vorteile für die eigene Entwicklung erkennbar, was letztlich als Anreiz zur Mitarbeit dient. Die Entwicklungsgruppe hat inhaltlich einiges an Arbeit zu leisten und soll sich darüber bewußt sein, daß ihr eine große Verantwortung für die weitere Entwicklung obliegt. Ein essentieller inhaltlicher Aspekt ist die räumlich-bauliche Komponente des Tourismus. Besonderen Reiz für den Tourismus haben kleine ländliche Gemeinden mit einem entsprechenden Potential an sporttouristischen Gelegenheiten.

1.2 Siedlungssoziologische Folgen der Tourismusentwicklung

Der Sporttourist tritt grundsätzlich zunächst als Fremder in die Gemeinschaft einer Kommune oder Region ein. Was ihn kennzeichnet, ist seine der örtlichen Bevölkerung völlig konträr gelagerte **Erwartungshaltung** an die landschaftliche Umgebung sowie sein wesentlich höher gelagerter **Lebensqualitätsanspruch.** Diese beiden Aspekte machen ihn zum "Eindringling" in die eigene Identitätssphäre. Die örtliche Bevölkerung kann dieses nur akzeptieren, wenn parallel zwei Faktoren ausgleichend wirken. Das ist erstens der Zeitfaktor, d. h. Touristen kommen nur in der Saison und lassen der Region in den übrigen Jahreszeiten Regenerationsphasen. Zweitens wirkt der finanzielle Faktor, d. h. Touristen sorgen für Umsätze in der Region und tragen so zur wirtschaftlichen Entwicklung bei. Dieses Balanceverhältnis wird durch einige Randeffekte gefördert oder gestört *(Abbildung 2).* In jedem Fall wird das Herstellen dieser Balance schwierig sein, aber es ist grundsätzlich möglich. Hinzu kommt die Dynamik der Entwicklung sowohl der Region selbst als auch des Sporttourismus. Die Folge ist ein ständiges

Nachprüfen und Korrigieren des Balanceverhältnisses, also eine Fortschreibung und Anpassung der Entwicklungsplanungen.

Die Entwicklung von sporttouristischen Angeboten hat als oberstes Ziel, die Bedürfnisse der Touristen zu erfüllen bei gleichzeitig wirtschaftlicher Effizienz der Angebote. Dadurch kann u. U. ein soziales Gefälle zwischen der Bevölkerung und den Touristen entstehen (Disparitäten). Wandelt sich ein Ort durch **Verlagerung seines Standortimages zum Fremdenverkehrsort**, wird auch die Bevölkerung den Wunsch zum Mitmachen haben. Wird dieses durch mangelnde Finanzmittel oder durch bewußten Ausschluß verhindert, sind soziale Spannungen unvermeidbar. Dieses Gefälle ist durch geeignete Angebotsformen zu verhindern und dort, wo es bereits eingetreten ist, durch Verlagerung der Angebote zu verringern.

Abbildung 2:

Balanceverhältnis der Tourismusplanung

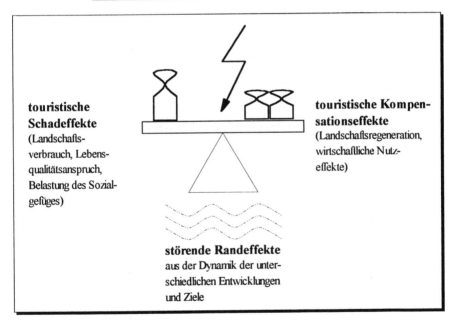

touristische
Schadeffekte
(Landschafts-
verbrauch, Lebens-
qualitätsanspruch,
Belastung des Sozial-
gefüges)

touristische **Kompensationseffekte**
(Landschaftsregeneration,
wirtschaftliche Nutz-
effekte)

störende Randeffekte
aus der Dynamik der unterschiedlichen Entwicklungen
und Ziele

1.3 Wirtschafliche und ökologische Bedeutung des baulich-architektonischen Erscheinungsbildes eines Tourismusortes

Der größte Effekt einer Imagewandlung ist das **baulich-architektonische Gefüge** einer Gemeinde oder Region. Besonders bauliche Angebote aus dem Sporttourismus tragen dazu mit den unmittelbaren Anlagen (Skipisten, Golfplätze, Tennisanlagen, Bootsliegeplätze etc.) und den mittelbaren Anlagen (Hotels, Gaststätten, Shops und Läden, Autovermietungen, Flughäfen etc.) bei. Das bauliche Gefüge einer Stadt oder Region ist als die **"Verpackung" ihrer Angebote** zu verstehen. Stimmt die Verpackung, verkauft sich auch das Produkt, ist die Verpackung unattraktiv, wird sich das Produkt nur schwer absetzen lassen. Diese Tatsache ist im Städtebau und in der Tourismusplanung weitgehend unbekannt, obwohl sie plausibel und schlüssig ist.

Das Produkt einer Gemeinde oder Region im Sporttourismus ist die Angebotsstruktur, d. h. vernünftige Kostengrößen, interessante inhaltliche Angebote und ein Konkurrenzgefälle zu den übrigen Tourismusorten. Dieses Produkt muß "verpackt" sein in städtebaulich und/oder landschaftlich attraktive "Umhüllungen". **Der landschaftliche Reiz ist kaum durch bauliche Maßnahmen aufzuwerten.** Der städtebauliche Reiz eines Ortes dafür umso mehr. Falsch verstanden wäre jedoch der Abriß vorhandener Baustrukturen und ein völliger Neubau oder der Neubau im Retortenstil. Vielmehr sind die vorhandenen Baustrukturen zu analysieren und aufzugreifen. Das einzige, was hieraus entwickelt werden kann, ist ein lokalindividuelles und ehrliches Angebot. Überdimensionierte Neubauten oder auf Effekthascherei getrimmte Um- und Anbauten verfälschen die individuelle Situation und lassen den Gast spüren und erkennen, daß es hier nicht um eine maßgebliche und ehrliche Tourismusarchitektur geht.

Zweifelsfrei besteht in den Tourismusregionen ein großer **Konkurrenzkampf** zwischen den Gemeinden um die Gunst der Touristen. Gerade im Sporttourismus wird mit den **neuesten, besten oder größten Sportanlagen** geworben. Ein solcher Wettbewerb ist für alle beteiligten Gemeinden eher ein Nachteil. Die **"bauliche Spirale"** wird ständig weitergedreht, so daß sich die Gemeinden im Konkurrenzkampf gegenseitig aufschaukeln, bis die ersten, meist aus finanziellen Gründen, auf der Strecke bleiben müssen. Zu diesem Zeitpunkt tritt ein Rückschritt in der Entwicklung ein, da man nun von der Konkurrenz abgekoppelt ist, die Gäste ausbleiben und sich die Kostenspirale rapide beschleunigt.

Sinnvoller ist es, auf der Grundlage der lokalindividuellen Gegebenheiten unterschiedliche Schwerpunkte in einer Region zu setzen. Es ist wenig sinnvoll, Nachbargemeinden mit den gleichen Angebotsstrukturen auszustatten. Vielmehr sollten, um negative Konkurrenzen auszuschließen, verträgliche oder sich ergänzende Angebote entwickelt werden. So benötigt z. B. nicht jeder Ort ein Erlebnisbad. Andererseits kann der Wert eines Ortes, der sonst nicht viel zu bieten hat, durch ein solches Bad erheblich gesteigert werden. Um eine solche Entwicklung sicher zu stellen, ist ein raumordnender Ansatz in die Standortwahl von Tourismusanlagen einzubeziehen.

Ein weiterer Aspekt ist die Nutzung der sporttouristischen Anlagen außerhalb der Saisonzeiten. Was passiert etwa mit dem Skilift im Sommer? Das Entscheidungskriterium ist die Verträglichkeit der Anlage mit ihrer Umgebung. Zu fragen ist deshalb, was an baulichen Anlagen die Landschaft und die Gemeinde außerhalb der Benutzung vertragen und erhalten kann? Für die Landschaft wird die Frage der Leistungsfähigkeit des Naturhaushaltes und das Landschaftsbild entscheidend sein. In Form einer ökologischen Risikoabschätzung sind die Belastungspotentiale des Naturhaushaltes und die Belastungen durch den Sporttourismus zu bilanzieren. Hinzu kommt die Kostenfrage. Sportanlagen werden auch außerhalb der Betriebszeiten Kosten verursachen. Wieviel dieser Kosten sind finanzierbar? Für das Stadtbild werden die Kriterien lauten, wieviel an Sportbauten etc. die Funktionen des Stadtgefüges noch gestatten, und ab welcher baulichen Dichte die Stadtfunktionen gestört werden? Hinzu kommen wiederum die Kriterien der Stadtgestaltung und der Finanzierbarkeit.

Die Frage der Verträglichkeit von Tourismusanlagen ist eine grundsätzliche Entscheidung vor Beginn der touristischen Entwicklung. Zu fragen ist, was eine Gemeinde oder Region an Sporttourismus in sozialer, ökonomischer und ökologischer Hinsicht verkraften kann. Hierfür können keine allgemeingültigen Grenzwerte angegeben werden, da diese Werte lokal erheblich differieren. Ein kritischer Wert wird immer dann erreicht sein, wenn eine negative Verlagerung des sozialen Gefüges einer Region erkennbar wird. Selbstverständlich ist es ebenso kritisch, wenn die Belastungsgrenze des Naturhaushaltes einer Region erreicht ist. Aufgrund dessen sind monostrukturelle Tourismusentwicklungen grundsätzlich mit Skepsis zu betrachten. Feriendörfer oder -anlagen, die fast ausschließlich von Touristen bewohnt werden, sind aufgrund ihrer einseitigen Nutzungsfunktion in jeder Hinsicht abzulehnen. Eine **Nutzungsmischung aus Tourismus, Wohnen, Naherholung, Dienstleistung und Gastgewerbe etc.** ist nicht nur **sozial ausgewogener**, sondern auch **wirtschaftlich langfristig stabiler**. Die Wahl des richtigen Standortes für Sporttourismusanlagen ist daher nur äußerst individuell zu entscheiden. Einerseits kann eine innerörtliche Lage sinnvoll sein, an anderer Stelle für das gleiche Angebot vielleicht eher eine Ortsrandlage. Sofern sich alle zuvor genannten Kriterien in der Art einer Checkliste zugrunde legen lassen, ist die Standortwahl immer fundiert und auf der Grundlage sachorientierter Kriterien getroffen worden.

Abbildung 3:
Checkliste zur Standortbewertung von Sporttourismus-Anlagen

Frage	Einheiten
Wieviel Einheiten Erschließung sind erforderlich?	lfdm/ qm/ Stück
Wieviel Fläche wird überbaut?	qm/ ha
Wieviel Fläche wird versiegelt?	qm
Wieviel Boden wird bewegt?	cbm/ t
Wieviel Gebäude-Kubatur wird errichtet?	cbm/ BMZ
Wieviel Fassaden-/ Staufläche wird geschaffen?	qm
Wieviel Energie wird im Betrieb benötigt?	KW
Wieviel Immissionen/ Emissionen werden erzeugt?	cbm/ t/ Vol.%/ db
Wie wird das Landschafts-/ Stadtbild verändert (etc.) ?	freie Kriterien

2. Planungsrechtliche und architektonische Grundlagen der Tourismusplanung

Die Entwicklung des Tourismus wird immer auch eine strukturelle Verlagerung einer Gemeinde zur Folge haben. Durch neue Baulichkeiten wird die Ortsstruktur aufgebläht, das Wachstum beschleunigt, und soziale und wirtschaftliche Disparitäten bleiben nicht aus. Weiter oben wurde von der "Verpackung" der Tourismusangebote gesprochen. Diese Verpackung ist letztlich der Schlüssel zum Erfolg oder Mißerfolg eines Tourismusprojektes. Bei der baulichen Entwicklung von Sporttourismusprojekten sind daher zwei Faktoren zu berücksichtigen, und zwar zum einen der **Standortfaktor**, zum zweiten die **baulich-architektonische Qualität** des Angebotes.

Die Standortsuche für ein Sportangebot im Tourismus kann nicht nach einem allge-mein gültigen Muster erfolgen. Die bedingenden Einflußgrößen und die möglichen örtlichen Gegebenheiten sind zu vielfältig. Grundsätzlich ist es empfehlenswert, sich frühzeitig mit den genehmigenden Behörden und ggf. Trägern anderer Belange in Verbindung zu setzen, um Konfliktpunkte ausräumen zu können. Weiterhin kann so bereits in einem frühen Planungsstadium die spätere Genehmigungsfähigkeit ausgelotet und ggf.

durch Änderungen gesichert werden. Genehmigungen für ein Sporttourismusprojekt sind auf mindestens drei Ebenen nötig.

Einmal erfordern größere Projekte ein **Raumordnungsverfahren**, das die Nutzung größerer Raumbezüge steuern soll. Weiterhin ist das **Planfeststellungsverfahren** notwendig, in dem die grundsätzliche Planbarkeit und Genehmigungsfähigkeit des Projektes abgewogen werden. Hierbei sollen auch die planungsrechtlichen Voraussetzungen für das Projekt selbst geschaffen werden. Drittens ist die planungsrechtliche Situation sicherzustellen, was bedeutet, daß ein **Bauleitplan** (Flächennutzungs-, Bebauungs- oder Vorhaben- und Erschließungsplan) vorliegen muß. Im Planfeststellungsverfahren und in der Bauleitplanung werden außerdem die Belange des Umwelt- und Naturschutzes geprüft. In dieser Ebene erfolgt auch die eigentliche **Baugenehmigung**, die erst den Baubeginn der Anlage ermöglicht. Viertens ist eine **Umweltverträglichkeitsstudie** oder -prüfung nötig, die in einer Bilanz der Umweltwirkungen das Vorhaben ablehnt, gestattet oder verändern läßt. Bei Anlagen am Wasser kommen noch die wasserrechtliche Genehmigung und die strom- und schiffahrtspolizeiliche Genehmigung hinzu.

Abbildung 4:

Öffentlich-rechtliche Planungs- und Genehmigungsschritte

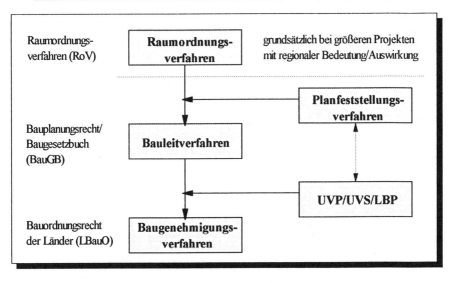

Diese Zusammenstellung stellt nur den wesentlichen Kern der Genehmigungsverfahren für eine Sporttourismusanlage dar. Im Einzelfall werden eine Fülle weiterer Genehmigungen einzuholen sein. Dem Initiator und/oder Investor eines derartigen Projektes muß empfohlen werden, aufgrund dieser Fülle an Prüfungen und Genehmigungen den fachkundigen Rat und die Mitwirkung eines Planers (Landschaftsarchitekten, Stadtplaners oder Architekten) hinzuzuziehen. Der Initiator oder Investor eines Projektes kann jedoch auch eine Menge selbst in seine Planungen hineinlegen, was zu einem sozial- und umweltverträglichen Tourismusprojekt führen kann. Wird das Konzept von Anfang an konsequent in diese Richtung betrieben, können diese Aspekte sogar als ein besonderer Marketingvorteil genutzt werden.

Abschließend soll noch etws zur architektonischen Gestaltung von Freiraum und baulichen Anlagen gesagt werden.
Es ist grundsätzlich falsch, eine landschaftliche oder bauliche Maßnahme so zu gestalten, daß der Eindruck erweckt wird, **"es hätte schon immer hier gestanden"**. Eine derartige Kulissenarchitektur ist grundunehrlich und wird vom Benutzer auch schnell als solche entlarvt. Ein Marketingverlust ist die Folge. Ein Bauwerk, das 1994 erbaut wird, ist auch als ein Ergebnis dieser Zeit darzustellen und entsprechend zu gestalten. Es ist immer schlecht, z. B. 1994 zu versuchen, ein Bauwerk z. B. auf das Baujahr 1880 zu "trimmen". Gewachsene Strukturen können nicht künstlich erzwungen werden. Auch heutzutage gibt es gute Architektur, entscheidend sind Maßstab, Proportion, Symmetrie, Farbe, Materialwahl und vieles mehr. Werden diese Regeln der Baukunst richtig eingesetzt, entstehen gut gestaltete und sinnvolle Tourismusanlagen. Die verpönten "Betonburgen", Retortenferienparks o. a. schließen sich damit von selbst aus.

Für **landschaftliche Tourismusanlagen,** etwa Yachthäfen, Golfplätze, Skigebiete etc., bedeutet dieses, den **Charakter der vorhandenen Landschaft nicht zu entfremden.** Das projektierte Tourismusvorhaben hat sich in der Regel gerade aufgrund der landschaftlichen Ästhetik für diesen Standort entschieden. Daher muß die Individualität der Landschaft erhalten bleiben. Eingriffe in die Landschaft lassen sich jedoch nicht verhindern. Behutsame und ertragbare Landschaftseingriffe stellen zumeist vertretbare Eingriffe dar, da diese im Sinn von Landschafts- und Naturschutz ausgleichbar oder ersetzbar sind.

Eine vernünftige Landschaftsarchitektur arbeitet mit aufgelösten komplexen Strukturen. Das heißt Räume werden zwar kleinteilig gegliedert, unterliegen in ihrer Gesamtheit jedoch wieder einer erkennbaren Großstruktur. Der Landschaftsarchitekt sollte sich nicht scheuen, dort, wo es sinnvoll und vertretbar ist, die Topographie zu modellieren. Entscheidend bei der Gestaltung von Landschaftsräumen ist immer die weitgehendste Erhaltung der Leistungsfähigkeit des Naturhaushaltes und des Landschaftsbildes.

Der Planer von Tourismusgebäuden sollte ebenfalls den "genius loci" für seinen Entwurf zugrunde legen. Wichtig ist, die Maßstäblichkeit des Vorhandenen zu erkennen und richtig in zeitgemäße Architektursprache und vertretbare Dimensionen umzusetzen. Ein sehr kleinteilig gegliedertes Dorf wird mehrere große Baukörper (z. B. Sporthotels), auch wenn sie im "internationalen Alpenstil" verkleidet sind, nicht verkraften können. Zwei grundsätzliche Alternativen gibt es, und zwar zum einen zentrale Lösungen in Form von konzentrierten Anlagen für den Tourismus, die aber umstritten sind, zum zweiten dezentrale Lösungen in Form von kleineren, in die vorhandene Struktur eingestreuten Baukörpern *(z. B. Chalets, siehe Abbildung 5).* Dadurch sind jedoch für den Tourismus kapazitätsmäßig Grenzen gesetzt. Derartige bauliche Ensembles sind nicht nur leichter in ihrer architektonischen Gestaltung zu erfassen, sondern auch sozial- und umweltverträglicher als großdimensionierte Baukörper.

Abbildung 5:

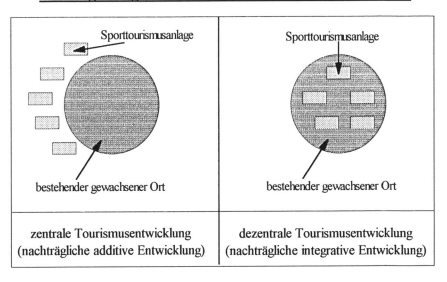

Siedlungsbezogener Standort von Sporttourismusanlagen

Sporttourismusanlage	Sporttourismusanlage
bestehender gewachsener Ort	bestehender gewachsener Ort
zentrale Tourismusentwicklung (nachträgliche additive Entwicklung)	dezentrale Tourismusentwicklung (nachträgliche integrative Entwicklung)

Das Entstehen von Gebäuden und Anlagen für den Tourismus läßt eine Ortsstruktur zunächst aufblähen. Das Wachstum der Gemeinde wird durch den Katalysator Tourismus beschleunigt. Daß dieses soziale und ökonomische Problem Folgen haben kann, wurde bereits aufgezeigt. Erfolgt das Wachstum jedoch unter der Bewahrung der baulichen Maßstäblichkeit eines Ortes, wird auch die Wandlung des Ortsbildes verträglich betrieben. Vor allem die Identität zwischen Stadtbild und den Bewohnern wird so erhalten.

Hierzu ist es wichtig, die vorhandenen Quartiere einer Stadt zu erkennen und sie durch Tourismusbauten nicht zu zerstören. Die Anlagen dürfen auch nicht zu einem nachbarschaftsrechtlichen Problem werden, etwa durch Lärm- und Geruchsbelästigungen o. ä. Dieses ist eines der wichtigsten Kriterien für die richtige Standortwahl. Andererseits sollten Tourismusanlagen auch gut erreichbar und erschlossen sein, da zum einen die Bewohner des Ortes von den Angeboten - auch räumlich - nicht auszuschließen sind, zum anderen die verkehrliche Anbindung der Tourismusanlagen für Besucher wichtig ist.

V. Sportbezogene Raumplanung als Element der Tourismuspolitik in Zielgebieten

von Dr. Karsten Kirsch,
Professor für Betriebswirtschaftslehre und Tourismus

Der Fremdenverkehr (Synonym für Tourismus) erfüllt heute anerkanntermaßen vielfältige Funktionen im Dienste der Kultur, der Wirtschaft, der Gesundheit, der Politik. Psychische Belastungen im beruflichen wie privaten Alltag haben das Bedürfnis nach Erholung und Ortsveränderung entscheidend verstärkt und den Fremdenverkehr zu einem Massenphänomen werden lassen. Teilnehmer am Fremdenverkehr suchen "Erholung" oder/und "Zerstreuung", wobei diese Aussage erst dann einen Sinn ergibt, wenn es gelingt, sie zu qualifizieren: Erholung muß zunächst in Zusammenhang mit der Arbeit gesehen werden. Bedeutet Arbeit für den Menschen Verbrauch von physischer und psychischer Energie, so bedeutet Erholung die Wiedergewinnung der verbrauchten Kräfte bzw. die Wiederherstellung der körperlichen und geistigen Leistungsfähigkeit. Erholung hat demnach in der arbeitsfreien Zeit zu geschehen.

Wichtig für unser Thema erscheint, daß Erholung, als fremdenverkehrliche Aktivität, gegliedert werden kann in ortsgebundene Erholung und solche mit temporärem Ortswechsel. Für den Fremdenverkehr und die planerische Komponente ist per definitionem nur die letztere Zuordnung von Interesse, denn Erholung mit temporärem Ortswechsel war ursprünglich auf die Ferienzeit beschränkt. Mit der Verbesserung der Verkehrsmittel und -wege und der Einführung veränderter Arbeitszeiten ist das Thema Erholung auch an Wochenenden oder sogar einzelnen Feier-/Ferientagen aktuell, so daß eine rein zeitliche Beschränkung für die inhaltliche Auslegung des Begriffes Erholung für Zwecke des Fremdenverkehrs nicht sinnvoll erscheint. Bereits eine kurzzeitige Ortsveränderung kann subjektiv als erholsam empfunden werden.

1. Funktionen und Verflechtungsbereiche im Tourismus

Anhand der *Abbildung 1* kann andeutungsweise veranschaulicht werden, in welche Komplexität der Fremdenverkehr eingebunden ist; Wohnen spielt nicht nur für den Urlauber eine ausschlaggebende Rolle, sondern auch für den Vermieter, dessen Arbeitsplatz damit letztlich vom Fremdenverkehr abhängt. Gleichzeitig soll deutlich gemacht werden, daß in der überwiegenden Zahl der fremdenverkehrsorientierten Gemeinden (Tourismusorte) Gewerbe und

Industrie wesentliche Erwerbsquellen sind und daß die räumliche Abgrenzung Fremdenverkehr - Gewerbe/Industrie zu den besonders sensiblen Bereichen gemeindlicher Planung und Entwicklungspolitik gehörten, einschließlich der verkehrlichen Anbindung, die ebenfalls für die Entwicklung beider Sektoren von ausschlaggebender Bedeutung ist.

Abbildung 1:

Verflechtungsbereiche im Fremdenverkehr

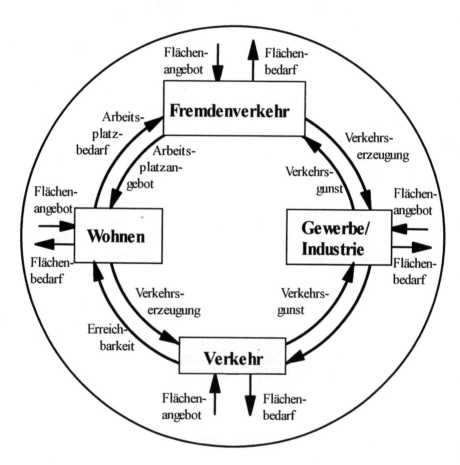

Gewisse Freizeitaktivitäten erfordern geradezu eine Teilnahme am "Fremdenverkehr", weil sie oft nur außerhalb des Wohnortes ausgeübt werden können. Musterbeispiel dafür ist die sportliche Aktivität des Skifahrens oder Segelns, gleiches gilt aber auch für Golf, Reiten, Wandern, Wassersport. Natürlich fallen auch der Besuch von Veranstaltungen, Ausstellungen, Messen, Kongressen etc. beinahe ausschließlich in den

Bereich des Fremdenverkehrs. So vielfältig die Motive bzw. Arten des Fremdenverkehrs sind, so zahlreich sind auch die Funktionen, die der Fremdenverkehr erfüllt. Sie hier zu systematisieren ist nicht das Thema; es erfolgt daher eine Beschränkung auf drei Funktionen, die einen Bezug zum Sport aufweisen:

a) wirtschaftliche Funktion

Es ist hinreichend nachgewiesen, daß der Fremdenverkehr als Mittel zur Schaffung von Arbeitsplätzen und Einkommen dient. Besonders in regionalwirtschaftlicher Sicht ist der Fremdenverkehr ein wesentlicher Entwicklungsfaktor. Vor allem in Gebieten, in denen Voraussetzungen für eine weitgehende Industrialisierung kaum zu schaffen oder wegen des Landschaftspotentials nicht erwünscht sind, kann der Fremdenverkehr an die Stelle der Industrie treten.

b) soziale Funktion

Der Mensch, aus seiner gewohnten Umgebung, Umwelt und Routine entlassen, findet in den Ferien Zeit und Gelegenheit, Kontakte zu pflegen. Dafür schaffen insbesondere Gruppenveranstaltungen die besten Voraussetzungen. Insbesondere sportliche Geinschaftsveranstaltungen bieten die gern genutzte Möglichkeit, bewußt jegliche Standeskennzeichen (Kleidung, Titel usw.) auszuschalten, sich locker und gelöst zu benehmen und damit wesentlich zur gesellschaftlichen Integration beizutragen.

c) gesundheitliche Funktion

Bei dieser inhaltlichen Kurzbeschreibung geht es nicht um die originäre medizinische Heilwirkung, sondern um den Hinweis auf die seelisch-geistige Regeneration. Die "Medikamente" dafür sind die **aktive Betätigung**, sei es kulturell, sozialisierend oder sportlich. Von besonderer Bedeutung ist die maßvolle Kombination verschiedener Elemente. Gerade die maßlose Intensität sportlicher Betätigung im Urlaub führt zum gegenteiligen Ergebnis dessen, was Erholung sein soll.

Allen drei Funktionen ist gemeinsam, daß sie nicht nur im Raum stattfinden, sondern den Raum in seiner Veränderlichkeit auch beeinflussen, zumal wenn sie auf bewußtes, aktives, zielgerichtetes Handeln abstellen und damit auf eine optimale Gestaltung, Entwicklung und Nutzung von bestimmten Räumen.

2. Rahmenbedingungen der Tourismuspolitik

Fremdenverkehrliche Abläufe unterliegen, wie alle gesellschaftlichen Vorgänge, bestimmten Rahmenbedingungen, die Leitlinie für das Handeln sind:

a) rechtliche Rahmenbedingungen:

Es bleibt nicht allein der Kreativität der jeweiligen Institution überlassen, wie der Raum entwickelt wird, sondern es bestehen gesetzlich festgelegte Zielaussagen, die in den §§1,2 BROG als Aufgaben und Grundsätze der Raumordnung formuliert sind.

So lautet der erste von sechs Grundsätzen des §2 BROG: " Die räumliche Struktur der Gebiete mit gesunden Lebens-und Arbeitsbedingungen sowie ausgewogenen wirtschaftlichen, sozialen und kulturellen Verhältnissen soll gesichert und weiterentwickelt werden. In Gebieten, in denen eine solche Struktur nicht besteht, sollen Maßnahmen zur Strukturverbesserung ergriffen werden. Die verkehrs- und versorgungsmäßige Aufschließung, die Bedienung mit Verkehrs- und Versorgungsleistungen und die angestrebte Entwicklung sind miteinander in Einklang zu bringen".

Es erscheint wichtig, in diesem Zusammenhang darauf zu verweisen, daß der Bund bei der Raumordnung nur eine Rahmenkompetenz besitzt. Die Ausgestaltung ist Sache der Länder, wobei sich die Ziele der Regionalpolitik aus der Raumordnungspolitik herleiten[1]. Auch im Gemeinschaftsrecht der EU wird versucht, über den Regionalfonds durch gezielte Maßnahmen strukturelle Ungleichgewichte innerhalb der Regionalpolitik auszugleichen. Auch dabei ist es wichtig, den "Abstand zwischen den verschiedenen Regionen und den Rückstand der am wenigsten begünstigten Gebiete zu verringern" (Art. 130a Unterabs. 2 EWGV)[2].

Die für die Fremdenverkehrs- und Strukturpolitik maßgeblichen gesetzlichen Ausführungsbestimmungen werden im Rahmen der Gemeinschaftsaufgabe (GRW) "Verbesserung der regionalen Wirtschaftsstruktur " §1(1),2 geschaffen[3]: "Förderung des Ausbaus der Infrastruktur, soweit es für die Entwicklung der gewerblichen Wirtschaft erforderlich ist..., durch Ausbau von Verkehrsverbindungen,Energie- und Wasserversorgungsanlagen, Abwasser- und Abfallbeseitigungsanlagen sowie öffentlichen Fremdenverkehrseinrichtungen".

---

[1]In der rechts- und wirtschaftswissenschaftlichen Literatur werden für Regionalpolitik auch die Synonyma regionale Strukturpolitik, regionale Wirtschaftspolitik, regionale Wirtschaftsförderung genannt. Vgl. zur begrifflichen Auseinandersetzung Kirsch 1980, S. 8ff.

[2]Vgl. Haneklaus 1991, S. 21

[3]Vgl. Brösse 1982, S. 131ff.

b) wirtschaftspolitische Rahmenbedingungen:

Für eine positive Entwicklung des Fremdenverkehrs sorgen eine Zunahme des verfügbaren Realeinkommens, eine stabile Währung (auch der Renten), steigende Freizeit sowie eine subjektiv positvie Einschätzung der Wirtschaftsentwicklung bei gleichzeitiger wirtschaftspolitischer Stabilität[4]. Deutlich gemacht werden muß auch, daß die Konjunkturpolitik als Globalpolitik Schwerpunkte in der Entwicklung gesamtwirtschaftlicher Prozesse setzt, wobei das Verhältnis wirtschaftspolitischer Ziele, wie z.B. Wettbewerbs- oder Umweltpolitik, Wachstums- oder Arbeitsmarktpolitik, in seiner Wirkung auf den Fremdenverkehr nicht außer acht gelassen werden darf[5].

c) ökologische Umwelt:

Für die Menschen hat sich das Naturverständnis und Naturbewußtsein grundlegend geändert und eine wesentlich höhere Bedeutung als noch vor wenigen Jahren erlangt. Fremdenverkehr ist stark von den gegebenen landschaftlichen Räumen und einer attraktiven Umwelt abhängig. Es muß daher auch von den Strukturpolitikern darauf geachtet werden, daß diese besonders geschützt und erhalten wird.
Der sogenannte "Sanfte Tourismus" bietet für alle Regionen Möglichkeiten, die Ansprüche von Mensch und Natur in Einklang zu bringen, wobei unter "Sanftem Tourismus" ein Gästeverkehr verstanden wird, der gegenseitiges Verständnis des Einheimischen und Gastes füreinander schafft, die kulturelle Eigenart des besuchten Gebietes nicht beeinträchtigt und der Landschaft mit größtmöglicher Gewaltlosigkeit begegnet.
Erholungssuchende im Sinne des "Sanften Tourismus" benutzen vor allem die in einem Raum vorhandenen Einrichtungen der Bevölkerung mit und verzichten auf wesentliche zusätzliche landschaftsbelastende touristische Einrichtungen"[6]. Fremdenverkehr nutzt demnach den Raum in vielfältiger Weise.

3. Sport in der Tourismusplanung

In der Publikation "Tourismus in Zahlen 1992" des Statistischen Bundesamtes wird unter den zahlreichen allgemeinen Rahmenbedingungen des Tourismus auch der Sport genannt. Zahlen über Aktivitäten der Urlauber

---

[4]Vgl. Storbeck 1988, S. 82ff.
[5]Vgl. Kirsch 1982, S. 57f.
[6]Vgl. Klemm/Menke 1988, S. 155

sind jedoch nicht zu finden. Daraus zu schließen, daß Sport im Urlaub nicht betrieben wird, ist abwegig; es offenbart sich die Unmöglichkeit, die vielfältigen sportlichen Aktivitäten der Urlauber quantitativ zu erfassen, so daß bisher auch keine qualitativen Kriterien der sportlichen Intensität und Erholungswirkung entwickelt worden sind. Unbestritten ist jedoch, daß der Sport gleichwohl ein wesentlicher Baustein des Produktes Urlaub ist, allerdings mit unterschiedlichen Anteilswerten. Die Behandlung des Themas Sport bezieht sich im folgenden daher auf allgemeine Erfahrungswerte und publizierte Einzelergebnisse.

Der Begriff Sport umfaßt vielfältige Erscheinungsformen menschlichen Handelns, die meist mit körperlicher, aber auch geistiger Bewegung verbunden sind. Inhaltlich verbindet sich mit dem Begriff Sport die objektivierende und quantifizierbare Leistungsbemessung; dies unterscheidet ihn im allgemeinen von den "Leibesübungen" und dem Spiel. Die Motive für das intensive Interesse am Sport sind verschiedenartig: Gesundheit, Selbstbestätigung, soziale Kontakte, Unterhaltung, Identifikation, Selbstentfaltung haben dem Sport heute seinen gesellschaftlichen Stellenwert geschaffen und ihn gleichzeitig in eine affine Position zum Arbeitsbereich gebracht:
Die mangelnde Bewegung am Arbeitsplatz, Monotonie und einseitige Belastung   erfordern einen dringenden Ausgleich, so daß sportliche Betätigung heute nicht nur von bestimmten Sozialschichten betrieben wird, sondern der Breitensport allgemeine Anerkennung und Förderung genießt. Auch wenn eine oft herausgestellte Komplementärfunktion zum Arbeitsleben nur mit Zurückhaltung akzeptiert werden kann, so ist Sport doch zu einem hochwertigen   Mode-   und   Verhaltensetikett   geworden,   dessen gewinnbringender Marktwert von der Freizeitindustrie schon lange erkannt wurde.

Die Tatsache, daß sportliches Freizeitverhalten des beruflichen Alltags auch in den Urlaub hineingetragen wird, fordert von den Anbietern die Entscheidung, inwieweit sie sich auf die entsprechende Nachfrage einstellen wollen. Die Vielfalt der Fragen ist fast unübersehbar.
Geht man z.B. von der **Nachfrageseite** aus, muß das Erwartungsspektrum an das sportliche Angebot entsprechend der Altersgruppen oder ensprechend der Einkommenskategorien formuliert werden. Man muß entscheiden, ob man es mit dem im Urlaub sporttreibenden Leistungssportler zu tun hat oder mit dem üblichen Freizeitsportler, der an die Einrichtungen bestimmte Ansprüche stellt, oder mit dem nicht sporttreibenden Urlauber, der den Urlaub zur körperlichen Ertüchtigung nutzen will.

Der **Angebotsseite** zugewandt stellt sich hier die Frage nach privatwirtschaftlicher Einrichtung oder der der öffentlichen Hand. Dabei dürfen nicht nur die Kosten der Erstinvestition berücksichtigt werden, sondern man muß auch - besonders wichtig, weil oft negiert - die Folgekosten beachten. Auch hier gilt es, die sensible Frage zu entscheiden, ob nur die tangiblen Kosten ausschlaggebend für eine Investition sein dürfen oder ob nicht mindestens in gleicher Weise der Versuch gemacht werden muß, die nicht tangiblen Kosten in Form einer **Kosten-Nutzen-Analyse** zu erfassen, um z.B. irreparable Folgeschäden zu verhindern. Die Frage der Wertigkeiten kann hier nicht beantwortet werden, da im Verlauf der Nutzung auch tangible, also faßbare Erträge sowie nicht tangible Erträge entstehen, die sich der monetären Wertung weitestgehend entziehen. Diese können von keinem Fremdenverkehrsort in Mark ausgedrückt werden und erweisen sich daher als Investitionsargument entsprechend untauglich.

Läßt man sich von der inhaltlichen Bestimmung des obengenannten Sportbegriffes leiten, so ergibt sich ein umfassendes Angebot an sportlichen und freizeitlichen Aktivitäten, deren wesentliche Kategorien im folgenden aufgeführt seien[7]:
Baden, Badminton, Baseball, Basketball, Bergsteigen, Bergwandern, Billard, Bobrennen, Bowling, Brennball, Drachen steigen lassen, Eislauf, Eisschießen, Federball, Floßfahren, Segelflug, Fallschirmspringen, Frisbee, Fußball, Golf, Handball, Hockey, Kahnfahren, Kanusport, Kegeln, Kinderspiele, Kleingolf, Klettern, Korbball, Laufen, Springen, Radfahren, Reiten, Rodeln, Ringtennis, Rollschuhlaufen, Rudern, Schwimmen, Segeln, Skilaufen, Tanzen, Tennis, Tischtennis, Versehrtensport, Volleyball, Wandern, Wasserskifahren, Wasserwandern, Windsurfing *(zur dynamischen Entwicklung dieses Katalogs und der Berücksichtigung von Trendsportarten siehe Dreyer, Teil A. I.).*

Mit Hilfe einer Matrix, wie unten beispielhaft dargestellt, muß der Anbieter eine Zuordnung des jeweils vorhandenen Sportangebots zu seiner Zielgruppe vornehmen. Damit erreicht er eine umfassende Zusammenstellung aller überhaupt möglichen sportlichen Aktivitäten, hat die Möglichkeit der Spezifikation des Angebotes und vor allem eine Basis für eine Entscheidung künftiger Entwicklungen. Daraus läßt sich eine detaillierte Schwerpunktkonzeption von Aktivitäten entwickeln, die, ab da gefördert, das Image im Meinungsbild der Öffentlichkeit formen und zur Bildung eines Markenzeichens beitragen können.

---

[7]Vgl. Köhl/Turowski 1976, S. 123ff.

Abbildung 2:

Muster eines Angebots-Klassifikationsschemas

Merkmal	Ausprägung	Aktivität		
		Flippern	Baden	Angeln
Alter	3-6 Jahre			
	7-12 Jahre		◆	
	13-17 Jahre	◆	◆	
	18-30 Jahre	◆	◆	◆
	31-50 Jahre	◆	◆	◆
	über 50 Jahre			◆
soziale Merkmale	Behinderte(r)			
	Mutter mit Kind unter 3 Jahren			
	Mutter mit Kind, 3-6 Jahre		◆	
	Mutter mit Kind, 7-12 Jahre		◆	
	Familie mit Kind		◆	
	Familie mit Erwachsenen		◆	
Geschlecht	männlich			
	weiblich			
	weiblich und männlich	◆	◆	◆
Anzahl	Einzelaktivitäten			◆
	Gruppenaktivitäten			
	Einzel- und Gruppenaktivitäten	◆	◆	
Standort	Ortsnähe	◆	◆	◆
	Region	◆	◆	◆
Naturgebundenheit	keine	◆		
	mittlere			
	hohe		◆	◆
Erholungsfunktion	Natur, Sport, Vergnügen		◆	
	Natur, Landschaft			◆
	Kultur, Vergnügen, Unterhaltung			
	Weiterbildung			
	Freizeit/ Hobby	◆	◆	◆
Saisonbindung	ja		◆	
	nein	◆		
Wetterempfindlich-keit	ja		◆	
	nein	◆		◆

Mit dieser für die fremdenverkehrliche Planung wesentlichen Form einer Zusammenstellung von Merkmalen können Aktivitätstypen in bezug auf die Raumnutzung und Raumbelastung überprüft werden, wie das in einer Untersuchung über "Freizeitverhalten außer Haus" bereits 1977 empfohlen wurde. Danach läßt sich ein Raster der sportlichen Aktivitäten mit Bezug zur Umwelt darstellen[8].

Die raumordnungspolitische Relevanz der Aktivitätstypen ist sehr unterschiedlich. Sie hängt zum einen ab von der Häufigkeit und der Dauer mit der die Aktivität betrieben wird oder betrieben werden kann, zum anderen im wesentlichen von den Ansprüchen, die eine Aktivität an den Raum stellt und zwar bezüglich Umwelt, Verkehr, Distanz, Infrastruktur *(eine Einordnung sehen sie in Abbildung 3 auf der nächsten Seite)*.

• **Wandern/Laufen** haben eine hohe Raumrelevanz bei relativ geringen Ansprüchen an die infrastrukturelle Ausstattung; die Aktivität ist weitgehend unabhängig von einem PKW-Besitz und im Normalfall nicht an die Überbrückung größerer Entfernungen gebunden, da der Urlauber an seinen Aufenthaltsort zurückkehrt. Gleichwohl bestehen gerade hier, nicht zuletzt aufgrund der außerordentlich hohen Aktivitätszahlen, hohe Anforderungen an die Umwelt.

• **Spiel und Bewegung im Freien** besitzen eine mittlere Raumrelevanz, bei mittlerem Flächen- und wenig Infrastrukturbedarf. Aufgrund der hohen Aktivitätszahlen ergeben sich auch hier hohe Anforderungen an die Umwelt

• **Schwimmen/Baden** besitzen eine mittlere Raumrelevanz, da nur beim Baden gewisse Anforderungen an die Umwelt gestellt werden; der unterschiedliche Flächenbedarf stellt hohe Anforderungen an die Infrastruktur, wobei erfahrungsgemäß die Nutzungsintensitäten auch aufgrund z.B. klimatischer Verhältnisse als mittelgroß bezeichnet werden können.

Zu beachten ist für die Fremdenverkehrsplanung, daß sportliche Aktivitäten allgemein eine gewisse Raumrelevanz besitzen und vor allem dann von Bedeutung für den Fremdenverkehrsort werden, wenn sie in einem gewissen Mindestumfang und in bestimmter Intensität ausgübt werden, z.B. Mountainbiking in einem abgrenzbaren Gebiet oder Segeln auf einem bestimmten Wasserareal.

Es müssen demnach Steuerungsmöglichkeiten eingeführt werden, damit sportliche Aktivitäten, die besondere Forderungen an den Raum stellen, entsprechend betrieben werden können. Diese betreffen die Umweltanforderungen, den Flächenanspruch und die gemeindliche Infrastruktur.

---

[8]Vgl. dazu im folgenden: Bundesminister für Raumordnung, Bauwesen und Städtebau 1977, S.7ff.

Abbildung 3:

Stellenwert von Freizeitaktivitäten (Ansprüche an den Raum)

Aktivitätstyp	Umwelt									Entfernung						Fläche									Infrastruktur								
	Ökologie			Natur-/Landschaftsschutz			Gebaute Umwelt			Distanzempfindlichkeit			Verkehrsmittel			Nutzungsart			Flächenbedarf			Abgrenzung			Verkehr			Ausstattung			Bauten		
	wichtig	Kulisse	unwichtig	wichtig	Kulisse	unwichtig	wichtig	Kulisse	unwichtig	stark	mittel	schwach	Rad/Fuß	PKW	Bahn/ÖPNV	punktuell	Strecke	flächig	groß	mittel	klein	keine	per Plan	fest	eigene	Mitbenutzung	keine	eigene	Mitbenutzung	keine	eigene	Mitbenutzung	keine
Wandern	◆			◆					◆			◆	◆	◆			◆		◆				◆			◆				◆			◆
Spiel/ Beweg. im Freien	◆			◆					◆		◆		◆	◆				◆		◆		◆				◆				◆			◆
Laufen	◆			◆			◆				◆		◆	◆			◆		◆	◆			◆				◆			◆			◆
Baden/ Schwimmen		◆	◆	◆			◆	◆			◆		◆	◆		◆				◆				◆	◆	◆		◆			◆		

• Umweltanforderungen beziehen sich zum einen auf die allgemeine Umwelt, wie sie in den Luft- oder Lärmverhältnissen zum Ausdruck kommt, zum anderen auf Natur und Landschaft und zum dritten auf die bebaute Umwelt, wie sie sich in Form von Fremdenverkehrsorten unterschiedlicher Größe darstellt.

• Der Flächenanspruch wird von der Nutzungsart entschieden. Es kann entweder eine Flächenabgrenzung sein, die sich als Verwaltungsgrenze nur auf dem Papier nachvollziehen läßt, wie z.B. bei Naturschutzparks, oder die eine deutlich sichtbare Abgrenzung hat, wie z.B. der Golfplatz. Wesentlich ist auch, ob der Flächenbedarf punktuell (z. B. Schwimmbad), oder flächig (z. B. Wandern) eingestuft werden kann.

• Während Umwelt und Fläche in ihrer Verfügung von vornherein nicht unbegrenzt für sportliche Aktivitäten geeignet erscheinen oder es tatsächlich sind, erscheint die Infrastruktur räumlich nicht direkt relevant für die Ausübung des Sports zu sein, da sie produzierbar und in der Standortwahl relativ unabhängig erscheint. Aber es ist nicht von der Hand zu weisen,

  • daß sportliche Aktivitäten an bestimmte geographische oder topographische Bedingungen gebunden sind, z.B. Abfahrtslauf, Segeln, Crosslauf;
  • daß sportliche Aktivitäten räumlichen Restriktionen unterliegen, z.B. Kanusport in geschützten Gewässern, und
  • daß sportliche Aktivitäten neben dem Erbauungsnutzen auch einen "Ergänzungsnutzen" aus bereits bestehenden gemeindlichen Infrastruktureinrichtungen ziehen können, z.B. Baden im Löschteich, Fußball auf dem Sportvereinsplatz.

Übersehen werden darf bei den fremdenverkehrlichen Sportaktivitäten nicht, daß die meisten mit einer sog. **"Distanzempfindlichkeit"** belegt sind, das heißt, daß der Gast z.B. nicht bereit ist, für bestimmte Sportarten wie Schwimmen, Tennis, Basketball oder Bowling eine größere Entfernung vom Urlaubsort zurückzulegen, während er das für andere Sportarten, z.B. Golf, Reiten oder Kanusport, tut. Wesentlich für die Akzeptanz von Entfernungen ist in jedem Fall die Verkehrsgunst, also die unproblematische Überwindung von Distanzen.

4. Der sporttouristische Planungsprozeß

Neben dieser für die gemeindliche Planung wesentlichen Grundklassifikation ist es allerdings notwendig zu überprüfen, welche Aktivitäten ohne bedeutsame Investitionen angeboten werden können oder welche

Investitionen einen rechnerisch positiven Nachfrageschub auslösen werden. Beide Arten von Investitionsentscheidungen beruhen auf prognostischen Werten, die jederzeit durch unvorhersehbare Nachfrageverschiebungen (Wetter, Konjunktureinbruch) kurz- oder mittelfristig in Frage gestellt werden können. Unabdingbar notwendig ist, daß sich die planende Gemeinde vor der Investition im klaren ist über die Einzelschritte des Planungskreislaufs, u. a.:

- **Zielsetzungen**, die in bezug auf die touristische Entwicklung für die Sparte Sport bestehen,
- **Informationssammlung** darüber, welchen Stellenwert die ausgewählte Sportart im Rahmen möglicher Freizeitaktivitäten einnimmt;
- **Planung** der Intensität der Betreibermöglichkeit, d.h. Zahl der Teilnehmer, Zahl der Betreuer;
- **Durchführung** der geplanten Maßnahme, d.h. der Investition;
- **Überprüfung** anhand der Rückmeldungen der Urlauber von Akzeptanz und Praktikabilität.

Abbildung 5:

Kreislaufschema im sporttouristischen Planungsprozeß

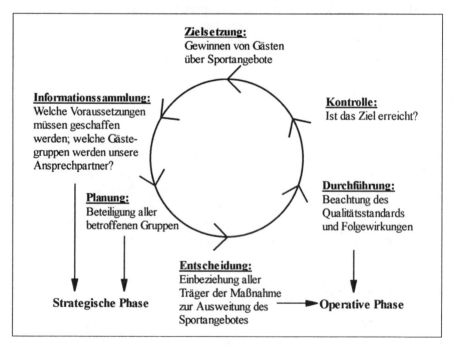

An zwei Beispielen soll der Ablauf innerhalb des Kreislaufschemas nachvollzogen werden, um die Notwendigkeit und Sinnhaftigkeit dieser Form der Planung zu bekräftigen:

a) Reiten als **flächenbezogener** Sport und
b) Tennis als **punktraumbezogener** Sport.

a) Reiten als flächenbezogener Sport

Seit Mitte der 60er Jahre nimmt der Pferdebestand in der Bundesrepublik erheblich zu. Der Reitsport gewinnt immer mehr Anhänger, wenn auch nicht so sehr beim Turniersport, als vielmehr beim Freizeitreiten. Damit stellt sich für einen Tourismusort die Frage, ob er ein Angebot dieser Sportart auf dem Gemeindegelände ermöglichen und fördern will, um die spezielle Gästegruppe der Reitinteressierten gezielt zu erreichen.

Zur **Informationssammlung** gehört demnach die Analyse der potentiellen Gästegruppe und des Rahmenanforderungsprofils, das von ihr ausgeht; darunter fallen Unterbringungs- und Verpflegungsmöglichkeiten sowie ein Freizeitangebot, das neben der "Hauptbeschäftigung " Reiten genutzt werden kann.

Beispiel: Für die Pferdehaltung selbst ist nicht nur an Stallungen zu denken, sondern auch daran, daß Pferde einen täglichen Auslauf brauchen, wofür sie in der Regel eine Fläche von 0,5 ha pro Pferd benötigen. Es muß daher auch eine Abschätzung darüber erfolgen, wieviele Tiere für den Sport zur Verfügung stehen sollen, ob sie ganzjährig oder nur saisonal eingesetzt werden sollen und ob z.b. daran gedacht ist, Gästepferde zu beherbergen.

In die **Planung** der Anlage müssen Betreiber, Benutzer und Betroffene (z. B. Anlieger) einbezogen werden. Das ergibt nicht nur ein breites planerisches Spektrum, bei dem die morphologische Kreativitätstechnik gewinnbringend eingesetzt werden kann; die Konsenzfähigkeit der Planung erleichtert auch eine größere Konsenzfähigkeit bei der Entscheidung und Delegation der durchzuführenden Maßnahmen.

Beispiel: So kommt es in der Praxis selten vor, daß Reitwege völlig neu angelegt werden; in der Regel werden bestehende Wege genutzt. Dies macht es notwendig, eine Abstimmung mit den landwirtschaftlichen Nutzern, Spaziergängern, Wanderern und Radfahrern zu treffen sowie mit Eigentümern, Forstbehörden oder Jagdvereinen . Die gilt auch für Gespräche mit den Behörden, die eine Wegekennzeichnung vornehmen müssen.

Sowohl in der strategischen Phase (Planung) als auch in der operativen (Entscheidung/Durchführung) muß unter dem vorausschauenden   Aspekt einer fremdenverkehrlichen Nutzung berücksichtigt werden, daß es zu potentiellen Konflikten kommen kann, im speziellen mit der Umwelt. Dies birgt als Folgewirkung Konfliktpotential mit den oben genannten Nutzergruppen, einschließlich der nicht Sport treibenden Urlauber[9].

Beispiel: Bereits die Standortwahl kann zu einer Beeinträchtigung, wenn nicht gar Zerstörung ökologisch wertvoller Räume führen, da die Außenanlagen intensiv genutzt werden. Infolgedessen kommt es zu Bodenverdichtung aufgrund von Trittbelastung und zu Vegetationszerstörung bei intensiver Beweidung. Beim Bau der Anlage ist mit Aufschüttungen, Entwässerung und Flächenversiegelung zu rechnen; beim Betreiben kann es zur Überdüngung von Weiden, unsachgemäßer Dunglagerung und damit zu Abwasserbelastung kommen. Außerdem sind Tritt- und Verbißschäden in der näheren Umgebung der Reitsportanlage möglich, sofern die Reiter sich unsachgemäß verhalten, sowie Lärm- und Abgasbelästigung bei An- und Abfahrt der Sportler.

Mit den oben genannten Stichworten sind bei weitem nicht alle Problembereiche dieser fremdenverkehrlichen Sportart angesprochen; es muß genügen, ansatzweise deutlich zu machen, daß fremdenverkehrliche Attraktivitätssteigerung, gewinnorientierte und arbeitsplatzschaffende Investitionen sowie gesellschaftliche Folgelasten insofern in einem magischen Beziehungsverhältnis zueinander stehen, als sie sich nicht harmonisieren lassen, sondern Entscheidungen zu Gunsten eines Zieles häufig die Entscheidung zu Lasten eines anderen Zieles bedeuten.

b) Tennis als punktraumbezogener Sport

Im Gegensatz zum Reiten ist der Tennissport eine   anlagengebundene Sportart, die in den letzten Jahren eine hohe Zuwachsrate erfahren hat, und zwar sowohl bei den Intensivspielern wie auch bei denen, die Tennis als gelegentlichen Ausgleichssport oder gesellschaftlich/sportliche Veranstaltung nicht missen möchten. Tennis wird im Sommer auf Freianlagen und im Winter in Hallen gespielt. Es stellt sich demnach bezüglich der **Zielsetzung** die Frage, ob die gemeindliche Fremdenverkehrspolitik darauf abzielt, den Tennissport als ausschließlichen Sommersport anzubieten oder ob Tennis als

---

[9]Vgl. Schemel/Erbguth 1992, S. 171/172

alternatives Angebot zu anderen Sportarten auch im Winter betrieben werden soll.

Das Hauptproblem dieser Sportart erscheint auf den ersten Blick nicht der Flächenanspruch eines Platzes zu sein - das sind rund 750qm - sondern die zwischenzeitlich durch zahlreiche Gerichtsurteile belegte Lärmbelästigung, die vom Tennisspiel ausgeht. Dabei ist es relativ unerheblich, ob es sich um Sand- oder Rasenplätze, um solche mit Bitumen gebundene Plätze oder solche mit Kunststoffbelägen handelt; entscheidend ist, daß der Schlag des Balles einen Schallpegel von rd.45 bis 70 dB(A) hat.
Damit verbietet sich die Errichtung einer Tennisanlage in Kurgebieten, in der Nähe von Krankenhäusern und Pflegeanstalten sowie in ausschließlichen Wohngebieten. Selbst für Gebiete, in denen vorwiegend Wohnungen untergebracht sind, gelten noch Immissionsrichtwerte, die tagsüber 55 dB(A) und nachts 40 dB(A) betragen. Der hier genannte Wert von 70 dB(A) ist in Gebieten erlaubt, in denen nur gewerbliche oder industrielle Anlagen und Wohnungen für Inhaber und Leiter der Betriebe oder für Bereitschaftspersonal vorhanden sind[10].

Die Phase der Informationssammlung wird sich darauf konzentrieren, welche **Benutzergruppen** vorrangig vorgesehen sind: Einzelspieler, organisierte Gruppen, Trainingslager für Jugendliche oder Erwachsene, häufige Turnierveranstaltungen; daneben sind die **technischen Standards** zu klären: Sandplatz, Hartplatz, Flutlichtanlage sowie die **Ausgestaltung der Restanlage** (Clubhaus, Parkplätze, Wege, Grünflächen).

Bei der **Planung** sind nicht nur Aktive, sondern auch Passive (Anwohner) einzubeziehen. Gerade in Tourismusorten ist zu beachten, daß der Tennissport einen gewissen Unterhaltungswert für die zuschauenden Urlauber hat, so daß der Standort auch unter diesem Gesichtspunkt geplant werden muß.

Bei der Entscheidung über eine Tennisanlage sowie die Zahl und Beschaffenheit der Plätze werden häufig Auslastung und Folgekosten zu günstig gerechnet. Eine von der öffentlichen Hand bereitgestellte Anlage sollte daher von vornherein eher zu knapp dimensioniert sein.

---

[10]Vgl. z.B. Niedersächsische Landesregierung o.J., S. 69

5. Planungsprobleme bei Sportveranstaltungen

Sport und Tourismus können aber nicht nur unter dem Aspekt einer bestmöglichen Versorgung des Urlaubers gesehen werden. Sport hat auch einen hohen Attraktivitätsgrad für Besucher von Großveranstaltungen, die als Eintages- oder Mehrtagesveranstaltungen unter die Rubrik Fremdenverkehr fallen. Reitturniere, Tennisturniere, Segelregatten, Crossläufe, Sportfeste, Skirennen und andere mehr lösen einen intensiven Besucherverkehr aus.

Sowohl unter dem fremdenverkehrlichen Planungsgedanken wie unter dem Gesichtspunkt des Gestaltungswillens ergeben sich in bezug auf solche Veranstaltungen eine ganze Reihe von Fragen:

- Wie kann die An- und Abfahrt der Besucher optimiert werden?
- Wie können die Besucherströme gelenkt werden?
- Was muß und was kann im Hinblick auf Müllentstehung und Müllvermeidung getan werden?
- Wie ist mit dem Problem der Umweltverschmutzung umzugehen?
- Wie werden Lärmimmissionen gesteuert?
- Auf welche Weise kann eine ausreichende Essens- und Getränkeversorgung sichergestellt werden?

Da es sich bei den Sportveranstaltungen um zeitlich begrenzte und räumlich konzentrierte Ereignisse mit einem hohen fremdenverkehrlichen Werbeeffekt handelt, werden Belastungserscheinungen von Mensch und Natur häufig als "zwangsläufig" und "hinnehmbar" klassifiziert. Solche Duldungen können nicht unwidersprochen bleiben, jedoch ist es in der Tat nicht zu verhindern, daß sich Motorrad-oder Autofahrer nach den Rennen auf dem Hockenheim- oder Nürburgring auf der Heimfahrt wie Rennfahrer benehmen oder nach Skirennen unzählige Nachahmer die Pisten in ein Chaos verwandeln.

Beeinflußt werden kann unter touristischen Aspekten jedoch sehr oft die Auswahl des Standortes der sportlichen Veranstaltung (und damit die Besucherlenkung) und/oder das Müllproblem sowie eingeschränkt auch die Verkehrsmittelwahl.

Durch finanzielle Verknüpfung des Privatverkehrs mit öffentlichem Verkehr, durch Bereitstellung von Park and Ride- Systemen, durch finanzielle Anreize bei Verzicht auf Privatfahrzeuge oder durch den Einsatz von umweltfreundlichen Zubringerfahrzeugen kann es gelingen, die Verkehrsströme zu kanalisieren.

Wo Anreize keine Wirkung zeigen, lassen sich zusätzlich restriktive Maßnahmen einleiten: Parkverbote, Straßensperrung, hohe Parkgebühren; auch dies sind Maßnahmen, um Großveranstaltungen nicht zum Alptraum für Anwohner und Urlauber werden zu lassen.

Die Müllentstehung und Müllentsorgung sind seit einigen Jahren Mittelpunkt jeder planerischen Aktivität von sportlichen Veranstaltungen. So bedarf es heute kaum noch einer Diskussion über die Notwendigkeit ausreichender Sammelbehälter, der Getrenntsammlung von Abfällen oder - als vorbeugende Maßnahme der Einschränkung von Einwegbehältern - des Pfandsystems bei Geschirr und Besteck.

Aber nicht alle Veranstaltungen lassen sich aufgrund geographischer oder infrastruktureller Gegebenheiten an beliebig planbaren Standorten durchführen. Terminliche Abstimmungen oder rotierende Veranstaltungsorte verhindern, daß fremdenverkehrlich schützenswerte Räume in störanfälligen Zeiten belastet oder als ständiger Austragungsort irreparabel geschädigt werden.

Jede fremdenverkehrliche Aktivität hat ökonomische Konsequenzen, primärer, sekundärer und allgemein multiplikativer Art[11]. Das betrifft zum einen die Ausgaben des Sportlers im Urlaub bzw. des sportlich eingestellten Urlaubers am Ort während seiner Aufenthaltszeit; das betrifft jedoch auch die Ausgaben, die schon im Hinblick auf den sportlichen Urlaub vorgenommen werden.

6. Kosten und Nutzen sporttouristischer Angebote

Handelt es sich um einen Badeurlaub, kann der Betrag, der dafür ausgegeben werden muß, geringer sein; ein Wanderurlaub, für den eine Erstausrüstung benötigt wird, geht hingegen bei den heutigen Sicherheits- und Komfortstandards leicht in den 1000 DM - Bereich. Auch Golf-, Tennis- oder Skiausrüstungen bedürfen eines erheblichen finanziellen Aufwandes, nicht nur in der Anschaffung, sondern auch in der ständigen Ergänzung, ganz abgesehen von den Nebenkosten, die zu erbringen sind, um den Sport zu betreiben; Tennisplatzmiete, Skiliftpaß, Reitstunden oder Greenfeebeträge können das Urlaubsbudget erheblich belasten. Insofern ist der Urlauber entschieden daran interessiert, daß das Preis- Leistungsverhältnis stimmt.

---

[11]Vgl. dazu Koch 1989, S. 9f.

Hier taucht für einen Tourismusort in der Regel das Problem auf, daß er auf dieses Verhältnis keinen Einfluß hat. Skilifte oder Reitställe sind z. B. eher fremdenverkehrsorientierte Einrichtungen, die weniger Leistungen für die einheimische Bevölkerung erbringen, Tennisvereine oder Golfclubs leben ganzjährig von Beiträgen ihrer Mitglieder und die Überlassung der Anlagen bedeutet für die Mitglieder eine Nutzungseinschränkung. Das preisliche Entgelt, aber auch die Nutzungszeiten werden von den Vereinen geregelt, so daß der Urlauber häufig in eine Nischenrolle gedrängt wird und sich seine Erwartungshaltung nicht erfüllen läßt. Es bedarf also der Absprachen und des Goodwill auf beiden Seiten.

Jede Erweiterung eines bestehenden Angebots durch infrastrukturelle Maßnahmen beinhaltet für den Fremdenverkehrsort durchaus die Möglichkeit, über erhöhte Attraktivität auch neue Kunden zu gewinnen bzw. alte zu erhalten. Jede Erweiterung kostet aber Geld und die auftretenden Folgekosten gehen zu Lasten des Etats. Folgekosten entstehen einmal in Form von Unterhaltsleistungen sowie Instandhaltungskosten, zum anderen aus Kosten, die sich aus der Umweltbelastung der Innovation ergeben, z.B. Baumrodungen bei Skipisten, Planierungsmaßnahmen bei Golfplätzen, Lärmbelastungen und Bleikontamination bei Wurftaubenschießen. Problembereiche sind aber auch die Abfallbeseitigung und das erhöhte Verkehrsaufkommen.

In der Regel wird das Argument der Schaffung von Arbeitsplätzen angeführt, um von den oben genannten Problemen abzulenken. Aber dieses Argument ist zweischneidig. Fremdenverkehr ist stark saisonal bestimmt; daran ändern auch nichts die intensiven Bemühungen einzelner Anbieter, die Saison des speziellen Angebotes zu verlängern, z.B. Sommerski, Hallenwellenbäder. Aus dem saisonalen Einsatz ergeben sich aber in den nachfrageschwachen Monaten Kurzarbeit und saisonale Arbeitslosigkeit. Dazu kommt, daß Tourismusberufe, einschließlich der gastronomischen, zu den Niedriglohnklassen gehören, mithin auch durch immer höhere Investititonen nur geringe zusätzliche Einkünfte geschaffen und kaum eine nennenswerte Zahl von festen Stellen gebildet werden können.

Tourismusbezogene Investitionen müssen daher auch im Sportsektor Rücksicht auf Trends und gesellschaftliche Entwicklungen nehmen. Insofern kann Fremdenverkehrsplanung und Fremdenverkehrspolitik als Ausgangsgrundlage nur eine umweltorientierte Entwicklung haben, die mit Hilfe des Gedankens der Bewahrung und Pflege des Vorhandenen für eine längerfristige Attraktivität sorgen kann. Eine gesteigerte Sensibilität gegenüber den Gefahren für Umwelt und ihr Leben lassen ergeizige

Erweiterungsplanungen im Bewußtsein des Durchschnittsbürgers obsolet erscheinen. Übrig bleibt dann eine Fremdenverkehrskonzeption, die sich auf das Vorhandene beschränkt, aber dies in neuer Verpackung und mit intelligenter Gebrauchsanleitung anzubieten versucht[12].

Auch in gewachsenen Fremdenverkehrsgebieten ist bekannt, daß sich hinter dem Begriff Fremdenverkehrswirtschaft, zumal wenn darüber hinaus eine regionale Zuordnung als "Markenartikel" folgt, ein Konglomerat unterschiedlicher Wirtschaftseinheiten mit ihren jeweiligen Eigeninteressen verbirgt. Sofern sich damit ein heterogenes Angebot verbindet, das durch unterschiedliche Sportarten gekennzeichnet ist, ist ein solches Verhalten nicht nur legitim, sondern eben auch Ausdruck unterschiedlicher Ziele, Temperamente und Anpassungspositionen, nicht nur der Anbieter, sondern auch der kommunalpolitischen Atmosphäre mit ihren Wechsellagen und Spannungen[13].

Intelligent und effizient ist eine Lösung, bei der sich die Beteiligten darauf verständigen,

- ein Generalziel zu formulieren,
- strategische Ziele zu entwickeln,
- über das Rollenverteilungssystem nachzudenken,
- über geeignete Maßnahmen zur Zielerreichung sowie
- über die Verteilung der Kosten und Erträge zu entscheiden. [14]

Fremdenverkehrsorte, die in räumlicher Nähe miteinander verbunden sind, haben trotz der intensiven Konkurrenzsituation sehr wohl eine "Überlebenschance", und zwar durch Ausnutzung ihrer "Spezialität". Gerade im sportlichen Bereich gilt es, die lokalen Möglichkeiten nach Art der **Markenartikelstrategie** zu vermarkten. Wenn aber, was auch vorkommt, gleiches in gleicher Weise in jedem Ort vorgehalten wird, muß eine Abstimmung erfolgen, und zwar in der Form, daß sich komplementierende Teilregionen zusammenschließen, um mit der Vielfalt ihres Angebotes das **übergreifende Gemeinsame** in der Absatzpolitik herauszustellen.

---

[12]Vgl. Gunkel/Kirsch 1984, S. 126f.
[13]Vgl. Wilhelm 1983, S. 136
[14]Vgl. Wilhelm 1983, S. 139

VI. Ökologisch orientiertes Marketing im Sporttourismus - Situationsanalyse und erfolgsversprechende Maßnahmen
von Thomas Wilken,
Sport- und Tourismusberater, Geschäftsführer von "Sport mit Einsicht"

1. Zur Situation des Sporttourismus

Sport und Bewegung gehören für immer mehr Menschen zu den bevorzugten Aktivitäten in Freizeit und Urlaub. Die Zahl der Urlauber, die sich in irgendeiner Form sportlich betätigen, geht in die Millionen; Urlaubssport ist zu einer Massenbewegung geworden. Laut *Reiseanalyse 1990* waren 36,3 Millionen der bundesdeutschen Urlauber mindestens einmal im Urlaub sportlich aktiv. Sehr viel geringer, aber mit hohen Steigerungsraten versehen, ist der Anteil der Sporturlauber im engeren Sinne. Ca. 2 Millionen Reisende bezeichneten 1992 ihre Haupturlaubsreise als Sportreise. Hinzu kommt die vermutlich noch höhere Zahl der Sportreisen, die als Zweit- oder Drittreise unternommen wurden. Das Potential für diese Urlaubsform scheint erheblich zu sein. In der *Reiseanalyse 1992* äußerten immerhin 7,7 Millionen Bundesbürger ihr Interesse an einem Sporturlaub und 13,9 Millionen zeigten sich an einem Winterurlaub im Schnee interessiert *(weitere Zahlen bei Dreyer in Teil A. I. dieses Buches).*

Für die Mehrzahl der Urlauber stehen sicherlich die Lust an der Bewegung sowie der Wunsch nach Gesundheit und abwechslungsreichen Erlebnissen bei ihren sportlichen Aktivitäten im Vordergrund. Die Normen des traditionellen Wettkampfsportes besitzen zumindest auf den ersten Blick nur eine geringe Bedeutung. Dies zeigt sich auch daran, daß Baden/Schwimmen und Wandern in der Beliebtheitsskala nach wie vor unangefochten auf Platz eins stehen. Nur ein weit gefaßter Begriff von Sport, der vielfältige Bewegungsaktivitäten einschließt, wird deshalb der Situation des Urlaubssports gerecht. Ein solches **weites Sportverständnis** liegt daher auch diesem Beitrag zugrunde.

Vor allem die **Sportausübung in naturnaher Landschaft** genießt bei den Urlaubern einen hohen Stellenwert. Gesucht werden vermehrt intensive Erlebnisse in der Natur, häufig verbunden mit Abenteuer und Risiko. Aktivitäten wie Radfahren, Reiten, Tauchen, Klettern/Bergsteigen und Rafting haben in den letzten Jahren z.T. erhebliche Steigerungsraten zu verzeichnen. Das Radfahren ist sogar insgesamt die Sportart mit den höchsten absoluten Zuwächsen. Aber auch Sportarten, die stärker an vorhandene Anlagen gebunden sind, sind für den Aufschwung des Urlaubssportes - vor allem des Sporttourismus im engeren Sinne - mitverantwortlich. Tennis und Golf stehen hier an erster Stelle.

Die Angebotspalette im Urlaubssport wird immer umfangreicher. Bisher weniger verbreitete Sportarten (wie z.b. Golf) erleben einen Boom und gewinnen gerade im Urlaub große Bedeutung. Aktivitäten, die zuvor in anderen Zusammenhängen ausgeübt wurden, wie z.B. Tanz oder Yoga, werden nun auch im Urlaub nachgefragt. Vor allem aber ist seit Anfang der achtziger Jahre eine erhebliche **Ausdifferenzierung** von Sportarten zu beobachten. In erster Linie aufgrund der Entwicklung neuartiger Sportgeräte entstanden eine Vielzahl von Variationen bereits bekannter Aktivitäten oder auch komplette Neuschöpfungen. Mountainbiking, Gleitschirmfliegen und Snowboardfahren sind hierfür aktuelle Beispiele. *Abbildung 1* zeigt die Ausdifferenzierung von Aktivitäten an den Beispielen des Berg- und Wassersportes eindrucksvoll auf.

Abbildung 1:

Ausdifferenzierung von Freizeitsportaktivitäten am Beispiel des Bergsports

Früher	Heute
Langlauf (ungespurt)	Loipenlanglauf
Winterskilauf alpin	(freie Technik/ Skating)
(unpräparierte Hänge)	Loipenlanglauf (klassisch)
Bergwandern	Skiwandern
Bergsteigen	Alpinskifahren (Piste)
	Monoskiing
	Skisurfen
	Eissurfen
	Eissegeln
	Skitrekking
	Hochgeschwindigkeitsfahren
	Variantenskifahren
	Heliskiing
	Skibobfahren
	Firngleiten
	Sommer-Gletscherskilauf
	Grasskilauf
	Bergwandern
	Bergsteigen
	Klettern
	Free climbing
	Paragliding
	Drachenfliegen
	Ultra Light Flieger
	Mountain Bikes
	Orientierungslauf
	Crosslauf

Quelle: BUND 1989

Eine ähnlich starke Ausdifferenzierung wie bei den Sportgeräten und - aktivitäten hat sich im Bereich der übrigen Ausrüstung entwickelt. Zubehör und Bekleidung sind auf immer speziellere Einsatzbereiche zugeschnitten. Gleichzeitig ist der gesamte Ausrüstungsbereich wechselnden **Moden** unterworfen, die einander in immer schnellerer Folge ablösen. Zusammen mit Sportgeräten und -bekleidung werden gleichzeitig Lebensstilmerkmale wie Dynamik, Jugendlichkeit und Gesundheit verkauft.

Ein weiteres Ergebnis der Ausdifferenzierung und Weiterentwicklung von Sportgeräten, -zubehör und -bekleidung ist die **zeitliche und räumliche Ausdehnung sportlicher Aktivitäten.** Alles ist zu jeder Zeit und an jedem Ort machbar. Der Trockenanzug erlaubt das Windsurfen auch im Herbst und Winter; die Stollenbereifung und die spezielle Übersetzung von Mountain-Bikes ermöglichen das Bergauffahren auf unbefestigten Wegen oder sogar im Gelände; Gleitschirme erschließen dem Menschen vorher nicht zugängliche Lufträume; im Rucksack verstaubare Schlauchboote lassen auch die letzten unverbauten Flußabschnitte erreichbar werden. Die Aufzählung ließe sich fortsetzen.

Die genannten Beispiele deuten an, daß der Sporttourismus zu einer High-Tech-Angelegenheit geworden ist. **Technologische Innovationen** prägen das heutige Bild des Sporttourismus in starkem Maße. Dies gilt nicht nur für den gesamten Ausrüstungsbereich (Geräte, Zubehör, Bekleidung), sondern auch für die sporttouristische Infrastruktur. Beschneiungsanlagen ersetzen den fehlenden Naturschnee, Golfplätze verfügen über computergesteuerte Beregnungssysteme, Seilbahnen und Lifte transportieren in immer kürzerer Zeit immer mehr Menschen auf die Berge.

Genau wie die Bereiche Sport und Tourismus insgesamt ist auch der Sporttourismus ein nach wie vor **wachsender Markt.** Die sportbezogenen Umsätze allein in Westdeutschland lagen 1990 bei insgesamt 31,5 Milliarden Mark *(IWD 1994).* Hinzu kamen noch 4,5 Milliarden Mark aus den neuen Bundesländern. Der Sporttourismus steuerte hierzu 4,9 Milliarden Mark in den alten und 0,2 Milliarden Mark in den neuen Bundesländern bei. Die Ausgaben für Sportgeräte betrugen alleine in den alten Bundesländern 4,7 Milliarden Mark. Ein beträchtlicher Teil hiervon wurde sicherlich vor allem für den Urlaub angeschafft. Die Hauptanbieter auf dem Sporttourismus-Markt sind Reiseveranstalter, Fremdenverkehrsgemeinden, Ausbildungsinstitutionen (wie z.B. Surf- und Skischulen) und natürlich die Sportartikelindustrie.

Die skizzierte Entwicklung des Urlaubssports konnte für die Natur nicht folgenlos bleiben. In den Wald geschlagene Skipisten, breitgetretene Wanderwege, zerstörte Schilfbestände an Binnenseen, die Geräusche lärmender Motorboote oder Jetskis, riesige Parkplätze in attraktiven Erholungsgebieten, Müllberge in der Landschaft und Autokolonnen zu besonders attraktiven Zeiten sind nur einige der Beeinträchtigungen, die der Urlaubssport vielfach mit sich brachte bzw. bringt. Der Sporttourismus ist in manchen Regionen an seine **ökologischen Grenzen** gelangt oder hat diese bereits überschritten. Er bedroht seine eigene Grundlage, eine intakte Landschaft. Ökologische Einbrüche werden allerdings schnell auch zu ökonomischen Einbrüchen. So rechnen Fachleute beispielsweise damit, daß im Skisport nach einer Phase der Stagnation in den nächsten Jahren sogar Rückgänge zu verzeichnen sein werden. Die Ursache wird auch in dem negativen Umweltimage dieser Sportart gesehen. Kurzfristig betroffen hiervon sind in erster Linie die jeweiligen Zielgebiete, langfristig jedoch bedroht diese Entwicklung den gesamten Sporttourismus-Markt und berührt daher auch die Sportartikelindustrie und die Reiseveranstalter.

Erfreulicherweise mehren sich in den letzten Jahren die Ansätze für einen **umwelt- und sozialverträglicheren Sporttourismus**. Gemeinden, Regionen und auch manche Reiseveranstalter bemühen sich um eine Kurskorrektur. Dies geschieht jedoch noch eher bruchstückhaft, die vorhandenen Chancen eines ökologisch orientierten Marketings werden nur unzureichend genutzt. Zwar wird in der Werbung heute aufgrund der gestiegenen Umweltsensibilität der Gäste fast jedes Angebot als umweltverträglich bezeichnet, doch entsprechen die Produkte dieser Ankündigung nicht immer. Manchmal erschöpft sich die Umweltverträglichkeit eines Angebotes in der Verwendung von Recyclingpapier für den Prospekt. Gleichwohl bestehen gute Chancen, auch ökologisch verträgliche Angebote am Markt zu plazieren. Eine wichtige Voraussetzung hierfür ist ein ökologisch orientiertes Marketing. Die wichtigsten Ansatzpunkte für ein solches Marketing werden in diesem Beitrag dargestellt. Um der inhaltlichen Tiefe des Themas gerecht zu werden, werden zentrale ökologische Folgen und gesellschaftliche Hintergründe des Sporttourismus ebenfalls beleuchtet.

2. Urlaubssport und Ökologie

Unbestreitbar erfüllt der Sporttourismus wichtige soziale, gesundheitliche und psychische Funktionen und bietet die Chance für intensive Urlaubserlebnisse, insbesondere auch für das Erleben der Natur. Seine Entwicklung zur Massenbewegung ging jedoch mit z.T. erheblichen ökologischen und sozialen Belastungen einher. Erschwerend kommt hinzu, daß die Auswirkungen des Sporttourismus nicht isoliert zu sehen sind, sondern sich mit den Belastungsfolgen aus anderen Bereichen überlagern (z.B. Tourismus, Landwirtschaft, Verkehr, Industrie). Ein Beispiel mag dies verdeutlichen:

Rotwild, das von einem Variantenskifahrer aufgeschreckt wird und flüchtet, deckt seinen erhöhten Energiebedarf vorwiegend durch Verbiß an Jungbäumen. Dadurch wiederum wird der Wald, der durch Luftschadstoffe aus Industrie und Verkehr vorgeschädigt und als Monokultur ohnehin nicht sehr widerstandsfähig ist, in seiner Schutzfunktion weiter beeinträchtigt. Die Gefahr von Muren- und Lawinenabgängen und damit auch die Bedrohung von Einheimischen und Gästen steigen. Die Konsequenz dieser Vernetzungen von Schadensursachen kann es nicht sein, Änderungen zunächst von den anderen Verursachern zu erwarten. Stattdessen ist es unabdingbar, bei allen Belastungsquellen zugleich anzusetzen.

2.1 Probleme

Die Belastungen von Natur und Umwelt durch den Sporttourismus äußern sich hauptsächlich als Landschaftsverbrauch, Beeinträchtigung von Lebensräumen und Lebensgemeinschaften und als Umweltverschmutzung. Hinzu kommen noch die sozialen Belastungen vor allem der einheimischen Bevölkerung. Bei der folgenden Auflistung möglicher Belastungen handelt es sich notwendigerweise um Verallgemeinerungen. Selbstverständlich sind die konkreten ökologischen Auswirkungen des Sporttourismus von einer Vielzahl verschiedener Faktoren abhängig und können daher auch nur im Einzelfall genau beurteilt werden.

- **Landschaftsverbrauch**
Landschaft wird vor allem in Zusammenhang mit der Errichtung sportbezogener Infrastruktur verbraucht. Tennisplätze und -hallen, Seilbahnen, Skipisten, Golfplätze, Wander- und Radwege etc. benötigen z.T. erhebliche Flächen. Gleiches gilt für die indirekt sportbezogene Infrastruktur wie Parkplätze und Zufahrtsstraßen. Die Flächen selbst stehen nur noch in geringem Maße als Lebensräume für Tiere und Pflanzen zur Verfügung. Zudem werden durch die teilweise Versiegelung des Bodens der Oberflächenabfluß des Wassers weiter verstärkt und der Wasserhaushalt verändert.

- **Beeinträchtigung von Lebensräumen und Lebensgemeinschaften**
Vor allem durch landschaftsgebundene Sportaktivitäten können Lebensräume von Tieren und Pflanzen stark beeinträchtigt werden. Die Abwanderung einzelner Tier- und Pflanzenarten wiederum kann negative Konsequenzen für die gesamte Lebensgemeinschaft haben. Vor allem die beschriebene Ausdifferenzierung von Sportgeräten und -aktivitäten hat das Vordringen des Sports in bisher sportlich nicht genutzte Landschaftsteile begünstigt.

Besonders problematisch sind in diesem Zusammenhang alle Aktivitäten im freien Gelände, d.h. abseits von Wegen, Pisten, Loipen etc.

- **Sonstige Umweltbelastungen**

Weitere negative Konsequenzen des Sporttourismus sind Belastungen von Boden, Luft und Gewässern. Bodenbelastungen zeigen sich hauptsächlich als Verdichtung und als Erosion als Folge unsachgemäßer Landschaftseingriffe und individuellen Verhaltens. Gewässerverunreinigungen ergeben sich zum einen durch den Motorsport (Benzin, Öl) und zum anderen auch durch Seife, Waschmittel und Fäkalien in Zusammenhang mit längerem Aufenthalt in der Natur (z.B. bei Kanuwanderfahrten oder "wildem" Zelten in der Nähe von Kletterfelsen). Für die Verschmutzung der Luft sind die Benutzung motorgetriebener Sportgeräte und vor allem die An- und Abfahrt mit dem PKW zuständig. Das Auto ist heute in fast allen Urlaubssportarten das Hauptverkehrsmittel.

- **Soziale Belastungen**

In der öffentlichen Diskussion bisher viel zu wenig beachtet wurden die z.T. gravierenden sozialen Auswirkungen des Sporttourismus. Genau wie im Umweltbereich können auch hier sowohl die Errichtung von Infrastruktur als auch das Verhalten der einzelnen Touristen die Verursacher sein. Ein wesentlicher Belastungsbereich ist die Beeinträchtigung der Wasserversorgung durch den Bau von Swimmingpools und Golfplätzen. Aktuellstes Beispiel ist die Situation auf Mallorca im Sommer 1994, als die Wasserversorgung nur durch Wasserlieferungen per Schiff gesichert werden konnte. Neben anderen Bereichen, wie z.B. der Landwirtschaft, war der Sporttourismus für diese Situation sicherlich mitverantwortlich. Immerhin verfügt Mallorca nicht nur über unzählige Swimmingpools, sondern besitzt gleichzeitig die größte Golfplatzdichte des gesamten Mittelmeerraumes.

Weitere soziale Belastungen können sich aus dem Export des eigenen Lebensstils in andere Kulturen ergeben. Die Konfrontation mit einem anderen Lebensstil kann traditionelle und den Bedingungen angemessene Strukturen ins Wanken bringen ohne gleichwertigen Ersatz anzubieten. Verantwortlich hierfür waren häufig vor allem Rucksack- und vermeintliche Alternativtouristen, wie z.B. beim Trekking in Nepal.

2.2 Lösungsansätze

Tourismus und Alltag sind zwei Seiten einer Medaille. Eine dauerhafte Lösung der skizzierten Probleme wird deshalb ohne gleichzeitige Veränderungen im Alltagsleben nicht zu erreichen sein. Nichtsdestotrotz gibt es vielfältige Möglichkeiten zur Problemreduzierung. Sie lassen sich in drei Gruppen zusammenfassen: Auflagen, Planung und Aufklärung/Information. Nicht die Berücksichtigung einer einzigen Lösungsebene, sondern nur die gleichzeitige und koordinierte Arbeit auf allen drei Ebenen wird hierbei Erfolge nach sich ziehen.

• **Auflagen**

Auflagen können die Ausübung von Aktivitäten und den Bau und Betrieb von Anlagen betreffen. Die Sportausübung in Schutzgebieten und auf Gewässern kann in der Bundesrepublik Deutschland mit Hilfe gesetzlicher Instrumente eingeschränkt oder untersagt werden (Betretungsrecht, Wasserstraßen- und Wasserhaushaltsrecht). Eine weitere Steuerungsmöglichkeit ergibt sich durch gesetzliche Auflagen, die für das Führen von Fahrzeugen einen Führerschein oder eine Lizenz erforderlich machen. Der Bau und Betrieb von Anlagen kann über die Instrumente Baugenehmigung, Eingriffsregelung und Umweltverträglichkeitsprüfung gesteuert werden, wobei letztere nur für größere Sportboothäfen verbindlich vorgeschrieben ist *(Strasdas 1994, S. 65).*

• **Planung**

Planung ist hier in einem sehr weiten Sinne zu verstehen. Gedacht ist u.a. an die Landschaftsplanung, die sportliche Bedarfsplanung, Maßnahmen der Besucherlenkung und auch an die Planung von Sportanlagen. Ziel aller Planungsmaßnahmen sollte es sein, durch eine sachgerechte Vermittlung zwischen Sport- und Umweltinteressen **Verbote möglichst überflüssig** zu machen. Zur Ebene der Planung zählen auch freiwillige Übereinkünfte zwischen Schützern und Nutzern von Natur und Umwelt. Die Ausweisung von Mountain-Bike-Strecken unter Beteiligung von Vertretern aus Tourismus, Sport, Forstamt und Naturschutz in immer mehr Alpen-Gemeinden ist hierfür ein Beispiel.

• **Aufklärung/Information**

Die dritte Handlungsebene bezieht sich auf die Aufklärung und Information aller Beteiligten - der Sportler und der Tourismusindustrie. Ziel ist umweltgerechtes Verhalten als Ergebnis freiwilliger Selbststeuerung. Diese Ebene ist sicherlich unverzichtbar auf dem Weg zu einem "Sporttourismus mit Einsicht", in der Praxis wird sie allerdings oftmals auch überschätzt. Zum einen wird davon ausgegangen, daß Wissen und Verhalten in der Regel übereinstimmen. Wie viele Untersuchungen und auch die Alltagserfahrungen zeigen, ist dies jedoch nicht der Fall. Zum anderen werden mit einem Verweis auf diese Ebene häufig auch die Versäumnisse auf den beiden anderen Ebenen kaschiert *(Schemel 1994, S. 40ff).*

3. Sporttourismus in der Risiko- und Erlebnisgesellschaft

Sport ist immer ein Spiegel der Gesellschaft. Die gegenwärtige Situation des Sporttourismus einschließlich der ökologischen Problematik wird deshalb auch nur vor dem Hintergrund übergreifender gesellschaftlicher Entwicklungen verständlich.

Ein wesentliches Merkmal moderner Gesellschaften ist nach *Beck (1986)* die Herauslösung oder Freisetzung aus traditionellen Arbeits- und Sozialstrukturen. Traditionelle soziale Bindungen und Rollenmuster prägen die individuelle Entwicklung heute erheblich weniger als in früheren Zeiten. Klassen-, Schicht- oder Geschlechtszugehörigkeit geben den Lebenslauf nicht mehr quasi automatisch vor. Ergebnis des Wegfalls traditioneller identitätsbildender Instanzen ist ein hohes Maß an Individualisierung. Dem einzelnen eröffnen sich einerseits in erheblichem Umfang neue Entscheidungsspielräume für die eigene Lebensgestaltung. Andererseits aber erhöht sich auch das Risiko des Scheiterns, denn alles muß selbst geregelt und entschieden werden.

Auch der Alltag enthält heute mehr Risiken als je zuvor. Verantwortlich hierfür sind vor allem die vorhandenen Belastungen von Umwelt und Natur. Schadstoffe lauern nicht nur in Wasser, Boden und Luft, sondern auch in "Lebens"mitteln, Möbeln, Bekleidung und vielem mehr. Immer neue Skandale verunsichern die Verbraucher. Risiken unterschiedlicher Art sind offensichtlich zu einem grundlegenden Merkmal unserer Gesellschaft geworden. Aufgrund der Vielfalt objektiver und subjektiver Risiken bezeichnet *Beck (1986)* unsere Gesellschaft deshalb auch als **Risikogesellschaft**.

Identität muß in der Risikogesellschaft selbst geschaffen werden. In Zusammenhang mit dem allgemeinen Wertewandel spielt vor allem die Freizeit eine zentrale Rolle. **Lebensstile** und **Lebensstilgruppen** versprechen den notwendigen Halt bei der Organisation des eigenen Lebens. "Die modernen Lebensstile sind gleichsam Ersatzinstitutionen für die verlorengegangenen überindividuellen Sinninstanzen" *(Rittner 1987, S.36)*.

Sport ist heute ein verbreitetes Lebensstilmerkmal. Sportlichkeit ist "in". Sport, Sportgeräte und -bekleidung dienen zunehmend "zur symbolischen Darstellung richtigen und glücklichen Lebens"*(Rittner 1987, S.40)*. Vor allem der Sportausübung im Urlaub kommt in diesem Zusammenhang große Bedeutung zu. Die ausgeübten Sportarten, die benutzte Ausrüstung und die jeweiligen Urlaubsziele grenzen das Individuum einerseits von anderen ab, suggerieren aber andererseits auch die Zugehörigkeit zu einer Gruppe Gleichgesinnter und schaffen dadurch emotionale Sicherheit.

Intensive Erlebnisse an wechselnden Orten erfordern hohe Mobilität. **Mobilität** ist deshalb heute eines der verbreitetsten Lebensstilmerkmale. Im Sporttourismus vereinigen sich Sportlichkeit und Mobilität in höchst attraktiver Weise. Getaucht wird auf den Malediven, gesurft auf Hawai, Golf gespielt auf Mallorca und geradelt in den Alpen. Zudem ist Urlaubssport heute größtenteils gleichzeitig Automobil-Sport, denn viele Sportgeräte sind ohne PKW kaum noch zu transportieren. Die Hälfte aller gefahrenen PKW-Kilometer entfallen mittlerweile auf den Freizeitverkehr, jeder Autofahrer steht pro Jahr durchschnittlich 65 Stunden im Stau. Eine Veränderung der Mobilitätsformen ist notwendig, aber noch nicht in Sicht.

Sportaktivitäten im Urlaub und insbesondere die sogenannten **Natursportarten** bilden in mehrfacher Hinsicht ein Gegengewicht zu den Anforderungen und Belastungen des Alltags. Zum einen wirken sie der verbreiteten Bewegungsarmut entgegen. Zum anderen ermöglicht die direkte Auseinandersetzung mit der Natur Erfahrungen und Erlebnisse, die zumindest im städtischen Alltag kaum noch zu finden sind. Natur wird wieder aus erster Hand erlebt.

Sportaktivitäten in naturnahen und wenig vorstrukturierten Räumen vermitteln ein Gefühl der **Freiheit**. Wenn schon nicht der Alltag, so soll für viele jedenfalls die Freizeit frei von Zwängen, Reglementierungen und Verpflichtungen sein. Auch aus diesem Grunde findet umweltbewußtes Verhalten in der Freizeit nicht immer den nötigen Anklang. Selbstbeschränkung in einem der letzten verbliebenen "Freiheitsräume" fällt verständlicherweise schwer.

Sport ist für viele das letzte Abenteuer und entspricht damit in besonderer Weise dem verbreiteten Drang nach intensiven Erlebnissen. Erlebnis, Genuß und der Konsum entsprechender Lifestyle-Produkte versprechen Selbstverwirklichung, Identität und Anerkennung. Die Entwicklung zur **Erlebnisgesellschaft** *(Schulze 1993)* ging einher mit der Herausbildung eines regelrechten "Erlebnismarktes", zu dem auch die meisten sporttouristischen Angebote zu zählen sind.

4. Ökologisch orientiertes Marketing im Sporttourismus

Die zuvor skizzierten ökologischen Folgen und gesellschaftlichen Hintergründe des Sporttourismus bilden den Rahmen für die Möglichkeiten und Grenzen eines ökologisch orientierten Marketings für dieses wachsende

Tourismussegment. Ziel eines solchen Marketings ist ein umweltverträglicher und sozialverantwortlicher Sporttourismus. Diese Zielstellung beinhaltet den gleichgewichtigen Einbezug der Forderungen nach wirtschaftlicher Ergiebigkeit, intakter Umwelt sowie der Berücksichtigung der Bedürfnisse von Einheimischen und Gästen *(Krippendorf 1993).* Angestrebt wird eine **nachhaltige Tourismusentwicklung** ("Sustainable Tourism"). Der Begriff der Nachhaltigkeit stammt ursprünglich aus der Forstwirtschaft und bezeichnet eine ressourcenschonende und langfristig ergiebige Wirtschaftsweise.

Wie jeder Markt wird auch der Sporttourismus-Markt durch das **Wechselspiel von Angebot und Nachfrage** geprägt. Selbstverständlich wird daher ein ökologisch orientiertes Marketing im Sporttourismus immer die aktuelle Nachfrageentwicklung berücksichtigen müssen. Nur Angebote, die eine entsprechende Nachfrage finden, versprechen wirtschaftlichen Erfolg. Für Fremdenverkehrsorte, Veranstalter und Hersteller ist es daher unverzichtbar, neue Entwicklungen und Trends am Markt genau zu beobachten und bei der Angebotsgestaltung zu berücksichtigen.

Dies kann jedoch nicht heißen, jeden vermeintlichen Trend aufzugreifen und ohne Berücksichtigung der ökologischen Folgen in eigene Angebote umzusetzen. Sporttouristische Angebote sind keine bloße Reaktion auf eine vermutete Nachfrage. Ein beim Gast vorhandenes latentes Bedürfnis wird erst durch die angebotene Realisierungschance zu einer konkreten Nachfrage. Die Anbieterseite verfügt deshalb über gewisse Spielräume bei der Gestaltung ihrer Angebote. Zumindest auf ökologischem Gebiet werden diese Spielräume bisher nicht ausreichend genutzt. Dies hat seinen Grund auch darin, daß ökologisch orientierte Sportangebote zwar durchaus im langfristigen Interesse der Anbieter sind, aufgrund der teilweise höheren Kosten jedoch kurzfristig mit Wettbewerbsnachteilen einhergehen können, solange andere Anbieter auf derartige Maßnahmen verzichten. Nach *Kirstges* wird sich diese Situation erst ändern, "wenn die verstärkte Marktakzeptanz von umweltgerechten und sozialverträglichen Reiseformen zu einer eindeutigen, auch kurzfristigen Realisierung von Wettbewerbsvorteilen durch ein offensives Umweltmanagement führt" *(1993, S.17).*

4.1 Nachfragepotential

Anzeichen für eine zukünftig verstärkte Nachfrage nach ökologisch orientierten sporttouristischen Angeboten sind jedoch schon heute in mehrfacher Hinsicht vorhanden. So ist die **Umweltsensibilität** der Urlauber in der Vergangenheit erheblich gestiegen. Bereits 1989 gaben ca. 60% der deutschen Urlauber an, Umweltbeeinträchtigungen an ihrem Urlaubsort festgestellt zu haben *(Reiseanalyse 1989)*. Nach einer Untersuchung des BAT-Freizeitforschungsinstitutes wünschen sich über 80% der Deutschen einen Urlaub in intakter Landschaft *(Österreich Werbung 1993a)*. Die Umweltsensiblität der Reisenden - so die einhellige Ansicht der Experten - wird in den nächsten Jahren vermutlich weiter zunehmen.

Nicht verschwiegen werden darf allerdings, daß zwischen Umweltbewußtsein und tatsächlichem Verhalten nach wie vor eine große Lücke klafft. Dies gilt vor allem für den Urlaub. So benutzten z.B. 1993 52,7% der Urlauber den PKW und nur 7,5% die Bahn als Verkehrsmittel für ihre Haupturlaubsreise *(Urlaub + Reisen 1994)*. Bei Sporttouristen dürfte dieser Anteil aufgrund des Gerätetransportes sogar eher noch höher sein. Andererseits aber wird umweltbewußtes Verhalten - dies zeigen alltägliche Erfahrungen und auch entsprechende Untersuchungen - entscheidend von den vorhandenen Möglichkeiten und Angeboten bestimmt. Vor allem im Urlaub soll Umweltschutz nicht mit Mehraufwand und Unbequemlichkeit für den Einzelnen verbunden sein. Sporttouristische Angebote sollten daher so konzipiert werden, daß sie umweltbewußtes Verhalten fast automatisch nach sich ziehen, zumindest aber erleichtern.

Trotz der Lücke zwischen Wissen und Verhalten ist die **Umweltqualität** bereits heute für viele Urlauber ein **wichtiges Entscheidungskriterium**. So verzeichnen z.B. die in der "Gemeinschaft Autofreier Schweizer Tourismusorte" (GAST)

Abbildung 2:
Die "Gemeinschaft Autofreier Schweizer Tourismusorte" (GAST) - ein Beispiel für das Zusammenwirken von Ökologie und Ökonomie

zusammengeschlossenen Orte deutlich über dem Durchschnitt liegende Steigerungen ihrer Nächtigungszahlen. Die erheblichen Buchungsrückgänge deutscher Skiurlauber in den französischen Wintersportgebieten werden ebenfalls hauptsächlich auf Umweltgründe zurückgeführt. Da der Umweltschutz voraussichtlich auch über das Jahr 2000 hinaus im Bewußtsein der Bevölkerung einen hohen Stellenwert besitzen wird, ist zu erwarten, daß die Umweltqualität eines touristischen Angebotes in den nächsten Jahren ein noch höheres Gewicht erlangen wird. Fremdenverkehrsorte, Veranstalter und auch Sportartikelhersteller, die sich frühzeitig um umweltverträgliche Angebote bemühen, werden sich nicht nur ein positives Image, sondern auch konkrete Wettbewerbsvorteile verschaffen.

Ein weiterer auch ökologisch bedeutsamer touristischer Trend der neunziger Jahre ist der Wunsch nach **gesundheitsorientierten Angeboten.** Laut *Reiseanalyse 1993* spielt das Reisemotiv "Etwas für die Gesundheit tun/Krankheiten vorbeugen" für 57,2% der deutschen Urlauber eine Rolle und stellt somit den viertwichtigsten Beweggrund überhaupt für eine Ferienreise dar. 4,7 Millionen bzw. 10% der deutschen Urlauber verbrachten 1992 sogar einen Urlaub, der primär ihrem körperlichen und auch geistigen Wohlbefinden dienen sollte. Gesundheit, Sport/Bewegung und Umweltschutz hängen untrennbar zusammen. Gesundheit erfordert ausreichende Bewegung und intakte Umwelt. Dies erkennen auch immer mehr Gäste. Bereits für 40% der westdeutschen und sogar 64% der ostdeutschen Gesundheitsurlauber ist die Information über die Umweltsituation am Urlaubsort deshalb von großer Bedeutung für die Urlaubsplanung *(Reiseanalyse 1993).* Der Gesundheitsboom bietet daher ebenfalls gute Ansatzpunkte für die Förderung und Akzeptanz umweltverträglicher Angebote auch im Bereich des Urlaubssports.

4.2 Zielgruppen

Langfristig erfolgreich werden umweltverträgliche Angebote nur dann sein, wenn sie auch die weiter oben skizzierten gesellschaftlichen Hintergründe des Urlaubssport-Booms angemessen berücksichtigen. Dies gilt insbesondere für die Zusammenhänge von Sport, Lebensstil und Identitätsbildung in der Risiko- und Erlebnisgesellschaft. Auch Angebote, die eine höchstmögliche Umweltverträglichkeit anstreben, sollten sich deshalb an aktuellen Trends und Entwicklungen orientieren. Entgegen einem weit verbreiteten Irrtum müssen umweltverträgliche Angebote nicht langweilig, öde und ernst sein. Urlaub soll Spaß machen und der Erholung dienen, Belehrungen sind nicht erwünscht und erreichen eher das Gegenteil. Die Konsequenz hieraus kann jedoch nicht heißen, Umweltbelastungen als notwendiges Übel in Kauf zu nehmen. Stattdessen geht es darum, vorhandene Bedürfnisse aufzugreifen und durch möglichst **attraktive und zugleich umweltverträgliche Angebote** zu befriedigen.

Eine solche Strategie erfordert Marketingkonzepte, die sich an **Lebensstilgruppen** statt an den klassischen touristischen Zielgruppen wie z.B. Senioren oder Familien orientieren. Lebensstilgruppen unterscheiden sich nicht vorrangig nach formalen Kriterien wie Alter, Einkommen und Bildung, sondern vor allem nach Interessen, Denkweisen, Verhalten und Konsumgewohnheiten. Diese Unterschiede zeigen sich insbesondere im Urlaub, da sich hier der persönliche Lebensstil noch stärker als im Alltag verwirklichen kann.

In einer Studie des *ADAC* werden folgende touristisch relevanten Lebensstilgruppen genannt: die "Aktiven Genießer", die "Trendsensiblen", die "Familiären" und die "Nur-Erholer" *(ADAC 1989)*. Die Österreich Werbung kommt in einer umfangreichen Erhebung zu einer etwas anderen Differenzierung. Sie unterscheidet "Junge Genußurlauber", "Anspruchsvolle Erlebnisurlauber", "Vorsichtige Erholungsurlauber", "Klassische Kultur-Urlauber" und die "Junge Familie" *(Österreich Werbung 1993b)*. In beiden Lebensstil-Klassifizierungen sind die Sportbedürfnisse und -aktivitäten und auch das Umweltbewußtsein wichtige Unterscheidungsmerkmale.

Grundsätzlich ist die Akzeptanz für ökologisch orientierte Sportangebote sicherlich bei den Zielgruppen höher, die einfache Sportangebote bevorzugen und zugleich umweltbewußt sind. Diese Charakterisierung gilt insbesondere für die Gruppe der "Trendsensiblen" *(ADAC)* - überwiegend Unter-Dreißigjährige mit hohem Bildungsniveau, die an Natur und Kultur interessiert sind und über ein gezieltes und kritisches Konsumverhalten verfügen. Ihr Anteil am Tourismusmarkt wird mit 20% beziffert bei stark steigender Tendenz bis zum Jahr 2000.

Auch die Gruppen der "Familiären" *(ADAC)* bzw. der "Jungen Familien" *(Österreich Werbung)*, die ruhigere Sportarten ausüben, den Sport weniger zur Selbstdarstellung nutzen und zumindest Ansätze von Umweltbewußtsein zeigen, könnten gegenüber umwelt- und sozialverträglichen Angeboten zumindest aufgeschlossen sein.

Aus ökologischer Sicht eher problematisch sind vermutlich die Gruppen der "Aktiven Genießer" *(ADAC)* bzw. "Anspruchsvollen Erlebnisurlauber" *(Österreich Werbung)*. Sie bevorzugen Sportarten mit hohem Erlebniswert und verfügen gleichzeitig über ein mäßig ausgeprägtes Umweltbewußtsein. Ihr Anteil liegt gegenwärtig bei 30-40%. Diese Voraussetzungen führen in der Regel zu einer Vernachlässigung ökologischer Aspekte bei der Angebotsgestaltung für diese Zielgruppen. Dies muß jedoch nicht so sein. Aufgrund des eher geringen Umweltbewußtseins der genannten Gruppen erscheint es sinnvoll, den gesamten Handlungsrahmen bereits so vorzustrukturieren, daß die Umweltbelastungen durch die Sportausübung möglichst gering bleiben. Hierzu gehören die Festlegung von Start- und Landeplätzen für Gleitschirmflieger, die Ausweisung von Moutain-Bike-Routen, die Genehmigung von Rafting-Touren nur auf bestimmten belastbaren Flußabschnitten etc.

Wie aus den letzten Ausführungen bereits hervorgeht, hat die Produktpolitik im Rahmen eines ökologisch orientierten Marketings eine besondere Bedeutung. Weitere wichtige Marketing-Instrumente zur Förderung eines umwelt- und sozialverträglichen Sporttourismus sind die Kommunikations- und die Preispolitik. Diese Bestandteile eines **Marketing-Mix** werden im folgenden näher beleuchtet. Die Vertriebspolitik ist in diesem Zusammenhang eher von untergeordneter Bedeutung und wird daher hier nicht gesondert aufgeführt. In den genannten Bereichen werden die wichtigsten Ansatzpunkte für eine Ökologisierung der Sportangebote genannt. Betont werden muß, daß es sich hierbei um allgemeine Ansatzpunkte handelt. Tragfähige Strategien zur Vermeidung bzw. Verringerung von Belastungen und Konflikten in einem Ort oder einer Region können jedoch immer nur vor dem Hintergrund der jeweiligen konkreten Bedingungen entwickelt werden. Entscheidend für den Erfolg ist weniger die Umsetzung einer Einzelmaßnahme, als vielmehr die Kombination verschiedener Maßnahmen.

5. Produktpolitik

Die Ansatzpunkte für die Gestaltung ökologisch orientierter Sportangebote sind vielfältig. Sie erstrecken sich von der Auswahl der Aktivitäten und der Festlegung der nutzbaren Räume und Zeiten über die Errichtung und Pflege der Infrastruktur bis hin zur Auswahl der Verkehrsmittel und Unterkünfte. Die wichtigsten Möglichkeiten werden hier vorgestellt. Den größten Erfolg bei der Entwicklung ökologisch orientierter Urlaubssportangebote versprechen Maßnahmen, die zu einer verstärkten Lenkung und Kanalisierung von Sportaktivitäten führen.

5.1 Produktgestaltung

Die im folgenden dargestellten Ansatzpunkte für eine ökologisch orientierte Produktpolitik im Sporttourismus beziehen sich in erster Linie auf die

Möglichkeiten einer Fremdenverkehrsgemeinde. Auch Reiseveranstalter, Verkehrsträger und örtliche Anbieter sporttouristischer Dienstleistungen finden jedoch Anregungen für die Gestaltung umweltverträglicher Sportangebote.

5.1.1 Aktivitäten

Das Angebot an Sportaktivitäten ist zu einem zentralen Bestandteil des touristischen Angebots insgesamt geworden. Die angebotenen Aktivitäten prägen heute das Image von Fremdenverkehrsorten und -regionen. Gleichzeitig wachsen auch die Umweltbelastungen durch den Sporttourismus. Sportangebote können Ausgangspunkt für erhebliche Schäden an Natur und Umwelt sein. Der Auswahl und Propagierung wünschenswerter Sportangebote kommt daher immer größere Bedeutung zu.

• **Qualität statt Quantität**

Auch wenn Gäste sich heute nicht mehr nur auf die Ausübung einer Sportart beschränken, so erfordert dies nicht zwangsläufig eine möglichst umfangreiche Angebotspalette. Entscheidend wird in Zukunft vor allem die Qualität der Angebote sein. Weniger kann auch mehr sein. Insbesondere neue Sportarten sind manchmal nur kurzfristig gefragt, gehen aber häufig mit erheblichen Beeinträchtigungen naturnaher Lebensräume einher. Auch im Sinne eines Qualitätstourismus sollte daher auf kurzfristige Moden verzichtet werden.

• **Differenzierte Urteile**

Auf den ersten Blick erscheinen vor allem diejenigen Sportaktivitäten als umweltverträglich, die keine aufwendige Ausrüstung benötigen, keine umfangreiche Infrastruktur erfordern und ohne Fremdenergie ausgeübt werden. Wandern wäre demnach sehr viel umweltverträglicher als Skifahren. Dies mag zwar grundsätzlich stimmen, wird jedoch der Realität nicht immer gerecht. Sogar das vermeintlich umweltfreundliche Wandern ist heute in manchen Alpenregionen mit erheblichen negativen Folgen verbunden. Trittschäden am Rand von Wanderwegen und die Anlage sogenannter "Abschneider" fördern in starkem Maße die Bodenerosion. Gleichzeitig kann das vermeintlich besonders umweltschädliche Skifahren durchaus ohne Landschaftszerstörungen größeren Ausmaßes organisiert werden. Eine vorschnelle negative Beurteilung von Sportarten ist daher zu vermeiden. Entscheidend ist stattdessen in den meisten Fällen die differenzierte Situationsanalyse vor Ort.

• **Verbot umweltschädigender Aktivitäten**

Gleichwohl aber können nicht für alle Aktivitäten umweltverträgliche Lösungen gefunden werden. In diesen Fällen kommt es darauf an, möglichst frühzeitig, d.h. vor der Etablierung neuer Sportgeräte oder -aktivitäten, Verbote auszusprechen. Die Untersagung des von einem Hotel in Graubünden geplanten Heli-Biking und auch das Verbot des Wanderns in naturgeschützten Bachtälern in Tirol sind gute Beispiele für frühzeitige Interventionen staatlicher Stellen. Bei dem mittlerweile verbreiteten Jet-Skiing, dem Fahren mit einer Art Wassermotorrad, wurden dagegen rechtzeitige Eingriffe leider versäumt. Das Resultat sind erhebliche Umweltbeeinträchtigungen und große Sicherheitsgefährdungen für Badende.

5.1.2 Landschaft

Für die Umweltverträglichkeit landschaftsbezogener Sportangebote ist es entscheidend, diese Angebote auf die jeweiligen natürlichen und landschaftlichen Voraussetzungen abzustimmen. Bei Nichtbeachtung dieses Grundsatzes sind Umweltbelastungen die fast zwangsläufige Folge. Für eine sinnvolle räumliche Lenkung und Kanalisierung des Urlaubssports bieten sich vor allem folgende Möglichkeiten an:

• **Ausweisung unterschiedlich belastbarer Landschaftsteile**

Nicht alle Naturräume sind gleich belastbar. Von großer Bedeutung ist es daher, sensible Räume von intensiver Freizeitnutzung auszunehmen und diese Aktivitäten in stärker belastbaren Landschaftsteilen zu konzentrieren. *Schemel/Erbguth (1992)* unterscheiden zu diesem Zweck Taburäume, Naturerholungsgebiete und Kulissenräume. Während letztere aufgrund ihrer hohen Belastbarkeit der Freizeitnutzung offenstehen, genießt die Natur in den beiden übrigen Raumtypen Vorrang vor anderen Nutzungen. Ein in der Praxis bewährtes Beispiel für ein regionales Zonierungskonzept ist der bereits 1972 in Kraft getretene Bayerische Alpenplan, der eine Einteilung des bayerischen Alpenraumes in drei Zonen unterschiedlicher Belastbarkeit vorsieht.

• **Umweltgerechte Straßen-, Wege- und Loipenführung**

Die Streckenführung von Straßen, Wegen und Loipen kann zu Beeinträchtigungen von Lebensräumen führen. Ausgeschilderte Strecken haben immer auch einen Kanalisierungseffekt. Um so wichtiger ist es, bereits durch die Streckenführung sensible Naturbereiche vor Störungen zu bewahren. Konflikte können so häufig entschärft werden. In vorbildlicher Weise wurde dies in der Schwarzwald-Gemeinde Schonach realisiert, wo in enger Zusammenarbeit von Sport- und NaturschutzvertreterInnen das

Loipennetz zum Schutz des Auerwildes neu konzipiert wurde, ohne an Attraktivität für die Skiläufer zu verlieren.

• **"Sanfte" Lenkungsmaßnahmen**
"Sanfte" bzw. indirekte Lenkungsmaßnahmen funktionieren ausschließlich über Anreize und Abschreckung, jedoch ohne Zwangsmittel. In Abhängigkeit von der räumlichen Beschaffenheit der jeweiligen Erholungslandschaft, den jeweiligen sportlichen Aktivitäten, dem Gästetyp (Tages-oder Erholungsgast) und seinem raumbezogenen Verhalten wird ein Maßnahmen-Mix zur kleinräumigen Lenkung der Besucher entwickelt. Neben der Wegführung selbst gehören hierzu Faltblätter mit Routenvorschlägen, Attraktionen an belastbaren Stellen (z.b. Rastplätze, Aussichtspunkte), Hindernisse für das Verlassen der Wege (z.b. Anpflanzung von Dornengewächsen, Anlage von Wassergräben, Abzäunungen, Bohlenpfade in Feuchtgebieten). Ein gutes Beispiel für den Erfolg derartiger Maßnahmen ist das Naturschutzgebiet Rotes Moor in der Rhön. Die Kombination mehrerer der genannten Maßnahmen führte dazu, daß Wanderer und Skilangläufer in umweltverträgliche Bahnen gelenkt wurden.

• **Kontingentierung von Sportmöglichkeiten**
Um die Grenzen der Belastbarkeit der Natur und auch von Einheimischen und Urlaubern nicht zu überschreiten, ist eine Beschränkung vor allem des Tagestourismus in vielen Orten unabdingbar. In Lech am Arlberg wird dies seit dem Winter 1991/92 in einem Modellversuch erprobt. Sobald sich 14.000 Skifahrer im Skigebiet aufhalten, werden an PKW-Benutzer keine weiteren Tagespässe ausgegeben. Auf verschiedenen Binnenseen ist die Zahl der gleichzeitig auf dem Wasser befindlichen Segelboote und Surfbretter begrenzt.

• **Regionale Abstimmung der Angebotsstruktur**
Noch allzu häufig machen sich Orte gegenseitig Konkurrenz mit gleichen oder ähnlichen Angeboten, ohne daß diese den jeweiligen landschaftlichen (und häufig auch finanziellen) Voraussetzungen angemessen sind. Eine regionale Sport- und Freizeitplanung könnte hier zumindest teilweise Abhilfe leisten. Die regionalen Entwicklungspläne in den schweizerischen Berggebieten sind ein Beispiel für derartige Planungsinstrumentarien *(vgl. Krippendorf/Krippendorf-Demmel 1992).*

5.1.3 Nutzungszeiten

Neben der Wahl geeigneter Landschaftsräume sollte bei der Entwicklung sporttouristischer Angebote immer auch die zeitliche Dimension berücksichtigt werden. Die angebotenen und beworbenen Zeiten für sportliche Urlaubsaktivitäten sind unter ökologischen Aspekten von großer Bedeutung.

• **Berücksichtigung von Zeiten hoher Störanfälligkeit**
In manchen Landschaftsräumen sind Sportaktivitäten nicht generell umweltbelastend, sondern nur zu bestimmten Zeiten. Insbesondere die Störwirkung auf Tiere kann sich tages- und jahreszeitlich unterscheiden. So sind Vögel in der Regel während der Brut- und Aufzuchtzeit im Frühjahr und Frühsommer besonders störanfällig. Dasselbe gilt für Fische während ihrer Laichzeit. Wildtiere, wie Gemsen, Auer- und Birkhühner, brauchen vor allem im Winter ihre Ruhe, da sie bei schneebedecktem Boden wenig Nahrung finden und deshalb mit ihren Energiereserven sparsam umgehen müssen. Ein Beispiel für tageszeitlich bedingte Störanfälligkeit ist das Rotwild, das vor allem in der Dämmerung vom Menschen leicht aufgeschreckt werden kann. Auf Laufangebote in der Dämmerung sollte deshalb zumindest in Waldnähe verzichtet werden.

• **Gewährung von Ruhezeiten**
Das Störpotential mancher Sportarten hat sich seit Mitte der achtziger Jahre erweitert. Durch technische Verbesserungen und neuartige Materialien haben sich die Zeiten möglicher Ausübung erheblich ausgedehnt: Der Trockenanzug erlaubt das Windsurfen auch in kälteren Jahreszeiten, und Beschneiungsanlagen ermöglichen das Skifahren ohne ausreichenden Naturschnee. Aktivitäten, deren Ausübung früher auf wenige Monate beschränkt war, werden so tendenziell zu Ganzjahressportarten. In anderen Räumen werden die früher noch vorhandenen Ruhezeiten durch neuartige zusätzliche Sportangebote weiter verringert. Notwendige Regenerationszeiten für die Natur gehen so verloren. Auch außerhalb von Zeiten besonders hoher Störanfälligkeit sind deshalb Ruhezeiten für die Natur unverzichtbar.

• **Gleichmäßigere Saisonverteilung**
Landschaften und Orte vertragen nur ein bestimmtes Maß an Belastung. Neben Kontingentierungen kann vor allem eine gleichmäßigere Verteilung der Gäste und Aktivitäten auf die Saison unerwünschte ökologische Folgen vermeiden. Selbstverständlich sind die Angebote an die jeweilige Jahreszeit und ihre Besonderheiten anzupassen. Die Aktionen "Radfrühling" und

"Servus im Herbst" der Österreich Werbung sind gute Beispiele für die Aufwertung der Nebensaison durch umweltverträgliche Aktivitäten.

5.1.4 Infrastruktur

Zur sportbezogenen Infrastruktur zählen direkt zur Sportausübung notwendige Einrichtungen, wie z.b. Wegenetze, Skipisten, Seilbahnen, Lifte, Golfplätze, Tennishallen und Schwimmbäder. Außerdem sind auch nur indirekt mit der Sportausübung verbundene Dinge, wie z.b. Parkplätze und Zufahrtsstraßen, zur sportbezogenen Infrastruktur zu rechnen. Eine ökologisch orientierte Produktpolitik sollte folgende Leitlinien berücksichtigen:

- **Nutzung vorhandener Infrastruktur**
Die optimale Nutzung vorhandener Sportanlagen, Wegenetze etc. sollte gegenüber der Errichtung zusätzlicher Infrastruktur Priorität besitzen. Ein gutes Beispiel für die hiermit verbundene Eindämmung des Flächenverbrauchs ist die nach dem Donau-Radweg meistbefahrenste Radroute Österreichs, der Tauernradweg im Salzburger Land. Durch die Einbindung bereits existierender Wirtschaftswege und kaum befahrener Straßen mußten nur auf wenigen Teilstücken der insgesamt 325 km langen Strecke neue Radwege errichtet werden.

- **Sanierung umweltbelastender Alt-Anlagen**
Viele Sportstätten und -anlagen entsprechen nicht dem heutigen Stand der Umwelttechnik. Je nach Einzelfall sind eine Umgestaltung oder in Ausnahmefällen auch eine Stillegung vorzunehmen. Dies gilt insbesondere für Hallen- und Freibäder. Wie viele Beispiele zeigen, kann hier z.b. allein die Nutzung der Solartechnik bereits zu einer deutlichen Reduktion des Energieverbrauchs führen.

- **Sanierung geschädigter Flächen**
Flächen, die durch den Sporttourismus geschädigt werden, sollten zum Schutz vor Folgeschäden unbedingt frühzeitig renaturiert bzw. rekultiviert werden. Dies gilt insbesondere für die Wiederbegrünung von Skipisten und die Befestigung von Erosionsstellen. Ein positives Beispiel hierfür ist die Zusammenarbeit zwischen dem Deutschem Skiverband und den Seilbahngesellschaften am Nebelhorn und am Fellhorn in Oberstdorf, wo in einem Modellprojekt gemeinsam nach Lösungen zum Schutz der Landschaft gesucht wurde.

• **Prüfung der Umweltverträglichkeit geplanter Anlagen**
Zumindest bei größeren Anlagen sollte die Prüfung der zu erwartenden Umweltauswirkungen ein selbstverständlicher Bestandteil aller Bewilligungsverfahren sein. Unverzichtbar ist hierbei eine vernetzte Sichtweise, die die Wechselwirkungen der neuen Anlage mit anderen Elementen des touristischen Angebots (z.B. Bettenzahl) berücksichtigt. Nur so kann die aus vielen Wintersportorten bekannte Erschließungsspirale verhindert werden, bei der Angebotsausweitungen in einem Bereich (z.B. Beförderungskapaziät einer Seilbahn) Zuwächse in anderen Bereichen nach sich ziehen (z.B. Tagestourismus oder Steigerung der Bettenzahl).

• **Umweltschonende Errichtung und Betrieb neuer Infrastruktur**
Neue Sportanlagen sollten dem neuesten Erkenntnisstand auf dem Umweltsektor entsprechen. Dies gilt für bauliche Maßnahmen, die Ausstattung und auch den späteren Betrieb. Hier gibt es ein breites Spektrum von Ansatzpunkten. Schonende Landschaftseingriffe, standortgerechte Bepflanzung, umweltfreundliche Materialien, Energie- und Wasserspareinrichtungen und ökologisch orientierte Pflegemaßnahmen zählen zu den wichtigsten Aspekten.

5.1.5 Verkehrsmittel

Urlaubssportler sind heute zum Transport ihrer Sportgeräte und zum Erreichen der Ausgangspunkte für ihre sportlichen Aktivitäten vielfach auf den PKW angewiesen. Die Ursachen hierfür liegen in dem Trend zu ausrüstungsintensiven Sportarten, in der anhaltenden Ausdifferenzierung von Sportgeräten und auch in dem Mangel an attraktiven Alternativen zum PKW-Transport. Betroffen sind vor allem landschaftsgebundene Sportarten wie Windsurfen, Skilaufen, Radfahren etc. Auch der Transport einer Golf-Ausrüstung ist ohne PKW schwer möglich. Eine Abkoppelung der Sportausübung vom PKW-Gebrauch erfordert Verbesserungen im Bereich des Öffentlichen Personenverkehrs (ÖPV) und eine Erweiterung der Möglichkeiten zur Ausleihe und Lagerung von Sportgeräten.

Abbildung 3:
Skifahrer-Angebot der
Schweizerischen
Bundesbahnen
(beinhaltet die An- und
Abreise mit der Bahn und
einen Tagesskipaß)

BAHN PLUS:

Skipässe

Auf geht's in die Top-Skigebiete der Schweiz. Natürlich mit einem Skipass der Bahn. Zu Superpreisen jeden Tag mit dem Zug nach Wahl auf die Piste nach Wunsch. Und dazu eine Skitageskarte inklusive – so lassen sich Action und Fun im Schnee unbeschwert geniessen.

Ob auf Skis oder auf dem Snowboard – wenn Sie mit der Bahn verreisen, liegen Sie voll im Trend.

SBB CFF FFS

• **Förderung attraktiver ÖPV-Angebote zur Hin- und Rückreise**
Die Ursache für die verbreitete PKW-Benutzung im Sporttourismus sind nicht nur fehlende, sondern vor allem unattraktive ÖPV-Angebote. Möglichst umsteigefreie Bahnverbindungen zwischen Ziel- und Quellgebieten, sofortige Transfers vom Bahnhof zum Urlaubsort bzw. zur Unterkunft, preiswerter und schneller Gepäcktransport von Haus zu Haus, zentrale und einfache Buchungsverfahren sowie die Sicherstellung der Mobilität vor Ort sind wichtige Voraussetzungen zum Umsteigen auf die Bahn. Die Umsetzung dieser Forderungen wird seit 1993 in einem Modellprojekt "Urlaubspaket Schwarzwald" zwischen der Deutschen Bahn AG und dem Fremdenverkehrsverband Schwarzwald mit insgesamt 74 Urlaubsorten erprobt. Eine stufenweise Ausweitung dieses Modellversuchs auf die wichtigsten deutschen Urlaubsregionen ist geplant. Gezielt an Sporturlauber wenden sich günstige Pauschalangebote, die Bahnanreise und Sportangebote einschließen (Skipässe, Radausleihe etc.). Derartige Angebote werden in vorbildlicher Weise von den Schweizerischen Bundesbahnen gemacht und erfreuen sich dort großen Zuspruchs. Auch aus Österreich gibt es inzwischen mehrere positive Beispiele (z.B. Salzburger Skizug).

• **Transportmöglichkeiten für Sportgeräte in öffentlichen Verkehrsmitteln**
Die Benutzung der Bahn scheitert gerade bei Sporturlaubern häufig an den schlechten Transportmöglichkeiten für Sportgeräte. Negatives Beispiel hierfür

ist der ICE, der die Fahrradmitnahme überhaupt nicht und den Skitransport nur mit Mühe zuläßt. Nach jahrelangen Versäumnissen sind bei der Deutschen Bahn AG allerdings vor allem beim Fahrradtransport in letzter Zeit wichtige Verbesserungen zu verzeichnen (Mitnahme in einigen Intercity-Zügen, Fahrradabteile in Interregio-Zügen). In vielen radtouristisch interessanten Urlaubsregionen mangelt es vor allem an sogenannten Radelbussen, die die Fahrradmitnahme im Bus erlauben. Derartige Angebote, wie sie z.B. auf der Nordseeinsel Föhr oder auch im schleswig-holsteinischen Eiderstedt bestehen, begünstigen die Fahrradbenutzung vor Ort, da jederzeit auf den Bus umgestiegen werden kann.

- **Anbindung von Urlaubs-"Sportstätten" an das öffentliche Verkehrssystem**

Eine wichtige Bedingung für die Anreise mit öffentlichen Verkehrsmitteln ist die Sicherstellung von Mobilität am Urlaubsort. Dies gilt insbesondere für Sporturlauber mit großem Aktionsradius und zum Teil sperrigen Ausrüstungen. Ski-, Wander- und Radelbusse können eine Alternative zum PKW-Gebrauch vor Ort sein. Sie finden vor allem dort viel Zuspruch, wo die Strecken und Frequenzen den Bedürfnissen der Urlauber angepaßt sind (z.B. Südbaden Bus, Hindelanger Skibus, Vorarlberger Skibusse, Lungauer Tälerbus).

- **Verbesserte Ausleihmöglichkeiten von Sportausrüstungen**

Eine bisher zu wenig beachtete Möglichkeit zur Behebung der Transportschwierigkeiten von Sportausrüstungen ist der Verzicht auf eine eigene Ausrüstung. Die Ausleihe hochwertiger und gut gepflegter Ausrüstungen zu akzeptablen Preisen erleichtern die Benutzung öffentlicher Verkehrsmittel. Dem Aufbau derartiger Ausleihsysteme kommt daher aus ökologischen Gründen große Bedeutung zu. Die landesweiten Ausleihsysteme für Skiausrüstungen "swissrent a ski" und "Skibischuh - rent a ski in Austria" sind positive Beispiele hierfür. Ebenfalls hervorzuheben sind die ausgezeichneten Ausleihmöglichkeiten von Fahrrädern an den Bahnhöfen der Schweizer Bundesbahn.

Abbildung 4:
Swissrent a ski
(52 Verleihstationen in
der Schweiz)

- **Angebote zur Lagerung von Sportausrüstungen**

Vielfach erleichtert auch die Möglichkeit zur Lagerung von Sportgeräten am Einsatzort den Verzicht auf den PKW-Gebrauch. Dies gilt insbesondere für sperrige Geräte wie z.b. Surfbretter oder Ski. Sichere Lagermöglichkeiten von Surfausrüstungen in Ufernähe, wie sie z.b. in dem Eifelort Schalkenmehren vorhanden sind, könnten Urlauber und auch regelmäßige Tages- und Wochenendgäste zum Verzicht auf das Auto motivieren. Skifahrern wird der Rückweg zur Unterkunft durch das sichere Deponieren der Ski an der Liftstation erheblich erleichtert. Die Lagerung von Golftaschen im Clubhaus erlaubt auch Golfspielern zumindest vor Ort die Benutzung des Fahrrades.

5.1.6 Vernetzte Angebote

Sportaktivitäten lassen sich gerade im Urlaub ausgezeichnet mit anderen Angeboten verbinden. Sport kann insbesondere dazu beitragen, sich mit der eigenen Gesundheit sowie der Natur und Kultur der Urlaubsregion intensiver auseinanderzusetzen. Die Verbindung des Sports mit diesen Bereichen entspricht einer ganzheitlich orientierten Produktpolitik und ist daher auch aus ökologischer Sicht zu begrüßen.

- **Naturbezogene Angebote**

Ziel der Bemühungen um umweltverträgliche Sportangebote kann es nicht sein, Menschen so weit wie möglich aus der Natur fernzuhalten. Stattdessen ist es notwendig, das Verständnis für natürliche Zusammenhänge und ein umweltgerechtes Verhalten zu fördern. Vor allem spezielle Angebote, die Sport und Bewegung mit der Erkundung der Natur verbinden, bieten hierzu gute Möglichkeiten. Dies können geführte Themenwanderungen, Naturerlebnispfade und anderes mehr sein. Die Broschüre "Der Landschaftswanderweg Rosental" ist ein Beispiel dafür, wie Gäste auf einfache Art und Weise zum Sehen und Verstehen der Landschaft angeregt werden können.

- **Gesundheitsbezogene Angebote**

Sport- und Gesundheitsangebote haben viele Berührungspunkte. Sport bietet die Chance, neben der äußeren auch die innere Natur - den eigenen Körper - neu zu erleben. Dies gilt insbesondere für die Urlaubszeit, in der sich die notwendige Ruhe und Gelassenheit eher einstellen als im Alltag. Vor allem in Verbindung mit anderen gesundheitlich relevanten Bereichen (z.B. Ernährung) kann die Sportausübung im Urlaub einen Anstoß geben zu einer gesunden und umweltbewußten Lebensweise - auch über den Urlaub hinaus.

Gesundheitsbezogene Sportangebote stellen daher auch aus ökologischer Sicht einen wichtigen Angebotsbereich dar.

• Kulturbezogene Angebote

Der Sport eröffnet neue Wege zur Erkundung der Kultur einer Urlaubsregion. Statt des passiven Bestaunens von Sehenswürdigkeiten ermöglicht er die aktive Erfahrung von Land und Leuten. Wanderungen auf historisch bedeutsamen Wegen und kulturbezogene Radtouren sind nur einige Ansätze hierzu. Die Radwander-Angebote im österreichischen Strudengau und auch die Rad- und Wander-Angebote des Naturfreunde-Projektes "Sanfter Tourismus im Saarland" zeigen beispielhaft, daß solche Aktivitäten erlebnisreich und umweltverträglich zugleich sein können. Nach wie vor jedoch gibt es auf dem Sektor kulturbezogener Sportangebote viele ungenutzte Möglichkeiten.

5.2 Servicepolitik

• Gästeinformation

Gäste sollen über die Urlaubsregion und die Umwelt- und Sozialverträglichkeit der angebotenen Programme informiert sowie zu entsprechendem Verhalten angeregt werden. Aus dem Gesamtbereich der Gästeinformation sind hier nur die Informationen von Interesse, die sich auf ökologische Aspekte des Sportangebots beziehen.

Von entscheidender Bedeutung für die Aufnahme und Verarbeitung der Information durch die Gäste ist die Art der Präsentation und Vermittlung. Auf Belehrungen und den "erhobenen Zeigefinger" sollte grundsätzlich verzichtet werden, da diese vielfach eher Ablehnung erzeugen. Statt des Verzichts sollten die vorhandenen Möglichkeiten zum umwelt- und sozialverträglichen Handeln positiv herausgestellt werden.

• Verbesserung der Serviceangebote

Notwendige Reiseinformationen sind am Ort selbst nur in seltenen Fällen aus einer Hand zu bekommen. Dies gilt insbesondere für Informationen zum Bereich Ökologie. Sinnvoll erscheint deshalb die Bündelung verschiedener Dienstleistungen im Fremdenverkehrsbüro bzw. der Tourist-Information. Fahrplanauskünfte, die Reservierung von Bahnkarten für die Hin- und Rückreise, der Verkauf von Materialien (Bücher, Gebietsführer und -karten) und regionalen Produkten werten die Tourist-Information zu einer echten Servicestelle auf.

• **Anbringung von Informationstafeln**
Das Betreten von Schutzzonen liegt oftmals auch in unzureichender Information begründet. Auf Schildern in der Landschaft wird häufig lediglich auf Sperrungen oder bestimmte Routengebote hingewiesen. Hintergrundinformationen werden nicht gegeben. Stattdessen sollten zumindest an zentralen Stellen, insbesondere vor gesperrten Flächen oder Wegen, attraktiv gestaltete Tafeln angebracht werden, die die jeweiligen Zusammenhänge und Einschränkungen den Gästen einsichtig machen.

• **Ausreichende und informative Markierung von Wegen**
Auch die Markierung von Wegen ist ein häufig vernachlässigter Teil der Gästeinformation. Markierungen erfüllen jedoch eine wichtige Funktion bei der Kanalisierung und Lenkung von Sportaktivitäten. Um so wichtiger ist es, daß sie eindeutig, informativ und an den richtigen Orten angebracht sind. Hilfreich sind regional einheitliche Markierungen und Beschilderungen.

Abbildung 5:
Beispielhafte Radwegemarkierung auf der Nordseeinsel Amrum

• **Anregung der Gäste zu umweltverträglichem Verhalten**
Informationen bewirken nicht automatisch auch Verhaltensänderungen. Entscheidend ist vielmehr, ob die Informationen an eigene Erfahrungen und Erlebnisse gebunden sind. Vor allem dort, wo Sportarten unter Anleitung gelernt und ausgeübt werden, sollte deshalb die Chance genutzt werden, die Gäste direkt während der Sportausübung zu einem umweltverträglichen Verhalten anzuregen. Dieser direkte und persönliche Zugang besitzt die besten Erfolgsaussichten für tatsächliche Verhaltensänderungen. Bisher sind derartige Anregungen nur selten fester Bestandteil von Kursangeboten, sondern bleiben der Initiative des jeweiligen Anleiters überlassen.

• **Umweltbezogene Qualifizierung von Multiplikatoren**
Die Anleitung der Gäste zu umweltverträglichem Verhalten erfordert umweltpädagogische Qualifikationen auf seiten der Multiplikatoren. Allein die Weitergabe von Informationen oder sogar ein falsch verstandenes

"Pädagogisieren" helfen hier nicht weiter. Notwendig sind deshalb vor allem in den landschaftsgebundenen Sportarten praxisnahe und ökologisch orientierte Aus- und Fortbildungen von Multiplikatoren.

5.3 Rahmenbedingungen

Sport ist in der Regel nur ein Teilbereich des touristischen Angebots. Unterkunft, Verpflegung, Verkehrsmittel, Ausflüge, Besichtigungen, Entspannungsangebote etc. sind weitere Elemente des Gesamtangebots. Eine isolierte Betrachtung allein der Sportangebote würde einer ökologischen Sichtweise nicht entsprechen. Es ist daher naheliegend, neben dem Sport auch die übrigen Angebote an ökologischen Kriterien zu orientieren. Widersprüche zwischen den einzelnen Angebotsbereichen werden so vermieden, das eigene Profil eines Ortes oder Veranstalters wird auch den Gästen deutlicher.

• **Kommunikation der Tourismus-Beteiligten vor Ort**
Von besonderer Bedeutung sind in diesem Zusammenhang die verschiedenen sporttouristischen Leistungsträger (Verkehrsunternehmen, Beherbergungs- und Gastronomiebetriebe, Anlagenbetreiber, Reiseunternehmen, Kursanbieter und Ausrüstungsverleiher) und die örtlichen Marketingorganisationen (Tourismus GmbH, Fremdenverkehrsverein). Selbstverständlich sollten alle Gruppen in ihrem jeweils eigenen Verantwortungsbereich ökologisch orientierte Einzelmaßnahmen umsetzen. Zur Erhöhung der Effektivität ist jedoch die Kommunikation untereinander unverzichtbar.

• **Offenes Forum (Sport-)Tourismus**
Ein sogenanntes "Offenes Forum (Sport-) Tourismus" - ein "runder Tisch" aller Beteiligten - kann die Kommunikation in einer Gemeinde erheblich verbessern. Dies ist die Voraussetzung für die Planung und Durchführung von Verbesserungen, an denen mehrere Leistungsträger beteiligt sind (z.B. Einrichtung eines Wanderbus-Systems). Vorhandene Konflikte können ausgetragen und Lösungen gemeinsam entwickelt werden. Derartige Foren haben sich bereits in vielen Orten ausgezeichnet bewährt (z.B. in Hindelang).

• **Leitbild**
Der intensive Erfahrungsaustausch und die gemeinsame Suche nach Lösungen sind die Voraussetzung für die Entwicklung eines touristischen Leitbildes, das von allen Beteiligten akzeptiert und unterstützt wird. Ein touristisches Leitbild sollte im Idealfall Bestandteil eines übergeordneten Ortsleitbildes sein. Es enthält die "Tourismus-Philosophie" und die

wichtigsten touristischen Entwicklungsziele eines Ortes. Die Sport- und
Freizeitangebote besitzen hierin einen hohen Stellenwert. Ein solches Leitbild
ist die Voraussetzung für die Erarbeitung eines komplexen und ganzheitlich
orientierten Marketingkonzeptes *(siehe auch Dreyer, Teil A. I., S. 45ff)*.
Tourismusleitbilder, die sich an einer nachhaltigen Tourismusentwicklung
orientieren, gibt es momentan vor allem in österreichischen Ferienorten und
-regionen (z.B. Weissensee, Kirchberg, Pettneu, Lesachtal).

• **Umweltfreundliche Verkehrs- und Ortsplanung**
Die Propagierung der Benutzung umweltfreundlicher Verkehrsmittel (ÖPNV,
Fahrrad) verspricht einen höheren Erfolg, wenn auch im Ort selbst eine
Eindämmung des PKW-Verkehrs praktiziert wird. Hierzu gehören
verkehrsberuhigte und autofreie Zonen, ausreichende und sichere Fuß- und
Radwegenetze, attraktive ÖPNV-Angebote etc. Im süddeutschen Raum
haben sich zu diesem Zweck mittlerweile 32 Gemeinden in der
"Interessengemeinschaft Autofreier Kur- und Fremdenverkehrsorte"(IAKS)
zusammengeschlossen. In den Modellgemeinden Oberstdorf und
Berchtesgaden konnte der PKW-Verkehr bereits um mehr als die Hälfte
reduziert werden, 90% Prozent aller Gäste begrüßen diese Entwicklung
(Hamburger Abendblatt vom 7./8.5.1994). Zu einer ökologisch orientierten
Ortsplanung gehören außerdem der Erhalt historischer Ortsbilder, die
Vermeidung von Landschaftszersiedelung und übermäßiger
Flächenversiegelung, die Gestaltung naturnaher Ruhezonen im Ort selbst und
anderes mehr.

• **Umweltfreundliche Unterkünfte**
Wichtige Kriterien für umweltfreundliche Unterkünfte sind u.a. die
Vermeidung gesundheitsgefährdender und ökologisch bedenklicher Baustoffe
(z.B. Tropenholz), die Reduktion des Energie- und Wasserverbrauchs und die
Vermeidung und sachgerechte Entsorgung von Abfällen. Immer mehr
Tourismusgemeinden und -betriebe erkennen die Notwendigkeit und auch die
Vorteile umweltfreundlicher Unterkünfte. Seinen Ausdruck findet dies in
einer Vielzahl von regionalen Gütesiegeln für Tourismusbetriebe, von denen
das "Umweltsiegel des Kleinwalsertales" zu den Pionieren zählt. Inzwischen
existieren in einigen österreichischen Bundesländern bereits landesweite
Gütesiegel. Das 1994 erstmalig vergebene "Umweltsiegel Tirol" ist das
jüngste und umfassendste Beispiel hierfür.

• **Lebensmittel aus der Region**
Frische Lebensmittel aus der Region - nach Möglichkeit aus ökologischem
Anbau - bieten Gästen und Gastgebern viele Vorteile. Der Bezug des Gastes
zur Urlaubsregion wird vertieft, ökologische Belastungen durch den

Transport von Lebensmitteln aus weit entfernten Gebieten werden verringert und die örtliche Landwirtschaft wird stabilisiert bzw. bei der Umstellung auf ökologischen Anbau unterstützt. Aufgrund ihres stärker ausgeprägten Gesundheitsbewußtseins sind Sporturlauber für derartige Angebote vermutlich besonders aufgeschlossen. Die Direktvermarktung landwirtschaftlicher Produkte an die örtliche Hotellerie und Gastronomie im Allgäuer Urlaubsort Hindelang, die Aktion "Natur und Leben" im Bregenzerwald und das Walliser Projekt "Landwirtschaft - Natur - Tourismus" zeigen, welches Potential in der Kooperation von Tourismus und Landwirtschaft liegt.

6. Preispolitik

Die Möglichkeiten zur Förderung umweltverträglicher Sportangebote über die Preispolitik sind begrenzt, werden aber bisher trotzdem nur unzureichend genutzt. Dies liegt vermutlich darin begründet, daß hierfür in der Regel die Kooperation mehrerer Leistungsträger notwendig ist. Der wichtigste Bereich, auf den sich preispolitische Maßnahmen bisher richten, ist die Reduktion des PKW-Verkehrs, der aber gerade im Sporttourismus eine besondere Rolle spielt.

• Bonus für Bahnanreise
Eine einfache Möglichkeit zur Begünstigung der Bahnanreise ist die Gewährung eines finanziellen Bonus. Hierfür gibt es mittlerweile eine Vielzahl von Modellen. In Vorarlberg erhalten Bahnbenutzer eine zehnprozentige Ermäßigung auf die Ski-Tageskarten; in Lech wird Bahnreisenden zusätzlich auch bei Erreichen der Kapazitätsgrenze des Skigebietes ein Tagesskipaß garantiert; NUR-Kunden, die mit der Bahn ins Salzburger Land reisten, erhielten 1993 in vielen Skigebieten ebenfalls um 10% ermäßigte Skipässe; die Gröbminger Freizeitschule gewährt Bahnurlaubern eine Ermäßigung von 5% auf die Kursgebühr; manche Orte und auch einzelne Beherbergungsbetriebe bieten Preisabschläge für die Bahnanreise oder zumindest für die Nichtbenutzung des PKW's am Urlaubsort. Eine weitere Bonus-Variante war die inzwischen leider wieder zurückgenommene Vergünstigung der Mittwochs- gegenüber der Samstagsanreise ins Salzburger Land durch die TUI in den Jahren 1991 und 1992.

• Pauschalangebote der Bahn
Günstige Pauschalangebote, die die Bahnanreise mit der Benutzung sporttouristischer Infrastruktur (z.B. Seilbahnen und Lifte) und/oder der Ausleihe von Sportgeräten (z.B. Fahrrädern) kombinieren, können viele

Sporttouristen zum Umsteigen auf die Bahn bewegen. Vor allem in der Schweiz erfreuen sich die Pauschalen Bahn/Skipaß und Bahn/Rad großer Beliebtheit. Auch im Salzburger Land gibt es inzwischen ähnliche Angebote für Skifahrer. In anderen Ländern und Regionen dagegen existiert auf diesem Gebiet erheblicher Nachholbedarf.

• **Busverkehr am Urlaubsort**
Aus Umweltschutzgründen ist die Benutzung von Bussen mittlerweile in vielen Regionen und Orten zu günstigen Preisen möglich. In Berchtesgaden berechtigt die Kurkarte sogar zur kostenlosen Benutzung des Elektrobusses. Oftmals kann mit der Gästekarte auch ein vergünstigtes "Umweltticket" für mehrere Tage oder die gesamte Urlaubszeit erworben werden. Die Benutzung von Skibussen ist in der Regel bereits im Kauf der Liftkarte enthalten. In Zell am See und Kaprun ist die Skibusbenutzung auch für Einheimische kostenlos. Sehr weit entwickelt ist das Skibussystem im Vorarlberg, wo im Winter 1992/93 erstmals mehr als eine Million Winterurlauber mit Skibussen transportiert wurden.

• **Ausleihmöglichkeiten**
Wie bereits weiter oben beschrieben, können auch attraktive Ausleihangebote von Sportgeräten den Verzicht auf die eigene Ausrüstung und damit zusammenhängend auf die PKW-Benutzung begünstigen. Die Möglichkeiten auf diesem Gebiet sind bisher nicht einmal ansatzweise ausgeschöpft, da Leihausrüstungen und -geräte überwiegend von schlechter Qualität sind. Auch hier ist die Schweizer Bundesbahn hervorzuheben, deren gesamter Bestand an Leihfahrrädern jährlich komplett erneuert wird. Ein weiterer Vorteil ist, daß die Räder an fast jedem Bahnhof zurückgegeben werden können.

7. Kommunikationspolitik

Die dargestellten Möglichkeiten der ökologischen Produktgestaltung müssen durch eine ökologisch orientierte Kommunikationspolitik ergänzt werden. Ihr Ziel ist es, die Angebote am Markt zu positionieren und den potentiellen Gästen nahezubringen. Außerdem ist sie für die Information der Gäste während des Urlaubs und die Kommunikation der Tourismus-Beteiligten vor Ort zuständig. Im Hinblick auf ökologisch orientierte Sportangebote sind vor allem die Bereiche Gästeinformation, Werbung und Öffentlichkeitsarbeit von Bedeutung.
Werbung und Öffentlichkeitsarbeit (PR) zielen darauf ab, die Nachfrage nach den eigenen Angeboten zu erhöhen. Während die Werbung die unmittelbare

Beeinflussung des Kauf- bzw. Buchungsverhaltens zum Ziel hat, ist die PR auf die Einstellung der Öffentlichkeit zu einem Ort, einer Region, einem Land oder einem Unternehmen ausgerichtet.

• **Ökologisch verantwortbare Aussagen**
Noch immer beinhalten die Werbung und Öffentlichkeitsarbeit vieler Urlaubsorte gerade im Bereich der Sportangebote ökologisch problematische Aussagen in Bild und Text. Dies gilt insbesondere für sogenante "Off-Road"-Angebote, wie z.b. die Werbung für Mountain-Bike-Touren abseits befestigter Wege. Da hierdurch entsprechende Gästebedürfnisse geweckt oder verstärkt werden und auch die Präsentation nach außen widersprüchlich wird, sind derartige Aussagen nicht sinnvoll. Stattdessen sollten verstärkt umweltgerechte Situationen ins Bild gesetzt werden.

• **Umweltinformationen**
Die Umweltqualität bestehender Sportangebote sollte in Werbung und PR ausdrücklich hervorgehoben werden. Das Ausmaß und die Art der Hervorhebung hängen jedoch auch von den jeweiligen touristischen Zielgruppen ab. Bei einer ökologisch sensiblen Zielgruppe wird diesem Aspekt vermutlich mehr Raum gegeben als bei einer gegenüber Umweltfragen weniger aufgeschlossenen Gruppe. Bestimmte Informationen sollten allerdings in jedem Fall Bestandteil der Werbematerialien sein. Hierzu gehören alle Informationen, die die Anreise mit der Bahn und die Mobilitätsangebote vor Ort betreffen. Sinnvoll ist es z.B., die Zugverbindungen und Fahrtzeiten aus den wichtigsten Quellgebieten, die Ausleih- und Lagerungsmöglichkeiten von Sportgeräten und das Liniennetz von Fahrrad- und Wanderbussen in den Ortsprospekt aufzunehmen. Auf der Nordseeinsel Föhr wird dies bereits mit Erfolg praktiziert.

• **Materialien**
Im Interesse der eigenen Glaubwürdigkeit auf ökologischem Gebiet sollten alle Werbe - und PR-Materialien umweltgerecht hergestellt sein. Dies gilt vor allem für die verwendeten Papiersorten. Hier sollte in der Regel auf Recyclingpapier mit 100%igem Altpapieranteil zurückgegriffen werden.

• **Verbreitung von Umwelttips**
Allgemeine Hinweise für eine umweltverträgliche Sportausübung sollten in Ortsprospekte, sportartbezogene Tips in spezielle Informationen für einzelne Sportarten (z.B. Wasser- und Radwanderführer, Wander- und Skitourenkarten) aufgenommen werden. Auf Karten der Region sollten Schutzzonen und Bereiche, in denen die Sportausübung möglich ist, deutlich markiert sein. Eine noch umfassendere Lösung ist es, eine Broschüre mit

ökologischen Hintergrundinformationen über die Region zusammen mit einer entsprechend gestalteten Karte anzubieten. Die von der länderübergreifenden Bodensee-Stiftung herausgegebene Freizeitkarte "Natur am See" ist ein besonders gelungenes Beispiel. Auch die Erstellung gesonderter Umwelt-Broschüren für Gast und Gastgeber, wie z.B. im Salzburger Land oder am Weissensee, ist eine gute Möglichkeit zur Information über umweltgerechtes Verhalten allgemein und auch beim Sport.

8. Fazit

Der Sporttourismus ist zu einer Massenbewegung geworden. Die Ursachen hierfür sind vielschichtig. Sie liegen z.T. im Sport selbst, hauptsächlich aber in übergreifenden gesellschaftlichen Entwicklungen. Neben der Zunahme von Einkommen und Freizeit für große Teile der Bevölkerung sind vor allem die zunehmende Individualisierung innerhalb und außerhalb des Sports, die alle Freizeitbereiche umfassende Erlebnis- und Genußorientierung, das gestiegene Körper- und Gesundheitsbewußtsein und das wachsende Bedürfnis nach Naturerlebnissen zu nennen. Die Sportausübung im Urlaub erfüllt heute wichtige soziale, gesundheitliche und psychische Funktionen. Gleichzeitig aber sind mit dem Anwachsen des Sporttourismus z.T. erhebliche Belastungen von Natur und Umwelt verbunden. Flächenverbrauch, Lebensraumeinschränkungen von Tieren und Pflanzen, Umweltverschmutzung und soziale Belastungen sind die hauptsächlichen Folgen. Obwohl eine grundlegende Lösung dieser Probleme nicht ohne gleichzeitige Veränderungen im Alltagsleben möglich ist, gibt es eine Vielzahl einander ergänzender Möglichkeiten zur Vermeidung und Verringerung der vorhandenen Belastungen. Den größten Erfolg versprechen nicht isolierte Einzelmaßnahmen, sondern Strategien, die eine optimale Vernetzung verschiedener Ansatzpunkte vornehmen. Notwendig ist daher die Entwicklung eines ökologisch ausgerichteten Marketing-Mix für sporttouristische Angebote. Die wichtigsten Instrumente hierfür sind die Produktpolitik (und mit ihr die Servicepolitik), sowie die Kommunikations- und die Preispolitik.

VII. Spannungsfelder zwischen Wirtschaftsentwicklung und Ökologie am Beispiel des Kurortes Schierke/Harz
von Dr. Rüdiger Ganske, Kurdirektor

1. Vorbemerkungen

Die Wende 1989 eröffnete vor allem den Orten des ehemaligen Sperrgebietes der DDR die Möglichkeit, selbständig und kreativ die eigene wirtschaftliche Entwicklung zu bestimmen.
Besonders in Schierke, dem einstmals renommierten Fremdenverkehrsort des Harzes, war das Bedürfnis besonders stark ausgeprägt, schnell eine neue, moderne Tourismusentwicklung zu beginnen.

Folgende Aspekte legitimieren diese Heraushebung:

● **der historische Aspekt**
Schierke galt in den 20er bis 40er Jahren dieses Jahrhunderts als das "St. Moritz des Nordens" (einige Quellen bezeichnen Schierke als das "St. Moritz Deutschlands"). Dieser Vergleich war auf die außergewöhnliche Anzahl und Qualität von Wintersportanlagen zurückzuführen, die, verbunden mit einem sehr guten Übernachtungsangebot, Schierke damals eine Sonderstellung unter den Fremdenverkehrsorten zumindest im Norden Deutschlands einbrachten *(vgl. Abschnitt "Geschichte Schierkes").*

● **der klimatisch-geographische Aspekt**
Schierke ist der Harzort mit der unmittelbarsten Brockennähe. Die Höhenlage seiner Umgebung, die exponierte vorgeschobene Nordlage des gesamten Mittelgebirges und eine spezifische Tallage bewirken die nahezu größte Schneesicherheit dieses Gebietes von allen Mittelgebirgen Deutschlands.

● **der wirtschaftliche Aspekt**
Der Ort besitzt im Verhältnis zur Einwohnerzahl und im Vergleich zu anderen Harzorten eine außerordentlich hohe Übernachtungskapazität. Gemeinsam mit der Ausprägung von Freizeitangeboten erwächst daraus die Verpflichtung für eine eigene, fast ausschließlich tourismusorientierte Entwicklung, aber auch das Wissen um die Ausstrahlung auf die Tourismusentwicklung in Sachsen-Anhalt bzw. in den neuen Bundesländern insgesamt.

Ende 1990 gab die Gemeindevertretung Schierkes die Erarbeitung eines Flächennutzungsplanes in Auftrag. Die Inhalte beziehen sich eng auf die historisch-wirtschaftlichen Voraussetzungen des Ortes. Der Plan

berücksichtigt darüber hinaus die besondere Verantwortung Schierkes für den Schutz der Natur seiner Umgebung.
Die "Wiederherstellung und Stärkung der Funktion Schierkes als Kur-, Erholungs- und Wintersportort unter anderem durch Rekonstruktion und Modernisierung der vorhandenen Erholungs-, Kur- und Wintersporteinrichtungen" *(vgl. Flächennutzungsplan 1990, Entwurf)* erwies sich allerdings bereits zum damaligen Zeitpunkt als schwer realisierbare Zielstellung.

Vertretern des Naturschutzes gelang es in einem Wettlauf mit der Zeit, noch vor der Herstellung der deutschen Einheit 14 wichtige Gebiete der damaligen DDR unter Naturschutz zu stellen. Damit ging für viele Naturschützer ein jahrzehntealter Traum in Erfüllung.
Der entsprechende Ministerratsbeschluß am 12.9.90 bedeutet aber auch gleichzeitig für die Gemeinde Schierke, daß alle ehemaligen Wintersportgebiete des Ortes in die Fläche des Nationalparks Hochharz einbezogen wurden.
Für Schierke begann zu dieser Zeit ein dynamischer Prozeß, in dem die Gemeinde gemeinsam mit dem Sport bemüht ist, Lösungen für ein produktives Miteinander von Wintersport und Naturschutz zu entwickeln.

Am 1. Januar 1994 erhielt der "Nationalpark Hochharz" in Sachsen-Anhalt schließlich mit dem "Nationalpark Harz" einen Nachbarn auf niedersächsischer Seite. Damit wurden wesentliche Teile des länderübergreifenden Harzes unter Schutz gestellt.

2. Aus der Geschichte Schierkes

a) Die Hotel- und Kurentwicklung

Die um die Jahrhundertwende begonnene extensive und intensive Entwicklung des Fremdenverkehrs führte wie andere Harzorte in den 20er und 30er Jahren auch Schierke zu seiner ersten Blüte. Voraussetzung für diese Entwicklung war das erhöhte Gästeaufkommen in dieser Region ausgangs des 19. Jahrhunderts.

Die günstige Lage ließ Schierke zu einem begehrten Bauplatz werden. Die Bautätigkeit begann 1885. Bauherren aus Magdeburg, Leipzig, Berlin oder Wernigerode ließen solche Hotels wie "Brockenscheideck", "Hoppes-Hotel", "Hotel Fürst zu Stolberg" (heute "Travel Charme Hotel Heinrich Heine"), "Barenberger Hof " u. a. entstehen. Darüber hinaus war bereits damals Schierke für den gesundheitsfördernden Wert seines Klimas bekannt.

"Die Wiesen sind hier die vorzüglichsten und erträglichsten der ganzen Grafschaft. Ich kann auch nicht sagen, daß ich in Schierke mehr Kälte als im Lande empfunden, da gegenteils die kalten Winde unten viel empfindlicher und heftiger gespürt werden, als in Schierke. Die reine Luft in der Höhe und das vortreffliche Wasser, welches im Lande seines gleichen nicht hat, ist das beste Mittel wider hypochondrische Zufälle" *(Schierkes Pfarrer Fuchs um 1760 aus "Schierke" von Georg von Gynz-Rekowski).*

Folgerichtig war die Ausprägung des Ortes als heilklimatischer Kurort.

b) Schierke und der Brocken

> Du mußt des Felsens alte Rippen packen,
> Sonst stürzt sie dich hinab in dieser Schlünde Gruft.
> Ein Nebel verdichtet./Höre, wie's durch die Wälder kracht!
> Aufgescheucht fliegen die Eulen./Hör! es splittern die Säulen
> Ewig grüner Paläste./Girren und Brechen der Äste,
> Der Stämme mächtiges Dröhnen,/Der Wurzeln Knarren und Gähnen!
> Im fürchterlich verworrenen Falle/Übereinander krachen sie alle,
> Und durch die übertrümmerten Klüfte/Zischen und heulen die Lüfte.
> Hörst Du die Stimmen in der Höhe?/In der Ferne, in der Nähe?
> Ja, den ganzen Berg entlang/Strömt ein wütender Zaubergesang!

(Goethe, Faust I, Walpurgisnacht, Mephisto)

Die touristische Entwicklung Schierkes ist untrennbar mit dem höchsten Berg Norddeutschlands verbunden. Dieser Berg hat auch heute seinen Mythos als Hexenberg nicht verloren. Berühmte historische Persönlichkeiten wie Goethe, Alexander v. Humboldt, Zar Peter der Große erklommen den Gipfel und beschrieben ihn. Wenn zur Jahrhundertwende ca. 100 000 Menschen das Brockenplateau bestiegen, sind es heute jährlich über 2 Millionen Besucher.

Die Brockenkuppe wird vom Nationalpark Hochharz mit seiner Kernzone umringt. Auch wenn der Brocken z. Z. durch den Massentourismus betroffen erscheint, war es aus Traditionsbewußtsein und aus verkehrspraktischen Gründen erforderlich, die Brockenbahn von Schierke zum Brocken wieder in Betrieb zu nehmen.

Hier befinden sich in einer Höhenlage von 1000m über NN in einer äußerst schneesicheren Lage die ehemaligen Skigebiete Schierkes. Bereits vor Festsetzung des Nationalparks Hochharz hatte Schierke mit Blick auf die Winterberge (ca. 900 m NN) seinen Verzicht auf die sportliche Nutzung dieses Gebietes erklärt.

c) Die Entwicklung des Wintersports

Die Entwicklung Schierkes zu einem damals international bekannten und anerkannten Wintersportort ergab sich zum einen aus den für einen Mittelgebirgsort herausragenden natürlichen Bedingungen (Klima, Luv-Lage im Schatten eines Gebirgskammes zwischen 900m und 1100m NN, z. T. alpines Gelände), zum anderen aufgrund der Aufgabenstellung, den durch die neuen, modernen Hotels und Pensionen angesprochenen Gästen im Winter ein attraktives Freizeitangebot zu bieten.

Sowohl aus diesem touristischen Bedingungsgefüge als auch durch die Aktivitäten der Harzer Ski-, Eis- und Bobverbände wurde Schierke schnell zu einem Zentrum des Wintersports in Deutschland.
Die 4. Deutschen Winterkampfspiele in den 30er Jahren, internationale Bobsportveranstaltungen, die Bewerbung Schierkes um die Olympischen Spiele 1936 (mit mehreren anderen Harzorten) sowie die 1. Wintersportmeisterschaften der DDR sind Beispiele für die wintersportliche Hochkarätigkeit Schierkes.

Mit der Gründung der DDR endete nahezu abrupt die Entwicklung Schierkes als Wintersportzentrum. Die 1950 in Schierke ausgerichteten 1. Deutschen Meisterschaften der DDR in den Wintersportarten hinterließen bei vielen Wintersportanhängern die Hoffnung auf den weiteren Ausbau des Wintersportplatzes Schierke. Die Grenznähe Schierkes, der Aufbau des Sperrgebietes im Harz veranlaßten die damalige Partei-, Staats- bzw. Sportführung der DDR die Konzentration des leistungsorientierten Wintersports in Oberhof, Oberwiesenthal oder Klingenthal anzustreben. Mit der damit einsetzenden Delegierung der wintersportlichen Talente des Ostharzes nach Sachsen oder Thüringen begann kontinuierlich das Ausbluten dieser traditionsreichen Wintersportregion.

Abbildung 1:
**Wintersportfest
Schierke damals**

Abbildung 2:

Beispiel für die Großen Schierker Wintersportwochen 1928

1. Schierker Wintersportwoche

1. Januar: Rodelrennen.
2. Januar: Eisläufe für Kurgäste.
3. Januar: Gemeinschaftlicher Ausflug nach dem Brocken.
4. Januar: Rodelrennen.
5. Januar: Bobsleigh-Gymkhana.
6. Januar: Rodelschlangenfahrt nach Dreiannen-Höhne.
7. Januar: Gemeinsame Skiwanderung unter Führung. —
8. Januar: Brocken-Dauerlauf. — Bobsleigh-Plakettenrennen. — Skeletonrennen.

2. Schierker Wintersportwoche

14. Januar: Bobsleigh-Rennen.
15. Januar: Eisfest. — Bobsleigh-Rennen.
16. Januar: Rodelrennen.
17. Januar: Gemeinschaftlicher Ausflug nach dem Brocken.
18. Januar: Eisläufe für Kurgäste.
19. Januar: Bobsleigh-Rennen.
20. Januar: Gemeinsame Skiwanderung unter Führung. — Rodelschlangenfahrt nach Dreiannen-Höhne.
21. Januar: Bobsleigh-Rennen.
22. Januar: Eishockey-Wettkampf-Spiele. — Bobsleigh-Rennen. — Skeletonrennen.

3. Große Schierker Wintersportwoche

4. Februar: Bobsleigh-Rennen.
5. Februar: Eishockey-Wettkampf-Spiele. — Rennen um die Harzgaumeisterschaft im Fünferbob.
6. Februar: Eisläufe für Kurgäste.
7. Februar: Trainingsfahrt für Zweierbob. — Rodelrennen.
8. Februar: Bobsleigh-Rennen um den Goldpokal.
9. Februar: Eisspiele. — Bobsleigh-Rennen um die Zweierbobmeisterschaft von Schierke.
10. Februar: Rodelschlangenfahrt nach Dreiannen-Höhne.
11./12. Februar: Deutsche Hochschulmeisterschaft im Skilauf. (11. Februar: Langlauf und Geländelauf.) (12. Februar: Staffellauf und Sprunglauf.)
11. Februar: Rennen um die Meisterschaft von Schierke im Fünferbob. — Skeletonrennen.
12. Februar: Mannschaftsrodeln des Bezirks IV (Nordwestdeutschland) des Deutschen Rodelbundes. — Bobsleigh-Rennen um den Wanderpreis der B. 3. am Mittag. — Skeletonrennen.
13. Februar: Kinder-Wintersportfest: Rodelrennen, Ski und Sprungläufe.

Abbildung 3:
Programm der Schierker Winterspiele 18. bis 20. Februar 1994

Freitag, 18.2.1994:		
	19.00 Uhr	Pressecocktail des WSV Schierke und der KBGmbH Brocken im Hotel Waldfrieden
Samstag, 19.2.1994:		
Ski	10.00 Uhr	Langlaufskischule für Kinder auf der Skiwiese am Barenberg
Ski	gegen 12.00 Uhr	Ankunft der Läufer des Oberharzer Grenzlanglaufs auf dem Parkpatz am Barenberg (Start: 10.00 Uhr in Benneckenstein)
Eissport	9.00 Uhr	Öffentliches Laufen und Eisstockschießen im Eisstadion, Eishockey im Eisstadion (siehe Sonderplakat)
	15.00 Uhr	Eisfasching im Eisstadion
Rodeln	10.00 Uhr	Rodelveranstaltung des Rennrodel- und Bobsportvereins Schierke an der Rodelbahn
	20.00 Uhr	Sportlerball im Dachsbau des Hotels Heinrich Heine (Tischbestellungen erbeten!)
Sonntag, 20.2.94:		
Ski	10.00 Uhr	Alpines Skifahren für jedermann - Demonstrationen - Trickski - Gaudi- am Schreiberberg
Eissport	9.30 Uhr	Eisstockschießen im Eisstadion
	14.00 Uhr	Eishockey im Eisstadion (siehe Sonderplakat)
Rodeln	10.00 Uhr	Rodeln für jedermann um den Feuerstein-Pokal an der Rodelbahn

Abbildung 4:
**Eisstadion
Schierke um 1950**

d) Die Fremdenverkehrssituation in Schierke vor der Wende und 1994

Vor der Wende verfügte die Gemeinde über ca. 1800 Betten, die auf 12 größere Hotels oder Ferienheime verschiedener staatlicher Einrichtungen verteilt waren (FDGB, SED, NVA etc.). Nach vorhandenen Kurtaxabrechnungen betrug die Auslastung der vorhandenen Kapazität 1988 98,8, %.

Zur Gestaltung der Freizeit standen den Gästen jedoch nur Wanderwege der unmittelbaren Umgebung des Ortes, das Natureisstadion und die Angebote in den Häusern selbst zur Verfügung.

Abbildung 5:
Cafés, Gaststätten und Kneipen außerhalb der Hotels und Ferienheime in Schierke

1988	1994
Café Bodeblick	Weinstube am Barenberg
Gemeindekrug	Kleines Café
Café Winkler	Café Winkler
	Café Bodeblick
	Gasthof Stadel
	Gaststätte "Brockenstübchen"
	Bistro "Zur Klippe"
	Restaurant/Pension Andrä
	Andenken Bistro
	Kantorstübchen

Der Vergleich von Cafés, Gaststätten und Kneipen von 1988 zu 1994 unterstreicht dieses durch das Sperrgebiet geprägte, wenig vielfältige Bild des Fremdenverkehrs in Schierke.

Neben der Veränderung der Eigentumsverhältnisse der staatlichen Ferienheime und Hotels ist der sprunghafte Anstieg an Ferienwohnungen hervorhebenswert. Wenn es auch 1988 keine privaten Vermietungen von Zimmern geben durfte, so kann Schierke 1994 doch bereits 130 Betten in modern eingerichteten Ferienwohnungen vorweisen. Insgesamt beträgt die Bettenkapazität 1994 ca. 1000 Betten.

Fazit

Die Geschichte Schierkes ist bis 1961, dem Jahr des Mauerbaus, bestimmt durch eine vielfältige, lebendige Gestaltung des Fremdenverkehrs.

Die touristische Neuentwicklung Schierkes nach der Wende erfolgte in einer Zeit, in der weltweite Erscheinungen des Massentourismus von allen Fremdenverkehrskommunen hohe ökologische Verantwortung verlangen. Dieses Bild prägte sowohl den Ort als auch seine Umgebung.

Für Schierke begann somit 1989 auch ein Abschnitt, in dem es erforderlich wurde, Traditionen, wirtschaftliche Entwicklungen und ökologische Erfordernisse maßvoll miteinander zu verbinden.

3. Schierke am Brocken - Problemfall oder Modellbeispiel im Spannungsfeld zwischen Tourismus und Ökologie?

3.1 Die Bedürfnisse des Naturschutzes

Erfolgt nach dem politischen ein ökologisch bestimmtes Sperrgebiet?

Am 12.09.1990 wurde das Nationalparkprogramm als Gesetz verabschiedet. Naturschutzverbände, Naturwissenschaftler und langjährige Vertreter des Nationalparkgedankens hatten damit ein auch international geachtetes Ziel erreicht, wesentliche, ökologisch relevante Gebiete vor dem Zusammenschluß der beiden deutschen Staaten unter Schutz zu stellen. Einer breiten Diskussion mit den Interessenvertretern anderer Bereiche konnte damit nicht erfolgen, da mit der letzten Ministerratssitzung vor Auflösung der DDR der Zeitpunkt der Beschlußfassung vorbestimmt war. Der § 3 der Nationalparkverordnung führt den Schutzzweck des Nationalparkes Hochharz aus:

Abbildung 6:
Der Schutzzweck in der Nationalparkverordnung

§ 3 Schutzzweck

(1) Mit der Festsetzung zum Nationalpark Hochharz wird bezweckt, eine in Mitteleuropa einmalige Mittelgebirgslandschaft den Hochlagen des Harzes zu erhalten.

(2) Es sind besonders die naturnahen Bergfichtenwälder und die Moore zu erhalten und ihre natürlichen Abläufe zu sichern. Fichtenforst und andere gestörte Ökosysteme sind in naturnahe Zustände zu überführen.

> (3) Der Nationalpark dient der Erhaltung der Vielfalt heimischer Tier- und Pflanzenarten.
>
> (4) Im Randbereich des Nationalparkes werden Ökosysteme erhalten, die durch den Menschen geprägt sind, wie Halbkulturformationen (Heiden, Triften, Hutungen bei Schierke und Drei-Annen-Hohne), Bergwiesen und historische Nutzungsformen der Wälder.
>
> (5) Im Nationalpark werden ebenfalls Zeugen historischer Landnutzungsformen und alter Industriezweige, wie Torfgewinnung, Köhlerei, Flößerei, Steinabbau und Glasherstellung, erhalten, soweit sie den vorangehenden Schutzzielen nicht zuwiderlaufen.
>
> (6) In dem Nationalpark wird keine wirtschaftsbestimmte Nutzung bezweckt; er soll aber zur Strukturverbesserung der außerhalb des Nationalparks gelegenen Region (Nationalparkregion) beitragen.

Quelle: Verordnung zur Festsetzung des Nationalparkes, Berlin 1990

Die Gesellschaft zur Förderung des Nationalparks Harz e. V. schreibt:
"Denn Nationalparke bezwecken mehr als Naturschutzgebiete. Sie sollen die Wälder, Moore und Fließgewässer nicht nur "konservieren", sondern die natürliche Dynamik der Ökosysteme sichern bzw. dort, wo es nötig ist, renaturieren mit dem Ziel, ehemals intakte Ökosysteme wiederherzustellen. Das ist noch eine Aufgabe für Generationen und wird auch nur gelingen, wenn alle Besucher des Parks durch ihr Verständnis für die Naturprozesse mithelfen, die Nationalparkidee fest im Allgemeingut zu verankern und zu verbreiten."

"Besonders trittempfindlich sind die vielen Moore im Brockengebiet; sie dürfen auf keinen Fall betreten werden. Infolge ihrer großen Ausdehnung können sie nicht - wie die wertvollen Rasen der Brockenkuppe - durch Geländer eingefaßt werden. Hier vertraut man auf das Verständnis, Mitdenken und Mitverantworten aller Besucher und hofft schließlich auch darauf, daß verständige Naturfreunde behutsam auf weniger einsichtige Touristen einwirken.

Moore dürfen weder im Sommer noch im Winter betreten oder bei Schnee mit Skiern befahren werden, denn:

- durch das Betreten und Verdichten der schwammartigen Moospolster gelangt sauerstoffreiches Wasser in den Untergrund, wo dann sauerstoffzehrende Organismen das Moos zusetzen und dadurch den Hochmoorboden abbauen,

- der Tritt zerstört die weichen, empfindlichen Pflanzen und verdichtet den Boden,
- der vom Skilauf verdichtete Schnee taut viel später ab - so wird die ohnehin sehr kurze Vegetationsperiode weiter verkürzt,
- jede von der Hauptloipe in die offene Landschaft abzweigende Skispur verleitet weitere Skiläufer dazu, dieser zu folgen und auch eigene Wege zu suchen. Können Sie bei hoher Schneelage beurteilen, ob Sie gerade auf einem Moor fahren oder andere wertvolle Bereiche beeinträchtigen?"

"Was der Mensch durch falsches Verhalten in der Natur an Folgewirkungen auslösen kann, ist anschaulich durch die möglichen Störungen bei Wildtieren und das verbotene Betreten der wertvollen Oberharzer Moore zu erläutern.

Es ist kein Zufall, daß z. B. die kräftezehrende Hirschbrunft im Herbst stattfindet: in dieser Zeit, da Nahrung im Überfluß vorhanden ist, können die Tiere es sich leisten, sich bis zur Erschöpfung zu verausgaben. Ganz anders in der übrigen Zeit, besonders im Winter. Dann nämlich beruht die Überlebensstrategie fast aller Wildtiere auf dem Prinzip größtmöglicher Energieeinsparung. Das heißt, sie bewegen sich so wenig wie nötig und bleiben in der Nähe ungestörter Nahrungsplätze.

Beispielsweise verbraucht ein Hirsch, der im Winter durch störende Skiläufer oder querbeetlaufende Wanderer nur 10 Minuten fliehen muß, dabei mehr Energie, als er an einem Wintertag aufnehmen kann. Das Aufscheuchen von Wildtieren im nahrungsknappen Winter oder Frühjahr ist also glatte Tierquälerei, denn die durch die Flucht erschöpften Tiere sind oft dem Hungertod preisgegeben." *(Informationsfaltblatt "Nationalpark Harz" der Gesellschaft zur Förderung des Nationalparks Harz e. V.)*

Zur Durchsetzung dieses Schutzzweckes enthält der § 6 der Nationalparkverordnung Verbote, von denen folgende für die sporttouristischen Entwicklungsabsichten Schierkes besonders relevant sind:

- 20. organisierte Veranstaltungen aller Art durchzuführen,
- 22. Forstwege, Skiabfahrten, Loipen neu anzulegen oder zu erweitern,
- 23. Bergbahnen, Schlepplifte und Seilbahnen zu errichten.
(Verordnung zur Festsetzung des Nationalparkes Hochharz, Berlin 1990)

Ziele und Inhalte des Nationalparks Hochharz und die für deren Umsetzung erforderlichen Methoden schlossen damit folgende durch die Sportverbände in Zusammenarbeit mit der Gemeinde Schierke geplanten Entwicklungen aus:

• die Durchführung von Wintersportveranstaltungen in schneesicheren Hochlagen,

• die ganzjährige leistungssportliche Ausbildung von Sportlern, vor allem von Kindern und Jugendlichen, wegen der relativen Schneeunsicherheit in Lagen unterhalb 600 m NN,

• die Anwendung des alpinen Skilaufs als eine Angebotskomponente des Fremdenverkehrs bzw. die Fortführung bestehender sportlicher alpiner Traditionen in Schierke.

Als Hauptursachen für die bis 1994 kaum veränderte Haltung des Naturschutzes in Sachsen-Anhalt bezüglich der Akzeptanz des Skisports in schneesicheren Höhenlagen sind folgende als wesentlich anzunehmen:

• Befürchtung von Signalwirkungen für andere Nationalparke bei eventuellen Zugeständnissen,

• Verringerung der Nationalparkfläche,

• Provozieren des Massentourismus durch den alpinen Skisport.

Das folgende Bild bezieht den niedersächsischen Nationalpark mit ein, stellt die Entwicklungssituation von Braunlage und Schierke im Verhältnis zu dem jeweiligen Nationalpark gegenüber und deutet auf mögliche Perspektiven hin:

Abbildung 7:
Konflikt zwischen Nationalpark und Sport

Braunlage (Niedersachsen)	Schierke (Sachsen-Anhalt)
Konflikt gelöst, da Skigebiete nicht im Nationalpark	Konflikt ungelöst, da Skigebiete im Nationalpark, Skisport wird aus dem Ostharz verdrängt
⇒ungestörte Entwicklung von Skisport und Nationalpark im produktiven Nebeneinander	⇒gestörtes Verhältnis zwischen Schierke und Nationalpark
weitere Lösungen in kleinen Dimensionen	hohes Konfliktpotential ⇒Nährboden für komplexe Modelllösungen

3.2 Wintersport in Schierke und Braunlage

In der nachfolgenden *Abbildung 8* ist die Anzahl der Skilanglauf-Veranstaltungen des *Skiverbandes Sachsen-Anhalt (SVSA)* von 1990/91 bis 1993/94 dargestellt. Die Wettkämpfe fanden in einer Höhenlage um 700 m NN außerhalb des Nationalparkes statt und konnten oftmals nur unter hohen aufwendigen Streckenvorbereitungen realisiert werden.

Abbildung 8:
Skilanglauf-Veranstaltungen in Schierke seit 1990

	1990/91	1991/92	1992/93	1993/94
Schierke geplant	1	3	3	5
Schierke realisiert	1	3	3	5
Andere Orte geplant	7	5	6	9
Andere Orte realisiert	1	0	3	0
Schierke als Ausweichort	6	5	3	9
Schierke gesamt	**7**	**8**	**6**	**14**

Schierke fungierte auch als Ausweichgebiet für andere Orte und hatte im Winter 1993/94 die Zahl von 14 ausgetragenen Skilanglauf-Veranstaltungen erreicht. Dennoch gibt es Unterschiede in den Möglichkeiten der Austragung von Sportwettkämpfen zwischen Braunlage auf der niedersächsischen Seite und Schierke.

Wie eingangs erwähnt, war inzwischen auch im niedersächsischen Teil des Harzes der Nationalpark installiert worden. Das Entstehen dieses Nationalparkes war von einer breiten demokratischen Beteiligung betroffener Kommunen bzw. des Sports geprägt. Im Ergebnis von Anhörungen entstand ein Nationalpark im Westteil des Harzes, der die Interessen des Fremdenverkehrs und des Sports berücksichtigte.

So wurden alpine Sportstätten (z. B. Braunlage, St. Andreasberg) nicht in die Nationalparkfläche einbezogen. Um den Naturschutzwert einzelner Langlaufsportloipen im Nationalpark erhalten zu können, wurde mit Mitteln des niedersächsischen Umweltministeriums am Sonnenberg ein neues Langlaufleistungszentrum außerhalb des Nationalparkes errichtet.

Während in Sachsen-Anhalt Landesmeisterschaften die höchste Wettkampfkategorie darstellen, wurden durch den DSV an den

niedersächsischen   Teil   des   Harzes   Bundesskispiele,
Deutschlandpokalwettbewerbe, Deutsche Meisterschaften oder zentrale
Überprüfungen der Nationalmannschaften vergeben.

Diese Erscheinung ist nicht nur als Ergebnis der unterschiedlichen
Wettkampfvergabesituation durch den DSV nach der Wende zu werten,
sondern   ist   ebenso   Ausdruck   der   deutlich   unterschiedlichen
Sportstättenvoraussetzungen in beiden Teilen des Harzes.

Fazit
Es besteht in Schierke kein Zweifel, daß der Nationalpark Hochharz für die
touristische Entwicklung des Ortes einen Gewinn darstellen kann bzw.
darstellen soll.

Es besteht ebenso kein Zweifel, daß die Gemeinde Schierke an einer
positiven Entwicklung dieses Nationalparks interessiert ist. Ihr Verständnis
für den Nationalpark bewies die Gemeinde, indem sie auf traditionelle
Sportstätten im Brockengebiet wie Langlaufloipen und die Schanzenanlage
im Eckerloch verzichtete. Dieses Gebiet stellt inzwischen die Kernzone des
Nationalparks dar.

Als Ausgleich bemühen sich die Gemeinde und der Skiverband um im
äußersten Randbereich des Nationalparks liegende Flächen im Bereich des
Großen und Kleinen Winterberges. Hier ist das Entstehen von
Langlaufleistungsloipen und eines alpinen Hanges für Touristen geplant.

Trotz einer hohen Aktivitätenvielfalt Schierkes, des SVSA und des
Deutschen Skiverbandes *(siehe auch den folgenden Abschnitt)* gelang es bis
1994 nicht, mehrere Antragstellungen Schierkes und des Sports auf
Ausnahmegenehmigung bzw. Befreiung diverser Flächen vom
Nationalparkstatus im Umweltministerium zum Erfolg zu führen.

Die unterschiedliche Herangehensweise zwischen Ost und West sowohl bei
der Festsetzung als auch bei der Durchsetzung des Nationalparks
kennzeichnet damit die Schwierigkeit des Naturschutzes, mit dem Sport als
Partner umgehen zu können.

3.3 Aktivitäten - Projekte - Modelle

Die mehrjährige, schwierige Auseinandersetzung innerhalb dieses Spannungsfeldes Sport/Tourismus und Nationalpark hat ohne Zweifel zu einer Verdichtung der konzeptionellen Herangehensweise in der touristischen Entwicklung Schierkes beigetragen.

Bei den Bemühungen um eine Lösung entwickelte sich der *Deutsche Skiverband (DSV)* zum Hauptpartner der Gemeinde. Dabei bestand dessen Ziel weniger darin, eine zusätzliche leistungssportliche Basis im Norden Deutschlands zu schaffen.

Die aus dem *DSV* hervorgegangene Stiftung *"Sicherheit im Skisport" (SIS)* und der durch diese geförderte Umweltbeirat sind vielmehr bemüht, durch beispielhafte Lösungen das stark beschädigte Ansehen des Skisports bzw. des Sports überhaupt zu verbessern.

Der Umweltbeirat betreut deshalb seit Jahren eine Vielzahl von Projekten, in denen - beispielhaft - u. a. Schäden durch den Sport korrigiert werden, pädagogisch geprägte Möglichkeiten für das Verhalten von Skisportlern in der Natur gezeigt werden oder die ökologisch vertretbare Anlage von Skisportstätten praktiziert wird (z. B. Rohrhardsbergprojekt im Schwarzwald).

Nach der Wende mußte sich Schierke mit neuen Bindungen auseinandersetzen. Mit der Errichtung des Nationalparks war nicht nur der Brocken nicht verfügbar, vielmehr fielen alle Berggipfel um Schierke unter diese Beschränkung. Auch dies ist von einmaliger Konsequenz für den Kurort.

Schierke und seine Bewohner haben Entwicklungsmöglichkeiten nur im Tourismus. In den Überlegungen ging es von Anfang an darum, diese zu nutzen und die Ziele klar zu definieren. Die Entscheidung fiel für einen Fremdenverkehr, der bekannte Fehler vermeidet, Erfahrungen ausnutzt und ganzheitliche Lösungen anstrebt. Infrage kommt dabei nur ein Ganzjahrestourismus, dessen Einzelkomponenten sich nicht stören und der von vorsorgendem Umgang mit der Umwelt geprägt ist." *(Lauterwasser, SIS, 1994)*

Abbildung 9:

Das Mainauer Manifest

Dieses Manifest des Vorstandes der FIS ist in der Tradition der Grünen Charta von der Mainau und ihres Initiators Graf Lennart Beradotte entstanden, die seit vielen Jahrzehnten "um des Menschen Willen" die nachhaltige Sicherung von Natur und Umwelt fordert.

Resolution

Vorbemerkungen:
- Der Skisport fasziniert weltweit viele Millionen Menschen; seine Vorzüge liegen in seinem hohen Freizeitwert. Er vermittelt eine unglaubliche Fülle an Bewegungsabläufen, die der Einzelne mit einfachen Mitteln - einem Paar Ski, einem Snowboard - bewältigen kann;
- die Erlebniswelt ist die freie Natur, in die er aus meist grauen Städten in sonnenarmer Jahreszeit hingezogen wird. Licht, Luft und Bewegung in zauberhafter Landschaft sind wesentliche Elemente für die Faszination und den Gesundheitswert des Skisports;
- Skifahren ist ein Gemeinschaftserlebnis mit hoher sozialer Bedeutung für Familie, Gruppen und Vereine. Jugendlichen bietet er viele Handlungsimpulse und ist von hohem erzieherischen Wert;
- Skisport ist wegen der vielfältigen internationalen Wettkämpfe und wegen des weltweiten Angebotes an Skigebieten in besonderem Maße völkerverbindend;
- der Skisport hat in einer über 100jährigen Tradition kulturelles Erbe ge-schaffen, das in vielen Ländern unter den verschiedenen geographischen, ökonomischen und sozialen Verhältnissen zu spezifischen Entwicklungen geführt hat, die ihren Eigenwert haben;
- Skisport ist in Gebirgslandschaften die Basis für den Fremdenverkehr und dient damit als wichtiger Faktor für die Lebensgrundlage der dort wohnenden Bevölkerung. Mit dem Tourismus sind in viele Täler soziale Sicherung und Wohlstand eingekehrt und haben die Abwanderungen gestoppt;

Festlegungen
- Die FIS nimmt in ihre Satzung den Grundsatz auf, bei der Ausübung des Skisports Rücksicht auf Natur und Landschaft zu nehmen.
- Sie verpflichtet ihre Mitgliedsverbände, nach internationalen anerkannten Leitlinien Skiwettkämpfe und Veranstaltungen, Anlagen und die zugehörige Infrastruktur umweltverträglich zu gestalten.
- Die FIS zieht hierfür unabhängige Experten für Umweltfragen zu Rate.
- Zielsetzungen können nicht gleichförmig erreicht werden. Es müssen die nationalen, kulturellen und sozialen Gegebenheiten berücksichtigt und unterschiedliche Wege akzeptiert werden.
- Für internationale Wettkämpfe werden Richtlinien erarbeitet, die Kriterien für umweltverträgliche Wettkampfanlagen und Abläufe festlegen.
- Großveranstaltungen sollten grundsätzlich vorhandene Anlagen nutzen.
- Wenn aus Gründen der Entwicklung bestimmter Gebiete Neuanlagen oder Ergänzungen erforderlich sind, müssen folgende Grundsätze beachtet werden:
- Die Wettkampfanlage muß in ihrer Ausgestaltung sportgerecht sein und den Erfordernissen der jeweiligen Disziplin entsprechen.
- sie muß den Anspruch für eine hohe Sicherheit genügen,
- sie sollte unbedingt auf ihre nachhaltige Nutzungsmöglichkeit überprüft werden. Das heißt, sie muß eine wettkampfsportliche Nachfolgenutzung haben oder wirtschaftlich für den Breitensport nutzbar bleiben,
- der Bau oder Umbau einer Anlage muß grundsätzlich im Rahmen ökologischer Rücksicht, das heißt umweltverträglich, erfolgen.
- Diese Rahmenbedingungen sollen bei der Bewerbung berücksichtigt werden und maßgebend für die Durchführung sein.
- Skilauf ist eine Natursportart. Er erfordert Eingriffe in Natur und Landschaft, die auch zu wesentlichen Belastungen der Umwelt führen können, wie dies für alle Nutzungsformen dieser Erde gilt;
- die beim Skisport spezifischen Umweltkonflikte sind in den Unterschiedlichen Kontinenten und Ländern nicht von gleichem Gewicht: Weite der Landschaften, Dichte der Besiedelung und Intnsität der Nutzung, Unterschiedliche Gebirgsformen bestimmen die Bedeutung;
- die FIS erkennt die ethische Verpflichtung, alle Aspekte, die mit dem Skisport zusammenhängen, ernst zu nehmen und insbesondere mögliche negative Auswirkungen des Skisports auf Natur und Umwelt zu verhindern oder zu mindern;
- die für den Skisport Verantwortlichen sehen sich in Übereinstimmung mit der Weltbevölkerung, die mit wachsender Sensibilität und Sorge die zunehmenden Lasten für Luft, Wasser, Boden, Klima, den Naturhaushalt insgesamt, registriert;
- Die FIS greift die Empfehlungen der "Konferenz der Vereinten Nationen für Umwelt und Entwicklung" 1992 in Rio de Janeiro auf, die auch die nationalen und internationalen Verbände zum Handeln auffordert. Die FIS will ihren Beitrag leisten, durch Vorgaben und Festlegungen der Rahmenbedingungen den Skisport umweltverträglich zu gestalten und die allgemeinen Anstrengungen zur Verbesserung der Umweltbedingungen zu stützen.

Abbildung 10:
Die Aktivitäten des Umweltbeirates des DSV in Schierke
(Auswahl)

21. - 23.09.1990	Bad Blankenburg/Thüringen - Fachtagung des DSB "Sport und Umwelt im geeinten Deutschland" *Lauterwasser*, Vorsitzender des Umweltbeirates im DSV spricht erstmals in seinem Grundsatzreferat das Problem der Entwicklung des Skilaufs im Ostharz an, weil der Naturschutz bereits seine Interessen angemeldet hatte.
April 1991	Aufnahme des Projektes Schierke in die Arbeit des Umweltbeirates des DSV
Juni 1991	Einladung von Vertretern der Gemeinde Schierke und des SVSA in den Schwarzwald, u. a. Besichtigung des Rohrhardsbergprojektes
August 1991	Erarbeitung eines Kompromisses zwischen Umweltministerium, Nationalparkverwaltung, Gemeinde Schierke, Skiverband durch Lauterwasser/SIS. Diesbezügliche offizielle Antragstellung an das Umweltministerium wurde im Dez. 92 abgelehnt.
Februar 1992	Wissenschaftliche Veranstaltung "Skisport und Umwelt" des SVSA in Schierke, Referat *E. Lauterwasser (SIS)*
Oktober 1992	Erster Entwurf des "Ski-Modells-Schierke" durch *Dr. Drescher (SIS)*
26.06.1993	Verbandstag des DSV in Wernigerode, Protestresolution des Verbandstages, der die gleichberechtigte, ökologisch verantwortungsvolle Entwicklung des Skisports im Ostharz, vor allem im Raum Schierke, fordert.
28. 06. 1993	Begründung des integralen Skiprojektes und des Projektes Schierke 2000
Sept. 1993	Einladung von Vertretern Schierkes und der Bezirksregierung Magdeburg in den Schwarzwald; Besichtigung ökologisch beispielgebender Wintersportstätten
Jan. 1994	Maßgebliche Unterstützung der Erarbeitung der 2. Antragstellung Schierkes an das Umweltministerium in Magdeburg (Gestaltungsstudie für ein integrales Entwicklungsprojekt)
März 1994	Initiierung der Zusammenarbeit Schierkes mit dem Deutschen Verkehrssicherheitsbeirat - Projektstudie Schierke autofreier Ort
Aug. 1994	Vorstellung der Projektplanung "Schierke - autofreier Ort" als Baustein des Ski-Tourismus-Umwelt-Projektes

Das 1993 entstandene Modellprojekt "Schierke 2000", in das konzeptionell der Bau einer Sport- und Mehrzweckhalle und die Modernisierung einer in Schierke bestehenden Bildungsstätte der Sportjugend des LSB einbezogen ist, wird durch folgende Wesensmerkmale charakterisiert:

• Tourismus mit hohen Ansprüchen an Qualität,

• Schaffung eines Angebots an Erholungsmöglichkeiten am und im Nationalpark unter Verzicht auf alle ehemaligen Wintersporteinrichtungen am Brocken und am Großen Winterberg,

• moderate Neugestaltung eines schneesicheren Langlaufzentrums am Kleinen Winterberg, autofreier Zugang mit einer Sesselbahn,

• Verbindung dieser Bahn mit dem Wurmberg zur Ausnutzung der alpinen Abfahrtsmöglichkeiten in Braunlage,

• Errichtung einer Abfahrtsstrecke am äußersten Rand des Nationalparkes,

• Angebot von Ausgleichsflächen in Ergänzung des Nationalparkes,

• Ausnutzung der Zwischenstationen der Sesselbahn für Wanderweg-anbindungen in den Nationalpark zur Besucherlenkung,

• enge Kooperation mit **allen** Beteiligten.

Die theoretisch-praktischen Kenntnisse der Stiftung (SIS) sind inzwischen soweit fortgeschritten, daß die Eingriffe weitestgehend naturschonend vorgenommen werden können. Es wird eine Lösung angestrebt, die einen spezifischen Beleg für Erscheinungsformen des sanften Tourismus erbringt *(siehe auch Abbildung 11 nächste Seite).*

In einer **Gestaltungsstudie** von *Drescher* liest es sich folgendermaßen:

"Der Liftbau, der Bau einer Wettkampfloipe und die Anlage einer Abfahrtspiste sind Eingriffe in den Nationalpark. Sie sind nur im Blick auf die Entstehung des Nationalparks, auf die Vorleistungen der Gemeinde Schierke, auf die Randlage des in Frage stehenden Gebiets und auch dann nur mit Auflagen vertretbar.

Abbildung 11:

Merkmale des "quantitativen" und "qualitativen" Fremdenverkehrs bei Einbeziehung des Fremdenverkehrs in Schierke

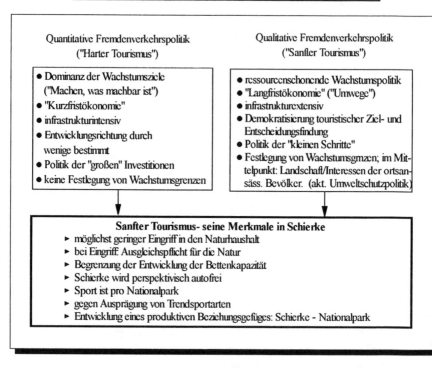

Quantitative Fremdenverkehrspolitik
("Harter Tourismus")

- Dominanz der Wachstumsziele
  ("Machen, was machbar ist")
- "Kurzfristökonomie"
- infrastrukturintensiv
- Entwicklungsrichtung durch
  wenige bestimmt
- Politik der "großen" Investitionen
- keine Festlegung von Wachstumsgrenzen

Qualitative Fremdenverkehrspolitik
("Sanfter Tourismus")

- ressourcenschonende Wachstumspolitik
- "Langfristökonomie" ("Umwege")
- infrastrukturextensiv
- Demokratisierung touristischer Ziel- und
  Entscheidungsfindung
- Politik der "kleinen Schritte"
- Festlegung von Wachstumsgrenzen; im Mit-
  telpunkt: Landschaft/Interessen der ortsan-
  säss. Bevölker. (akt. Umweltschutzpolitik)

Sanfter Tourismus- seine Merkmale in Schierke
- möglichst geringer Eingriff in den Naturhaushalt
- bei Eingriff: Ausgleichspflicht für die Natur
- Begrenzung der Entwicklung der Bettenkapazität
- Schierke wird perspektivisch autofrei
- Sport ist pro Nationalpark
- gegen Ausprägung von Trendsportarten
- Entwicklung eines produktiven Beziehungsgefüges: Schierke - Nationalpark

Quelle: Modifizierte Darstellung nach Scharpf, Harfst, 1992

Die Auflagen müßten insbesondere folgende Punkte beinhalten:

• Naturschonender Liftbau mit wenigen Liftmasten und möglichst kleinräumigen Stationen. Materialtransport durch Hubschrauber zu den nicht auf befestigten Wegen erreichbaren Mast- und Stations-Standorten wird vorgeschlagen.

• Bodenschonende Pistenherrichtung unter größtmöglicher Erhaltung der vorhandenen Humusdecke, Verwendung von Stockfräsen und Schreitbaggern, Einbringung autochthonen Boden- und Pflanzmaterials.

• Bestandsangepaßte Aufhiebe der geplanten Wettkampfloipe und - soweit überhaupt erforderlich - der Piste. Natürliche Gestaltung und Pflege aller Bestandesränder zur Förderung der autochthonen Artenvielfalt.

• Strikte Auflagen für den Lift-, Loipen- und Pisten-Betrieb, z. B. Verbot jeglichen Chemie- und Dünger-Einsatzes auf Pisten und Loipen.

• Auflagen zur Einzäunung von Pisten und Loipen zur Sicherung der Bestandesränder

• Auflagen für die Pisten- und Loipenpflege im Winter und Sommer, z. B. Winterpräparierung erst bei bestimmten Schneehöhen nach Zustimmung der Nationalpark-Verwaltung, Vorschriften für Durchführung (oder Unterlassung) sommerlicher Pflegemaßnahmen, Erarbeitung eines Pflegekonzeptes.

Innerhalb und außerhalb des Parks müssen folgende forstlichen Belange berücksichtigt werden:

• Alle notwendigen Aufhiebe sind zuvor mit der Forstverwaltung einvernehmlich abzusprechen.

• Aufhiebe von über 10 m Breite in über 60-jährigen Beständen sind in der Regel wegen der Sturmgefahr zu unterlassen.

• Offene Ränder entlang von Loipen, Pisten und Lifttrassen in über 60-jährigen Beständen sollten mit standortgerechten Baumarten (Buche, Ahorn, Vogelbeere, ausnahmsweise auch Fichte) unterbaut werden."
(Drescher, Gestaltungsstudie, 1993)

Schrittweise entstand in diesem Konzept aus dem Gedanken, daß damit ein verkehrsberuhigtes Schierke möglich ist, die Überlegung, daß Schierke als autofreier Ort mit kreativen, daraus resultierenden, ständigen Leistungen für den Gast eine nicht trennbare Einheit bilden.
Die Realisierung dieses Projektes wäre für die Zusammenarbeit zwischen Naturschutz und Sport beispielgebend.
Hinzu käme die Entwicklung Schierkes zum ersten wirklich autofreien Ort Deutschlands.

Verallgemeinert läßt sich der Lösungsstand Ende 1994 im Konfliktbereich Sport - Umwelt folgendermaßen darstellen:

Abbildung 12:
Lösungsstand im Konfliktbereich Sport und Umwelt

Naturschutz *Nationalpark Hochharz*			Freizeit *Tourismus/ Sport*
	Konflikt Sport/ Tourismus - Umwelt		
Naturschutz ←	Lösung durch komplexe ganzheitliche Herangehensweise		**→ Sport/ Tourismus**
Lenkung von Sportlern bzw. Touristen	←	→	Konzentration auf begrenztes Gebiet durch Verzicht in vielen Bereichen
Nationalparkort wird autofrei	←	→	attraktive und entlastende Verkehrslösung für den Gast
Organisation weiterer ökologisch wichtiger Folgemaßnahmen	←	→	Freizeitbereich wird enger Partner des Naturschutzes
Verbesserung der Bedingungen für das Zusammenwachsen beider Nationalparke	←	→	Verbesserung der Verbindung zwischen Ost und West

Der modellhafte Charakter des Projektes "Schierke 2000" liegt im originellen Miteinander von Sport und Naturschutz, wobei Lösungen erreicht werden sollen, die dem Sport und dem Naturschutz nützen und darüber hinaus dem Ansehen des Naturschutzes nicht schaden.

VIII. Radtourismus als Element der regionalen Tourismusförderung
von Ernst Miglbauer, ÖAR-Regionalberatung Mühlviertel

Einleitung

Das Fahrrad dürfte mit etwa 800 Millionen Stück das weltweit meistgenutzte Verkehrsmittel sein. Hauptverantwortlich dafür sind die Länder der sogenannten 2. und 3. Welt, während in der 1. Welt, in den westlichen Wohlstandsnationen, das Auto das am häufigsten eingesetzte Verkehrsmittel ist. Genauer betrachtet nimmt jedoch das Fahrrad seit Jahren die erste Position als Freizeitvehikel ein - dies aber nur, wenn man vom Auto als An- und Abreisemittel für Radtouren absieht.

Der Radboom in Deutschland kam langsam und buchstäblich auf leisen Rädern. Wurden zu Beginn der achtziger Jahre die wenigen durch die Lande ziehenden Radtouristen ob ihrer allsinnlichen Reiselust oder ihrer augenscheinlichen Mittellosigkeit noch als Exoten betrachtet, so wird inzwischen das Fortbewegen mit dem Rad als neue Freizeit- und Urlaubsphilosophie von Reiseveranstaltern und Tourismusregionen angepriesen.

Der Urlaub auf dem Rad darf als eine der wesentlichen Innovationen im Tourismusgeschehen seit den achtziger Jahren gesehen werden. Aber das "touristische Produkt" Radfahren fiel weder vom Himmel noch mußte es neu erfunden werden. Nichtsdestoweniger waren jedoch bestimmte Rahmenbedingungen, vor allem der sich vollziehende Wertewandel (Gesundheits- und Fitneßbewußtsein, Natur- und Kulturbedürfnis, Individualismus) zu nutzen, um die Mutation des einstigen Alltagsvehikels in ein gefragtes Freizeit- und Urlaubsverkehrsmittel der postmodernen Industriegesellschaft, mit all ihren ökonomischen Effekten, zu vollziehen. Gewiß ist anfangs Pioniertum in der Entwicklung radtouristischer Angebote erforderlich gewesen, wie z. B. die vielerorts vorhandenen Protagonisten des Radfahrens als sanfte Mobiltiätsform oder jene findigen Geister, die aus den USA das Mountainbike nach Europa gebracht haben oder auch die wenigen Aussteiger aus großen Reiseunternehmen, die in der ersten Hälfte der siebziger Jahre die ersten Radreise-Unternehmen gründeten.

Inzwischen, Mitte der neunziger Jahre, existiert schon eine breite Vielfalt an radtouristischen Angeboten. Man kann Erfahrungen einholen und sich informieren, wie der Radtourismus andernorts läuft und wie in der eigenen

Tourismusregion die Räder ins Laufen kommen könnten. So werden im folgenden etwa zehn, mehr oder weniger erfolgreiche, radtouristische Angebote im Hinblick auf ihre daraus ableitbaren Konsequenzen ansatzweise nach den Bereichen Angebotsentwicklung, Marketing und vor allem im Hinblick auf die Anforderungen an das touristische Management thematisiert; letztendlich kann kein radtouristisches, wie auch ganz allgemein kein touristisches Angebot erfunden werden, das von "selbst läuft". Erwerb von Know-How und Zukauf von Beratung sind meist in der Anfangsphase erforderlich, um die Grundlagen in Form eines Systems an Angebotsmodulen aufzubauen. Letztlich kommt es auf das stetige zielgruppenadäquate und strategische Gestalten, auf das Vorgehen mit Konzept und Mut zum Profil, auf das sensible und nachhaltige Handeln im Tourismusgeschehen und im touristischen Management an - wenn man Erfolg haben will.

1. Der Markt im Radtourismus

Vor allen Ausführungen zur Angebotsgestaltung, zum Marketing und zum Management im Radtourismus sollen einige grundsätzliche Überlegungen zu den Positionen von Angebot und Nachfrage im Radtourismus stehen:

1.1 Angebotsseite

Die Anfänge des Radtourismus in seiner heutigen Erscheinungsform sind in der Mitte der achtziger Jahre festzumachen. Das Donautal, vor allem sein Abschnitt zwischen Passau und Wien, war eine der Pionierregionen. Damit wurde jedoch auch das Bild vom Radtourismus geprägt als Urlaub auf dem Sattel, als "Durchzugstourismus" von Gästen, "die nur eine Nacht bleiben". Der Klassiker ist nach wie vor der "Donau-Radweg" mit jährlich zwischen 100 000 und 120 000 Radlern. Im Süden Deutschlands etablierte sich schon sehr früh das Altmühltal als Radler-Region. Doch in den letzten Jahren sind einige andere "Radtäler" in der Hitliste nach vorne gerückt: Im Norden Deutschlands ist dies der "Weser-Radweg" mit einer jährlichen Frequenz von ca. 60 000 Radtouristen sowie im Salzburger Land der "Tauern-Radweg" mit etwa der gleichen Jahresfrequenz, der vorerst am Fuße der Hohen Tauern entlang der Salzach durch die Mozartstadt Salzburg führt, um schließlich in den "Inn-Radweg" zu münden, der wiederum in Passau auf den "Donau-Radweg" trifft.

Es gibt jedoch auch andere Urlaubsregionen, die keine Tallandschaft aufweisen, sich aber mit dem Fahrrad touristisch profiliert haben: An erster

Stelle ist das Münsterland im Nordwesten Deutschlands anzuführen, dessen berühmtester Rundkurs die 2000 km lange "100-Schlösser-Route" (davon 1250 km Hauptroute) ist. Des weiteren ist auch in der Bodensee- und der Neusiedlersee-Region der Radtourismus zu einem vitalen Wirtschaftsfaktor geworden. Den Unterschied zwischen "Rad-Durchzugs-" und "Rad-Aufenthaltstourismus" kann man dabei am Indikator der durchschnittlichen Aufenthaltsdauer feststellen: Liegt der diesbezügliche durchschnittliche Wert aller Gäste in den Gemeinden an der oberösterreichischen Donau bei 1,9 Tagen (Landesdurchschnitt Oberösterreich: 4,3 Tage), so sind es am Bodensee schon 4,5 und am Neusiedlersee gar schon erhebliche 6 Tage *(eigene Recherchen).*

Mit diesen Unterschieden in der "natürlichen" Ausgangsposition, nämlich der großen naturräumlichen Beschaffenheit der Urlaubsregion, steht eine wesentliche Prämisse für die Entwicklung der radtouristischen Möglichkeiten von Urlaubsregionen fest. Die Unterscheidung zwischen radtouristischer **"Durchzugsregion"** (vornehmlich Flußtäler) und radtouristischer **"Aufenthaltsregion"** (oft Seengebiete) entspricht jener des Wandertourismus zwischen Fernwanderwegen und Urlaubsregionen mit einem profilierten Wanderwegnetz: Auf ersteren ziehen die Wanderer durch, in zweiteren kommen sie von ihren Tagestouren wieder zurück in die Unterkunft.

Damit sind die für den Radtourismus relevanten Unterschiede in der Angebotstypologie genannt. Darüber hinaus gibt es mit Blick auf die Nachfragetypologie *(siehe unter 1.2)* noch einige andere "Standortmerkmale" zu berücksichtigen: Dies sind z. B. Naherholungsgebiete im großstädtischen Umland (Beispiel: Taunus), die ein begehrtes Terrain für Mountainbiker bieten oder Orte und Betriebe mit Campingplatz und anspruchsvollen Tourenmöglichkeiten für rennsportlich ambitionierte Gäste (Beispiel: Cesenatico / Adria).
Nicht mehr von so gravierender Bedeutung wie in den achtziger Jahren ist heute die Topographie der Urlaubsregion. Mittelgebirgsregionen wie das oberösterreichische Mühlviertel, im Norden von Linz zwischen der Donau und der tschechischen Grenze gelegen, sind in den letzten Jahren zu beliebten Regionen für Radwanderer geworden.

Sich dieser Entwicklungsmöglichkeiten aufgrund der gegebenen Angebotsposition bewußt zu sein, steht am Anfang jeder Grundsatzentscheidung, die die radtouristischen Entwicklungsmöglichkeiten von Ferienregionen und -orten betreffen. Diese Frage ist jedoch auch im Lichte ihrer gesamttouristischen Angebotsstrategie zu sehen. Man denke dabei nur an die möglichen Nutzungskonflikte zwischen Mountainbikern und

Spaziergängern, etwa in Kurorten und Naherholungsgebieten, oder an die Reibereien zwischen Rad- und BustouristInnen an zu bestimmten Zeiten besonders frequentierten Ausflugszielen. Diese spezifisch lokalen und regionalen Gegebenheiten haben schließlich Konsequenzen in der Angebotsgestaltung, im Marketing und im Management zur Folge.

Wie aber entwickelt sich die radtouristische Nachfrage? Handelt es sich dabei um ein vorübergehendes Phänomen oder um eine dauerhafte bzw. noch zunehmende Entwicklung? Gibt es da etwa die Radfahrerinnen und Radfahrer schlechthin oder muß man und kann man doch genauer differenzieren?

1.2 Nachfrageseite

Waren es 1986 über 37 Millionen Fahrräder in der alten Bundesrepublik Deutschland, so war 1990 ihr Bestand schon um 13,5 % auf über 42 Mio. gestiegen. Anfang 1993 zählte man in den alten und neuen Bundesländern zusammengenommen 60 Mio. Fahrräder. Seit 1990 wurden in Deutschland pro Jahr 6 Millionen Räder verkauft. Derartige Zuwachsraten werden vom Auto nicht erreicht. Die Kunden erhöhten ihre Ausgaben bei der Neuanschaffung zwischen 1986 und 1990 im Durchschnitt um 22 % *(ADFC 1993, S. 7 f).*

39 % der Bevölkerung in den alten Bundesländern verbringen ihre Freizeit unter anderem mit dem Rad, für die letzten fünf Jahre dieses Jahrhunderts wird im deutschsprachigen Raum ein weiterer Zuwachs von 8,5 % prognostiziert *(Österreichische Kommunalkredit AG 1992, S. 105).* 20 % aller deutschen Urlauber haben 1991 in ihren Ferien das Fahrrad benutzt (alte Bundesländer: 21 %, neue Bundesländer: 16 %; *ADFC 1993, S. 7 f).* In Österreich sind es 30 % der Bevölkerung, die in ihrer arbeitsfreien Zeit häufig radfahren, 40 % fahren nur gelegentlich *(Österreich-Werbung 1991, S. 14 f).* Interessant sind die Ergebnisse einer Untersuchung der Salzburger-Land-Tourismus-GmbH, wonach - gemessen an den vor Ferienantritt geplanten Aktivitäten - vom Rad in der Urlaubsregion auch am meisten Gebrauch gemacht wird *(Salzburger Land Tourismus GmbH 1993).*

Keine detaillierten Zahlen gibt es über die Nachfrageentwicklung im Mountainbike-Bereich. In Österreich besitzen 12 % der Bewohner eine Mountainbike, weitere 7 % fahren manchmal damit und 5 % wollen sich in der nächsten Zeit ein solches kaufen *(Bundesministerium für Land- und Forstwirtschaft 1992, S. 1).*

Gemessen an der gesamten Anzahl an Radfahrern sind nach Schätzungen etwa ein Fünftel auf Mountainbikes und auf Rennrädern unterwegs (*Frankfurter Rundschau, 5.3.1994*).
Nach diesen quantitativen Annäherungen soll nun der Versuch einer **qualitativen Radfahrer-Typologie** vorgenommen werden. Fünf Kategorien macht Henning Boetius bei seinem Versuch ausfindig, eine "Ethnologie des Fahrradfahrers als solchem" zu entwickeln (*Frankfurter Rundschau, 31. 3. 1992*). Seine Unterscheidungskriterien sind dabei Äußerlichkeiten wie Kleidung, Ausdruck oder Grußformen, aber natürlich auch der Fahrstil:

- Die erste Gruppe sind die **Sportfahrer** auf ihren nackten Rennmaschinen, sie meiden enge Wege und bevorzugen lieber Landstraßen, auch wenn diese stärker vom motorisierten Verkehr frequentiert sind. Sie grüßen nie, einfache Radfahrer scheinen für sie substanzlos zu sein.
- Die Mitglieder der zweiten Kategorie kommen nur in Einzelexemplaren und vergleichsweise selten des Weges, sie sind die einsamen Wölfe der Radbewegung, die extremen **"Wildlife-Rider"**. Sie benutzen ungern Radwege, fahren am liebsten mit ihrem Mountainbike querfeldein, sind hagere durchtrainierte Gestalten und grüßen freundlich, ohne Arroganz.
- Die dritte Gruppe ist der zweiten ähnlich, wenn auch besser ausgerüstet, mit teuren Mountainbikes oder 18-Gang-Reiserädern, mit besten Taschen, mit Fahrradcomputer am Lenker. Alles sieht nagelneu aus, ganz wie aus dem Prospekt. Diese **"Lowrider"** oder **"High-Tech-Rider"** sind die kommunikativste und freundlichste Radler-Spezies. Sie träumen von der weiten Welt und sind stolz darauf, sich umweltfreundlich zu bewegen. In dieser Gruppe befinden sich viele Lehrer, Ärzte oder auch Rechtsanwälte.
- Die vierte Kategorie subsumiert die **Sonntagsfahrer** allen Alters, oft ganze Familien und Vereine. Sie fahren die einfachen, meist schon veralteten Billigräder, zum Teil auch die Klappräder. Am Gepäckträger befindet sich der gefüllte Picknickkorb für die Rückfahrt. Sie unterhalten sich in der Gruppe von hinten nach vorne und wieder zurück über alle möglichen Dinge des Alltags. Entgegenkommende können sie kaum grüßen.
- Die zahlenmäßig kleinste Gruppe ist die fünfte, deren typische Vertreter das verschieden geschlechtliche, meist verheiratete **Tandempaar** ist. Sie zeichnen sich durch die unbeschreiblich synchrone Gliederbewegung aus. Sie grüßen kaum, lächeln auch nicht, machen aber auch nicht ein unwirsches Gesicht.

Diese typologische Annäherung ist gewiß pointiert, aber auch unvollständig. Vor allem wäre sie noch um weitere zu ergänzen, zum Beispiel um das Radfahren im Sinne des "demonstrativen Konsums", in Anlehnung an Thorstein Veblen. Demnach ist der Freizeitheld in der Stadt mit dem geländegängigen Mountainbike unterwegs, aber nicht weil er dort unbedingt ein solches Gefährt benötigt, sondern um den Passanten zu vermitteln, daß er ein Typ ist, der unbedingt ein solch abenteuerliches Gerät braucht. Schließlich gibt es überhaupt jene Zeitgenossen, für die das Fahrrad das Transportmittel einer definitiv sanften Mobilitätsphilosophie darstellt.

Manches an dieser Typologisierung mag vielleicht überzogen sein. Es soll damit jedoch lediglich zum Ausdruck gebracht werden, daß dem konkreten Verhalten der Radfahrer viel Augenmerk geschenkt werden muß, will man attraktive und damit erfolgreiche Angebote für den Radurlaub entwickeln.

Tourismusbezogene Typologie der Radfahrer
Unter touristischen Gesichtspunkten kann man freilich andere Typologien erkennen.

* Da wären einmal die **Sportradler**, die in einer Gruppe mit Begleitbus ihre Runden in Umbrien drehen oder die "Route des Grandes Alpes", vom Genfersee nach Nizza, "machen".
* Vermutlich weniger im Urlaub als vielmehr in der Wochenendfreizeit wären die Trips der **Mountainbiker** zu placieren, als Fixpunkt im persönlichen Fitneßprogramm - und natürlich auch, um die "Natur zu genießen".
* Dann gibt es die Urlauber, ob Familien oder ältere Ehepaare, die in ihrer Ferienregion "vor allem radeln". Sie unternehmen halb- oder ganztägige Ausflüge auf dem Sattel und kehren immer wieder in ihr Stammquartier zurück. Ob mit dem Mountainbike, mit dem neuen Trekking-Rad oder dem Straßenrad - da ist vieles möglich. Diese Zielgruppe korrespondiert mit dem Angebotstypus des **"Rad-Aufenthaltstourismus"**.
* Dem **"Rad-Durchzugstourismus"** entsprechen dann die "richtigen" Tourenradler, wie etwa am Donau-Radweg: Sie "machen" eine Radtour entlang eines bekannten Fernradweges, tun einmal etwas für den Körper und interessieren sich vor allem für Natur, Kultur und regionaltypische Küche anderswo, probieren auf beschränkte Zeit "einmal etwas anderes aus" (*Miglbauer/Schuller 1991, S. 9ff*).

Diese Zielgruppenkategorien sind freilich nicht streng getrennt zu sehen, sondern gehen durchaus ineinander über. Das Radfahren in der Freizeit und im Urlaub in all seinen Varianten ist aber vor allem als Ausdruck eines Lebensgefühls zu sehen: Radfahren im Alltag und Radwandern sowie Radtouren als Ausdruck eines bestimmten "Lebensstils", ein Mountainbike-Trip eher als Ausdruck eines bestimmten "Lifestyles". Ersteres dürfte in seiner Entwicklung eher dauerhaft angelegt sein, zweiteres hingegen vermutlich weniger langfristig.

Ein Fazit dieser Ausführung ist in jedem Fall: Es gibt nicht die "Radtouristen", sondern es gibt davon mehrere "Typen". Die Art des Freizeittrips, ob mit dem Tourenrad, mit dem Rennrad oder mit dem Mountainbike, am Wochenende oder im Urlaub, ist vielmehr Ausdruck einer bestimmten **realisierten Lebensphilosophie.**

Welche Konsequenzen haben nun diese Differenzierungen auf die Gestaltung des Angebotes und des Marketings? Im folgenden wird das Hauptaugenmerk der radtouristischen Spezies auf die Radtouristen und dabei vor allem auf die Radwanderer gelenkt, da diese gesamtradtouristisch das größte Gewicht einnehmen.

1.3 Die wirtschaftliche Bedeutung des Radtourismus für Regionen

Die quantitativen Effekte sind im Tourismus in ihren Umfängen meist schwer zu messen. Dies wird noch einmal komplizierter, wenn die Urlaubsform einen sehr starken individuellen Grundzug aufweist. Dennoch sollen im folgenden einige ökonomische Annäherungen versucht werden.

Die oberösterreichische Donauregion verbuchte 1993 443.000 Übernachtungen. Davon dürften etwa drei Viertel auf den Radtourismus zurückzuführen sein, d.h. 332.250 Übernachtungen gehen auf das Konto der Donau-Radtouristen. Pro Tag geben die Radtouristen im Durchschnitt etwa DM 70 aus. Das erbringt in den Gemeinden des oberösterreichischen Donauraumes einen touristischen Umsatz von etwas mehr als DM 23 Millionen pro Jahr. Wenn man von einer örtlichen Wertschöpfungs-Nettoquote im Übernachtungs- und Gastronomiebereich (Dienstleistungen) von 60 % und bei Einkäufen und Sonstigem von 40 % (Sachgüter) ausgeht (*Geldner 1990, S.94*), diese grob entsprechend der ungefähren Ausgabenstruktur - 3/4 Übernachtung und Gastronomie, 1/4 Einkäufe und Sonstiges (lt. ÖAR-Gästebefragung am Donau-Radweg) - gewichtet und die daraus ermittelte Netto-Wertschöpfungsquote vor Ort mit 55 % ansetzt, so bleibt von den gut DM 23 Millionen Gesamtumsätzen ein Wertschöpfungsanteil von beinahe DM 13 Millionen.

Der Donau-Radtourismus hat sich im Jahr 1993, als in Oberösterreich nach einer längeren Prosperität im Tourismus wieder Rückgänge verzeichnet wurden, als krisenresistent erwiesen. Auch im Frühsommer 1994, als in den Feriengemeinden Österreichs angesichts teilweise drastisch gesunkener Buchungszahlen Krisenstimmung einzog, konnten die Donaugemeinden wieder zulegen. Waren in der Anfangszeit des Donau-Radtourismus noch skeptische Minen bei den Gastwirten und Vermietern angesichts der Rentabilität des "Ein-Nacht-Tourismus" an der Tagesordnung, so haben die Tourismusbetriebe inzwischen längst erkannt, daß die Radfahrer der Rettungsanker für die vom Niedergang bedrohten Betriebe waren.

Die Touristiker im Münsterland setzen seit 1983 auf ihr Markenprodukt "100-Schlösser-Route". In den zehn Jahren von 1980 bis 1990 stiegen die Übernachtungen von 1,2 auf 2,6 Millionen an, die Zahl der Tagesausflügler von 9 auf 20 Millionen. Der größte Teil dieses Aufkommens ist auf jeden Fall dem Radtourismus zu verdanken (*Steiner 1992, S. 63ff*).

Diese beiden Beispiele stehen im deutschsprachigen Raum für besonders positive Entwicklungsverläufe im Radtourismus: der Donau-Radtourismus als eine Form des "Durchzugstourismus" und das Radwandern im Münsterland als eine Form des "Aufenthaltstourismus". Wie weit sind solche Modelle jedoch übertragbar?

Gewiß spielen vorhandene Faktoren, wie die Topographie, der landschaftliche Reiz oder etwa die Nähe zu einem großstädtischen Einzugsgebiet, eine wesentliche Rolle. Das sind vorerst notwendige, aber noch nicht hinreichende Bedingungen. Letzten Endes kommt es vielmehr darauf an, was man aus diesen Gegebenheiten macht. Zu diesen zusätzlich erforderlichen Faktoren einer gedeihlichen Angebotsentwicklung im Radtourismus gehören vor allem Zielgruppenkenntnis, Mut zu einem profilierten Angebot und dessen stetiger zielgruppengerechte Weiterentwicklung und vor allem auch Kooperationsgeist. Profilieren muß sich jede Region, auch wenn sie an einer großen radtouristischen Schlagader wie am Donau-Radweg liegt, ein "Mitnaschen" ist kurz- und mittelfristig - wie Erfahrungen zeigen - kaum möglich.

Daß Radtourismus in Regionen, temporär, auch einen Sättigungsgrad erreichen kann, belegen Staumeldungen vom Donau-Radweg. Und am Bodensee ist man schon dazu übergegangen, die Radtouristen nicht mehr eigens zu bewerben. Das sind Zustände, von denen die Tourismusmanager anderer Tourismusgebiete einstweilen noch träumen können. Aber man soll sich ruhig vor Augen halten, daß manche Träume machbar sind.

2. Produktpolitik: Radtouristische Angebotsgestaltung

Angebotsgestaltung im Radtourismus wird vielerorts mit Radwegebau, Beschilderung und Prospekten gleichgesetzt. Doch zur Abrundung eines attraktiven Radurlaubsangebotes gehört wesentlich mehr. Unter dem Blickwinkel des touristischen Managements bedeutet dies vor allem die bewußte zielgruppengerechte Gestaltung des Angebots und die stetige

Sicherung der Angebotsqualität. Das heißt wiederum in erster Linie garantierte Wartung der Infrastruktur und der Qualitätssicherung im Bereich der Suprastruktur. Des weiteren heißt Angebotsgestaltung aber auch, daß das Angebot stets aktuell und ereignishaft den Gästen angeboten werden muß. Dies kann vor allem über Veranstaltungen erfolgen, denen unter dem Aspekt der Öffentlichkeitsarbeit höchste Bedeutung zukommt (siehe dazu unter 3.4).

Es ist hier nicht der Raum, um die Gestaltungsmaßnahmen im Detail darzulegen. Dazu sei vielmehr auf die ausgezeichneten Grundlagenarbeiten des *"Allgemeinen Deutschen Fahrrad-Clubs -ADFC"* verwiesen, seine 1993 erschienene "Handreichung zur Förderung des Fahrradtourismus" bietet dafür einen umfassenden Überblick.

2.1 Errichtung von Radwegen und Selektion von Radrouten

Um in der Realität häufig vorherrschenden Schwierigkeiten in der Begriffsverwendung vorzubeugen, ist vorweg folgende terminologische Klarstellung erforderlich (*ADFC 1993, S. 9f*):

- Mit **"Radwegen"** werden eigens errichtete Verkehrswege für Fahrräder bezeichnet; sie verlaufen meist parallel zu Straßen und sind benutzungspflichtig.
- **"Radwanderwege"** bzw. **"Radwandernetze"** sind ebenso eigens geplante Wege, verlaufen jedoch nach eigener, meist regional abgestimmter Planung.
- **"Radfernwege"** sind hingegen kreisübergreifend und überregional angelegt (Beispiele: Weserradweg zwischen Hannoversch-Münden und Bremerhaven; Fulda-Radweg von Gersfeld/Rhön nach Hannoversch-Münden). Oft entlang von Flußläufen verlaufend dienen sie der Überbrückung größerer Entfernungen.
- **"Radrouten"** sind über die Infrastruktur hinaus hingegen ideelle Radverbindungen.
- **"Radroutennetze"** setzen sich aus verschiedenen Wegeelementen zusammen: Selbständig geführte Radwanderwege, befestigte Feld und Waldwege, öffentlich nutzbare Privatwege, Radwege entlang klassifizierter Straßen, Deichwege und/oder verkehrsarmen Straßen. Innerorts können als zusätzliche Wegeelemente ausgewiesene Radwege nach der StVO, Radfahrstreifen oder geeignete Wege durch Parks und Grünanlagen dazukommen. Als Beispiel für eine bekannte Radroute sei die "100-Schlösser-Route" im Münsterland angeführt.

Diese Radroutennetze sind touristisch bedeutsam, sie bilden ein notwendiges, jedoch noch nicht hinreichendes Kernelement von Radtourismusangeboten. Neben diesen "Tourismus- und Freizeitrouten" sind auch die "Alltagsrouten" im Auge zu behalten. Die Differenzierung ist mehr als nur von semantischer Bedeutung, denn für Freizeit- und UrlaubsradlerInnen sind landschaftliche und kulturelle Erlebnispunkte am Weg wichtig, auch wenn dafür Umwege in Kauf genommen werden müssen. Diese werden jedoch von den Alltagsradlern kaum akzeptiert.

Was sind im allgemeinen jedoch die Anforderungen und Selektionskriterien an ein touristisches Radroutennetz?

Bei der Beantwortung dieser Frage sind sofort die Vorüberlegungen bezüglich der Angebots- und der Nachfrageseite von Relevanz: Radtouristen und Radwanderer bevorzugen möglichst autofreie bzw. autoarme Streckenführungen (höchste Priorität bei kinderfreundlichen Radroutenangeboten) mit ausreichender Breite (mindestens zwei Meter), sie erfreuen sich an einer vielfältigen Landschaft (Wasserläufe, Aussichtspunkte, Alleen etc.) und kulturellen Erlebnisorten (z.b. Burgen, Museen etc.).

Als Wegbelag ist wohl eine befestigte, wassergebundene Decke erforderlich - es muß nicht unbedingt Asphalt sein. Die Wahl des Wegbelages ist zum einem unter dem Aspekt der Investitions- und Wartungskosten abzuwägen. Zum anderen ist mit ihr eine gewisse "Besucherlenkung" gegeben, denn ein Kiesbelag wird von den Radsportlern mit den schmalen Rennreifen meist gemieden. Ebenso sind im Rahmen der Routenselektion die Konfliktpotentiale aufgrund zeitweilig größeren Publikumsaufkommens an stärker frequentierten Ausflugszielen im Auge zu behalten bzw. entsprechende Routenabänderungen zu konzipieren.

Des weiteren ist bei Benutzung von Feld- und Waldwegen der Kompatibilität mit dem Wanderpublikum Rechnung zu tragen, insbesondere bei Mountainbike-Routen im Umland von Kurorten und in Naherholungsgebieten. Die Routenauswahl im Einvernehmen mit den Wandervereinen zu treffen, ist eine unumgängliche Anforderung im Selektionsprozeß.

Ähnliches gilt auch für die Natur- und Umweltverträglichkeit von Radrouten. So weisen etwa die Naturräume im Grenzverlauf von alten und neuen Bundesländern eine erhöhte ökologische Sensibiltiät auf (Vorkommen Roter-Liste-Arten). Problematisch sind des weiteren Wegeführungen im ufernahen Bereich von Bächen und Flüssen. Auch hier ist die Erarbeitung von Routenvorschlägen mit den zuständigen Naturschutzverbänden sinnvoll, in einigen Bundesländern gesetzlich sogar erforderlich (z.B. die nach §21

Bundesnaturschutzgesetz anerkannten Naturschutzverbände im Bundesland Hessen). Dabei wird es je nach ökologischer Schutzbedürftigkeit immer einen Beurteilungsspielraum geben. Letztlich muß jedoch das richtige Maß in der Verständigung zwischen Naturschutzverbänden und Tourismusverbänden, aber genauso zwischen Wandervereinen und radtouristisch Engagierten gefunden werden.

Oftmals sind es weniger die sachlich-faktischen Kriterien, die für oder gegen eine Ausweisung einer Radroute sprechen, sondern "atmosphärische Störungen" in der Kommunikation zwischen den Interessengruppen. Diese beeinflussen letztlich auch das Image von (Rad-)Tourismusregionen negativ. Aus dem Gesichtspunkt des touristischen Managements ist daher einer möglichst einvernehmlichen Routenselektion mit den betroffenen Interessentengruppen von Anfang an ein hoher Stellenwert einzuräumen. Dies erfordert oft weniger sachliches Know-How als vielmehr ein kompetentes, gespürvolles Umgehen mit mitkonkurrierenden - und im Prinzip ebenso berechtigten - Interessen.

Radtourismus ist im Gegensatz zum Wandern eine Freizeit- und Urlaubsaktivität, die schnell die lokalen Horizonte überschreitet. Deshalb ist hier eine regionale Sichtweise in der Planung und im Management erforderlich (Abstimmung der Routenführung etc.). So sehr Kooperation einer der touristischen Erfolgsfaktoren schlechthin ist, so scheint nichtsdestoweniger die Zusammenarbeit im touristischen Managementalltag das am schwersten erfüllbare formale Erfordernis zu sein. Die Entwicklung eines gemeindeübergreifenden radtouristischen Angebotes kann dabei jedoch ein Mittel zu einem "learning-by-doing" in der Kooperation sein, wie Erfahrungen aus den Umsetzungsprozessen immer wieder zeigen. Dies sollte unter dem Gesichtspunkt des touristischen Managements immer wieder im Auge behalten werden und zur Zusammenarbeit ermuntern.

Kooperation bedeutet zunächst regionsweit bzw. noch besser landesweit abgestimmte Planung. Als positive Beispiele für eine bundesland-übergreifende Konzeption in der Radwegeplanung und -umsetzung kann Mecklenburg-Vorpommern angeführt werden. Die Landesregierung im norddeutschen Bundesland hat seit 1991 den Neu- und Ausbau von 1800 km Radwegen mit 108 Mio. DM gefördert, was im Vergleich mit anderen, nicht nur neuen Bundesländern klar herausragt (*Frankfurter Allgemeine Zeitung, 28. 7. 1994*).
Als zweites Positivbeispiel sei Oberösterreich angeführt, das als erstes österreichisches Bundesland 1989 auf ein landesweit realisiertes Radwegenetz verweisen konnte. Die Fördermittel wurden hier seit Mitte der

achtziger Jahre immer wieder vervielfacht und vor allem zur Qualitätsverbesserung eingesetzt. Positive Auswirkungen hatten vermutlich auch die Erfolgsmeldungen des durch dieses Bundesland ziehenden Donau-Radtourismus.

Abschließend sei kurz das Spezialthema **"Mountainbike-Routen"** angeführt. Wie Erfahrungen vielerorts zeigen, hat sich die Ausweisung eigener Mountainbike-Kurse mit entsprechendem Charakter - im Einvernehmen mit den Wandervereinen, Naturschutzverbänden, Jägern und Eigentümern - als einzig gangbarer Weg erwiesen. Mit dieser Form der "Besucherlenkung" können, zumindest weitgehend, Konflikte zwischen gemächlichen Radwanderern und sportlicheren Bikern von vornherein eingeschränkt werden. Gänzlich verhindert werden können die "Off-Road-Fahrten" über Stock und Stein jedoch nicht. Andererseits wäre es vermutlich ebenso falsch, für die Spezies der Mountainbiker keine Routen vorzusehen, gerade in naturräumlich hochwertigen Gebieten, da die grünen mittelgebirgigen oder alpinen Landstriche ihre Attraktivität für Mountainbiker behalten.

2.2 Wegweisung und Übersichtstafeln

Die Wegweisung stellt während der Fahrt die erste Informationsebene für die Radtouristen dar. Eine durchgängige, gut sichtbare und leicht verständliche Ausschilderung ist daher eine unabdingbare Voraussetzung für ein radtouristisch attraktives Angebot. Die Wegweiser sollen die Richtung, ein wiederkehrendes Fernziel und maximal zwei Nahziele pro Modul sowie die Entfernung und das Fahrradpiktogramm enthalten. Gerade unter touristischen Aspekten sind Routennamen oder Signets Routennumerierungen vorzuziehen.

Bislang Angeführtes gilt für die Vorweg- und Hauptwegweiser, Zwischenwegweiser enthalten hingegen nur Richtungspfeil und Fahrradpiktogramm. Nicht anzugeben sind hingegen Steigungen und Steigungslängen, diese sind Gegenstand von Radwanderkarte und -führer. Eine allgemeine Übersicht über das Radroutennetz auf lokaler und kleinregionaler Ebene ist in Form von Übersichts- bzw. Panoramatafeln machbar, diese werden dann in den Ortskernen oder an radtouristisch stärker frequentierten Orten aufgestellt (z. B. an Informationsstellen).

Eine permanent intakte Wegweisung ist ein touristischer Qualitätsfaktor. Für das touristische Management bedeutet dies Organisation der Wartung und Pflege der Infrastruktur. Wer diese letztlich durchführt, ob Gemeindearbeiter, Mitglieder eines Wandervereins oder eines Radfahrklubs gegen Abgeltung, muß jeweils vereinbart werden. Neue Wege geht man in den Böhmerwaldgemeinden im oberösterreichischen Mühlviertel. Dort werden seit Jahren die "Böhmerwald-Werkstätten", eine Arbeitslosen-Ausbildungsinitiative, mit der Wartung der Routen-Infrastruktur beauftragt. Erleichtert werden können diese Arbeiten, wenn schon bei der Markierung ein Beschilderungsplan mit Schilderverzeichnis angefertigt wurde.

2.3 Infrastruktur und Erlebnisorte

Neben den routenspezifisch technischen Anforderungen an die Gestaltung des Radroutenangebotes ist den sonstigen infrastrukturellen Einrichtungen ein besonderes Augenmerk zu widmen.

Dazu gehören in erster Linie **Abstellanlagen** (Fahrradparker) entlang der Routen an öffentlichen Plätzen und Einrichtungen und auch an Infrastrukturanlagen (Museen, Lehrpfaden, Freibädern etc.). Diese müssen ein Absperren der Fahrräder erlauben (Anbringung des Sicherungsschlosses am Rahmen und nicht am Vorderrad). Damit wird dem Sicherheitsbedürfnis der Radtouristen mit ihren oft teuren Rädern Rechnung getragen, denn Fahrrad-Diebstahl ist ein nicht zu unterschätzendes kriminelles Delikt. Aber auch an Erlebnisorten, wie zum Beispiel an exponierten Aussichtspunkten (siehe unten), sollen Balken zum Abstellen der Räder oder Anlehnbalken vorgesehen werden, um nicht die Räder in die Wiese legen zu müssen. Dies gilt ebenso für Rastplätze, die Teil der allgemeinen touristischen Infrastruktur im Ferienangebot von Gemeinden und Regionen sind.

Wesentlich aufgewertet wird das radtouristische Angebot durch **Erlebnisorte.** Dies ergibt sich vor allem aus dem starken Interesse der Radtouristen für Kulturelles sowie Natur- und Landschaftskundliches *(siehe dazu 1.2).* Typisches und Besonderes der Urlaubsregion kann entlang von Radrouten für den radelnden Gast "erfahrbar" aufbereitet werden, etwa in Form von Informationstafeln oder Informationspulten.

Beispiel: Entlang einem der fünf Themenwege der Ferienregion Donauland-Strudengau im oberösterreichischen Mühlviertel, auf dem Themenweg "Steine erzählen", werden die Radurlauber darüber aufgeklärt, wie die granitenen Wackelsteine laut Sage in die Gegend gekommen sind. Auf dem Themenweg "Land aus Bauernhand" kann man hingegen auf dem aufklappbaren Informationspult einen Hinweis bekommen, wie man mit dem unbedarften Blick vom Sattel aus den Unterschied zwischen einem organisch-biologisch und einem konventionell wirtschaftenden Hof ausmachen kann. Nach letzterem Beispiel wird im Biosphären-Reservat Rhön zur Zeit an der Erstellung eines landwirtschaftlich-radtouristischen Programmes gearbeitet. Der Gast soll damit ganz gezielt mit dem Wesen und der Entstehung der Kulturlandschaft vertraut gemacht werden.

Darüber hinaus gibt es aber auch ganz natürliche Erlebnisorte, wie etwa eine Pferdekoppel, ein kleines Bächlein oder eben Spielplätze. Diese sind besonders für Kinder von Bedeutung. Denn letztlich muß den unterschiedlichen Radfahrmotiven von Erwachsenen und Kindern Rechnung getragen werden.

Bei allen Anforderungen an die Erlebnishaftigkeit muß jedoch stets die **Gefahr der "Möblierung der Landschaft"**, vor allem in naturräumlich und ökologisch wertvollen Landstrichen, im Auge behalten werden. Deshalb muß ein Mittelweg zwischen ästhetischen Erfordernissen und informativer Zweckdienlichkeit gefunden werden.

Nichtsdestoweniger ist aber ein kreatives und vielfältiges Angebot mit zielgruppenspezifischen Akzenten die beste Marketingbasis. Anforderungen an das touristische Management ergeben sich im Bereich der Konzeption der Angebotsgestaltung, vor allem bei der Frage nach den potentiellen Zielgruppen und ihren Bedürfnissen *(siehe dazu 1.2)*. Aber auch hier stellt die Sicherung der intakten Infrastruktur und Angebotselemente einen wichtigen Aufgabenbereich für das touristische Management dar.

2.4 Serviceeinrichtungen

Bei der Gestaltung der Serviceangebote ist von der vorhandenen Angebotstypologie und der realisierbaren Zielgruppentypologie auszugehen. Die Forcierung des Verleihs als Angebotsbereich ist vor allem in aufenthaltstouristischen Regionen, in Naherholungsregionen und in Städten sinnvoll. So werden zum Beispiel die 5000 Mieträder der Stadt Münster, eine der "Rad-Hauptstädte" Deutschlands, sehr stark genutzt. Darüber hinaus bieten noch 68 Hotels der Stadt Mieträder an. Unter dem Gesichtspunkt der Zielgruppentypologie kommen für die Mietfahrräder vor allem "Einsteiger" in den Radurlaub in Frage. Ein Verleih von Mountainbikes empfiehlt sich vor allem dann, wenn in der näheren Umgebung eine ausgewiesene Mountainbike-Route existiert.

Als weiteres Angebotssegment ist der Reparaturservice anzuführen, der vor allem in Urlaubsregionen mit Rad-Aufenthaltstouristen gefragt ist, da hier nicht unbedingt mit der professionellen Ausstattung mit eigenem

Reparaturwerkzeug zu rechnen ist, wie es etwa die "Profis" unter den Radtouristen an der Donau oder an der Weser mitführen.

Für Durchzugsregionen stellen touristische Informationsstellen eine wesentliche Qualitätsverbesserung dar, da damit dem individuellen, meist kurzfristigen Verhalten bei der Zimmerbuchung entsprochen wird. Die ersten Infostellen am oberösterreichischen Donau-Radweg wurden 1990 vom damaligen Arbeitsmarktbetreuer *Schuller* initiiert. Inzwischen reservieren sich dort jährlich 7000 bis 8000 Radtouristen ihr Zimmer für die kommende Nacht. Darüber hinaus werden auch touristische Informationen zur Region an die Gäste ausgegeben sowie Radwanderkarten und -führer verkauft.

Des weiteren ist schließlich in der Angebotsgestaltung der Bereich des öffentlichen Verkehrs entsprechend zu berücksichtigen. Diesem, vor allem der Bahn, kommt ein hoher Stellenwert in Durchzugsregionen zu (Rückfahrt vom Ziel zum Ausgangsort). Aber auch Aufenthaltsregionen sollten im Sinne der Setzung von ökologischen Akzenten entsprechende Arrangements bei An- und Rückreise an den Urlaubsort setzen. Die Mitnahme von Fahrrädern durch öffentliche Busse ist mancherorts sehr unkompliziert und effektiv realisiert worden. In der Mühlviertler Ferienregion Donauland-Strudengau nehmen die Busse bis zu sieben Räder auf der Heckseite mit, bei eintägiger Vorbestellung kann ein bis zu 30 Räder fassender Transportwagen bereitgestellt werden. Am Neusiedlersee hingegen fahren die Räder gleich mittels eigens dafür vorgesehenen Abstellmöglichkeiten im hinteren Teil des Fahrgastraumes mit.

Für das touristische Management erfordert dies Kooperation mit den verschiedenen privaten und öffentlichen Unternehmen, um die stetige Qualitätssicherung der verschiedenen Servicebereiche zu gewährleisten. Gerade in der Zusammenarbeit mit den Trägern des öffentlichen Verkehrs können ökologische Signale gesetzt werden.

2.5 Suprastruktur

Eine hohe Identifikation der Anbieter und der in der Region lebenden Bevölkerung mit dem Urlaubsangebot ist einer der Hauptfaktoren für den Erfolg im Tourismus. Für die Tourismusmitarbeiter in einer Gemeinde oder in einer Region erfordert dies vor allem stetes Vertrautheit mit dem eigenen Angebot und dies umso mehr, als Radtouristen sehr regionskulturell orientiert sind. Für das touristische Management ergibt sich die Notwendigkeit, den Mitarbeitern Anregung und Unterstützung beim Kennenlernen des eigenen

Angebotes (zum Beispiel in Form einer "internen" Radtour) bieten zu müssen. Darüber hinaus ist es unter Managementaspekten überaus sinnvoll, Radausflüge für die eigenen Bewohner der Gemeinde und der Region zu organisieren. Nicht nur zur Förderung der Tourismusgesinnung der einheimischen Bevölkerung, sondern auch um die Einheimischen mit der Urlaubsregion vor der eigenen Haustür vertraut zu machen. Der erzielte Effekt besitzt Außenwirkung, wenn radelnde Gäste über Freundlichkeit und Auskunftsbereitschaft der Bewohner der Urlaubsregion schwärmen. So kommt "das beste Werbemittel" zum Tragen.

Bei aller Vorliebe für Natur und Kultur auf der Radtour dürfen bei den Radtouristen das kulinarische Angebot und das gemütliche Quartier nicht zu kurz kommen. Auch hier gilt es, sich von so manchem Klischee zu lösen: So sind es nicht, wie die Befragung der ÖAR-Regionalberatung am ober-österreichischen Donau-Radweg zeigte, unbedingt Vollwertkost und "bio", die die Gaumen von Radlern so sehr erfreuen. Vielmehr ist, ganz im Sinne eines umfassenden regionalkulturellen Radurlaubserlebnisses, die Regional-küche gefragt (*Miglbauer/Schuller 1990, S. 9ff*).

Bloße Etiketten wie "Radler-Rast" oder "Velo-Hotel" sind gewiß zu wenig, vielmehr müssen solche Namen mit Inhalten gefüllt werden. Ein radspezifischer Kriterienkatalog für die Suprastruktur wurde mit den Betrieben entlang des "Tauernradweges" ebenso erarbeitet wie mit Hotels, Gasthöfen und Pensionen im "Biosphärenreservat Rhön".

Beispielhaft seien hier Auszüge aus dem Angebotsprofil angeführt:

- **Gastronomie** (regionaltypische Gerichte, "Bauernfrühstück", Ausgabe von Lunchpaketen und Radlergetränken - Obstsäfte etc.),
- **Unterkünfte** (höchste Priorität: Kooperation der Betriebe bei Zimmer-Nachfragen und -Reservierung, vor allem beim Durchzugstourismus, Bereitschaft zur Aufnahme von Gästen "auch nur für eine Nacht" etc.),
- **Infrastruktur** (versperrbare, stabile und überdachte Radabstell-möglichkeiten etc.),
- **Service** (Mindestausstattung an Reparatur-Werkzeug, Rad-Verleih, Kooperation mit Rad-Verleih- und -Reparaturbetrieben, detaillierte touristische Informationen etc.).

Radtouristen sind aufgrund ihrer Vorliebe für Natur und Regionalkultur auch potentielle Gäste für bäuerliche Vermieter. Doch bislang ist der Bauernhof bei den individualistischen Radlern als mögliches Quartier noch wenig im Bewußtsein vorhanden, was mit der Fixierung dieses Angebotes auf Familien und damit auf entsprechende Ferienzeiten zu tun haben kann (*Miglbauer 1993, S. 18 f*). Aber auch im landwirtschaftlichen Bereich ergeben sich nachfrageträchtige Spezialsegmente, wie etwa die "Heuhotels", die in der Lüneburger Heide oder im Biosphären-Reservat der Rhön gerne nachgefragt werden.

Letztlich kommt es aber auch hier auf die real vorhandene Angebotsqualität an, die es auf überbetriebliche Koordinationsebene zu sichern gilt. Diesem Aspekt muß von seiten der Tourismusmanager gebührend Aufmerksamkeit gewidmet werden. Das bedeutet vor allem auch Offenheit gegenüber Kritik und Beschwerden.

2.6 Radtouren-, Radwanderkarten und Radwanderführer

Karten und Führer bilden zusammen mit der Beschilderung das Informationssystem in der Wegweisung. Diese Elemente sind im Hinblick auf ihre jeweiligen Möglichkeiten aufeinander abzustimmen:

• Die **Wegweisung** als erste Informationsebene während der Radtour kann nur Richtungs- und Entfernungsangaben enthalten *(siehe dazu 2.2).*
• Die **Radkarte** als zweite Informationsebene enthält hingegen schon Oberflächen- und Steigungsangaben sowie touristische Informationen *(siehe unten).*
• Der **Radwanderführer** als drittes Element kann anschaulicher auf Routeninformationen eingehen (etwa Zeitangaben bei Steigungen und Zufahrten), hingegen nur skizzenhaft Routenverläufe darstellen.. Seine Hauptaufgabe liegt in der Übersicht touristischer Informationen sowie in der Beschreibung naturkundlicher und kultureller Sehenswürdigkeiten.

Die **Radkarten** teilen sich grundsätzlich in zwei Kategorien (*ADFC 1993, S. 19f*):
"Radtourenkarten" (Maßstab 1:100.000 bis 1:200.000) richten sich mit überregionalen Hauptrouten und großräumigen Verbindungen primär an Mehrtagestouristen und Fernradler. Als Beispiel hiefür sei die 1993 vom *"Allgemeinen Deutschen Fahrrad-Club - ADFC"* herausgegebene Radtourenkarte RTK 150 im Maßstab 1:150.000 erwähnt, die in 27 Blättern das gesamte Bundesgebiet abdeckt. Dem gegenüber sind **"Radwanderkarten"** (Maßstab 1:50.000 bis 1:75.000) für die Information auf kleinregionalem und lokalem Raum gedacht. Grundsätzlich sollten Radtouren- und Radwanderkarten sämtliche Informationen aufführen, die auch eine topographische Karte enthält. Besonders wichtig sind folgende Angaben: empfohlene Routen mit

Kilometerangaben (Unterscheidung nach Verkehrsbelastung und Ober-
flächenqualität), beschilderte Radfern- und Radwanderwege,
Steigungsangaben, Verknüpfungsmöglichkeiten mit öffentlichem Verkehr,
Reparaturmöglichkeiten, Sehenswürdigkeiten sowie Bademöglichkeiten.

Radtouristen bevorzugen qualitativ hochwertige Informationen zum
touristischen, naturkundlichen und kulturellen Angebot ihrer Urlaubsregion.
Deshalb kommt dem **Radwanderführer** ein hoher Stellenwert zu, nicht nur
während der Radfahrt, sondern bereits in der Phase der
Informationsbeschaffung vor Reiseantritt: Verglichen mit anderen
touristischen Zielgruppen nimmt die Routenliteratur bei den Radtouristen, wie
die Befragung der Donau-Radtouristen der ÖAR-Regionalberatung
(*Miglbauer/Schuller 1990, S. 9ff*) ergab, mit 37 % den ersten Platz ein
(Durchschnitt 9 %).
Das verlangt Zuverlässigkeit in den Informationen und den Blick für das
Detail, für das Typische und das Besondere einer Urlaubsregion. Deshalb
sollte auch die Einbeziehung regionaler Interessensgruppen bei der Erstellung
der Routenliteratur angestrebt werden (Kulturvereine, Radfahrorganisationen
etc.). Als anregendes Beispiel für einen Radwanderführer in diesem Sinne
kannjener der Mühlviertler Ferienregion Donauland-Strudengau mit dem
themenwegtouristischen Angebot angeführt werden.

Unter dem Managementaspekt bedeutet dies alles insbesondere die Bereitstellung von qualitativ hochwertigen und **untereinander abgestimmten** Informationsmitteln. Die Aktualisierung der Inhalte kann dabei über die Aufla-
genhöhe gewährleistet werden. Doch auch die Kompatibilität von Radkarten
und -führern mit sonstigen touristischen Informationsmitteln ist zu beachten.

2.7 Pauschalangebote und geführte Touren

Radtourismus ist in erster Linie ein individuelles Urlaubsvergnügen. Am
Donau-Radweg sind es nur 2 %, die im vorhinein organisiert und verpflegt
mit Begleitbus ihre Tour absolvieren. Doch auch hier ist ein genaueres
Hinsehen erforderlich, denn der vollständig organisierte Radurlaub wird eher
abseits der großen Flußregionen und im anderssprachigen Ausland
(Südeuropa etc.) absolviert. Angeboten wird der organisierte Urlaub im Sattel
weniger von den großen Reiseveranstaltern als viel mehr von mittleren und
kleinen Spezialisten.

Die Zahl der Radreiseveranstalter ist dennoch in den letzten Jahren auf 120
im deutschsprachigen Raum gestiegen. Die Verkaufszahlen der größeren
Veranstalter wie *Rotalis* oder *velotours* bewegen sich zwischen 5000 und

6000 Buchungen pro Jahr. Die Ausarbeitung interessanter Touren mit anschließendem Verkauf über Spezialveranstalter empfiehlt sich, je nach Angebots- und Zielgruppenprofil, besonders in der Anfangsphase für lokale und regionale Fremdenverkehrsverbände. Bei den Pauschalangeboten gibt es jedoch auch von Anbieterseite Unterschiede in der Organisations- und Komfortdichte. Die Palette reicht von der Vollbetreuung bis hin zur vororganisierten (Zimmer, Tour-Informationen etc.), aber unbegleiteten Tour.

In den Niederlanden existiert schon seit vielen Jahren mit der "fietsvakantie" in Amsterdam eine eigene Fahrradtourismusmesse. Seit 1993 gibt es in Tübingen mit dem Spezialmarkt "Urlaub+Fahrrad", veranstaltet vom "VIA-Urlaubsservice", die bundesweit größte Veranstaltung für Fahrradtouristik.

Pauschalangebote, von den Tourismusanbietern einiger Gemeinden organisiert, sind im Münsterland ein wesentlicher Erfolgsfaktor. Dort erstellen Gemeinden in nachbarschaftlicher Kooperation aus der 2000 km langen "100-Schlösser-Route" (einschließlich der Nebenwege) ein interessantes Pauschalangebot.

Des weiteren kann mit Blickpunkt Führung und Begleitung noch einmal differenziert werden. So können in die ansonten individuell gestalteten Wochenprogramme begleitete Tagestouren oder fachkundige Führungen eingebaut werden, etwa zu Bio-Höfen oder zu nur unter fachkundiger Anleitung zugänglichen Besonderheiten in landschaftsökologisch wertvollen Gebieten. Ebenso wirkt die Integration von besonderen und typischen Veranstaltungen der Urlaubsregion in radtouristische Angebote anziehend.

Letztlich darf aber über alle ortskundigen Vertiefungsmöglichkeiten hinaus auch die Befriedigung sozialer Bedürfnisse nicht vergessen werden: die Kontaktaufnahme mit anderen Urlaubern gleicher Interessen und mit Menschen aus der Urlaubsregion.

3. Preispolitik

Die Zeiten, in denen Radtouristen vielfach noch als mittellose Urlauber angesehen wurden, sind inzwischen längst vorbei. Vielmehr ist es seit Mitte der achtziger Jahre der "neue Mittelstand", Lehrer und Freiberufler, mittlere und leitende Angestellte, die ein oder zwei Wochen im Jahr abseits der großen Durchzugsrouten dahinstrampeln. Die Erwartung, den Urlaub möglichst billig zu verbringen, besteht laut der **Gästebefragung** am oberösterreichischen Donau-Radweg (*Miglbauer/Schuller 1990, S. 9ff*) so gut wie nicht. Nichtsdestoweniger wird jedoch das Preis-Leistungs-Verhältnis kritisch in Augenschein genommen. Dies kann für die Anbieter von Kulinarischem, Quartier und sonstigen Serviceleistungen nur bedeuten, eine preisadäquate Qualität anzubieten. Insofern vertragen sich die gesamttouristischen Appelle, die Qualität anzuheben, sehr gut mit der Zielgruppenstrategie "Radtouristen".

Dies bedeutet aber auch, daß die radelnden Gäste im allgemeinen wohl einen preislichen Aufschlag für die Mehrarbeit akzeptieren werden, wenn sie "nur eine Nacht" bleiben - und wenn vor allem auch die Qualität des Zimmers zum Preis paßt. Konkret heißt das, daß der nur eine Nacht verweilende Gast ein sauberes Zimmer in einer ruhigen Lage, möglichst mit Dusche und WC, vorfinden will. Was er hingegen nicht braucht, ist ein Fernsehgerät (*Miglbauer/Schuller 1990, S. 9ff*).

Aus der Warte des Managements heißt dies, stets ein selbstkritisches Auge auf das eigene Preis-Leistungs-Verhältnis zu werfen und das Feedback von Gästen ernstzunehmen. Denn in Zeiten zunehmend kritischer gewordener Konsumenten ist dies gewiß eine der sinnvollsten Zukunftsinvestitionen.

4. Kommunikationspolitik

Als qualitative Informationsquellen sind redaktionell aufbereitete Presseartikel als vorzügliches Mittel in der Öffentlichkeitsarbeit zu bewerten. 14 % der Donau-Radtouristen werden zu ihrer Tour durch Zeitungsartikel angeregt.

Öffentlichkeitsarbeit ist grundsätzlich **ereignisbezogen**. Deshalb eignen sich Veranstaltungen immer sehr gut für das wiederholte Aufmerksammachen auf das eigene Angebot. Dieser Aspekt kommt vor allem in Naherholungsgebieten verstärkt zum Tragen. Immer wiederkehrende Veranstaltungen können Radtourismusgebiete weit über den regionalen Horizont hinaus bekannt machen. Als Beispiele hierfür seien die Rad-Großveranstaltungen des *"Bayerischen Rundfunks"* sowie die von den *ADFC*-Landesverbänden organisierten Sternfahrten in Sachsen und Thüringen erwähnt. Die Erstellung von attraktiven Veranstaltungsprogrammen und deren Durchführung - nicht die Quantität, sondern die Qualität ist entscheidend - ist eine klassische Managementaufgabe.

Radtouristische Adressen:

• **Allgemeine Informationen**: Allgemeiner Deutscher Fahrrad-Club, Postfach 10 77 47, D-28077 Bremen, Tel. 0421/34629-0;

• **Altmühltal**: Informationszentrum Naturpark Altmühl, Notre Dame 1, D-85072 Eichstätt, Tel. 08421/6733;

• **Bodensee**: Fremdenverkehrsverband Bodensee-Oberschwaben, Schützenstraße 8, D-78462 Konstanz, Tel. 07531/22232

• **Rad-Themenwege der Ferienregion Donauland-Strudengau**: Werbegemeinschaft Donauland-Strudengau, Postfach, A-4360 Grein, Tel. 07268/7290;

• **Donau-Radweg (Oberösterreich)**: Werbegemeinschaft Donauregion Oberösterreich, Goethestraße 27, A-4020 Linz, Tel. 0732/601808;

• **Münsterland / 100-Schlösser-Route**: Fremdenverkehrsverband Münsterland-Touristik, Hohe Schule 13, D-48565 Steinfurt, Tel. 02551/5099;

• **Neusiedlersee**: Burgenland-Tourismus, Schloß Esterházy, A-7000 Eisenstadt, Tel. 02682/63384;

• **Landwirtschaftlich-radtouristisches Angebot Biosphären-Reservat Rhön**: Fremdenverkehrsverband Rhön e.V., Wörthstraße 15, D-36037 Fulda, Tel. 0661/6006-305, - 318;

• **Tauernradweg**: Salzburger Land, Postfach 8, A-5033 Salzburg, Tel. 0662/620506-12;

• **Weserradweg**: Weserbund e.V., Erste Schlachtpforte 1, D-28195 Bremen, Tel. 0421/325868;

• **VIA-Urlaubsservice** (Spezialmarkt "Urlaub+Fahrrad") Postfach 2667, D-72016 Tübingen;

IX. Erschließung jüngerer Zielgruppen durch Sport- und Aktivangebote am Beispiel Willingen/ Upland

von Dr. Michaela Czech, Stadtsportbund Göttingen,
und Dieter Schütz, Unternehmer

1. Urlaubsinteressen Jugendlicher und junger Erwachsener

Der Anteil der arbeitsfreien Zeit in unserem Leben wächst. Damit nimmt die Zeit zu, in der jeder die Freiheit hat, seine Zeit selbst einteilen zu können. In den letzten Jahren hat sich der Trend gerade unter jungen Leuten verstärkt, in der Freizeit zu reisen *(vgl. Thiel/Homrighausen 1993, S. 19)*. Beim Reisen entwickelt sich der Trend hin zu **mehreren kürzeren** (mehrtägigen) Urlauben innerhalb eines Jahres, was gleichzeitig die Chancen für nahegelegene innerdeutsche Feriengebiete wieder erhöht *(vgl. Nebe 1983, S.77)*, denn insbesondere Ende der 70er Jahre hatten die deutsche Mittelgebirgsregionen, bedingt durch eine verstärkte Reisewelle in das Ausland, eine Stagnation, bzw. einen Rückgang der Urlauberzahlen zu verzeichnen.

Das Reiseziel wird immer öfter kurzfristig festgelegt. Der Trend im Tourismus der 90er Jahre geht insbesondere hin zum Urlaubserlebnis in intakter Landschaft, hin zu einem ausgewogenen Verhältnis von Entspannung und der Nutzung attraktiver Angebote und verfolgt den Trend zur Individualisierung der Reiseform *(vgl. Opaschowski 1986)*. Der Wunsch zum "sanften Reisen" verlangt vom Urlaubsziel ein großes Angebot an kulturellen (Sprache, Malen etc.), mit der Natur in Einklang stehenden Angeboten, bei denen der Urlauber nicht mehr nur bequem und passiv "konsumiert", sondern seinen Urlaub aktiv und individuell gestaltet. Gerade jüngere oder auch "jung gebliebene" Menschen verspüren den Drang, auch im Urlaub etwas **tun** zu wollen. Es läßt sich bei einem Teil dieser Zielgruppen ein Freizeit-Ideal erkennen, welches persönliche Mobilität und Aktivität in den Mittelpunkt stellt. Die reisefreudigste Altersgruppe ist momentan die der 40-bis 49jährigen, von denen ca. drei Viertel aller Personen reisen *(vgl. Kirstges 1992, S. 144f)*.

Wenngleich viele Jugendliche Ferienziele im Ausland favorisieren, so haben inländische Ferienorte dennoch in letzter Zeit vermehrt an Attraktivität gewonnen. 1991 besuchten 14-16jährige überdurchschnittlich oft (40%) inländische Ferienziele *(vgl. Thiel/Homrighausen 1993, S. 45)*, wobei die deutschen Mittelgebirge in der Beliebtheitsskala der Inlandurlauber einen der vorderen Plätze einnehmen *(vgl. Nebe 1983, S. 79)*. Urlaubsziele in den neuen Bundesländern sind insbesondere bei älteren Reisenden (ab 60 Jahren) beliebt.

Der quantitative und qualitative Ausbau des Beherbergungsangebots und der touristischen Infrastruktur (z.b. Schwimmbad, Eislaufbahn etc.) insbesondere in deutschen Mittelgebirgen hat zu einer wachsenden Wettbewerbsverschärfung beigetragen. Die Schwierigkeit bei der Fülle von Angeboten auf dem Ferienmarkt besteht eben darin, sich auf diesem wettbewerbsintensiven Käufermarkt zu behaupten. Um konkurrenzfähig zu bleiben, müssen die einzelnen Fremdenverkehrsregionen verstärkt an der **Herausbildung eines eigenen Images** arbeiten, welches durch die Betonung und den Ausbau der **gebietsspezifischen Freizeit-Infrastruktur** gekennzeichnet sein sollte. Die Uniformität in der Angebotsstruktur gleichwertiger Anbieter muß überdacht und ihr zielgerichtet entgegengesteuert werden, wenn neue Gästegruppen für einen Urlaubsaufenthalt im jeweiligen Gebiet gewonnen werden wollen.

2. Die Tourismusregion Willingen/ Upland

Die Gemeinde Willingen/Upland liegt im äußersten nordwestlichen Zipfel des Bundeslandes Hessen an der Grenze zu Nordrhein-Westfalen im flächenmäßig größten Landkreis Hessens Waldeck/Frankenberg. Die nächstgelegene größere Stadt ist Kassel, etwa 80 Kilometer nördlich von Willingen, das mit seiner bis zu 843 Metern über dem Meeresspiegel aufsteigenden Mittelgebirgslandschaft geographisch zum Hochsauerland zählt.

Die Kerngemeinde Willingen wurde nach verschiedenen Gebietsreformen 1974 kommunaler Sitz der Großgemeinde Willingen/Upland, zu der insgesamt neun Ortschaften unterschiedlicher Größe und Einwohnerzahl gehören. Die beiden größten Orte sind Willingen und Usseln mit 3797 bzw. 2100 Einwohnern (Haupt- und Nebenwohnsitze eingerechnet). Insgesamt wohnen in der Gemeinde Willingen/Upland 8170 Menschen (Stand: 1. Januar 1994).

Die Anfänge der touristischen Entwicklung in Willingen liegen in den 30er Jahren dieses Jahrhunderts, als sich einige Bewohner dazu entschlossen, neben der Landwirtschaft wenige Gästebetten für einen Pensionsbetrieb aufzustellen. Allerdings war dies nicht mehr als ein Nebenerwerb für die Einheimischen, von denen viele den Leinenhandel betrieben. Der endgültige Anstoß in Richtung Tourismus erfolgte in den 60er Jahren mit der zunehmenden Bedeutung des Urlaubs in einer sich verändernden

Freizeitgesellschaft. Aus den armen Bergdörfern von einst wurden blühende Urlauberhochburgen, da investitionsfreudige Geschäftsleute ansehnliche Gästedomizile in Form von Hotels und Pensionen, später auch Ferienwohnungen und Wochenendhäusern, bauten und das finanzielle Risiko nicht scheuten. Hilfreich im Werben um die Gunst des Feriengastes war die landschaftlich reizvolle Lage, die zum Wandern prädestiniert ist und bis heute ihre Bedeutung für das vorwiegend ältere Gästeklientel nicht verloren hat.

Der Aufstieg der Gemeinde Willingen/Upland zu einer der führenden Fremdenverkehrsgebiete in Hessen und des gesamten Bundesgebiets begann Anfang der 70er Jahre durch Investitionen aus privater Hand, die in den 80er Jahren durch eine wesentlich verbesserte Infrastruktur im Freizeitbereich von Seiten der Kommune Unterstützung fand. Die Region konzentrierte sich fortan auf den Tourismus und setzte zu einem hohen Prozentsatz auf diesen auch im Inland expandierenden Markt.

Neben dem klassischen Feriengast wurden durch die sich stets verbessernden infrastrukturellen Bedingungen vermehrt nationale und internationale Firmen und Großunternehmen für Tagungs- und Kongreßaufenthalte gewonnen. Ein weiterer Umsatzfaktor ergab sich durch den auf Unterhaltung und Erlebnisgastronomie ausgerichteten kurzzeitigen Wochenendgast aus Clubs und Vereinen.

Eine nicht zu unterschätzende Relevanz für den Bekanntheitsgrad des Urlaubsgebietes im Hochsauerland hat das 1974 eröffnete Großhotel *Sauerland Stern*, das mit über 500 Gästezimmern das zehntgrößte Hotel in Deutschland ist. In vielen Bereichen besitzt es wegweisenden Charakter, von dem die Gemeinde Willingen/Upland und die dem Fremdenverkehr angeschlossenen kleineren Betriebe mehr oder weniger profitieren.

Eine große Bedeutung kam seit den Anfängen des Fremdenverkehrs auch dem nordischen Skisport zu, durch den der Bekanntheitsgrad der Region weit über die Grenzen des Uplandes hinaus gesteigert wurde. Einheimische Skisportidole wie Biathlon-Weltmeisterin Petra Behle (geb. Schaaf) und der deutsche Langlauf-Rekordmeister Jochen Behle haben die Region durch die **Berichterstattung der Medien** von Weltmeisterschaften und Olympischen Winterspielen auch international bekannt werden lassen. Darüber hinaus richtet der traditionsreiche Ski-Club Willingen seit vielen Jahren **internationale Titelkämpfe** aus.

Ein Loipennetz von rund 100 gespurten Kilometern, mehrere Sprungschanzen und zwölf alpine Skilifte unterstreichen den Stellenwert des Skisports in der

Region. Der Bau des Kongreßzentrums "Haus des Gastes" mit therapeutischem Bewegungsbad und **Lagunen-Erlebnisbad** erhöhten den Wert des örtlichen Freizeitangebots.

Die Urlaubsregion Willingen/Upland bietet derzeit etwa 8500 Gästebetten an, was bei den erreichten Übernachtungszahlen von 1.263.489 und 277.721 registrierten Urlaubern bei einer durchschnittlichen Verweildauer von 4,5 Tagen einer Kapazitätsauslastung von 148,75 Tagen im Jahr 1993 entspricht. Des weiteren verfügt die Region über ein umfangreiches gastronomisches Angebot von über 100 Restaurants, Cafes und Bierlokalen.

Trotz der recht guten Auslastung der touristisch orientierten Betriebe sahen die politischen Gremien der Gemeinde 1993 einen Handlungsbedarf, das Freizeitangebot im Animationsbereich durch ein umfangreiches **Sportprogramm** zu ergänzen. Neben den vorwiegend älteren auf das Wandern fixierten Urlaubern sollte auch jüngeren Gästen (Singles, Ehepaaren, Familien, Sportvereinen etc.) im Alter zwischen 16 und 35 Jahren eine attraktive Urlaubsregion präsentiert werden. Die Kommune trug mit dieser Überlegung dem Trend einer aktiven, auf Gesundheitsempfinden ausgerichteten Urlaubsgestaltung Rechnung, die von Meinungs-forschungsinstituten propagiert wurde und wird.

3. Sportliche Freizeitbedürfnisse unterschiedlicher Altersgruppen

Obwohl der Schwerpunkt des Sportangebots gezielt jüngere Gäste interessieren soll, kommt es nach ersten Erfahrungen während der Freizeitkurse immer wieder zu Verschmelzungen der unterschiedlichen Urlauberstrukturen. D.h., daß neben der jüngeren Zielgruppe durchaus auch ältere Urlauber vor Ort animiert werden, in der freien Zeit etwas für ihre Fitneß und Gesundheit zu tun. Somit sind Kurse wie beispielsweise **Power-Walking** oder Jogging durchaus geeignet, interessierte Personen im Alter von 14 bis 65 Jahren anzusprechen.

Bei einer differenzierteren Betrachtung der Interessenten für die einzelnen Projekte ergeben sich die nachfolgenden Motivationen, die Upland-Urlauber zur Teilnahme an den Programmen bewegen:

Abbildung 1:

SPORT&FUN-Wochenprogramm Mai 1994

Montag, 10.45 Uhr
POWERWALKING
Sanftes Ausdauertraining für alle
Treffpunkt: Haus des Gastes

Dienstag, 10.30 Uhr
BODYSHAPING
Problemzonentraining für Bauch und Po
Treffpunkt: Haus des Gastes

Dienstag, 15.30 Uhr
WALDLAUF
Lauftreff für Anfänger und Fortgeschrittene
Treffpunkt: Haus des Gastes

Mittwoch, 10.00 Uhr
RÜCKENTRAINING
Übungsprogramm für die Wirbelsäule
Treffpunkt: Haus des Gastes

Mittwoch, 14.00 Uhr
MOUNTAINBIKETOUR
Die Uplandberge auf 2 Rädern erleben
Treffpunkt: Haus des Gastes

Donnerstag, 10.15 Uhr
ORIENTIERUNGSLAUF
Wandern oder Joggen nach Karte
Treffpunkt: Haus des Gastes

Donnerstag, 15.00 Uhr
VOLLEYBALL
Spiel und Spaß in der Gruppe
Treffpunkt: Rückseite Haus des Gastes

Freitag, 10.00 Uhr
SPORTWANDERUNG
Ideales Kreislauftraining
für alle Altersgruppen
Treffpunkt: Haus des Gastes

für Kurkarteninhaber kostenlos!

Samstag, 10.00 Uhr
MOUNTAINBIKETOUR
Biken in herrlicher Frühlingslandschaft
Treffpunkt: Haus des Gastes

Achtung:
Die Räder für die Mountainbiketouren
sind mitzubringen
(diverse Verleihe im Upland vorhanden)!

SPORT - INFO - BÖRSE
montags um 10.00 Uhr und donnerstags um 14.30 Uhr mit aktuellen
Urlaubs- und Freizeit-Tips (Haus des Gastes)

Das aktuelle Fitneßprogramm im Lagunenbad auf einen Blick:
Dienstag, Donnerstag und Sonntag jeweils um 9.30 Uhr
WASSERGYMNASTIK - Bewegungs- und Lockerungsübungen
Montag, Dienstag, Mittwoch und Donnerstag jeweils um 20.00 Uhr
AQUA-WELLNESS, KONDITIONS-/FITNESSTRAINING, POWER-FITNESS
Ausdauer, Schnelligkeit, Kraft und Beweglichkeit verbessern

Willingen *Hochsauerland '94*

Kneippheilbad · Heilklimatischer Kurort   Wintersportplatz

- **Jugendliche (14-21)** suchen vorwiegend die sportliche Aktivität in der Gruppe. Aus diesem Grund werden **Ballspiele mit Mannschaftssportcharakter** bevorzugt ausgewählt (Volleyball, Fußball, Streetball), um der Langeweile im zumeist letzten Urlaub mit den Eltern entgegenzuwirken.

- Bei den **jungen Erwachsenen (22-35)** steht das Interesse an einer bestimmten Sportart im Vordergrund, so daß das Angebot gezielt genutzt wird. Teilnehmerinnen und Teilnehmer kommen zu einer gewissen Veranstaltung, die ihrem Bedürfnis nach Aktivität im Urlaub entspricht. Diese Zielgruppe umfaßt Singles und junge Familien. Bevorzugt werden **Individualsportarten mit Schwerpunkt Ausdauer** (Jogging, Walking, Orientierungslauf, Aqua-Fitneß) sowie **Sportarten mit Abenteuercharakter** (Mountainbiking, Paragliding, Kanutouren).

- Die **älteren Erwachsenen (36-49)** und die **Jungsenioren (50-64)** suchen verstärkt die **gesundheitlichen Aspekte** einer bestimmten sportlichen Betätigung. In diesen Altersgruppen besteht eine immense Nachfrage nach einer theoretischen Hinterfragung der Aktivitäten (Rückentraining, Body-Shaping, Wassergymnastik, Sport-Wanderungen, Eisstockschießen). Nicht zu unterschätzen ist auch der **gesellige Aspekt** durch gemeinsames Sporttreiben im Gruppenrahmen.

- Die **Senioren (ab 65)** suchen gezielt Veranstaltungen mit Teilnehmern gleichen Alters auf. Hier dominiert der **Gesundheitsaspekt** als Motivation der Teilnahme. Angeboten werden Kurse, bei denen einfache Bewegungsübungen im Vordergrund stehen, welche die Interessenten nicht überfordern (Seniorengymnastik, Wassergymnastik, Wanderungen).

4. Das *SPORT&FUN* - Konzept

Ziele

SPORT&FUN soll dazu beitragen, insbesondere die anvisierte Zielgruppe der jüngeren Urlauber mit einer zielgerichteten Angebotspalette zu versorgen. Der Initiator, die Fremdenverkehrsregion Willingen/Upland, hat sich dafür entschieden, mit dieser von *SPORT&FUN* angebotenen Leistung jüngere Nachfragegruppen zu befriedigen und beabsichtigt damit eine Angebotsspezialisierung.

Den Bedürfnissen nach mehr Angeboten, mehr körperlicher Fitneß, soll hiermit entgegengekommen werden. Da jedoch auch die bestehende Urlauberzielgruppe der über 60jährigen gehalten werden soll, handelt es sich bei dem neuen Konzept nicht um eine völlige Neugestaltung der Angebotspalette, sondern vielmehr um eine Anknüpfung an bestehende Leistungen durch neue Elemente. Diese Angebotsentwicklung will zu einer verstärkten Befriedigung der spezifischen Bedürfnislage der Zielgruppe jüngerer Urlauber beitragen *(vgl. Wöhler 1990, S. 82)*.

Leistungsangebot

In Zusammenarbeit mit dem Dienstleistungsunternehmen *SPORT&FUN* wurde neben zahlreichen **Pauschalangeboten** ein ständig durchgeführtes **sportives Wochenanimationsprogramm** erarbeitet, das touristisch vermarktet wird und je nach Jahreszeit im monatlichen Wechsel saisonale Schwerpunkte setzt. Ziel ist es, ein möglichst breites Spektrum an Sportarten abzudecken, um für jeden potentiellen Interessenten etwas anbieten zu können. *SPORT&FUN* bot zunächst diverse Sportangebote für Hotels in der Region an, die als Sporthotels für entsprechende Programme zugänglich waren. Neben den beliebten Rückschlagspielen wie Tennis, Squash und Badminton wurden u.a. Sportarten mit unterschiedlichen Trainingsintensitäten wie Wassergymnastik, Lauftreff, Rückenschule, Gymnastik- und Stretching, Mountainbiketouren, Sportwanderungen sowie Trendsportarten wie Power-Walking und Bodyshaping angeboten.

Im Juni 1993 begann das von der Gemeinde Willingen/Upland angebotene und finanzierte *SPORT&FUN*-Programm mit täglich mindestens einer Aktivveranstaltung, die für Gäste mit Kurkarte kostenlos ist. Unter fachlicher Anleitung werden Sport und Freizeit sinnvoll miteinander verbunden, wobei Schwerpunkte neben dem gesundheitlichen Aspekt im geselligen Bereich liegen. So steht den Urlaubern ein Programm an Individual-, Mannschaftssportarten sowie Gruppenerlebnissen durch Sporttreiben in der Gemeinschaft zur Wahl. Unter anderem umfaßt das Programm Stretching, aktives Rückentraining, Jogging, Power-Walking, Bodyshaping, Eisstockschießen, Volleyball, Beach-Volleyball, Fußball, Orientierungswanderungen- und läufe, Streetball, Paragliding und Mountainbiketouren. Zweimal wöchentlich findet eine **Sport-Info-Börse** statt, auf der sich Aktiv-Urlauber über die während ihres Urlaubs angebotenen interessanten Freizeit- und Sportmöglichkeiten informieren und Gleichgesinnte zum gemeinsamen Sporttreiben finden können.

Im **Lagunen-Erlebnisbad** finden wöchentlich neue Aqua-Fitneßveranstaltungen von Wassergymnastik mit und ohne Musik über Wellness, Fitneß- und Konditionstraining mit unterschiedlichen Schwerpunkten und Intensitäten statt, die begleitend zum Sportangebot für Entspannung sorgen, aber auch zu einer Verbesserung von Ausdauer, Kraft, Schnelligkeit und Beweglichkeit führen sollen.

Abbildung 2:
Pauschalangebote *SPORT&FUN* Erlebniswochen

Abenteuerwochen

Dieses Angebot ist geeignet für Leute, die im Urlaub einfach mal etwas anderes machen möchten. Die Durchführung der Outdoor-Aktivitäten bietet neben unvergeßlichen Landschaftserlebnissen auch eine Menge Abenteuer.

Leistungen: 7 Übernachtungen in Pensionen, Hotels mit Schwimmbad oder Ferienwohnungen, wahlweise ÜF oder HP, Begrüßungsveranstaltung mit Fit-Drink, eintägiger Schnupperkurs Gleitschirmfliegen, geführte Mountainbike-Tour inkl. Leihbike, Kanutour auf der Eder inkl. Transfer, Wasserskifahren auf dem Twistesee inkl. Transfer, kostenlose Teilnahme am Sport & Fun-Fitneßprogramm, ein Besuch des Lagunenbades (à 4 Std.), Kurkarte.

Zeitraum: Mai bis September nach Absprache, Mindestteilnehmerzahl 4 Personen.

Kat. / Preis / Person / DM	ÜF	HP	Fewo
Pension (Zimmer Dusche/WC	**587,00**	**657,00**	
Hotel mit Schwimmbad	**881,00**	**951,00**	
Fewo (Preis für 2 Personen)			**1237,00**

Trainingsseminar »Bodyshaping«

Das Angebot beinhaltet ein gezieltes Training der sogenannten »Problemzonen« wie Rücken, Bauch, Hüften, Oberschenkel und Po in Verbindung mit Gymnastik und Stretching. Die Schwerpunkte werden mit den Teilnehmern abgesprochen und können individuell variieren. Während des Seminars werden auch Anleitungen für die Weiterführung des Trainings zu Hause gegeben.

Anreisetag ist Sonntag (Begrüßungsveranstaltung), die Trainingseinheiten finden von Montag bis Freitag statt.

Leistungen:
7 Übernachtungen in Pensionen, Hotels mit Schwimmbad oder Ferienwohnungen, wahlweise ÜF oder HP, Begrüßungsveranstaltung mit Fit-Drink, 5 Trainingseinheiten »Bodyshaping«, Informationen zu Training und Ernährung, kostenlose Teilnahme am Sport & Fun-Fitneßprogramm, ein Besuch des Lagunenbades (à 4 Std.), ein Aktiv-Gesundheitstag mit Schwimmen, Sauna, irisch-römischem Dampfbad und Großmassage, Kurkarte.

Zeitraum: ganzjährig, außer Weihnachten/Silvester.

Kat./Preis/Person/DM	ÜF	HP	Fewo
Pension (Zi Du/WC	**592,00**	**662,00**	
Hotel m. Schwimmbad	**886,00**	**956,00**	
Fewo (Preis f. 2 Pers.)			**1247,00**

Mountainbike-Sportwoche

Die geführten Bike-Touren verlaufen über landschaftlich äußerst reizvolle Strecken durch das herrliche Hochsauerland. Streckenlänge und Schwierigkeitsgrad werden jeweils mit den Teilnehmern abgesprochen. Die Bikewochen sind geeignet für Anfänger und Fortgeschrittene, ein solider Konditionszustand wird vorausgesetzt.

Anreisetag ist Sonntag (Begrüßungsveranstaltung), die Touren finden von Montag bis Freitag statt. Leihräder können gegen die Gebühr von DM 80,– gestellt werden (bei Buchung bitte angeben).

Leistungen:
7 Übernachtungen in Pensionen, Hotels mit Schwimmbad oder Ferienwohnungen, wahlweise ÜF oder HP, Begrüßungsveranstaltung mit Fit-Drink, 5 geführte Mountainbike-Touren, Tips zur Fahrtechnik und zum Bike-Training, kostenlose Teilnahme am Sport & Fun-Fitneßprogramm, 2 x Eintritt in das Lagunen-Erlebnisbad (à 90 Min.), ein Aktiv-Gesundheitstag mit Schwimmen, Sauna, irisch-römischem Dampfbad und Großmassage, Kurkarte.

Zeitraum: ganzjährig, außer Weihnachten/Silvester.

Kat./Preis/Person/DM	ÜF	HP	Fewo
Pension (Zi Du/WC	**556,00**	**626,00**	
Hotel m. Schwimmbad	**850,00**	**920,00**	
Fewo (Preis f. 2 Pers.)			**1175,00**

Die Teilnahme an diesen Veranstaltungen wird über den Eintrittspreis abgegolten. Während die Angebote von *SPORT&FUN* jeweils ein bis zwei Zeitstunden in Anspruch nehmen, dauern die Aqua-Veranstaltungen etwa 30 Minuten und werden morgens um 9.30 Uhr sowie abends um 20.00 Uhr durchgeführt.

Abbildung 3:
Pauschalangebote *SPORT&FUN* Wochen/ Fitnesswochen

Sport & Fun-Woche
Der sportliche Urlaubs-Spaß für jedermann!

Leistungen:
7 Übernachtungen in Pensionen, Hotels mit Schwimmbad oder Ferienwohnungen, wahlweise ÜF oder HP, 3 x Eintritt ins Lagunenbad (à 90 Minuten), 1 x Eislaufen inkl. Leih-Schlittschuhe, eine Großmassage, Kurkarte, Teilnahme am Sport & Fun-Fitneßprogramm u. a. mit: Gymnastik, Stretching, Wassergymnastik, Powerwalking, Jogging, Mountainbike-Touren, Bodyshaping, Eisstockschießen, Volleyball, Sport-Info-Tips und vielem mehr. Das Wochenprogramm erhalten Sie jeweils bei Anreise.

Zeitraum:
ganzjährig, außer Weihnachten/Silvester.

Kat. / Preis / Person / DM	ÜF	HP	Fewo	jede weitere Person
Pension (Zimmer Dusche/WC	294,00	364,00		
Hotel mit Schwimmbad	588,00	658,00		
Fewo (Preis für 2 Personen)			651,00	168,00

Leistungen:
7 Übernachtungen, Halbpension mit Menüwahl, Zimmer mit Du/WC, Farb-TV, Telefon, Radio, Whirlpool und Sauna im Haus, 12 Fitneß-Veranstaltungen (auch für Ungeübte) u. a. Biketouren, Allround-Fitneßtraining, Massage, Frühgymnastik, Lagunenbad u. v. m.

Sofern es der Terminplan zuläßt, werden einzelne Veranstaltungen von der Biathlonweltmeisterin Petra Schaaf und dem vielfachen Deutschen Meister Jochen Behle geleitet.

Bitte genaues Programm anfordern.

Termine:
01. 05. – 08. 05. 1994
29. 05. – 05. 06. 1994
für Gruppen ab 6 Personen
weitere Termine auf Anfrage.

Preis inkl. aller Leistungen	
pro Person	739,-

Als besondere Höhepunkte des Animationsprogramms finden in regelmäßigen Abständen Veranstaltungen im Ausdauersportbereich statt (Jogging, Mountainbiking), an denen die Leistungssportler Petra Behle (geb. Schaaf) und Jochen Behle teilnehmen. Die Anregungen der bekannten Skisportler zum richtigen Sporttreiben und einer gesunden Ernährung werden von den sportinteressierten Gästen als ganz besonderes Angebot empfunden.

Abgerundet wird das umfangreiche *SPORT&FUN*-Programm durch im Jahresverlauf wechselnde **Sport-Pauschalwochen** wie Mountainbike-, Aktiv-Wander-, Abenteuer-, Bodyshaping- und allgemeine Fitneßwochen, die in Verbindung mit der Nutzung der infrastrukturellen Freizeitmöglichkeiten zu unterschiedlichen Preisniveaus für Pensionen, Ferienwohnungen bzw. Hotels angeboten werden *(siehe Abbildung 2 und 3 auf den vorherigen Seiten)*.

In dem 1994 neu erstellten Werbeprospekt der Gemeinde Willingen/Upland mit Gastgeberverzeichnis wird die Werbelinie eines "vitalen Aufenthaltes" in einem Sommer- und Wintersportort vertreten.

Kostenstruktur

Als finanziellen Rahmen in dem zunächst auf drei Jahre per Vertrag mit Option befristeten Projekt hat die Gemeinde Willingen/Upland in Absprache mit dem Anbieter *SPORT&FUN* folgenden Etat aufgestellt (die Zahlen gelten jeweils für ein Jahr):

Abbildung 4:

Jährliche Kosten des *SPORT&FUN*-Projektes

Kostenbereiche	ca. DM
Organisationsaufwand und Materialien	25.000,-
Werbeetat	25.000,-
Durchführung und Animationen	50.000,-
Gesamtkosten	**100.000,-**

Die mit der Organisation und Duchführung des Projektes beauftragten Personen sind freiberuflich tätig und arbeiten für die Gemeinde Willingen/Upland auf Honorarbasis. Sie sind demzufolge nicht angestellt; ein Anspruch auf Weiterbezahlung im Krankheitsfall bzw. Urlaubs- und Weihnachtsgeld besteht nicht. Das finanzielle Risiko der Kommune hält sich daher im Vergleich zur Festbeschäftigung mehrerer Sportlehrer in Grenzen. Für die freiberuflich tätigen Sportlehrer besteht durch dieses System der

Vorteil, für weitere Angebote von Hotels, Firmen, Vereinen etc. verfügbar zu sein. Die Vergütung der Maßnahmen des Unternehmens *SPORT&FUN* erfolgt monatlich per Rechnung an den Auftraggeber zuzüglich des gesetzlich vorgeschiebenen Mehrwertsteuersatzes.

Entwicklungsstand

Das größte Problem des Projektes *SPORT&FUN* bestand in einer relativ langen Anlaufzeit, da in den ersten Monaten lediglich die Möglichkeit bestand, **Urlauber vor Ort** über die Angebote zu informieren. Neben monatlich publizierten Informationszetteln, die an Hotels und Pensionsbetriebe verteilt wurden, waren Plakataktionen eine weitere Werbemöglichkeit. Des weiteren wurden PR-Möglichkeiten der in der Region erscheinenden Urlaubs-Journale in Anspruch genommen. Die wichtigste Aufgabe bestand allerdings darin, den Hoteliers und Gastronomen die Möglichkeiten des Projektes in zahlreichen Einzelgesprächen näherzubringen, um somit eine "Mund-zu-Mund-Propaganda" einzuleiten.

Nach vielen Veranstaltungen mit nur wenigen Teilnehmerinnen und Teilnehmern hat sich das Interesse der Urlauber an dem angebotenen Programm nach einer Laufzeit von 12 Monaten stabilisiert. Die Tendenz zeigt deutlich nach oben, immer mehr Sportinteressierte nehmen das Angebot an. Mittlerweile werden Teilnehmerzahlen bis zu 1500 Gästen aus den unterschiedlichen Inhalten des Sport- Animations-Programms im Monat erreicht, was einer durchschnittlichen Frequentierung von über 20 Teilnehmern pro Veranstaltung entspricht. Das Alter der Urlaubssportler reicht von 12 bis 80 Jahren.

Maßgeblich für den Zuwachs der Teilnehmerzahlen waren mit Beginn des Jahres 1994 die eingeleiteten Maßnahmen auf dem Sektor des Marketing. Durch Anzeigenkampagnen über die *SPORT&FUN*-Wochen in diversen Tageszeitungen, redaktionelle Berichte über das angebotene Programm sowie Mailing-Aktionen der Kurverwaltung und etlicher Hotels im Bereich der Pauschalangebote (u.a. Mountainbike-, Abenteuer-, Aktiv- und Fitneß-Wochen sowie Trainingsseminar Bodyshaping) wurden ganz gezielt jüngere Zielgruppen für einen Urlaub in der Region Willingen/Upland interessiert. Die gebuchten Sportreisen junger Aktiv-Urlauber bestätigten das erarbeitete Konzept.

Durch den Veranstalter wird das Programm statistisch ausgewertet, wobei neben der Veranstaltung und der Teilnehmerzahl auch eine jeweilige

Bemerkung zur Wetterlage erfolgt, die nicht unerheblich für das Interesse an Sportfreiluftveranstaltungen ist.

Abbildung 5:

Das *SPORT&FUN*-Programm in der aktuellen Statistik

Monat	Veranstaltungen	Teilnehmerzahl	Durchschnitt
6/93	46	411	9
9/93	46	646	14
12/93	54	938	17
3/94	54	1218	23
5/94	62	1497	24

Die Teilnehmer an den *SPORT&FUN*-Fitneßveranstaltungen der Gemeinde Willingen/Upland beurteilen das Angebot durchweg positiv. Da zufriedene Gäste die beste Werbung für eine Fremdenverkehrsregion sind, scheint der eingeschlagene Weg der richtige zu sein. Dabei könnte die Tourismus-Hochburg Willingen/Upland bundesweit wegweisenden Charakter besitzen, denn das derzeitige Angebot ist in dieser Form einmalig. Auf diesem Sektor könnten sich somit zukünftig weitere Betätigungsfelder für ausgebildete Sportwissenschaftler und Sportlehrer ergeben, zumal die Möglichkeiten des auf Gesundheit und Fitneß ausgerichteten Aktivurlaubs noch lange nicht ausgeschöpft sind.

X. Das Management von Bergbahnunternehmen
von Dr. Thomas Bieger, Direktor einer Tourismus-Fachschule

1. Einführung

Bergbahnen sind in den seltensten Fällen reine Transportbetriebe. Sie sind vielmehr Freizeitbetriebe, die eine Vielzahl von Kernprodukten wie Kultur-, Natur- oder Sporterlebnisse oder kulinarische Genüsse "produzieren". Da die meisten Bergbahnunternehmen für den Sportbetrieb gebaut wurden, sind sie nicht nur wichtige Motoren für den Sporttourismus, sondern auch gleichzeitig eigentliche Sportunternehmungen.

Das Management von Bergbahnunternehmungen weist eine Reihe wichtiger Besonderheiten auf. Dazu gehören nicht nur betriebliche Spezialitäten, sondern vor allem auch das Verhalten des Unternehmens gegenüber seinen Umwelten. Besonders heute sind Bergbahnunternehmen durch den Wandel in der Nachfrage, den klimatischen Veränderungen, den gesellschaftlichen Ansprüchen und den technologischen Entwicklungen strategisch gefordert.

1.1 Definition und Abgrenzung

Bergbahnunternehmungen zeichnen sich durch folgende Eigenschaften aus:

1. **Betrieb einer Bergbahn.** Unter dem Begriff Bergbahn verstehen wir jedes Transportmittel auf einer festen Fahrbahn, mit dem sich Höhendifferenz und horizontale Distanz überwinden lassen. Ausgeschlossen sind nach dieser Definition Lifte, die lediglich eine vertikale Höhendifferenz überwinden sowie Bahnen in der Ebene, die nur eine horizontale Distanz überwinden.
Bergbahnunternehmen weisen eine Beziehung mit Bergen auf. Die Überwindung einer Höhendifferenz ist ein wesentlicher Bestandteil ihres Angebotes. Durch den Betrieb einer solchen Bahn wird das Unternehmen durch technische Anforderungen und die Erfüllung von Sicherheitsanforderungen geprägt.

2. **Kernprodukt und Unternehmenszweck.** Bergbahnen können beispielsweise als Alperschließungsbahnen reine Transportaufgaben im Personen- und Güterverkehr erfüllen oder als sogenannte touristische Spezialverkehrsmittel primär touristischen Motiven dienen (*vgl. Pfund 1968*). Erfüllt eine Bergbahn als Erschliessungsbahn allgemeine Verkehrs-

aufgaben, so ergibt sich für den Kunden ein indirekter Nutzen. Er benutzt die Bahn nicht primär als Selbstzweck oder als wesentlichen Teil einer Aktivität. Der Bedarf nach Transportleistungen ergibt sich indirekt aus einer anderen Aktivität, die eine Raumüberwindung voraussetzt. Das Management einer solchen Bahn hat deshalb ganz andere Bedürfnisse zu befriedigen. Es geht um einen raschen, bequemen, sicheren, günstigen und möglichst gut verfügbaren Transport von einem Punkt zum anderen.

Anders stellt sich der Unternehmenszweck einer touristischen Spezialtransportanlage dar. Der Kunde benutzt diese Bahn aus touristischen Motiven, wobei der Transport selbst ein wesentlicher Teil seines Nutzens ist. Das Management muß verschiedene zusätzliche Leistungen zum reinen Transport bieten können, die eine mehrdimensionale Erlebnisqualität schaffen.

Als Bergbahnunternehmen wird in diesem Beitrag ein Unternehmen verstanden, das als wesentlichen Bestandteil seines Unternehmenszwecks eine Bergbahn im Sinne einer touristischen Spezialtransportanlage betreibt. Dabei ist es nicht relevant, ob das Unternehmen privatwirtschaftlich organisiert ist wie die meisten Bahnen im Alpenraum oder ob es sich um öffentliche, zum Beispiel gemeindeeigene Betriebe wie die St. Moritzer-Bergbahnen handelt. Ebenfalls ist es möglich, daß ein Bergbahnunternehmen als Non-Profit-Organisation gesellschaftliche Ziele anstrebt oder als gewinnorientierte Unternehmung operiert.

1.2 Leistungen und Kernprodukt

• Vielfältige Kernprodukte außerhalb des reinen Transportes

Der Konsument kauft heute ein Produkt oder eine Leistung nicht primär wegen der physischen Leistung, sondern weil er sich die Befriedigung eines tiefer liegenden Bedürfnisses verspricht. Das Produktumfeld, das geeignet ist, ein solches tieferliegendes Bedürfnis zu befriedigen, kann in Anlehnung an Kotler als Kernprodukt bezeichnet werden (*vgl. Bieger/Rüegger, 1991, S.77*). Dieses Kernprodukt ist der eigentliche Antrieb beim Kaufentscheid *(siehe Abbildung 1).*

Abbildung 1:

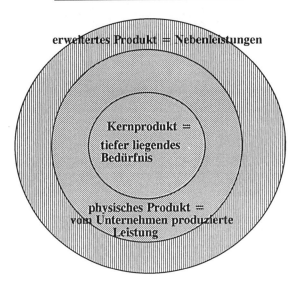

Produktkonzept nach Kotler

Bei einer Bergbahn kaufen die wenigsten Kunden ein Ticket, weil sie eine Fahrt mit der Bahn von A nach B erleben wollen. Vielmehr ist die Bergbahnfahrt ein Instrument zur Befriedigung tieferliegender Kernbedürfnisse. Das Kernprodukt einer Bergbahn könnte damit beispielsweise die "bequeme Begegnung mit einem überwältigenden Alpenpanorama" sein.

Die wichtigsten Kernprodukte einer Bergbahn lassen sich aus den für den Tourismus relevanten Motivationsgruppen nach Kaspar (*1986, S.40*) ableiten:

1. **Physische Motivation.** Erholung durch Fahrt in die Ruhe der Berge, durch die Fahrt in eine intakte Natur oder durch die Möglichkeit, ein schönes überwältigendes Panorama zu sehen.

2. **Gesundheit.** Durch die Fahrt in saubere Luft oder die Bewegung in der reinen Natur bei Bergsportarten.

3. **Sport.** Bergbahnen als Sportanlage für Sportarten, die alle eine Höhendifferenzüberwindung voraussetzen, wie z. B. Skisport, Snowboarding, Wandern, Bergtouren sowie Gleitschirm- und Deltafliegen.

4. Psychische Motivation. Zerstreuung und Ausbruch aus dem Alltag durch Begegnung mit einer intakten, überwältigenden Bergwelt.

5. Interpersonelle Motivation. Geselligkeit, soziale Kontakte durch Begegnung und Zusammensein mit Freunden in Berghütten oder in der freien Natur.

6. Kulturelle Motivation. Beispielsweise Besuch von Weilern, alten Bauernhäusern und Kapellen, die durch die Bergbahn leichter erreicht werden.

7. Status-, Prestigemotivation. Befriedigung des Wunsches nach Anerkennung und Wertschätzung durch den Besuch besonders prestigeträchtiger Bergziele.

Einen tieferen Einblick in die Bedeutung einzelner Kernprodukte bei Bergbahnen läßt sich durch die Analyse von Ertragsstatistiken gewinnen. *Abbildung 2* gibt die Erträge der Seilbahnen in der Schweiz nach Saison wieder. Die Schweiz eignet sich als Testmarkt für die Beurteilung der Entwicklung im Bergbahnbereich besonders, da sie Pionierland in der Bergbahnerschließung war, und die Nachfrage qualitativ sehr hoch entwickelt ist. Die Seilbahnen sind wie in allen Ländern die am weitesten verbreitete Bergbahnart und erbringen je nach Region 90 % bis 95 % der Kapazitäten und Frequenzen.

Abbildung 2:
Erträge aus dem Personenverkehr der Seilbahnen in der Schweiz

JAHR	ERTRAG NEBENBE-TRIEBE IN % DES VERKEHRS-ERTRAGES	ERTRAG DER NEBENBE-TRIEBE	VER-KEHRS-ERTRAG SOMMER	WINTER	VERKEHRS-ERTRAG TOTAL	% ANTEIL WINTER AM TOTAL-ERTRAG
1991	24,27 %	133.929	89.430	462.250	551.680	83,79 %
1990	24,88 %	117.297	84.161	387.254	471.415	82,15 %
1989	22,81 %	100.553	79.211	361.599	440.810	82,03 %
1988	20,53 %	95.774	71.523	394.770	466.293	84,66 %
1987	19,34 %	87.161	63.900	386.679	450.579	85,82 %

Quelle: Eigene Berechnungen nach der Schweizerischen Verkehrsstatistik.

Die **große Bedeutung der Wintersaison** für die Bergbahnen zeigt sich darin, daß im Schnitt über 80 % der Erträge in dieser Saison erzielt werden. Zurückzuführen ist dies vor allem auf den Ski- und Snowboardsport. Die Totalerträge weisen im Sommer und Winter enorme Schwankungen auf. Dies ist besonders auf die Witterungsverhältnisse zurückzuführen. Vor allem die Saisons 1987 und 1989 waren in der Schweiz relativ schneearm. Diese Zahlen unterstreichen die überragende **Bedeutung der Natur und des Klimas** als Teil des Kernnutzens der Bergbahnen.

Obwohl über alle Bergbahnen gesehen die Kernprodukte Wintersport und alpiner Skisport einen überragenden Stellenwert haben, möge das nachfolgende Beispiel zeigen, daß je nach Unternehmung andere Kernprodukte im Vordergrund stehen können.

Beispiel: Brienz-Rothornbahn
Diese Bahn führt als nicht elektrische Zahnradbahn von Brienz, dem Schnitzerdorf am gleichnamigen See im Berneroberland, von 700 m auf das Brienzer-Rothorn mit einer Höhe von 2.300 m. Es ist eine Einsaisonbahn, die nur im Sommer offengehalten wird. Der Verkehr wickelt sich immer noch größtenteils im Dampfbetrieb ab. Auf dem Berg steht ein gut ausgebautes Berghotel mit Restauration zur Verfügung. Es gibt Panoramawanderungen auf zwei Seiten, und es sind, dank der Erschließung von der anderen Seite durch eine Luftseilbahn, Rundfahrten möglich.

Abbildung 3:
Motive für die Fahrt auf das Brienzer-Rothorn

	NENNUNGEN	%
1. PANORAMA	872	35,6
2. DAMPFATTRAKTION	610	24,9
3. BAHNFAHRT / DAMPFBETRIEB	408	16,6
4. RUNDFAHRT	36	1,5
5. WANDERN	372	15,2
6. RESTAURANT	154	6,3
SUMME	2452	100.0

Quelle: Umfrage des Institutes für Betriebs- und Regionalökonomie in Luzern (Stichprobe 1019), 1990.

Bei einer Umfrage nach den Motiven der Fahrt mit der Bergbahn zeigte sich folgendes Bild (*vgl. Institut für Betriebs- und Regionalökonomie 1990, S.9*):
Die größte Zahl der Nennungen fällt auf die Motivation Panorama/Sightseeing. An zweiter Stelle steht die Spezialität der Bahn, die Dampfattraktion. Dies zeigt, daß durch die besondere Ausgestaltung der Bergbahnsysteme die Bergbahnfahrt an sich bereits ein Hauptmotiv und damit ein Kernprodukt darstellen kann. Wichtigste Sportaktivität ist, wie bei allen Sommerbahnen, das Wandern. Überraschend ist, daß lediglich 15 % das Wandern oder den Sport als Hauptmotiv für die Fahrt auf das Brienzer-Rothorn bezeichnen (*siehe Abbildung 3*).

• **Leistungspakete durch abgestimmte Unternehmensbereiche**

Damit die Bergbahnen die genannten Kernprodukte produzieren können, muß neben der eigentlichen Fahrt ein **ganzes** Leistungspaket angeboten werden. So sollte eine **Wintersportbahn** von der Ankunft des Gastes (Parkplätze, evtl. Skibus) über den Empfang, die Beratung und Information (Service-Center), den Transport (Bergbahn), die Verpflegung (Restaurants), die Unterhaltung (Skihütten, Orchester etc.) bis zu den Betätigungsmöglichkeiten (Skilifte, Pisten, Winterwanderwege, Gleitschirmstartplatz, Halfpipe für Snowboarder und Serviceeinrichtungen wie Kassen/Wechselstuben, Souvenirshops, Sportgeschäfte und Sportgerätevermietung) alles anbieten.

Die einzelnen Teilbereiche eines solchen Leistungspaketes können von verschiedenen Unternehmungen angeboten werden. Der Trend geht jedoch dahin, daß heute alle mittleren und größeren Bergbahnen versuchen, diese Leistungspakete selbst zu bieten. Dadurch kann eine einheitlich durchgehende Leistungsqualität gesichert werden. Da heute der Transport immer weniger Ertrag und Rendite bringt, muß zudem vielfach das Geschäft mit Nebenleistungen gemacht werden. Die Bedeutung der Nebenbetriebe kommt durch ihren hohen Ertragsanteil zum Ausdruck (*vgl. Abbildung 2*). Heute wird bereits über ein Viertel der Umsätze der Schweizer Seilbahnen in Nebenbetrieben wie Restaurants oder Sportgeschäften erzielt. Dieser Anteil hat sich in den letzten fünf Jahren markant erhöht.

Wichtig ist die Abstimmung der Kapazitäten zwischen diesen verschiedenen Leistungsbereichen, insbesondere für die Abstimmung der Parkplatzkapazitäten, der Primärkapazitäten (Transport aus dem Tal in das Skigebiet), der Beschäftigungskapazitäten (Skiliftkapazitäten im Gebiet) und der Verpflegungskapazitäten. Dafür gibt es ausgefeilte Kennzahlensysteme. So kann bei einem Skigebiet, bei dem man aufgrund der Beherbergungskapazitäten in der Umgebung von einer Tagesmaximalbelastung von 4.000 Gästen ausgeht,

- mit einem Parkplatzbedarf von 1.500 bis 2.000 Parkplätzen (pro zwei bis drei Gäste einen Parkplatz),

- mit einer Primärkapazität von 800 bis 1.000 Personen pro Stunde (Transport aller Gäste innerhalb von 4 - 5 Stunden ins Skigebiet),

- mit einer Beschäftigungskapazität von 12 Mio. Höhenmeterleistung pro Tag[1]

- und mit einer Restaurantkapazität von 1.600 Plätzen (der Gast verbringt 2 - 3 Stunden des Skitages im Restaurant) gerechnet werden.

1.3 Bergbahnsysteme

Technisch können die Bergbahnsysteme in **zwei Haupttypen** eingeteilt werden. Einerseits **Seilbahnen**, bei denen die Fahrzeuge an einem Seil vertikal und horizontal befördert werden, und andererseits **Zahnradbahnen**, bei denen jedes Fahrzeug sich mit eigener Kraft an einer in der Mitte der Schiene befestigten Zahnstange hochschraubt. Mit den Zahnradbahnen verwandt sind die **Standseilbahnen**, bei denen sich die Fahrzeuge ebenfalls auf Schienen, allerdings durch Seile gezogen, bewegen. Diese beiden Typen haben gemeinsam, daß sie aufwendige Trassen mit festmontierten Schienen benötigen. Eine Spezialität sind eine Untergruppe von Standseilbahnen, die Schlittenseilbahnen, bei denen sich der Schlitten im Schnee eine eigene Trasse gräbt. Früher, Mitte des Jahrhunderts, waren diese Bahnen im Wintersport weit verbreitet. Sie sind heute allerdings praktisch ausgestorben.

Mit Luftseilbahnen bzw. Seilschwebebahnen wird der Haupttyp von Seilbahnen bezeichnet, der sich bodenunabhängig bewegt. Diese Bahnen werden durch eines oder mehrere Seile getragen. Bei Einseilbahnen werden die Fahrzeuge von einem sogenannten Förderseil gleichzeitig getragen und bewegt. Bei Zwei- und Mehrseilbahnen sind eines oder mehrere Seile als Tragseil ausgeprägt, während ein oder mehrere andere Seile das Fahrzeug als Zugseil bewegen. Bei **Pendelbahnen** verkehren die Fahrzeuge zwischen den

---

[1] Man geht davon aus, daß ein durchschnittlicher Skifahrer 3.000 Höhenmeter pro Tag abfährt. Dies ergibt bei 4.000 Personen die genannten 12 Mio. Höhenmeterleistung pro Tag. Diese können erbracht werden durch beispielsweise 4 Lifte à 1.000 Personen Kapazität pro Stunde, die über mindestens 300 m Höhendifferenz führen.

Abbildung 4:

Bergbahnsysteme

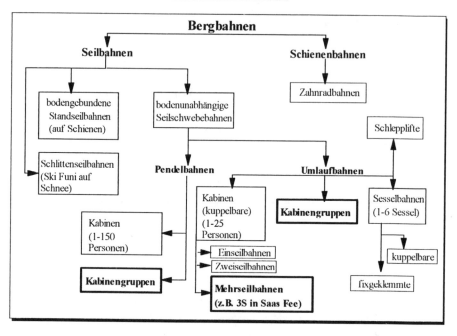

[ ] = neue Typen

Stationen im Pendelbetrieb. Bei den klassischen Formen der Kabinenpendelbahnen fährt die Kabine an einem Laufwerk befestigt auf einem oder zwei Tragseilen. Pendelbahnen werden heute mit Kabinen von bis zu 150 Personen Tragkraft ausgerüstet.

Bei **Umlaufbahnen** verkehren die Fahrzeuge in gleichbleibender Richtung. Sie fahren durch die Station durch und werden in ihr umgelenkt. Die Fahrzeuge sind meistens an einem Förderseil befestigt oder verkehren als sogenannte Zweiseilumlaufbahnen, an einem Zugseil gezogen und an einem Laufwerk am Tragseil befestigt. Kabinenumlaufbahnen, im Volksmund oft "Gondelbahnen" genannt, bieten heute Platz bis zu 25 Personen. Ebenfalls zu den Umlaufbahnen gehören die Sesselbahnen, die heute mit Sesseln bis zu 6 Personen Tragkraft ausgerüstet werden. Sesselbahnen werden unterteilt in fixgeklemmte, bei denen die Sessel fest mit dem Seil verbunden sind und sich in der Station mit der gleichen Geschwindigkeit wie auf der Strecke bewegen, und in kuppelbare, bei denen sich in der Station die Sessel vom Förderseil abkuppeln und verlangsamen.

Abbildung 5:

Seilbahnsysteme

Standseilbahnen	 	Fahrzeuge bis zu 250 Personen Fahrgeschwindigkeit bis 12m/s. In neuster Zeit im Alpenraum vor allem als "Metros" unterirdisch angelegt. (Metro Alpin, Saas-Fee; Sunegga-Express, Zermatt)
Luftseilbahnen		Kabinen-Fassungsvermögen in der Schweiz bis zu 150 Personen. Fahrgeschwindigkeit bis max. 10m/s (Jumbo Kabinen zum Mont-Fort in Verbier)
Gondelbahnen	Zweiseil Einseil	Neuestens auch Gruppenumlaufseilbahnen mit hoher Transportkapazität. Kabinengruppen à 4 -5 Kabinen mit Fassungsvermögen bis zu 25 Personen. Fahrgeschwindigkeit bis zu 5 m/s. (Im Ausland teilweise bis zu 6m/s) (Grotzenbühl, Braunwald; Dorfzubringer in Adelboden)
Sesselbahnen abkuppelbar	feste Klemmen	Fassungsvermögen der Sessel bis 6 Personen Fahrgeschwindigkeiten - festgeklemmte Sessel: max. 2,2m/s - kuppelbare Sessel: max. 5m/s
Skilifte		Gehänge für 1 - 2 Personen. Kapazität bis 1200 P/h Fahrgeschwindigkeit bis 3,5m/s.

Schlepplifte oder Schleppaufzüge sind Seilbahnen, bei denen die Benutzer auf Skiern oder anderen geeigneten Sportgeräten mittels einer Schleppvorrichtung auf einer Schleppspur befördert werden. Schlepplifte sind heute meist mit einem T-förmigen, oft auf Selbstbedienung ausgerüsteten Doppel- oder Tellerbügel ausgerüstet. Eine Spezialform sind die Schlepplifte mit niedriger Seilführung, bei denen das Förderseil auf der Höhe des Benutzers geführt wird und sich der Benutzer direkt oder mittels kurzer Schleppvorrichtungen am Förderseil festhalten kann.

Bieger: Management von Bergbahnunternehmen

Die technische Entwicklung der **Seilbahnen** führt bei den Standseilbahnen zu hohen Geschwindigkeiten und möglichst wartungsfreundlichen Trassen, beispielsweise als sogenannte Metro Alpin (wie in Zermatt oder Saas Fee) im Tunnel. Pendelbahnen werden mit immer größeren Kabinen ausgerüstet und verkehren mit immer höherer Fahrgeschwindigkeit. Größere Fahrzeuge und größere Fahrgeschwindigkeiten sind die Entwicklungstendenzen der Umlaufbahnen. Häufig entwickeln sich aber auch Mischformen, wie beispielsweise Pendelbahnen im Einseilbetrieb, bei denen eine Kabine fix an ein Förderseil geklemmt ist, oder Gruppenumlaufbahnen, bei denen mehrere Kabinen dicht hintereinander an ein Seil geklemmt sind und die ganze Anlage in der Station gestoppt wird. Diese Systeme zeichnen sich durch relativ günstige Erstellungs- und Wartungskosten aus. Für hohe Förderleistungen über schwierigem Gelände oder als Ersatz von Pendelbahnen auf bestehenden Trassen entwickeln sich Umlaufbahnen im Zwei- und Mehrseilbetrieb mit großen Kabinen. So wurde beispielsweise die Oetztaler-Gletscherbahn von einer Pendelbahn in eine hochleistungsfähige Umlaufbahn umgebaut (*vgl. Abbildung 4 und 5*).

Die **Wahl des Bergbahntyps** stellt eine der wesentlichsten konstitutiven Entscheide der Bergbahngesellschaft dar. Die Entscheidung wird durch verschiedene Kriterien geprägt:

1. **Investitionskosten.** Die Investitionskosten hängen vor allem von den festen Installationen ab. Die größten Investitionskosten fallen bei bodengebundenen Bahnen (Standseilbahnen oder Zahnradbahnen) an. An zweiter Stelle stehen, bei vergleichbarer Kapazität, die Pendelbahnen. Oft zeichnen sich jedoch diese in der Investition teuren Bahnen durch eine lange Lebensdauer und vor allem im hohen Alter relativ niedrige Wartungskosten aus. *Abbildung 6* gibt einen Überblick über die Investitionskosten der verschiedenen Bahnsystemtypen im Vergleich.

2. **Betriebskosten.** Durch unterschiedliche Abnutzung und Personalintensität sind die Betriebskosten je nach Typ unterschiedlich. Mittelfristig sind die kuppelbaren Umlaufbahnen die im Betrieb teuersten Anlagen aufgrund des großen Wartungsbedarfes der Kupplungsapparate.

3. **Topographie.** Die Topographie gibt oft die Wahl des Seilbahntyps vor. So sind zur Überwindung großer Gletscher- oder Talgebiete entweder Pendelbahnen mit weiten Spannungsfeldern oder unterirdischen Standseilbahnen notwendig. Einseilumlaufbahnen können vor allem bei relativ gleichmäßigem Gelände ohne allzu große natürliche Hindernisse eingesetzt werden.

4. Komfort. Je komfortabler eine Anlage für den Passagier ausgestattet wird, desto teurer werden die Investitionen. Der empfundene Fahrkomfort hängt wesentlich von der Art der Gäste ab. Skifahrer empfinden beispielsweise kuppelbare Sesselbahnen mit Hauben als Windschutz als komfortabelste Transportanlage, da für den Transport die Skier nicht abgeschnallt werden müssen und man trotzdem vor der Witterung geschützt sitzen kann. Spaziergänger und Wanderer fühlen sich oft in Kleinkabinenbahnen mit maximal acht Sitzplätzen in Kleingruppen am wohlsten. Im Hochgebirge werden teilweise von den Gästen auch Großkabinenbahnen, vor allem aber auch schienengebundene Züge mit Sitzgelegenheiten, bei denen die Passagiere im Augenkontakt mit einem Betriebsangehörigen stehen, aus Sicherheitsgründen bevorzugt. Die Wahl des Seilbahnsystems erfolgt am besten anhand einer Nutzwertanalyse.

Abbildung 6
Systemarten und ihre Kosten

SYSTEME	ANZAHL	KAPA- ZITÄT	LÄNGE	GELÄNDE	KOSTEN CA.
1. LUFTSEILBAHN (PENDELBAHN)	2 Kabinen à 80	800 P/h	1600 m	Hoch- gebirge	14 Mio.
2. GONDELBAHN (UMLAUFBAHN)	130 Gondeln à 6	1600 P/h	2800 m	Gebirge	27 Mio.
3. 3-S-GONDELBAHN (UMLAUFBAHN)	25 Gondeln à 30	3000 P/h	2400 m	Gebirge	34 Mio.
4. SESSELBAHN (UMLAUFBAHN KOPPELBAR)	100 Sessel à 4	2000 P/h	1800 m	Gebirge	8 Mio.
5. SKILIFT	120 Gehänge à 2	1100 P/h	1000 m	Gletscher	2,8 Mio.

Quelle: Bieger, Rüegger (1991, S. 48)

1.4 Besonderheiten des Managements einer Bergbahnunternehmung

Das Management einer Bergbahnunternehmung ist geprägt *(siehe Abbildung 7):*

1. durch die zahlreichen externen Effekte der Bergbahnunternehmung und ihren öffentlichen Charakter. Bergbahnunternehmen haben für die betroffene Region große wirtschaftliche und ökologische Bedeutung.

Entsprechend groß sind die öffentlichen Einflüsse, beispielsweise durch Konzessionsverfahren oder Bewilligungen. Das Bergbahnmanagement muß diesen externen Interessengruppen Rechnung tragen und sich häufig politischer als andere privatwirtschaftliche Betriebe verhalten.

2. **durch die Sicherheitsbedingungen und die technischen Anforderungen des Betriebes.** Der Betrieb von Seilbahnunternehmungen stellt an Sicherheit und Technik große Anforderungen. Das Personal muß technisch entsprechend gut ausgebildet, hierarchisch geführt und kontrolliert werden; die Betriebsabläufe müssen klar vorstrukturiert sein.

Abbildung 7:

Spannungsfelder des Bergbahnmanagements

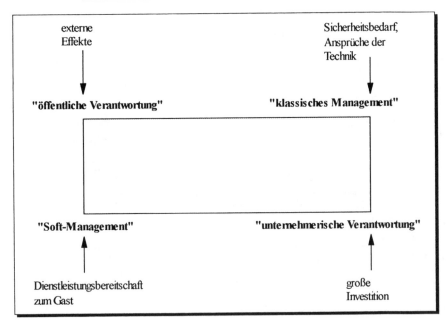

3. **durch die Besonderheit der Nachfrage.** Bergbahnen erbringen eine für den Gast intransparente Dienstleistung. Der Gast weiß nicht, welche Wetter-, Schneequalität oder Stimmung ihn auf dem Berg erwartet. Das Bergbahnunternehmen muß deshalb durch eine klare Qualitätspolitik eine Art Garantie für ein perfektes Erlebnis bieten können. Die Nachfrage wird qualitativ immer anspruchsvoller. So muß sich das Bergbahnunternehmen in bezug auf Dienstleistungsbereitschaft ständig weiter entwickeln und die Mitarbeiter an selbige heranführen.

4. durch den großen Kapitalbedarf und die sich daraus ergebende unternehmerische Verantwortung. Die Erstellung einer Bergbahn sowie der Nebenbetriebe erfordern einen großen Kapitalbedarf. Da die Erträge zum Teil zwischen verschiedenen Jahren stark schwanken, ist eine solide Eigenfinanzierung notwendig. Daraus ergibt sich eine besondere unternehmerische Verantwortung gegenüber den Kapitalgebern.

Die verschiedenen Ansprüche an das Management stehen miteinander im Konflikt. So sind die Anforderungen an die Persönlichkeit und die Arbeitsweise der Mitarbeiter beispielsweise durch die starren technischen Sicherheitsanforderungen und die auf Flexibilität und Dienstleistungsbereitschaft gerichteten Gästeanforderungen geprägt. Ebenso stehen sich öffentliche und privatwirtschaftliche Interessen gegenüber.

2. Der Markt für Seil- und Bergbahnen

2.1 Entwicklung der Bergbahnen

Seit Seile hergestellt werden können, gibt es Material- und behelfsmäßige Personenaufzüge. Die ersten Seilbahnen im heutigen Sinne wurden im Bergbau für den Transport von Arbeitern und Material in die Bergwerke und zurück entwickelt. Seit dem 14. Jahrhundert wurden in Gruben Wagen auf behelfsmäßigen Holzschienen geführt und an Seilen gezogen. Die Vorläufer der heutigen Standseilbahnen waren geboren. Etwa um 1430 kann die Geburtsstunde der modernen Luftseilbahnen in ihrer Urform angesetzt werden. In dieser Zeit entstanden erste Anlagen, bei denen Transportkörbe, an einem Seil befestigt, befördert wurden. In der Schweiz hielten die Vorläufer der heutigen Seilbahnen Mitte des letzten Jahrhunderts Einzug. Sie dienten als sogenannte "Seilriesen" zum Transport von Baumstämmen. Der erste bekannte Seilriese von Riva San Vitale arbeitete mit einem Hanfseil von 1050 m Länge. Etwa um 1834 hielten die Drahtseile Einzug in den Bergbau. Damit wurde der Bau leistungsfähiger Anlagen ermöglicht.

Die Geschichte der modernen Bergbahn im heutigen Sinne kann in **vier Phasen** eingeteilt werden:

Die Pionierphase von 1871 bis ca. 1890, **die Phase der Sommer- und Ausflugsbahnen** von 1890 bis 1936, **die Phase der Wintersportbahnen** von ca. 1930 bis etwa 1978 und **die Phase der Konsolidierung und qualitativen Optimierung** von 1978 bis heute.

1871 wurde als erste europäische Bergbahn die Zahnradbahn von Vitznau auf die Rigi mit Normalspur und Zugkompositionen mit Dampflokomotive und zwei Vorstellwagen eröffnet. Abgeleitet von den damaligen Eisenbahnen, entwickelt von Nikolaus Riggenbach, einem Eisenbahningenieur, beruhte das Zahnradbahnsystem von damals auf weitgehend bewährter Technologie. Die erste Seilbahn der Schweiz verkehrte 1879 vom Ufer des Brienzersees zum Hotel Giessbach. Der Antrieb erfolgte mit Wassergewicht. Die Wagen fuhren auf Schienen und wurden an Seilen hochgezogen. Die moderne Standseilbahn war geboren. 1888 folgte die erste elektrisch betriebene Standseilbahn auf den Bürgenstock.

Die zweite Phase, die Phase der Erschließung von Aussichtspunkten und der Sommerbahnen, brachte eine boomartige Verbreitung von Bergbahnen. Motor der Entwicklung dieser Bergbahnen war eine immer größere touristische Nachfrage. Der durch die zunehmende Demokratisierung zwar nicht entmachtete, doch weitgehend funktionslose Adel auf der einen Seite, bürgerliche Intellektuelle und reiche Industrielle vor allem aus England auf der anderen Seite, bildeten damals die Hauptgästegruppen des Schweizer Tourismus. Dem Trend "zurück zur Natur" folgend, fanden ursprüngliche Berg- und Naturziele ein breites Interesse. Immer mehr Bahnen entstanden. Viele in der Pioniereuphorie gebaute Bahnen mußten inzwischen schon saniert oder abgerissen werden. Dieser Boom brachte auch den Bedarf an neuen Bergbahnsystemen, die noch exklusivere und naturnähere Aussichtspunkte zu erschließen erlaubten. Als erste Luftseilbahn der Welt wurde 1908 in Grindelwald der sogenannte Wetterhornaufzug eröffnet. Er verkehrte vom Hotel Wetterhorn an einer Fahrstraße zu einer Felsterasse am Wetterhorn, direkt oberhalb des Gletschers. Er überwand auf einer horizontalen Länge von 365 m eine Höhendifferenz von 420 m: dies bei einer Steigung von durchschnittlich 116 %. Die Fahrgeschwindigkeit betrug 1,2 m pro Sekunde und die Fahrtdauer 8,5 Minuten. Zwei hölzerne Kabinen boten je 8 Sitzplätze und 8 Stehplätze. Auch diese Bahn verkehrte nur bis zum Zusammenbruch der Tourismusströme im ersten Weltkrieg. Bis zum ersten Weltkrieg entstanden in der Schweiz 11 Zahnradbahnen und 40 touristische Standseilbahnen.

Der erste Weltkrieg führte zu einem totalen Zusammenbruch der touristischen Nachfrage. So wurde der Betrieb vieler Bahnen zwischen 1914 und 1918 vorübergehend sogar gänzlich eingestellt. 1927 wurde dann als erste moderne Luftseilbahn heutigen Stils die Bahn von der Gerschnialp nach Trübsee oberhalb von Engelberg eröffnet. Sie verkehrte nach einer kleinen Vergrößerung im Jahre 1933 noch bis ins Jahr 1984. Anschließend wurde sie durch eine Umlauf- oder Gondelbahn ersetzt.

Die dritte Phase in der Entwicklung der Bergbahnen war die logische Konsequenz der Strukturverschiebung in der Nachfrage nach dem ersten Weltkrieg. Durch den ersten Weltkrieg wurde das beste Gästesegment, auf das der Schweizer Tourismus sein Angebot im wesentlichen ausgerichtet hatte, der Adel und ein bestimmtes Großbürgertum, seiner Kaufkraft beraubt oder verschwand gänzlich. Das zweite wichtige Segment, das der Industriellen und Landschaftsliebhaber, entwickelte sich sukzessive in das Segment der Sportler, wobei insbesondere das Aufkommen des Wintersports für neue Nachfrage sorgte. Bereits die oben beschriebene Luftseilbahn von der Gerschnialp nach Trübsee war im wesentlichen eine Zweisaisonbahn. In den dreißiger Jahren wurde eines der ersten FIS-Rennen (Skiweltmeisterschaften) in diesem Gebiet ausgetragen. Die erste eigentliche Wintersportbahn war der 1934 in Davos eröffnete erste Skilift, der Bolgenlift. Der erste Skilift weltweit entstand 1910 im Schwarzwald. Generell fand der Skisport seine erste Ausbreitung im Mittelgebirge, bevor erst der Alpenraum erschlossen wurde. Erste ausschließlich auf den Wintersport ausgerichtete Standseilbahnen entstanden in den dreißiger Jahren in St. Moritz (1928 für die Olympischen Spiele) und in Davos (1931 zur Erschließung des klassischen Parsenngebietes). Der Wintersportbetrieb zeigte deutlich die Vorteile der nicht schienengebundenen Transportanlagen im Bergverkehr auf. Das Schneeräumen und der Unterhalt der Trassen entfiel. Neue Seilbahnsysteme wurden Schlag auf Schlag entwickelt. Die erste Sesselbahn wurde 1944 in Engelberg eröffnet. Die erste Sesselbahn mit automatischen Klemmen nahm 1945 in Flims den Betrieb auf.

Im Gegensatz zu den Jahren des ersten Weltkrieges brach der Tourismus im zweiten Weltkrieg nicht gänzlich zusammen. Wesentlichen Anteil an dieser Entwicklung hatte die Einführung des Erwerbersatzes für die im Dienst stehenden Männer und die Einführung von Ausflugfahrkarten. Dadurch konnte sich auch über die Kriegsjahre ein bescheidener Binnentourismus entwickeln, der das Fundament für die Boomjahre nach dem zweiten Weltkrieg bildete. Bis 1950 stieg allerdings die Zahl der Pendelbahnen in der Schweiz nur auf 22, während es sogar nur acht Sesselbahnen gab. Erst mit der endgültigen wirtschaftlichen Konsolidierung ab Mitte der fünfziger Jahre konnte die Popularisierung des Skisportes einsetzen und der Wintersporttourismus sich weiter entwickeln. Allein zwischen 1963 mit insgesamt 577 Sektionen (Seilbahnen und Skiliften) und dem Jahr 1973 mit 1409 Sektionen war eine Boomentwicklung festzustellen. Noch viel rasanter als die Zahl der Sektionen, die sich um einen Faktor von beinahe drei erhöhten, stieg die Transportleistung (ausgedrückt in Personen) pro Stunde von 289.400 auf 865.800.

Die vierte Phase der Entwicklung, die der Konsolidierung, wurde mit der Erarbeitung der Verordnung über die Konzessionierung von Luftseilbahnen im Jahre 1978 eingeleitet. Nachdem in den siebziger Jahren verschiedene Skigebiete fast retortenmäßig in vorher unberührten Naturgegenden entstanden sind (beispielsweise Furtschellas im Engadin, Hoch Ybrig in der Zentralschweiz und diverse Orte im Wallis), sollte den Anliegen des Natur- und Landschaftsschutzes sowie einer gesunden wirtschaftlichen Entwicklung der Branche vermehrt Rechnung getragen werden. Eine der Zielsetzungen dieser Verordnung, Anlagen in bisher unberührten Gebieten nur beschränkt zu bewilligen, hat inzwischen ihre Wirkung nicht verfehlt. In den achtziger Jahren setzte eine Phase der Feinerschließung bestehender Skigebiete und des qualitativen Ausbaues ein, der insbesondere im Ersatz bestehender Anlagen deutlich wurde. Der Bau der 6er Gondelbahn von Schifer im Skigebiet Davos auf Parsenn ist ein Beispiel einer neuerstellten Anlage, die im wesentlichen bereits bestehende Pisten im weitläufigen Parsenngebiet besser erschließt und deshalb auch bewilligt wurde.

In dieser Zeit der Konsolidierung und im Zusammenhang mit den schneearmen Wintern Ende der achtziger Jahre konzentrierte sich die Seilbahntechnik darauf, neue Bergbahnsysteme, die eine hohe Förderleistung bei großem Komfort und günstigen Kosten bei der Erstellung bieten, zu entwickeln. Die kuppelbare Sesselbahn erlebte eine Renaissance, allerdings mit Dreier- und Vierer-Sesseln. Die Gondelbahn wurde von 6er auf 8er und sogar 25er Gondeln ausgebaut. Als besonders günstige Alternative zum System der Gondelbahnen bot sich zu Beginn der neunziger Jahre neu das System der Gruppenumlaufbahnen an. Da in den neunziger Jahren immer mehr Anlagen der Boomjahre (Ende der 60er und Anfang der 70er Jahre) 25 Jahre und älter sein werden, werden auch in der ersten Hälfte der neunziger Jahre zahlreiche Bahnen Ersatzinvestitionen tätigen müssen. Die Konsolidierungsphase in der schweizerischen Seilbahnbranche dürfte damit noch mindestens bis zur Jahrtausendwende andauern.

2.2 Heutige Angebotsstruktur

Weltweit sind heute 29.300 Bergbahnanlagen im Betrieb. *Abbildung 8* zeigt die Aufteilung der Anlagen auf die verschiedenen Länder. Das Angebot kann wie folgt gruppiert werden:

1. **Klassische Skiländer.** Diese Länder weisen eine große Zahl von Bergbahnanlagen auf. Der Anteil moderner, teurer Systeme wie Sesselbahnen oder sogar kuppelbare Umlaufbahnen ist entsprechend größer. Zu diesen Ländern gehören auch Kanada, die USA, Japan und

Abbildung 8:

Weltseilbahnstatistik

LAND:	TOTAL ANLAGEN 1993	STAND-SEIL-BAHNEN	ZAHN-RAD-BAHNEN	PENDEL-BAHNEN	GRUPPEN-UMLAUF-BAHNEN	ZWEISEILUMLAUF-BAHNEN + DMC	EINSEILUMLAUF-BAHNEN (MIT KABINEN)	KUPPELBARE SESSELLIFTE	FIXGEKLEMMTE SESSELLIFTE	SKILIFTE
FRANKREICH	4014	20	4	41	24	8	129	71	731	3056
USA	3801	27	1	46	-	4	125	140	1960	1510
ÖSTERREICH	3473	27	1	92	6	10	74	72	444	2800
JAPAN	3065		1	92	-	3	82	285	1360	1215
ITALIEN	2894	18	3	101	2	4	73	48	638	2000
SCHWEIZ	2101	57	3	101 (1)	5	8 (3)	100	50	209	1650
DEUTSCH-LAND	1670	17	4	29	-	4 (4)	21	1	95	1500
SLOWAKEI	1094	1	1	2	-	3	1	5	21	1060
SCHWEDEN	1055	1	-	1	-	-	4	5	38	1006
CANADA	950	-	-	6	-	-	6	51	365	622
TSCHECHEI	874	3	-	1	1	1	-	5	13	850
NORWEGEN	615	4	-	6	-	-	-	8	34	567
FINNLAND	503	-	-	-	-	-	-	-	15	503
POLEN	445	2 (2)	-	4	-	1	-	-	19	419
BULGARIEN	416	-	-	-	-	1	4	1	23	387
SPANIEN	351	10	1	6	2	2	10	4	101	215
SLOWENIEN	275	1	-	3	-	1	-	-	41	225
AUSTRALIEN	139	-	1	1	-	-	1	3	28	105
ENGLAND	132	20	1	2	-	2	2	1	14	90
ARGENTINIEN	102	3	3	-	-	2	3	-	33	60

(mit mehr als 100 Anlagen, nur wichtigste Länder, dh. mit mehr als 50 Anlagen)
1) plus 208 Kleinseilbahnen
2) 1 Standseilbahn zum Schiffstransport
3) 1 3-S-Bahn
4) 1 ZUB mit 11 Personenkabinen

Quelle: OITAF, 1993, nach Motor im Schnee, 5/93

vor allem alle Länder im Zentralalpenraum. Diese Länder haben ein großes Gästeaufkommen. Allen voran steht Frankreich mit dem weltweit größten Seilbahnbestand eines Landes.

2. **Europäische Länder mit Mittelgebirge.** In diesen Ländern gibt es eine recht große Wintersportnachfrage. In unmittelbarer Nähe zu den Quellgebieten des Wintersporttourismus entstand so, vor allem in den ehemaligen Ländern des Ostblockes (wegen der fehlenden Möglichkeiten in den Alpenraum zu reisen) und in den nordischen Ländern (wegen der großen Raumüberwindungskosten für eine Fahrt in die Alpen), eine relativ große Anlagedichte. Da in diesen Ländern der Betrieb von Bergbahnen nicht so ertragreich ist, stehen dort zahlreiche Bahnen eher älteren Typs (vor allem Skilifte). Die Zahl der Anlagen dieser Länder ist tendenziell rückläufig, da unrentable Anlagen aufgegeben werden.

3. **Skipionierländer.** Zu diesen zählen Neuseeland, Australien, Argentinien und Chile. In diesen Ländern entstand der Wintersport erst in den letzten zwanzig Jahren und wurde aus Europa importiert. Nach einer anfänglichen Boomphase stagniert die Entwicklung der Anlagen auch in diesen Ländern. Es handelt sich hier vor allem um günstigere Systeme wobei der Anteil der bodenunabhängigen Anlagen wie Sesselbahnen auf den relativ späten Entstehungszeitpunkt zurückzuführen ist.

4. **Länder ohne speziellen Wintersporttourismus.** In diesen Ländern dominieren die bodenunabhängigen Anlagen, die Standseil- und Zahnradbahnen. Es handelt sich meistens um touristische Ausflugsbahnen oder um Ortserschließungsbahnen.

Weltweit verlangsamt sich der Zuwachs der Anlagen. Dies ist vor allem darauf zurückzuführen, daß außerhalb der Hauptskiländer die Renditesituation der Bahn ungenügend ist und deshalb heute oft Bahnen abgebrochen werden müssen. In den Hauptskiländern selbst werden Anlagen eher durch modernere ersetzt, als daß Neuerschließungen erfolgen. Die Strukturierung auf weltweitem Niveau spiegelt sich auch in der Verteilung der Anlagen innerhalb von Deutschland wieder *(Abbildung 9).* Die beiden Skiregionen Bayern und Baden-Württemberg (Schwarzwald) vereinen den größten Teil der Anlagen auf sich. Die neuen Bundesländer weisen einen großen Anteil an Schleppliften auf, und Länder ohne Wintersport verfügen vor allem über Ausflugs- und Erschließungsbahnen.

Diese Tendenz läßt sich durch die Struktur der Anlagen in der Schweiz nachweisen *(vgl. Abbildung 10).* Während die Zahl der Standseilbahnen und Pendelbahnen stagniert, nimmt vor allem die Zahl der Umlaufbahnen zu. Ski-

Abbildung 9:
Anzahl der Seilbahnen, Schlepplifte und Zahnradbahnen in Deutschland nach Bundesländern

BUNDESLAND	SEIL-BAHNEN	SCHLEPP-LIFTE	ZAHNRAD-BAHNEN	GE-SAMT	ANTEIL %
Bayern	98	850	2	950	68,1
Baden-Württemberg	14	102	1	117	8,5
Rheinland-Pfalz	8	28	-	36	2,5
Nordrhein-Westfalen	5	94	1	100	7,2
Hessen	7	10	-	17	1,3
Saarland	3	1	-	4	0,2
Niedersachsen	6	30	-	36	2,6
Sachsen	7	103	-	110	7,5
Thüringen	2	25	-	27	2
Sachsen-Anhalt	2	-	-	2	0,1
Gesamt	152	1243	4	1399	100

Quelle: Verband Deutscher Seilbahnen (1993)

Abbildung 10:
Entwicklung der Anzahl Sektionen nach Systemtypen in der Schweiz

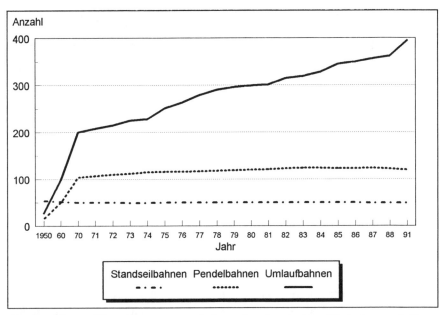

Quelle: Eigene Berechnungen nach der schweizerischen Verkehrsstatistik.

lifte befinden sich in der Rückwärtsentwicklung, was sich im Ersatz durch schneeunabhängige und bequemere Beförderungssysteme wie Gondelbahnen und Sessellifte zeigt. Die Tendenz zu immer schwereren und leistungsstärkeren Anlagen läßt sich in *Abbildung 11* erkennen. Dies hängt auch damit zusammen, daß der Gast heute nicht mehr bereit ist anzustehen. Die Bergbahnen sind deshalb immer mehr gezwungen, ihre Kapazitäten auf Spitzenbelastungen auszulegen. Damit verfügen diese Gesellschaften außerhalb der Spitzenzeit häufig über beachtliche Leerkapazitäten, die ebenfalls mitfinanziert werden müssen.

Die Angebotssituation und Entwicklung in den klassischen Skiländern wie in der Schweiz kann deshalb wie folgt charakterisiert werden:

• Tendenz zu teureren Anlagesystemen, die größeren Komfort, größere Fahrgeschwindigkeit und größere Beförderungskapazität bieten.

• Vermehrte qualitative Verbesserung bestehender Bahnanlagen durch Ersatz mit teureren Systemen. Rückgang des Neubaues von Anlagen und praktischer Stillstand der Neuerschließungen von Skigebieten.

Es kann daher im Bergbahnbereich von einer qualitativen Entwicklung gesprochen werden.

Abbildung 11:

Förderleistung der Seilbahnen in der Schweiz

JAHR	PENDELBAHNEN		KABINENBAHNEN		SESSELBAHNEN	
	gesamt	pro Sektion	gesamt	pro Sektion	gesamt	pro Sektion
1984	61.592	460	71.468	708	179.033	746
1986	62.410	473	73.930	732	202.140	796
1988	67.140	505	81.130	788	230.130	881
1991	68.250	513	100.250	887	263.820	992

Quelle: Eigene Berechnungen nach der schweizerischen Verkehrsstatistik.

2.3 Heutige Nachfragestruktur

Es kann von folgenden Trends ausgegangen werden *(vgl. Bieger, Hartmann, Küng, 1993):*

• Als **primäre Ferienmotive** werden immer noch das Ausspannen, Erholung, Abwechslung von Alltag und Beruf, Amüsement, Vergnügen, Sport und Kultur genannt *(vgl. Abbildung 12).* Immer mehr werden auch Ferien als Zeit angesehen, in der Ferienbeziehungen gepflegt werden können. Bergbahnen bieten hier dem Gast Möglichkeiten zum Ausspannen und Erholung durch eine Fahrt in einen anderen Lebensbereich, Abwechslung von Alltag und Beruf durch die Begegnung mit der Natur und Sport, Amüsement und Vergnügen durch die Aktivitäten, die auf oder am Berg möglich sind.

Abbildung 12:

Motive für Ferien

ausspannen, sich erholen	74%
Abwechslung von Alltag und Beruf, "Tapetenwechsel"	64%
fremde Länder, andere Leute und Sitten kennenlernen	58%
Kontakte mit anderen Menschen haben	49%
sich bewegen, Sport treiben	37%
sich amüsieren, vergnügen	34%
sich verwöhnen lassen	27%
einmal ganz mit der Familie/mit den Kindern zusammensein	24%
ganz bewusst etwas für die Gesundheit tun	15%

Quelle: MACH Consumer 92, WEMF/REMP

- Der **Trend zur Nähe** wird als Gegentrend zur Ferne als ein bedeutendes Ferien- und Touristikmotiv gesehen. Zudem ist generell eine Tendenz in Richtung Kurzferien festzustellen, und zwar vor allem aus finanziellen Gründen und weil immer mehr Abwechslung innerhalb kürzerer Zeit gefragt ist. Für Bergbahnen ergeben sich hier Chancen, vor allem, wenn sie im Einzugsbereich von Städten gelegen sind, indem sie einen raschen Transport in eine neue Erlebniswelt sicherstellen.

- Der Konsument wird sich in Zukunft immer stärker **an Konsumstilen** orientieren. Das heißt, er sieht in der Art, wie er konsumiert, eine Möglichkeit, sich auszuzeichnen und sich selbst zu erfahren (self monitoring). Für Bergbahnen ist dieser Trend eine Chance, wenn es ihnen gelingt, ihr Produkt mit Prestige auszuzeichnen und eine eigene Erlebnisszene aufzubauen.

- Ein Beispiel ist das Großskigebiet Crap Sogn Gion in Graubünden, das sich voll auf Snowboarding konzentriert und durch entsprechende Pistengestaltung (Halfpipes) sowie durch spezielle Anlässe, wie Einladung von Bands, versucht, einen eigenen Stil zu schaffen.

- Trend zum **multioptionalen Feriengast**. In Zukunft wird der Konsument immer mehr verschiedene Erlebnisse praktisch gleichzeitig nachfragen. Er ist immer weniger ein "entweder-oder" und immer mehr ein "sowohl-als auch"-Nachfrager. Diese Entwicklung kann für Bergbahnen eine Chance darstellen, wenn es ihnen gelingt, verschiedene Möglichkeiten anzubieten. Ein Skiberg muß in Zukunft nicht nur Abfahrten bieten, sondern vermehrt auch Winterwanderwege, Rodelbahnen, Sonnenstuben, eventuell eine Kulturecke und sogar Shopping-Möglichkeiten.

- Zunehmender **Kulturkonsum** in den Ferien. Aus den generellen Freizeitinteressen *(vgl. Abbildung 13)* läßt sich ableiten, daß Kultur in Zukunft an Stellenwert gewinnt. Dies dürfte für Bergbahnen eher eine Gefahr darstellen, da auch kulturelle Veranstaltungen wie Konzerte und Ausstellungen am Berg eher eine second best-Variante sind.

Abbildung 13:

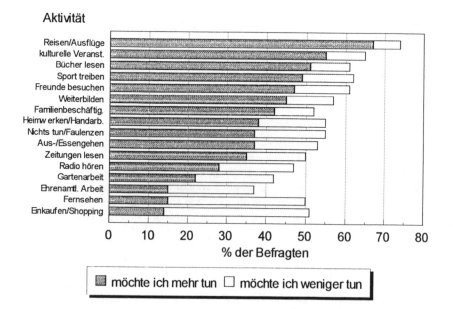

Quelle: FIF, Forschungsinstitut für Freizeit und Tourismus, Univ. Bern 1992.

- Der **Basisnutzen Bergwelt** allein ist immer weniger attraktiv, hat doch der moderne, weitgereiste Gast eine Vielzahl von alternativen Eindrücken. **Entscheidend sind die Sport- und anderen Aktivitätsmöglichkeiten**, die auf dem Hintergrund dieser starken und intensiven Bergnatur erlebt werden können. Diese Entwicklung bedeutet für die Bergbahnen eher eine Chance, da sie gerade den Berg für Aktivitäten ausnutzen. Eine Gefahr wird dieser Trend für eine Bergbahn dann, wenn sie sich als reine Transportanstalt in einer Bergwelt versteht und zu wenig Aktivitäten bietet.

- **Zeit- und Finanzengpaß.** In Zukunft können zwei Bevölkerungsgruppen unterschieden werden: Eine große Gruppe, die mit hochqualifizierter Arbeit ein genügendes wirtschaftliches Auskommen findet, und eine zweite Gruppe, die zwar immer mehr Freizeit, jedoch immer weniger frei verfügbare Mittel hat. Für Bergbahnen bietet sich die Chance, die erste Gruppe anzusprechen, sofern es ihr gelingt, genügend Prestigewerte aufzubauen und viel Beweglichkeit wie raschen Transport, gute Zugänglichkeit der Leistung etc. zu bieten, da diese erste Gruppe immer mehr auch unter einem Zeitengpaß leiden wird.

- Der reisende Gast ist immer stärker **umweltsensibilisiert** und achtet darauf, ob seine Ferien umweltgerecht produziert werden. Er verlangt zwar perfekte Leistungen, möchte aber nicht mit den Auswirkungen, die die Produktion dieser Leistung ergeben, konfrontiert werden. Für Bergbahnen bedeutet diese Entwicklung eine Gefahr, wenn es ihnen nicht gelingt, Narben an der Natur und die Belastung der Natur zu vermindern.

Da die meisten der oben genannten Motive von Bergbahnen idealerweise angeboten werden können, werden die Bergbahnen auch in Zukunft die wichtigsten Angebotselemente im Bergtourismus und damit die **Motoren der touristischen Entwicklung im Berggebiet** sein. Immer mehr dürfte sich auch die Nachfrage in klassischen Skigebieten auf den Sommer verlagern. Die Gäste werden wegen ihrer Umweltsensibilisierung Ziele am Mittelmeer weniger nachfragen und eher die intakte Natur mit der gesunden Betätigung in erfrischender Luft suchen.

Insgesamt wurden auf den Schweizer Seilbahnen 1991 124 Mio. Fahrten verzeichnet. Jeder Einwohner hat sich damit im Schnitt rund 20 mal im Jahr mit einer Seilbahn befördern lassen (ohne Berücksichtigung der Touristen). Die Zahl der Seilbahnfahrten schwankt von Jahr zu Jahr sehr stark (*siehe Abbildung 14*). Dies ist vor allem auf die unterschiedliche Schneelage zurückzuführen.

Aus den stark schwankenden Zahlen der Frequenzen und den Trends in den Motiven, die immer mehr in Richtung Qualitätsbewußtsein laufen, läßt sich folgern,   daß in Zukunft der Gast seine Nachfrage auf **bestgeeignete**

Abbildung 14:

Marktsituation der Seilbahnen in der Schweiz

JAHR	TOTAL BEFÖRDERTE PERSONEN (NACHFRAGE)	INDEX	TRANSPORTVERMÖ-GEN PRO STUNDE (ANGEBOT)	INDEX
1982	101.293.758	100	267.211	100
1984	104.757.748	103	312.093	117
1985	99.758.976	98,5	326.450	122
1986	107.765.338	106	338.480	127
1987	112.653.429	112	361.700	138
1988	111.335.414	110	378.400	142
1989	107.111.000	105,7	388.560	145
1990	110.107.000	108,7	404.570	151
1991	124.715.000	123	432.320	162

Quelle: Eigene Berechnungen nach der Schweizerischen Verkehrsstatistik.

Zeitpunkte und **bestgeeignete qualitative Standorte** konzentrieren wird. Die Schwankungen zwischen Schlechtwettertagen am Rande der Saison und den Schönwettertagen Mitte der Saison werden deshalb eher zunehmen.

2.4 Tendenzen der Marktentwicklung

Abbildung 14 zeigt die Entwicklung der Nachfrage anhand der insgesamt beförderten Personen in der Schweiz und das Angebot mit dem Indikator Transportvermögen pro Stunde aller Anlagen. Seit 1982 hat sich innerhalb von zehn Jahren die Nachfrage stark schwankend um plus 23 % entwickelt. Das Angebot steigerte sich kontinuierlich auf plus 62 %. Die Schere zwischen angebotener und nachgefragter Transportleistung hat sich somit laufend geöffnet. Dies drückte sich in den Preisen aus. *Abbildung 15* zeigt verschiedene Eckfahrpreise der Titlisbahnen, die in der Nähe von Luzern in ein Gletschergebiet über 3.000 m Höhe führen. Es zeigt sich, daß sich sämtliche Preise unter den Konsumentenpreisindizes entwickelten und insbesondere die Kindertageskarten sogar nominal praktisch stagnierten, obwohl die Titlisbahnen ein qualitativ hochstehendes, laufend ausgebautes Produkt bieten. Gleichzeitig sind die Kosten, wie auch die Tabelle über die Baukosten von neuen Anlagen gezeigt hat, laufend gestiegen. Es darf davon

Abbildung 15:

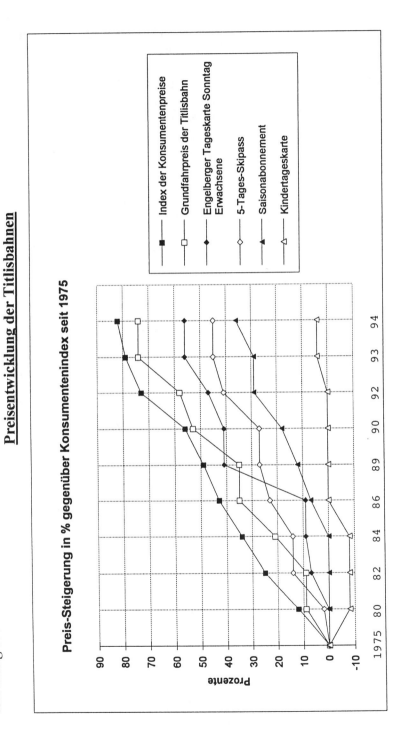

Preisentwicklung der Titlisbahnen

ausgegangen werden, daß die **ungleichgewichtige Marktsituation zu sinkenden Preisen** in der Branche geführt hat.

Generell hat sich die Wettbewerbssituation der Bergbahnen in den letzten Jahren massiv verschärft. Dies kann anhand der leicht modifizierten Darstellung von Porter (1989) zu den Triebkräften des Wettbewerbes gezeigt werden:

Abbildung 16:

Wettbewerbssituation der Bergbahnen

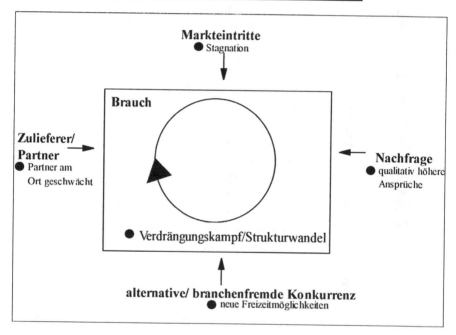

Quelle: In Anlehnung an Porter (1989).

- Die Nachfrage entwickelt sich, wie oben gezeigt wurde, mit immer höheren Ansprüchen in bezug auf Prestige, Beweglichkeit und Optionenvielfalt der Betätigungsmöglichkeiten.

- In bezug auf Markteintritte ist in der Branche eine weitgehende Sättigung und sogar Stagnation erkennbar.

- Im Bereich der Zulieferer, zu denen im Tourismus vor allem auch die Partner am Ort gehören, ist in praktisch allen Alpenländern ein immer schwierigeres Umfeld für die Hotellerie festzustellen. So ist in der Schweiz in vielen Orten die Hotellerie finanziell und ertragsmäßig geschwächt und kann selbst oft nicht mehr wegweisende Marketingarbeiten leisten. Oft sind im Grunde genommen Degenerationsprozesse im Gang, indem immer billigere, einkommensschwächere Gästeschichten angesprochen werden.

- In bezug auf alternative, branchenfremde Konkurrenz ist eine starke Konkurrenzsituation durch das immer breitere allgemeine Freizeitangebot festzustellen; sogar für die Freizeitgestaltung im Haus gibt es immer neue Alternativen.

Diese Triebkräfte ergeben zusammen mit dem Überangebot in der Branche selbst den eigentlichen Verdrängungswettbewerb. Es darf davon ausgegangen werden, daß sich die Bergbahnbranche in einem qualitativ orientierten Strukturwandel befindet, der durch den Wandel von Transportunternehmen zu modernen multioptionalen Freizeitunternehmen gekennzeichnet ist. Quantitativ ist ein Trend zu einem zunehmenden Konzentrationsprozeß auf Großunternehmen und bestgeeignete Standorte festzustellen, da sich nur große Unternehmen die im Zusammenhang mit der qualitätsmäßigen Differenzierung der Nachfrage notwendigen Investitionen leisten können und der Konsument immer mehr nur diese Angebote nachfragt.

Der Konzentrationsprozeß kann sich durch vermehrte Unternehmenszusammenschlüsse und/ oder durch unternehmerische Kooperation zwischen verschiedenen Gesellschaften zeigen.

3. Die Beziehungen des Bergbahnunternehmens mit seiner Umwelt

Wie oben dargestellt wurde, gehört das Bergbahnunternehmen zu den Unternehmen mit intensiven externen Effekten in verschiedenen Umweltbereichen. Es empfängt Nutzen und Schaden und beeinflußt die verschiedenen Umweltbereiche auch wieder positiv und negativ.

3.1 Ökologische Umwelt

- **Ökologische Effekte der Bergbahnen**

Abbildung 17 gibt die Einschätzung verschiedener Maßnahmen zur Einschränkung der ökologischen Effekte des Skisportes wieder. Es zeigt sich, daß allgemein eine zunehmend kritischere Haltung gegenüber dem Skisport

Abbildung 17:

Skisport und Umwelt - Maßnahmen zum Schutz des Alpenraumes

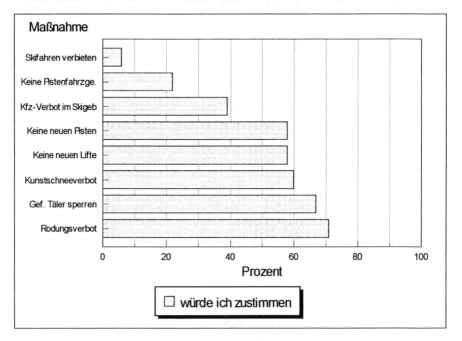

Quelle: FIF, Forschungsinstitut für Freizeit und Tourismus, Uni Bern, 1991

und den Bergbahnen besteht. Tatsächlich **beeinträchtigen** die Bergbahnen die Umwelt auf verschiedene Arten:

<u>**Direkte**</u> Beeinträchtigungen:
- Optische Beeinträchtigung durch Installation und Bauten
- Beeinträchtigung der Flora durch Installation der Anlagen, Planierung der Pisten und Bereitstellung von Wanderwegen
- Energieverbrauch durch den Betrieb von Anlagen oder auch für den Betrieb von Schneeanlagen
- Zusätzliche Abwässer aus dem Skigebiet und Entsorgung von Abfällen

<u>**Indirekte**</u> Beeinträchtigungen:
- Erzeugung von Verkehrsbelastung durch Schaffung eines Attraktionspunktes (durch Zu- und Wegfahrt werden vor allem in den Tälern, durch die sich der Verkehr quälen muß, an den Spitzentagen

teilweise an die Grenze der Belastbarkeit reichende Verkehrs- und Luftbelastungen erzeugt).

- Beeinträchtigung der Natur durch Transport von Personenmassen in die Natur, beispielsweise als Variantenskifahrer oder als Wanderer außerhalb der Wanderwege.
- Als Motor der Entwicklung, indem durch die Schaffung zusätzlicher Attraktionspunkte häufig ein Bauboom in den Bergtälern ausgelöst wird.

Dagegen stehen zahlreiche positive ökologische Effekte:

Direkte Vorteile:

- Begrünung/Melioration (Bodenverbesserung) von Alpenwiesen und damit in vielen Fällen Schaffung der Möglichkeit ihrer Bewirtschaftung mit Alpwirtschaft.
- Teilweise Verbauung des Geländes und damit Schutz vor Hangrutschen, Lawinen etc.

Indirekte Vorteile:

- Durch Konzentration der Freizeitnachfrage in der Natur auf einzelne Punkte als Beitrag zur Schonung der übrigen Flächen (dies entspricht der Raumordnungspolitik in der Schweiz, indem Intensiverholungszonen ausgeschieden und Freihaltezonen abgegrenzt werden).
- Schaffung von Arbeitsplätzen für den Wintererwerb von Landwirten zur Unterstützung der für die Landschaftspflege notwendigen Berglandwirtschaft.

Die größten und am schwersten kontrollierbaren ökologischen Effekte der Bergbahnen entstehen vor allem durch das individuelle Verhalten der Gäste, ihr Verkehrsverhalten, ihr Verhalten als Variantenskifahrer oder ihre Behandlung des Abfalles etc. Wie Erfahrungen und Umfragen immer wieder zeigen, sind die Gäste zwar umweltsensibilisiert, aber als Touristen in ihrer schönsten Zeit des Jahres selten bereit, Einschränkungen zu Gunsten der Umwelt in Kauf zu nehmen (*vgl. Bieger, Hartmann, Küng, 1993*). Damit die Umweltbilanz der Bergbahngesellschaft ausgeglichen abschließt, muß die Gesellschaft einerseits ihre direkten eigenen Auswirkungen begrenzen und kontrollieren (beispielsweise Anschluß an das örtliche Abwassernetz, sorgfältige Wiederbegrünung, schonungsvolle Architektur, Erschließung alternativer Energiequellen etc.) und andererseits sanft lenkend auf das Verhalten der Gäste einwirken (beispielsweise Markierung, eventuell Einzäunung von Routen, Bereitstellung von Abfallkörben, Verteilung von Merkblättern an Gäste mit Verhaltensregeln im Sinne von Ökorichtlinien etc.).

Akzeptiert man die heutige Mobilität und das Bedürfnis zum Freizeitsport in der Natur, so kann man feststellen, daß Bergbahnen eine sinnvolle Variante der konzentrierten und gesteuerten Begegnung mit der Natur darstellen und damit als Ganzes, unter Berücksichtigung aller negativen Effekte von Ersatzfreizeitbetätigungen, ökologisch auch positiv eingestuft werden können. Dies zeigt beispielsweise ein Vergleich des Energieverbrauches einer Schneeanlage *(vgl. Abbildung 18),* aus der hervorgeht, daß andere Freizeiteinrichtungen, die eine weit geringere Zahl von Gästen aufnehmen können, einen relativ höheren Energieverbrauch aufweisen.

Abbildung 18:
Energiebedarf einer Schneeanlage im Vergleich

VERBRAUCHER	ENERGIE IN KWH PRO JAHR
1 PKW *)	19.000
EINFAMILIENHAUS (130 qm)	30.000
STÄDTISCHE SAUNA **)	360.000
KLEINE SCHNEEANLAGE (3,5 HA)	26 - 39.000
GROSSE SCHNEEANLAGE (30 HA)	400.000
ÖFFENTLICHES HALLENBAD	700.000
MITTLERES HOTEL (60 BETTEN) ***)	900.000
ALLMEND EISSTADION BERN	1.376.000
*) 20.000 km Fahrleistung pro Jahr (10 Liter/100km) **) Städtische Sauna in Stadt mit 10.000 Einwohnern ***) Mittleres Hotel in Wintersportort	

Tabelle mit Erfahrungswerten aus der Schweiz ergänzt.

• **Ökologische Abhängigkeiten von Bergbahnen**

Bergbahnen sind auf die positiven Effekte der Umwelt in Form von intakter Natur, gesunder Luft, Natursehenswürdigkeiten, attraktiver Flora und Fauna als Bestandteil ihres Kernnutzens angewiesen. Immer stärker leiden jedoch die Bergbahnen unter den negativen Effekten der Umwelt, die sich aus der Klimaveränderung ergeben.

Zahlreiche Skigebiete wurden in den schneereichen sechziger und siebziger Jahre erbaut und weisen heute, Mitte der neunziger Jahre, **ungenügenden**

Schneefall auf. Klimaforscher gehen von einer Phase mit zunehmenden Temperaturen aus. Die Ursachenzuweisungen gehen allerdings weit auseinander. Überwiegend wird der Treibhauseffekt, beruhend auf dem Ausstoß eines Übermaßes von Treibhausgasen wie CO_2, genannt. Es muß davon ausgegangen werden, daß sich in den nächsten 50 Jahren die durchschnittliche Temperatur in unseren Breiten um zwei bis drei Grad erhöhen könnte (*vgl. Ricklin, 1993*). Damit würde sich die Grenze mit genügend Schnee von heute rund 1500 m über dem Meeresspiegel auf rund 1800 m verschieben (*Referenz: Standorte Schweiz*).

Eine Erwärmung gefährdet die Bergbahnen zusätzlich, indem in den alpinen Gebieten, die durch Eis zusammengehaltenen Hänge auftauen, so daß vermehrt mit Erdrutschen gerechnet werden muß.

Eine Klimaerwärmung ist aufgrund der komplizierten Austauschprozesse und Klimaanlagen nicht nur über das Thermometer spürbar, sondern wird auch zu **instabileren Wetterlagen** mit vermehrt **heftigen Winden** führen. Schon heute registriert man in den Alpen Windgeschwindigkeiten, die früher unbekannt waren. Die Anlagen der Bergbahnen sind damit zusätzlich gefährdet; und es muß mit mehr Tagen Betriebsunterbrechung im Jahr gerechnet werden. Dieser Trend zum instabilen Wetter verstärkt die Konzentration der Nachfrage auf bestgeeignete Zeitpunkte. Demzufolge werden auch die Einnahmen vermehrten Schwankungen unterworfen sein. Entsprechend müssen Bergbahnen in Zukunft über größere und stabile Finanzreserven verfügen.

3.2 Ökonomische Umwelt

- **Wirtschaftliche Bedeutung der Bergbahnen**

Bergbahnen weisen für den Ort und die Region eine große wirtschaftliche Bedeutung auf:

Direkte Bedeutung:
Bergbahnen sind an vielen Bergorten mit einem kleinem Bestand an Industrie und Gewerbe wichtige Arbeitgeber. Da der Anteil des Personalaufwandes und die Landentschädigung relativ groß sind, ist auch die Wertschöpfung sehr hoch. *Abbildung 19* zeigt am Beispiel der Titlisbahnen, die eine Stammbahn mit vier Sektionen von 1.000 m auf 3.000 m Höhe betreibt, die Höhe der Wertschöpfung aus einem Bahnbetrieb.

Abbildung 19:

Die Wertschöpfung

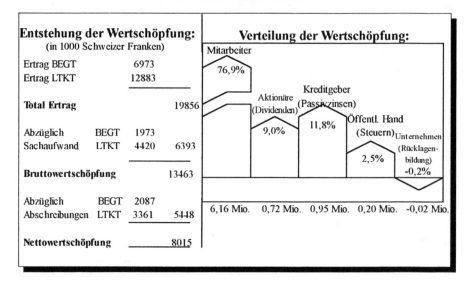

Quelle: Jahresbericht Bergbahnen Engelberg-Titlis 1990

Indirekte Bedeutung:

Wie oben erwähnt wurde, sind Bergbahnen der Motor der touristischen Entwicklung im Berggebiet. Am Beispiel der Bergbahnen in Disentis kann gezeigt werden, welche indirekten Effekte der Bau einer Bergbahn mit sich bringt. Dort entwickelte sich die Zahl der Logiernächte von rund 20.000 im Jahre 1969/70 nach dem Bau einer Luftseilbahn und drei Skiliften mit nachfolgender Erschließung des Skigebietes bis ins Jahr 1992/93 auf rund 400.000 Logiernächte. Die Bergbahnen in Disentis haben damit wesentlich zum Wohlstand der Gemeinde beigetragen und indirekt rund 500 Arbeitsplätze im Tourismus geschaffen.

• Einflüsse der Wirtschaftsentwicklung auf die Bergbahnen

Die allgemeine Einkommensentwicklung beeinflußt die Nachfrage der Bergbahnen relativ stark, obwohl die Nachfrage der Einheimischen und der Binnentouristen heute weitgehend konjunkturresistent ist. Reisen und Natursport haben sich zunehmend zu einem Grundbedürfnis entwickelt. Vor allem die auslandsabhängige Nachfrage schwankt aber je nach Konjunktur und Wechselkursentwicklung stark. Auch die Kapitalzinsentwicklungen sind von großer Bedeutung, da praktisch alle Bergbahnen für die Finanzierung Fremdkapital benötigen. Die Fremdkapitalzinsen selbst sind fixe Kosten. Im

Zusammenhang mit den immer unsicheren und stärker schwankenden Erträgen (Klima- und Nachfrageentwicklung) werden diese fixen Belastungen ein nicht unerhebliches ökonomisches Risiko.

Damit eine große Akzeptanz in der Bevölkerung erreicht wird und möglichst viel Eigenkapital für spätere Investitionen aus dem Tal kommen kann, muß es das Ziel der Bergbahnunternehmung sein, Einkommen im Tal zu binden. Dies ist u. a. möglich, indem Vorleistungskäufe im Tal getätigt werden.

3.3 Gesellschaftliche Umwelt

Bergbahnen beeinflussen die gesellschaftliche Umwelt an einem Ort, indem sie

- **Fachpersonal** von außerhalb anziehen und damit die Bevölkerungsstruktur durch den Zuzug neuer Bevölkerungskreise verändern,
- **Zweitarbeitsplätze** für Bauern bieten und damit zur Stabilisierung der traditionellen Wirtschafts- und Bevölkerungsstruktur beitragen,
- **fremdes Kapital** durch den Bau einer Bergbahn und die mit ihm verbundenen Folgeinvestitionen benötigen und damit Fremdbestimmung in das Tal bringen.
- **Touristen** in großer Zahl anziehen und damit das gesellschaftliche Klima im Ort prägen.

Die wichtigsten direkten gesellschaftlichen Wirkungen, die die Gäste an einem touristischen Ort verspüren, sind nach konsultativen Umfragen in der Schweiz vor allem die durch einen Bauboom erhöhten Landpreise und die Belastung durch den motorisierten Fahrzeugverkehr (*vgl. FIF, 1993*).

Auf der anderen Seite beeinflußt die Gesellschaft am Ort und in der Region die Entwicklung der Bergbahn **direkt**, indem die politische Behörde und schließlich die stimmberechtigten Bürger bei Bewilligungen und Zonenplanänderungen zu Gunsten der Bergbahn stimmen können. **Indirekt** beeinflussen die Einwohner die Entwicklung der Bergbahn, indem sie durch ihre Gästefreundlichkeit oder über ihre Investitionsbereitschaft für den Tourismus das touristische Angebot und das Gästeklima am Ort mitbestimmen.

Für die Einheimischen bringt die Bergbahn somit, neben vielen positiven ökonomischen Effekten auf gesellschaftlicher Ebene, vor allem Fremdes und vielfach Fremdbestimmung. Wie die Bevölkerung darauf reagiert, ob sie das

Neue mit Freude aufnimmt, ob sie sich verschließt oder ob sie sich neutral verhält, kann die Bergbahnunternehmung durch die Einbeziehung der Bevölkerung wesentlich steuern.

Diese Einbeziehung kann erfolgen durch:

- **Information** über betriebsinterne Entwicklungen, Pläne und Absichten der Bergbahngesellschaft.

- Öffnung der Bergbahn für **Arbeitsplätze** von Einheimischen.

- **Mitsprache** der Bevölkerung, beispielsweise durch öffentliche Aussprachen über Ausbauprojekte.

3.4 Rechtliche Umwelt

Aufgrund der großen externen Effekte und der wichtigen Sicherheitsaspekte der Bergbahnen sind sie zahlreichen Regulierungen unterworfen. So unterliegen sie

1. einer Konzessionspflicht. Konzessionsbehörde ist je nach Land, Bergbahntyp und Größe der Anlage das Land oder der Bund. Schienengebundene Anlagen werden in der Schweiz immer noch von der Bundesversammlung, Seilbahnen durch das Verkehrsdepartement und Skilifte und Kleinluftseilbahnen durch den Kanton bewilligt. Das Bewilligungsverfahren ist ein längeres Genehmigungsverfahren, das zahlreiche Sonderberichte und eine Umweltverträglichkeitsprüfung beinhaltet. Der Ablauf des Genehmigungsverfahrens und die einbezogenen Stellen sind am Beispiel Deutschlands in *Abbildung 21* dargestellt. In Deutschland und in der Schweiz werden aufgrund der restriktiven Konzessionsbedingungen heute praktisch keine neuen Erschließungen mehr genehmigt. Auch für den Umbau und den Ersatz bestehender Anlagen gelten verschärfte Bedingungen, die für die betroffenen Unternehmen erhebliche Zusatzkosten verursachen.

2. einer Transportpflicht. In einzelnen Ländern unterliegen Bergbahnen der Transportpflicht. In der Schweiz sind Seilbahnen davon ausgenommen. Transportpflicht bedeutet die Pflicht zur Publikation von Fahrplänen und die Verpflichtung, diesen Fahrplan und die angebotene Transportleistung einzuhalten.

Abbildung 20:

Konzessionsgesuch in Deutschland

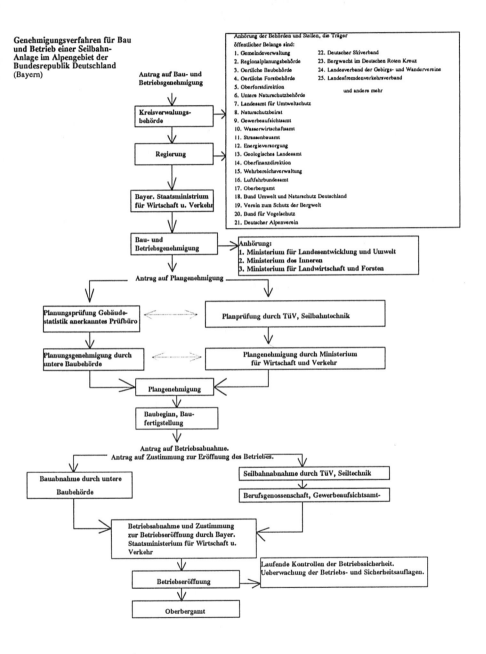

3. einer Haftpflicht. Wie in vielen Ländern unterliegen Seilbahnen in der Schweiz einer erhöhten Haftpflicht. Dies gilt nicht nur gegenüber dem Gast während des Transports, sondern auch im Rahmen einer Verkehrssicherungspflicht für die Skipisten. Abgeleitet wird diese Verpflichtung aus einer vertraglichen Nebenpflicht, der allgemeinen Schutzpflicht des Verursachers eines Gefahrenzustandes.

Die Haftpflicht, vor allem außerhalb des eigentlichen Transportes, enthält für Bergbahnunternehmen eine relativ große Rechtsunsicherheit. So ist beispielsweise unklar, wie stark gewisse Gefahren durch Absperrungen oder sogar Entfernung gesichert werden müssen und wie weit die Informationspflicht des Bergbahnunternehmens geht. Die entsprechenden Antworten können nicht aus Gesetzen, sondern nur aus der Gerichtspraxis abgeleitet werden.

4. technischen Vorschriften. Seilbahnen unterliegen strengen technischen Vorschriften. Sie werden nicht nur beim Bau und bei Inbetriebnahme, sondern in den meisten Ländern ebenfalls regelmäßig während des Betriebs überprüft. Auch das technische Personal hat besonderen Anforderungen zu genügen. So werden in der Schweiz seit einigen Jahren neue Ausbildungsgänge zum Berufsbild "Seilbahnfachmann" durchgeführt.

Die technischen Anforderungen an die Bergbahnen steigen ständig. Dies verursacht einerseits einen Druck zu Erneuerung bestehender Anlagen und andererseits eine Erhöhung der Kosten im Betrieb.

Die Seilbahnen versuchen ihrerseits **Einfluß auf die Regulierungen** ihrer Branche zu nehmen. In allen europäischen Ländern existieren deshalb starke Verbände, wie der *Verband Deutscher Seilbahnen* in München.

3.5 Technische Umwelt

Die Entwicklung der Bergbahnen ist stark von der technischen Entwicklung geprägt. Neuerungen werden vor allem durch Fortschritte in der Material- und Nachrichtentechnik ermöglicht:

• Mit Hilfe **neuer Materialien** werden leichtere und formschönere Kabinen erzeugt. Z. B. konnte die neu entwickelte drehbare Luftseilbahnkabine der Titlisbahnen erst durch den Einsatz neuer Werkstoffe realisiert werden. Auch neue Seilbahntypen wie Einseilgruppenpendelbahnen mit hohen

Fahrgeschwindigkeiten verdanken ihre Entwicklung neuen Materialien für Rollenbatterien und anderen Abnutzungsteilen.

• Durch Fortschritte in der Nachrichtentechnik können **neue Steuerungen** entwickelt werden, die nicht nur Personal sparen, sondern auch höhere Geschwindigkeiten und damit größere Förderungsleistungen ermöglichen.

• Besonders wichtig im Zusammenhang mit Betriebskosten und Betriebssicherheit ist die Wartung. Diese erfolgte bisher zeitabhängig, heute werden jedoch flexible **nutzungsabhängige Wartungsprogramme**, teilweise auf EDV-Basis, angeboten.

Für eine Bergbahnunternehmung ist es im Hinblick auf die Betriebskosten notwendig, die technische Entwicklung laufend mitzuverfolgen und daraus entstehende Chancen zur Qualitätsverbesserung oder Kosteneinsparung wahrzunehmen.

4. Das Management einer Bergbahnunternehmung

4.1 Grundsätze der Unternehmenspolitik

Die Unternehmenspolitik soll Auskunft geben über:

1. die Verhaltensgrundsätze gegenüber den Anspruchsgruppen. In diesem Teil legt die Unternehmensleitung fest, welche Leistungen/ Gegenleistungen den Kontakt mit den verschiedenen Anspruchsgruppen des Unternehmens prägen sollen. Diese Aufgabe ergibt sich aus dem Anspruchsgruppenmodell des Unternehmens (*vgl. Hill, 1989, S.267ff*), das die Unternehmung als Zweckkoalition verschiedener Interessengruppen sieht (*siehe Abbildung 21*). Solche Interessengruppen sind im Falle einer Bergbahn, wie bei jedem anderen Unternehmen auch, die Kapitalgeber, die Mitarbeiter, die Kunden und die Lieferanten. Zusätzliche Bedeutung haben jedoch aufgrund der großen externen Effekte der Staat und die Öffentlichkeit. Aufgabe des Management als Kerngruppe ist es, mit allen Interessengruppen einen Ausgleich dergestalt zu pflegen, daß diese an der weiteren Existenz der Unternehmung interessiert sind und mitarbeiten.

Eine inkonsistente Verhaltensweise gegenüber den verschiedenen Anspruchsgruppen kann längerfristig die Existenz des Unternehmens gefährden. Handelt beispielsweise die Bergbahnunternehmung mit jedem Landbesitzer andere Verträge aus, besteht die Gefahr, daß sie, sobald die unterschiedliche Behandlung entdeckt worden ist, zu einer Erhöhung der Abgeltungszahlungen für das Land gezwungen und von verschiedenen Interessenten ausgespielt wird. Ein weiterer hochsensibler Bereich ist die Behandlung der Einheimischen mit Spezialtarifen. Die Öffentlichkeit reagiert sehr empfindlich, wenn einzelne Gruppen bevorzugt werden. Das Unternehmen kommt so unter einen massiven Rabattdruck.

Abbildung 21:
Interessengruppen einer Bergbahnunternehmung

2. **den Grundzweck der Unternehmung.** Es geht um die Aussage, für welchen Markt welche Leistung erbracht werden soll. Je enger der Unternehmenszweck definiert wird, desto leichter fällt es, für diesen speziellen Zweck die Leistungen zu spezifizieren und die Mitarbeiter zu motivieren. Auf der anderen Seite besteht bei einer engen Definition des Unternehmenszwecks die Gefahr, daß aufgrund der Nachfrageentwicklung das Interesse an den angebotenen Leistungen im entsprechenden Markt schwindet und die Unternehmung den Anschluß verpaßt. So ist es einem Skiliftunternehmen in der Schweiz ergangen, das sich Mitte der sechziger

Jahre auf die damals aufkommenden Skibobs - eine Art Fahrrad auf Kufen - spezialisiert hatte. Der entsprechende Boom war nur von kurzer Dauer und die entsprechende Spezialisierung der Unternehmung wurde rasch obsolet und eher ein Imagehandicap.

Die Definition des Unternehmenszwecks ist bei Bergbahnen besonders wichtig. Zum einen geht es darum, schon im obersten Grundsatzpapier der Unternehmung klar festzuhalten, daß sie mehr als nur ein Transportbetrieb ist, und zu beschreiben, welchen Kernnutzen die Unternehmung für den Kunden erbringen soll. Zum anderen ist es oft der Fall, daß die verschiedenen Zielgruppen ihre Spezialwünsche bei einer Bergbahn befriedigt haben wollen. Die **Gleitschirmflieger** wollen zum Beispiel eine spezielle **Startrampe, Snowboarder** eine **Halfpipe, Wanderer** bequeme **Wanderwege ohne Skipistenkreuzung** etc. Durch eine klare Aussage über den Unternehmenszweck kann diesen Zielkonflikten von Beginn an entgegengewirkt werden. Schließlich trägt die Definition des Unternehmenszwecks zu einer deutlichen Profilierung des Unternehmens im Konkurrenzumfeld bei. Das Unternehmen wird dadurch auf dem Markt besser wahrnehmbar.

3. das Ziel der Unternehmung. Bergbahnen erfüllen mit ihren zahlreichen Auswirkungen nicht in allen Fällen nur Renditeziele. Ziel kann es beispielsweise auch sein, Motor für die Entwicklung eines Bergkurortes zu sein, Arbeitsplätze für die einheimische Bevölkerung zu schaffen oder ganz allgemein zur Attraktivität eines Ortes durch ein hervorragendes Angebot von überregionaler Ausstrahlung beizutragen.

Je nach Situation, in der sich die Unternehmung befindet, und je nach Wertvorstellungen des Verwaltungsrates sind alternative unternehmens-politische Grundrichtlinien denkbar. *Abbildung 22* stellt zwei grundsätzlich verschiedene Möglichkeiten der unternehmerischen Ausrichtung gegenüber, *Abbildung 23* zeigt den Erarbeitungsprozeß eines Leitbildes. Das Unternehmensleitbild soll die Entscheidungen aller Entscheidungs-träger vom Aufsichtsrat bis zu den einzelnen Sachbearbeitern und Mitarbeitern beeinflussen und somit dem Unternehmen eine Leitlinie im eigentlichen Sinne sein. Die Unternehmenspolitik einer Bergbahn sollte aufgrund des großen öffentlichen Interesses transparent gemacht und als gekürzte Fassung in Form eines Leitbildes publiziert werden. *(Zur Leitbildfrage in der Unternemenspolitik siehe auch Dreyer in Teil A. I., S. 44ff.)*

Abbildung 22:

Alternative Beispiele für eine Unternehmenspolitik

Beispiel 1:

Grundzweck:	Unser Unternehmen sieht seine vornehmste Aufgabe darin, für den Ort Erwerbsmöglichkeiten und Einkommen zu schaffen. Dies schafft es primär durch eine hohe Spezialisierung auf wertschöpfungsintensive Ausflugsgäste und die Pflege des Aufenthaltsgastes.
Verhaltensgrundsätze:	Wir bevorzugen Lieferanten am Ort, rekrutieren Arbeitskräfte am Ort und bieten diesen langfristige Entwicklungsmöglichkeiten in unserem Unternehmen. Unseren Kapitalgebern bieten wir nicht nur Dividenden (die zu einem Abfluß von Eigenmitteln führen würden), sondern auch immaterielle Anreize wie Freifahrten.
Langfristige Unternehmensziele:	Primäres Ziel ist eine langfristige Sicherung der Unabhängigkeit des Unternehmens. Der Eigenfinanzierungsanteil soll mehr als 50 % betragen.

Beispiel 2:

Grundzweck:	Unser Unternehmen soll für den anspruchsvollen Sportgast zum vorrangigen alpinen Angebot im Raum Ostschweiz/Vorarlberg werden.
Verhaltensgrundsätze:	Unseren Gästen bieten wir anforderungs- und erlebnisreiche hochalpine Freizeittage, die allerdings ihren Preis haben. Von unseren Mitarbeitern verlangen wir überdurchschnittliche Leistungen für die Angebotspflege und die Sicherheit unseres Gastes. Für unsere Kapitalgeber, von denen wir eine langfristige Investitionsbereitschaft erwarten, verwenden wir einen genügend großen Teil der Wertschöpfung, so daß wir für den Kapitalmarkt attraktive Dividenden bezahlen können.
Langfristige Unternehmensziele:	Im Vergleich zur direkten Konkurrenz überdurchschnittliches Angebot in bezug auf Innovation und hochalpine Erlebnisse. Im finanziellen Bereich Sicherung einer Dividende von mehr als 6 %.

Abbildung 23:

Entwicklung einer Unternehmenspolitik

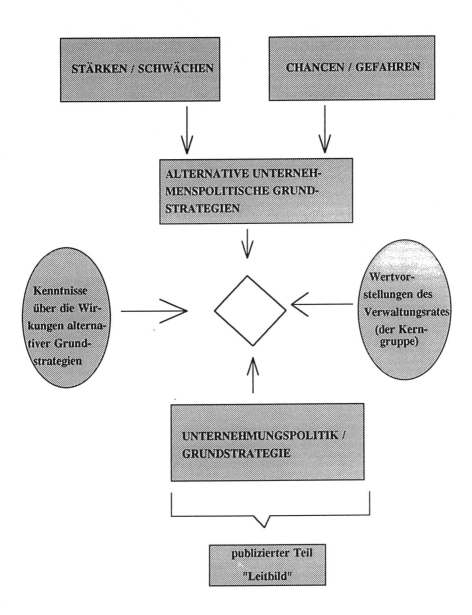

4.2 Strategien einer Bergbahnunternehmung

Eine Strategie beinhaltet die mittelfristige Verhaltensweise der Unternehmung am Markt zur Erhaltung ihrer Wettbewerbsfähigkeit. Das Ziel ist das Erreichen einer befriedigenden Wertschöpfung. Ausgangspunkt zur Bestimmung einer Unternehmensstrategie ist die Analyse des Wettbewerbsumfeldes einer Unternehmung. Wie in *Kapitel 2.4* dargestellt wurde, zeichnet sich der Markt der Bergbahnunternehmung durch immer größere branchenfremde Konkurrenz, Verdrängungswettbewerb mit einem Strukturwandel in der Branche selbst und immer stärker auf Erlebnis ausgerichtete Nachfrage aus. Die Bergbahnunternehmung ist zudem durch Konzessionen, Transportpflicht und andere rechtliche Bestimmungen in ihrem strategischen Handlungsfeld eingeschränkt. Innerhalb der klassischen *Ansoff-Matrix* ergeben sich für ein Bergbahnunternehmen folgende Handlungsalternativen (*Abbildung 24*):

1. **Marktdurchdringung.** Die Sportbahnen Winterhorn haben beispielsweise nach einer finanziellen Sanierung den angestammten Skimarkt besser bearbeitet, indem sie in der Region damals erstmalig eine intensivierte Werbekampagne über Lokalradios gestartet und gleichzeitig die Pistenqualität spürbar verbessert haben. Diese Strategien dürften vor allem Unternehmen in einer Konsolidierungsphase verfolgen, die aufgrund ihrer finanziellen Möglichkeiten keine Marktentwicklungs- oder Diversifikationschancen haben und in dieser Lage keine neuen Produkte entwickeln können.

2. **Produktentwicklung.** Die Brunibahnen in Engelberg haben eine moderne Sommerrodelbahn neu aufgebaut und damit im angestammten Marktbereich für Familien eine zusätzliche Attraktion geschaffen. Diese Strategie wird sich vor allem für Unternehmen eignen, die über genügend finanzielle Mittel für den Aufbau einer neuen Attraktion verfügen, jedoch aufgrund ihrer Profilierung und Positionierung keinen neuen Markt ansprechen können. Im Beispiel der Brunibahnen hätten Aktivsportler die eher ruhesuchenden Familien gestört.

3. **Marktentwicklung.** Die Titlisbahnen haben beispielsweise als eine der ersten Unternehmungen den koreanischen Markt bearbeitet und sich dort zu einem Markenprodukt entwickelt. Diese Strategie eignet sich vor allem für Unternehmen mit einem guten angestammten Angebot, genügend Marketingmitteln und Know how.

4. Diversifikation. Savognin hat beispielsweise Ende der siebziger Jahre dem Berggebiet eine Tuchfabrik angegliedert. Diese Strategie eignet sich für Betriebe, die über genügend Finanzmittel, Management-Know how und ein geeignetes Beziehungsnetz verfügen.

Abbildung 24:
Ansoff-Matrix am Beispiel eines Bergbahnunternehmens

PRODUKT \ MARKT	ALT	NEU
ALT	**Marktdurchdringung** z.B. Bessere Bearbeitung Skimarkt	**Marktentwicklung** z.B. Erschliessung des asiatischen Raums
NEU	**Produktentwicklung** z.B. Aufbau Sommerrodelbahnen	**Diversifikation** z.B. Acquisition eines branchenfremden Unternehmens

Auf jedem der Geschäftsfelder kann in Anlehnung an *Porter (1989)* aus drei verschiedenen Strategien gewählt werden:

1. Kostenführerstrategie. Diese Strategie bedeutet beispielsweise, das sich ein Skigebiet durch extrem günstige Tageskartenpreise profiliert.)

Diese Strategie dürfte vor allem eine Notlösung darstellen. Da alle Unternehmen im Bergbahnbereich ungefähr den gleichen Kostenstrukturen unterliegen und spätesten bei einer größeren Erneuerung höhere Aufwendungen für Kapitalverzinsung und Amortisation anfallen, werden sich die günstigen Preise mittel- bis längerfristig in einer sinkenden

Erneuerungsfähigkeit und damit in einer abnehmenden Wettbewerbsfähigkeit zeigen.

2. Differenzierung. Differenzierung bedeutet, daß sich eine Bergbahn durch spezifische Eigenschaften von der Konkurrenz abzugrenzen versucht. Die Differenzierung dürfte sich in der nächsten Zeit zur wichtigsten Strategie im Bergbahnbereich entwickeln, da sich die Angebote immer stärker ähneln. Die Differenzierung wird deshalb in Zukunft immer weniger über das angestammte Angebot möglich sein. Die meisten Großskigebiete verfügen heute über moderne Anlagen und eine leistungsfähige gute Berggastronomie. Die Differenzierung muß daher verstärkt über spezielle Erlebnisse und Prestigewerte erfolgen. Ein Skigebiet oder Bergziel sollte dazu einen eigenen, spezifischen Lebensstil vermitteln können.

3. Konzentrationsstrategie. Die Konzentrationsstrategie dürfte in Zukunft ebenfalls an Bedeutung gewinnen. Bergbahnen sollten ihre Leistungen immer mehr in verschiedene Geschäftsfelder unterteilen, welche spezifisch bearbeitet werden. So kann eine Bergbahn neben dem Skiangebot im Winter ein Ausflugs- oder ein Wanderangebot und im Sommer ein Naturangebot machen. Diese vier verschiedenen Geschäftsfelder können preislich oder in bezug auf Leistungsdifferenzierungen unterschiedlich bearbeitet werden. So ist es durchaus möglich, als Ausflugsziel eher eine Billigpreisstrategie und als Skigebiet eine Differenzierung in Richtung Snowboard-Szene zu verfolgen.

4.3 Besonderheiten des Managements in den einzelnen Unternehmensfunktionen

1) Marketing

a) Leistungspolitik. Die Bergbahnen bieten heute in der Regel gleichartige Leistungen an. Wie oben erwähnt wurde, ist deshalb eine **Differenzierung** durch einen eigenständigen Kernnutzen und ein profiliertes Angebot notwendig. Die Differenzierung des Angebotes muß für den Kunden wahrnehmbar sein. Ausgangspunkt des Marketings ist deshalb eine klare **Positionierung**, d.h die Ausrichtung des Angebotes auf einen bestimmten Zielmarkt und in Richtung der Bedürfnisse dieses Marktes (*vgl. Roth, 1992, S.170*).

Sofern genügend Marketingmittel zur Verfügung stehen, sollte die Bergbahnunternehmung außerdem das Ziel anstreben, zu einem **Markenprodukt** zu werden. Unter Marke wird ein Logo, ein Symbol und ein Schriftzug verstanden, das in der Psyche des Verbrauchers in einem bestimmten Bedürfnisbereich eine Monopolstellung einnimmt (*vgl. Bieger, 1992, S.11-12*). In der Schweiz ist es beispielsweise auf dem Züricher Markt so, daß Jugendliche aufgrund der spezifischen Ausrichtung des Angebotes und der werbemäßigen Ansprache des Zielpublikums beim Gedanken an ein modernes, abwechslungsreiches Snowboardgebiet automatisch an die Marke Crap Sogn Gion denken, ein Großskigebiet in den Bündner Bergen. Wichtigste Bestandteile für den Aufbau einer Marke sind in *Abbildung 25* dargestellt. Ausgangspunkt ist das Angebot mit seinen spezifischen Besonderheiten. In Anlehnung an das Angebot wird ein Image geprägt. Image und Angebot müssen der Positionierung entsprechen, die sich um den Kernnutzen gruppiert. Der Kernnutzen muß gedanklich verbunden werden mit einem Logo oder einem Symbol. Die Verankerung von Logo und Kernnutzen/Positionierung in der Psyche des Verbrauchers ergibt die Marke.

Abbildung 25:

Faktoren für den Aufbau einer Marke

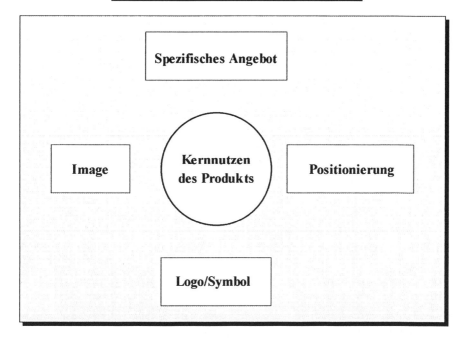

Beispiel: Die Titlisbahnen in Engelberg verfügen über einen einmaligen Aussichtspunkt im Gletschergebiet. Sie haben deshalb ein entsprechendes hochalpines Image und durch den Ausbau ihrer modernen Transportanlagen und Gastronomie einen Prestigegehalt. Die Titlisbahnen positionieren sich als Berg für anspruchsvolle Ski- und Sightseeing-Gäste, denen Überdurchschnittliches in bezug auf Höhe und Qualität geboten wird. Kernnutzen ist ein prestigegefüllter, qualitativ hochstehender Ski- oder Aussichtstag. Dieser Kernnutzen wird durch eine gezielte Werbung in der Psyche des Verbrauchers verbunden mit dem Schriftzug "Titlis" und dem Logo einer Bergkette mit grauem Hintergrund. Mit dieser abgestimmten Strategie ist der Titlis zu einem Markenprodukt geworden.

Um die Festlegung der Positionierung hat sich der Einsatz der Marketinginstrumente zu gestalten. Neben der Leistungspolitik sind für eine Bergbahn wichtige Instrumente:

b) Preispolitik. In der Preisgestaltung besteht für die Bergbahnen ein großer Spielraum, da Regulierungen weitgehend fehlen und der größte Teil der Kosten fix sind.

So gibt es heute in einzelnen Gebieten beispielsweise Skipässe nach Maß, bei denen die im Skigebiet verbrachten Stunden bezahlt werden, oder aber Skipässe, bei denen bereits die Anreise eingeschlossen ist.

Durch die Preispolitik können außerdem Lenkungseffekte erzielt werden, an deren Umfang jedoch nicht allzu hohe Erwartungen gestellt werden können. So werden beispielsweise wegen einer um einige Franken günstigeren Tageskarte kaum mehr Fahrgäste ein Skigebiet werktags aufsuchen. Engpaßfaktor in der Freizeitgestaltung ist primär die verfügbare Zeit. Entsprechend ist die Preiselastizität eher gering, so daß durch allzu große Preisnachlässe der Umsatz verringert wird. Positive Erfahrungen in bezug auf Lenkungseffekte konnten jedoch in den Bündner Skiorten durch die Einführung einer Parkplatzgebühr gesammelt werden. Wenn die Gäste vom Ort Parkplatzgebühren bezahlen müssen, benutzen sie eher den Gratisskibus als das eigene Fahrzeug.

c) Distributionspolitik. Bergbahnen müssen heute vermehrt auch aktiven Verkauf unternehmen. Vor allem gilt das für Ausflugsziele mit überregionaler Ausstrahlung, die heute häufig aktiv an Tour Operater verkaufen. Aber auch für Skigebiete lohnt es sich, über Reisebüros und andere Verkaufskanäle die Tageskarten direkt im Zielgebiet abzusetzen.

d) Kommunikationspolitik. Entscheidend ist die Information über momentane Witterungsbedingungen, Angebotsbedingungen oder die Schneesituation im Skigebiet, da der unterschiedlich weit angereiste Gast, bei seiner Entscheidung, einen Berg zu besuchen, ein intransparentes, für ihn im Moment nicht in der Qualität überprüfbares Produkt kauft. Moderne Informationsmittel sind heute Videotext, Livebilder im Fernsehen und automatische Telefonauskünfte. Wichtige Informationsmittel sind auch Angebotsprospekte. Da Bergbahnen auf ein großes öffentliches Interesse stoßen, gilt es zudem, gezielt die Öffentlichkeitsarbeit auszubauen und für das Marketing auszunutzen.

2) Finanzen

Dem Finanzmanagement einer Bergbahn kommt besonderes Gewicht zu:

- Zum einen sind die Einnahmen wegen der Witterungsverhältnisse nur schwer berechenbar.

- Zum anderen werden die Aufwendungen für Neuinvestitionen stetig größer.

- Zudem sind bei vielen Bergbahnen aufgrund ihrer Angebotssituation die Ertragslagen ungenügend. In der Schweiz weist beispielsweise ein Drittel der Bergbahnunternehmen Defizite oder ungenügende betriebswirtschaftliche Abschreibungen auf.

Auf der **Ertragsseite** geht es vor allem darum, den stark saisonal geprägten Anfall der Erträge auszugleichen respektive durch ein entsprechendes Management aufzufangen. Auf der Einnahmenseite sollten gewisse **Kennzahlen** eingehalten werden. So wird immer noch damit gerechnet, daß der jährliche Umsatz im Minimum ein Viertel der getätigten Investitionen betragen muß, damit nach Abzug der Betriebskosten genügend Cash-flow für Erneuerungen und Abschreibungen übrigbleibt.

Auf der **Ausgabenseite** geht es um ein striktes Kostenmanagement. Insbesondere die Personalkosten sind hier ein kritischer Faktor. Als wichtige Kenngröße hat sich herausgebildet, daß der Anteil der Personalausgaben an den Umsätzen maximal ein Drittel betragen sollte.

Ein Bergbahnunternehmen muß heute kritisch jeden Unternehmensbereich im Hinblick auf seine Ertragskraft und seine Bedeutung für das Gesamtunternehmen untersuchen. Voraussetzung dafür ist ein detailliertes Kostenrechnungssystem, bei dem beispielsweise Pisten und Rettungsdienst, aber auch jede einzelne Anlage, wie etwa ein Skilift, getrennt berechnet werden. So muß bei einem unrentablen Skilift entschieden werden, ob seine Bedeutung im Gesamtverbund seine weitere Existenz rechtfertigt, ob zusätzliche Erträge durch Einführung diverser Attraktionen auf den Pisten (beispielsweise Halfpipe für Snowboarder) erzielt werden können oder ob Kosten durch stundenweise Abschaltung der Anlage eingespart werden. **Fixkosten**, insbesondere Fremdkapitalzinsen, können gerade in ertragsschwachen Jahren zu gefährlichen Liquiditätsengpässen der Unternehmung führen. Das Verhältnis Eigenkapital : Fremdkapital sollte deshalb etwa 1 : 1 betragen.

3) Personalführung

Das Personalwesen der Unternehmung ist durch drei Besonderheiten geprägt:

- Die Bergbahnen weisen **je nach Saison große Schwankungen** in der Zahl der Angestellten auf. Ein großer Teil der Belegschaft sind **Teilzeitangestellte**. Da diese Angestellten zum Teil qualifizierte Aufgaben erfüllen und ein freundliches, überzeugendes Auftreten aufweisen müssen, ist es für die Bergbahnen wichtig, auch im Teilzeitbereich auf bewährte Stammkräfte zurückgreifen zu können. Dafür eignen sich besonders Bauern oder in der Restauration auch Hausfrauen. Mit einem **Mitarbeiterschulungsprogramm** muß die laufende Aktualisierungen des Wissens dieser wichtigen Mitarbeitergruppe sichergestellt werden.

- In einem Bergbahnbetrieb gibt es im Bereich der Sicherheit hochsensible Tätigkeiten. Die Inhaber der entsprechenden Stellen tragen ein hohes Maß an Verantwortung und Entscheidungsgewalt. Zu diesen Stellen zählen beispielsweise der **Pisten- und Rettungsdienstchef**, der über die Sperrung von Pisten, Sprengung von Lawinen etc. zu entscheiden hat, und der **technische Betriebsleiter**, der die Verantwortung für die Sicherheit und den Betrieb der Anlagen trägt. Die Mitarbeiter dieser beiden Berufsgruppen müssen in der Schweiz über besondere Fähigkeitsausweise verfügen. In der Organisation und Führung ist diesen Mitarbeitern eine besondere Verantwortung und Entscheidungsbefugnis einzuräumen.

- Der **Führungsstil** einer Bergbahn ist extrem situativ. In den hochsensiblen **Sicherheitsbereichen** und in besonderen Situationen, beispielsweise bei der Rettung von Lawinenopfern, ist eine strenge **hierarchisch klare Entscheidungsbefugnis** im Stil einer autoritären Führung notwendig. Bei der Entwicklung von neuen Angeboten ist Partizipation wichtig.

Erschwert wird die Führungssituation, indem in den dörflichen
Verhältnissen Chef und Untergebene miteinander befreundet oder
verwandt sind. An die menschlichen Fähigkeiten der Chefs im
Bergbahnunternehmen müssen deshalb besondere Anforderungen gestellt
werden.

4) Betrieb

Der Betrieb bei einer Bergbahn ist durch starke saisonale Unterschiede und
klare, auf Minimierung des Personaleinsatzes ausgerichtete und
standardisierte Abläufe geprägt.

Je nach Saison stehen unterschiedliche Aufgaben im Vordergrund. In der
Zwischensaison sind es vor allem Revisionsarbeiten, im Sommer die
Sicherstellung des Ausflugsbetriebes und im Winter der ausgebaute
Skibetrieb mit vielen zusätzlichen Teilzeitangestellten. Dementsprechend sind
je nach Saison unterschiedliche Organisationen im Einsatz. Ein Mitarbeiter,
der in der Nebensaison und im Sommer Chef der Werkstatt ist, kann
beispielsweise im Winter Chef der Skilifte sein.

Innerhalb einer Betriebsphase wird durch standardisierte Abläufe, sogenannte
Touren, der Betrieb abgewickelt (job rotation). Durch die Gestaltung von
Touren läßt sich der Einsatz der Mitarbeiter abwechslungsreicher gestalten
und die Einsatzpläne optimieren. Schaffnertätigkeiten wechseln mit
Kontrolltätigkeiten und Verkaufsaufgaben.

5. Ausblick

Nach der Boomphase in den siebziger Jahren ist der in den achtziger Jahren
eingeleitete Strukturwandel im Bergbahnbereich immer noch in vollem
Gange. Gute Chancen werden Bergbahnen haben, die sich rechtzeitig auf
ihren Kernnutzen für den Kunden besinnen, sich klar positionieren, sich
gegenüber der Konkurrenz differenzieren, rechtzeitig aus Kostenein-
sparungsgründen oder zur Erschließung zusätzlicher Finanzmittel kooperieren
oder sich durch Fusion zu größeren Einheiten zusammenfügen. An das
Management von Bergbahnunternehmungen werden deshalb in Zukunft noch
größere strategische Anforderungen gestellt. Entscheidend für den Erfolg der
strategischen Führung werden auch in Zukunft die Analyse des Marktes und
eine detaillierte Beobachtung der Beziehungen zu den verschiedenen
Umweltsphären sein.

XI. Sport in der Marketingkonzeption einer Fluggesellschaft am Beispiel der Deutschen Lufthansa AG
von Roger Lüdge, Key Account Manager Sport der Deutschen Lufthansa AG

1. Der Sportmarkt aus Sicht einer Fluggesellschaft

Durch die zunehmende Mobilität unserer Gesellschaft und die stärkere **Internationalisierung des Sports** wird das Zuschauen bei Sportveranstaltungen und das aktive Betreiben von Sport zunehmend nicht mehr nur am oder in der Nähe des Heimatortes durchgeführt, sondern immer häufiger zum Anlaß einer Reise. Skifahren in den Rocky Mountains, Surfen vor Hawaii oder Trekking im Himalaya - Sportreisen sind in. Über 80% der westdeutschen Reisenden, die ihren Haupturlaub unter ein sportliches Motto stellten, zog es 1992 in die Ferne. 13,3% der Sportreisen führten in außereuropäische Länder *(vgl. G+J Märkte + Tendenzen).*

2. Entwicklung des Sportmarketings der Lufthansa

Für eine Fluggesellschaft ist dieser Sporttourismus ein wichtiger Aspekt, der bei der Produktgestaltung zu berücksichtigen ist. Allerdings darf er nicht isoliert betrachtet werden, sondern muß im Gesamtzusammenhang des Engagements im Sport und eines **integrierten Sportmarketingkonzeptes** gesehen werden.

Folgende vier Thesen, die die Gemeinsamkeiten von Wirtschaft und Sport aufzeigen, können wie bei der *Deutschen Lufthansa* als Basis für ein Sportmarketingkonzept dienen, denn Wirtschaft und Sport haben eines gemeinsam: Das Leistungsprinzip.

- Sportler haben die Bereitschaft, Höchstleistungen zu vollbringen.
- Sportler haben den Willen zum Sieg.
- Sportler wissen, was es heißt, Niederlagen zu erleben, und lernen aus ihnen.
- Sportler wissen, daß die Niederlage schon beim zweiten Platz beginnt.

Die *Deutsche Lufthansa* zählt zu den Pionieren des Sportmarketing und hat bereits in den 70er Jahren als eines der ersten deutschen Großunternehmen ein schlüssiges Sportmarketingkonzept entwickelt. Dieses Konzept basierte auf zwei Grundsätzen:

- **Das Konzept muß zumindest mittelfristig, wenn nicht sogar langfristig angelegt sein.** Kurzfristige Aktionen, den jeweiligen Modetrends angepaßt, werden nicht durchgeführt.

- **Sportmarketing muß glaubwürdig sein.** Das Konzept muß zum Unternehmen bzw. seinen Dienstleistungen passen.

Im Rahmen dieses Konzepts sind drei **Marketingziele** erreicht worden:

1. **Steigerung des Bekanntheitsgrades** durch Auftreten als Titelsponsor bei bedeutenden Sportereignissen (Tennis: *Lufthansa* Cup in Berlin, Golf: *Lufthansa* Ladies German Open) und als offizielle Fluglinie für Welt- und Europameisterschaften sowie von Olympischen Spielen, die in Deutschland stattfanden.

2. **Verstärkung der Kundenbindung** durch *Lufthansa* Tennis- und Golfturniere für Spitzenkunden.

3. **Förderung des Spitzensports** durch Unterstützung der *Stiftung Deutsche Sporthilfe* (z.B. Juniorsportler des Jahres) und des *NOK* (Team Olympia) als **Teil gesellschaftlicher Verantwortung** .

3. Die neue Lufthansa-Sportkonzeption

In den letzten fünf Jahren hat sich für die Lufthansa und die Sportwelt das Umfeld grundlegend geändert. Lufthansa steht heute viel stärker im Wettbewerb mit anderen Fluggesellschaften. Der sich daraus ergebende Preisverfall zwingt zur Kostensenkung in allen Bereichen, also auch im Marketing. Die Entwicklung im medienträchtigen Profisport hat zu einer Inflation der Preisgelder geführt, die aufgrund des jetzt ungünstigeren Preis-Leistungs-Verhältnisses das Sponsorship einer sportlichen Großveranstaltung für viele Unternehmen nicht mehr wirtschaftlich sinnvoll machen.

Das trifft insbesondere für die *Lufthansa* zu, deren Bekanntheitsgrad heute in Deutschland praktisch nicht mehr steigerungsfähig ist.

3.1 Marketingziele

Aufgrund dieser Entwicklung hat *Lufthansa* ihr Sportengagement inhaltlich und organisatorisch auf eine neue Basis gestellt. Unter der Leitlinie *"Lufthansa* ist die Nummer 1 im Sport" wurden drei Hauptziele formuliert:

1. **Das *Lufthansa* Sportengagement ist Basis einer für die Zukunft zu sichernden Ertragsquelle.**

   - Die Intensivierung der engen Zusammenarbeit mit nationalen und internationalen Sportverbänden (z.b. *DFB, DLV, DHB, DTB, ATP*) in Form der "Offiziellen Fluglinie" des jeweiligen Verbandes führt zu zusätzlichen Passage- und Frachterträgen und damit zur Verbesserung des wirtschaftlichen Ergebnisses.

   - Seit Januar 1994 ist *Lufthansa* die "Official Airline of the International Olympic Committee" und betreut damit die gesamte olympische Familie. Auch diese für beide Seiten vorteilhafte Partnerschaft ermöglicht es Lufthansa, im Rahmen ihres weltweiten Streckennetzes Zusatzerträge zu generieren .

2. ***Lufthansa* Präsenz im Spitzensport wird auf den Breitensport abstrahlen.**

   - *Lufthansa* gehört zu den Gründungsmitgliedern des Team Olympia, einem Zusammenschluß deutscher Unternehmen als Top-Sponsoren der deutschen Olympiamannschaft. Bei den Olympischen Spielen in Barcelona und Lillehammer übernahm *Lufthansa* den Transport der deutschen Olympiamannschaft. Die gleiche Funktion übt sie für die Spiele in Atlanta 1996 aus.

   - Die enge Partnerschaft mit dem Nationalen Olympischen Komitee und der Stiftung Deutsche Sporthilfe wird fortgesetzt. Sie ist Teil der gesellschaftlichen Verantwortung des Unternehmens.

3. **Lufthansa positioniert sich als der bevorzugte Reisepartner im Sport:**

   - Sportreisen zeigen im Rahmen des Privatreiseverkehrs überdurchschnittliche Zuwachsraten. Dies gilt sowohl für Reisen zu internationalen Sportveranstaltungen als auch für private Sportaktivitäten bei Urlaubsreisen. In Zusammenarbeit mit etablierten Reiseveranstaltern werden entsprechende Reiseangebote für den aktiven Freizeitsportler und den interessierten Sportzuschauer erarbeitet und vertrieben. Das *Lufthansa* Sportengagement führt zu einem positiven Imagetransfer und zu einer besseren Positionierung im Sporttourismus.

3.2 Zielgruppendifferenzierungen

Die Aktivitäten des Sportmarketings werden stärker nach Zielgruppen differenziert. Auf der einen Seite engagiert sich das Unternehmen weiterhin in Sportarten wie Tennis und Golf, um diese beispielsweise für Programme zur Kundenbindung zu nutzen. Andererseits ist die *Lufthansa* offen für neue Engagements, z.B. in Trendsportarten wie American Football oder Streetball, um damit vor allem jüngere Zielgruppen anzusprechen.

Auf den Sporttourismus bezogen wird die zielgruppengerechte Ansprache und Produktgestaltung verstärkt. So wurde beispielsweise im Rahmen des 1993 ins Leben gerufenen up'n away Jugendreiseprogramms, welches speziell junge Leute unter 25 und Studenten unter 27 Jahren anspricht, ein up'n away Special zur Basketball-Weltmeisterschaft 1994 in Toronto aufgelegt. Das Programm enthielt neben *Lufthansa*-Flug, Übernachtung, Eintrittskarten für sechs WM-Spiele und Besichtigungstouren als besondere Produktbestandteile den Besuch eines Trainings der deutschen Nationalmannschaft und Freundschaftsspiele gegen kanadische Jugendmannschaften.
Nur mit solchen exklusiven Leistungen ist es möglich, sich von anderen Anbietern abzuheben *(siehe Abbildung 1 und 2).*

Trips zu Sportereignissen liegen im Trend; die größte Nachfrage besteht nach Reisen zu Tennis- und Fußballveranstaltungen. Auch bei den aktiven Sporturlaubern ist Tennis die Nummer 1, während sich Golf als "Renner" auf den zweiten Platz geschoben hat und gute Zuwächse erzielt.

3.3 Die Beförderung von Sportausrüstungen als Element der Servicepolitik

Wichtig für den aktiven Sporturlauber ist es, auch im Urlaub seine **gewohnte, eigene Ausrüstung** benutzen zu können. Dies trifft besonders auf die Sportler zu, die im Urlaub Tennis, Golf, Ski, Rad oder andere Sportarten betreiben. Dazu müssen die Voraussetzungen für einen unkomplizierten, preiswerten Transport gegeben sein. Auf diese Nachfrage haben sich die

Abbildung 1:
Vorderseite des Werbeblattes "up´n away Special" der Lufthansa

Abbildung 2:
Rückseite des Werbeblattes "up´n away Special" der Lufthansa

Jump and run – live in Kanada
Ein Dream Team-Spiel und jede Menge Action

Jump and run

Sie sind schnell, sie sind treffsicher und seit kurzem sind sie kaum noch zu halten, die Jungs der deutschen Basketball-Nationalmannschaft, die sich letztes Jahr überraschend den Europameister-Titel holten. Angefangen hat's vor knapp zwei Jahren mit der Olympia-Qualifikation, mit der offengestanden kaum einer gerechnet hatte. Aber dann sind sie siebter geworden, bei den 92er Spielen in Barcelona – da war die Mannschaft aus dem „unteren Mittelfeld" plötzlich siebtbeste der Welt.

Natürlich sind die Top-Spieler der Europameisterschaft auch jetzt bei der WM in Toronto wieder dabei. Stephan Baeck zum Beispiel, Michael Koch, Christian Welp, Henning Harnisch und natürlich Kapitän Hansi Gnad. Bleibt zu hoffen, daß die langen Kerls um Bundestrainer Svetislav Pesic ihre Chance nutzen – vielleicht sogar in einem Spiel gegen das US Dream Team II …

„Erfunden" wurde Basketball übrigens vor rund 100 Jahren von einem Sportlehrer: James Naismith er, stellte 1892 als erster feste Spielregeln auf. Er arbeitete als Trainer an der YMCA Training School in Springfield, Massachusetts – insofern ist der YMCA so etwas wie die Wiege des Basketball.

Information für das Reisebüro

Buchungen für das special bitte direkt an:

airtours international,
Gruppenabteilung,
Adalbertstraße 44–48,
60486 Frankfurt am Main,

Telefon: 069 / 7928-632
Telefax: 069 / 7928-605.

Wer zuerst bucht ist dabei

Schnelle Basketball-Fans fliegen am Mittwoch, 3. August 1994, zur Basketball-WM nach Toronto. Am Flughafen erwartet Euch der Bus für die Fahrt ins Hotel. Wer Lust hat, kann sich am Abend einem Orientierungsspaziergang anschließen, der etwa mit einem Abendessen in Chinatown enden könnte.

Sportlich wird's gleich am nächsten Morgen: Im nahegelegenen YMCA Center könnt Ihr in einem Basketball-Freundschaftsspiel mit oder auch gegen kanadische Jugendliche spielen. Wem der Sinn eher nach Konsum steht, dem sei die Yonge Street ans Herz gelegt: die längste Straße der Welt mit einem der größten Einkaufszentren (Eaton Centre) und dem verrückten Kaufhaus vom ehrlichen Ed (Honest Ed's). Ab zwölf Uhr mittags: die WM-Spiele Puerto Rico – Ägypten und Deutschland – Griechenland. Der Abend gehört Euch. Wie wär's zum Beispiel mit einem Besuch im Hard Rock Cafe?

Am Freitagmorgen habt Ihr wieder die Möglichkeit, Basketball mit/gegen kanadische Jugendliche zu spielen. Danach geht's mit dem Bus nach Hamilton, südlich von Toronto (1 h), wo die Spiele Griechenland – Ägypten und Puerto Rico – Deutschland ausgetragen werden. Wem dabei das Temperament hochkocht, der kann sich im Spritzwasser der Niagara Fälle abkühlen, die als nächstes auf dem Programm stehen. Am späten Abend fahren wir dann zurück nach Toronto ins Hotel.

Mitmachen heißt es am Samstagvormittag wieder beim Basketball im YMCA Center. Ihr könnt aber auch die anderen Sportmöglichkeiten dieser Anlage nutzen. Wem der Sinn nach Abwechslung steht, der kann sich entweder unserer Tour zum CN Tower (das höchste freistehende Gebäude der Welt) oder der Sky Dome Tour anschließen. Und wer lieber auf eigene Faust loszieht – kein Problem: Wie wär's zum Beispiel mit „Canada's Wonderland" (Vergnügungspark à la Disney), dem Planetarium oder Center Island im Lake Ontario – von dort gibt's einen super Ausblick auf die Skyline von Toronto.

Sonntag ist Dream-Tag. Das Spiel USA Dream Team II gegen Brasilien beginnt um 14 Uhr. Zum Aufwärmen vorher im Programm: Spanien gegen China. Nachmittag und Abend stehen Euch dann wieder zur freien Verfügung.

Montags bleibt Euch noch etwas Zeit, um selbst Basketball zu spielen oder um beim „last minute shopping" – Abschied von Toronto zu nehmen. Am späten Nachmittag geht es dann zurück nach Deutschland.

Für die fünf Nächte in Toronto haben wir Euch Zimmer im 3-Sterne-Hotel „Westbury" reserviert. Die Zimmer verfügen über Bad/ Dusche, WC, TV und Telefon.

Das up'n away special bekommen junge Leute unter 25 und Studenten unter 27 Jahren für DM 1.999,– pro Person, im Doppelzimmer, ab Deutschland. Personen ab 25 Jahre zahlen einen Zuschlag von DM 325,–.

Die Leistungen

● Lufthansa-Flug ab allen deutschen Flughäfen mit Lufthansa Anschluß
● Fünf Übernachtungen im 3-Sterne-Hotel „Westbury" in Toronto; Zimmer mit Bad/ Dusche, WC, TV und Telefon Einzelzimmerzuschlag DM 300,–
● Transfers Flughafen – Hotel – Flughafen und Hotel – WM-Spiele – Hotel
● Eintrittskarten mittlerer Kategorie für sechs WM-Spiele:
  – Deutschland – Griechenland
  – Deutschland – Puerto Rico
  – Puerto Rico – Ägypten
  – Griechenland – Ägypten
  – Spanien – China
  – USA (Dream Team II) – Brasilien
● Besuch eines Trainings der deutschen Nationalmannschaft
● Freundschaftsspiele mit/gegen kanadischen Jugendmannschaften
● Ausflug zu den Niagara Fällen; begleiteter Stadtbummel
● Besuch CN Tower oder Sky Dome Tour

Travel, Fun & Action

Up'n away ist das Lufthansa-Reiseprogramm speziell für junge Leute unter 25 und Studenten unter 27 Jahren.

Holt Euch die up'n away Infos im Reisebüro: Die up'n away-Spartarife mit den günstigen Flügen und die up'n away-Reisen mit den ungewöhnlichen Urlaubsangeboten – von der Trekkingtour über den Karibiktrip bis zur Städtereise.

Euer Reisebüro:

Fluggesellschaften eingestellt, und so können Sporturlauber z. B. mit der *Condor* kostenlos die eigene Sportausrüstung mit in den Urlaub nehmen. Die Fluggesellschaft befördert pro Person ein Sportgerät kostenfrei. Um den Transport von sperrigen Sportgeräten gewährleisten zu können, müssen diese vor Reiseantritt gemeldet werden. Dies gilt unter anderem für Angelausrüstungen, Fahrräder, Faltboote, Kanus, Flugdrachen, Surfboards, Tauchausrüstungen sowie Skier und Wasserski, jedoch nur bis zu einem Gewicht von 30 Kilogramm. Andere Gesellschaften, wie z. B. die meisten Linienfluggesellschaften und einige Charterfluggesellschaften, berechnen z.T. Gebühren für diesen Service.

Für den aktiven Sporturlauber sollte daher bei der Wahl der Fluggesellschaft neben Kriterien wie Sicherheit, Zuverlässigkeit, Flugplan, Meilenprogramm etc. auch die Behandlung seines Sportgepäcks eine Rolle spielen. Dazu benötigt er aber die entsprechenden Informationen. Da die meisten Reisen über ein Reisebüro gebucht werden, kommt diesen damit nicht nur als Mittler, sondern auch als Berater bzw. Informationsdienstleister eine wichtige Bedeutung zu.

Die Fluggesellschaften stellen den Reisebüros die benötigten Informationen zur Kundenberatung mittels gedruckter Unterlagen oder aber - in immer stärkerem Maße - über elektronische Informationssysteme, wie z.b. *START* und *Amadeus*, zur Verfügung. Da die Gepäckregelungen von Fluggesellschaft zu Fluggesellschaft und auch streckenabhängig differieren, ist eine optimale Informationsbereitstellung Voraussetzung für eine gute Kundenberatung .

Als Beispiel ist in *Abbildung 3* die entsprechende Information für Golfgepäck auf *Lufthansa*-Flügen aus dem Amadeus-System dargestellt.

Fazit
Der Markt für Zuschauerreisen entwickelt sich wie der Sportreisemarkt kontinuierlich weiter. Dies nimmt die *Deutsche Lufthansa* zum Anlaß, ihr Angebot in diesem Marktsegment in Zusammenarbeit mit etablierten Veranstaltern auszubauen. Es werden die Sportmarketing-Aktivitäten und die Wünsche der Kunden mit berücksichtigt, so daß man davon ausgehen kann, daß die *Lufthansa* mit einem hohen sportlichen Image geeignet ist, auch ein Markenträger für Sporttourismus zu sein.

Abbildung 3:

Baggage Policy für Golfausrüstungen

```
                        BAGGAGE POLICY              26AUG94
*** G O L F ********************************* PAGE 1 OF 3 **************L*

1. DEFINITION
-----------------
1 GOLF = 1 GOLF BAG CONTAINING GOLF CLUBS, BALLS AND A PAIR OF GOLF SHOES

2. ACCEPTANCE
-----------------
* ON LH: NO RESTRICTIONS
* ON CL/VJ/QI: ONE GOLF BAG WITHOUT RESTRICTION
          ,    ADDITIONAL GOLF BAGS ONLY ON REQUEST

3. FREE AND EXCESS BAGGAGE
--------------------------------


3.1. LH-RULE
-------------
APPLY FOR HANDLING OF LH FLIGHTS EVEN IN CASE OF SUBSEQUENT INTERLINING.
EXCEPTIONS:
A) LH FEEDER FLT TO CP-FLT IF PAX HOLDS CP-TKT -> APPLY IATA RULE
B) PAX WITH ORIGING OR DESTINATION IN JAPAN -> APPLY IATA RULE
                        BAGGAGE POLICY              26AUG94
** G O L F ********************************* PAGE 2 OF 3 ****************

3.1.1. LH-RULE / WEIGHT CONCEPT
--------------------------------------
- 1 GOLF SET IN ADDITION TO THE FREE BAGGAGE ALLOWANCE IS FREE OF CHARGE.
- ADDITIONAL GOLF SETS WILL BE INCLUDED IN THE FREE BAGGAGE ALLOWANCE.
- IN CASE OF XBAG, FOLLOWING REDUCED CHARGE DOES APPLY:
  * GOLF UP TO 15 KG = 6 KG EXC
  * GOLF >>> 15 KG = 6 KG EXC + THE WEIGHT OF THE GOLF EXCEEDING 15 KG
  THIS SPECIAL CHARGE MAY BE APPLIED FOR ANY GOLF SETS OF A PASSENGER
  REGARDLESS HOW MANY PIECES HE CARRIES.
3.1.2. LH-RULE / PIECE CONCEPT
--------------------------------
- 1 GOLF SET IS IN ADDITION TO THE FREE BAGGAGE ALLOWANCE FREE OF CHARGE.
- 1 ADDITIONAL GOLF SET WILL BE CHARGED WITH FOLLOWING REDUCED SPECIAL
  CHARGE: 50% OF THE APPLICABLE SINGLE CHARGE
  THIS SPECIAL CHARGE MAY BE APPLIED ONLY FOR 1 GOLF SET PER PASSENGER
- FOR EACH ADDITIONAL GOLF SET THE NORMAL XBAG CHARGE DOES APLLY
3.1.3. LH-RULE / INTRAGERMAN
--------------------------------
FOR TRAVEL WHOLLY WITHIN GERMANY GOLF SETS ARE FREE OF CHARGE.
                        BAGGAGE POLICY              26AUG94
** G O L F ********************************* PAGE 3 OF 3 ****************

3.2. IATA-RULE
----------------
- GOLF SETS WILL BE INCLUDED IN THE FREE BAGGAGE ALLOWANCE
- IN CASE OF EXCESS BAGGAGE, FOLLOWING REDUCED CHARGES DO APPLY:

3.2.1. WEIGHT CONCEPT
-------------------------
GOLF UP TO 15KG = 6KG XBAG
GOLF >>> 15KG = 6KG XBAG + THE WEIGHT OF THE GOLF EXCEEDING 15KG
THIS SPECIAL CHARGES MAY BE APPLIED FOR ANY GOLF SETS PER PASSENGER
REGARDLESS HOW MANY PIECES HE CARRIES.

3.2.2. PIECE CONCEPT
----------------------
50% OF THE APPLICABLE SINGLE CHARGE
THIS SPECIAL CHARGE MAY BE APPLIED ONLY FOR 1 GOLF SET PER PASSENGER.
FOR ANY ADDITIONAL GOLF SET THE NORMAL EXC-CHARGE DOES APPLY.
```

Autorenverzeichnis

Bieger, Thomas A., Dr. rer. pol., Direktor der Höheren Fachschule für Tourismus Graubünden in Samedan, Engadin.
In Basel Studium der Betriebswirtschaftslehre und 1987 Promotion auf dem Gebiet der Volkswirtschaftslehre mit einer Arbeit über regionale Wirtschaftsförderung. Zwischen Studium und Promotion praktische Tätigkeit im Tourismus. Ab 1987 gewählter Dozent an der Höheren Wirtschafts- und Verwaltungsschule Luzern. Ab 1988 Mitglied der Schulleitung und Abteilungsvorstand Marketing/Tourismus. Intensive Beratungstätigkeit mit Schwergewicht Verkehrsvereine/ Bergbahnen/ Gemeinden. 1991 Wechsel ins Engadin. Beratungstätigkeit über das der Schule angeschlossene Institut für Tourismusmanagement auf den Gebieten Tourismusmarketing und Strategische Planung.

Czech, Michaela, Dr. disc. pol., Mitarbeiterin im Stadtsportbund Göttingen e.V.
Zuvor Studium der Sportwissenschaft, der Politik sowie der Publizistik- und Kommunikationswissenschaften an der Georg-August-Universität Göttingen und Promotion im Fachbereich Sozialwissenschaften zum Thema "Frauen und Sport im nationalsozialistischen Deutschland".

Dreyer, Axel, Prof. Dr. rer. pol., Professor für Tourismuswirtschaft und Betriebswirtschaftslehre mit Schwerpunkt Marketing an der Fachhochschule Harz sowie Lehrbeauftragter für Sportmanagement und -marketing an der Universität Göttingen.
Studium der Betriebswirtschaftslehre sowie der Publizistik- und Kommunikationswissenschaften in Göttingen (Abschluß als Diplomkaufmann), Promotion im Fachbereich Wirtschaftswissenschaften zum Themenbereich Sponsoring. Danach Geschäftsführer einer Mediengesellschaft und eines Dienstleistungsunternehmens. Forschungsschwerpunkte: Marketing- und Kommunikationsmanagement von Dienstleistungsunternehmen, insbesondere in den Bereichen Tourismus, Freizeit und Sport; Institutionenlehre im Tourismus.

Freyer, Walter, Prof. Dr. rer. pol., Professor für Tourismuswirtschaft an der Technischen Universität Dresden.
Studium der Volkswirtschaftslehre und Promotion an der Universität Regensburg. Wissenschaftlicher Assistent am Fachbereich Wirtschaftswissenschaften der Technischen Universität Berlin. Danach Geschäftsführer eines Reiseveranstalters und -mittlers in Berlin. Lehrbeauftragter im Bereich

Tourismusökonomie an verschiedenen Hochschulen und im Bereich Sport-
marketing für den Deutschen Sportbund sowie verschiedene Landes-
sportbünde. 1991 Berufung zum Professor für Fremdenverkehrswirtschaft
und Volkswirtschaftslehre an die Fachhochschule Heilbronn, Fachbereich
Tourismusbetriebswirtschaft. 1993 Berufung zum Universitätsprofessor für
Tourismuswirtschaft an die Technische Universität Dresden. Forschungsschwerpunkte: Marketing und gesamtwirtschaftliche Aspekte in den
Bereichen Tourismus, Freizeit, Sport.

Ganske, Rüdiger, Dr., Kurdirektor in Schierke, Geschäftsführer der
Kurbetriebsgesellschaft mbH Brocken.
Promotion 1983 in Leipzig an der Deutschen Hochschule für Körperkultur
(DHfK) auf sportmethodischem Gebiet. Ehrenamtlicher Vizepräsident des
Landessportbundes Sachsen-Anhalt und Präsident des Skiverbandes Sachsen-
Anhalt.

Gläser, Kurt, M.A., Doktorand im Bereich Sporttourismus.
Zuvor Studium der Sportwissenschaft, Betriebswirtschaftslehre und
Informatik an der Universität Stuttgart. Danach freiberufliche Tätigkeit im
Bereich der betriebliche Gesundheitsförderung. Mitglied der "gruppe neues
reisen".

Haass, Heinrich, Prof. Dr. disc. pol., Professor für Städtebau und
Erholungsplanung an der Fachhochschule Anhalt.
Er schloß sein Studium der Architektur und Stadtplanung mit Schwerpunkt
Erholungsplanung in Hannover als Diplom-Ingenieur ab und promovierte im
Fachbereich Sozialwissenschaften der Universität Göttingen zum Thema
Sportstättenleitplanung.
Zahlreiche Planungen und Studien für Erholungsanlagen in seiner Tätigkeit
als Architekt und Stadtplaner (z. B. Mitarbeit an der Olympiabewerbung der
Hansestadt Lübeck-Travemünde).

Kirsch, Karsten, Prof. Dr. rer. pol., Professor für Betriebswirtschaftslehre
(Marketing) und Tourismuswirtschaft (Struktur-, Planungs-, Absatzpolitik) an
der Fachhochschule Harz in Wernigerode.
Studium der Betriebswirtschaft in Tübingen und Köln; Promotion an der TU
Braunschweig über regionale Wirtschaftspolitik und Fremdenverkehr.
Zahlreiche Untersuchungen auf dem Gebiet der fremdenverkehrlichen
Planung und Entwicklung der öffentlichen Hand.

Köhler, Ulrich, Verkaufsbüroleiter der FIRST-Niederlassung Reisebüro Kahn GmbH in Salzgitter.
Nach seiner Lehre zum Reisebürokaufmann in Singen/Htwl. wechselte er 1975 nach Salzgitter. Er ist Mitglied des Prüfungsausschusses für Reiseverkehrskaufleute der IHK Braunschweig.

Krüger, Arnd, Prof. Dr. phil., Professor für Sportwissenschaften an der Universität Göttingen. Mitglied der Amerikanischen Gesellschaft für Leibesübungen.
Studium der Fächer Englisch, Geschichte, Philosophie und Sport in Köln, Mainz und Los Angeles. 1968 Olympiateilnahme als Mittelstreckenläufer. 1971 Promotion an der Universität Köln; danach Referent für Trainingswissenschaften beim Deutschen Sportbund und Assistent am Sportinstitut der PH Berlin. 1978 Professur an der Universität Hamburg und 1980 Ruf an die Universität Göttingen. Dort 1983 Errichtung des Studienschwerpunktes Sportmanagement. Zahlreiche sportwissenschaftliche Veröffentlichungen im deutschen und englischen Sprachraum.

Lüdge, Roger, Dipl.-Ökonom, Leiter des Key Account Management Sport der Deutschen Lufthansa AG in Frankfurt/Main.
Er hat nach seiner Ausbildung zum Luftverkehrskaufmann bei der Deutschen Lufthansa an der Fernuniversität Hagen Wirtschaftswissenschaften studiert und schloß das Studium als Diplom-Ökonom ab. Tätigkeit bei der Lufthansa in verschiedenen Positionen des Verkaufs- und Marketingressorts. Vor Übernahme der jetzigen Aufgabe war er bis Ende 1993 als Marketingleiter Passage für den Bereich Karibik, Mexiko, Mittelamerika, Südamerika Nord und West mit Sitz in Miami (Florida) tätig.

Messing, Manfred, Prof. Dr. rer. soc. Dr. phil., Professor für Sportsoziologie an der Universität Mainz.
Studienabschluß 1965 zum Diplom-Wirtschaftler an der Universität Leipzig. 1976 Assistent am Institut für Sportwissenschaft der Ruhr-Universität Bochum und Promotion 1977 zum Dr. rer. soc.; 1978 Promotion zum Dr. phil. an der Universität Gießen; 1982 Professur für Sportsoziologie. Aktuelle Arbeitsschwerpunkte: Empirische Untersuchungen über Sportzuschauer und über die Soziologie der Olympischen Spiele.

Miglbauer, Ernst, Mag., Tourismusberater der ÖAR-Regionalberatung Oberösterreich (seit1986).
Schwerpunkte: Angebotsentwicklung und touristische Grundlagenarbeit in den Bereichen Rad-, Wander-, Sport-, Kultur- und Öko-Tourismus (Tätigkeit in Österreich, Deutschland und Frankreich). Daneben publizistische Tätigkeit in den angeführten Bereichen (Verfasser zweier Rad-Wanderführer) sowie zu regionalkulturellen und regionalwirtschaftlichen Themen. Und schließlich auch passionierter Radtourist.

Müller, Norbert, Prof. Dr., Professor für Sportwissenschaft an der Universität Mainz.
Motiviert durch eigene leistungssportliche Betätigung in der Leichtathletik widmete er sich intensiv olympischen Themen. Wichtige Impulse erhielt er durch seine Tätigkeit als Protokollchef des Olympischen Dorfes 1972 in München. Seit 1976 ist er ständiges Mitglied in der Internationalen Olympischen Akademie und seit 1981 Vorsitzender des Kuratoriums Olympische Akademie des NOK für Deutschland. 1994 Ehrung mit den *Palmes académiques* durch die französische Regierung für seine Olympiaforschung und die damit verbundene Annäherung der deutschen und französischen Kultur.

Scharenberg, Swantje, Dr., Hochschulassistentin am Institut für Sportwissenschaften der Universität Göttingen.
Studium der Sportwissenschaften sowie der Publizistik- und Kommunikationswissenschaften und der Ethnologie in Göttingen. Leiterin von Fahrten der Sportjugend in das europäische Ausland. 1992 Promotion in Göttingen. 1994 halbjährige Dozentur in Brisbane/ Australien.

Schütz, Dieter, M.A., selbständiger Verleger und Betreiber eines Dienstleistungsunternehmens für Aktivtouristen in Willingen/Upland.
Zuvor Studium der Sportwissenschaften, der Politik sowie der Publizistik- und Kommunikationswissenschaften an der Georg-August-Universität Göttingen.

Schwen, Rolf, Dr. disc. pol., koordiniert als Marketing Communications Manager in Deutschland die Kommunikation der Cabbletron Systems GmbH, einem führenden Unternehmen im Bereich der Computernetzwerke.
Nach dem Studium der Sozial- und Kommunikationswissenschaften in Göttingen war er Kommunikationsreferent für einen Versicherungsverband, Projektleiter bei einem Leichtathletik Grand Prix und Leiter Public Relations für ein internationales Unternehmen. Seine Promotion verfaßte er zum Marketing-Controlling im Sportsponsoring.

Trümper, Thomas, Student der Sozial- und Sportwissenschaften an der Georg-August-Universität Göttingen mit dem Schwerpunkt Tourismus- und Sportsoziologie.
Er hat sich mit wissenschaftlichen Arbeiten auf das Gebiet Abenteuer- und Risikosportarten spezialisiert. Seine Praxiserfahrungen sammelt er als begeisterter Free Climber, Kajakfahrer und Mountainbiker.

Thomas Wilken, Inhaber eines Büros für Sport- und Tourismusberatung und Geschäftsführer der von ihm mitbegründeten Initiative "Sport mit Einsicht"; Mitglied des Arbeitskreises "Sport und Umwelt" des Bundesministeriums für Umwelt, Naturschutz und Reaktorsicherheit und des DSB-Bundesausschusses Umwelt.
Nach dem Studium der Fächer Sport, Politik und Pädagogik und anschließendem Referendariat arbeitete er u.a. an einer Gesamtschule, als Lehrbeauftragter an mehreren Hochschulen und als wissenschaftlicher Angestellter an der Universität Hamburg. Seit 1990 freiberufliche Tätigkeit; Autor zahlreicher Veröffentlichungen zum Themenbereich "Sport - Tourismus - Ökologie".

Zundel, Frank Peter, Dr. jur., Rechtsanwalt in Mosbach.
Studium der Rechtswissenschaften in Göttingen, Freiburg und Wien. 1988 erstes juristisches Staatsexamen in Göttingen, anschließend Referendariat am Landgericht Mosbach und zweites juristisches Staatsexamen in Stuttgart. Seit 1990 Lehrbeauftragter der Berufsakademie (Staatliche Studienakademie) Mosbach. Postgraduierten-Studium mit anschließender Promotion zum Dr. rer. publ. an der Hochschule für Verwaltungswissenschaften in Speyer. Seit 1992 am Landgericht Mosbach zugelassener Rechtsanwalt.

Literaturverzeichnis

ADAC (Hrsg.) (1989): Neues Denken im Tourismus, München.

ADFC-Bayern (Hrsg.) (1992): Fahrrad und sanfter Tourismus - Wir radeln in die Zukunft, München.

ADFC-Bayern (Hrsg.) (1991): Fahrrad und sanfter Tourismus - Wir radeln in die Zukunft, München.

ADFC-Bundesverband/Umweltbundesamt (Hrsg.) (1993): Handreichung zur Förderung des Fahrradtourismus mit besonderer Berücksichtigung der Neuen Bundesländer, Bremen.

ADFC-Niedersachsen (Hrsg.) (1993): ADFC-Wegweisung für Radler - ein Leitfaden für die Praxis, Hannover.

ADFC-Nordrhein-Westfalen (Hrsg.) (1992): Fahrradtourismus - Marketing und Strategien der Öffentlichkeitsarbeit, Düsseldorf.

ADFC-Nordrhein-Westfalen (Hrsg.) (1989): Das Fahrrad als Wirtschaftsfaktor, Düsseldorf.

AMK Ausstellungs-Messe-Kongress-GmbH Berlin (Hrsg.) (1994): Futurista e.V. - Studentische Arbeitsgemeinschaften auf der ITB, Berlin.

AMK Ausstellungs-Messe-Kongress-GmbH Berlin (Hrsg.) (1993): Universitäten, Hochschulen, Institute und Arbeitsgemeinschaften auf der ITB, Berlin.

Amt der oberösterreichischen Landesregierung (1991): Pressemitteilung zur Förderung des Radwegeangebotes, Linz.

Anft, M. (1993): Flow, in: Hahn, H., Kagelmann, H. J. (Hrsg.), Tourismuspsychologie und Tourismussoziologie, München, S. 141-147.

ASR Bundesverband mittelständischer Reiseunternehmen e.V. (Hrsg.) (o.J.): Aus- und Fortbildungsmöglichkeiten in der Touristikbranche, Frankfurt.

Bäni, P. (1991): Risiko als Faszination. Am Beispiel Wildwassersport, in: Magglingen, Ausg. 6/1991, S. 2-4.

Bänsch, A. (1989): Käuferverhalten, 4. vollst. überar. u. erw. Aufl., München.

Bartl, H. (1985): Reise- und Freizeitrecht, München.

Baumhöver, K. (1992): Olympische Werte in der Berichterstattung der Printmedien Süddeutsche Zeitung und Frankfurter Allgemeine Zeitung von 1952 bis 1988. Eine inhaltsanalytische Studie zu olympischen Werten. Frankfurt am Main.

Bausch, T. (1990): Stichprobenverfahren in der Marktforschung, München.

Bayerische Akademie für Naturschutz und Landschaftspflege (ANL)
(1992): Naturschonender Bildungs- und Erlebnistourismus, Laufener
Seminarbeiträge 3/1992, Laufen/Salzach.

Beck, U. (1986): Die Risikogesellchaft. Auf dem Weg in eine andere
Moderne, Frankfurt am Main.

Becker, C. (1983): Zum Freizeitverhalten einheimischer Jugendlicher im
Fremdenverkehrsgebiet Waldecker Upland, in: Wolf, K., Weber, P.
(Hrsg.), Raumrelevantes Freizeitverhalten Jugendlicher in der
Bundesrepublik Deutschland, Düsseldorf, S. 75-123.

Becker, J. (1993): Marketing-Konzeption: Grundlagen des strategischen
Marketings, 5. Aufl., München.

Becker, J. (1992): Marketing-Konzeption: Grundlagen des strategischen
Marketings, 4. Aufl., München.

Becker, J. (1990): Marketing-Konzeption: Grundlagen des strategischen
Marketings, München.

Behrens, G. (1991): Konsumentenverhalten, Frankfurt a. M.

Belz, C. (1990): Systemverkauf, VM INTERNATIONAL, S.7-8, 35-36.

Belz, C. (Hrsg.) (1986): Realisierung des Marketing, Band 1 und 2,
St. Gallen.

Ben-Eli, M. U. (1991): Cybernetic Tools for Management: Their Usefulness
and Limitations, in: Umpleby, S.A./ Sadovsky, V. N. (Hrsg.), A
Science of Goal Formulation, New York, S. 229-243.

Benölken, H., Greipel, P. (1994): Dienstleistungs-Management, 2. Aufl.,
Wiesbaden.

Bentele, G. (1982): Objektivität in den Massenmedien - Versuch einer
systematischen Begriffserklärung, in: Bentele, G., Ruoff, R. (Hrsg.),
Wie objektiv sind unsere Medien?, Frankfurt/M.

Bentele, G., Ruoff, R. (Hrsg.) (1982): Wie objektiv sind unsere Medien?
Frankfurt/M.

Berekoven, L., Eckert, W., Ellenrieder, P. (1992): Marktforschung,
Wiesbaden.

Berelson, B., Steiner, G. A. (1964): Human Behavior, New York.

Berg, K., Kiefer, M.-L. (1982): Massenkommunikation, Frankfurt/M.

Bergmann, W. (1989): Zeitgrenzen, in: Schweizerische Zeitschrift für
Soziologie, S. 243 ff.

Besancenot, J.-P. (1990): Climat et tourisme, Paris.

Bette, K.-H. (1989): Körperspuren. Zur Semantik und Paradoxie moderner
Körperlichkeit, Berlin.

Bieger T. (1992): Verkehrsvereine als Markenagentur, in Kaspar Claude,
Jahrbuch der Schweizerischen Tourismuswirtschaft, St. Gallen,
S. 11-23.

Bieger T., Hartmann M., Küng R. (1993): Tourismusplattform Graubünden, Chur, mit Marktforschungsdaten einer Studie zum Tourismus im Alpenraum des Dichter Institutes, Zürich.

Bieger T., Rüegger E. (1991): Management einer Bergbahnunternehmung, Chur, S. 77.

Bleicher, K. (1985): Betriebswirtschaftslehre als systemorientierte Wissenschaft vom Management, in: Probst, G. J. B. , Siegwart, H. (Hrsg.), Integriertes Management: Bausteine des systemorientierten Managements, Bern.

Bockhoff, K., Dobberstein, N. (1989): Zapping, in: Marketing. 11. Jg., Nr. 1, S. 40.

Bocock, R. (1994): The Emergence of the Consumer Society, in: The Polity Reader in Cultural Theory, London, S. 180-184.

Bono, E. de (1970): Lateral Thinking - A Textbook of Creativity, London.

Börner, J. (1985): Sportstätten-Haftungsrecht, Berlin.

Boulding, K. (1956): General System Theory: The Skeleton of Science, in: Management Science. 10 Jg. April, S. 197-208.

Braun, O. L. (1993): Reiseentscheidung, in: Hahn, H., Kagelmann, H. J. (Hrsg.), Tourismuspsychologie und Tourismussoziologie, München, S. 307-320.

Brinkmann, D., Schmidt, M., Stehr, I. (1994): Fachhochschüler haben deutlich bessere Berufsaussichten, in: Carl, V., Ganser, A. (Red.), Brücke zwischen Wissenschaft und Praxis: eine Dokumentation der Referate und Diskussionen im Wissenschaftszentrum der ITB Berlin 1994, Berlin, S. 6-13.

Brockhaus Enzyklopädie (1987): Enzyklopädie in 24 Bänden, 19., völlig neubearb. Aufl., Mannheim.

Brohm, J.-M. (1985): Le corps - un paradigme de la modernité, in: Actions et Recherches Sociales Jg. 18, Nr. 1, S. 15-38.

Brösse, U. (1982): Raumordnungspolitik, 2.Aufl., Berlin.

Bruhn, M. (Hrsg.) (1988): Sport-Sponsoring. Strategische Verklammerung in die Unternehmenskommunikation, Bonn.

Bruhn, M. (1987): Unternehmen als Mäzene und Sponsoren. Frankfurt.

Bruhn, M., Tilmes, J. (1989): Social Marketing, Stuttgart.

Brunet, F. (1993): Economy of the 1992 Barcelona Olympic Games. Lausanne.

Brunner, J. (1989): Zum Verständnis des Olympischen Gedankens bei Jugendlichen. Überprüft an den Einsendungen zum Schüler- und Kunstwettbewerb 1988 "Olympische Spiele - wie ich sie sehe" des NOK für Deutschland. Staatsexamensarbeit am Fachbereich Sport der Universität Mainz 1989.

Buchmeier, W., Zieschang, K. (1992): Sportökonomen in Beruf und Studium, Schorndorf.

Bülow, I. v. (1988): Systemgrenzen als Problem der Systemmethodik im Management von Institutionen, Frankfurt.

BUND Landesverband Nordrhein-Westfalen (Hrsg.) (1989): Freizeit fatal. Über den Umgang mit der Natur in unserer freien Zeit. Köln.

Bundesanstalt für Arbeit (Hrsg.) (1993): Blätter zur Berufskunde: Gesamtverzeichnis, 20. Aufl., Bielefeld.

Bundesminister für Raumordnung, Bauwesen, Städtebau (1975): "Freizeitverhalten außer Haus", Analysen und Prognosen zum Freizeitverhalten in der Urlaubszeit und in der Wochenendfreizeit, in: Schriftenreihe Städtebauliche Forschung, 03.053,1977, Forschungsauftrag BMBau RS II 6-161 100-5/74, in diesem Band.

Bundesministerium für Land- und Forstwirtschaft (Hrsg.) (1992): Dokumentation Mountain-Biking, Manuskript, Wien.

Bundesministerium für Wirtschaft (Hrsg.) (1994): Bericht der Bundesregierung über die Entwicklung des Tourismus, Bonn.

Buss, W., Krüger, A. (Hrsg.) (1985): Sportgeschichte, Traditionspflege und Wertewandel, Duderstadt.

Cachay, K. (1988): Sport und Gesellschaft. Schorndorf.

Carl, V., Ganser, A. (Red.) (1994): Brücke zwischen Wissenschaft und Praxis: eine Dokumentation der Referate und Diskussionen im Wissenschaftszentrum der ITB Berlin 1994, Berlin.

Carmichael, B. (1992): Using Conjoint Modeling to Measure Tourist Image and Analyse Ski Resort Choice, in: Johnson, P., Thomas, B. (Hrsg.): Choice and Demand in Tourism, London, S. 93-106.

Carter, J. M., Krüger, A. (1990): Ritual and Record: Sports Records and quantifications in pre-modern societies, New York.

Chaney, D. (1994): The Cultural Turn. Scene-setting Essays on Contemporary Cultural History, London.

Cirotteu, F. u.a. (1987): Wildwasserfahren. Die Hohe Schule des Kajak-Sports, Stuttgart.

Cohen, E. (1972): Towards a Sociology of International Tourism, in: Social Research Jg. 39, S. 164-182.

Cooke, A. (1994): The Economics of Leisure and Sport, London.

Cooper, C. (1992): The Life Cycle Concept in Tourism, in: Johnson, P., Thomas, B., Choice and Demand in Tourism, London, S. 145-160.

Corsten, H. (1990): Betriebswirtschaftslehre der Dienstleistungs-unternehmungen, 2. durchgesehene Aufl., München.

Coubertin, P. de (1967 [1935]): Die philosophischen Grundlagen des modernen Olympismus. *Les assises philosophiques de l'Olympisme moderne.* In: Coubertin, P. de: Der Olympische Gedanke. Reden und Aufsätze. Schorndorf, S. 150-154.

Coubertin, P. de (1967 [1910]): Ein modernes Olympia. In: Coubertin, P. de: Der Olympische Gedanke. Schorndorf, S. 24-43.

Cube, F. (1993): Das Flow-Erlebnis heimholen. Verhaltensbiologische Konzepte gegen die Sucht des Reisens, in: Politische Ökologie, Nr. 32, Juli/August, S. 59-62.

Dath, A. (1988): Reisebüro-Marketing, Heilbronner Hochschulschriften - Reihe Fremdenverkehr, Band 2, 2. Auflage, München.

Datzer, R. (1993): Zukünftige Marktentwicklungen im Urlaubssport, in: Wilken, T., Neuerburg, H. J. u. a. (Hrsg.), Sport im Urlaub, ADH-Schriftenreihe des Hochschulsports, Bd. 14, Aachen, S. 59-70.

Datzer, R. (1986): Der Markt der Spezialisten (VII. Fahrrad-/Motorradreisen): Der Radler will als Individualist angesprochen werden, in: FVW-Fremdenverkehrswirtschaft, Nr. 6, S. 11-14.

Demers, J. (1990): Le tourisme dans notre économie, Bernières (Québec).

Deniffel, X. (1992): Engagement für den Fahrradtourismus, in: ADFC-Bayern, S. 38-39.

Deutsch, E. (1976): Haftungsrecht, Band 1, Allgemeine Lehren.

Deutscher Verband für das Skilehrwesen e.V. (Hrsg.) (1994): Ski-Lehrplan, Bd. 1, Ski alpin, 7., völlig neubearb. Aufl., München.

Diem, C. (1967 [1954]): Unsterbliche Idee, in: Diem, C.: Der Olympische Gedanke. Reden und Aufsätze. Schorndorf, S. 21-22.

Dietel, C. (1993): Olympische Werte und Olympische Realität im Bild des Sportbeobachters. Eine Retrospektivstudie unter Sportstudenten aus den neuen und alten Bundesländern sowie Österreich und England anläßlich der Olympischen Spiele von Barcelona 1992. Diplomarbeit am Fachbereich Sport der Universität Mainz.

Dietrich, K., Heinemann, K. (Hrsg.) (1989): Der nicht-sportliche Sport, Schorndorf.

Drescher (1993): SIS Gestaltungsstudie für ein integrales Entwicklungs-Projekt auf Gemarkung Schierke/Harz.

Dreyer, A. (1994a): Die Auswahl der richtigen Sponsoring-Maßnahmen, in: Krüger, A., Damm-Volk, C. (Hrsg.), Sportsponsoring, Berlin, S. 70-81.

Dreyer, A. (1994b): Sport-Tourismus aus der Sicht von Management und Marketing, ITB-Vortragsmanuskript, Wernigerode.

Dreyer, A. (1988): Sportwerbemedien und Sportwerbeziele, in: Sportsponsor, Heft 2, Berlin, S. 12-16.

Dreyer, A. (1987): Aktionen und Athleten. Was leisten Sportwerbemedien?, in: Absatzwirtschaft, Sondernummer Oktober, 30. Jg., Düsseldorf, S. 196-208.

Dreyer, A. (1986): Werbung im und mit Sport, Göttingen.

DRV Service GmbH, Gruner + Jahr AG & Co (1994):
Urlaub + Reisen '94: erste Ergebnisse, Frankfurt.

DSF Deutsches Seminar für Fremdenverkehr (Hrsg.) (1993):
Qualitätsmanagement im Tourismus, Dokumentation eines Seminars
für Führungskräfte, Fachkursus 247/92, Berlin.

DSV (1993): DSV-Umweltplan 2000 .... Und was ist passiert.

DSV (1985): DSV-Umweltplan 2000, Wege zum umweltgerechten Skisport.

Eadington, W. R., Smith, V. L. (1992): Tourism Alternatives. Potential and
Problems in the Development of Tourism, Philadelphia.

Etzel, S. (1989): Mit dem Fahrrad unterwegs, Stuttgart.

Ewert, A. (1989): Risk management in the outdoor settings, in: Journal of
physical education, recreation & dance, Reston (Virgina), Ausg.
2/1989, S. 88-92.

Feilhuber, S. (1988): Interdependente Beziehungen in Gruppen und ihr
Einfluß auf die Personwahrnehmung, untersucht am Beispiel des
Urlaubsverhaltens in einem Clubdorf, Diplomarbeit an der Universität
Regensburg.

Ferrante, C. L. (1994): Quantitative und historische Dimension des
Tourismus, in: Gruppe Neues Reisen (Hrsg.), Massentourismus - Ein
reizendes Thema, Berlin. S. 41-53.

Festinger, L. (1957): A Theory of Cognitive Dissonance, Stanford.

Fiedler, T. (1992): Hola Barcelona!, in: STERN, Nr. 32, 30. Juli 1992, S.
18-26.

FIF (1993): Befragung Einheimischer, nach Bulletin 5/93, Schweizer
Tourismusverband, Bern.

Finger, C., Gayler, B. (1990): Animation im Urlaub: Studie für Planer und
Praktiker, 2., überarb. und aktual. Auflage, Starnberg.

Finger-Benoit, C., Kuhrau-Pfundner, M. (1993): Ausbildung und Alltag
von Animateuren und Animateurinnen, in: Wilken, T., Neuerburg, H.
J. u.a. (Hrsg.), Sport im Urlaub, ADH-Schriftenreihe des
Hochschulsports, Bd. 14, Aachen, S. 181-191.

Flächennutzungsplan der Gemeinde Schierke (1990): Erläuterungsbericht
Schierke.

Földesi, T., Krawczyk, Z. (1981): The Social Role of Sports Events in
Poland and Hungary. Transformation of the Social Role of Sports
Events. In: Internationales Symposium des Internationalen Komitees
für Sportsoziologie (ICSS): Körperkultur und Sport in der
Lebensweise sozialer Gruppen. Halle/Saale, S. 96-112.

Ford, P., Blanchard, J. (1985): Leadership and administration of outdoor
pursuits, PA, State College.

Frankfurter Allgemeine Zeitung, 28. 7. 1994.

Frankfurter Rundschau, 31. 3. 1992, 6. 3. 1993, 11. 9. 1993, 5. 3. 1994,
19. 3. 1994.

Freyer, W. (1993a): Tourismus: Einführung in die Fremdenverkehrs-ökonomie, 4., erg. und aktual. Auflage, München.

Freyer, W. (1993b): Sponsoring, in: Hahn, H., Kagelmann, J. (Hrsg.): Tourismuspsychologie und Tourismussoziologie, München, S. 455-462.

Freyer, W. (1992a): Tourismusmarketing und spezielle Fragen des Fahrradtourismus, in: ADFC-Nordrhein-Westfalen (Hrsg.) Fahrrad und sanfter Tourismus - wir radeln in die Zukunft, München, S. 26-43.

Freyer, W. (1992b): Umfeldanalyse als Teil der Marketingforschung, in: Studienkreis für Tourismus (Hrsg.): Marketing und Forschung im Tourismus, Starnberg, S. 9-25.

Freyer, W. (1991a): Handbuch des Sport-Marketing, 2. Aufl., Wiesbaden.

Freyer, W. (1991b): Ganzheitliches Marketing im Tourismus, in: Studienkreis für Tourismus (Hrsg.): Marketing im Tourismus, Starnberg , S. 137-162.

Freyer, W. (1991c): Tourismus 2000: Von Boomfaktoren zu Megatrends und Zukunftsszenarien, Bonn.

Freyer, W. (1990a): Sport-Ökonomie oder Ökonomie des Sports? Fragmente zur Bestimmung einer neuen Wissenschaftsdisziplin, Diskussionspapier Nr. 2/1990, Bonn.

Freyer, W. (1990b): Marketing-Training für den Sport, in: asw-absatzwirtschaft, Sonderheft 10, S. 152-169.

Freyer, W. (1989): Sport 2000: Boom- und Hemmfaktoren für den Sport der Zukunft, Berlin.

Freyer, W. (1988a): Strategisches Marketing im Sport, Planen mit Checklisten, Berlin.

Freyer, W. (1988b): Sport-Marketing - ein neues Wundermittel für Verbände und Vereine? in: Olympische Jugend, H. 11, S. 4 -7.

Fromme, J., Kahlen, B. (1990): Berufsfeld Freizeit: Aus-, Fort- und Weiterbildungsangebote im tertiären Bildungsbereich, Bielefeld.

FVV Chemnitz (1991): Fremdenverkehrsverein Chemnitz (Hrsg.): Fahrradtourismus - die Zukunft für die neuen Bundesländer? Chemnitz.

Geldner, R. (1990): Regionalwirtschaftliche Impulse dezentraler Kulturveranstaltungen, WIFO- Monatsberichte 2/90, Wien.

Gerken, G. (1991): Abschied vom Marketing, Düsseldorf.

Gerok, W. (1989): Ordnung und Chaos in der unbelebten und belebten Natur, Stuttgart.

Gerth, E. (1983): Die Systematik des Marketing, Würzburg.

Gesellschaft zur Förderung des Naturparks Harz e. V. (o. J.): Nationalpark Harz, Faltblatt, Goslar.

Gesetzblatt der DDR (1990): Verordnung über die Festsetzung des Nationalparkes Hochharz, Berlin 1. 10. 1990.

Gläser, K. (1991): Cluburlaub und Fitness-Angebote: eine Untersuchung zur Begründung, Gestaltung und Durchführung eines Fitness-Konzepts unter inhaltlichen, organisatorischen und wirtschaftlichen Gesichtspunkten, Magisterarbeit an der Universität Stuttgart.

Grobshäuser, M. (1992): Funktionen und Bedeutung von Sport und Sportangeboten im Tourismus, Magisterarbeit an der Universität Stuttgart.

Groeben, N., Scheele, B. (1984): Zur Rekonstruktion von subjektiven Theorien mittleren Reichwerte. Bericht aus dem Psychologischen Institut Heidelberg, Heidelberg.

Groeben, N., Scheele, B. (1983): Grundlagenprobleme eines Programms "Subjektive Theorien" zum Stand der Diskussion, in: Dann, H. D. u.a. (Hrsg.), Analyse und Modifikation subjektiver Theorien von Lehrern, Konstanz.

Groeben, N. (1981): Die Handlungsperspektive als Theorie Rahmen für Forschung im pädagogischen Feld, in: Hofer, M. (Hrsg.), Informationsverarbeitung und Entscheidungsverhalten von Lehrern. München.

Groeben, N., Scheele, B. (1977): Argumente für eine Psychologie des reflexiven Subjekts, Darmstadt.

Grümer, K. W. (1993): Wertewandel, in: Hahn, H., Kagelmann, H. J. (Hrsg.), Tourismuspsychologie und Tourismussoziologie, München, S. 226-229.

Gruner + Jahr AG & Co (Hrsg) (1994): G + J - Märkte + Tendenzen Sporturlaub Gruner + Jahr Marktanalyse, MARIA Bd. 9.1.16 , Hamburg.

Gruppe Neues Reisen (Hrsg.) (1994): Massentourismus - Ein reizendes Thema, Berlin.

Gugelmann, E. (1986): Vertrauensmarketing der Migros, in: Belz , C. (Hrsg.), Realisierung des Marketing, Band 1 und 2, St. Gallen, S. 1035-1048.

Gunkel, P., Kirsch, K. (1984): Differenzierende Untersuchungen zum gegenwärtigen Stand der Effizienz bei Kurmaßnahmen, hrsg. v. Norddeutsches Institut für Fremdenverkehr und Heilbäderforschung, Bd.1, Hannover.

Günter, W. (Hrsg.) (1991): Handbuch für Studienreiseleiter, 2. Aufl., Starnberg.

Haag, H. (1991): Einführung in das Studium der Sportwissenschaft: Berufsfeld-, Studienfach- und Wissenschaftsorientierung, Schorndorf.

Haag, H., Heinemann, K. (Hrsg.) (1987): Berufsfeld Sport, Schorndorf.

Haedrich, G., Klemm, K., Kreilkamp, E. (1993): Die akademische
Tourismusausbildung in der Bundesrepublik Deutschland, in:
Haedrich, G., Kaspar, C., Klemm, K., Kreilkamp, E. (Hrsg.),
Tourismus-Management, 2. völlig neu bearb. u. wesentl. erw. Aufl.,
Berlin, New York, S. 761-770.

Haedrich, G., Kaspar, C., Klemm, K., Kreilkamp, E. (Hrsg.) (1993):
Tourismus-Management, 2. völlig neu bearb. u. wesentl. erw. Aufl.,
Berlin, New York.

Hagenbucher, K.-H. (1984): Die Verletzung von
Verkehrssicherungspflichten als Ursache von Ski- und Bergunfällen,
München.

Hahn, P. (1991): Sanftes und umweltverträgliches Freizeitverhalten, Berlin.

Hahn, H., Kagelmann, J. (Hrsg.) (1993): Tourismuspsychologie und
Tourismussoziologie, München

Hahneklaus, W. (1991): Regionalpolitik in der Europäischen Gemeinschaft,
in: Ernst, W., Hoppe, W., Thoss, R., Münster, Beiträge zum
Siedlungs- und Wohnungswesen und zur Raumplanung, Bd.140.

Hamburg Messe (Hrsg.) (1993): Dokumentation der Fachreferate auf der
Messe Reisen '93 in Hamburg.

Hamele, H. (1993): Von den Zinsen leben, in: Politische Ökologie, Nr. 32,
Juli/August, S. 6-9.

Hänecke, F. (1990): Die Trennung von Werbung und redaktionellem Teil.
Ergebnisse einer Schweizer Studie zu Presse und Sponsoring, in:
Media Perspektiven Frankfurt, Heft. 4, S. 241-253.

Hanke, U., Woermann, S. (1994): Perspektive Fahrrad - Gesundheit,
Umwelt, Verkehr, Aachen.

Hanrieder, M. (1992): Marketing-Forschung und Informations-Analyse als
Grundlage der Marketing-Planung, in: Roth, P., Schrand, A.,
Touristik-Marketing, München.

Harder, G. (1986): Bergsteigen - Training, Technik, Taktik, Reinbek bei
Hamburg.

Haßlacher, P. (Red.) (1989): Sanfter Tourismus. Theorie und Praxis, hrsg.
v. Oesterreichischer Alpenverein, Innsbruck.

Hawkins, D. E. (1994): Ecotourism: Opportunities for Developing Countries,
in: Theobald, W. F., Global Tourism. The Next Decade, Oxford, S.
261-273.

Hebdige, D. (1994): Postmodernism and "The Other Side", in: Storey, J.
(Hrsg.): Cultural Theory and Popular Culture. A Reader, London, S.
382-397.

Hecker, G. (1989): Abenteuer und Wagnis im Sport - Sinn oder Unsinn ?, in:
Deutsche Zeitschrift für Sportmedizin, Köln, Jahrgang 40, Nr. 9, S.
328-331.

Heim, R., Lichtenauer, P. (Hrsg.) (1987): Neue Berufsfelder und
  Ausbildungswege im Sport, Münster.

Heinemann, K. (1990): Einführung in die Soziologie des Sports. Schorndorf.

Heinemann, K., Schubert, M. (o.J.): Zur Situation der Sportvereine in
  Baden-Württemberg: Ergebnisse einer Sonderauswertung im Rahmen
  der Finanz- und Strukturanalyse der Sportvereine Deutschland
  1991/92, Hamburg.

Hilke, W. (1989): Dienstleistungs-Marketing, Wiesbaden.

Hill W. (1989): Die Betriebswirtschaft der neunziger Jahr vor neuen
  Aufgaben, Die Unternehmung, Nr. 4, S. 267-278.

Höfer, A. (1994): Der Olympische Friede. Anspruch und Wirklichkeit einer
  Idee, St. Augustin.

Hofmann, W. (1993): Die Flugpauschalreise, in: Mundt, J. (Hrsg.),
  Reiseveranstaltung, München, S. 111-140.

Hopfenbeck, W., Zimmer, P. (1993): Umweltorientiertes
  Tourismusmanagement, Landsberg/Lech.

Hüttner, M. (1994): Katalog-Werbung, in: Diller, A. (Hrsg.), Vahlens
  Großes Marketing-Lexikon, München, S. 511f.

Hudman, L. E., Hawkins, D. E. (1989): Tourism in Contemporary Society,
  Englewood Cliffs, NJ.

Institut für Betriebs- und Regionalökonomie (1990): Auswertung der
  Publikumsumfrage der Brienz Rothorn-Bahnen, Band 3, S. 9.

Institut für Freizeitwirtschaft (1994): Wachstumsfelder Freizeit und
  Tourismus, in: Marketing Journal, 27. Jg., Heft 4, S. 302-307.

Institut für Freizeitwirtschaft (1983): Der Freizeitsport wächst, in:
  Marketing Journal, Heft 2, S. 112-116.

IWD - Informationsdienst des Instituts der Deutschen Wirtschaft (1994):
  Freizeit/Sport: Ein aktiver Wirtschaftsfaktor, Nr. 15, S. 2.

Jacsman, J., Schilter, R. C., Schmid, W. A. (1993): New Developments and
  Concepts in Tourism and Recreation Planning in Switzerland, in: Van
  Lier, H. N., Taylor, P. D. (Hrsg.): New Challenges in Recreation and
  Tourism Planning, Amsterdam, S. 141-178.

Jarvie, G., Maguire, J. (1994): Sport and Leisure in Social Thought,
  London.

Jilg, A. (1992): Radfahren- ein freizeitrelevantes Element, Eichstätt.

Jilg, A. (1989): Radfahren als freizeitrelevantes Element - Aspekte einer
  geographischen Analyse, Diplomarbeit, München.

Jockel, N. (1987): Dienen oder wi(e)dersprechen? Bildsprachliche Aspekte
  im Design, in: Design Dasein. Museum für Kunst und Gewerbe.
  Hamburg, S. 172-178.

Kappert, D. (1990): Tanztraining, Empfindungsschulung und persönliche
  Entwicklung, Bochum.

Karsten/Micus/Remmel (1989): Fahrrad-Reisen, Katzenelnbogen.

Kaspar, C. (1991): Fremdenverkehrslehre im Grundriß, 4. Aufl., Bern, Stuttgart.

Kaspar, C. (1986): Die Fremdenverkehrslehre im Grundriss, St. Gallen, S. 40.

Kinnebrock, W. (1993): Integriertes Eventmarketing, Wiesbaden.

Kirchhoff, P. (1992): Sport und Umwelt, Heidelberg.

Kirsch, K. (1982): Regionale Wirkungen staatlicher Innovationsförderung, in: v. Engeleiter, H. J., Corsten, H., Innovation und Technologietransfer, Berlin.

Kirsch, K. (1980): Schwerpunktförderung als Instrument regionaler Wirtschaftspolitik unter besonderer Berücksichtigung des Fremdenverkehrs, Diss., Braunschweig.

Kirsch, K. (1982): Sport und Urlaub, Diss., Freiburg/B.

Kirstges, T. (1993): Sanfter Massentourismus - ein Paradox, in: Politische Ökologie, Heft 32, S. 13-17.

Kirstges, T. (1992): Expansionsstrategien im Tourismus, Wiesbaden.

Klemm, K., Menke, A. (1988): Sanfter Tourismus zwischen Theorie und Praxis, in: Fremdenverkehr und Regionalpolitik, Akademie für Raumforschung und Landesplanung, Forschungs-und Sitzungsbericht 172, Hannover.

Klemm, K., Steinecke, A. (1994): Berufe im Tourismus, in: Bundesanstalt für Arbeit (Hrsg.), Blätter zur Berufskunde, Band 0, 3. Aufl., Bielefeld.

Klir, G. J. (Hrsg.) (1972): Trends in General Systems Theory, New York.

Klir, G. J., Way, E. C. (1972): Reconstructability Analysis: Aims, Results, Open Problems, in: Umpleby, S. A., Sadovsky, V. N. (Hrsg.), A Science of Goal Formulation, New York, S. 89-120.

Knorr, C. (1983): Tourismus und (Sport-)Animation: Motive - Erwartungen - Verhalten Urlaubsreisender im Bedürfniskreis der modernen Zeitentwicklung, Diss., Gießen.

Koch, A. (1989): Wirtschaftsfaktor Tourismus, Eine Grundlagenstudie der Reisebranche, hrsg. v. Deutscher Reiseverband, Frankfurt/Main.

Köhl, W., Turowski, G. (1976): Systematik der Freizeitinfrastruktur, Schriftenreihe des Bundesministers für Jugend, Familie und Gesundheit, Bd. 105, Stuttgart.

Kotler, P. (1989): Marketing-Management, 4. Aufl., Stuttgart.

Kotler, P., Levy, S. J. (1969): Broadening the Concept of Marketing, in: Journal of Marketing, Bd. 33, S. 10-15.

Kötz, H. (1988): Deliktsrecht, 4. Aufl., Frankfurt/M.

Kreilkamp, E. (1994): Der Reisemarkt in tiefgreifendem Wandel, in: Carl, V., Ganser, A. (Hrsg.), Brücke zwischen Wissenschaft und Praxis. Eine Dokumentation der Referate und Diskussionen im Wissenschaftszentrum der ITB Berlin 1994, Berlin, S. 47-52.

Krippendorf, J. (1993): Was "sanfter Tourismus" wirklich bedeutet, in: Österreich Werbung-Bulletin Februar 1993, S. 7-8.

Krippendorf, J., Krippendorf-Demmel, S. (1992): Beim Menschen selbst ansetzen, in: Politische Ökologie, Sonderheft 4, S. 42-45.

Kroeber-Riel, W. (1990): Konsumentenverhalten, 4. Aufl., München.

Kroeber-Riel, W. (1986): Erlebnisbetontes Marketing, in: Belz, C. (Hrsg.), Realisierung des Marketing, Band 1 und 2, St. Gallen, S. 1138-1151.

Krüger, A. (1995): Hundert Jahre und kein Ende? Postmoderne Anmerkungen zu den Olympischen Spielen, in: Schoeps, J. (Hrsg.): Jahresbericht der Gesellschaft für Geistesgeschichte, Bad Godesberg (im Druck).

Krüger, A., Damm-Volk, C. (Hrsg.) (1994): Sportsponsoring. Theorie - Praxis - Fallbeispiele, Berlin.

Krüger, A. (1993): Cui bono? Zur Wirkung des Sportjournalismus, in: Krüger, A., Scharenberg (Hrsg.): Wie die Medien den Sport aufbereiten. Ausgewählte Aspekte der Sportpublizistik, Berlin, S. 24-65.

Krüger, A. (1990): The Ritual in Modern Sport: A Sociobiological Approach, in: Carter, J. M., Krüger, A. (Hrsg.), Ritual and Record: Sports Records and quantifications in pre-modern societies, New York, S. 135-151.

Krüger, A. (1981): Sport und Gesellschaft, Berlin.

Lampe, B. (1993): Jugendreisen mit Einsicht. Projektdokumentation, Detmold.

Landesfremdenverkehrsverband Bayern e.V. (Hrsg.) (o.J.): 1. Bayerischer Fachkongreß für Freizeit und Tourismus, Schriftenreihe des Landesfremdenverkehrsverbandes Bayern e.V., Bd. 18, München.

Lange, E. (1987): Aktive Professionalisierung in der Sportwissenschaft, in: Heim, R., Lichtenauer, P. (Hrsg.), Neue Berufsfelder und Ausbildungswege im Sport, Münster, S. 22-34.

Larenz, K. (1976): Lehrbuch des Schuldrechts, 2. Band, Bes. Teil, 11. Aufl., München.

Lätzsch, L. (1985).: Der Radverkehr - ein Teil des Personenverkehrs, in: Wissenschaftliche Zeitschrift der Hochschule für Verkehrswesen Dresden, Heft 3, S. 589-602.

Lauterwasser, E. (1989): Skisport und Umwelt, Weilheim.

Leithäuser, I., Volmberg, B. (1979): Anleitung zur empirischen Hermeneutik: Psychologische Textinterpretation als sozialwissenschaftliches Verfahren, Frankfurt/M.

Lenk, H. (1972): Werte, Ziele, Wirklichkeit der modernen Olympischen Spiele. Schorndorf.

Lenk, H., Maring, M., Fulda, E. (1985): Wissenschaftstheoretische Aspekte einer anwendungsorientierten systemtheoretischen Betriebswirtschaftslehre, in: Probst, G. J. B., Siegwart, H. (Hrsg.), Integriertes Management: Bausteine des systemorientierten Managements. Bern.

Lohmann, M. (1991): Sportaktivitäten im Urlaub - Bewegung ist "in". Eine Dokumentation aus den Reiseanalysen des StfT, München.

Loy Jr., J. W. (1981): An Emerging Theory of Sport Spectatorship - Implications for the Olympic Games. In: Segrave, J., Chu, D. (Hrsg.): Olympism. Champaign/III., S. 262-294.

Ludwig, K. u.a. (1990): Der neue Tourismus. Rücksicht auf Land und Leute, München.

Luthans, F., Stewart, T. I. (1977): A General Contingency-Theory of Management, in: Academy of Management Review, S. 181-195.

Mahanty, R. K., Rapoport, M. E. (1986): Establishing and Controlling Global Marketing Strategies Using Electronic Media - A Case Study from 3M in Managing Change, in: Belz, C. (Hrsg.), Realisierung des Marketing, Band 1 und 2, St. Gallen, S. 907-926.

Malik, F. (1985): Gestalten und Lernen von sozialen Systemen, in: Probst , G. J. B., Siegwart , H. (Hrsg.), Integriertes Management: Bausteine des systemorientierten Managements, Bern.

Martin-Barbero, J. (1993): Communication, Culture and Hegemony. From Media to Mediations, London.

Mashiach, A. (1981): A collective profile of the American spectators in the Summer Olympic Games in Montreal 1976. In: Journal of Sport and Social Issues, Heft 2, 5. Jg. , S. 24-28.

Meffert, H. (1992): Marketingforschung und Käuferverhalten, 2. vollst. überar. u. erw. Aufl., Wiesbaden.

Meffert, H. (1986): Marketing, 7. Aufl., Wiesbaden.

Merkl, W. (1993): Olympische Spiele in Barcelona 1992 - Eine postalische Befragung unter den deutschen Olympiatouristen zu Anspruch und Wirklichkeit der Olympischen Idee und der touristischen Bedürfnisbefriedigung durch das Deutsche Reisebüro. Diplomarbeit am Fachbereich Sport der Universität Mainz.

Merkle, W. (1992): Corporate Identity für Handelsbetriebe, Göttingen.

Merriam, J. E., Makower, J. (1988): Trend Watching, New York.

Mertens, H.-J. (1980): in: Münchener Kommentar zum Bürgerlichen Gesetzbuch, Band 3, 2. Halbband (Schuldrecht Besonderer Teil),

Messing, M., Lames, M. (1992): Comparative Study of Spectators in Different Sports. Vortrag zum Olympic Scientific Congress in Benalmadena am 16. Juli 1992. Unveröffentl. Typoskript (5 S.).

Meyer-Schwickerath, M. (1992): Perspektiven des Tourismus in der Bundesrepublik Deutschland: Zur Notwendigkeit eines wirtschaftlichen Konzepts, Göttingen.

Meyer, A. (1990): Dienstleistungs-Marketing, Augsburg.

Middleton, V. T. C. (1988): Marketing in Travel and Tourism, Oxford.

Miglbauer, E. (1994): Umwelt und Radtourismus, in: Hanke, U., Woermann, S. (1994), Perspektive Fahrrad - Gesundheit, Umwelt, Verkehr, Aachen, S. 121-135.

Miglbauer, E. (1993): Vor- und Nachsaison am Bauernhof mit dem Fahrrad "beleben", in: Stocker Verlag (Hrsg.), Der fortschrittliche Landwirt, Heft 21, Graz.

Miglbauer, E. (1992): Marketing bei Fahrradtourismusprojekten; in: ADFC-Nordrhein-Westfalen (Hrsg.), Fahrradtourismus - Marketing und Strategien in der Öffentlichkeitsarbeit, Düsseldorf.

Miglbauer, E., Schuller, E., (1992): Wie reisen Radler? Ergebnisse einer wissenschaftlichen Untersuchung des Donau-Radweg-Tourismus, in: ADFC-Bayern 1992, S. 9-12.

Miglbauer, E., Schuller, E. (1991): Wie reisen Radler? Ergebnisse einer wissenschaftlichen Untersuchung des Donau-Radtourismus, in: ADFC-Bayern (Hrsg.), Fahrrad und sanfter Tourismus - Wir radeln in die Zukunft, München, S. 9-12.

Miglbauer, E., Wiederschwinger, I. (1993): Radwandererlebnis Donauland-Strudengau; in: Mose, I. (Hrsg.), Sanfter Tourismus konkret - Zu einem neuen Verhältnis von Fremdenverkehr, Umwelt und Region, Wahrnehmungsgeographische Studien zur Regionalentwicklung, Nr. 11, Oldenburg.

Mikoleit, U. (1989): Sportlehrer/Sportlehrerin (akad.) - Sportwissenschaftler/Sportwissenschaftlerin, in: Bundesanstalt für Arbeit (Hrsg.), Blätter zur Berufskunde, Bd. 3, 5. Aufl., Bielefeld.

Minister für Wirtschaft, Technik und Verkehr des Landes Schlwesig-Holstein (Hrsg.) (1994): Fahrrad und Tourismus, Kiel.

Müller, H., Kaspar, C., Schmidhauser, H. (1991): Tourismus 2010, Bern, St. Gallen.

Müller, L. A., Weichler, K. (1990): Arbeitsfeld Freizeit: Der Schlüssel zu den animativen Berufen, Reinbek bei Hamburg.

Mundt, J. W. (Hrsg.) (1993): Reiseveranstaltung. Lehr- und Handbuch, München.

Nationalpark (1991): Umwelt-Natur, Nr. 71, 2, Grafenau.

Nebe, J. M. (1983): Angebots- und Nachfragestrukturen in ausgewählten Fremdenverkehrsgebieten der Bundesrepublik Deutschland, in Haedrich, G., Kaspar, C. u.a., Tourismus-Management. Tourismus-Marketing und Fremdenverkehrsplanung, Berlin, S. 77-93.

Neuerburg, H.-J., Wilken, T. (1991): Sport im Urlaub - das kalkulierte Abenteuer, in: Olympische Jugend, Wiesbaden, Ausg. 7/1991, S. 4-5.

Niedersächsische Landesregierung (o.J.): Umweltschutz in Niedersachsen, hrsg. v. Ministerium für Bundesangelegenheiten, Hannover.

Nieschlag, R., Dichtl, E., Hörschgen, H. (1991): Marketing, 16. Aufl., Berlin.

Obstoj, H. (1989): 75 Jahre Deutscher Kanu Verband e.V., Duisburg.

Oehmichen, E. (1991): Sport im Alltag - Sport im Fernsehen, in: Media Perspektiven, Heft. 11, S. 744-758.

Opaschowski, H. W. (1994a): Tourismus und Lebensqualität, Hamburg.

Opaschowski, H. W. (1994b): Neue Trends im Freizeitsport, Hamburg.

Opaschowski, H. W. (1993a): Tourismus im neuen Europa, Hamburg.

Opaschowski, H. W. (1993b): Freizeitökonomie. Marketing von Erlebniswelten, Opladen.

Opaschowski, H. W. (1992a): Urlaub 91/92, Trendziele und Trendsetter im Tourismus der 90er Jahre, Hamburg.

Opaschowski, H. W. (1992b): Freizeit 2001, Hamburg.

Opaschowski, H. W. (1992c): Urlaub 91/92, Hamburg.

Opaschowski, H. W. (1991): Mythos Urlaub, Hamburg.

Opaschowski, H. W. (1990): Pädagogik und Didaktik der Freizeit, 2., durchges. Aufl., Opladen.

Opaschowski, H. W. (1988): Psychologie und Soziologie der Freizeit, Opladen.

Opaschowski, H. W. (1987): Sport in der Freizeit, Hamburg.

Opaschowski, H. W. (1986): Freizeit und Umwelt. Der Konflikt zwischen Freizeitverhalten und Umweltbelastung. Ansätze für Veränderungen in der Zukunft, Hamburg.

Opaschowski, H. W. (1983): Arbeit. Freizeit. Lebenssinn? Orientierungen für eine Zukunft, die längst begonnen hat, Opladen.

Orlvius-Wesseley, A. (1993): Die Entjungferung der Fremde. Flucht vor dem Lebens-Vollzug, in: Politische Ökologie, Nr. 2, Juli/August, S. 51-54.

Österreich Werbung (1993a): Urlaubs- und Freizeittrends der Deutschen in Ost und West: Natur- und Umweltqualität vorn, in: Österreich Werbung Bulletin April 1993, S. 6-8.

Österreich Werbung (1993b): Segmentierung nach Lebensstilen, Österreich Werbung-Bulletin Spezial

Österreich-Werbung, Bulletin 1/1991.

Österreichische Kommunalkredit AG (Hrsg.) (1992): Freizeit - Infrastruktur - Projekte - Trends - Erfahrungswerte - Praxisbeispiele, Villach.

Oswald, H. (1986): Multinationales Marketing, in: Belz, C. (Hrsg.), Realisierung des Marketing, Band 1 und 2, St. Gallen, S. 809-826.

Otto, R. (1993): Industriedesign und qualitative Trendforschung, München.

Pagin, V. (1988): Das Ferienbuch. Literarische Souvenirs, Frankfurt/Main.

Palandt, O. u.a. (1993): Beck'scher Kurzkommentar zum Bürgerlichen Gesetzbuch, 52. Aufl., München.

Pearce, P. L. (1988): The Ulysses Factor. Evaluating Visitors in Tourist Settings, New York.

Pfund, C. (1968): Rechtliche und wirtschaftliche Probleme der touristischen Spezialtransportanlagen, Diss., St. Gallen.

Plog, S. C. (1993): Why Destination Areas Arise and Fall in Popularity, in: Cornell Hotel and Restaurant Ass. Q. (Nov.), S. 13-16.

Pohlmann, K. (1993): Sport und Reise: Märkte, Zielgruppen, Tendenzen, in: Hamburg Messe (Hrsg.), Dokumentation der Fachreferate auf der Messe Reisen '93 in Hamburg 1993.

Pompl, W. (1994): Touristikmanagement 1, Berlin, Heidelberg.

Porter M. (1989): Wettbewerbsvorteile, Frankfurt.

Probst, G. J. B. (1985): Regeln des systemischen Denkens, in: Probst, G. J. B., Siegwart, H. (Hrsg.), Integriertes Management: Bausteine des systemorientierten Managements. Bern, (in diesem Band).

Probst, G. J. B., Siegwart, H. (1985): Integriertes Management: Bausteine des systemorientierten Managements. Bern.

Radfahren (1994): Heft 2, Bielefeld.

Radfahren 1994 (1994): Radreisen: Angebote 1994, in: Radreisen, Heft 2, S. 41-53

Radfahren 1993 (1993): Radreisen: Angebote 1993, in: Radfahren, Heft 2, S. 66-77.

Rapoport, A. (1991): The Methological Unity of Systems and Contingency Approaches to the Analysis of Management Systems, in: Umpleby, S. A., Sadovsky, V. N. (Hrsg.), A Science of Goal Formulation , New York , S. 161-176.

Rapoport, A. (1985): Die wissenschaftlichen und methodologischen Grundlagen der allgemeinen Systemtheorie, in: Probst, G. J. B., Siegwart, H. (Hrsg.), Integriertes Management: Bausteine des systemorientierten Managements, Bern.

Reckmeyer, W. J. (1991): Managing Complexity in the Systems Age: A Renaissance Systems Perspective, in: Umpleby, S. A., Sadovsky, V. N. (Hrsg.), A Science of Goal Formulation, New York, S. 177-194.

Redl, S. (Hrsg.) (1987): Sport für Morgen, Wien.

Reschke, E. (1933): Handbuch des Sportrechts, Loseblattsammlung, 19. Aufl., Köln.

Ricklin R. (1993): Neuste Resultate aus der Klimaforschung. Erkenntnisse für den Bergtouristiker, Vortragsmanuskript St. Galler Klausurtage.

Rittner, V. (1987): Gesellschaftliche und individuelle Ursachen einer gesteigerten Nachfrage nach Sportgütern und -dienstleistungen, in: Stiftung Verbraucherinstitut (Hrsg.), Sportkonsum als Konsumsport, Berlin.

Röhrig, E. (1986): Ja, wir sind mit dem Radl da ... - Fahrradurlaub - eine willkommene Marktnische für Reiseveranstalter und Fremdenverkehrsorte, in: touristik management, Heft 2, S. 66-73.

Roller, W. (1991): Die Natur als Freizeitgerät, in: ÖKO-TEST-Magazin 8/1991.

Romeiß-Stracke, F. (1989): Neues Denken im Tourismus. Ein tourismuspolitisches Konzept für Fremdenverkehrsgemeinden, hrsg. v. ADAC, München.

Roth, P. (1993): Das Marketing der Reiseveranstalter, in: Mundt, J. W., Reiseveranstaltung. Lehr- und Handbuch, München, Wien, S. 365-423.

Roth, P. (1992): Grundlagen des Touristik Marketing, in: Roth, P., Schrand, A.., Touristik Marketing, München, S. 111-192.

Roth, P. (1990): Sportsonsoring, 2. Aufl., München (1. Aufl. 1986 erschienen als „Sportwerbung").

Roth, P. , Schrand, A. (Hrsg.) (1992): Touristik-Marketing. Das Marketing der Tourismus-Organisationen, Verkehrsträger, Reiseveranstalter und Reisebüros, München.

Ryan, B. (1992): Making Capital from Culture. The Corporate Form of Capitalist Cultural Production, Berlin.

Salzburger Land Tourismus GmbH (1993): Informationen zum Radtourismus im Bundesland Salzburg (unveröffentlichtes Manuskript).

Saxer, U. (1989): Medienkommunikation und geplanter Gesellschaftswandel, in: Kaase, M., Schulz , W. (Hrsg.): Massenkommunikation, Opladen, S. 85-96.

Schädlich, G. (Red.) (1994): Lehrkräfte und Lehrveranstaltungen der sportwissenschaftlichen Institute der Bundesrepublik Deutschland, Österreichs und der Schweiz, Wetzlar.

Scharnbacher, K. (1991): Statistik im Betrieb, Wiesbaden.

Scharpf, H. (1993): Natur im Freizeitstreß. Neue Sportarten schaffen Planungskonflikte, in: Politische Ökologie, Nr. 2, Juli/August.

Scharpf, H. (1989): Freizeitsport in der ökologischen Reformkrise. Freizeit und Umwelt im Konflikt, Bonn.

Schemel, H.-J. (1994): Sport und alpine Umwelt - Beispiele für Konfliktregelungen, in: Deutscher Sportbund (Hrsg.), Ökologische Zukunft des Sports, Heft 9 der Schriftenreihe "Sport und Umwelt", Frankfurt/M., S. 35-44.

Schemel, H.-J., Erbguth, W. (1992): Handbuch Sport und Umwelt, Ziele, Analysen, Bewertungen, Lösungsansätze, Rechtsfragen, Aachen.

Schemel, H.-J., Scharpf, H., Harfst, W. (1987): Landschaftserhaltung durch Tourismus, hrsg. v. Bundesumweltamt, Berlin.

Scherrieb, H. R. (1993): Freizeitparks und Freizeitzentren - Ziele und Aufgaben als touristischer Leistungsträger, in: Haedrich, G., Kaspar, C., Klemm, K., Kreilkamp, E. (Hrsg.), Tourismus-Management, 2. völlig neu bearb. u. wesentl. erw. Aufl., Berlin, New York.

Schlegelmilch, G. (1990): in: Haag, K. u.a., Geigel, Der Haftpflichtprozeß. Mit Einschluß des materiellen Haftpflichtrechts, 20. Aufl., München.

Schleske, W. (1977): Abenteuer-Wagnis-Risiko im Sport, Schorndorf.

Schmidt, A. (1991): Freizeitgesellschaft und die Folgen. Auswirkungen von Freizeitaktivitäten auf Natur und Landschaft, in: LÖLF-Mitteilungen, 2/1991.

Schmitz, R. I. (1979): Altentourismus und Subkultur, Diss. Köln.

Schmitz-Scherzer, R. (1974): Freizeit, Frankfurt.

Schnabel, G., Thiess, G. (Hrsg.) (1993): Lexikon - Sportwissenschaft, Berlin.

Schoder, G., Gläser, K. (1994): Sport, Tourismus und Sporttourismus: Erscheinungen, Wechselwirkungen und Problemfelder (in Vorbereitung).

Scholz, T. (1992): Sportmarketing entwickelt sich zur Top-Disziplin, in: Direktmarketing, Heft 3. S. 17-22.

Schrand, A. (1992a): Das Marketing für Reisebüros und Reisebüroketten, in: Roth, P., Schrand, A. (Hrsg.), Touristik-Marketing, München, S. 337-392.

Schrand, A. (1992b): Tourismus 2000: Der Strukturwandel auf den Touristikmärkten, in: Roth, P., Schrand, A. (Hrsg.), Touristik-Marketing, München, S. 1-20.

Schroeder, F.-C., Kauffmann, H. (1972): Sport Recht, Berlin.

Schulze, G. (1993): Die Erlebnisgesellschaft. Kultursoziologie der Gegenwart, Frankfurt/Main und New York.

Schweizerische Verkehrsstatistik (versch. Jahrgänge): Der öffentliche Verkehr, Bundesamt für Statistik, Bern.

Schwerdtner, P. (1991): in: Staudinger, J. von, Kommentar zum Bürgerlichen Gesetzbuch, 12. Aufl. Berlin.

Seibert,C. (1994): Mit dem Fahrrad in die Luft: Transport von Sportgeräten bei Charterfluggesellschaften, in: touristik management, Heft 6, S. 56.

Seiler, B. (1989): Kennziffern einer harmonischen touristischen Entwicklung. Sanfter Tourismus in Zahlen, Bern.

Seitz, E., Wolf, J. (Hrsg.) (1991): Tourismusmanagement und -marketing, Landsberg/Lech.

Shilling, C. (1993): The Body and Social Theory, London.

Silberer, G. (1991): Werteforschung und Werteorientierung im
      Unternehmen, Stuttgart.
Singh, A. P. (1989): Himalayan Environment and Tourism. Development and
      Potential. Allahabad.
Singh, S. C. (1989): Impact of Tourism on Mountain Environment, Meerut.
Slepicka, P. (1991): Spectator Reflection of Sports Performance. Prag.
Sozialminister Niedersachsen (Hrsg.) (1988): Radwanderwege - Planung,
      Entwurf, Bau. Hannover.
Sperle, N., Wilken, T. (o.J.): Alle wollen zurück zur Natur, nur keiner zu
      Fuß, Sport mit Einsicht e.V.- Broschüre.
Spode, H. (1987): Zur Geschichte des Tourismus, Starnberg.
Stauss, B. (1993): TQM - Was heißt Qualitätsmanagement im
      Dienstleistungssektor?, in: Landesfremdenverkehrsverband Bayern
      e.V. (Hrsg.), 1. Bayerischer Fachkongreß für Freizeit und Tourismus,
      München, S. 30-50.
Steiner, J. (1992): Die Vermarktung der 100-Schlösser-Route, in: ADFC-
      Nordrhein-Westfalen (Hrsg.), Fahrradtourismus - Marketing und
      Strategien in der Öffentlichkeitsarbeit, Düsseldorf.
Stoessel, H. (1973): Sport und Fremdenverkehr: Die Bedeutung des Sports
      für den schweizerischen Fremdenverkehr, Bern.
Storbeck, D. (1988): Die Entwicklung der Rahmenbedingungen für den
      Fremdenverkehr in der Bundesrepublik Deutschland, in:
      Fremdenverkehr und Regionalpolitik, Akademie für Raumforschung
      und Landesplanung, Forschungs- und Sitzungsbericht 172, Hannover.
Strasdas, W. (1994): Auswirkungen neuer Freizeittrends auf die Umwelt,
      Aachen.
Strojec, R. (Hrsg.) (1993): Landschaft, Naturerlebnis und Umweltbildung im
      Natur- und Kanusport, Frankfurt/Main.
Studienkreis für Tourismus (Hrsg.) (1993): Reiseanalyse 1992: Erste
      Ergebnisse, Starnberg.
Studienkreis für Tourismus (Hrsg.) (1992): Urlaubsreisen 1991:
      Kurzfassung der Reiseanalyse 1991, Starnberg.
Studienkreis für Tourismus (Hrsg.) (1991a): Urlaubsreisen 1990 -
      Kurzfassung der Reiseanalyse 1990, Starnberg.
Studienkreis für Tourismus (Hrsg.) (1991b): Marketing im Tourismus.
      Konzepte und Strategien für heute und morgen, Starnberg.
Studienkreis für Tourismus (Hrsg.) (1989): Urlaubsreisen 1988 -
      Kurzfassung der Reiseanalyse 1988, Starnberg.
Studienkreis für Tourismus (Hrsg.) (versch. Jg): Reiseanalyse, Starnberg.
Teichmann, A. (1991): in: Jauernig u.a., Bürgerliches Gesetzbuch, 6. Aufl.,
      München.
Thiel, F., Homrighausen, M. (1993): Reisen auf die sanfte Tour, Göttingen.

TourCon Hannelore Niedecken GmbH (Hrsg.) (1994): TID Touristik-Kontakt, 29. Aufl., Hamburg.

TourCon Hannelore Niedecken GmbH (Hrsg.) (1993): TID Touristik-Kontakt, 28. Aufl., Hamburg.

Treis, B. (1994): Marketing, Göttingen.

Tschurtschenthaler, P. (1986): Das Landschaftsproblem im Fremdenverkehr, Bern.

Ulrich, H. (1984): Management, Bern.

Umpleby, S. A., Sadovsky, V. N. (1991): A Science of Goal Formulation. New York.

Umweltbundesamt (Hrsg.) (1987): Modellvorhaben „Fahrradfreundliche Stadt", Abschlußbericht, Berlin.

Universität Trier (Hrsg.) (1993): Radwandern - Ergebnisbericht Forschungspraktikum, Trier.

v. Gynz-Rekowski (o. J.): Schierke, Historie, Heimat, Humor, Königstein/Taunus.

VDKF Verband Deutscher Kur- und Tourismus-Fachleute e.V. (Hrsg.) (o.J.): Der "Faktor Mensch" im "Wirtschaftsfaktor Fremdenverkehr", Bonn.

Velotours (1993): Radwandern als Pauschalangebot, Vortrag M. Kloß, Geschäftsführer Velotours, DSF-Seminar „Fahrradferien - Angebotsgestaltung und Vertrieb", Berlin.

Verband Deutscher Seilbahnen (1993): Zahlen, Daten, Fakten, Aalen.

Vester, H.-G. (1988): Zeitalter der Freizeit. Eine soziologische Bestandsaufnahme, Darmstadt.

Wachenfeld, H. (1987): Freizeitverhalten und Marketing: Grundlagen des Marketing für Freizeitangebote, Heidelberg.

Wackermann, G. (1988): Le tourisme international, Paris.

Wahl, D., Wölfing, W., Rapp, G., Heger, D. (Hrsg.) (1992): Erwachsenenbildung konkret: Mehrphasiges Dozententraining, 2. Aufl., Weinheim.

Weber, W., Schnieder, C., Kortlüke, N., Horak, B. (1994): Die wirtschaftliche Bedeutung des Sports, Abschlußbericht zum Forschungsauftrag des Bundesinstituts für Sportwissenschaft und des Kultusministeriums des Landes Nordrhein-Westfalen, Paderborn.

Werbegemeinschaft Donauregion Oberösterreich (Hrsg.) (1994): Presseaussendung, Linz.

Whelan, T. (Hrsg.) (1991): Nature Tourism. Managing for the Environment, Washington, DC.

Wiegmann, V.T. (1993): Human Capital und Personalmanagement in Dienstleistungsunternehmen, in: Landesfremdenverkehrsverband Bayern e.V. (Hrsg.), 1. Bayerischer Fachkongreß für Freizeit und Tourismus, München, S. 51-64.

Wieland, H., Rütten A. (1991): Sport und Freizeit in Stuttgart: sozialempirische Erhebung zur Sportnachfrage in einer Großstadt, Stuttgart.

Wilhelm, H. (1983): Kooperation in der touristischen Marketing-Politik des Harzes, in: Neues Archiv für Niedersachsen, Bd. 32, Heft 2, Göttingen.

Wilken, T., Neuerburg, H. J. u.a. (Hrsg.) (1993): Sport im Urlaub: ökologische, gesundheitliche und soziale Perspektiven, Aachen.

Winkler, J. (1987): Hauptamtliche Arbeitsfelder im Sport - Ein Durchsetzungsproblem?, in: Heim, R., Lichtenauer, P. (Hrsg.), Neue Berufsfelder und Ausbildungswege im Sport, Münster, S. 64-75.

Wirtschaftsministerium des Landes Mecklenburg-Vorpommern (1994): Presseinformation zum Radwanderwegebau in Mecklenburg Vorpommern, Schwerin.

Witzel, A. (1982): Verfahren der qualitativen Sozialforschung - Überblick und Alternativen. Frankfurt/M.

Wöhler, K. (1991): Zielgruppenorientiertes Marketing, in: Studienkreis für Tourismus e.V. (Hrsg.), Marketing im Tourismus. Konzepte und Strategien für heute und morgen. Tagungsbericht über eine Fachtagung des Studienkreises für Tourismus am 7. März 1990, Starnberg, S. 71-85.

Wöhler, K. (1993): Informationsverhalten, in: Hahn, H., Kagelmann, H. J. (Hrsg.), Tourismuspsychologie und Tourismussoziologie, München, S. 155-160.

Wölfing, W. (1992): Zur Entstehung des mehrphasigen Dozententrainings, in: Wahl, D., Wölfing, W., Rapp, G., Heger, D. (Hrsg.), Erwachsenenbildung konkret: Mehrphasiges Dozententraining, 2. Aufl., Weinheim.

Wolter, U. (1988): in: Münchener Kommentar zum Bürgerlichen Gesetzbuch, Band 3, 1. Halbband (Schuldrecht Besonderer Teil), 2. Aufl., München.

Wong, P. P. (Hrsg.) (1993): Tourism vs. Environment: The Case for Costal Areas, Dordrecht.

Würtenberger, T. (1991): Risikosportarten. Recht und Sport, Heidelberg.

Wussow, W. (o.J.): Kommentar zu den Allgemeine Unfallbedingungen, 6. Aufl., o.O.

Wussow, W. u.a. (1985): Unfallhaftpflichtrecht, 13. Aufl., Köln.

Zechner, A. (1989): Reisevertragsrecht, Wien.

Zeleny, M. (1991): Spontaneous Social Orders, in: Umpleby, S. A., Sadovsky, V. N. (Hrsg.), A Science of Goal Formulation, S. 133-150.

Zentes, J. (1987): EDV-gestütztes Marketing, Heidelberg.

Stichwortverzeichnis

Seite